JOSEPH. T. WELLS

Manual da Fraude na Empresa
Prevenção e detecção

Segunda edição

CORPORATE FRAUD HANDBOOK: Prevention and Detection, 2nd Edition
(9780470095911 / 0470095911) by Joseph T. Wells

© 2007 by Association of Certified Fraud Examiners, Inc. All rights reserved.
   Publicado por John Wiley & Sons, Inc., Hoboken, New Jersey

Todos os direitos reservados. Esta tradução é publicada sob autorização

MANUAL DA FRAUDE NA EMPRESA
Prevenção e Detecção

AUTOR
JOSEPH T. WELLS

EDITOR
EDIÇÕES ALMEDINA. SA
Av. Fernão Magalhães, n.º 584, 5.º Andar
3000-174 Coimbra
Tel.: 239 851 904
Fax: 239 851 901
www.almedina.net
editora@almedina.net

PRÉ-IMPRESSÃO | IMPRESSÃO | ACABAMENTO
G.C. GRÁFICA DE COIMBRA, LDA.
Palheira – Assafarge
3001-453 Coimbra
producao@graficadecoimbra.pt

Abril, 2009

DEPÓSITO LEGAL
291951/09

Os dados e as opiniões inseridos na presente publicação
são da exclusiva responsabilidade do(s) seu(s) autor(es).

Toda a reprodução desta obra, por fotocópia ou outro qualquer
processo, sem prévia autorização escrita do Editor, é ilícita
e passível de procedimento judicial contra o infractor.

Biblioteca Nacional de Portugal – Catalogação na Publicação

WELLS, Joseph T.

Manual da fraude na empresa : prevenção e
detecção. – 2ª ed.
ISBN 978-972-40-3757-8

CDU 343
     347
     346

À minha querida mulher,
Judy Gregor Wells

ÍNDICE

Prefácio 11
Sobre a ACFE 15

1. INTRODUÇÃO 17

Definição de fraude e abuso ocupacionais 17
Investigação de fraude e abuso ocupacionais 22
O *Relatório à Nação sobre Fraude e Abuso Ocupacionais de 2006* 45

PARTE I – APROPRIAÇÃO INDEVIDA DE ACTIVOS 73

2. INTRODUÇÃO À APROPRIAÇÃO INDEVIDA DE ACTIVOS 75

Visão geral 75
Definição de activos 75
Como a apropriação indevida de activos afecta os livros contabilísticos .. 76

3. SONEGAÇÃO 89

Estudo de um caso: O tímido doutor fornecia um belo rosto 89

Visão geral 94
Dados sobre sonegação do *Inquérito Nacional sobre Fraudes de 2006* da ACFE .. 94
Vendas não registadas 99
Vendas e valores a receber subavaliados 105
Furto de cheques enviados pelo correio 107

Estudo de um caso: Homem das Bebidas lança-se à aventura 109

Sonegação de curto prazo 113
Conversão de cheques roubados 113
Ocultação da fraude 118
Detecção 124
Prevenção 125

4. FURTO DE DINHEIRO EM CAIXA 129

Estudo de um caso: Caixa de banco apanhada em flagrante delito 129

Visão geral 132
Dados sobre furtos de dinheiro em caixa do *Inquérito Nacional sobre Fraudes de 2006* da ACFE 133
Entrada de dinheiro 137
Furto de dinheiro dos depósitos 143

Estudo de um caso: A "velha" falsa auditoria surpresa engana sempre 147

Esquemas de furto variados 149
Detecção 150
Prevenção 152

5. FALSIFICAÇÃO DE CHEQUES 155

Estudo de um caso: Um lobo em pele de cordeiro 155

Visão geral 159
Dados sobre falsificação de cheques do *Inquérito Nacional sobre Fraudes de 2006* da ACFE ... 159
Esquemas de emitentes forjados 165
Cheques interceptados 171
Esquemas de endossos forjados 172
Esquemas de beneficiários alterados 176
Esquemas de cheques escondidos 180
Esquemas de emitentes autorizados 182
Ocultação 186

Estudo de um caso: Para que servem os amigos? 188

Detecção 195
Prevenção 197

6. ESQUEMAS DE DESEMBOLSOS DA REGISTADORA 201

Estudo de um caso: Despromoção leva ao arranque de uma fraude 201

Visão geral 205
Dados sobre desembolsos da registadora do *Inquérito Nacional sobre Fraudes de 2006* da ACFE ... 205
Falsos reembolsos 209

Estudo de um caso: Um crime silencioso 213

Falsas anulações 217
Ocultação de desembolsos da registadora 219
Detecção 220
Prevenção 221

7. ESQUEMAS DE FACTURAÇÃO 223

Estudo de um caso: Escola médica trata fraude e abuso 223

Visão geral 228
Dados sobre esquemas de facturação do *Inquérito Nacional sobre Fraudes de 2006* da ACFE ... 228
Esquemas geradores de dinheiro 233
Facturação através de empresas-fantasma 233
Facturação através de fornecedores não cúmplices 239

Estudo de um caso: Para esta revista, a fraude interna revelou-se difícil de digerir ... 241

Compras pessoais com fundos da empresa	245
Detecção	252
Prevenção	254

8. ESQUEMAS NAS REMUNERAÇÕES E REEMBOLSO DE DESPESAS — 257

Estudo de um caso: Sorriam! — 257

Visão geral	261
Dados sobre esquemas nas remunerações do *Inquérito Nacional sobre Fraudes de 2006* da ACFE	261
Esquemas nas remunerações	265

Estudo de um caso: Fraude de um viajante frequente cai por terra — 279

Dados sobre reembolso de despesas do *Inquérito Nacional sobre Fraudes de 2006* da ACFE	283
Esquemas de reembolso de despesas	288
Detecção de esquemas nas remunerações	296
Detecção de esquemas de reembolso de despesas	297
Prevenção de esquemas nas remunerações	298
Prevenção de esquemas de reembolso de despesas	301

9. INVENTÁRIO E OUTROS ACTIVOS — 303

Estudo de um caso: Furto progressivo de alta tecnologia — 303

Visão geral: dados sobre desvio não monetário do *Inquérito Nacional sobre Fraudes de 2006* da ACFE	307
Utilização indevida do inventário e de outros activos	312
Furto do inventário e outros activos	313

Estudo de um caso: Discos rígidos e azar — 322

Ocultação	328
Detecção	330
Prevenção	335

PARTE II – CORRUPÇÃO — 337

10. SUBORNO — 339

Estudo de um caso: Porque está esta mobília a desfazer-se? — 339

Visão geral	343
Dados sobre a corrupção do *Inquérito Nacional sobre Fraudes de 2006* da ACFE	348
Esquemas de suborno	352

Estudo de um caso: Vigiem o vendedor — 364

Algo valioso. 368
Extorsão económica. 369
Gratificações ilegais 370
Detecção 370
Prevenção 373

11. CONFLITOS DE INTERESSE 375

Estudo de um caso: Trabalhar em duas funções 375

Visão geral. 379
Esquemas de compras 381
Esquemas de vendas. 384
Outros esquemas. 385

Estudo de um caso: Uma quinta parasita 386

Detecção 388
Prevenção 389

PARTE III – RELATÓRIOS DE CONTAS FRAUDULENTOS 391

12. RELATÓRIOS DE CONTAS FRAUDULENTOS 393

Introdução 393
Fraude de relatórios de contas 398
Principais princípios contabilísticos geralmente aceites. 402
Responsabilidade pelos relatórios de contas 407
Utilizadores dos relatórios de contas 407
Tipos de relatórios de contas. 408
O *Sarbanes-Oxley Act* (Lei Sarbanes-Oxley) 409
Dados sobre fraudes de relatórios de contas do *Inquérito Nacional*
 sobre Fraudes de 2006 da ACFE 423

13. ESQUEMAS DE RELATÓRIOS DE CONTAS FRAUDULENTOS 429

Estudo de um caso: Ali reside a loucura 429

Métodos de fraude de relatórios de contas 436
Receitas fictícias 436
Diferenças de datação 439

Estudo de um caso: A importância da data 445

Despesas e responsabilidades ocultas. 447
Divulgação de informações incorrectas 450
Avaliação inapropriada de activos 454
Detecção de esquemas de relatórios de contas fraudulentos. 460

Prevenção de fraudes de relatórios de contas 478

Estudo de um caso: Tudo à superfície 480

14. FRAUDE E ABUSO OCUPACIONAIS: PERSPECTIVA GLOBAL 487

Definição de comportamento abusivo 487
Medição do nível de fraude e abuso ocupacionais 489
Compreender como impedir a fraude 492
As directrizes de pena na empresa 496
A ligação ética 499
Ideias concludentes 501

Apêndice: Código de ética e conduta na empresa 503

Postefácio 517

Bibliografia 525

Notas da versão portuguesa 533

Índice remissivo 535

PREFÁCIO

Como mencionei no meu quinto livro, *Occupational Fraud and Abuse*, poucas pessoas iniciam as suas carreiras com o objectivo de se tornarem mentirosas, impostoras e ladras. No entanto, demasiadas acabam por ter esse destino. A fraude e o abuso empresariais – como já pudemos verificar em casos que fizeram manchetes de jornais, como os da Enron, da WorldCom e da Tyco – custam, anualmente, às empresas muitos milhões. As perdas, em termos humanos, são incalculáveis.

O *Manual da Fraude Na Empresa: Prevenção e Detecção* destina-se às pessoas cuja tarefa consiste em reduzir tais perdas: examinadores de fraudes, auditores, investigadores, especialistas em prevenção de perdas, administradores e proprietários, criminologistas, técnicos e gestores de recursos humanos, académicos e profissionais responsáveis pela aplicação da lei, entre outros.

Esta obra possui quatro grandes objectivos: em primeiro lugar, pormenorizar um sistema de classificação, que explique os vários esquemas utilizados por executivos, proprietários, gestores e empregados para cometer estes delitos; em segundo lugar, quantificar as perdas produzidas por esses esquemas; em terceiro lugar, ilustrar os factores humanos da fraude; por fim, orientar na prevenção e na detecção da fraude e do abuso ocupacionais.

O modo como este livro surgiu constitui, por si só, uma história. Por muito improvável que possa parecer, em retrospectiva, estou já na minha quarta década no domínio da detecção e da prevenção da fraude. Tal como sucedeu com muitos dos que me lêem, a minha carreira não começou onde acabou por chegar. No terceiro ano de escolaridade, recordo-me perfeitamente de jurar vir a ser astrónomo. Mas, na universidade, a física quântica foi a minha ruína. Faltando-me poucos créditos para me licenciar em Matemática/Física, mudei para a Escola de Gestão e formei-me em Contabilidade.

Dois anos depois de me encontrar a trabalhar com os Livros-Razão de uma das maiores firmas de auditoria internacionais, não conseguia suportar mais aquilo; a minha vida necessitava de mais emoção. Assim, tornei-me agente do FBI, portador de uma arma. Felizmente, não tive de usar a pistola muitas vezes para encontrar assaltantes hediondos. E rapidamente percebi que os crimes mais onerosos não eram os assaltos aos bancos, mas os desfalques bancários. Durante os nove anos seguintes, especializei-me, exclusivamente, na investigação de uma vasta gama de crimes de colarinho branco, em que o governo federal era parte interessada, com casos que iam desde carteiristas até a alguns mais complexos, como o Watergate.

A minha segunda década foi passada junto da Wells & Associates, um grupo de criminologistas consultores, que se concentrava na prevenção, na detecção e na formação contra crimes de colarinho branco, o que acabou por levar à formação de uma organização profissional, a *Association of Certified Fraud Examiners* (Associação de Investigadores Certificados de Fraudes). Durante 18 anos, fui presidente do Conselho de Administração. Espero passar o resto da minha carreira profissional a fazer aquilo que descobri ser a minha paixão secreta: escrever.

O *Manual da Fraude Na Empresa: Prevenção e Detecção* tem a sua origem em *Occupational Fraud and Abuse*. Na altura, senti-me intrigado com a definição de fraude classicamente apresentada pelo *Black's Law Dictionary* (Dicionário Jurídico de Black): «Toda a espécie de meios multiformes, que a habilidade humana possa conceber e a que uma pessoa recorra, para obter vantagem sobre outra, através de falsas sugestões ou da omissão da verdade. Inclui toda e qualquer surpresa, truque, astúcia ou dissimulação, e qualquer forma injusta de enganar outra pessoa».

Esta definição implicava, a meu ver, a existência de uma quantidade de formas quase ilimitada de as pessoas tentarem enganar-se umas às outras. Mas a minha experiência revelava-me outra coisa: após investigar e pesquisar literalmente milhares de fraudes, estas pareciam recair sobre padrões definidos. Se pudéssemos, de algum modo, determinar que padrões eram esses, e com que frequência ocorriam, seria um grande auxílio para a compreensão e, no final, para a prevenção da fraude. E uma vez que grande parte da fraude ocorre no local de trabalho, seria essa área específica que constituiria o ponto de partida.

Iniciei assim um projecto de investigação com o auxílio de mais de 2000 investigadores certificados de fraudes, que, normalmente, trabalham para organizações em que são responsáveis por aspectos da detecção e da prevenção da fraude. Cada CFE (*Certified Fraud Examiner* ou investigador certificado de fraudes)[1] forneceu pormenores sobre o modo exacto como as suas organizações estavam a ser, internamente, prejudicadas. Tal informação foi subsequentemente resumida num documento para consumo público, o *1996 Report to the Nation on Occupational Fraud and Abuse* (*Relatório à Nação sobre Fraude e Abuso Ocupacionais de 1996*). Desde então, o relatório já foi publicado mais três vezes, a última das quais em 2006.

Embora os relatórios forneçam uma estrutura básica, esta obra destina-se a um público diferente – às pessoas que sentem necessidade de saber todos os pormenores. Descobrirá que embora a fraude possa, externamente, parecer complexa, raramente o é. Não é necessário possuir uma formação em contabilidade, mas apenas uma compreensão dos procedimentos e terminologia fundamental dos negócios. Como seria possível dizer, a fraude não é uma ciência para génios.

Em vez de uma quantidade ilimitada de esquemas, esta obra sugere que a fraude e o abuso ocupacionais podem ser divididos em três categorias principais: apropriação indevida de activos, corrupção e relatórios de contas fraudulentos. Dentro destas existem vários esquemas identificados e classificados, e minuciosamente tratados na presente obra.

O livro começa por fornecer uma visão geral dos complexos factores sociais que levam à criação de um delinquente ocupacional. As pessoas agem por algum motivo. Compreender o motivo que leva os empregados a ter tais comportamentos constitui a chave para encontrar a forma de os evitar. Poderá, assim, verificar que estas páginas são ricas em pormenores pessoais.

Após a introdução, o livro divide-se em capítulos dedicados a esquemas específicos de fraude e abuso ocupacionais. Todos os capítulos se encontram organizados de modo semelhante. Em primeiro lugar, o estudo de um caso que fornece uma ideia do esquema. Em seguida, o próprio esquema é apresentado num organograma e as variações do esquema são enumeradas, juntamente com as estatísticas de cada método. Por fim, as observações e conclusões, apresentadas em cada capítulo, contribuirão para o delineamento de estratégias de prevenção e detecção.

Um projecto destes não constitui um empreendimento realizado por uma única pessoa, embora eu aceite a derradeira responsabilidade por cada palavra, certa ou errada. Devo expressar, primeiramente, a minha gratidão aos milhares de investigadores certificados de fraudes que me forneceram os casos exemplificativos. Sinto-me especialmente grato a John Warren, que realizou grande parte da investigação pormenorizada. Kathie Lawrence, Jim Ratley, Jeanette LeVie, John Gill, Tony Rolston, DeAnn Holzman, Andi McNeal, Suzanne Mahadeo e Nancy Bradford merecem um agradecimento especial. Mary-Jo Kranacher forneceu preciosas orientações nos capítulos 12 e 13. Vários escritores colaboraram na preparação dos casos de estudo: Michael C. Burton, Sean Guerrero, Brett Holloway-Reeves, Katherine McLane, Suzy Spencer e Denise Worhach.

Dirijo um agradecimento especial aos investigadores certificados de fraudes e outros profissionais que forneceram os pormenores dos seus casos: Bradley Brekke, CFE; Anthony J. Carriuolo, Advogado; H. Craig Christiansen, CFE, ROC (Revisor Oficial de Contas); Harvey Creem, CFE, ROC; Jim Crowe, CFE; Harry D'Arcy, CFE; Marvin Doyal, CFE, ROC; Tonya L. DiGiuseppe, CFE, ROC; Harold Dore, CFE, CIA; Stephen Gaskell, CFE; Gerald L. Giles, Jr., CFE, ROC; Paul Granetto; James Hansen, CFE; Paul Hayes, CFE; Charles Intriago, Advogado; Terry Isbell, CFE, CIA; Douglas LeClaire, CFE; Barry Masuda, CFE; Terrence McGrane, CFE, CIA; David McGuckin, CFE; David Mensel, CFE, ROC; Dick Polhemus, CFE; Trudy Riester, CFE; Lee Roberts, CFE; Peter Roman, CFE; James Sell, CFE, ROC; Harry J. Smith III, CFE, ROC; e Donald Stine, CFE, ROC.

Por fim, tenho de agradecer à pessoa sem a qual estas páginas não teriam sido escritas. A minha mulher, Judy, aguentou inúmeros fins-de-semana e manhãs solitárias, enquanto eu me sentava diante do teclado. Habituou-se a ver-me saltar a meio do jantar para anotar um novo pensamento num pedaço de papel. E fez tudo o que podia para me incentivar, nunca se queixando. Em primeiro lugar, dedico esta obra a Judy Gregor Wells e, depois, àqueles que tentam tornar o mundo melhor, reduzindo as fraudes.

Joseph T. Wells
Austin, Texas
Abril de 2007

SOBRE A ACFE

A *Association of Certified Fraud Examiners* (ACFE) é a principal fornecedora mundial de formação e educação antifraude. Em colaboração com mais de 38 mil membros, a ACFE está a reduzir a fraude na empresa a nível mundial e inspira a confiança do público na integridade e na objectividade da profissão.

Fundada em 1988, com sede em Austin, Texas, a ACFE apoia a profissão, fornecendo instrução especializada, ferramentas práticas e recursos inovadores no combate à fraude. A ACFE acolhe continuamente conferências e seminários, oferecendo ainda livros informativos e cursos de auto-aprendizagem escritos por profissionais líderes para ajudar os membros a aprender de que modo e por que motivo a fraude ocorre, e a desenvolver as competências necessárias para combatê-la eficazmente. Os membros da ACFE podem, também, aumentar os seus conhecimentos e fazer valer a sua autoridade na comunidade antifraude através da obtenção das credenciais de *Certified Fraud Examiner* (CFE). Este certificado, preferido a nível mundial, indica especialização na prevenção, no impedimento, na detecção e na investigação de fraudes.

A ACFE superintende as credenciais CFE, estabelecendo critérios de admissão e administrando o exame uniforme CFE e, ao mesmo tempo, mantém e aplica o Código de Ética Profissional da ACFE. Investigadores de fraude com certificado CFE em seis continentes investigaram colectivamente mais de um milhão de casos suspeitos de fraude civil e penal.

A ACFE está igualmente empenhada em fornecer recursos pedagógicos à comunidade académica e fundou a *Anti-Fraud Education Partnership* (Parceria de Formação Antifraude) para abordar a necessidade, sem precedentes, de formação em investigação de fraudes a nível universitário. No intuito de alcançar este objectivo, a ACFE tem fornecido materiais grátis de formação e educação a instituições de ensino superior por todo o mundo.

Criminologista e antigo agente do FBI, Joseph T. Wells, CFE e ROC (Investigador Certificado de Fraudes e Revisor Oficial de Contas), é o presidente e fundador da ACFE, bem como membro consultivo do Conselho de Reitores. Wells escreve, investiga e dá conferências a grupos empresariais e profissionais acerca de temas relacionados com fraudes. Obteve prémios máximos de literatura das revistas *Internal Auditor* e *Journal of Accounting*, e recebeu o *Innovation in Accounting Education Award* (Prémio de Inovação na Formação em Contabilidade) concedido pela *American Accounting Association* (Associação de Contabilidade Americana). Durante os últimos nove anos, foi nomeado para a lista das cem pessoas mais influentes na área da contabilidade da *Accounting Today*.

Rotulada de «a primeira organização financeira detective» pelo *Wall Street Journal*, a ACFE também tem sido referida pelos seus esforços contra a fraude em meios de comunicação como o *U.S. News & World Report*, o *New York Times*, a CNN, a CNBC, a *Fortune* e em programas como o *Nightline* e o *20/20* da ABC-TV, e o *60 Minutes* da CBS News.

Mais informações acerca da ACFE encontram-se disponíveis em www.acfe.com, ou (800) 245-3321[2].

Fraude e Abuso Ocupacionais

Corrupção
- Conflitos de interesse
  - Esquemas de compras
  - Esquemas de vendas
  - Outros
- Suborno
  - Comissões de facturas
  - Manipulação de concursos
  - Outros
- Gratificações ilegais
- Extorsão económica

Apropriação indevida de activos

Dinheiro
- Furto
  - De dinheiro em caixa
  - Dos depósitos
  - Outros
- Sonegação
  - Vendas
    - Não registadas
    - Subavaliadas
  - Contas a receber
    - Esquemas de amort. de dívid.
    - Esquemas de compensação
    - Não oculto
  - Reembolsos e outros
- Desembolsos fraudulentos
  - Esquemas de facturação
    - Empresas fantasma
    - Fornecedores não cúmplices
    - Aquisições pessoais
  - Esquemas de remunerações
    - Empregados fantasma
    - Esquemas de comissões
    - Compensação a trabalhadores
    - Remunerações falsificadas
  - Esquemas de reembolso de despesas
    - Despesas falsamente atribuídas
    - Despesas sobreavaliadas
    - Despesas fictícias
    - Múltiplos reembolsos
  - Falsificação de cheques
    - Emitentes forjados
    - Endossos forjados
    - Alteração de beneficiário
    - Cheques escondidos
    - Emitentes autorizados
  - Desembolsos da registadora
    - Falsas anulações
    - Falsos reembolsos

Inventário e outros activos
- Utilização indevida
- Furto
  - Requisições de activos e transfer.
  - Falsas vendas e remessas
  - Compras e recepção
  - Furto não oculto

Relatórios de contas fraudulentos

Financeiros
- Sobreavaliação de activos e receitas
  - Diferenças de datação
  - Receitas fictícias
  - Despesas e responsabilidade ocultas
  - Divulgação de inf. incorrectas
  - Avaliação inapropriada de activos
- Subavaliação de activos e receitas

Não financeiros
- Credenciais de emprego
- Documentos internos
- Documentos externos

---

* NT.: o que, vulgarmente, se designa por "luvas".
** NT.: furto de dinheiro destinado à empresa mas que não chegou a entrar na mesma.
*** NT.: empresas que existem para encobrir actividades.

CAPÍTULO 1
INTRODUÇÃO

No mundo do comércio, as organizações incorrem em despesas para produzir e vender os seus produtos ou serviços. Estes custos percorrem toda a linha: mão-de-obra, impostos, publicidade, rendas, matérias-primas, investigação e desenvolvimento e, também, fraude e abuso. Este último custo, contudo, é radicalmente diferente dos primeiros: a verdadeira despesa da fraude e do abuso encontra-se oculta, mesmo que reflectida nos números de perdas e lucros.

Por exemplo, imaginemos que a despesa publicitária de uma empresa é de 1,2 milhões de dólares. Mas sem que a empresa o saiba, há um conluio entre o seu gestor de *marketing* e uma agência publicitária externa, aceitando 300 mil dólares em comissões para lhe adjudicar os contratos. Isso significa que a verdadeira despesa publicitária foi aumentada no valor, pelo menos, correspondente à comissão, se não for mais. A consequência, evidentemente, é que 300 mil dólares saem directamente dos resultados, dos bolsos dos investidores e dos trabalhadores.

DEFINIÇÃO DE FRAUDE E ABUSO OCUPACIONAIS

O exemplo que acabei de referir é óbvio, mas há muita informação sobre a fraude e o abuso ocupacionais que não se encontra tão bem definida. De facto, existe uma vasta divergência acerca do que constituem, exactamente, tais delitos.

Para efeitos desta obra, «fraude e abuso ocupacionais» são definidos como «a utilização de um emprego para enriquecimento pessoal, através do deliberado uso ou aplicação indevidas dos recursos ou activos da entidade empregadora»[1].

A amplitude da definição permite incluir uma enorme variedade de condutas de executivos, empregados, gestores e directores de organizações, abrangendo desde sofisticadas fraudes de investimento a pequenos furtos. As infracções comuns incluem apropriação indevida de activos, relatórios de contas fraudulentos, corrupção, furto simples e pequeno furto, falsas horas extraordinárias, utilização de propriedade da empresa para benefícios pessoais, abusos nos pagamentos de ordenados e baixas por doença. Tal como afirma o primeiro Relatório à Nação sobre Fraude e Abuso Ocupacionais, apresentado em 1996, «a essência é o facto de a actividade (1) ser clandestina, (2) violar os deveres fiduciários do empregado para com a organização, (3) ser cometido com intenção de benefício financeiro directo ou indirecto para o empregado, e (4) custar à organização empregadora activos, receitas ou reservas»[2].

«Empregado», no contexto desta definição, é qualquer pessoa que receba uma compensação regular e periódica de uma organização pelo seu trabalho. O termo não se restringe aos cargos inferiores, mas, especificamente, inclui executivos, presidentes de empresas, gestores de topo, quadros médio e outros trabalhadores.

Definição de fraude

No sentido mais lato, a fraude pode incluir qualquer crime para obtenção de lucro, utilizando como principal *modus operandus* o logro. Existem apenas três modos de retirar ilegalmente dinheiro a uma vítima: força, logro ou furto. Todos os delitos que se servem do ludíbrio constituem fraudes. Uma vez que o logro é o cerne da fraude, incluiremos os sinónimos do *Webster*: «"Lograr" implica impor uma ideia ou crença falsa que provoque ignorância, perplexidade ou impotência; "enganar" implica induzir em erro intencionalmente ou não; "iludir" implica lograr minuciosamente, a ponto de esconder a verdade; "defraudar" salienta a utilização do encanto e da persuasão no logro».

Porém, nem todos os logros são fraudes. Para corresponder à definição legal de fraude tem de haver danos, geralmente de dinheiro, para a vítima. Nos termos do direito comum, existem quatro elementos gerais, que devem estar presentes, para que ocorra uma fraude:

1. Uma declaração material falsa;
2. Conhecimento de que a declaração era falsa no momento em que foi proferida;
3. Confiança na declaração falsa por parte da vítima;
4. Danos daí resultantes.

A definição legal é a mesma, quer o delito seja penal ou civil; a diferença é que os processos penais têm de possuir um ónus de prova maior.

Imaginemos que um empregado não ludibriou ninguém, mas roubou valiosos *chips* de computador enquanto ninguém vigiava e os revendeu a um concorrente. Terá cometido fraude? Terá cometido furto? A resposta, evidentemente, é que depende. Os empregados possuem, nos termos da lei, uma relação fiduciária com os seus empregadores.

O termo «fiduciário», segundo o *Black's Law Dictionary*, é de origem romana e significa

> *Uma pessoa que possui um carácter análogo ao de um administrador, no que se refere à confiança que isso implica e à escrupulosa boa-fé e sinceridade que a função requer. Diz-se que uma pessoa tem «dever fiduciário» quando o negócio que transacciona, ou o dinheiro ou propriedade com que lida, não resulta em seu próprio benefício, mas sim no de outrem, em relação ao qual implica e necessita, de um lado, de grande confiança e, do outro lado, de um elevado grau de boa-fé.*

Assim, no nosso exemplo, o empregado não só roubou os *chips*, mas ao fazê-lo violou o seu dever fiduciário. Isso faz dele um fraudador, dos quais era o fiel depositário.

> *«Desfalque» significa apropriar-se voluntariamente ou converter para uso próprio o dinheiro ou propriedade de outrem, cuja posse lhe foi atribuída, legalmente, por via de algum cargo, emprego*

ou posição de confiança. Os elementos do «desfalque» são o facto de ter de existir uma relação, como a de empregado ou agente, entre o proprietário e o acusado; por outro lado, para haver desfalque, o dinheiro, supostamente desviado, teve de passar para a posse do acusado, devido a essa relação, e teve de haver uma apropriação ou desvio do dinheiro intencional e fraudulenta[3].

Por outras palavras, o desfalque constitui um tipo especial de fraude. «Desvio», no sentido legal, é

Uma apropriação não autorizada e exercício do direito de propriedade, de mercadorias ou bens móveis pessoais pertencentes a outrem, alterando a sua condição ou excluindo os direitos do proprietário. Um acto não autorizado que priva um proprietário da sua propriedade de forma permanente ou por um período de tempo indefinido. O exercício de autoridade e controlo sobre a propriedade de outrem, não autorizado e ilícito, excluindo ou sendo inconsistente com os direitos do proprietário[4].

Assim, ao roubar os *chips*, o empregado também se envolve na desvio da propriedade da empresa.

O termo legal para roubo é «furto» que consiste em

Roubar, apropriar-se e transportar, dirigir, montar ou conduzir dolosamente a propriedade pessoal de outrem, com a intenção de a converter ou de privar o seu proprietário da mesma; Apropriar-se e transportar ilegalmente propriedade de outrem no intuito de a adaptar a uma utilização inconsistente com os direitos do último; Os elementos essenciais de um «furto» são uma efectiva ou virtual apropriação dos bens ou propriedade de outrem sem consentimento, contra a vontade do proprietário, e com intenção dolosa. Obter posse de propriedade através de fraude, astúcia ou estratagema com o desígnio ou intenção pré-concebida de adaptar, converter ou roubar é «furto»[5].

Em termos de direito, o empregado em questão podia ser acusado de uma vasta conduta penal e civil: fraude, apropriação indevida de activos, obtenção de dinheiro sob falsos pretextos ou furto. Em termos práticos, provavelmente será apenas acusado de um delito, por norma de furto.

«Furto através de fraude ou logro» significa que

Uma pessoa obtem propositadamente a propriedade de outra através do logro. Uma pessoa comete logro quando propositadamente: (1) cria ou reforça uma falsa impressão, incluindo falsas impressões a respeito da lei, do valor, da intenção, ou outro estado de espírito; mas comete logro em relação à intenção de uma pessoa, apenas pelo facto de não ter cumprido a promessa subsequentemente; ou (2) impede outrem de obter informações que afectariam a sua opinião acerca de uma transacção; ou (3) não corrige uma falsa impressão, que o autor do logro anteriormente criou, ou reforçou, ou que sabe que influenciará outrem em relação à qual tem um dever fiduciário ou de confidencialidade; ou (4) não divulga um encargo sobre um bem, uma reclamação adversa, ou outro impedimento legal que limite o usufruto da propriedade que transfere ou onera em pagamento, quer esse impedimento seja válido ou não, ou quer seja ou não uma questão de registo oficial[6].

O carácter fraudulento das fraudes empresariais lida, pois, com os deveres fiduciários do empregado em relação à organização. Se tais deveres forem infringidos, essa acção pode ser considerada fraude numa das suas mais variadas formas. Nos termos da definição de fraude e abuso ocupacionais desta obra, a actividade tem de ser clandestina. O Black's Dictionary define «clandestino» como «secreto, escondido, oculto; geralmente com alguma finalidade ilegal ou ilícita»[7].

Definição de Abuso

Uma litania de práticas abusivas infesta as organizações. Eis alguns dos exemplos mais comuns do quanto os empregados «custam» aos seus empregadores. Como qualquer empregador sabe, dificilmente pode ser considerado vulgar os trabalhadores:

- Utilizarem os descontos de empregado para adquirirem bens para amigos e parentes.
- Apropriarem-se de produtos pertencentes à organização.
- Serem pagos por mais horas do que as que trabalharam.
- Receberem mais dinheiro do que o devido em reembolso de despesas.
- Fazerem um longo almoço ou pausa sem autorização.
- Chegarem tarde ao trabalho ou saírem cedo.
- Utilizarem baixa por doença, quando não estão doentes.
- Trabalharem lenta ou desleixadamente.
- Trabalharem sob a influência de álcool ou drogas.

Ao longo dos anos, o abuso adquiriu um significado bastante ambíguo. A definição de abuso de Webster poderá surpreendê-lo. Proveniente da palavra latina *abusus* – consumir – significa: «1. Um acto enganador, logro; 2. Uma prática ou hábito corrupto; 3. Utilização ou tratamento incorrecto, uso indevido...». Lograr é «ser falso; não cumprir; enganar; fazer aceitar como verdadeiro ou válido algo falso ou inválido»[8].

Considerando as características comuns da linguagem que descreve fraude e abuso, em que consistem as diferenças essenciais? Um exemplo demonstra: imaginemos que um caixa era contratado por um banco e roubava 100 dólares da sua caixa. Definiríamos esse acto, em sentido lato, como fraude. Mas se ganhasse 500 dólares por semana e se declarasse falsamente doente um dia, poderíamos considerar esse acto um abuso – embora cada qual tenha exactamente o mesmo impacto económico para a empresa – neste caso, 100 dólares.

E, evidentemente, cada delito requer uma intenção desonesta por parte do empregado de lesar a empresa. Vejamos, porém, o modo como cada um é tratado numa organização: no caso do desvio, a empregada é despedida; existe também uma ínfima probabilidade de que seja processada. No caso em que a empregada utiliza indevidamente a sua baixa por doença, talvez seja repreendida, ou o dia em que faltou seja deduzido no seu salário.

Também podemos modificar ligeiramente o exemplo de «abuso». Digamos que a empregada trabalha na função pública, em vez de trabalhar no sector privado. O abuso da baixa por doença – na sua interpretação mais estrita – poderia ser considerado uma fraude contra o Governo. Afinal, a empregada fez uma falsa declaração a fim de obter lucro financeiro, por forma a que o seu salário não fosse reduzido. As instituições governamentais podem, e têm, processado casos flagrantes. O uso indevido de dinheiro público – sob qualquer forma – pode acabar por se tornar numa questão grave, mas os termos da acusação podem ser surpreendentemente baixos.

Eis um exemplo real. Em 1972, eu era um agente novato do FBI em missão em El Paso, no Texas. Esta secção abrangia a reserva militar de Fort Bliss, um complexo deserto tentacular. Corriam rumores de que empregados civis do economato militar roubavam inventário e vendiam-no pela porta das traseiras. Os rumores revelaram-se verdadeiros, embora ligeiramente exagerados. Mas, na altura, não o sabíamos.

Assim, por volta do Dia de Acção de Graças, o FBI passou um dia a vigiar as portas nas traseiras do economato. Tínhamos tomado precauções para todas as eventualidades – muito pessoal, carrinhas secretas, câmaras de longo alcance, tudo. Mas o dia produziu apenas uma miserável venda ilegal pelas traseiras: vários perus congelados e um grande saco de inhames. O comprador das mercadorias roubadas ofereceu ao seu comparsa 10 dólares de gorjeta pela mercadoria estimada em cerca de 60 dólares. O delito ocorreu já tarde. Sentíamo-nos aborrecidos e irritados, e lançámo-nos ao comprador quando ele ia a sair da base, seguindo-o portão fora numa caravana de automóveis não identificados, com luzes encarnadas. O pobre tipo tremia tanto que encharcou as calças. Acho que sabia melhor do que nós o que estava em jogo.

Uma vez que se encontrava no lugar errado, à hora errada e agiu de modo errado, o nosso transgressor pagou caro: admitiu ser culpado numa acusação de pequeno furto. O mesmo fez o seu amigo do economato. O empregado foi despedido. Mas veio a saber-se que o comprador era um coronel militar reformado com um emprego civil na base – uma pessoa vulgarmente conhecida como «duplo beneficiário». Foi despedido de um emprego civil bem pago e agora possui cadastro. Mas o que lhe saiu ainda mais caro, segundo ouvi dizer, foi o facto de ter perdido várias centenas de milhares de dólares em potenciais pensões de reforma do Governo. Seria esta pessoa acusada, nos dias de hoje, de pequeno furto? Depende inteiramente das circunstâncias. Mas podia acontecer, e acontece de facto.

A questão aqui é que o termo abuso é frequentemente utilizado para descrever uma variedade de pequenos delitos e outros comportamentos contraproducentes que se tornaram comuns e, até, ligeiramente tolerados no local de trabalho. Os motivos pelos quais os empregados se dedicam a estes abusos são variados e extremamente complexos. Os empregados abusadores acabam por se transformar em ladrões e delinquentes absolutos? Em alguns casos, sim. Descreveremos essa situação mais adiante.

INVESTIGAÇÃO DE FRAUDE E ABUSO OCUPACIONAIS

Edwin H. Sutherland

Tendo em conta o seu extraordinário impacto, pouca investigação sobre o tema da fraude e do abuso ocupacionais tem sido efectuada. Da literatura actual, muita baseia-se nos primitivos trabalhos de Edwin H. Sutherland (1883-1950), um criminologista da Universidade do Indiana. Sutherland interessava-se especialmente pelas fraudes cometidas por executivos de elite do alto mundo dos negócios contra os accionistas ou contra o público. Como Gilbert Geis verificou, dizia Sutherland, «a General Motors não tem um complexo de inferioridade, a United States Steel não sofre de um complexo de Édipo não resolvido e os DuPonts não desejam regressar ao ventre materno. A suposição de que um infractor pode sofrer tal distorção patológica do intelecto ou das emoções parece-me absurda, e se é absurda a respeito dos delitos dos homens de negócios, é igualmente absurda a respeito dos delitos de pessoas das classes económicas mais baixas»[9].

Para os não iniciados, Sutherland representa para o mundo dos crimes de colarinho branco aquilo que Freud representou para a psicologia. De facto, foi Sutherland quem concebeu o termo «crimes de colarinho branco» em 1939. Pretendia que a definição significasse actos delinquentes de sociedades e pessoas que agiam na sua qualidade de agentes da sociedade. Desde então, contudo, o termo adquiriu o significado de praticamente qualquer tipo de delito financeiro ou económico, desde o escalão mais baixo até ao superior.

Muitos criminologistas, incluindo eu próprio, crêem, no entanto, que a contribuição mais importante de Sutherland para a literatura penal se encontra num outro domínio. Mais tarde, na sua carreira, desenvolveu a «teoria da associação diferencial», que é agora a teoria mais amplamente aceite acerca do comportamento criminoso. Até ao trabalho decisivo de Sutherland nos anos 1930, a maioria dos criminologistas e sociólogos considerava que o crime tinha uma base genética, que os criminosos geravam uma prole criminosa.

Embora este argumento possa, hoje, parecer ingénuo, baseava-se, em grande parte, na observação de outros delinquentes que não os de colarinho branco – os assassinos, violadores, sádicos e *hooligans* que flagelavam a sociedade. Muitos estudos posteriores estabeleceram, de facto, uma base genética para os delitos «de rua», que devem ser considerados à luz de condições ambientais (para uma explicação minuciosa da base genética para a delinquência, consultar *Crime and Punishment*, de Wilson e Herrnstein). Sutherland conseguiu explicar os factores ambientais do delito através da teoria da associação diferencial. O princípio básico da teoria é o de que o crime se aprende, da mesma forma que aprendemos matemática, inglês ou a tocar guitarra[10].

Sutherland acreditava que esta aprendizagem do comportamento criminoso ocorria junto de outras pessoas num processo de comunicação. Como tal, deduziu que a delinquência não podia ocorrer sem o auxílio de outras pessoas. Sutherland teorizou ainda que a aprendizagem da actividade criminosa geralmente ocorria no seio de grupos de pessoas íntimas. Na sua opinião, isso explicava por que motivo um pai disfuncional seria mais propenso a gerar uma prole disfuncional. Sutherland acreditava que o processo de aprendizagem envolvia dois domínios específicos: as técnicas para cometer o delito e as atitudes, impulsos, justificações e motivações da mente criminosa. É nítido o modo como a teoria da associação diferencial de Sutherland se encaixa no perfil dos delinquentes ocupacionais. Nas organizações, os empregados desonestos acabarão por influenciar um conjunto de colegas honestos. O oposto também sucede: os empregados honestos acabam por exercer influência sobre alguns dos desonestos.

Donald R. Cressey

Um dos alunos mais brilhantes de Sutherland, na Universidade do Indiana, durante os anos 40, foi Donald R. Cressey (1919-1987). Enquanto grande parte da investigação de Sutherland se concentrava na delinquência da classe superior, Cressey deu um rumo diferente aos seus estudos. Ao trabalhar no seu doutoramento sobre criminologia, decidiu concentrar-se nos fraudadores. Como consequência disso, obteve a autorização necessária para frequentar as prisões do Midwest e acabou por entrevistar cerca de 200 detidos.

A hipótese de Cressey

Cressey sentia-se intrigado com os fraudadores, a quem chamava de «violadores da confiança». Sentia-se especialmente interessado nas circunstâncias que os levavam a ser dominados pela tentação. Por esse motivo, excluiu da investigação as pessoas que aceitavam empregos no intuito de roubar, que, naquela época, era um número relativamente insignificante. Após finalizar as suas entrevistas, desenvolveu o que permanece ainda o modelo clássico do delinquente ocupacional. A sua investigação foi publicada em *Other People's Money: A Study in the Social Psychology of Embezzlement*.

A hipótese final de Cressey foi a seguinte: «As pessoas, em quem se confia, tornam-se violadoras dessa confiança quando imaginam que têm um problema financeiro impossível de partilhar e que acreditam poder ser secretamente resolvido, através da violação da confiança financeira, sendo capazes de aplicar à sua conduta, naquela situação, justificações que lhes permitem ajustar o conceito, que têm de si próprios, de pessoas de confiança de utilizadores dos fundos ou propriedade que lhes foram confiados»[11].

Ao longo dos anos, a hipótese tornou-se mais conhecida como o Triângulo da Fraude (Consultar Figura 1.1.). O primeiro vértice do triângulo representa uma necessidade financeira sentida, impossível de partilhar; o segundo vértice representa a oportunidade apercebida; e o terceiro vértice simboliza a justificação. O problema impossível de partilhar desempenha um papel importante. Cressey declarou: «Quando pedi aos infractores que explicassem o motivo pelo qual se tinham contido noutras ocasiões, não violando as posições de confiança que tiveram anteriormente, ou o motivo por que não tinham, na posição actual, violado há mais tempo, os que tinham opinião exprimiram o equivalente a uma ou mais das seguintes citações: (a) "Não tinha necessidade de o fazer, como desta vez". (b) "Tal ideia nunca me ocorrera". (c) "Pensava que era uma desonestidade, outrora, mas desta vez não me pareceu, inicialmente, desonesto"»[12].

«Em todos os casos de violação de confiança encontrados, o infractor pensava que o problema financeiro com que se confrontava não podia ser partilhado com pessoas que, de um ponto de vista mais objectivo, provavelmente poderiam ter contribuído para a solução do problema»[13].

FIGURA 1.1. O Triângulo da Fraude

Problemas impossíveis de partilhar

Evidentemente que aquilo que é considerado como «não partilhável» é-o, apenas, aos olhos do potencial delinquente ocupacional, declarou Cressey. «Assim, um homem pode perder bastante dinheiro, diariamente, nas pistas de corrida, mas a perda, ainda que representasse um problema para a pessoa, podia não ser impossível de partilhar. Outro homem poderia considerar o problema como algo que tinha de ser mantido em segredo e em privado, ou seja, impossível de partilhar. Do mesmo modo, a falência de um banco ou de uma empresa poderia ser considerada, por uma pessoa, como um problema possível de ser partilhado com os parceiros de negócios e membros da comunidade, enquanto outra pessoa poderia pensar que tal problema era impossível de partilhar»[14].

Cressey dividiu estes problemas «não partilháveis» em seis subtipos básicos:

1. Violação das obrigações imputadas.
2. Problemas resultantes de fracasso pessoal.
3. Reveses de negócios.
4. Isolamento físico.
5. Obtenção de estatuto.
6. Relações empregado-empregador.

Violação das Obrigações Imputadas

A violação das obrigações imputadas – o facto de ser incapaz de pagar as dívidas – tem-se revelado historicamente um forte motivador. «Os problemas financeiros decorrentes da violação de posições de confiança não financeira são, frequentemente, considerados impossíveis de partilhar, uma vez que representam uma ameaça ao estatuto que implica manter a posição. A maioria das pessoas em posições de confiança financeira e a maior parte dos seus empregadores consideram que os deveres de tal posição, necessariamente, determinam que, além de serem honestas, devem comportar-se de acordo com certos padrões e devem abster-se de praticar outros tipos de comportamento»[15]. Por outras palavras, o simples facto de uma pessoa ter um cargo de confiança acarreta consigo a ideia de que essa pessoa pode gerir, e gere, adequadamente o dinheiro.

«Quando as pessoas incorrem em dívidas ou, de algum outro modo, se tornam devedoras, em resultado da violação das obrigações imputadas à pessoa de confiança, muitas pensam que tais dívidas devem permanecer secretas e que enfrentá-las se torna um problema financeiro impossível de partilhar. Em muitos casos, a cobertura de tais dívidas é também considerada incompatível com os deveres e obrigações de outros papéis que a pessoa possa desempenhar, como os de marido ou pai, mas a preocupação aqui reside apenas no facto de tais dívidas representarem um conflito com o papel desempenhado enquanto pessoa de confiança»[16]. Cressey descreve uma situação que todos podemos compreender, o de não ser capaz de pagar as dívidas e depois ter de admiti-lo ao empregador, à família e aos amigos.

Problemas Resultantes do Fracasso Pessoal

Os problemas resultantes do fracasso pessoal, escreve Cressey, podem ser de vários tipos. «Enquanto alguns problemas financeiros prementes podem ser considerados como resultado de "condições económicas", ... considera-se que outros foram criados por actividades insensatas ou mal planeadas da própria pessoa de confiança. Como esta teme uma perda de estatuto, receia admitir, a quem quer que seja que pudesse aliviar a situação, que tem um problema, consequência do seu próprio "mau juízo", da "sua própria culpa" ou da "sua própria estupidez"»[17]. Em resumo, o orgulho precede a queda. Se o potencial delinquente tem hipótese de escolher entre cobrir as suas más opções de investimento pela violação da confiança ou admitir que não é um bom investidor, é fácil compreender como o discernimento de algumas pessoas orgulhosas pode ficar baralhado.

Reveses de Negócios

Os reveses de negócios foram a terceira área que Cressey descreveu como parte do problema não partilhável. Via-os de forma diferente dos fracassos pessoais, uma vez que muitas pessoas de negócios consideram que os seus reveses financeiros provêm de condições que fogem ao seu controlo: inflação, taxas de juro elevadas, financiamentos e empréstimos de dinheiro. Cressey citou as observações de um empresário que pediu um empréstimo a um banco, utilizando garantias fictícias.

> *Caso 36. «Há muito poucas pessoas capazes de abandonar um negócio falhado. Quando a ponte está a cair, quase toda a gente corre para obter um pedaço de madeira. No mundo dos negócios, existe um eterno optimismo de que as coisas melhorarão no dia seguinte. Pomos o negócio em marcha, mantemo-lo em funcionamento, e quase ficamos hipnotizados por ele... a maior parte de nós não sabe quando desistir, quando dizer "Fui derrotado. Eis uma vitória para o adversário"»*[18].

Isolamento Físico

A quarta categoria de problemas não partilháveis que Cressey descreveu é o isolamento físico, no qual a pessoa em dificuldades financeiras está isolada das pessoas que poderiam ajudá-la.

Obtenção de Estatuto

A quinta categoria consiste nos problemas relacionados com a obtenção de estatuto. Embora estes sejam facilmente considerados como resultado de as pessoas viverem acima das suas posses ou esbanjarem dinheiro, Cressey estava mais interessado nas suas implicações comportamentais. Anotou: «a estruturação das ambições pelo estatuto, tida como não partilhável, não é invulgar na nossa cultura e deve, novamente, salientar-se que a determinação de uma situação como não partilhável não é a única causa da violação da confiança. Mais especificamente, neste tipo de casos, o problema surge quando a pessoa se apercebe de que não possui os meios financeiros necessários para se associar a pessoas com o nível de estatuto ambicionado, problema que se torna impossível de partilhar quando sente que não pode renunciar às suas aspirações de admissão no grupo desejado, nem obter os símbolos de prestígio necessários a tal admissão»[19]. Observou, em seguida, que muitos delinquentes ocupacionais são atormentados pela necessidade de conseguir estar ao mesmo nível das outras pessoas.

Relações empregador-empregado

Por último, Cressey descreveu problemas resultantes da relação entre empregadores e empregados. O mais comum, declarou, era um empregado que se ressentia da sua posição dentro da organização que depositava confiança nele. O ressentimento pode provir de desigualdades económicas apercebidas, tais como o ordenado, ou do sentimento de estar sobrecarregado ou ser subvalorizado. Cressey declarou que este problema se torna impossível de partilhar quando a pessoa teme que dar sugestões para aliviar um mau tratamento apercebido pode ameaçar a sua posição na organização. Existe também uma forte motivação para o empregado desejar «desforrar-se» quando se sente maltratado.

Uma Experiência Pessoal

Um dos exemplos que melhor recordo envolve uma experiência pessoal e nada agradável. A maioria das pessoas – se admitir a verdade – terá roubado no emprego em algum momento das suas carreiras. Alguns dos furtos são grandes, outros insignificantes. Alguns são desmascarados; muitos nunca o são. Após este preâmbulo (e o facto de o período de prescrição já ter expirado há muito tempo!), narrarei a história de um empregado ladrão: eu.

O incidente ocorreu durante a faculdade. À semelhança de muitos de vós, não frequentei a universidade apenas pela experiência, tratava-se de uma necessidade. Um dos meus empregos em *part-time* era como vendedor numa loja de roupas masculinas, um lugar a que chamarei Mr. Zac's. Parece que o Sr. Zac teve a imaginação de dar o seu nome à loja, o que vos pode fornecer uma ideia do tipo de pessoa que era.

No meu primeiro dia no emprego, ao falar com os outros empregados, tornou-se evidente que eles não gostavam nada do Sr. Zac. Não levei muito tempo a descobrir o motivo: era mesquinho para além do razoável, tinha mau feitio, era paranóico e parecia ressentir-se, muito, por ter de pagar aos empregados que faziam as vendas. O Sr. Zac desconfiava especialmente do roubo dos auxiliares. Olhava sempre para os empregados com ar desconfiado quando estes saíam à noite, presumo que por pensar que as suas roupas e sacos estavam atulhados com a sua mercadoria. Assim, os seus empregados imaginavam novas forma de roubar, com a motivação simples de se desforrarem do Sr. Zac. Eu estava acima disso... ou assim pensava. Quando o Sr. Zac me atingiu pessoalmente, a minha atitude modificou-se por completo.

Um dia, estava eu no andar de cima, no armazém, a tirar mercadoria da última prateleira. Ao esticar-me para a alcançar, a fralda da minha camisa saiu e estava a pô-la para dentro quando o Sr. Zac entrou. Não proferiu uma palavra. Regressei ao trabalho e não pensei mais no assunto. Mas, 10 minutos mais tarde, o Sr. Zac chamou-me ao seu pequeno cubículo que servia de escritório, fechou a porta e perguntou-me: «O que estavas, lá em cima, a pôr dentro das tuas calças?» «Apenas a minha camisa», repliquei. «Não acredito em ti», declarou o Sr. Zac. «A menos que desapertes as calças agora mesmo e me mostres, estás despedido». De início, como é evidente, não pensei que ele falasse a sério. Quando finalmente compreendi que sim, deparei-me com um dilema: desapertar as minhas calças para o patrão ou ficar com a renda em atraso e enfrentar uma expulsão. Optei pela primeira, mas, enquanto ali estava, deixando cair as calças até aos joelhos, o meu rosto ardia de fúria e embaraço. Nunca me vira colocado em semelhante situação – ter de me despir para provar a minha inocência.

Após verificar, por si próprio, que eu não tinha nada da sua preciosa mercadoria, o Sr. Zac enviou-me, novamente, para o andar de vendas. Porém, eu transformara-me numa pessoa diferente. Deixei de me interessar em vender e ser um bom empregado. Estava interessado em desforrar-me. E assim o fiz. Durante os meses seguintes, empreguei os meus melhores esforços para lhe roubar tudo o que podia – vestuário, roupa interior, sobretudos, gravatas, o que fosse possível. Com o auxílio de alguns dos outros empregados, roubámos até um grande expositor. O Sr. Zac nunca se apercebeu e, por fim, eu desisti do emprego. Estava justificado por roubar o Sr. Zac? Claro que não. Nesta idade, perante as mesmas circunstâncias, fá-lo-ia novamente? Não. Mas, nessa época, eu era novo, idealista, muito teimoso e totalmente destemido. Os criminologistas têm registado que o motivo para tantos jovens não terem medo se deve ao facto de ainda não compreenderem que os actos podem ter consequências graves. Nunca me ocorreu que eu poderia ter sido preso por roubar o Sr. Zac.

O impacto da lealdade no emprego – ou, como no caso dos empregados do Sr. Zac, a falta dela – é um factor importante a ter em conta na fórmula da fraude e do abuso ocupacionais. As alterações no mercado de trabalho americano poderão, ou não, provocar mais problemas relacionados com a fraude. Muito se tem escrito recentemente sobre redução de efectivos, *outsourcing* e aumento da rotação de empregados. Se, maioritariamente, o empregado do futuro for um contratado, muito do incentivo à lealdade para com as organizações poderá perder-se. Essa tendência parece estar em marcha, mas o seu verdadeiro impacto em relação às fraudes ainda não está definido. Contudo, a fraude é apenas um custo dos negócios. Se o *outsourcing* da América na empresa causar, de facto, mais fraude e abuso ocupacionais, poderá considerar-se que os benefícios da reestruturação ultrapassam, pelo menos no curto prazo, o custo de mais delitos. No longo prazo, torna-se difícil justificar como é que empregados que roubam as organizações, seja para quem for, podem constituir uma vantagem. Essa era também a teoria de Cressey.

Factores Sociológicos

Quando o estudo de Cressey foi realizado, no início da década de 1950, a mão-de-obra era sem dúvida diferente da actual. Mas o empregado que se depara com uma necessidade financeira imediata, impossível de partilhar, não mudou muito ao longo dos anos. Cressey salientou que, para o violador da confiança, é necessário que este acredite que a sua situação financeira pode ser secretamente resolvida. Cressey declarou:

Em todos os casos [do estudo] existia uma sensação nítida de que, devido a actividades anteriores ao desfalque, a aprovação de grupos importantes, para a pessoa de confiança, se perdera, ou uma sensação nítida de que a presente aprovação do grupo ficaria perdida se certas actividades fossem reveladas [o problema financeiro impossível de partilhar], com o resultado de que a pessoa de confiança se encontrava efectivamente isolada das pessoas que poderiam auxiliá-la a resolver os problemas resultantes dessa actividade.

Embora o conceito claro de um problema financeiro impossível de partilhar não resulte invariavelmente na violação da confiança, estabelece nas pessoas, em quem se deposita confiança, o desejo de um tipo de solução específica para os seus problemas. Os resultados desejados, nos casos encontrados, foram uniformes: a solução ou a solução parcial do problema através da utilização de fundos que podem ser obtidos por um método independente, relativamente secreto e seguro, de acordo com as «justificações», disponíveis para a pessoa naquele momento[20].

Cressey salientou que muitos dos seus alvos de estudo referiram a importância de resolverem o problema em segredo.

Cressey descobriu também, ao falar com os seus violadores de confiança, que estes não viam a sua posição como uma possível rampa de abuso, até serem confrontados com o problema financeiro impossível de partilhar. Utilizavam expressões como «ocorreu-me» ou «apercebi-me» que o dinheiro que lhes era confiado poderia ser utilizado para resolver as suas situações vexatórias. Na opinião de Cressey, o violador de confiança tinha de ter dois pré-requisitos: informações gerais e competência técnica. No que se refere às informações gerais, a qualidade fiduciária de um empregado implica que, uma vez que se trata de uma posição de confiança (entenda-se: ninguém verifica as suas acções), esta pode ser violada.

Para Cressey, além das informações gerais, o violador da confiança devia ter as competências técnicas necessárias para realizar, em segredo e com êxito, a fraude. Observou:

É o próximo passo importante para a infracção: a aplicação das informações gerais à situação específica e, em conjunto, a percepção de que, além de ter possibilidades gerais de violação, uma posição de confiança pode ser utilizada para a finalidade específica de resolver um problema impossível de partilhar... A afirmação de que as pessoas de confiança devem saber que os fundos, que lhes foram confiados, podem ser secretamente utilizados para resolver o problema não partilhável baseia-se nas observações da aplicação das informações gerais a situações específicas[21].

Baseando-se nas suas observações, Cressey acreditava que se tornava difícil distinguir o que se passava primeiro: a necessidade de fundos ou a percepção de que estes podiam ser utilizados em segredo. Por outras palavras, teria a pessoa uma necessidade «legítima» de fundos, antes de se aperceber de como se apoderar destes secretamente? Ou veria a pessoa um acesso secreto aos fundos e descobriria uma justificação para os utilizar?

Em seguida, Cressey aprofundou a investigação, analisando os processos mentais dos delinquentes: como seriam capazes de se convencerem de que não havia mal em roubar? Descobriu que eram capazes de desculpar os seus actos perante si próprios, considerando os seus delitos de um destes três pontos de vista:

1. Como não criminoso.
2. Como justificado.
3. Como parte de uma situação que os infractores não controlam.

Cressey generalizou estes métodos como «justificações». Nos seus estudos, Cressey descobriu que, «em casos de violação da confiança descoberta, estavam sempre presentes importantes justificações antes de o acto criminoso ocorrer ou, pelo menos, no momento em que ocorria, e, de facto, após o acto ter sido praticado, a justificação era frequentemente abandonada»[22]. Isso deve-se, evidentemente, à natureza que todos possuímos: a primeira vez em que praticamos algo contrário à nossa moral, o facto incomoda-nos. À medida que repetimos o acto, este torna-se mais fácil. Uma marca dos delinquentes de fraude e abuso ocupacionais é o facto de, uma vez ultrapassada a fronteira, os actos ilegais se tornarem mais ou menos contínuos.

Um dos modos mais simples de justificar uma conduta inaceitável e evitar sentimentos de culpa consiste em inventar um motivo para desviar o dinheiro, motivo esse que seja autorizado no grupo social como um bem maior. Assim, a auto-imagem do violador da confiança, caso este seja descoberto, tem de ser justificável para si e para as pessoas que o rodeiam.

Tipos de delinquentes

Para uma melhor análise, Cressey dividiu as pessoas em três grupos:

1. Homens de negócios independentes.
2. Infractores de longo prazo.
3. Fugitivos.

Descobriu que cada grupo possuía os seus próprios tipos de justificação.

HOMENS DE NEGÓCIOS INDEPENDENTES

Os homens de negócios serviam-se de uma de duas desculpas frequentes: (1) estavam a «pedir emprestado» o dinheiro que convertiam, ou (2) os fundos que lhes eram confiados eram realmente seus e... não podemos roubar-nos a nós próprios. Cressey descobriu que a justificação do «empréstimo» era a mais utilizada. Muitos homens de negócios independentes também manifestavam a crença de que as suas práticas constituíam a regra noutros negócios. De um modo quase universal, os proprietários de negócios sentiam que as suas actividades ilegais eram ditadas por uma «situação invulgar», que Cressey compreendeu ser, na realidade, um problema financeiro impossível de partilhar.

INFRACTORES DE LONGO PRAZO
Os infractores de longo prazo, que Cressey estudou, também prefeririam, por norma, a justificação do «empréstimo». Outras justificações destes infractores foram também descritas:

1. Desviavam o dinheiro para poupar as suas famílias da vergonha, da desgraça ou da pobreza.
2. Tratava-se de um caso de «necessidade»; os seus empregadores enganavam-nos financeiramente.
3. Os seus empregadores eram desonestos para com os outros e mereciam ser vigarizados.

Alguns até salientavam que era mais difícil devolver os fundos do que roubá-los e reivindicavam que não pagavam novamente os seus «empréstimos» por receio de serem descobertos. Algumas pessoas do estudo controlavam o valor dos furtos, mas a maioria só o fazia no início. Ao fim de algum tempo, à medida que os desvios aumentam, presume-se que os delinquentes preferem não saber a dimensão dos seus «empréstimos». Todos os infractores de longo prazo, do estudo, manifestaram que gostariam de acabar por «limpar o cadastro» e pagar a dívida.

Cressey anotou que muitos delinquentes, por fim, se apercebiam que estavam «muito endividados». Esta consciência obriga os infractores a pensarem nas possíveis consequências dos seus actos. Cressey declarou que o receio gerado, por se sentirem incapazes de resolver a dívida, não é provocado pelo pensamento de irem presos, já que, geralmente, os delinquentes não consideram a sua conduta ilegal. Como observou Cressey, «o violador da confiança não pode recear o tratamento, geralmente, concedido aos criminosos, até se ver a si próprio como um criminoso»[23].

Mas, a certa altura, verificou Cressey, os delinquentes começam a ficar apreensivos acerca das possíveis conotações sociais e, mais tarde, das possibilidades criminosas. Muitos delinquentes descreveram-se como extremamente nervosos e preocupados, tensos e infelizes. Cressey sentiu que, sem a justificação de estarem a pedir um empréstimo, os delinquentes de longo prazo do seu estudo sentiam dificuldade em conciliar a conversão de dinheiro e a definição de pessoas honestas e dignas de confiança. Se tal for a situação, declara Cressey, «como consequência, [o delinquente] (a) volta a adoptar as atitudes dos grupos com que se identificava antes de ter violado a confiança, ou (b) adopta as atitudes da nova categoria de pessoas (infractores) com as quais agora se identifica»[24].

FUGITIVOS
O terceiro grupo de infractores que Cressey descreveu foi o dos «fugitivos» – pessoas que pegam no dinheiro e fogem. Conseguiu inserir este grupo, na sua teoria de uma necessidade financeira não partilhável, descrevendo o seu comportamento como «isolado». Observou:

Embora no caso de pessoas que fogem com fundos que lhes foram confiados, tal como no caso de outros infractores, praticamente qualquer situação problemática possa ser definida como não partilhável, os problemas que não são partilháveis para os fugitivos são quase sempre dessa natureza por estes se encontrarem fisicamente isolados de outras pessoas com quem possam partilhar os seus problemas. As pessoas que fogem com os fundos ou os bens que lhes são confiados geralmente não são casadas ou estão separadas dos cônjuges, vivem em hotéis ou pensões, possuem poucas associações de grupo principais, de qualquer espécie, e possuem poucos bens. Apenas um dos fugitivos entrevistados tivera uma elevada posição de confiança, como contabilista, executivo de negócios ou guarda-livros[25].

Cressey declara que, embora os fugitivos reconheçam o seu comportamento como criminoso, justificam os seus actos reivindicando que o seu comportamento é provocado por influências externas, que escapam ao seu controlo. Os fugitivos também manifestam, frequentemente, uma atitude de indiferença. Além disso, é mais provável que argumentem que os seus próprios «defeitos» pessoais os levaram à criminalidade.

Em 1950, quando Cressey reuniu estes dados, aqueles que se apropriavam indevidamente de dinheiro eram considerados

Pessoas de elevado estatuto económico que retiravam dinheiro ao longo de vários períodos de tempo..., enquanto os «ladrões» eram pessoas de baixo estatuto que tiravam todos os fundos que encontravam à sua disposição. Uma vez que a maioria dos fugitivos se identifica com o grupo de estatuto mais baixo, considera-se mais como parte de uma classe especial de ladrões do que como violadores de confiança. Tal como os infractores de longo prazo e os homens de negócios independentes, inicialmente, não consideram a possibilidade de fugirem com os fundos retirados, os fugitivos não pensam na possibilidade de tirarem quantias de dinheiro relativamente pequenas ao longo de um certo período de tempo[26].

Uma das observações mais fundamentais do estudo de Cressey foi o facto de serem necessários os três elementos – motivo, oportunidade apercebida e capacidade de justificação – para que a violação de confiança ocorresse.

Cressey concluiu que

[uma] violação de confiança ocorre quando a posição de confiança é vista, pela pessoa de confiança, com base nos conhecimentos culturalmente adquiridos sobre os fundos que lhe são confiados e com base nas justificações para a utilização dos mesmos, como meio de resolver um problema não partilhável. A ausência de qualquer um destes eventos impede a violação. Os três eventos constituem as condições sob as quais a violação da confiança ocorre e o termo «causa» pode ser aplicado à sua conjectura, uma vez que a violação da confiança depende dessa suposição. Sempre que a conjectura dos eventos ocorre, verifica-se a violação da confiança; se a conjectura não ocorrer, não há violação de confiança[27].

Conclusão

O triângulo clássico de Cressey contribui para explicar a natureza de muitos – mas não todos – delinquentes ocupacionais. Embora os académicos tenham testado o seu modelo, este ainda não encontrou, totalmente, uma aplicação prática no desenvolvimento de programas de prevenção da fraude. A nossa percepção é de que um modelo – mesmo o de Cressey – não serve para todas as situações. Além disso, o estudo já tem mais de meio século. Houve entretanto consideráveis mudanças sociais. E, actualmente, muitos profissionais antifraude crêem que há uma nova espécie de delinquente ocupacional – alguém a quem simplesmente falta a consciência suficiente para fugir à tentação.

Até o próprio Cressey notou essa tendência mais tarde. Após realizar este estudo decisivo acerca do desvio de fundos, Cressey prosseguiu uma carreira académica distinta, acabando por se tornar autor de 13 livros e aproximadamente 300 artigos sobre assuntos criminais. Alcançou o cargo de Professor Emérito em Criminologia na Universidade de Califórnia, Santa Barbara.

Tive a honra de conhecer, pessoalmente, Cressey. De facto, ele e eu colaborámos bastante, antes da sua morte em 1987, e a sua influência sobre as minhas teorias antifraude foi considerável. As nossas famílias conhecem-se, hospedávamo-nos em casa um do outro, viajávamos juntos. Ele era meu amigo. De certo modo, formávamos um estranho par. Ele, o académico, e eu, o homem de negócios. Ele, o teórico, e eu, o prático.

Conheci-o numa missão, por volta de 1983. Uma empresa que fazia parte da lista das 500 maiores da revista *Fortune* contratou-me para investigação e consulta num assunto. Era um caso bastante confuso de um vice-presidente, de nível elevado, que fora encarregado de um grande projecto de construção para uma nova fábrica da empresa. O orçamento de 75 milhões de dólares, pelo qual ele era responsável, acabou por ser uma tentação demasiado grande. As empresas de construção ofereceram belos jantares ao vice-presidente, acabando por lhe fornecer um isco tentador e ilegal: drogas e mulheres.

Ele mordeu o isco.

A partir de então, o vice-presidente sucumbiu completamente às comissões. Quando, finalmente, a poeira assentou, ele embolsara secretamente cerca de 3,5 milhões de dólares. Após terminar a investigação interna para a empresa, reunindo documentação e entrevistas, colaborei com os procuradores da Justiça, a pedido da empresa, para metê-lo na prisão. A empresa colocou-me então uma questão muito simples: «Por que motivo procedeu ele assim?» Como antigo agente do FBI, com centenas de casos de fraude no activo, devo admitir que nunca pensara muito acerca dos motivos dos delinquentes ocupacionais. Na minha opinião, cometiam estes crimes por serem patifes. Mas a empresa – certamente progressista na frente antifraude da época – desejava que eu investisse recursos para descobrir por que motivo, e de que modo, os empregados seguem o mau caminho, para poder fazer algo para o evitar. Esta busca conduziu-me às vastas bibliotecas da Universidade do Texas, em Austin, que me levaram à primitiva investigação de Cressey. Após ler a sua obra, apercebi-me de que Cressey descrevera na perfeição os que se apropriavam indevidamente de dinheiro que eu encontrara. Eu desejava conhecê-lo.

Descobrir Cressey foi bastante fácil. Fiz dois telefonemas e descobri que ele ainda estava vivo e de boa saúde, dando aulas em Santa Barbara. Como o seu número vinha na lista telefónica, liguei-lhe. Ele concordou em encontrar-se comigo quando eu fosse à Califórnia. Assim teve início o que se tornou uma relação muito próxima, que durou até à sua morte prematura em 1987. Foi ele que reconheceu o verdadeiro valor de combinar a teoria com a prática. Cressey costumava proclamar que aprendera tanto comigo como eu com ele. Mas além do seu génio, ele era uma das pessoas mais amáveis que conheci. Embora tivéssemos estado juntos profissionalmente apenas durante quatro anos, percorremos um longo caminho. Cressey estava convencido de que havia a necessidade de uma organização que se dedicasse exclusivamente à detecção e à prevenção da fraude. A *Association of Certified Fraud Examiners* (Associação de Investigadores Certificados de Fraudes), que começou cerca de um ano após a sua morte, existe em larga medida devido à visão de Cressey. Além disso, embora Cressey não o soubesse na altura, ele criou o conceito daquilo que veio a tornar-se o investigador certificado de fraudes.

Eis como tudo se passou. Don, a sua esposa Elaine, a minha mulher Judy e eu regressávamos de uma conferência sobre fraudes na Austrália, quando fizemos uma paragem de dois dias nas ilhas Fiji. Quando estávamos sentados na praia, a conversar, Cressey teorizou que chegara o momento de haver um novo tipo de «polícia na empresa» – alguém formado na detecção e na prevenção do crime do futuro: a fraude. Cressey salientou que o polícia tradicional se encontrava mal apetrechado para lidar com crimes financeiros sofisticados e o mesmo sucedia com os contabilistas tradicionais. Foi apenas uma das muitas ideias que debateu nesse dia, mas que me ficou gravada na memória.

Dr. W. Steve Albrecht

Não muito tempo depois, conheci outro investigador pioneiro na área da fraude e do abuso ocupacionais, o Dr. Steve Albrecht, da Universidade Brigham Young. Ao contrário de Cressey, Albrecht recebera formação de contabilidade. Debatíamos, entre outras coisas, a ideia de Cressey. Albrecht concordava com Cressey – os contabilistas tradicionais, declarava, estavam mal preparados para lidar com crimes financeiros complexos. Por fim, os meus colegas e eu decidimos que este novo tipo de «polícia na empresa» receberia formação em quatro disciplinas: contabilidade, direito, investigação e criminologia. E esse novo polícia na empresa é agora o investigador certificado de fraudes (CFE – *Certified Fraud Examiner*).

O Estudo Albrecht

Steve contribuiu para dar início ao programa do CFE e as suas contribuições para a investigação da fraude foram enormes. Ele e dois dos seus colegas, Keith Howe e Marshall Romney, realizaram uma análise de 212 fraudes no início da década de 80, com um subsídio do *Institute of Internal Auditors Research Foundation* (Fundação de Investigação do Instituto de Auditores Internos), que possibilitou a sua obra intitulada *Deterring Fraud: The Internal Auditor's Perspective*. A metodologia do estudo implicava a obtenção de dados demográficos e informações de fundo acerca das fraudes, através da utilização intensiva de questionários. Os participantes no inquérito eram auditores internos de empresas que haviam sofrido fraudes.

O estudo abrangia várias áreas, sendo que uma das mais interessantes se concentrava nas motivações dos autores de fraude e abuso ocupacionais. Os motivadores eram classificados entre nove tipos:

1. Viver acima das suas posses.
2. Um desejo irresistível de lucro pessoal.
3. Elevada dívida pessoal.
4. Uma associação íntima aos clientes.
5. Sentir que o ordenado não é proporcional à responsabilidade.
6. Uma atitude intriguista.
7. Um forte desafio de vencer o sistema.
8. Hábitos de jogo excessivos.
9. Pressão indevida de família ou de pares[28].

Como se pode constatar pela lista, estes motivadores assemelham-se muito aos problemas financeiros não partilháveis que Cressey debatia. O estudo de Albrecht, *et al.*, também revelou várias relações interessantes entre os fraudadores e os delitos que cometiam. Por exemplo, os autores de grandes fraudes utilizavam os ganhos para comprar casas e automóveis caros, propriedades de lazer, fazer férias dispendiosas, sustentar relações extraconjugais e realizar investimentos especulativos. Os que cometiam pequenas fraudes não procediam assim.

Chegou-se a outras conclusões. Os autores que estavam essencialmente interessados em «vencer o sistema» cometiam fraudes maiores. Contudo, os que pensavam que o seu ordenado não era adequado cometiam essencialmente pequenas fraudes. Falta de segregação das responsabilidades, dar-se confiança desmesurada a empregados fundamentais, impor-se objectivos irrealistas e funcionar-se numa base de crise são pressões, ou fraquezas, associadas às grandes fraudes. Os licenciados eram menos propensos a gastar os lucros do seu saque em férias extravagantes, na aquisição de propriedades de lazer, no sustento de relações extraconjugais e na compra de automóveis caros. Por fim, era mais provável que as pessoas com remunerações mais baixas já antes possuíssem cadastro[29].

Tal como o estudo de Cressey, o de Albrecht sugere três factores envolvidos nas fraudes ocupacionais: «uma pressão situacional (pressão financeira impossível de partilhar), a percepção da oportunidade para cometer e ocultar o acto desonesto (um modo de decidir secretamente o acto desonesto, ou a falta de impedimento pela gestão), e um modo de considerar (verbalizar) o acto como sendo inconsistente com o nível de integridade pessoal ou como justificável».

A Balança da Fraude

Para explicar o conceito, Albrecht desenvolveu a «Balança da Fraude», exibida na Figura 1.2, que incluía os componentes da pressão situacional, as oportunidades de concretização e a integridade pessoal[30]. Quando a pressão situacional e as oportunidades de concretização são elevadas e a integridade pessoal é baixa, é muito mais provável que ocorra a fraude ocupacional do que quando se verifica o contrário[31].

FIGURA 1.2 A Balança da Fraude

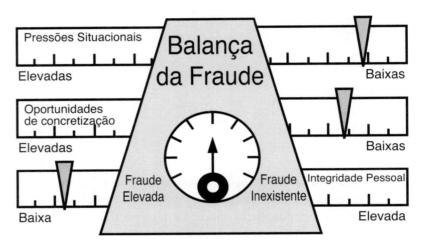

Fonte: Albrecht, Howe, e Romney, *Deterring Fraud: The Internal Auditor's Perspective*, Altamonte Springs: The Institute of Internal Auditors Research Foundation, 1983, p. 6.

Os autores descrevem as pressões situacionais como «os problemas imediatos que as pessoas sentem nos seus ambientes, os mais prementes dos quais são, provavelmente, elevadas dívidas pessoais ou prejuízos financeiros»[32]. As oportunidades para cometer fraude, declaram Albrecht *et al.*, podem ser criadas por controlos internos deficientes ou inexistentes – os do empregado ou da empresa. A integridade pessoal «refere-se ao código pessoal de comportamento ético que cada pessoa adopta. Embora este factor pareça constituir um modo simples de determinar se a pessoa é honesta ou desonesta, a investigação sobre o desenvolvimento moral indica que a questão é mais complexa»[33].

Albrecht e os seus colegas acreditavam que, considerados como grupo, os autores de fraude ocupacional são difíceis de definir e a fraude difícil de prever. A sua investigação analisou fontes de informação abrangentes, de modo a reunir uma lista completa de variáveis de pressão, oportunidade e integridade, que resultou em 82 possíveis alertas ou indicadores de fraude e abuso. Os alertas iam desde as dívidas pessoais invulgarmente elevadas até à crença que o emprego da pessoa estava em risco; desde a não separação dos procedimentos de guarda de activos até à não verificação adequada dos antecedentes do potencial empregado[34].

Embora tais alertas possam estar presentes em muitos casos de fraude ocupacional, Albrecht e os colegas previnem que os fraudadores são difíceis de definir e a fraude difícil de prever. Para sublinhar este ponto, a sua investigação não aborda – e nenhuma investigação actual foi feita para determinar esse facto – se os não delinquentes possuem muitas das mesmas características. Se tal for o caso, então a lista poderá não ser suficientemente judiciosa para ter utilidade. Em resumo, embora os potenciais alertas devam ser considerados, não devem, na ausência de circunstâncias mais fundamentadas, receber atenção indevida.

Richard C. Hollinger

O Estudo Hollinger-Clark

Em 1983, Richard C. Hollinger, da Universidade Purdue, e John P. Clark, da Universidade do Minnesota, publicaram investigações com base federal, que envolviam inquéritos a, aproximadamente, 10 mil trabalhadores norte-americanos. A sua obra, *Theft by Employees*, chegou a uma conclusão diferente da do trabalho de Cressey. Estes autores concluíram que os empregados roubam, principalmente, devido às condições do local de trabalho e que os verdadeiros custos do problema se encontram extremamente subavaliados: «Em suma, quando consideramos os incalculáveis custos sociais… o custo total pelo furto no local de trabalho é, sem dúvida, bastante subavaliado pelas estimativas financeiras disponíveis»[35].

Hipóteses de furto por parte dos empregados

Ao rever a documentação sobre o furto cometido por empregados, Hollinger e Clark concluíram que os peritos desenvolveram cinco conjuntos de hipóteses de roubo por parte dos empregados, separados mas inter-relacionados. O primeiro era constituído pelas pressões económicas externas, tal como o «problema financeiro impossível de partilhar» que Cressey descrevera. A segunda hipótese era que os empregados de hoje, especificamente os jovens, não são tão trabalhadores nem tão honestos como os das gerações passadas. A terceira teoria, defendida principalmente pelas pessoas com anos de experiência na indústria da segurança e investigação, era a de que todos os empregados podem ter a tentação de roubar um empregador. A teoria pressupõe, basicamente, que as pessoas são gananciosas e desonestas por natureza. A quarta teoria afirmava que a insatisfação com o trabalho era a causa principal do furto por parte dos empregados e a quinta que o furto ocorre devido à estrutura, formal ou informal, largamente partilhada das organizações. Ou seja, com o passar do tempo, as normas do grupo – boas ou más – tornam-se o padrão de conduta. Culminada a investigação, concluíram que a quarta hipótese era a correcta.

Comportamento desviante dos empregados

O furto por parte dos empregados encontra-se num extremo do comportamento desviante dos trabalhadores, que pode ser definido como conduta prejudicial para a organização e para o empregado. No outro extremo, encontra-se o comportamento contraproducente do empregado, como esquivar-se às obrigações, a sabotagem industrial, e, até mesmo, as greves ilegais. Hollinger e Clark definem duas categorias básicas de comportamento desviante dos empregados: actos cometidos contra a propriedade e violação das normas que regem os níveis aceitáveis de produção, tendo esta última impacto ao nível das vendas.

Durante os três anos que durou o estudo, Hollinger e Clark desenvolveram um questionário por escrito, enviado para empregados de três sectores diferentes: retalho, hospitais e indústria. Acabaram por receber 9.175 questionários válidos de empregados, que representavam cerca de 54% dos inquiridos. Seguem-se os resultados do questionário. A Figura 1.3 representa apenas o desvio de propriedade[36].

FIGURA 1.3 Desvio de Propriedade Hollinger-Clark

Fase I e Fase II reunidas dos Pontos de Desvio de Propriedade e Percentagem de Envolvimento Reportado, por Sector						
	Envolvimento				
Pontos	Quase diariamente	Cerca de uma vez por semana	4 a 12 vezes por ano	1 a 3 vezes por ano	Total
Sector de vendas a retalho (N= 3.567)					
Usar indevidamente os descontos	0,6	2,4	11	14,9	28,9
Levar mercadoria armazenada	0,2	0,5	1,3	4,6	6,6
Ser pago por mais horas do que as trabalhadas	0,2	0,4	1,2	4	5,8
Subvalorizar propositadamente uma compra	0,1	0,3	1,1	1,7	3,2
Levar emprestado ou tirar dinheiro do empregador sem autorização	0,1	0,1	0,5	2	2,7
Ser reembolsado por mais dinheiro do que o gasto em despesas de negócios	0,1	0,2	0,5	1,3	2,1
Danificar mercadoria para a comprar com desconto	0	0,1	0,2	1	1,3
Total envolvido em desvio de propriedade					35,1
Sector hospitalar (N= 4.111)					
Levar provisões do hospital (por exemplo, roupa branca, ligaduras)	0,2	0,8	8,4	17,9	27,3
Levar ou utilizar medicamentos destinados aos doentes	0,1	0,3	1,9	5,5	7,8

Fase I e Fase II reunidas dos Pontos de Desvio de Propriedade e Percentagem de Envolvimento Reportado, por Sector					
Pontos	Envolvimento				
	Quase diariamente	Cerca de uma vez por semana	4 a 12 vezes por ano	1 a 3 vezes por ano	Total
Ser pago por mais horas do que as trabalhadas	0,2	0,5	1,6	3,8	6,1
Levar equipamento ou ferramentas do hospital	0,1	0,1	0,4	4,1	4,7
Ser reembolsado por mais dinheiro do que o gasto em despesas de negócios	0,1	0	0,2	0,8	1,1
Total envolvido em desvio de propriedade					33,3
Sector da Indústria (N=1.497)					
Levar matérias-primas usadas na produção	0,1	0,3	3,5	10,4	14,3
Ser pago por mais horas do que as trabalhadas	0,2	0,5	2,9	5,6	9,2
Levar ferramentas ou equipamento da empresa	0	0,1	1,1	7,5	8,7
Ser reembolsado por mais dinheiro do que o gasto em despesas de negócios	0,1	0,6	1,4	5,6	7,7
Levar produtos terminados	0	0	0,4	2,7	3,1
Levar metais preciosos (por exemplo, platina, ouro)	0,1	0,1	0,5	1,1	1,8
Total envolvido em desvio de propriedade					28,4

Fonte: Adaptado de Hollinger, Richard C. e Clark, John P., *Theft by Employees*, Lexington, KY: Lexington Books, 1983, p. 42.

Para testar, empiricamente, se a questão económica tinha efeito no nível de furto, os investigadores também separaram os dados por rendimento do agregado familiar, para verificar a teoria de que quanto mais baixo fosse o rendimento, maior era o grau de furtos. Contudo, não conseguiram confirmar essa relação estatística. Tenderia assim a haver uma indicação que – pelo menos neste estudo – o rendimento total não constitui precedente para o furto. Mas conseguiram confirmar que existia uma relação estatística entre a «preocupação» de uma pessoa acerca da sua situação financeira e o nível do furto.

A Figura 1.4 fornece um resumo da investigação de Hollinger e Clark a respeito do desvio de produção. Não constitui surpresa o facto de as violações mais comuns serem a realização de pausas ou almoços demasiado longos, havendo mais de metade dos empregados envolvidos nesta actividade[37].

Hollinger e Clark apresentaram uma lista de oito grandes preocupações dos empregados, desde a saúde a questões de educação e problemas financeiros. «Estar preocupado com as finanças e estar sob pressão financeira não é, necessariamente, a mesma coisa. No entanto, se um inquirido considerava as suas finanças como uma das questões mais importantes, essa preocupação podia dever-se parcialmente a "problemas económicos impossíveis de partilhar [sic]" ou, também, podia ser que as realidades actuais não correspondessem às aspirações financeiras, independentemente do rendimento recebido nesse momento»[38].

FIGURA 1.4 Desvio de Produção Hollinger-Clark

Pontos	Fase I e Fase II reunidas dos Pontos de Desvio de Produção e Percentagem de Envolvimento Reportado, por Sector					
	Envolvimento				
	Quase diariamente	Cerca de uma vez por semana	4 a 12 vezes por ano	1 a 3 vezes por ano	Total
Sector de vendas a retalho (N= 3.567)					
Fazer almoço ou pausas longas sem autorização	6,9	13,3	15,5	20,3	56
Chegar tarde ao trabalho ou sair cedo	0,9	3,4	10,8	17,2	32,3
Utilizar a baixa por doença sem estar doente	0,1	0,1	3,5	13,4	17,1
Trabalhar lenta ou desleixadamente	0,3	1,5	4,1	9,8	15,7
Trabalhar sob a influência de álcool ou drogas	0,5	0,8	1,6	4,6	7,5
Total envolvido em desvio de produção					65,4
Sector hospitalar (N= 4.111)					
Fazer almoço ou pausas longas sem autorização	8,5	13,5	17,4	17,8	57,2
Chegar tarde ao trabalho ou sair cedo	1	3,5	9,6	14,9	29
Utilizar a baixa por doença sem estar doente	0	0,2	5,7	26,9	32,8
Trabalhar lenta ou desleixadamente	0,2	0,8	4,1	5,9	11
Trabalhar sob a influência de álcool ou drogas	0,1	0,3	0,6	2,2	3,2
Total envolvido em desvio de produção					69,2
Sector da Indústria (N=1.497)					
Fazer almoço ou pausas longas sem autorização	18	23,5	22	8,5	72
Chegar tarde ao trabalho ou sair cedo	1,9	9	19,4	13,8	44,1
Utilizar a baixa por doença sem estar doente	0	0,2	9,6	28,6	38,4
Trabalhar lenta ou desleixadamente	0,5	1,3	5,7	5	12,5
Trabalhar sob a influência de álcool ou drogas	1,1	1,3	3,1	7,3	12,8
Total envolvido em desvio de produção					82,2

Fonte: Adaptado de Hollinger, Richard C. e Clark, John P., *Theft by Employees*, Lexington, KY: Lexington Books, 1983, p. 45.

O estudo concluiu que, «em cada sector, os resultados são significativos, com maior probabilidade de as pessoas, que cometiam furtos mais elevados, se preocuparem com as suas finanças, sobretudo aquelas que as classificavam-na como a primeira ou a segunda questão mais importante»[39]. Os investigadores não conseguiram confirmar qualquer relação entre as pressões da comunidade e o nível do furto.

Idade e Furto

Hollinger e Clark crêem que existe uma correlação entre a idade e o nível do furto. «Poucas outras variáveis... demonstraram uma relação tão forte ao furto como a idade do empregado»[40]. O motivo, concluíram, era que os empregados mais jovens possuíam um vínculo menor à organização e, por isso, níveis mais baixos de compromisso para com a mesma. «Por definição», declaram, «é provável que estes empregados sejam mais jovens»[41]. Além disso, existe uma longa história de relação entre muitos níveis de crimes e jovens. Os sociólogos sugeriram que o processo central de controlo é determinado pelo «compromisso de conformidade» de uma pessoa. Segundo este modelo – presumindo que os empregados se encontram todos sujeitos aos mesmos motivos e oportunidades desviantes – a probabilidade do envolvimento desviante depende dos níveis de conformidade.

Os investigadores sugerem que as implicações políticas da teoria do compromisso de conformidade são que, em vez de submeter os empregados a medidas draconianas de segurança, «as empresas deveriam conceder aos mais jovens muitos dos mesmos direitos, regalias e privilégios dos empregados mais velhos e vinculados. Com efeito, ao indicar aos empregados mais novos que são temporários ou dispensáveis, a organização pode estar a incentivar inadvertidamente a sua própria vitimização pelo próprio grupo de empregados que já está menos empenhado nos objectivos expressos pelos proprietários e gestores»[42].

Hollinger e Clark conseguiram confirmar uma relação directa entre o cargo de um empregado e os níveis dos furtos, que são mais elevados nos empregos com acesso, praticamente ilimitado, às coisas de valor na organização. Embora vissem relações óbvias entre a oportunidade e o furto (por exemplo, caixas de lojas, com acesso diário ao dinheiro, tinham a incidência mais elevada), os investigadores acreditavam que a oportunidade constituía «apenas um factor secundário, que restringe o modo como o desvio se manifesta»[43].

Satisfação no Emprego e Desvio

A investigação de Hollinger e Clark sugere que todos os grupos etários de trabalhadores insatisfeitos com o emprego, mas em especial os mais novos, procuram compensações, através de um comportamento contraproducente ou ilegal para corrigir a «injustiça» sentida. Outros escritores, nomeadamente o antropólogo Gerald Mars e o investigador David Altheide, comentaram esta relação. Talvez se recorde do seu próprio caso de «desforra» da organização, pelos defeitos que lhe atribuiu, como eu fiz com o Sr. Zac.

Para dar outro exemplo, ouvi uma história lendária quando estava no FBI, acerca de um agente a que chamaremos Willis. Histórias como esta acabam por ganhar vida própria e, como tal, não posso garantir a sua total veracidade. De qualquer modo, Willis tentava, alegadamente, prender um fugitivo, quando o seu fato se desfez em pedaços. No seu recibo de despesas seguinte, Willis reivindicou 200 dólares pelo fato. Mas o funcionário do FBI, encarregado de pagar o recibo, chamou-o. «Willis», declarou o funcionário, «o Governo nunca irá pagar-te por teres rasgado o teu fato, esquece isso». Willis considerou extremamente injusta a situação, já que teria, ele próprio, de fazer uma despesa extra para comprar um fato novo. O que não seria necessário, se não fosse pelo seu emprego, alegou Willis. O funcionário, porém, não se deixou comover.

No mês seguinte, o funcionário recebeu o novo recibo de despesa do agente do FBI e examinou-o a pente fino, para se certificar de que Willis não faria uma nova tentativa de receber o dinheiro. Convencido de que o recibo era satisfatório, o funcionário chamou Willis. «Estou satisfeito por ver que não tentou reivindicar novamente o preço do fato», declarou o funcionário. Consta que Willis terá respondido: «Aí é que se engana. O preço do fato encontra-se no recibo. Tudo o que tem a fazer é descobri-lo».

Esta história ilustra o mesmo conceito que Mars observou, constantemente, entre empregados de restaurante de hotel e trabalhadores das docas. Os empregados pensavam que um pequeno furto não era roubo, mas era «considerado como um suplemento moralmente justificado das remunerações; de facto, era um direito devido pela exploração dos empregados»[44]. Altheide documentou ainda que o furto é frequentemente considerado pelo empregado como «um modo de desforra do patrão ou supervisor»[45]. Pela minha própria experiência com o Sr. Zac, posso confirmar esse sentimento. Jason Ditton descreveu um padrão nos vários sectores nos Estados Unidos chamado «remuneração em espécie», em que os empregados, «situados em partes [da organização] estruturalmente desvantajosas, recebem grande parte das suas remunerações de um modo invisível»[46].

Controlos Organizacionais e Desvio

Por muito que tentassem, Hollinger e Clark não foram capazes de estabelecer uma forte relação entre controlo e desvio. Examinaram cinco mecanismos de controlo: política da empresa, selecção do pessoal, controlo do inventário, segurança e sanções.

A política da empresa pode constituir um controlo eficaz. Hollinger e Clark salientaram que as empresas com uma forte política contra o absentismo têm menos problemas com essa situação. Como consequência, esperavam que as políticas que regem o furto dos empregados tivessem o mesmo impacto. Do mesmo modo, pensavam que a formação dos empregados, como política organizacional, possuía um efeito dissuasor. O controlo através da selecção do pessoal exerce-se contratando pessoas que se adaptem às expectativas da organização. O controlo do inventário é necessário não só como prevenção do roubo, mas também para detectar erros, evitar desperdícios e assegurar que se mantém uma reserva de inventário adequada. Os controlos de segurança envolvem medidas proactivas e reactivas, vigilância, investigações internas e outras. O controlo através das sanções foi concebido para impedir que cada pessoa, e quem quer que seja tentado a fazê-lo, proceda ilegalmente.

Hollinger e Clark entrevistaram inúmeros empregados numa tentativa de determinar as suas atitudes em relação ao controlo. No que se refere à política da empresa, concluíram que «a questão do roubo por parte de empregados constitui um assunto sensível nas organizações e deve ser tratado com alguma discrição. Deve manifestar-se uma preocupação com o roubo, sem criar uma atmosfera de desconfiança e paranóia. Se uma organização concede demasiada importância a este tópico, os empregados honestos podem sentir-se injustamente suspeitos, e que terá como consequência a diminuição da moral e o aumento da rotação de pessoal»[47].

Os empregados do estudo sentiam também, de um modo geral, que os registos informáticos do inventário contribuíam para a segurança e tornavam o roubo mais difícil. No que se refere ao controlo da segurança, os investigadores descobriram que os empregados consideravam que a sua finalidade era cuidar da segurança externa e não interna. Poucos dos empregados tinham consciência de que os departamentos de segurança investigam o furto por parte dos empregados, e a maioria desses departamentos possuía uma fraca imagem entre os trabalhadores. A respeito das sanções, os empregados entrevistados sentiam que o roubo teria por consequência, na pior das hipóteses, o despedimento. Acreditavam que os furtos menores seriam acompanhados de simples repreensões.

Hollinger e Clark concluem que os controlos formais das organizações fornecem boas e más notícias. «As boas notícias são o facto de o roubo por parte dos empregados parecer ser susceptível aos esforços de controlo... Contudo, os nossos dados indicam, também, que o impacto dos controlos organizacionais não é uniforme, nem muito forte. Em resumo, os controlos formais das organizações actuam, negativamente, sobre a incidência de roubo, mas tais efeitos devem ser compreendidos em conjunto com os outros factores que influenciam este fenómeno»[48].

Percepção do Controlo por parte dos Empregados

Os investigadores examinaram a percepção – não necessariamente a realidade – dos empregados que acreditavam que seriam apanhados se cometessem um roubo. «Descobrimos que, relativamente aos inquiridos nos três sectores, a expectativa de detecção estava inversamente relacionada com o roubo por parte dos empregados, ou seja, quanto maior a percepção de que o roubo seria detectado, menos provável se tornava que o empregado tivesse um comportamento desviante»[49].

O controlo social no trabalho, segundo Hollinger e Clark, consiste em controlos sociais formais e informais. O primeiro tipo de controlo pode ser descrito como a interiorização por parte do empregado das normas de grupo da organização; o último são as pressões externas, através de sanções positivas e negativas. Estes investigadores, juntamente com muitos outros, concluíram que, a nível geral, os controlos sociais informais oferecem a melhor prevenção. «Estes dados indicam, claramente, que a perda de respeito entre as pessoas com quem nos relacionamos era a variável mais eficaz para a previsão de um futuro envolvimento desviante». Além disso, «em geral, a probabilidade de sofrer sanções informais desempenha um papel bastante mais importante do que o receio de sanções formais na prevenção da actividade desviante»[50].

Conclusão

Com base no seu trabalho, Hollinger e Clark chegaram a muitas outras conclusões. Em primeiro lugar, acreditam que «aumentar, substancialmente, a presença da segurança interna não parece ser conveniente, tendo em conta a predominância do problema. Com efeito, proceder desse modo poderá piorar a situação»[51]. Em segundo lugar, concluem que é o mesmo tipo de empregados, que se dedica a desvios noutros locais de trabalho, que tem na organização esses desvios. Encontraram provas convincentes de que o trabalho lento ou desleixado, os abusos das baixas por doença, as longas pausas para o café, o consumo de droga e álcool no trabalho, o facto de se chegar atrasado e/ou sair cedo seriam atitudes mais prováveis nos empregados ladrões.

Em terceiro lugar, os investigadores colocam a hipótese de, caso se efectuassem esforços para diminuir o roubo por parte dos empregados, sem diminuir as suas causas subjacentes (por exemplo, insatisfação do empregado, falta de ética), o resultado poder criar um «efeito hidráulico». Significa isto que apertar os controlos sobre o desvio de propriedade pode originar mais actos que prejudiquem a produtividade da organização – se diminuirmos o roubo por parte dos empregados, poderemos estar a aumentar a fuga às obrigações. Em quarto lugar, concordaram que uma maior sensibilidade de gestão em relação aos empregados diminuirá todos os tipos de desvio no local de trabalho. Em quinto, crêem que deve ser concedida uma especial atenção aos empregados jovens, pois estes são, estatisticamente, os mais propensos a roubar. No entanto, embora a incidência do roubo seja mais elevada entre os mais jovens, as perdas são tipicamente menores do que as provocadas pelos empregados mais antigos, que tenham autoridade financeira.

Hollinger e Clark crêem que a gestão deve prestar atenção a quatro aspectos do desenvolvimento da política organizacional:

1. Uma clara compreensão a respeito do comportamento de roubo.
2. Uma difusão contínua de informações positivas que constituam o reflexo das políticas da empresa.

3. Aplicação de sanções.
4. Anunciar as sanções.

Os investigadores resumiram as suas observações deste modo:

talvez a implicação política global mais importante que possa ser retirada daqui... seja a de que o roubo e o desvio no local de trabalho constituem, em grande parte, o modo como a gestão da organização, a todos os níveis, é sentida pelo empregado. Mais concretamente, se o empregado puder chegar à conclusão que a sua contribuição no local de trabalho não é apreciada, ou que a organização não parece preocupar-se com o roubo da sua propriedade, podemos esperar encontrar maior envolvimento. Concluindo, uma predominância mais baixa do roubo por parte dos empregados poderá ser uma consequência preciosa de uma equipa de gestão receptiva às percepções e atitudes da sua mão-de-obra.[52]

O RELATÓRIO À NAÇÃO SOBRE FRAUDE E ABUSO OCUPACIONAIS DE 2006

Em 1993, a *Association of Certified Fraud Examiners* (Associação dos Investigadores Certificados de Fraudes) iniciou um grande estudo sobre casos de fraude ocupacional com o seguinte objectivo: classificar as fraudes e abusos ocupacionais segundo os métodos utilizados para os cometer. Havia também outros objectivos, um dos quais era ter uma ideia do modo como os profissionais – os CFE (*Certified Fraud Examiners*) – viam os problemas de fraude que as suas próprias empresas enfrentavam. Afinal, eles lidam diariamente com fraude e abuso. Outro objectivo consistia em reunir dados demográficos sobre os autores: que idade têm? Qual o nível de educação? Que percentagem de infractores são homens? Existiria alguma correlação, que pudéssemos identificar, a respeito dos delinquentes? E em relação às empresas lesadas: que dimensão teriam? Que sectores abrangeriam? Além disso, decidimos ainda pedir aos CFE que fizessem uma suposição pericial – com base na sua experiência – da quantidade de fraude e abuso que ocorre dentro das suas próprias organizações.

A partir de 1993, distribuímos um questionário minucioso, de quatro páginas, a cerca de 10 mil investigadores certificados de fraudes, pedindo-lhes que nos enviassem os pormenores de um caso de fraude que tivessem investigado. Por volta do início de 1995, tinham sido devolvidos para estudo 2.608 inquéritos, incluindo 1.509 casos de fraude ocupacional. Embora o desígnio do inquérito não fosse perfeito, o número total de respostas tornou-o, até à data, – que tenhamos conhecimento – no maior estudo deste género sobre este tema. Dos casos analisados, o total das perdas foi de cerca de 15 mil milhões de dólares, indo de um mínimo de 22 dólares a um máximo de 2,5 mil milhões de dólares. A partir desse inquérito, criámos, em 1996, o primeiro *Relatório à Nação sobre Fraude e Abuso Ocupacionais*. O presidente da Associação, Gilbert Geis, decidiu que o nome *Relatório à Nação sobre Fraude e Abuso Ocupacionais* era um pouco comprido, por isso intitulou-o também de «The Wells Report» (*O Relatório Wells*).

Desde 1996, a ACFE realizou mais três inquéritos a nível nacional acerca da fraude ocupacional. O primeiro ocorreu no final de 2001 e início de 2002, altura em que desenvolvemos um novo *Inquérito Nacional sobre Fraudes* para actualizar os dados do primeiro *Relatório à Nação*. Pediu-se novamente aos CFE que fornecessem informações de casos que tivessem investigado, e a partir delas pudemos traçar conclusões de como a fraude é cometida, como pode ser classificada e de que modo afecta a actividade comercial norte-americana. Os resultados deste estudo foram publicados no *Relatório à Nação sobre Fraude e Abuso Ocupacionais de 2002*, que, contudo, constituiu mais do que uma mera actualização do *Relatório à Nação* original. Tratou-se, também, de um alargamento do relatório original, acrescentámos questões sobre o modo como os esquemas eram detectados, sobre as medidas anti-fraude que as organizações lesadas tomavam e sobre o que sucedia aos fraudadores depois de descobertos. O novo estudo era mais pequeno – baseava-se em 663 casos registados de fraude ocupacional – mas incidia mais sobre o modo como a fraude é cometida e as medidas utilizadas para a combater. A ACFE publicou uma terceira edição, o *Relatório à Nação sobre Fraude e Abuso Ocupacionais de 2004*, baseado num terceiro inquérito, terminado entre o ano de 2003 e o início de 2004 (tendo sofrido apenas revisões mínimas do inquérito de 2002), que produziu 508 casos de fraude ocupacional.

O nosso inquérito mais recente foi realizado no início de 2006 e resultou no *Relatório à Nação sobre Fraude e Abuso Ocupacionais de 2006*. A edição actual do nosso *Relatório à Nação* baseia-se em 1.134 casos reais de fraude ocupacional – mais do dobro do nosso *Relatório de 2004*. O inquérito foi mais uma vez alargado, desta vez para fornecer dados do modo como métodos de fraude específicos afectam vários sectores e, ainda, o modo como esses métodos se relacionam com departamentos específicos ou tipos de trabalho dentro das organizações. O inquérito de 2006 incluía ainda uma alteração importante na metodologia, que deve ser referida. Em edições anteriores do *Relatório*, pedimos aos inquiridos que relatassem qualquer caso que tivessem investigado num período de tempo relevante. No nosso inquérito de 2006, pedimos aos inquiridos que relatassem o maior caso que tivessem investigado nos últimos dois anos. Incluímos este critério, porque cremos que ao estudar o modo como a fraude afecta as organizações, havendo um número limitado de casos possíveis de analisar, faz sentido concentrarmo-nos nos casos que provocam maiores prejuízos. No entanto, devido a esta alteração da metodologia, não realizámos comparações dos dados do inquérito de 2006 com os anteriores.

Uma vez que estas informações constituem os dados mais actualizados de que dispomos, a maioria dos dados estatísticos desta obra relativa à investigação da ACFE de fraude ocupacional provém do inquérito de 2006.

Avaliação dos Custos da Fraude Ocupacional

Perguntou-se aos participantes no *Inquérito sobre Fraudes de 2006* que percentagem das receitas brutas pensavam – com base na sua experiência pessoal e nos conhecimentos gerais – que uma organização típica nos Estados Unidos perdia com as fraudes e os abusos. A resposta média foi 5%, uma ligeira diminuição face aos 6% calculados pelos inquiridos nas edições anteriores do inquérito. De um ponto de vista optimista, esta diminuição poderia ser considerada como um progresso no combate à fraude. Contudo, uma vez que as respostas fornecidas não passavam de estimativas, os dados não podem ser interpretados como uma representação literal do verdadeiro índice de fraudes nas organizações dos EUA. No entanto, mesmo com um índice de 5%, esta estimativa dos custos das fraudes é surpreendente. Se a multiplicarmos pelo Produto Interno Bruto dos EUA – que, para 2006, se prevê ser de 13,037 biliões de dólares[53] – então o custo total para as organizações dos Estados Unidos ultrapassa os 650 mil milhões por ano. Trata-se de um valor prodigioso, aproximadamente 1,5 vezes do que foi orçamentado para a defesa nacional em 2006. É mais do que aquilo gastamos no ensino e nas estradas, para não falar de trinta e duas vezes aquilo que o governo federal orçamentou para combater o crime em 2006.

Mas o que significa realmente este número? Constitui simplesmente a opinião colectiva daqueles que trabalham na área antifraude. Infelizmente, talvez não exista qualquer método que permita descobrir o verdadeiro custo da fraude. Uma abordagem evidente seria fazer uma sondagem científica dos trabalhadores e interrogá-los acerca das questões difíceis: Roubou ou cometeu fraude contra a sua organização? Em caso afirmativo, de que modo? E de quanto foi o valor da fraude ou abuso que cometeu? Mas a improbabilidade de as pessoas responderem a tais questões com sinceridade tornaria quaisquer resultados obtidos, através deste método, no mínimo, pouco dignos de confiança.

Outra abordagem para descobrir o custo da fraude seria fazer uma sondagem científica de uma amostra representativa das organizações. Presumindo que os inquiridos respondessem correctamente à sondagem, haveria, ainda assim, uma falha evidente nos dados: é típico as organizações não saberem quando estão a ser lesadas. E, evidentemente, existe a questão das definições, que amaldiçoa todos os métodos: onde estabelecemos um limite do que constitui fraude e abuso ocupacionais? Assim, interrogar os peritos – a abordagem aqui utilizada – pode constituir um método tão digno de confiança como qualquer outro. Mas o leitor deve estar prevenido que, seja qual for o método de cálculo, os números da fraude e do abuso são moderados e sujeitos a várias interpretações.

Sejam quais forem os custos reais, as organizações já estão, inconscientemente, a pagá-los, como parte das suas despesas de funcionamento. Tal é a natureza insidiosa da fraude: o que podemos, pois, fazer? Para começar, como poderemos detectar algo que nem sequer sabemos que ocorre? É como se um «imposto de fraude» secreto tivesse sido aplicado às organizações. E, curiosamente, muitas organizações talvez tolerem silenciosamente a fraude e o abuso cometidos desde os quadros de topo até aos cargos inferiores. De facto, alguns sociólogos consideram o abuso como um benefício informal do emprego e até chegaram a sugerir que o pequeno furto crónico e outros abusos podem ter, na realidade, um efeito positivo na moral dos trabalhadores e, assim, aumentar a produtividade[49].

Perdas Relatadas no Inquérito Nacional sobre Fraudes de 2006

Como já referimos anteriormente, o inquérito de 2006 produziu 1.134 casos de fraude ocupacional utilizáveis para o nosso estudo. Entre esses casos, a perda mediana sentida pelas organizações lesadas foi de 159 mil dólares. A Figura 1.5 exemplifica a distribuição de todas as perdas. Note-se que quase um quarto dos casos (24,4%) provocou perdas de um milhão de dólares ou mais. Embora não se mostre no gráfico como categoria separada, houve nove casos com perdas registadas de pelo menos mil milhões de dólares.

Os Fraudadores

Os autores de fraude ocupacional são, por definição, contratados pela organização que lesam. Os participantes no inquérito de 2006 forneceram informações em relação ao cargo, género, idade, educação, vinculação e cadastros criminais dos autores. Em casos onde havia mais de um fraudador, pediu-se aos inquiridos que fornecessem dados sobre o principal prevaricador, definido como a pessoa que trabalhava para a organização lesada e considerado o principal culpado.

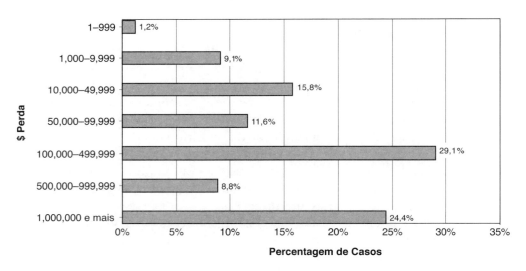

FIGURA 1.5 *Inquérito Nacional sobre Fraudes de 2006*: Distribuição das Perdas

O Efeito do Cargo do Fraudador

Os dados pessoais reunidos sobre os prevaricadores indicaram que a maioria das fraudes, neste estudo, foi cometida por empregados (41,2%) ou gestores (39,5%). Os proprietários/executivos constituíam menos de um quinto dos fraudadores (consultar Figura 1.6).

FIGURA 1.6 *Inquérito Nacional sobre Fraudes de 2006*: Percentagem de Casos por Cargo

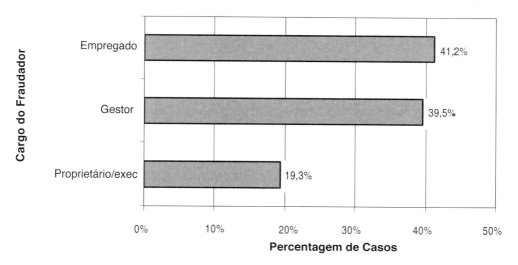

Embora a percentagem mais elevada de esquemas fosse cometida por empregados, estas fraudes representavam a perda mediana mais baixa, de 78 mil dólares por incidente. As fraudes cometidas por gestores causavam perdas medianas de 218 mil dólares por caso, enquanto a perda mediana em esquemas cometidos por proprietários/executivos era de um milhão de dólares. Este número é quase treze vezes superior ao da perda típica em esquemas de empregados. As diferenças nos valores de perda eram, muito provavelmente, resultado do grau de controlo financeiro exercido em cada nível: pessoas com cargos mais elevados têm maior acesso aos fundos e activos da empresa (consultar Figura 1.7).

FIGURA 1.7 *Inquérito Nacional sobre Fraudes de 2006*: Perda Mediana por Cargo

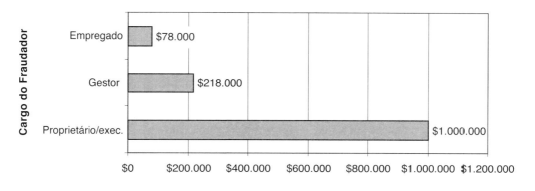

O Efeito do Género

O *Inquérito Nacional sobre Fraudes de 2006* demonstrou que os empregados do sexo masculino provocavam mais do dobro de perdas medianas do que as empregadas; a perda mediana num esquema provocado por um empregado do sexo masculino era de 250 mil dólares, enquanto a perda mediana provocada por uma empregada era de 102 mil dólares (consultar Figura 1.8). A explicação mais lógica para esta disparidade parece ser o fenómeno da «barreira discriminatória». Em geral, nos Estados Unidos, os homens ocupam cargos mais bem pagos do que as congéneres femininas. E, como pudemos constatar, existe uma correlação directa entre a perda mediana e o cargo.

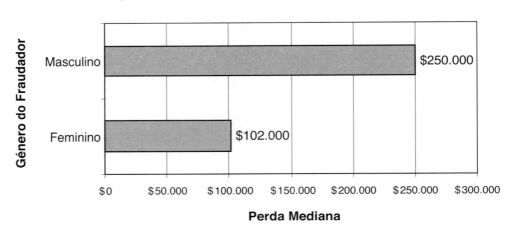

FIGURA 1.8 *Inquérito Nacional sobre Fraudes de 2006*: Perda Mediana por Género

Segundo os dados do nosso inquérito, como se demonstra na Figura 1.9, os homens são também os principais autores numa maioria de casos, sendo responsáveis por 71% das fraudes do nosso estudo, em comparação com 39% em que uma mulher era a principal culpada.

O Efeito da Idade

Uma das tendências mais evidentes do nosso inquérito de 2006 foi a correlação directa e linear entre a idade e a perda mediana, mostrada na Figura 1.10. O motivo para essa tendência, segundo cremos, é o facto de as pessoas mais velhas numa organização geralmente tenderem a ocupar cargos mais elevados, com maior acesso a receitas, bens e recursos. Por outras palavras, cremos que a idade constitui um factor secundário, logo após o cargo, como predição de perdas causadas por fraudes.

A faixa etária mais elevada era responsável por perdas medianas quase vinte e nove vezes superiores às dos autores mais novos. Além disso, embora alguns estudos, incluindo o de Hollinger-Clark, sugiram que é mais provável os trabalhadores mais jovens cometerem fraudes ocupacionais, apenas 6% das fraudes do nosso estudo foram realizadas por pessoas de idade inferior a vinte e seis anos, enquanto mais de 52% das fraudes eram cometidas por pessoas acima dos quarenta anos (consultar Figura 1.11).

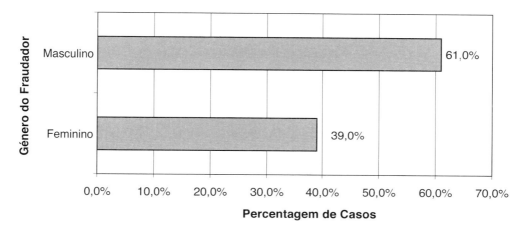

FIGURA 1.9 *Inquérito Nacional sobre Fraudes de 2006*: Percentagem de Casos por Género

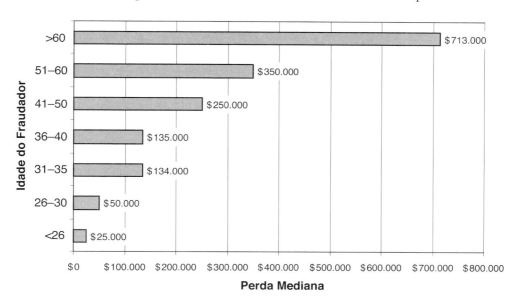

FIGURA 1.10 *Inquérito Nacional sobre Fraudes de 2006*: Perda Mediana por Idade

FIGURA 1.11 *Inquérito Nacional sobre Fraudes de 2006*: Percentagem de Casos por Idade

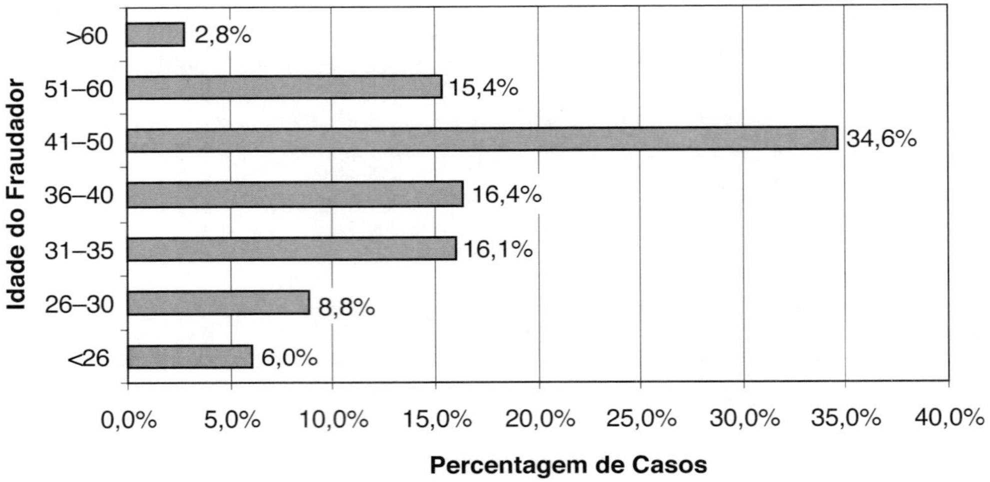

Idade do Fraudador

- >60: 2,8%
- 51–60: 15,4%
- 41–50: 34,6%
- 36–40: 16,4%
- 31–35: 16,1%
- 26–30: 8,8%
- <26: 6,0%

Percentagem de Casos

O Efeito do Nível de Instrução

Em geral, esperava-se que as pessoas com um maior nível de instrução ocupassem cargos mais elevados numa organização e tivessem maior acesso aos activos da organização. Como tal, esperávamos uma correlação bastante linear entre a instrução e o prejuízo médio. Como se mostra na Figura 1.12, isso foi evidente no nosso estudo de 2006. Os fraudadores apenas com o ensino secundário provocavam perdas medianas de 100 mil dólares, mas esse número duplicava no caso de fraudadores com instrução universitária. A perda mediana provocada por pessoas com pós-graduações era de 425 mil dólares (consultar Figura 1.13).

FIGURA 1.12 *Inquérito Nacional sobre Fraudes de 2006*: Perda Mediana por Nível de Instrução

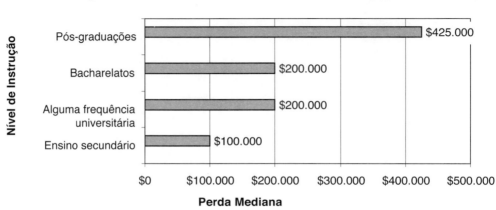

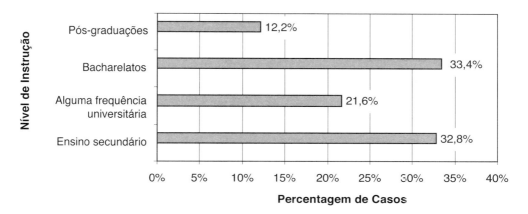

FIGURA 1.13 *Inquérito Nacional sobre Fraudes de 2006*:
Percentagem de Casos por Nível de Instrução

O Efeito do Conluio

Não foi surpreendente verificar que, em casos que envolviam mais de um fraudador, os prejuízos decorrentes aumentavam de forma substancial. A maioria dos casos do inquérito de 2006 (60,3%) envolvia apenas um autor, mas, quando duas ou mais pessoas conspiravam, a perda mediana mais do que quadruplicava (consultar Figuras 1.14 e 1.15).

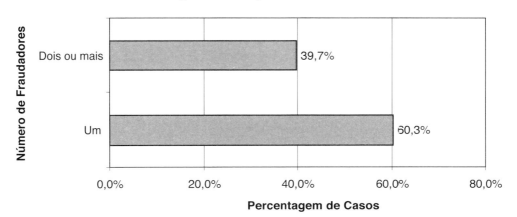

FIGURA 1.14 *Inquérito Nacional sobre Fraudes de 2006*:
Percentagem de Casos por Número de Autores

FIGURA 1.15 *Inquérito Nacional sobre Fraudes de 2006*: Perda Mediana por Número de Autores

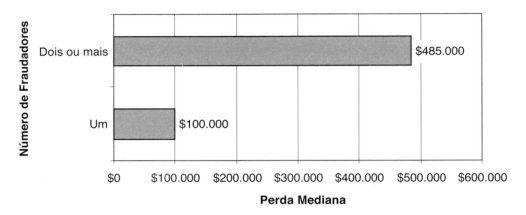

O Efeito da Vinculação

O inquérito de 2006 revelou uma correlação directa entre o tempo desde que um empregado foi contratado e a dimensão da perda. Os empregados que estavam com a empresa há dez ou mais anos provocavam perdas medianas no valor de 263 mil dólares, enquanto os trabalhadores que estavam há um ano ou menos provocavam perdas medianas de 45 mil dólares. Além disso, os trabalhadores com uma maior vinculação estavam envolvidos numa percentagem maior de casos de fraude do que os contratados mais recentes. Cremos que as duas tendências podem estar relacionadas, pelo menos em parte, com o aumento da confiança e a familiaridade com a organização de trabalhadores com maior vinculação (consultar Figuras 1.16 e 1.17).

FIGURA 1.16 *Inquérito Nacional sobre Fraudes de 2006*: Perda Mediana por Anos de Vinculação

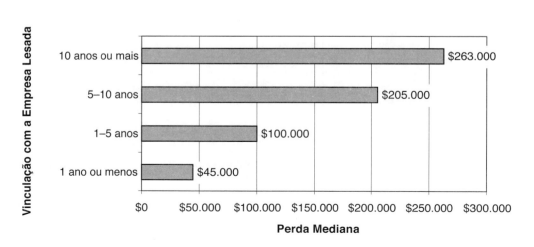

FIGURA 1.17 *Inquérito Nacional sobre Fraudes de 2006*:
Percentagem de Casos por Anos de Vinculação

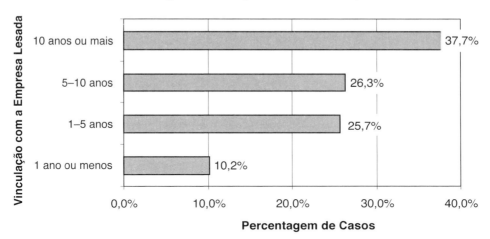

Antecedentes Criminais dos Autores

Apenas 8% dos autores identificados no estudo de 2006 tinham condenações conhecidas por um delito anterior relacionado com a fraude. Outros 4% já haviam sido acusados, mas nunca condenados. Estes números são consistentes com outros estudos que demonstram que a maioria das pessoas que comete fraude ocupacional é delinquente de primeira ocasião. Também são consistentes com o modelo de Cressey, em que os delinquentes ocupacionais não se consideram infractores da lei (consultar Figura 1.18).

FIGURA 1.18 *Inquérito Nacional sobre Fraudes de 2006*:
Percentagem de Casos por Antecedentes Criminais

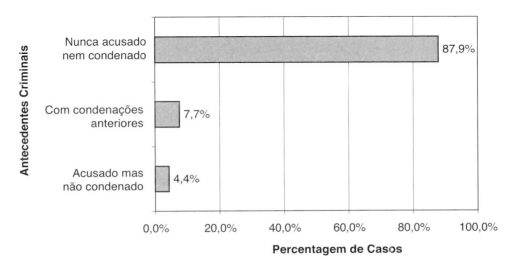

As Vítimas

As vítimas da fraude ocupacional são as organizações defraudadas pelas pessoas que contratam. O nosso inquérito de 2006 pedia que os inquiridos fornecessem informações, entre outras coisas, sobre a dimensão e o tipo de organizações que eram lesadas, bem como as medidas antifraude que haviam tomado na altura das fraudes.

Tipo de Organização Lesada

A maioria dos casos do *Inquérito Nacional sobre Fraudes de 2006* envolvia vítimas constituídas por empresas privadas (36,8%), enquanto as organizações sem fins lucrativos tinham a representação mais baixa (13,9%). Deve notar-se que não fizemos qualquer esforço para obter uma amostra aleatória de organizações de negócios; o *Relatório* baseou-se num inquérito de investigadores certificados de fraudes dos EUA e, como tal, os dados demográficos das organizações lesadas dependiam, em grande medida, das organizações que contratam CFE (consultar Figura 1.19).

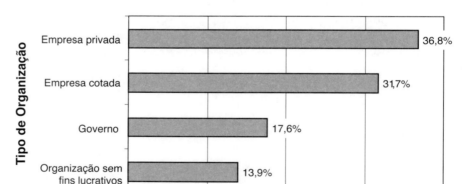

FIGURA 1.19 *Inquérito Nacional sobre Fraudes de 2006*: Percentagem de Casos por Tipo de Organização

O nosso estudo revelou que as empresas privadas e cotadas não eram apenas os tipos de organizações mais representadas, mas também sofriam as perdas mais elevadas, no valor, respectivamente, de 210 mil e 200 mil dólares. As perdas nas organizações governamentais e sem fins lucrativos eram cerca de metade, no valor de 100 mil dólares (consultar Figura 1.20).

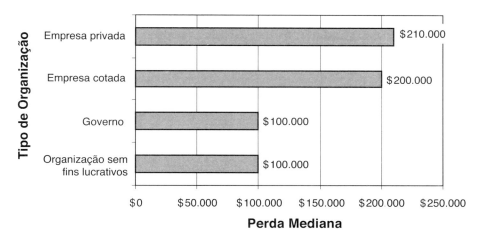

FIGURA 1.20 *Inquérito Nacional sobre Fraudes de 2006*:
Perda Mediana por Tipo de Organização

Dimensão da Organização Lesada

Os dados da perda mediana por número de empregados confirmam aquilo que sempre suspeitáramos, mas não sabíamos em termos quantitativos. Os contabilistas concluíriam, logicamente, que as pequenas organizações, com 100 empregados ou menos, são particularmente vulneráveis à fraude e ao abuso ocupacionais. Os resultados do *Inquérito Nacional sobre Fraudes* confirmam este facto, pois as perdas nas empresas mais pequenas eram maiores do que as das organizações com mais empregados. É nossa teoria que este fenómeno se verifica por dois motivos. Em primeiro lugar, os negócios mais pequenos têm menos divisões de responsabilidade, o que significa que menos pessoas têm de desempenhar mais funções. Um dos tipos mais comuns de fraude, que encontrámos nestes estudos, envolvia pequenos negócios, que tinham um departamento de contabilidade com uma só pessoa – esse empregado passava cheques, regularizava e registava as contas. Um estudante de contabilidade novato poderia detectar as deficiências de controlo interno neste cenário, mas, aparentemente, muitos proprietários de pequenas empresas não conseguem fazê-lo, ou não as detectam.

E assim passamos ao segundo motivo que, cremos, provoca perdas tão elevadas nas pequenas organizações: existe um grau de confiança muito maior inerente a um meio em que toda a gente se conhece pelo nome e pelo rosto. Qual de nós gostaria de pensar que os nossos colegas poderiam cometer ou cometem tais delitos? Como consequência, as nossas defesas descontraem-se naturalmente. Eis novamente a dicotomia da fraude: não pode ocorrer sem haver confiança, mas a actividade comercial também não. A confiança constitui um ingrediente essencial a todos os níveis de negócio – podemos realizar, e realizamos, todos os dias, acordos com apertos de mão. As transacções no capitalismo não podem simplesmente ocorrer se não houver confiança. O segredo consiste em encontrar o equilíbrio exacto entre demasiada e pouca confiança (consultar Figuras 1.21 e 1.22).

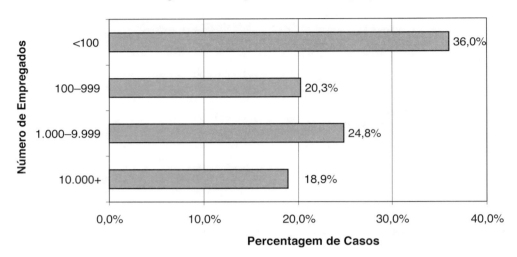

FIGURA 1.21 *Inquérito Nacional sobre Fraudes de 2006*: Percentagem de Casos por Número de Empregados

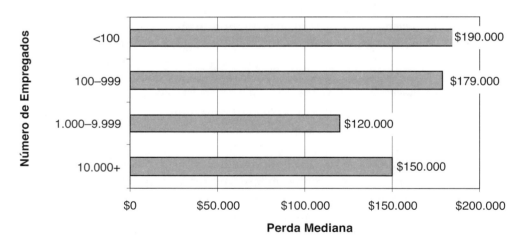

FIGURA 1.22 *Inquérito Nacional sobre Fraudes de 2006*: Perda Mediana por Número de Empregados

O Impacto das Medidas Antifraude na Perda Mediana

Pediu-se aos CFE, que participaram nos nossos inquéritos nacionais, que identificassem, se existissem, as cinco medidas antifraude comummente utilizadas pelas organizações lesadas antes de as fraudes relatadas ocorrerem. As medidas antifraude testadas foram: auditorias surpresa, dispositivos de denúncias anónimas (tais como linhas directas), tomada de consciência da fraude ou formação ética, auditorias internas ou departamentos de investigação de fraudes internos, e auditorias externas. Calculámos a perda mediana e o período de tempo que levou a descobrir a fraude, dependendo de cada uma destas medidas antifraude estar ou não a ser aplicada (excluindo todos os outros factores).

Descobrimos que as auditorias surpresa, os dispositivos de denúncias anónimas e as acções de formação sobre fraude – as três medidas antifraude menos implementadas – constituíam os dispositivos mais eficazes para diminuir a perda e a duração dos esquemas de fraude. As organizações, que não aplicavam tais dispositivos, comunicavam fraudes que custavam o dobro e duravam 60% mais do que as que tinham algum destes dispositivos em vigor na altura da fraude.

Inversamente, a medida antifraude mais comum era a auditoria externa, utilizada por aproximadamente três quartos das vítimas. Apesar de esta ser a medida antifraude mais frequentemente utilizada, as auditorias externas revelavam, no nosso teste, o menor impacto nas perdas medianas e no tempo de detecção. Com efeito, as organizações com auditorias externas tinham perdas medianas mais elevadas e esquemas de fraude mais duradouros do que as que não eram objecto de auditoria. É evidente que existem muitos outros factores que contribuem para determinar a duração da fraude e a dimensão da perda que uma organização sofre, mas o facto é que, entre todas as medidas antifraude que testámos, só as auditorias externas revelaram uma relação inversa com a perda mediana e a duração do esquema (consultar Figura 1.23).

FIGURA 1.23 *Inquérito Nacional sobre Fraudes de 2006*: Impacto das Medidas Antifraude na Perda Mediana

	Percentagem de Casos	Perda Mediana	Duração do Esquema (em meses)
Auditorias surpresa			
Sim	29,2	$100.000	15
Não	70,8	$200.000	24
Linha telefónica			
Sim	45,2	$100.000	15
Não	54,8	$200.000	24
Formação sobre fraude			
Sim	45,9	$100.000	15
Não	54,1	$200.000	24
Auditoria interna			
Sim	59,0	$120.000	18
Não	41,0	$218.000	24
Auditoria externa			
Sim	75,4	$181.000	23
Não	24,6	$125.000	18

Resultados de Casos

Uma queixa comum entre as pessoas que investigam a fraude é o facto de as organizações e a aplicação da lei não fazerem o suficiente para punir a fraude e outros delitos de colarinho branco, o que contribui para elevados níveis de fraude – ou assim consta –, pois os potenciais delinquentes não são impedidos pelas sanções, fracas ou frequentemente inexistentes, impostas a outros fraudadores. À parte o debate sobre os factores que são eficazes para impedir a fraude, procurámos avaliar de que modo as organizações reagiam aos trabalhadores que as tinham defraudado.

Medidas de Trabalho Tomadas Contra o Fraudador

De um modo geral, o método mais directo através do qual as organizações lesadas podem lidar com os fraudadores consiste em decisões desfavoráveis ao emprego, como despedi-los, colocá-los à experiência e assim por diante. No nosso inquérito, pedimos que fossem indicadas as medidas desfavoráveis ao emprego que as vítimas haviam tomado contra os fraudadores.

Não constitui surpresa o facto de a reacção mais comum das vítimas ser a de rescindir o contrato com o autor, o que ocorreu em 83% dos casos que analisámos (isto não significa que, nos outros 17% dos casos, os fraudadores tivessem podido continuar a trabalhar para as organizações lesadas. Em muitos casos, o fraudador demitiu-se ou desapareceu antes de a fraude ser descoberta, ou imediatamente depois e antes de a organização lesada ter tido tempo de tomar alguma medida). (consultar Figura 1.24).

Instrução de Processos Penais

Dos 1.072 CFE que forneceram informações de apresentação de queixas crime, quase 71% declarou que a organização lesada apresentou o seu caso à Justiça. Este número era mais elevado do que seria de esperar, tendo em conta as provas não confirmadas que sugerem que, historicamente, as organizações têm sentido relutância em processar os fraudadores (consultar Figura 1.25).

A perda mediana, em dólares, nos casos que foram apresentados às autoridades judiciais, foi duas vezes superior à perda mediana em casos não denunciados, indicando que existem maiores probabilidades de as pequenas fraudes não serem alvo de queixa. No entanto, mesmo nos casos em que não houve apresentação da queixa, a perda mediana era considerável, no valor de 100 mil dólares (consultar Figura 1.26).

No nosso estudo de 2006, houve 684 casos apresentados à Justiça, em que os inquiridos puderam fornecer informações sobre o resultado dos casos. Na altura do nosso estudo, cerca de metade destes casos ainda estava pendente. Entre os casos que haviam chegado a um veredicto, o resultado mais comum era o autor confessar-

-se culpado ou não contestar a sentença. Isto ocorreu em aproximadamente 38% dos casos referidos. Outros 8% dos fraudadores foram condenados em julgamento, enquanto menos de 1% (apenas um fraudador) foi absolvido. Em 6% dos casos, o Estado recusou avançar com um processo penal contra o delito. Provas não confirmadas sugeriam que este número seria mais elevado (consultar Figura 1.27).

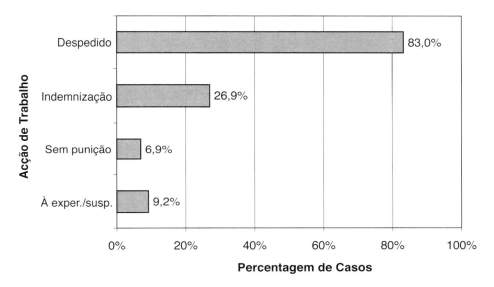

FIGURA 1.24 *Inquérito Nacional sobre Fraudes de 2006*:
Acções de Trabalho Contra os Fraudadores

Nota: a soma das percentagens neste gráfico ultrapassa os 100%, porque alguns inquiridos relataram mais de uma acção tomada contra o fraudador.

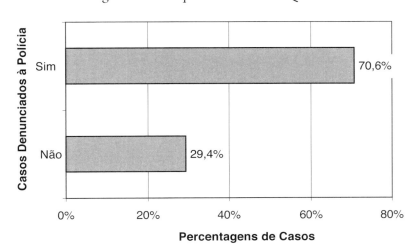

FIGURA 1.25 *Inquérito Nacional sobre Fraudes de 2006*:
Percentagem de Casos que Resultaram em Queixas-crime

FIGURA 1.26 *Inquérito Nacional sobre Fraudes de 2006*:
Perda Mediana nos Casos que Resultaram em Queixas-crime

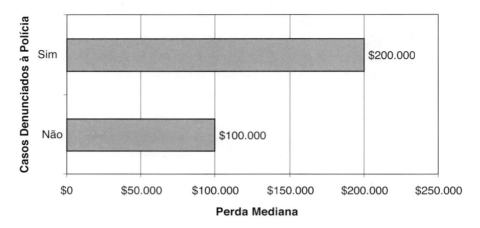

FIGURA 1.27 *Inquérito Nacional sobre Fraudes de 2006*:
Resultados da Instrução de Processos Penais

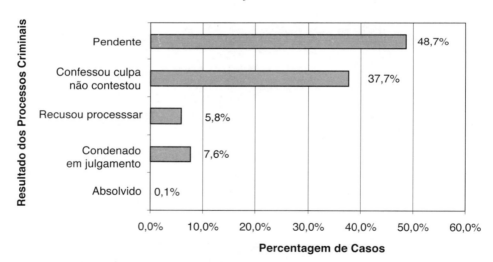

Acções Civis

As acções civis constituíam uma reacção muito menos comum à fraude ocupacional do que os processos penais. Era o que seria de esperar. Uma acção civil pode sair bastante dispendiosa a uma organização, quer em termos de dinheiro, quer em tempo gasto. Além disso, mesmo que uma acção civil seja bem sucedida, não há garantia que a organização possa recuperar o dinheiro, seja qual for a sentença. Os fraudadores frequentemente esbanjam os lucros dos seus crimes e, como tal, não conseguem devolver o que roubaram, ainda que uma ordem do tribunal assim o exigisse. Por estes motivos, muitas organizações sentem grande relutância em recorrer ao Tribunal para tentar recuperar as suas perdas.

No nosso estudo, 940 CFE responderam a questões sobre acções civis contra autores de fraudes ocupacionais. Descobrimos que, em apenas 24% dos casos, as organizações lesadas processavam os fraudadores. Não foi surpresa verificar que as acções civis estavam, geralmente, associadas a fraudes de elevados valores, em que a vantagem da recuperação potencial dos prejuízos ultrapassava as despesas estimadas da acção. A perda mediana em casos que resultaram numa acção civil foi de 1,2 milhões de dólares, por contraste com uma perda mediana de 100 mil dólares nos que não interpuseram uma acção civil (consultar Figuras 1.28 e 1.29).

FIGURA 1.28 *Inquérito Nacional sobre Fraudes de 2006*: Percentagem de Casos por Acção Civil

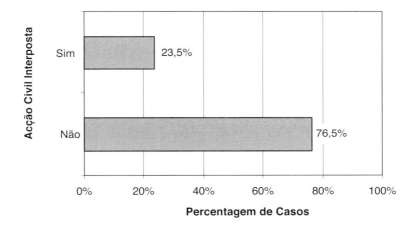

FIGURA 1.29 *Inquérito Nacional sobre Fraudes de 2006*:
Perda Mediana Baseada no Facto de ter sido ou não Interposta uma Acção Civil

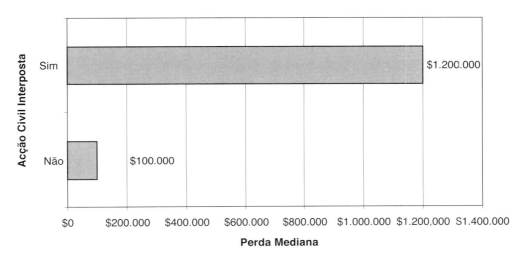

Quando as organizações lesadas avançavam com uma acção civil, obtinham um bom índice de sucesso. Das informações recebidas sobre o resultado de 238 acções civis, mais de 60 % ainda se encontravam pendentes na altura do inquérito, mas dos restantes 91 casos, a vítima ganhou um julgamento, em 54, enquanto dois julgamentos foram resolvidos a favor do autor do delito. Nos outros 38 casos, as partes chegaram a acordo fora do Tribunal (consultar Figura 1.30).

FIGURA 1.30 *Inquérito Nacional sobre Fraudes de 2006*: Resultados de Acções Civis

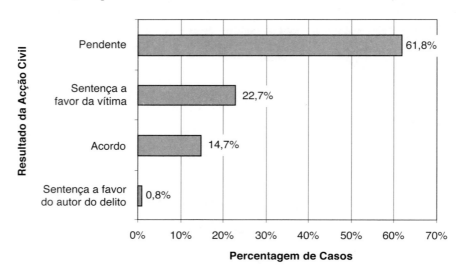

Nenhuma Acção Legal Efectuada

Um dos objectivos do nosso estudo era tentar perceber por que motivo as organizações se recusam iniciar uma acção judicial contra os autores de fraudes ocupacionais. Em casos onde não se realizou qualquer acção judicial, fornecemos aos inquiridos uma lista de explicações vulgarmente citadas e pedimos-lhes que assinalassem as que se aplicavam ao seu caso. A Figura 1.31 resume os resultados. O motivo citado mais vulgar era o receio de publicidade negativa. O facto de se chegar a um acordo privado e o facto de a organização considerar a sua disciplina interna suficiente também foram citados em mais de 30% dos casos sem processo judicial.

Ressarcimento das Vítimas

Quando uma organização foi vítima de fraude ocupacional, o objectivo mais premente, geralmente, é o de recuperar o que perdeu. Infelizmente, em 42% dos casos relatados no nosso estudo de 2006, a vítima não recuperou nada. Por outro lado, mais de 16% das vítimas conseguiram um ressarcimento total, essencialmente através do seguro (consultar Figura 1.32).

FIGURA 1.31 *Inquérito Nacional sobre Fraudes de 2006*:
Motivos para Recusa em Iniciar uma Acção Judicial

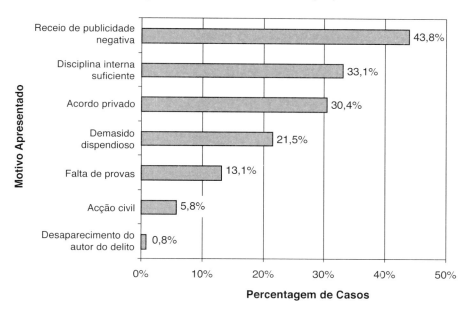

Nota: a soma das percentagens neste gráfico ultrapassa os 100%, porque alguns inquiridos citaram mais de um motivo pelo qual as organizações lesadas recusavam processar.

FIGURA 1.32 *Inquérito Nacional sobre Fraudes de 2006*: Ressarcimento das Perdas das Vítimas

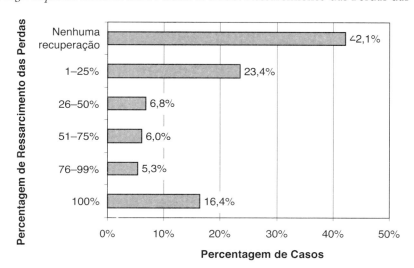

Detectar e Prevenir a Fraude Ocupacional

Detecção Inicial das Fraudes

A pergunta óbvia num estudo de fraude ocupacional é: o que se pode fazer em relação a isso? Considerando que o nosso estudo se baseou em casos de fraude reais que foram investigados, pensámos que seria instrutivo indagar de que modo essas fraudes haviam sido inicialmente detectadas. Talvez, ao estudar de que modo as organizações lesadas tinham descoberto a fraude, pudéssemos fornecer orientação a outras de como adaptar os seus esforços de detecção da fraude. Deu-se aos inquiridos uma lista de métodos comuns de detecção e foi-lhes perguntado de que modo as fraudes que investigavam tinham sido inicialmente detectadas. Como estes resultados mostram, as fraudes, no nosso estudo, foram mais vulgarmente detectadas através de denúncias (34,2%).

Conforme demonstrado anteriormente, infelizmente, a maioria das vítimas de fraude não tinha estruturas de denúncias estabelecidas na altura em que foram defraudadas. Também é curioso – e bastante desconcertante – notar que o acaso constituía o segundo método de detecção mais comum, responsável por mais de um quarto de detecção de fraudes no nosso inquérito. Este facto parece reforçar a ideia de que as organizações necessitam de realizar um trabalho melhor para tentarem descobrir, proactivamente, as fraudes (consultar o Figura 1.33).

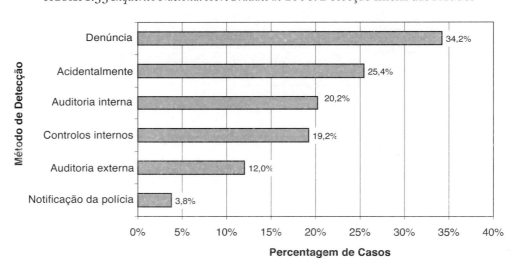

FIGURA 1.33 *Inquérito Nacional sobre Fraudes de 2006*: Detecção Inicial das Fraudes

Nota: a soma das percentagens neste gráfico ultrapassa os 100%, porque, em alguns casos, os inquiridos identificaram mais de um método de detecção.

Os Métodos

O principal objectivo do primeiro *Relatório à Nação* era classificar as fraudes e os abusos ocupacionais, de acordo com os métodos utilizados para os concretizarem. Como resultado do estudo de 1996, conseguimos desenvolver um sistema de classificação conhecido informalmente como a Árvore da Fraude (consultar página 69) que explica a maioria, senão todos, os esquemas mais comuns de fraude e abuso ocupacionais. Testámos a estrutura da Árvore da Fraude nos inquéritos nacionais sobre fraudes de 2002, 2004 e 2006, para nos certificarmos de que o nosso sistema de classificação explicava todos os esquemas que eram comunicados. Entre os quatro estudos, aplicámos o sistema de classificação da Árvore da Fraude a bem mais de 3.600 casos e descobrimos que esta os abrangeu a todos.

Ao classificar e categorizar as fraudes ocupacionais, pudemos estudar estes crimes com mais pormenor. Em vez de juntar todos os casos sob o título geral de «fraude», observámos grupos distintos de fraudes com características semelhantes, no intuito de compreender quais os métodos vulgarmente mais utilizados para cometer fraude ocupacional e que esquemas tendem a causar as maiores perdas. Além disso, ao comparar esquemas em categorias bem definidas, pudemos identificar métodos comuns utilizados pelos fraudadores e vulnerabilidades comuns às organizações lesadas. Isto, por sua vez, deverá contribuir para o desenvolvimento de ferramentas antifraude melhores e mais eficazes.

Segundo a Árvore da Fraude, existem três grandes categorias de fraude ocupacional:

- *Apropriação indevida de activos*, que envolve o furto ou utilização indevida dos activos de uma organização (exemplos comuns incluem a sonegação de rendimentos, o roubo do inventário e a fraude dos pagamentos de ordenados).
- *Corrupção*, em que os fraudadores utilizam injustamente a sua influência numa transacção comercial para obter uma vantagem para si ou para terceiros, contrária ao seu dever para com a entidade empregadora ou contrária a direitos de outrem (exemplos comuns incluem aceitar comissões e envolverem-se em conflitos de interesse).
- *Relatórios de contas fraudulentos*, que envolvem um relatório de informações financeiras da organização propositadamente errado, com intenção de induzir em erro quem o ler (exemplos comuns incluem declaração exagerada de receitas e declaração subavaliada de dívidas ou despesas).

Os dados do nosso estudo sobre a frequência e a perda mediana nas três principais categorias de fraude ocupacional encontram-se expostos na Figura 1.34. A apropriação indevida de activos constituiu mais de 90% dos casos encontrados, mas este grupo era, de longe, o menos oneroso em termos de perda mediana. Entretanto, os relatórios de contas fraudulentos eram os menos comuns, explicando apenas 10% dos casos, mas provocavam bastante mais prejuízo do que os esquemas das outras duas categorias. Os esquemas de corrupção representavam «o meio-termo» do estudo; eram mais comuns do que os relatórios de contas fraudulentos, e mais dispendiosos do que a apropriação indevida de activos.

FIGURA 1.34 *Inquérito Nacional sobre Fraudes de 2006*:
Principais Categorias de Fraude Ocupacional

Tipo de Esquema	Percentagem de Casos	Custo Médio
Apropriação indevida de activos	91,5	$150.000
Esquemas de corrupção	30,8	$538.000
Relatórios de contas fraudulentos	10,6	$2.000.000

Nota: a soma das percentagens neste gráfico ultrapassa os 100%, porque alguns casos envolviam múltiplos esquemas de fraude que recaíam em mais de uma categoria. O mesmo se verifica em todos os gráficos de classificação de esquemas desta obra, baseados no *Inquérito Nacional sobre Fraudes de 2006*.

INTRODUÇÃO 69

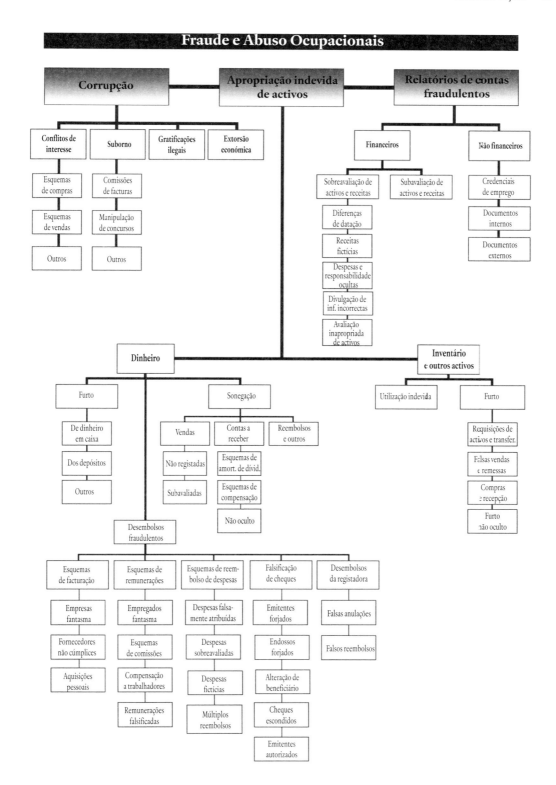

Dentro de cada uma das três principais categorias, existem várias subcategorias de tipos de esquemas de fraude. Nos capítulos seguintes, abordaremos cada uma destas subcategorias, observando a investigação sobre os seus custos e efeitos, identificando o modo como os esquemas foram cometidos e debatendo o modo como as organizações podem defender-se contra os mesmos.

NOTAS

1. Association of Certified Fraud Examiners, *1996 ACFE The Report to the Nation on Occupational Fraud and Abuse*, Austin, ACFE, 1996, p. 4.
2. Ibid., p. 9.
3. Black, Henry Campbell, *Black's Law Dictionary*, 5.ª ed., St. Paul, MN: West Publishing, 1979, p. 468.
4. Ibid., p. 300.
5. Ibid., p. 792.
6. Ibid., p. 793.
7. Ibid., p. 225.
8. *Webster's Dictionary*, Boston: Houghton Mifflin, 1996, p. 47.
9. Geis, Gilbert, *On White-Collar Crime*, Lexington, KY: Lexington Books, 1982.
10. Siegel, Larry J., *Criminology*, 3.ª ed., Nova Iorque: West Publishing, 1989, p. 193.
11. Cressey, Donald R., *Other People's Money*, Montclair, NJ: Patterson Smith, 1973, p. 30.
12. Ibid., p. 33.
13. Ibid., p. 34.
14. Ibid., p. 34.
15. Ibid., p. 36.
16. Ibid., p. 38.
17. Ibid., p. 42.
18. Ibid., p. 47.
19. Ibid., p. 54.
20. Ibid., p. 66-67.
21. Ibid., p. 86.
22. Ibid., p. 94.
23. Ibid., p. 121.
24. Ibid., p. 122.
25. Ibid., p. 128.
26. Ibid., p. 133.
27. Ibid., p. 139.
28. Albrecht, W. Steve, Howe, Keith R. e Rommey, Marshall B., *Deterring Fraud: The Internal Auditor's Perspective*, Altamonte Springs, FL: The Institute of Internal Auditor's Research Foundation, 1984, p. xiv.
29. Ibid., p. xv.
30. Ibid., p. 6.
31. Ibid., p. 5.

32. Ibid., p. 6.
33. Ibid., p. 6.
34. Ibid., pp. 12-13.
35. Hollinger, Richard C. e Clark, John P., *Theft by Employees*, Lexington, KY: Lexington Books, 1983, p. 6.
36. Ibid., p. 42.
37. Ibid., p. 57.
38. Ibid.
39. Ibid.
40. Ibid., p. 63.
41. Ibid., p. 67.
42. Ibid., p. 68.
43. Ibid., p. 77.
44. Ibid., p. 86.
45. Ibid.
46. Ibid.
47. Ibid., p. 106.
48. Ibid., p. 117.
49. Ibid., p. 120.
50. Ibid., p. 121.
51. Ibid., p. 144.
52. Ibid., p. 146.
53. Baseado na estimativa de crescimento do PIB no primeiro trimestre de 2006 feita pelo Departamento do Comércio dos EUA.

PARTE I

APROPRIAÇÃO INDEVIDA DE ACTIVOS

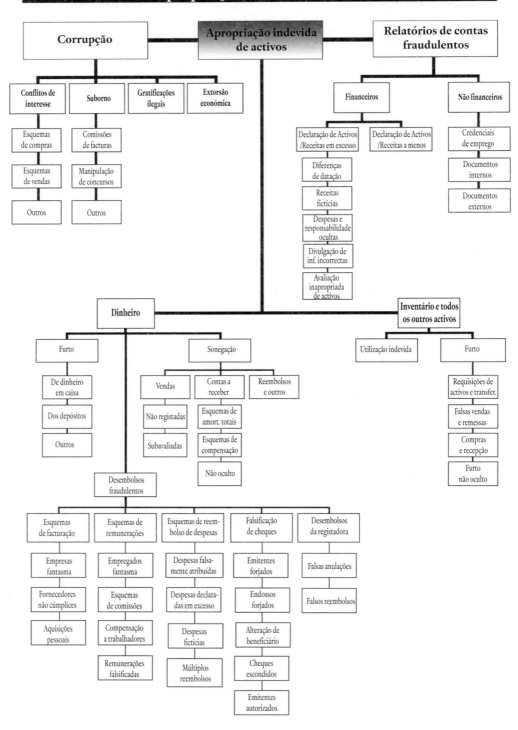

CAPÍTULO 2
INTRODUÇÃO À APROPRIAÇÃO INDEVIDA DE ACTIVOS

VISÃO GERAL

A finalidade deste capítulo é fornecer uma panorâmica do alvo favorito dos autores da fraude ocupacional: os activos da organização. Antes de fornecer uma definição de activos, vejamos primeiro o que constitui uma apropriação indevida. Segundo o *Dicionário Jurídico de Black*, «desvio» é o acto de desviar ou utilizar para um fim incorrecto, apropriação indevida, termo que não significa necessariamente peculato, embora possa ter esse significado. O termo pode ainda abranger a apropriação e utilização da propriedade de outrem com o fim, único, de afectar, injustamente, a boa fé e a reputação do dono da propriedade»[1]. A definição de Webster é um pouco mais contundente: «apropriar-se indevidamente (através de furto ou desfalque)»[2]. Para os nossos fins, a apropriação indevida de activos inclui mais do que o furto ou o desfalque. Envolve o uso indevido de qualquer bem da empresa para benefício pessoal. Assim, os empregados que se servem de um computador da empresa fora de horas, para o seu negócio secundário, não roubaram um bem, mas utilizaram-no indevidamente para benefício próprio.

DEFINIÇÃO DE ACTIVOS

Na actividade comercial, a finalidade dos activos é produzir rendimentos. Se um negócio produz petróleo, os aparelhos de perfuração, os camiões, e até a terra, todos constituem activos. Se estivermos perante um negócio de venda de roupa, a mercadoria e os expositores são activos. Segundo Marshall e McManus, «os activos são prováveis benefícios económicos futuros, obtidos ou controlados por uma entidade particular como resultado de transacções ou eventos passados. Em resumo, os activos representam a quantidade de recursos que a entidade possui»[3].

Devido à amplitude desta definição contabilística, o que constitui exactamente um activo pode tornar-se algo muito esotérico para o não contabilista. Por exemplo, o logótipo da Coca-Cola Company é reconhecido em todo o mundo. Para muitas pessoas, tudo o que necessitam de conhecer de um refrigerante, antes de o comprarem, é o seu logótipo. Como consequência, o logótipo da marca registada da Coca-Cola vale milhões, talvez milhares de milhões. Não é possível determinar com precisão o seu valor exacto, a menos que a Coca-Cola decida vender o próprio logótipo – uma ocorrência improvável. Ao logótipo, só por si, chama-se um activo incorpóreo, um dos dois tipos de activos no comércio.

Activos Incorpóreos

Segundo Marshall e McManus, «activos incorpóreos» são «activos de longa duração, que se distinguem de propriedades, fábricas e equipamento, incontestavelmente comprados ou adquiridos em regime de *leasing* financeiro, que está representado por um direito contratual ou que resulta de uma transacção de compra, mas não é fisicamente identificável. Exemplos do primeiro tipo de activos incorpóreos são arrendamentos, patentes e marcas registadas; o segundo tipo de activo é conhecido como *goodwill*»[4].

É difícil desviar activos incorpóreos, porque não são «fisicamente identificáveis». Algo que não pode ser fisicamente identificado não pode ser roubado. Como tal, para todos os fins práticos, a apropriação indevida de activos restringe-se aos activos corpóreos.

Activos Corpóreos

Webster define «corpóreo» como «(1a) capaz de ser percebido, especialmente pelo sentido do tacto: palpável; (b) substancialmente real: material; (2) capaz de ser identificado com precisão ou apreendido pela mente; (3) capaz de ser avaliado por um valor real ou aproximado, e. g., activos»[5]. Se não pudermos vê-lo, senti-lo ou cheirá-lo, é provável que o activo não seja corpóreo. Os activos corpóreos de um negócio ou organização registam-se, contabilisticamente, de uma das cinco formas: dinheiro, contas a receber, inventário, fábrica e equipamento, ou investimentos. E é invariavelmente um ou mais deste tipo de activos que os empregados desviam.

Mas certos activos sujeitos a desvio numa organização não são necessariamente registados, nos livros contabilísticos, como tal. Por exemplo, incluídos na nossa definição particular de activos estão as duas categorias dos fornecimentos e das informações. Os fornecimentos são normalmente registados como despesas, porque tendem a ser consumidos pela organização durante o ano seguinte ao da sua compra. As informações não se encontram, directamente, nos registos da entidade. Em vez disso, são reconhecidas quando mais tarde são vendidas. Mas qualquer organização dirá que as informações constituem um dos seus recursos mais valiosos; os empregados que se envolvem em espionagem e sabotagem industrial, a favor de uma organização rival, estão a tornar-se cada vez mais comuns e onerosos.

COMO A APROPRIAÇÃO INDEVIDA DE ACTIVOS AFECTA OS LIVROS CONTABILÍSTICOS

Não é necessário saber muito acerca de contabilidade para compreender de que modo a apropriação indevida de activos afecta as contas da organização. E esta obra parte do princípio que o leitor não sabe nada sobre contabilidade. Os leitores com conhecimentos de contabilidade acharão a matéria seguinte elementar, talvez até divertida. Mas o debate constituirá uma boa reciclagem à luz de uma possível fraude.

Imaginemos que possui um pequeno negócio de consertar e vender guitarras eléctricas. E digamos que os seus activos são 225 mil dólares, mas que deve 75 mil dólares. O seu capital é, pois, a diferença, de 150 mil dólares. Um dos seus empregados rouba uma rara guitarra eléctrica, Fender Telecaster de 1954, pela qual você pagou três mil dólares, excluindo 500 dólares em peças, mão-de-obra e outras despesas decorrentes do conserto. Iria vender a guitarra consertada por seis mil dólares.

Eis a questão que se coloca: de que modo este furto afecta as suas contas? Perdeu três mil, 3,5 mil ou seis mil dólares? Segundo aquilo a que se chama Princípios Contabilísticos Geralmente Aceites, o seu prejuízo foi de 3,5 mil dólares, o que pagou pela guitarra e pelo conserto. Mas por que razão não é registado como prejuízo o valor que teria obtido com a venda da guitarra? Porque o Princípio Contabilístico Geralmente Aceite da prudência exige que as contas reflictam o custo do produto e não o valor pelo qual é possível vendê-lo. Poderá encontrar-se um debate mais completo sobre os conceitos de contabilidade no Capítulo 12.

Os profissionais da contabilidade preferem que o valor de todos os activos registados no balanço seja pelo menos o que vem reflectido nos relatórios de contas. Se o valor for maior, pois que seja. Reconheceremos o valor daquela guitarra rara quando ela for finalmente vendida. Nessa transacção específica, trocaremos efectivamente um bem (a guitarra Fender Telecaster consertada) por outro bem: seis mil dólares em dinheiro. A diferença chama-se o nosso lucro bruto.

Assim, quando a guitarra é roubada por um empregado, como registamos esse prejuízo nos nossos livros, e de que modo isso o afecta a si, o proprietário da loja de guitarras? Essa transacção, na contabilidade, é bastante simples: o bem roubado sai directamente do seu capital. Você possuía uma participação inicial de 150 mil dólares. Agora, tem de suportar sozinho todo o prejuízo de 3,5 mil dólares. Assim, os seus activos são agora de 221,5 mil dólares e os seus capitais de 146,5 dólares.

O facto de poder dever dinheiro pela guitarra é irrelevante para o valor que perdeu, porque tem de pagar à mesma as suas contas. Há, pois, uma correlação dólar-por-dólar do seu capital, quando alguém rouba um activo. Não é possível reivindicar os seis mil dólares pelos quais teria vendido a guitarra; a estes 2,5 mil dólares que teria lucrado chamam-se lucros cessantes. O motivo pelo qual não pode reivindicá-los é não ter a guitarra para vender – foi roubada; o seu lucro potencial é hipotético, embora constitua um prejuízo real para si.

Equação Contabilística

O exemplo dado constitui, na realidade, a equação contabilística:

$$\text{Activos} = \text{Passivos} + \text{Capital Próprio}$$

Esta equação auto-equilibra-se. Isto significa que os aumentos ou diminuições de um dos lados da equação reflectir-se-ão sempre no outro lado como aumentos ou diminuições. Os passivos são «prováveis sacrifícios futuros de lucros económicos, resultantes das obrigações actuais de uma entidade específica de transferir activos ou fornecer serviços a outras entidades no futuro, em consequência de transacções ou eventos passados. Em resumo, os passivos são quantias devidas a outras entidades»[6].

Como já se declarou, a apropriação indevida de activos não afecta, de modo nenhum, os passivos da organização. E, como é evidente, ninguém desvia passivos, mas se desejar roubar algumas das minhas contas e pagá-las... esteja à vontade. Embora a apropriação indevida de activos não afecte os passivos, afecta directamente o valor do capital próprio. Pode considerar o capital próprio aquilo que é: simplesmente a diferença entre os activos e os passivos. Mas como surge essa diferença? De um de dois modos. Em primeiro lugar, se investiu o seu próprio dinheiro na loja de guitarras, vai directamente ao capital. O mesmo sucede com os lucros e os prejuízos que a sua loja de guitarras gera. Os lucros aumentarão o seu capital e os prejuízos diminuí-lo-ão.

No exemplo da loja de guitarras, a nossa participação de capital antes do desvio era de 150 mil dólares. Imagine que o investimento inicial no negócio era de 10 mil dólares. Então, os restantes 140 mil dólares consistem em lucros que não retirou do negócio. Se, por exemplo, durante muitos anos, tivesse acumulado 200 mil dólares em lucros, mas tivesse retirado 60 mil dólares para si, a proporção de capital ganho, dos 150 mil dólares, seria de 140 mil dólares. Ao restante chama-se capital próprio contribuído.

Balanço Financeiro e Demonstração de Resultados

As empresas comerciais mantêm registos financeiros, de modo a produzir duas demonstrações essenciais: o balanço e a demonstração de resultados. O balanço utiliza exactamente a mesma fórmula que a equação contabilística: Activos = Passivos + Capital Próprio. A finalidade do balanço é permitir que o proprietário, os investidores, os credores e outros interessados saibam o valor contabilístico aproximado do negócio numa determinada data. O valor contabilístico do negócio e o seu valor real não são iguais. O valor líquido, para fins contabilísticos, deve ser sempre mais baixo. O seu valor real não pode ser determinado com exactidão, até que o negócio seja vendido. Se este tem sido historicamente rentável, um potencial comprador determinará o valor do negócio principalmente pelo seu lucro. Mas seja qual for o valor real do negócio, a apropriação indevida de activos afecta o balanço financeiro dólar-por-dólar. Contudo, é difícil de detectar, ao nível do próprio balanço, a menos que se trate de um desvio bastante grande. O modo como a apropriação indevida de activos afecta o balanço ao nível do capital verifica-se na demonstração de resultados, por vezes chamada de conta de lucros e perdas.

Enquanto a fórmula do balanço é Activos = Passivos + Capital Próprio, a fórmula para a demonstração de resultados é

$$\text{Receitas} - \text{Despesas} = \text{Lucros ou (Perdas)}$$

As receitas resultam da venda de um produto ou serviço; as despesas resultam dos custos incorridos – directa e indirectamente – para vender o produto ou serviço. E enquanto o balanço tira «o retrato» do negócio numa determinada data, a conta de lucros e perdas é histórica, abrangendo um período de tempo específico, geralmente um ano. As duas demonstrações unem-se ao nível do capital. Recordemos que os lucros aumentam o capital, enquanto as perdas o diminuem.

No exemplo da guitarra, declarámos que o furto da guitarra de 3,5 mil dólares era uma compensação dólar-por-dólar ao nível do capital. Essa compensação realiza-se ao reconhecermos o furto da guitarra de 3,5 mil dólares como despesa, nos Custos de Mercadorias Vendidas, enumerados na demonstração de resultados. Esta é encerrada com os lucros ou perdas, que são depois transferidos para o capital próprio. Assim, como já anteriormente referimos, a fraude e o abuso ocupacionais constituem uma despesa decorrente dos negócios, muito à semelhança das despesas que temos com a electricidade, os impostos e os salários.

A grande diferença, porém, é que sabemos sempre o que pagamos pela electricidade. Só sabemos o que pagamos pela fraude quando esta é descoberta, como no exemplo da guitarra roubada. Se o furto da guitarra não fosse detectado, por não ter feito, em determinado ano, o inventário da sua mercadoria, talvez nunca reconhecesse esse furto. Mas este continua a custar 3,5 mil dólares, só que, simplesmente, você ainda não sabe. E talvez nunca venha a saber.

Vários conceitos utilizados na contabilidade para receitas e despesas podem ser aplicados à apropriação indevida de activos; porém, concentre-se no assunto: as pessoas roubam activos, não roubam lucros ou despesas.

Base de Caixa *versus* Base do Acréscimo

Nos negócios, pode optar-se por manter os livros numa base de caixa (*cash basis*), ou numa base do acréscimo (*accrual basis*), conforme a que fornecer uma imagem mais precisa e prudente do negócio. Na base de caixa, reconhecem-se as receitas e despesas no momento em que são recebidas ou pagas. Mas se pensarmos bem, este método, geralmente, não reflecte devidamente o exercício de um ano – apenas o que se recebeu e o que se pagou. A base do acréscimo tenta corresponder tais receitas e despesas ano a ano. A maioria dos negócios prefere o regime do acréscimo, ainda que as suas declarações de imposto possam ser preenchidas com base no regime de caixa.

Os contabilistas utilizam o conceito de correspondência para juntar o balanço e a demonstração de resultados na contabilidade com base do acréscimo. A lógica é que as despesas utilizadas para produzir receitas – todas elas – devem ser correspondidas, de modo coerente, com essas receitas. Uma vez que, por exemplo, está no negócio das guitarras, e deseja comparar todas as despesas nos anos em que se produziram receitas, como procederá em relação ao facto de ter de comprar equipamento de madeira totalmente novo de três em três anos? Uma vez que a sua conta de resultados é mantida ano a ano, o conceito exigiria que amortizasse um terço do valor desse equipamento todos os anos, como despesa.

A esta amortização chama-se depreciação, e não tem aplicação na apropriação indevida de activos, excepto para ajudar a determinar a quantia de amortização a ser retirada do valor contabilístico se esse equipamento for desviado. E, frequentemente, o valor do equipamento registado nas contas e o valor que resultará, realmente, da sua venda são dois números diferentes. O terceiro número corresponde ao custo de substituição. Tomemos novamente como exemplo o equipamento de madeira.

Se tiver pago nove mil dólares por ele e o equipamento tiver sido roubado no final do primeiro ano, a quantia avaliada nas contas será de seis mil dólares. Mas talvez o equipamento tivesse apenas trazido um lucro de dois mil dólares se vendido numa emergência. E talvez o equipamento de nove mil dólares custasse, a substituir, 11 mil dólares. Ainda assim, os princípios contabilísticos geralmente aceites exigiriam que a perda fosse levada a lucros, e o capital próprio seria de seis mil dólares.

A depreciação é especialmente aplicável quando as empresas tentam sobreavaliar os seus activos e património líquido; quanto mais baixa for a despesa de depreciação, mais elevados são os lucros da empresa. Este tópico e muitos outros conceitos contabilísticos utilizados para o mesmo fim serão debatidos na Parte III desta obra.

Outro termo contabilístico que não tem relação com a apropriação indevida de activos é o dos acréscimos. Nos termos do conceito de correspondência, devemos certificar-nos de que quaisquer despesas incorridas, mas não pagas até ao final do ano, são contadas na demonstração de resultados. Por exemplo, se a nossa loja de guitarras pagasse os prémios de seguro sempre em Setembro, mas mantivesse os seus livros numa base de ano civil, então um quarto do prémio deveria ser descrito como uma despesa do ano corrente e três quartos como uma despesa do ano seguinte, independentemente de quando o prémio fosse realmente pago. A tais despesas chama-se acréscimo de custos, e os contabilistas calculam quanto totalizam essas despesas, para que as mesmas possam ser incluídas no ano devido. Após fazerem todos os ajustes necessários nas contas de uma empresa, de modo a fazer corresponder as receitas às despesas, determina-se um lucro final. Recorde-se que o lucro que a empresa inscreve e a quantia de dinheiro que recebeu não serão os mesmos, com base na contabilidade do acréscimo.

Organização de Registos Financeiros

O modo como se organizam os registos financeiros varia conforme a entidade. Por exemplo, algumas empresas informatizam todo o processo de manutenção de registos, enquanto outras utilizam o sistema de escrita à mão existente há muitos séculos. Apesar de tudo, as aplicações são essencialmente as mesmas. Os livros são organizados por «lançamentos», que constituem títulos individuais dos relatórios de contas. Para cada item de receitas, despesas, activos, passivos e capital, cria-se uma conta separada, para que as suas alterações possam ser acompanhadas.

O núcleo do sistema de contabilidade é o livro de cheques. Todas as empresas – independentemente da sua actividade – recebem receitas e pagam despesas. Mas o livro de cheques não é apropriado para fins contabilísticos. Mais uma vez, o montante do lucro que uma empresa obtém e os seus recibos relativos a desembolsos (o saldo no livro de cheques numa data específica) serão diferentes. Para conseguirem acompanhar as diferenças, as empresas mantêm Diários.

Livros Contabilísticos

Existem dois tipos de livros contabilísticos: Diários e Livros-Razão*. Um *Diário* «("journal", proveniente da palavra francesa *jour* que significa dia) é um registo dia-a-dia, ou cronológico, das transacções»[7]. Retiram-se informações financeiras dos livros contabilísticos e registam-se nos diários. A maioria dos negócios costuma ter, pelo menos, quatro Diários: um Diário de Receitas e Despesas em Numerário, um Diário de Vendas ou Contas a Receber, em que todas as vendas feitas a crédito ou pagas em dinheiro são registadas; um Diário de Compras (ou Contas a Pagar), que regista todas as aquisições de mercadorias ou serviços comprados a crédito; e um Diário Geral, que reflecte as transacções não abrangidas por outros diários. É também o diário utilizado para rectificar os livros.

Os Diários são mantidos e resumidos, de modo geral mensalmente, num Livro-Razão. A este processo chama-se escrituração. Num sistema manual de contabilidade, um Livro-Razão, geralmente, é um bloco de notas com folhas removíveis, com lançamentos registados apenas uma vez por mês. No final do ano, o resultado líquido das contas dos Livros-Razão é directamente transportado para os relatórios de contas. Por outras palavras, os relatórios de contas constituem um resumo dos saldos das contas registados nos Livros-Razão.

Por exemplo, para preparar relatórios de contas, o contabilista da sua loja de guitarras consultaria o seu livro de cheques com regularidade. Por cada item assente, registaria a sua origem num diário, neste caso, o Diário de Receitas e Despesas. E por cada cheque, também registaria o que estava a pagar esse desembolso. Imagine um simples exemplo em que o contabilista reparava que um assento no livro de cheques continha dois itens: vendas de mercadoria no montante de 500 dólares e um empréstimo bancário de 7,5 mil dólares, num total de oito mil dólares.

Para manter os seus livros exactos, o contabilista tem de separar o item de receita, que determina a sua perda ou lucro, do item do empréstimo, que não constitui uma receita, pois tem de ser reembolsado. No Diário de Receitas e Despesas, o contabilista «separaria» ou codificaria estas duas transacções, registando uma na coluna de receitas e a outra na coluna dos passivos. E o contabilista registaria os

---

* *NT* – Os Diários e os Livros-Razão já não são utilizados em Portugal há cerca de dois anos.

cheques passados por si durante o mês para pagar custos laborais, componentes, electricidade, reembolsos de empréstimos bancários, e outras despesas na parte do diário dedicada às despesas, com um lançamento para cada item. Para que o contabilista se certifique de que tem o lançamento de todas as suas transacções, preparará um plano de contabilidade. Na maior parte das vezes, trata-se apenas de uma folha de papel com números escritos para cada lançamento. O contabilista registará no livro de cheques o número da conta (em vez do seu nome) sob o qual escriturou a transacção.

Assim que o seu contabilista tiver registado todas as transacções, poderá rectificar os livros através de um processo chamado *lançamentos no diário*. Estes têm uma única finalidade: tentar fazer corresponder os livros da empresa à equação de contabilidade. E os lançamentos no diário são utilizados sobretudo para transacções que não entram no livro de cheques. Por exemplo, todos os meses o banco deduz uma comissão de serviço da sua conta bancária. Trata-se de um item para o qual não se passou qualquer cheque. Se, durante o período de um ano, o banco lhe tiver cobrado 100 dólares em comissões, os seus livros têm de ser ajustados com a dedução desse montante, ou o saldo da sua conta corrente não corresponderá ao que vem descrito nos seus livros por essa diferença de 100 dólares. O seu contabilista fará então um lançamento no diário, deduzindo na sua conta corrente 100 dólares, que é contrabalançado no seu lucro, com uma despesa no mesmo montante. Assim, os seus livros correspondem ao que está no banco. O contabilista manterá um registo por escrito de todos os lançamentos no diário feitos durante um ano. Cada lançamento no diário deve conter uma explicação sobre o motivo pelo qual é feito.

O princípio contabilístico segundo o qual um crédito corresponde a um débito e vice-versa, inventado no século XIV, é uma extensão da equação contabilística, Activos = Passivos + Capital Próprio. Uma vez que esta equação está sempre em equilíbrio, ambos os lados de qualquer transacção são registados. O lado do activo é também conhecido como o lado do débito, ou o lado da cobrança, e reflecte-se no lado esquerdo. O lado direito da equação é também conhecido pelo lado do crédito. Cada transacção é, pois, tanto um débito como um crédito. Eis como os débitos e os créditos afectam as contas financeiras:

Débitos: aumentam os activos e as despesas e/ou diminuem os passivos e/ou o capital.

Créditos: diminuem os activos e as despesas e/ou aumentam os passivos e/ou o capital.

Os saldos normais das contas são:

Activo ou despesas   *Débitos*

Receitas, capital ou passivos   *Créditos*

Isto produz a seguinte fórmula na folha de balanço:

Débitos (Activos) = Créditos (Passivos + Capital)

que, por sua vez, produz a fórmula seguinte na demonstração de resultados:

Créditos (Receitas) = Débitos (Despesas + Lucros [Perdas])

Os créditos (ou débitos) excedentários na demonstração de resultados são utilizados para aumentar (ou diminuir) o montante de capital. Os registos e as transacções dos diários são utilizados para rectificar os Livros-Razão para o montante correcto, através de débitos e créditos.

Retomemos, novamente, o exemplo da guitarra. Uma vez que a guitarra avaliada em 3,5 mil dólares foi roubada, essa transacção não se reflecte nos livros, até que façamos um ajuste – à mão, se o desejar, – que o demonstre. Afinal, o furto não passou pelo livro de cheques nem foi escriturado num diário. Tendo já debatido o facto de o furto da guitarra constituir uma despesa, compensada directamente no nosso capital, o contabilista fará o seguinte lançamento no diário, sob a forma de débitos e créditos:

Lançamento no Diário #1

	Débito (Dr.)	Crédito (Cr.)
Custo de mercadoria vendida (lançamento de despesas)	$3.500	
Inventário (lançamento do activo)		$3.500

Para registar o furto da Guitarra Eléctrica Fender Telecaster de 1954 por um empregado

Em resultado desta transacção, os nossos livros estão novamente equilibrados. Os débitos equivalem aos créditos. Ao debitar um lançamento de despesa, reduzimos o nosso capital pelo mesmo montante, quando os nossos livros são encerrados, e a perda é contabilizada. Ao creditar o lançamento de inventário, estamos a reduzir os nossos activos – inventário – de modo a reflectir o facto de a guitarra estar em falta e já não poder ser vendida. Mais uma vez, não podemos reivindicar nada nos nossos livros a respeito do lucro que teríamos obtido numa venda posterior da guitarra.

Ocultação da Apropriação Indevida de Activos

A apropriação indevida de activos geralmente fica oculta nos livros contabilísticos como falsos débitos ou créditos omitidos. No entanto, muitos desvios não são, de todo, ocultos e aparecerão como operações fora do balanço.

Operação Fora do Balanço

Ao retirar um activo corpóreo do negócio (um débito), os livros ficarão em desequilíbrio no montante exacto do activo desviado. Assim, se todos os activos corpóreos fossem contados após um furto, os débitos e créditos não se equivaleriam. É evidente que os activos corpóreos raramente são contados na sua totalidade. Como consequência, a situação de desequilíbrio pode não ser conhecida.

Tomemos um exemplo absurdamente simples. Wendall trabalha na McDonald's como caixa. Um dia, você vai à McDonald's e pede um Big Mac, uma dose grande de batatas fritas, um refrigerante e uma daquelas tartes de maçã quentes, que parecem acabadas de sair do forno a 3.000 graus. Você dá a Wendall o dinheiro certo, neste caso 4,22 dólares. Em vez de registar a venda na caixa registadora, Wendall limita-se a pôr o dinheiro no bolso. Apropriou-se de um activo: 4,22 dólares em dinheiro. Se pudéssemos fechar o negócio logo após o furto e encerrar os nossos livros, descobriríamos que os créditos excediam os débitos em 3,51 dólares, o que custou à McDonald's o Big Mac, a dose grande de batatas fritas, o refrigerante e a tarte de maçã quente. A diferença de 71 cêntimos é o lucro bruto da venda, que Wendall também roubou. Mas a McDonald's não contabilizará essa perda até determinar os seus lucros no final do ano.

As situações de desequilíbrio ocorrem durante os furtos, quando o ladrão não tenta ocultar a não corrrespondência entre os débitos e os créditos. Evidentemente que o autor do furto conta com o facto de a McDonald's não fechar, imediatamente após o furto, para contar débitos e créditos, e por isso o esquema não será detectado. Só por si, isso constitui o «método de ocultação» do autor – os furtos perdem-se na confusão.

Falsos Débitos

Levemos o exemplo mais longe e imaginemos que a McDonald's seria suficientemente tola (mas não é) para deixar que Wendall fosse não só um caixa, mas também responsável pelos livros. Assim, Wendall controla o dinheiro e o modo como este é contado. Uma vez que sabe que os créditos excedem de facto os débitos em 3,51 dólares, decide fazer uma certa «contabilidade criativa» para eliminar a diferença. Cria um lançamento no diário e debita, nos livros, «despesas diversas» de 3,51 dólares, ao mesmo tempo que credita, na conta de inventário de alimentos, 3,51 dólares. Os seus livros encontram-se agora equilibrados. O débito de despesas diversas, neste caso, é falso e concebido para substituir o dinheiro que Wendall roubou. Wendall podia escolher os débitos falsos: como despesas ou como activos.

Despesas

Os autores de furto inteligentes que decidiram tapar o seu rasto optam, de preferência, por uma conta de despesa em vez de uma conta de activos para criar um falso débito. O lançamento fictício de uma conta de despesa cumpre dois objectivos diferentes, mas inter-relacionados. Em primeiro lugar, muitos itens de despesa não estão representados por mercadoria «pesada», que pode ser contada e inventariada. Em segundo lugar, numa base anual, as contas de despesa são encerradas num saldo zero, e o que sobra é transferido para a conta de lucros e perdas. Assim que a conta de despesas é encerrada, torna-se um item histórico e provavelmente nunca mais será revista. Se o falso débito não for detectado na conta de despesas, até ao momento de os livros serem encerrados, desaparece para sempre, como observou em certa ocasião o meu colega Steve Albrecht.

Balanços Adulterados

Uma variante da situação de desequilíbrio é um balanço adulterado. As pessoas que utilizam esta técnica têm, invariavelmente, acesso aos livros e registos. Neste método, transporta-se um total incorrecto do Diário para o Livro-Razão, ou do Livro-Razão para os relatórios de contas. Retomemos, por um momento, o exemplo de Wendall como guarda-livros da McDonald's. A única indicação que temos nos nossos livros de que Wendall sonegou 4,22 dólares, é o facto de ao nosso inventário faltar o custo de 3,51 dólares. Imaginemos que Wendall desejava «tapar» essa perda nos livros da McDonald's. Poderá fazê-lo adulterando o saldo do seu inventário. Em vez de fazer um lançamento no diário, reduzindo a conta do inventário, pode propositadamente somar, de modo incorrecto, esse valor quando estiver a totalizar o inventário.

Por exemplo, se o inventário de alimentos da McDonald's fosse contado e totalizasse 4.680,44 dólares, então este montante deveria reflectir-se no diário do inventário ou das compras. Mas Wendall acrescenta 3,51 dólares a esse número e transforma o valor global em 4.683,95 dólares. Quando o saldo do inventário for transferido do diário para o Livro-Razão, o último estará exagerado em 3,51 dólares. Quando os Livros-Razão forem utilizados para preparar os relatórios de contas, o inventário estará exagerado em 3,51 dólares, assim como as despesas, em igual montante. Mas o único modo de detectar o saldo adulterado é voltar atrás e somar a coluna original de valores da conta do inventário, a que faltará os 3,51 dólares.

Activos

Wendall poderia também ter criado um lançamento fictício no diário para debitar um activo. Não interessa qual seja o activo, embora ele provavelmente não opte por um débito fictício na tesouraria, porque o numerário é vigiado atentamente e justificado até ao último cêntimo. Uma vez que a McDonald's não tem uma conta de crédito aberta, Wendall, provavelmente, não mostraria o seu débito nas contas a receber. Mas podia acrescentá-lo a qualquer conta dos activos fixos – mobília e instalação, fábrica e equipamentos ou uma variedade de outros. A questão é que o falso débito numa conta do activo é muito mais fácil de detectar. E o falso activo debitado mantém-se nos livros até ser tomada alguma medida para o retirar.

Créditos Omitidos

Os créditos omitidos são utilizados para ocultar receitas sonegadas à organização. No caso de Wendall, ele não registou uma venda na caixa registadora. O crédito que ele omitiu foi de vendas e roubou a parcela de débito – 4,22 dólares em dinheiro. Os livros estão, pois, tecnicamente equilibrados, mas falta mercadoria. O principal modo de detectar créditos omitidos dos livros contabilísticos é através de uma análise de tendências – uma forma de prova indirecta. Isso deve-se ao método que Wendall escolheu para cometer o seu furto. Uma vez que Wendall não registou a venda na caixa registadora, a McDonald's não chegou a saber que houve uma venda. Mas, como declarado, se a empresa encerrasse e somasse os seus débitos e créditos, os créditos excederiam os débitos em 3,51 dólares, o montante da mercadoria em falta. Tudo o que sabemos a partir deste cenário, porém, é que falta mercadoria – o hamburguer, as batatas, o refrigerante e a tarte. Não sabemos onde está, quem a levou, ou sequer se foi roubada. Podia ter sido deitada fora acidentalmente, estar estragada ou até ter sido comida por um empregado com fome.

Consideremos um outro exemplo de créditos omitidos, muito mais difícil de detectar. Digamos que Wendall trabalhava para um estabelecimento de limpeza a seco e fazia exactamente o mesmo: levava 4,22 dólares a um cliente pela lavagem da roupa, embolsava o dinheiro e não registava a venda na caixa registadora. Recordemos que os nossos livros ainda se encontram em equilíbrio – Wendall omitiu o crédito (a venda) e roubou o débito (4,22 dólares em dinheiro). Uma vez que não nos falta mercadoria, a prova indirecta consistirá no facto de os nossos lucros serem mais baixos pelo preço do serviço que fornecemos. Se os nossos custos directos para limpar a roupa são de 3,51 dólares, então, os nossos lucros sofrem no mesmo montante. Os restantes 71 cêntimos são receitas cessantes, que não se reflectirão de modo algum nos livros. Detectar furtos como este exige uma análise sofisticada de receitas e despesas. E, como é evidente, se os furtos ocorrerem a um nível que não deixe tendências óbvias, as probabilidades de se detectar tal perda a partir dos livros contabilísticos da empresa de limpeza a seco são pequenas. Se, por exemplo, Wendall limitasse os seus furtos a essa única transacção, dificilmente se daria por isso numa exploração que tivesse uma receita bruta de várias centenas de milhares de dólares por ano.

Mas sabemos pela investigação de milhares de casos de fraude ocupacional que um roubo único por parte de uma pessoa é extremamente raro. A tendência básica parece ser que tais fraudes comecem por ser pequenas, mas vão aumentando com o passar do tempo. É evidente que isto faz sentido – se Wendall não foi detectado da primeira vez, porque deveria parar? E quando já tiver sido bem sucedido dez vezes nos seus furtos, começará a sentir-se invencível, e aumentará a frequência e o valor dos montantes que rouba. Se fosse esperto, estabeleceria um montante limite, que pudesse roubar sem despertar suspeitas. Não há uma forma de saber quantas pessoas assim tão espertas existem, uma vez que certamente não são apanhadas. Os casos desta obra revelam uma tendência coerente de excesso por parte dos autores de furto. Talvez alguém pense que tais pessoas, secretamente, desejavam ser apanhadas. Embora isso seja certamente possível, esses casos são de longe ultrapassados por pessoas que simplesmente perdem a conta do montante que roubam – ou não sabem ou não desejam saber.

Em cursos sobre fraude que dei ao longo dos anos, surge frequentemente uma questão: «Qual a técnica mais eficaz para apanhar os empregados a roubar?» Apenas como gracejo respondi: «O tempo é a técnica de detecção mais eficaz. Não verificadas, muitas fraudes ocupacionais emergem, por fim, quando já não há mais nada para roubar e a empresa entra em falência». Tal observação sublinha um elemento fundamental da fraude e do abuso ocupacionais – a sua natureza repetitiva alimenta-se de si própria. Não é apenas uma «boa ideia» controlar a fraude e o abuso; trata-se de uma necessidade económica.

NOTAS

1. Black, Henry Campbell, *Black's Law Dictionary*, 5.ª ed., St. Paul, MN: West Publishing Co., 1979, p. 901.
2. *Webster's Dictionary*, Boston: Houghton Mifflin, 1996, p. 472.
3. Marshall, David H. e McManus, Wayne W., *Accounting: What the Numbers Mean*, 3.ª ed., Chicago: Irwin, 1981, p. 32.
4. Ibid., p. 217.
5. *Webster's*, p. 1205.
6. Marshall e McManus, *Accounting*, p. 32.
7. Ibid., p. 107.

CAPÍTULO 3
SONEGAÇÃO

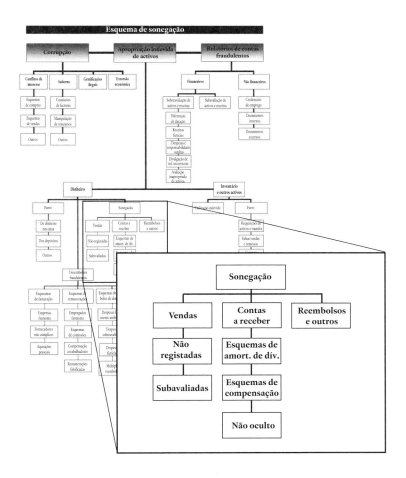

ESTUDO DE UM CASO: **O TÍMIDO DOUTOR FORNECIA UM BELO ROSTO***

Brian Lee distinguia-se como um cirurgião plástico de primeira categoria. Os seus doentes apregoavam a sua competência e o seu talento, quando faziam confidências privadas acerca do segredo da sua aparência melhorada aos seus amigos mais íntimos. Irradiando uns modos sérios, porém amáveis, o celibatário de 42 anos tinha um orgulho silencioso nos seus esforços de embelezamento – princi-

---

* Vários nomes foram alterados de modo a preservar o anonimato.

palmente operações ao nariz, *liftings* do rosto, abdominoplastias e aumentos do peito.

Lee exercia numa grande clínica pertencente a médicos com várias especialidades, dispostas em várias instalações espalhadas num subúrbio em desenvolvimento no Southwest. Como seu produtor de topo, Lee facturava mais de um milhão de dólares por ano e recebia 300 a 800 mil dólares anualmente, entre remunerações e bónus. Mas, durante um período de quatro anos, Lee também manteve o seu próprio fornecimento secreto de receitas não registadas – possivelmente centenas de milhares de dólares.

Assim que a desonestidade de Lee se tornou conhecida, o conselho de administração da clínica (constituído por médicos accionistas, seus colegas) pediu uma contabilidade exacta. Agindo em nome da clínica, a sua importante sociedade de advogados contratou Doug Leclaire para realizar uma investigação privada. Leclaire é um investigador certificado de fraudes, com sede na Empresa em Flower Mound, no Texas, e que, nesse ano, já tivera uma boa colaboração com os advogados, num caso não relacionado com este.

«Os médicos desejavam uma pessoa independente para averiguar e documentar quanto dinheiro faltava», recordou Leclaire. «Também desejavam saber até que ponto chegava esta vigarice. Pelo que eu pude determinar, mais ninguém estava envolvido». A secretária e a enfermeira de Lee sabiam que este realizava as operações, mas ignoravam que o médico retinha pagamentos dos doentes da clínica. Leclaire admirou-se com a simplicidade da fraude. Afirmou que os ganhos mal adquiridos de Lee eram obtidos facilmente, devido à natureza discreta do seu negócio.

Leclaire começou por se familiarizar com as políticas da clínica e do gabinete (os médicos geriam os seus gabinetes como unidades autónomas). Durante uma consulta grátis e confidencial, Lee examinava o paciente e expunha várias opções, os resultados previstos e os seus honorários totais. O médico, ou a sua secretária, debatia em seguida as condições de pagamento.

Segundo Leclaire, «se o doente planeasse fazer um pedido de seguro, para intervenções cobertas pelo mesmo – tais como cirurgia reconstrutiva não urgente, numa vítima de acidente rodoviário cujo nariz tivesse ficado esmagado contra o pára-brisas – tinha de pagar o preço dedutível antecipadamente». Em caso de pura cirurgia estética, como uma liposucção, que não é coberta pelo seguro, os doentes tinham de pagar o montante total em dinheiro ou cheque antes da intervenção. À semelhança de muitos cirurgiões plásticos, Lee não aceitava cartões de crédito, presumivelmente, para se precaver contra retaliações económicas por «remorso do comprador». O pagamento único incluía, também, todas as visitas pós-operatórias.

Assim que o doente decidia ser operado, Lee, ou a sua secretária, marcava outra reunião ou analisava o diário de operações de Lee, a fim de marcar uma data e hora convenientes. Lee realizava as cirurgias na clínica ou num hospital filiado. Em teoria, um doente dava entrada na recepção para uma intervenção cirúrgica marcada e pagava à secretária, que, imediatamente, anexava o pagamento, juntamente com um recibo, ao devido formulário de intervenção e registava a transacção numa base diária. A secretária mantinha todos os pagamentos, recibos e formulários numa pequena caixa fechada a cadeado, como uma salvaguarda temporária.

«No final do dia, o médico, a sua enfermeira ou a recepcionista submetia toda a papelada e os pagamentos – que facilmente totalizavam dezenas de milhares de dólares – ao caixa da clínica, do outro lado da entrada», explicou Leclaire. «Se já era tarde, o médico, por vezes, fechava a caixa na gaveta da sua secretária até ao dia seguinte». No caso das intervenções realizadas num hospital filiado, o doente pagava adiantadamente e a clínica esperava que alguém do escritório do médico submetesse a papelada toda ao caixa principal, permitindo à clínica declarar a sua parte.

Mas até os melhores planos falham ao serem postos em execução, observou Leclaire. O caso que finalmente desmascarou o cirurgião plástico foi o de Rita Mae Givens, uma doente de rinoplastia. As salas da clínica estavam dispostas de modo a que, quando os doentes saíam do elevador, podiam virar à direita e entrar na recepção principal da clínica ou virar à esquerda, percorrer o vestíbulo e entrar na recepção do gabinete de Lee. Saindo do elevador no quinto andar, Givens seguiu para a esquerda, como Lee lhe indicara previamente. Givens obteve acesso através da porta do gabinete privado de Lee, evitando a secretária e recepcionista da clínica, à direita, ao fundo do vestíbulo. Tal como planeado, o pessoal da clínica, sem suspeitas algumas, não chegou a saber que Lee marcara a consulta com Givens, nem que ele realizara uma cirurgia para corrigir o seu septo desviado e diminuir o nariz. Givens pagara ao médico com um cheque.

Durante o seu restabelecimento, Givens analisou a sua apólice de seguro, que declarava que a rinoplastia podia ser coberta sob certas circunstâncias, ou, pelo menos, podia contar para a dedução anual. Ela decidiu fazer um pedido ao seguro. Mas Givens apercebeu-se de que não tinha recebido a factura, que necessitava para anexar ao impresso de pedido para a seguradora. Assim, fez uma chamada não planeada para a clínica, para pedir uma cópia da factura, o que desencadeou uma série de reacções espontâneas. O caixa da clínica de Lee localizou a ficha da doente, mas esta não mostrava encargos pela intervenção realizada. O que o caixa achou bastante estranho. Givens assegurou ao caixa que a intervenção fora realizada e que ela pagara pela cirurgia com um cheque em seu nome.

O caixa verificou junto do gestor da clínica o registo correspondente ao pagamento de Givens. Como é evidente, o gestor de consultas não conseguiu encontrar o registo e pediu o auxílio do administrador da clínica para o encontrar. Sabendo que os médicos, por vezes, se esqueciam de regularizar imediatamente as contas de intervenções realizadas noutras instalações, o administrador da clínica sugeriu que procurassem indicações, de acordo com a data e hora fornecidas por Givens, no diário de cirurgias do médico. Entretanto, o gestor pediu à doente uma cópia do seu cheque descontado, que, mais tarde, descobriram ter sido endossado e depositado na conta bancária pessoal do médico.

O administrador da clínica confirmou que Lee realizara a operação, mas não chegara a apresentar o pagamento ao caixa principal. Quando confrontado, o médico admitiu o seu delito. O administrador alertou o conselho de administração, que, depois, contratou Leclaire para investigar. O detective privado entrevistou Lee por diversas vezes, ao longo da investigação. Leclaire descreveu Lee como muito apologético e prestável na análise dos seus delitos. O médico, explicou o próprio, só roubava os pagamentos de doentes de cirurgia electiva, de modo a não alertar quaisquer seguradoras que pudessem pedir documentação adicional à clínica. Por vezes, Lee servia-se de pagamentos na caixa fechada da sua secretária, antes de a entregar ao caixa principal. Por vezes, roubava um pagamento directamente de um doente, com uma marcação sub-reptícia. Preferia dinheiro, mas era frequente aceitar cheques pagáveis ao «Dr. Lee». O médico retinha frequentemente cheques na gaveta da sua secretária, durante umas semanas, antes de os descontar ou depositar na sua conta bancária pessoal. Lee, declarou ele a Leclaire, simplesmente destruía os recibos que deviam acompanhar os pagamentos. Porém, devido a um sentido de dever profissional, Lee mantinha escrupulosamente todos os registos clínicos dos doentes.

Uma vez que o autor dos furtos cooperou totalmente, Leclaire chamou ao seu caso «divertido e fácil». O médico mantinha registos minuciosos de todos os seus actos, fossem estes legítimos ou não. Com o auxílio de Lee, Leclaire comparou a agenda pessoal pormenorizada do médico com os registos da clínica e, rapidamente, identificou os pagamentos em falta. O médico até forneceu os seus extractos de conta, de modo a que Leclaire pudesse comparar os depósitos com o saque. Lee também mostrou a sua carteira de títulos para Leclaire pôr de parte quaisquer dúvidas sobre receitas adicionais não registadas.

«O médico não tentou esconder nada», declarou Leclaire, que já realiza investigações criminais há 20 anos. «Pude documentar tudo». Em todas as suas conversas com o médico, «tudo o que ele nos disse foi bastante aberto e honesto».

Após passar tanto tempo com o médico, Leclaire finalmente colocou a Lee a questão que intrigava toda a gente: Porquê? Ganância, respondeu ele. Com todo o seu dinheiro, ainda desejava mais. Determinado, como o seu pai e o seu irmão, que também são bem sucedidos, Lee pouco tempo tinha para apreciar desportos e entretenimentos. A riqueza era a obsessão da família e a obtenção da superioridade um jogo de família. «Tornou-se uma verdadeira competição», declarou Leclaire. «Quem conseguia acumular mais? Quem possuía o melhor automóvel?»

Para vencer o jogo, Lee recorreu ao furto qualificado, que acarretava um enorme risco de punição se fosse detectado. «Quase senti pena do médico. Um tipo naquela posição podia ter perdido tudo», declarou Leclaire.

Após semanas de trabalho, a sociedade de advogados e o seu investigador privado apresentaram as suas descobertas ao conselho de administração e, como lhes fora pedido, fizeram recomendações. Leclaire prefaciou o seu relatório com lições a retirar deste caso. «Os controlos internos fracos tentam todos os empregados, mesmo os que ganham mais de 100 mil dólares. Se tiverem a oportunidade, os meios e uma hipótese muito reduzida de serem detectados, existem empregados que justificarão o cometimento da fraude perante as suas próprias consciências».

Leclaire sugeriu que a clínica renovasse todo o seu sistema de pagamento, centralizando a facturação e colocando avisos para instruir os doentes, atribuindo e distribuindo tarefas distintas a vários funcionários durante o processo de pagamento. «Eles não possuíam supervisão», declarou o investigador. Disse à clínica que conciliasse todos os passos do processo e realizasse auditorias internas de rotina.

Esta fraude, declarou Leclaire ao seu público atento, escapou à detecção durante mais de quatro anos. O resultado da sua auditoria era que Lee se apropriou, fraudulentamente, de cerca de 200 mil dólares.

Seguiu-se um período de grande debate e de muitas perguntas e respostas. Alguns membros do conselho de administração insistiam para que Lee fosse imediatamente despedido. «Outros demonstravam uma autêntica solidariedade para com um dos seus irmãos», declarou Leclaire.

«A sua maior preocupação era a responsabilidade da declaração de rendimentos da clínica». Leclaire, que fora agente especial no departamento de investigações criminais do *Internal Revenue Service* (Administração Fiscal) durante nove anos, assegurou-lhes que a clínica não tinha qualquer responsabilidade por receitas não recebidas. Ninguém desejava uma auditoria do IRS, dada a história da clínica, de escassa supervisão e incerteza dos médicos a respeito da sua própria culpabilidade, declarou Leclaire. Temiam que os agentes federais bisbilhotassem e talvez descobrissem outros casos de receitas não registadas ou actividades irregulares. Ele avisou, porém, que seriam inquestionavelmente cobrados impostos sobre a indemnização.

«Os médicos chegaram a um acordo entre si». Decidiram não processar nem despedir Lee. Evidentemente que os médicos esperavam que Lee devolvesse, imediata e totalmente, os 200 mil dólares acrescidos de juros (para a primeira prestação, Leclaire recolheu 15 mil dólares em dinheiro que o médico tinha na sua modesta habitação). Insistiram também para que Lee colocasse outros 200 mil dólares como garantia, para cobrir quaisquer contingências. E, naturalmente, o médico pagaria a factura dos advogados e do investigador privado envolvido no caso.

Os seus colegas médicos concordaram em deixar que o seu principal gerador de dinheiro continuasse a exercer na clínica, desde que Lee consultasse ajuda profissional para corrigir a sua aberração. Declararam que o ajudariam de todas as formas que pudessem. Incentivados a mostrar a Lee que havia outras coisas na vida além do trabalho, a partir de então os médicos convidavam-no para as suas excursões de pesca e de caça. A conselho do seu psiquiatra, Lee aceitou com entusiasmo. O solitário regenerado até se divertiu.

> Para restringir as tentações, a clínica imediatamente instituiu novas políticas nos processos de pagamento. Ainda bem, declarou Leclaire. O simpático médico, mais tarde, declarou-lhe que, se tivesse oportunidade, «provavelmente faria tudo de novo».

VISÃO GERAL

A sonegação[3], tal como o caso anterior exemplifica, é a remoção de dinheiro de uma entidade vítima antes do seu lançamento num sistema de contabilidade[1]. Os empregados que sonegam as suas empresas, roubam vendas ou contas a receber antes de estas serem registadas nos livros da empresa. Devido a este aspecto da sua natureza, os esquemas de sonegação são conhecidos por fraudes *off-book*; não deixam nenhuma pista de auditoria directa. O facto de os fundos ainda não terem sido registados, significa que a empresa lesada pode não ter consciência de que o dinheiro foi recebido. Por conseguinte, poderá ser muito difícil detectar que o dinheiro foi roubado. Trata-se da principal vantagem de um esquema de sonegação para o fraudador.

A sonegação pode ocorrer a qualquer momento em que os fundos entram; por isso, praticamente qualquer pessoa que lide com o processo de receber dinheiro pode estar na posição de sonegar dinheiro. Isto inclui fornecedores, caixas, empregados de mesa e outros, que recebem dinheiro directamente dos clientes. Além disso, muitos esquemas de sonegação são cometidos por empregados, cujas funções incluem receber e registar pagamentos feitos pelo correio por clientes. Estes empregados podem guardar os cheques do correio para seu próprio uso, em vez de os enviar para a devida conta de receitas ou de cliente. As pessoas que lidam directamente com os clientes ou que tratam de pagamentos dos clientes são, evidentemente, as candidatas mais prováveis à sonegação de fundos. Os esquemas de sonegação geralmente recaem numa de quatro categorias:

1. Vendas não registadas.
2. Vendas e contas a receber subavaliadas.
3. Furto de cheques através do correio.
4. Sonegação de curto prazo.

DADOS SOBRE SONEGAÇÃO DO *INQUÉRITO NACIONAL SOBRE FRAUDES DE 2006* DA ACFE

Frequência e Custos

No Capítulo 1, verificámos que existem três grandes categorias da fraude ocupacional: apropriação indevida de activos, corrupção e relatórios de contas fraudulentos.

Verificámos, ainda, que os esquemas de apropriação indevida de activos constituem a mais comum dessas categorias; dos 1.134 casos do nosso estudo, 1.038, ou mais de 90%, envolviam alguma forma de apropriação indevida de activos.

Como a Árvore da Fraude exemplifica, os desvios de activos podem, por seu turno, ser subdivididos em duas categorias: esquemas monetários e esquemas não monetários. A Figura 3.1 revela a percentagem de casos de apropriação indevida de activos e perdas medianas, por cada uma destas duas subcategorias. Como podemos verificar, os esquemas monetários eram muito mais comuns do que os esquemas não monetários no *Inquérito Nacional sobre Fraudes de 2006* da ACFE, mas tendiam a ter um custo médio menor.

FIGURA 3.1 *Inquérito Nacional sobre Fraudes de 2006*:
Esquemas Monetários *versus* Esquemas Não Monetários

Tipo de esquema	Percentagem de casos	Custo médio
Apropriação indevida de activos		
Esquemas monetários (910 casos)	87,7%	$150 000
Desvios não monetários (243 casos)	23,4%	$200 000

Nota: tal como afirmámos no Capítulo 1, a soma de percentagens desta tabela, como em várias tabelas e gráficos, ao longo desta obra, ultrapassa os 100%, porque alguns casos envolveram múltiplos esquemas de fraudes que recaíam sobre mais de uma categoria.

Convém notar que os fraudadores utilizam frequentemente uma variedade de tácticas para furtar o dinheiro da vítima; assim, muitos esquemas de fraude envolvem múltiplos métodos. Como tal, ao contrário dos nossos estudos anteriores, pedimos aos inquiridos de 2006 que identificassem quer a perda total provocada pela fraude, quer o montante da perda directamente imputável a cada tipo específico de esquema de apropriação indevida de activos. Esta subdivisão fornece-nos uma imagem mais precisa dos efeitos dos esquemas de apropriação indevida de activos do que a obtida anteriormente.

Regressando novamente à Árvore da Fraude, constatamos que os esquemas de dinheiro se encontram subdivididos em três categorias distintas: sonegação, furto de dinheiro em caixa e desembolsos fraudulentos. Entre estas subcategorias, os esquemas de desembolsos fraudulentos eram os mais comuns, ocorrendo em quase três quartos dos casos de desvio de fundos incluídos no nosso estudo. Estes esquemas também provocavam a perda mediana mais elevada das três categorias de esquemas de dinheiro (consultar Figuras 3.2 e 3.3).

A Figura 3.4 mostra a distribuição de perdas, em dólares, nos 178 casos de sonegação para os quais se forneceu um montante perdido, comparada com a distribuição de perdas em todos os casos do inquérito. Como este gráfico mostra, a distribuição de perdas de sonegação era bastante consistente com a distribuição de todas as fraudes ocupacionais, embora os casos de sonegação fossem ligeiramente menos comuns nas categorias abaixo de 500 mil dólares e muito menos comuns na categoria de um milhão de dólares ou mais.

FIGURA 3.2 *Inquérito Nacional sobre Fraudes de 2006*:
Frequência de Desvio de Fundos

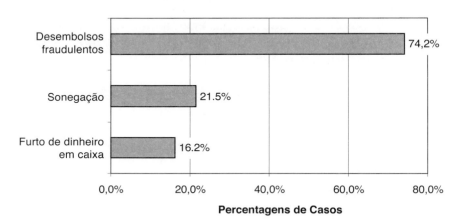

FIGURA 3.3 *Inquérito Nacional sobre Fraudes de 2006*:
Perda Mediana de Desvios de Fundos

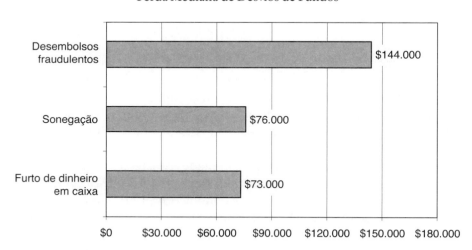

Detecção de Esquemas de Sonegação

O método mais comum através do qual os esquemas de sonegação foram detectados, no nosso estudo de 2006, foi a denúncia, referida em 34,6% dos 156 casos em que um método de detecção foi identificado.

FIGURA 3.4 *Inquérito Nacional sobre Fraudes de 2006*:
Distribuição de Perdas nos Esquemas de Sonegação

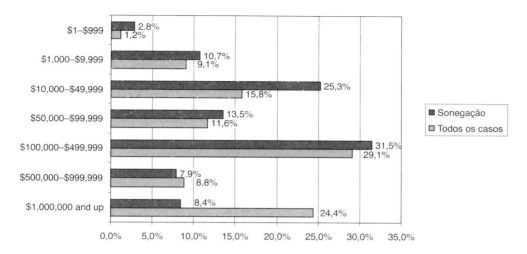

O desvio mais significativo da distribuição de todos os casos envolveu a detecção acidental. Havia mais probabilidade de os casos de sonegação serem detectados acidentalmente do que as fraudes ocupacionais em geral. Por outro lado, os esquemas de sonegação tinham ligeiramente menos probabilidades de serem detectados através de uma auditoria interna ou de controlos internos do que outras formas de fraude ocupacional (consultar Figura 3.5).

FIGURA 3.5 *Inquérito Nacional sobre Fraudes de 2006*: Detecção de Esquemas de Sonegação

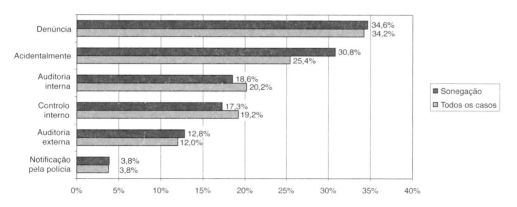

Autores de Esquemas de Sonegação

Dos 196 casos de sonegação do nosso estudo, recebemos 171 respostas em que o cargo do principal fraudador era identificado. Mais de 40% daqueles que sonegavam eram identificados como gestores, enquanto aproximadamente 36% eram identificados como empregados, e apenas mais de 21% eram proprietários/executivos (consultar Figura 3.6).

FIGURA 3.6 *Inquérito Nacional sobre Fraudes de 2006*: Autores de Esquemas de Sonegação

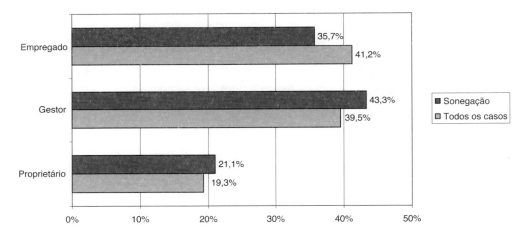

De acordo com outros dados sobre a fraude ocupacional, as perdas medianas de esquemas de sonegação eram mais elevadas entre gestores do que nos empregados, e as mais elevadas eram entre proprietários/executivos. Enquanto a perda mediana em todos os esquemas de sonegação era de 76 mil dólares, quando decompusemos os dados com base no cargo, descobrimos que a perda mediana para esquemas cometidos por proprietários/executivos atingia os 188 mil dólares, mais do dobro da média global (consultar Figura 3.7).

FIGURA 3.7 *Inquérito Nacional sobre Fraudes de 2006*:
Perda Mediana por Autor de Esquemas de Sonegação

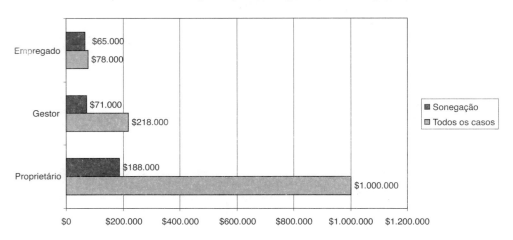

Vítimas de Esquemas de Sonegação

Os dados que recolhemos acerca da dimensão das organizações lesadas por sonegação demonstram que as pequenas empresas (com menos de cem empregados) eram particularmente vulneráveis a este tipo de fraude. Embora as pequenas empresas constituíssem 36% de todas as vítimas do nosso estudo, representavam 55% (103 casos) das vítimas nos casos de sonegação (consultar Figura 3.8).

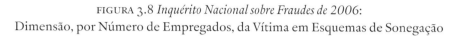

FIGURA 3.8 *Inquérito Nacional sobre Fraudes de 2006*:
Dimensão, por Número de Empregados, da Vítima em Esquemas de Sonegação

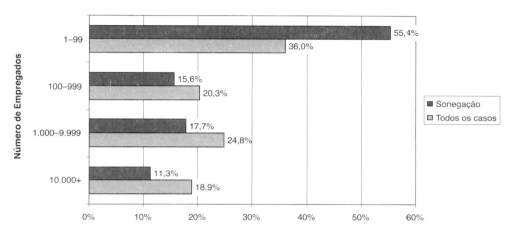

Os nossos dados revelaram ainda que as pequenas organizações sofriam, devido a esquemas de sonegação, perdas medianas desproporcionadamente elevadas. As organizações mais pequenas, com menos de cem empregados, sofriam uma perda mediana de 88 mil dólares, que constituía a segunda perda mediana mais elevada em todas as categorias das organizações (consultar Figura 3.9).

VENDAS NÃO REGISTADAS

O esquema mais básico de sonegação ocorre quando um empregado vende bens ou serviços a um cliente, recebe o pagamento, mas não regista a venda. O empregado embolsa o dinheiro recebido do cliente, em vez de o entregar ao seu empregador (consultar Figura 3.10). Foi esse o método utilizado pelo Dr. Brian Lee no estudo de um caso debatido anteriormente. Ele realizava trabalho e recebia dinheiro que os seus parceiros ignoravam. Como consequência, conseguiu sonegar aproximadamente 200 mil dólares, sem deixar quaisquer rastos dos seus delitos nos livros. Se uma doente não tivesse feito uma chamada inesperada, pedindo a cópia de uma factura, o crime de Lee poderia ter prosseguido indefinidamente. O caso do Dr. Lee ilustra por que motivo os esquemas de vendas não registadas são, talvez, os mais perigosos de todas as fraudes de sonegação.

FIGURA 3.9 *Inquérito Nacional sobre Fraudes de 2006*:
Perda Mediana por Dimensão da Vítima em Esquemas de Sonegação

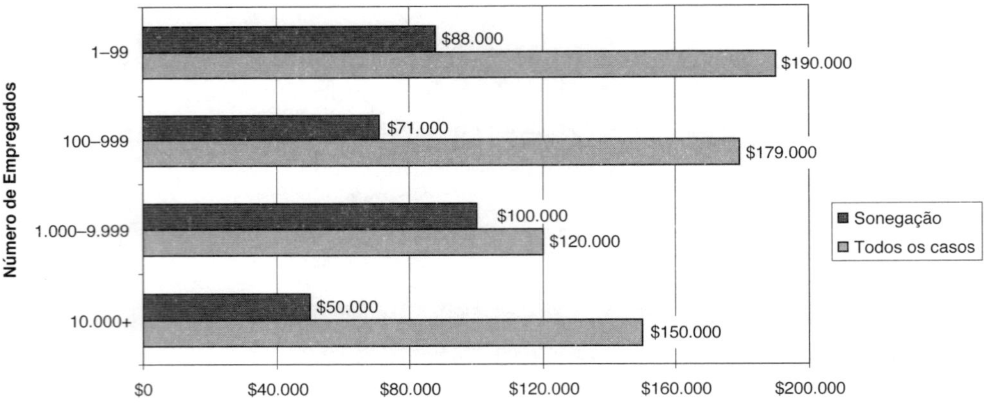

Número de Empregados	Sonegação	Todos os casos
1–99	$88.000	$190.000
100–999	$71.000	$179.000
1.000–9.999	$100.000	$120.000
10.000+	$50.000	$150.000

Para debater mais profundamente os esquemas de vendas não registadas, pensemos numa das mais simples e comuns transacções de venda, uma venda de mercadoria na caixa registadora.

Numa transacção normal, um cliente compra um artigo e um empregado lança a venda na caixa registadora. A fita da caixa registadora reflecte que a venda foi feita e mostra que um certo montante de dinheiro (o preço de compra do artigo) deverá ter sido colocado na caixa. Ao comparar a fita com o montante do dinheiro em caixa, pode ser possível detectar furtos. Por exemplo, se houvesse um valor de vendas registado numa caixa registadora de 500 dólares, em determinado dia, mas só estivessem em caixa 400 dólares, seria evidente que alguém roubara 100 dólares (presumindo que não existia um saldo inicial em caixa).

Quando um empregado sonega dinheiro, fazendo vendas de mercadoria *off-book*, torna-se impossível detectar o furto comparando a fita da caixa registadora com o que está em caixa, porque a venda não foi registada (por isso é que é «*off-book*»). Ao invés, o empregado embolsa o dinheiro do cliente. Para dar a impressão de que a venda está a ser registada na caixa, o fraudador pode registar «nenhuma venda» ou outra transacção não monetária. Num dos casos, dois empregados numa organização de retalho de média dimensão sonegaram vendas utilizando este método.

Regressemos ao exemplo acima, em que comparámos a fita registadora com o dinheiro em caixa. Imaginemos que um fraudador deseja escapar com 100 dólares. Ao longo do dia são feitas vendas no valor de 500 dólares na sua caixa registadora. Uma das vendas é de 100 dólares. Quando esta venda se efectua, o empregado não regista a transacção na sua caixa. O cliente paga 100 dólares e leva a mercadoria, mas, em vez de colocar os 100 dólares na caixa registadora, o empregado fica com eles. Uma vez que o empregado não registou a venda, no final do dia, a fita registadora reflectirá apenas 400 dólares em vendas. Da mesma forma, haverá apenas 400 dólares em caixa (500 dólares das vendas totais menos os 100 dólares que o empregado roubou), por isso a caixa registadora estará equilibrada. Como tal, ao não registar a venda, o empregado consegue roubar o dinheiro sem que os fundos em falta apareçam nos livros.

FIGURA 3.10 Vendas Não Registadas

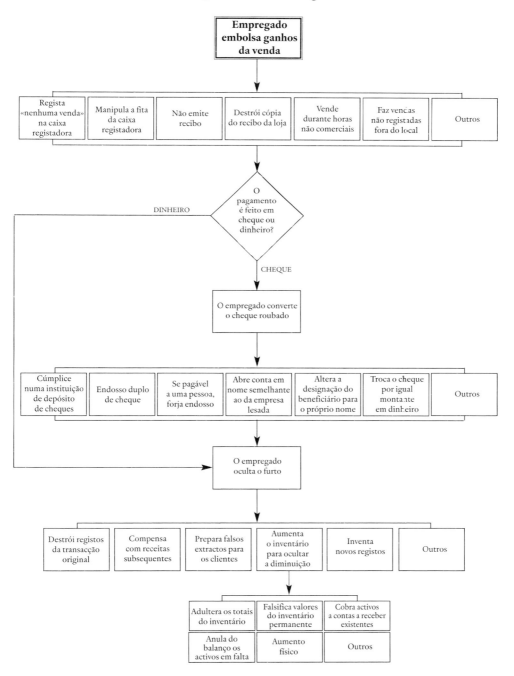

A parte mais difícil num esquema de sonegação na caixa registadora é o facto de o empregado ter de cometer o acto aberto de retirar dinheiro. Se o empregado receber o dinheiro e o enfiar no bolso sem lançar a transacção na caixa registadora, o cliente pode desconfiar que se passa algo de errado e relatar o comportamento a outro empregado ou gestor. Também é possível que o gestor, um colega ou uma câmara de vigilância detecte a conduta ilegal.

Manipulação da Caixa Registadora

Como já dissemos, um empregado pode registar «nenhuma venda» ou outra transacção não monetária para disfarçar o furto. A falsa transacção é lançada na caixa registadora, de modo a parecer que está a ser registada uma venda, quando, na realidade, o empregado está a roubar o pagamento do cliente. Para o observador ocasional, parece que a venda está a ser devidamente registada.

Noutros casos, os empregados manipularam as suas caixas registadoras de modo a que as vendas não ficassem registadas nas fitas. Como já se disse, para detectar o furto do empregado, o montante de dinheiro em caixa pode ser comparado com o valor que se encontra inscrito na fita registadora. Não é pois importante, para o fraudador, o que está na caixa registadora, mas sim aquilo que surge na fita. Se os empregados conseguirem manipular as caixas registadoras de modo a que as vendas não sejam impressas, podem lançar uma venda que tencionem sonegar e, ao mesmo tempo, certificar-se que a venda nunca aparecerá nos livros. Qualquer pessoa que observe os empregados poderá constatar que a venda foi lançada, ver a caixa registadora abrir, e assim por diante, e, no entanto, a fita registadora não reflectirá a transacção. Como se consegue tal coisa? Um empregado de uma estação de serviço ocultou vendas de gasolina, simplesmente levantando a fita da impressora. O fraudador enrolou, depois, novamente a fita, até ao ponto em que a próxima transacção deveria aparecer e substituiu a fita impressora. A transacção seguinte seria impressa sem deixar espaço em branco na fita, não deixando, aparentemente, vestígios da fraude. No entanto, este fraudador ignorou o facto de as transacções da sua caixa registadora serem pré-numeradas. Embora tivesse o cuidado de substituir a fita registadora, não se apercebeu de que criara uma falha na sequência das transacções. Por exemplo, se o autor sonegou a venda #155, então a caixa registadora mostraria apenas as transacções #153, #154, #156, #157 e assim por diante. Omitimos os números de transacção em falta, porque a fita fora levantada quando ocorreram e indicavam a fraude.

Circunstâncias especiais podem levar a métodos mais criativos de sonegação na caixa registadora. Um gerente de um cinema encontrou forma de contornar a máquina automática de venda de bilhetes. Para reduzir as horas de pagamento de salário, este gerente, por vezes, trabalhava como caixa, vendendo bilhetes. Nessas alturas, assegurava-se que não havia ninguém a verificar os bilhetes dos clientes no exterior dos cinemas. Quando se efectuava uma venda, a máquina automática expelia o devido número de bilhetes, mas o gerente retinha os bilhetes de alguns clientes e permitia-lhes entrar sem eles. Quando o cliente seguinte fazia uma compra, o gestor vendia-lhe um dos bilhetes a mais, ao invés de utilizar a máquina automática. Assim, uma parte das vendas de bilhetes não ficava registada. No final da noite, havia um excedente de dinheiro que o gerente tirava e guardava para si. Embora fosse impossível calcular a perda real, estima-se que roubou mais de 30 mil dólares ao seu empregador.

Sonegação Durante Horas Não Comerciais

Outro modo de sonegar vendas não registadas é vender durante horas não comerciais. Alguns empregados foram apanhados, por exemplo, a gerir as lojas aos fins-de-semana ou fora de horas sem conhecimento dos proprietários. Conseguiram ficar com os lucros dessas vendas, porque os proprietários não faziam sequer ideia de que as suas lojas estavam abertas. Um gestor de uma loja a retalho ia trabalhar, todos os dias, duas horas mais cedo, abrindo a loja às 8h00 da manhã, em vez de às 10h00, e todas as vendas efectuadas durante essas duas horas eram embolsadas por si próprio. Isto é que é dedicação! Registava as vendas na caixa como se fosse comércio habitual, mas, depois, removia a fita registadora e retirava todo o dinheiro que acumulara. O gestor começava então do zero, às 10h00, como se a loja estivesse mesmo a abrir e destruía a fita, para que não houvesse registo das vendas antes da hora.

Embora já tenhamos debatido a sonegação no contexto das transacções de caixa registadora, a sonegação não tem de ocorrer numa caixa registadora, nem sequer tem de envolver moeda corrente. Alguns dos esquemas de sonegação mais dispendiosos são cometidos por empregados que trabalham em localizações remotas ou sem atenta supervisão. Isso pode incluir vendedores no local que não lidam com caixas registadoras, vendedores independentes que agem fora do local, e empregados que trabalham em filiais ou escritórios satélite. Estes empregados possuem um elevado grau de autonomia nas suas funções, o que, frequentemente, se traduz numa fraca supervisão e, por sua vez, em fraude.

Sonegação de Vendas Fora do Local

Muitos casos do estudo de 1996 envolveram a sonegação de vendas por empregados fora do local. Alguns dos melhores exemplos deste tipo de fraude ocorreram no sector de arrendamento de apartamentos, em que os gestores tratam das operações diárias sem muita supervisão. Um esquema comum é um empregado, no local, identificar os inquilinos que pagam em dinheiro e retirá-los dos livros. Isto faz com que um apartamento específico surja como vago nos registos quando, de facto, está ocupado. Removidos dos registos os inquilinos que pagam em dinheiro, o gestor pode sonegar os pagamentos das suas rendas, sem notificações de atraso enviadas aos inquilinos. Desde que ninguém verifique fisicamente os apartamentos, o fraudador pode continuar, indefinidamente, a subtracção de dinheiro.

Outro esquema de sonegação de rendas ocorre quando os apartamentos são arrendados, mas não é assinado o contrato de arrendamento. Nos livros, o apartamento continua a surgir como vago, embora haja inquilinos que pagam as rendas no local. O fraudador pode então roubar os pagamentos de renda, cuja falta não será sentida. Por vezes, os empregados nestes esquemas trabalham juntamente com os arrendatários e oferecem-lhes uma «tarifa especial». Em troca, os pagamentos do arrendatário são feitos directamente ao empregado e quaisquer queixas ou pedidos de manutenção são dirigidos apenas a esse empregado, para que a presença dos arrendatários permaneça oculta.

Em vez de sonegar as rendas, num outro caso, o gestor de propriedade subtraía aos pagamentos dos inquilinos as comissões de candidatura e os juros de mora. Fontes de receitas como estas são menos previsíveis do que os pagamentos de rendas e, por isso, a sua ausência pode ser mais difícil de detectar. O escritório central, por exemplo, sabia quando a renda vencia e quantos apartamentos estavam ocupados, mas não tinha instituído um controlo para seguir o número de pessoas que preenchiam pedidos de arrendamento, ou de quantos inquilinos pagavam as rendas com um ou dois dias de atraso. Ao roubar apenas estes pagamentos insignificantes, o gestor de propriedade, neste caso, conseguiu sonegar aproximadamente 10 mil dólares ao seu empregador.

Uma fonte de receitas semelhante, imprevisível e como tal difícil de justificar, é a receita da cobrança dos parques de estacionamento. Num exemplo, um guarda de parque de estacionamento sonegou aproximadamente 20 mil dólares do seu empregador, não preparando bilhetes para os clientes que entravam no parque. Recebia o dinheiro dos clientes, que mandava entrar no estacionamento sem dar o recibo. Não havia maneira, nesta localização distante, de a empresa lesada comparar os bilhetes vendidos com o número verdadeiro de clientes. Fontes de receitas difíceis de controlar e de prever, tais como juros de mora e taxas de estacionamento, constituem os alvos principais dos esquemas de sonegação.

Outra pessoa fora do local, numa boa posição para sonegar vendas, é o vendedor independente. Um dos principais exemplos é o do agente de seguros que vende apólices, mas não as arquiva na seguradora. A maioria dos clientes não deseja apresentar pedidos de comparticipação de seguros, especialmente de início, com receio que os prémios aumentem. Sabendo isto, o mediador guarda todos os documentos sobre as apólices, em vez de os entregar à seguradora. O agente pode, depois, cobrar e guardar os pagamentos feitos sobre a apólice, porque a seguradora não sabe que a apólice existe. O cliente continua a efectuar os pagamentos, pensando que está coberto pelo seguro, quando, na realidade, a apólice é um estratagema. Se o cliente, por fim, apresentar um pedido de comparticipação, alguns agentes conseguem antedatar as falsas apólices, apresentá-las à seguradora e só depois apresentar o pedido, de modo a que a fraude permaneça oculta.

Fracos Processos de Cobrança

Os fracos processos de cobrança e registo podem facilitar a sonegação de vendas ou contas a receber por parte do empregado. Num dos casos analisados, uma autoridade governamental, que lidava com habitação pública, foi lesada por não especificar as receitas diárias. Esta agência recebia pagamentos de vários inquilinos de habitações públicas, mas, no final do dia, o «dinheiro» recebido dos inquilinos era registado como um todo. Não se utilizavam números de receitas para especificar os pagamentos de cada inquilino, por isso não havia modo de determinar que inquilino pagava o quê. Como consequência, o empregado, encarregado de cobrar o dinheiro aos inquilinos, conseguia sonegar uma parte dos pagamentos. Limitou-se a não registar a recepção de mais de 10 mil dólares, o que fez com que certas contas a receber fossem exageradas, as dos inquilinos cujos pagamentos não estavam devidamente registados.

VENDAS E VALORES A RECEBER SUBAVALIADOS

Os casos acabados de debater lidavam apenas com vendas *off-book*. As vendas subavaliadas funcionam de modo diferente, na medida em que a transacção é registada nos livros, mas por um montante inferior àquele que o fraudador recebeu do cliente (consultar Figura 3.11, na página 106). Num dos casos, um empregado passava recibos aos seus clientes, mas retirava a cópia dos recibos, de modo a não produzirem uma prova para a empresa. O empregado, em seguida, utilizava um lápis para preparar cópias, que ficariam na empresa, e que mostravam preços de compra mais baixos. Por exemplo, se o cliente pagara 100 dólares, a cópia da empresa poderia reflectir um pagamento de 80 dólares. O empregado sonegava a diferença entre o montante real da receita e o montante reflectido no recibo fraudulento. Isto também pode ser feito na caixa registadora, quando o fraudador regista uma venda por um preço inferior ao montante realmente pago pelo cliente. O empregado sonega a diferença entre o preço de compra real do artigo e o valor da venda registado na caixa. Ou, em vez de reduzir o preço de um artigo, um empregado pode registar a venda de menos artigos. Se vender 100 unidades, por exemplo, um fraudador poderá registar a venda de apenas 50 unidades e sonegar o dinheiro das restantes.

Utiliza-se um método semelhante quando as vendas são efectuadas a crédito. A factura para o cliente reflecte o verdadeiro montante da venda, mas a conta a receber é subavaliada nos livros da empresa. Por exemplo, uma empresa pode ter mil dólares a receber, mas a conta a receber é registada por um valor de 800 dólares (as vendas também serão registadas em menos 200 dólares). Quando o cliente faz o pagamento sobre o crédito, o fraudador pode sonegar 200 dólares e registar 800 dólares na conta. Os livros reflectirão que a conta foi totalmente paga.

FIGURA 3.11 Vendas Subavaliadas

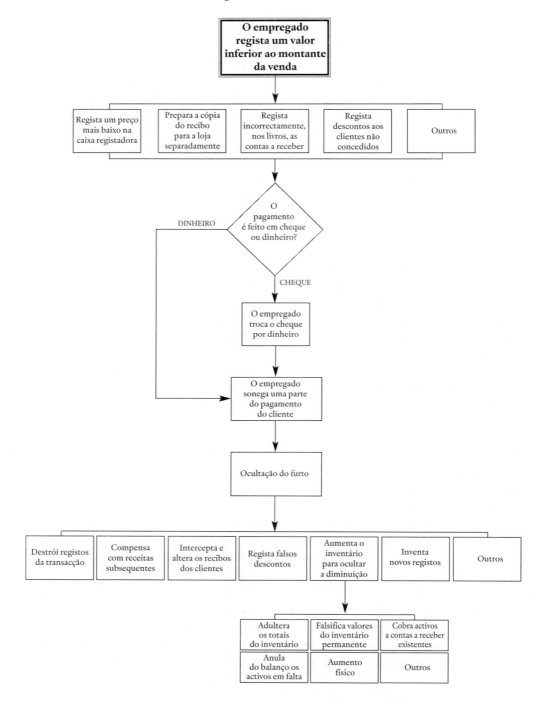

Falsos Descontos

Por fim, as vendas ou contas a receber podem ser subavaliadas através da utilização de falsos descontos. Os empregados com autoridade para concederem descontos podem servir-se dessa legitimidade para sonegar receitas. Num esquema de sonegação com falsos descontos, um empregado aceita o pagamento total por um artigo, mas regista a transacção como se tivesse concedido um desconto ao cliente. Parece, assim, que o cliente pagou menos do que o preço total pelo artigo. O fraudador sonega o valor do desconto. Por exemplo, numa compra de 100 dólares, se um empregado concedesse um falso desconto de 20%, poderia sonegar 20 dólares e deixar os livros da empresa equilibrados. A essência deste esquema consiste em fornecer ao cliente um recibo que reflecte o preço total pago e fornecer um recibo diferente (geralmente alterado) para fins contabilísticos.

FURTO DE CHEQUES ENVIADOS PELO CORREIO

Os cheques recebidos pelo correio constituem um alvo frequente de empregados que procuram lucros ilícitos. O furto de cheques, que entram na empresa, geralmente ocorre quando um único empregado está encarregado de abrir o correio e registar a recepção dos pagamentos. Esse empregado limita-se a retirar um ou mais dos cheques recebidos e, como esses cheques não são registados como recebidos, o pagamento não é lançado na conta do cliente (consultar Figura 3.12). Parece que o cheque não chegou a entrar. Quando a tarefa de receber e registar pagamentos é deixada a uma só pessoa, torna-se bastante fácil para esse empregado desviar um cheque ocasional para o seu bolso.

Um exemplo de esquema de furto de um cheque ocorreu num caso em que um empregado com responsabilidade de recepção do correio roubou mais de dois milhões de dólares em cheques governamentais, que chegavam pelo correio. Este empregado simplesmente identificava e removia os envelopes entregues por uma agência governamental conhecida por enviar cheques para a empresa. Utilizando um grupo de cúmplices, que actuavam sob nomes e empresas falsas, conseguiu branquear os cheques e dividir os lucros pelos seus comparsas.

Embora, geralmente, o furto de cheques não seja complicado, pode ser muito mais difícil ocultar um esquema de furto de cheques do que outras formas de sonegação. Se os cheques roubados fossem para pagar créditos à empresa lesada, então os pagamentos eram esperados. Quando as contas a receber vencem, a empresa lesada envia notificações de não pagamento aos seus clientes. É provável que os clientes se queixem quando recebem uma segunda factura por um pagamento que já efectuaram. Além disso, o cheque descontado servirá como prova de que os clientes efectuaram os pagamentos. Noutras formas de sonegação, como nos esquemas de vendas não registadas, não existem as tais provas de que tenha sido recebido dinheiro. Mais adiante, neste capítulo, debateremos os métodos utilizados para ocultar os furtos de cheques.

FIGURA 3.12 Furto de Cheques Recebidos

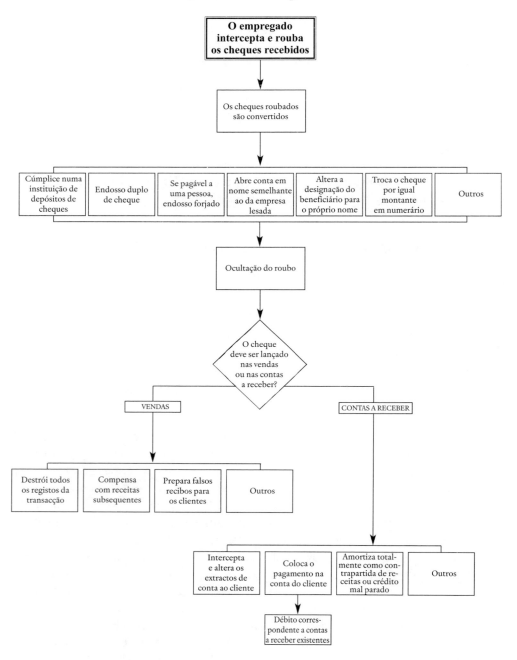

O seguinte caso de estudo constitui um exemplo de um esquema de furto de cheques. Stefan Winkler sonegou dinheiro, retirando cheques recebidos pelo correio, não os registando e substituindo-os por cobranças em dinheiro. O controlo de Winkler sobre os fluxos de receitas da empresa permitiu-lhe sonegar centenas de milhares de dólares antes de ser apanhado. O caso descreve, também, de que modo o CFE Don Stine deslindou os pormenores da fraude de Winkler.

ESTUDO DE UM CASO: **HOMEM DAS BEBIDAS LANÇA-SE À AVENTURA****

Para a maioria das pessoas, a Florida brilha radiosa em postais e em televisões, tão radiosa como deve ter parecido aos primeiros europeus que nela esperavam encontrar a Fonte da Juventude e o El Dorado. A imagem contemporânea é um pouco mais fútil do que o mito antigo, mas ainda permanece forte. E quando a maioria das pessoas vai à Florida, o programa de férias e a indústria de turismo podem dar a impressão de que a imagem do postal vive e respira. Há realmente algo para toda a família: um paraíso tropical para a mãe e o pai, uma profusão de ruídos e cores para os filhinhos. Mas as televisões desligam-se e os turistas regressam a casa. A terra permanece um local onde trabalham pessoas, que aí vivem, respiram e criam as suas famílias, e a maior urgência que sentem, numa tarde letárgica, é a de um refrigerante MonsterCup. Eis a história de uma dessas pessoas.

Stefan Winkler trabalhava para uma empresa de bebidas em Pompano Beach, na Florida. Como director de contabilidade e supervisor, Winkler tinha contacto com o fluxo de dinheiro que, em todos os momentos, entrava e saía da empresa, embora se centrasse, sobretudo, na forma como o dinheiro entrava. A empresa de bebidas – chamemos-lhe Mogel's, Inc. – cobrava aos clientes de dois modos. Os condutores da distribuição traziam, das suas entregas, dinheiro ou cheques dos clientes ou, então, os clientes a crédito enviavam cheques pelo correio. O dinheiro e os cheques trazidos pelos condutores eram contados e colocados no banco como depósitos de distribuição; os cheques de clientes a crédito, que chegavam pelo correio, eram arquivados como depósitos de escritório. Os condutores entregavam as suas cobranças diárias a um caixa que preenchia o talão de depósito de distribuição e o enviava a Stefan Winkler. Todos os cheques de correio de escritório seguiam directamente para Winkler, que verificava o dinheiro de acordo com as datas de pagamento – 30 dias para alguns clientes, 60 para outros, e assim por diante. A tarefa de Winkler consistia em reunir os depósitos de distribuição e os depósitos de escritório, para uma contabilidade final, antes de depositar no banco. Em teoria, a Mogel's possuía dois fluxos de receitas, que convergiam ambos para a secretária de Winkler e fluíam sem problemas para o banco.

Mas Winkler tinha outros planos. Desviava o dinheiro dos depósitos de distribuição através de uma operação de compensação sucessiva de cobranças, cobrindo o dinheiro que levantava de uma conta com os fundos de outra. Winkler retirou grandes quantias de dinheiro dos depósitos de distribuição e substituiu

---

** Alguns nomes foram alterados de modo a preservar o anonimato.

cada montante em dinheiro por cheques dos clientes a crédito. Podia roubar três mil dólares em dinheiro dos sacos de transporte e substituí-los por cheques do correio no valor de três mil dólares. Deste modo, o total da distribuição correspondia ao montante enumerado pelo caixa no talão de depósito. Não havia défice nos depósitos de escritório, porque Winkler não chegava a registar o cheque como recebido. Em vez disso, prorrogava bastante a data do pagamento do cliente, às vezes indefinidamente. Por vezes, cobria o montante mais tarde com outros desfalques. À semelhança de uma operação de emissão de cheques sem fundo, o circuito de pagamentos exige um contínuo reabastecimento de dinheiro, obrigando o fraudador a alargar os círculos da vigarice, para que o esquema continue a funcionar. E, tal como a emissão de cheques sem fundo, a circulação de pagamentos está destinada a ruir, a menos que a pessoa consiga descobrir um modo de substituir os fundos em falta e se afaste. Winkler provavelmente pensou que, um dia, substituiria o dinheiro, de preferência quanto antes. Talvez imaginasse que faria um bom negócio no mercado de acções ou ganharia muito nas corridas e corrigiria tudo novamente. Só ele sabe o que pensava; de facto, nunca admitiu ter retirado absolutamente nada. Agindo como seu próprio advogado, anunciou no julgamento: «Existem outras pessoas, além de mim, que podiam ter retirado esse dinheiro». A acusação teve de provar que tinha sido Winkler, e não outras pessoas, quem, de facto, tinha roubado o dinheiro. O modo como tal sucedeu constitui, como costuma dizer-se, o resto da história.

A Mogel's funcionava em Pompano Beach, como filial de uma empresa maior de Delaware. A supervisão era superficial; os auditores geralmente preparavam os seus relatórios através de comunicações do escritório local. Isto dava a Winkler, como director contabilístico, muito espaço de manobra. Mas talvez tivesse demasiado espaço. Ao longo de um ano e meio, os superiores de Winkler foram ficando cada vez mais descontentes com o seu desempenho. Winkler foi, bastante fatidicamente, despedido na manhã da sexta-feira anterior à chegada dos auditores, que aconteceu na segunda-feira seguinte. Não tinha dinheiro para substituir o que roubara, por isso, utilizou o tempo para reorganizar o que conseguiu dos seus logros e deixar o resto em desordem. Retirou diários de receitas de caixa, cópias de cheques de clientes, talões de depósito e outros registos financeiros do escritório e retirou o seu ficheiro pessoal. Alterou ainda ficheiros electrónicos, antedatando contas a receber, para as tornar actuais, e aumentando os descontos aos clientes. Os investigadores acabaram por descobrir «um ajuste extremamente invulgar de um Livro-Razão geral, no valor de 303.970,25 dólares», feito mesmo antes de Winkler ser despedido. Como declara o advogado de acusação, Tony Carriuolo: «Ele tentou, através dos computadores e outras manipulações, alterar a história».

Quando os auditores chegaram, na segunda-feira, iniciaram a longa jornada de reconstituição do que realmente sucedera. Essa foi – como Carriuolo e o investigador certificado de fraudes, Don Stine, declararam – «a parte divertida, ainda que esgotante, de reconstituir, com documentos em falta, o que sucedera e descobrir quem o tinha feito, sem que nada, que pudéssemos utilizar, apontasse directamente para Winkler e indicasse: "Aqui está, foi ele"». Os auditores da Mogel's começaram a avaliar a confusão que Winkler deixara, baseando-se em extractos bancários, datas de depósitos, registos de contabilidade e relatórios dos condutores de distribuição.

Compreenderam o método de Winkler durante os primeiros esforços para reconstituir a actividade dos últimos dois anos. Um auditor descobriu dois cheques que totalizavam 60 mil dólares num talão de depósito de distribuição, mas nenhum lançamento, nesse mês, nas contas a receber (era Julho, pouco mais de um mês antes de Winkler ser despedido). O talão de depósito, salientou alguém, não estava escrito na letra do caixa, mas sim na de Winkler. Ainda assim, constituir o caso não seria tão simples como localizar depósitos de distribuição com cheques. Alguns clientes pagavam em cheque e o caixa da empresa utilizava rotineiramente dinheiro da distribuição para pagar os ordenados. Desta maneira, os depósitos continham, regularmente, cheques e dinheiro. Os investigadores teriam de verificar cada depósito e as suas partes constituintes, e compará-los com o que realmente chegava ao banco e com os lançamentos de contas a receber nos depósitos de escritório. «Não sei dizer-vos quantas vezes tivemos de comparar os talões de depósito do caixa – alguns dos quais tínhamos e outros não – com a composição real que seguia para o banco», declara Carriuolo. Uma vez que Winkler retirara um grande montante do escritório, por vezes o único modo de confirmar o que chegara pelo correio era indo ter com os clientes e reconstituir os pagamentos com base nos seus registos.

Assim que os auditores verificaram todo o material, contrataram Don Stine para confirmar as suas descobertas e auxiliar Carriuolo a construir o caso contra Winkler. Ao analisar o seu trabalho, Stine concordou que tinham sido retirados aproximadamente 350 mil dólares e que Winkler era o culpado. A Mogel's deixara-se expor a este golpe, porque não tinha controlos que verificassem o que sucedia com os cheques que chegavam por correio, concedendo, efectivamente, a Winkler uma «autoridade total» para manipular as contas. Stine declara que a situação da Mogel's é demasiado comum, com gestores e empregados incapazes de reconhecerem um crime financeiro em curso até ser demasiado tarde. «Existem muitas coisas que podem alertar as pessoas – talões de depósito em falta, conciliações de caixa e crédito que não correspondem. Existem sinais, mas não lhes passa pela cabeça. E, mais tarde, quando se descobre algo, questionam: "Como terá isto sucedido?"». Os auditores perguntaram, por telefone, por que motivo os clientes pagavam cada vez mais tarde, mas aceitaram a palavra de Winkler quando este atribuiu os atrasos a sistemas de computador e reorganizações no seio das empresas.

Os primeiros contactos com Winkler não foram bem sucedidos. Ele faltava a reuniões, recusava-se a colaborar, mostrava-se carrancudo e arrogante. «Não fiz isso», declarava, «acreditem-me. Outras pessoas tinham acesso, também o podiam ter feito». Mas Stine e Carriuolo estavam preparados para isto. Winkler admitiu que vários funcionários e caixas tinham trabalhado na Mogel's, durante um período de dois anos, mas que as perdas tinham ocorrido continuamente. A menos que a empresa estivesse, constantemente, a contratar vigaristas para esses cargos, alegou Carriuolo, a resposta residia noutro lado. Além disso, as manipulações exigiam alguém com competências contabilísticas acima do nível dos funcionários médios. A única constante, como se revelou, era Stefan Winkler. Dois outros trabalhadores tinham lá estado, de facto, durante todo esse tempo, mas não tinham acesso, nem as necessárias competências, para redireccionar o fluxo de caixa à escala a que ocorrera.

E havia as provas físicas. Quando chegara à Mogel's, Winkler estava em dificuldades. Perdera a casa e as suas finanças estavam um caos. Mas o seu cargo na empresa de bebidas trouxe-lhe uma vaga de prosperidade. Comprou relógios de luxo, roupas dispendiosas e vários automóveis, entre os quais um Corvette de 40 mil dólares, pago em dinheiro. Winkler montou vários negócios, incluindo um serviço de limusinas, um serviço de distribuição de jóias e instalações para um centro de dia que planeava montar com a esposa. Gastava muito dinheiro no jogo, que utilizava para explicar o seu modo de vida em grande estilo. «Jogo muito. Ganho muito», declarava. «Os empregados dos casinos das Baamas ensinaram-me a jogar, por isso ganho quase sempre. É tão simples quanto isto. Apenas sorte, acho». Stine sabia que aquilo era um absurdo. Ninguém tinha tanta sorte assim, pelo menos não durante dois anos. A vaga de riqueza de Winkler fez disparar o botão de alerta das investigações de fraudes: «Mudança de Estilo de Vida, Você Perde». «Observamos o mesmo em muitos destes casos de desfalque ou fraudes dos empregados», comentou Stine. «Alguém recebe 50 mil dólares por ano, mas compra uma casa de 500 mil dólares, conduz um automóvel de 75 mil... a menos que alguém tenha falecido e lhe tenha deixado uma herança, alguma coisa não bate certo».

No julgamento civil por fraude e negligência, Winkler insistiu na sua inocência e na sua arrogância. Carriuolo e Stine forneceram provas que demonstravam como o dinheiro dos depósitos de distribuição tinha sido desviado e coberto com os depósitos do escritório, explicando ao júri, através de tabelas, gráficos e apresentações de cursos intensivos de contabilidade, quais os crimes que tinham ocorrido. Os registos dos empregados e a necessária autoridade para conseguir executar o esquema apontavam para Winkler. Mais ninguém, além de Winkler, insistiu Carriuolo, tinha o «acesso excepcional e os conhecimentos necessários sobre os sistemas informatizados de contabilidade da Mogel's Inc.». Qual a resposta de Winkler? Dispensou (ou perdeu) o seu advogado e declarou que se representaria a si próprio. Pouca ou nenhuma perícia legal era necessária para a sua defesa: «Não fui eu, deve ter sido outra pessoa». Quando contra-interrogou Don Stine, que possui 12 anos de experiência como consultor de litígios, Winkler anunciou que tinha apenas uma questão. «Sr. Stine, sabe ao certo quem tirou o dinheiro?» Stine replicou «Não, não tenho a certeza absoluta, incondicional e ontológica». Feliz por mostrar que não havia provas irrefutáveis, Winkler concluiu a sua defesa.

> Mas o júri não se deixou convencer pelas tácticas de Winkler. Após um breve intervalo, pronunciou o veredicto de culpado pelos 353 mil dólares perdidos pela Mogel's, triplicando o valor dos danos, numa sentença total de mais de um milhão de dólares. E parece que Winkler permanece incorrigível, uma vez que foi recentemente nomeado numa queixa apresentada pela empresa onde trabalhou a seguir à Mogel's. O seu grande estilo de vida continua a procurar novas baixas.

SONEGAÇÃO DE CURTO PRAZO

A sonegação de curto prazo não constitui um método distinto de roubar vendas e contas a receber, mas antes um modo diferente de utilizar dinheiro subtraído. Qualquer um dos métodos acima debatidos – vendas não registadas, vendas subavaliadas ou furto de cheques recebidos – pode ser utilizado num esquema de sonegação de curto prazo (consultar Figura 3.13 na página 114). O aspecto peculiar da sonegação de curto prazo é o facto de o fraudador manter o dinheiro roubado por pouco tempo, antes de passar o pagamento ao empregador. O empregado apenas atrasa o lançamento.

Num esquema de sonegação de curto prazo, os empregados roubam um pagamento e colocam os fundos sonegados numa conta remunerada ou num título a curto prazo. Os empregados ganham juros sobre os pagamentos sonegados, enquanto os fundos permanecem sob o seu controlo. Por fim, retiram o capital e aplicam-no à conta do cliente, mas mantêm os juros para si.

Os pagamentos de várias fontes podem ser descobertos através das contas remuneradas pessoais dos empregados, onde o fraudador obtém uma compensação. Os lucros destes esquemas, com o tempo, podem ser bastante grandes. Num caso do nosso estudo, um empregado obteve aproximadamente 10 mil dólares em lucros proibidos ao utilizar um esquema de sonegação de curto prazo.

Os empregados que se dedicam a estes esquemas, frequentemente, não consideram a sua actividade fraudulenta, porque os pagamentos roubados acabam por ser devolvidos à empresa lesada. No fim, acreditam, toda a gente fica com o seu dinheiro e os empregados, entretanto, limitam-se a obter um pequeno lucro. Na realidade, como é evidente, os empregados estão a roubar o valor temporal do dinheiro, juros que poderiam ter sido obtidos pela entidade empregadora. A fraude consiste em privar a empresa do uso do seu dinheiro.

CONVERSÃO DE CHEQUES ROUBADOS

Como já referimos, os autores inteligentes de fraudes, geralmente e se tiverem oportunidade, preferem roubar dinheiro a cheques, e os motivos são óbvios. O dinheiro é mais difícil de seguir do que um cheque. Um cheque descontado acaba por regressar à pessoa que o passou e pode fornecer provas de quem o descontou ou onde foi gasto. Os endossos, os carimbos bancários, e assim por diante, podem indicar a identidade do ladrão. Já o dinheiro, assim que é roubado, desaparece no meio da economia. Uma nota de 20 dólares é igual a outra, e a menos que a vítima tenha registado os números de série, não existe um modo de determinar para onde ela foi.

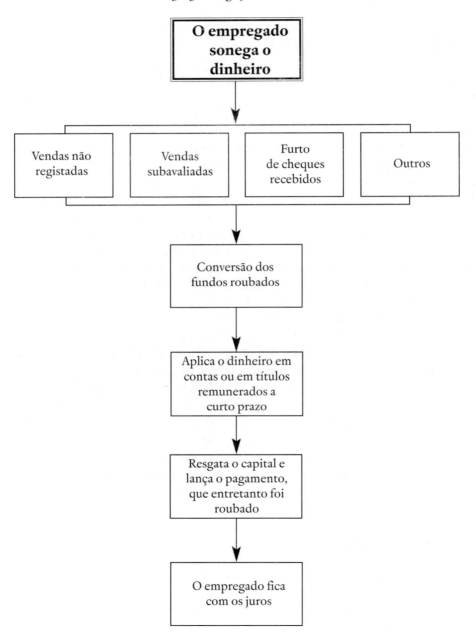

FIGURA 3.13 Sonegação de Curto Prazo

O segundo motivo para o dinheiro ser preferível a um cheque consiste na dificuldade em trocar um cheque. Quando o dinheiro é roubado, pode ser gasto de imediato. Um cheque tem de ser endossado e descontado ou depositado antes de os ladrões poderem pôr as mãos nos fundos que ele representa. De que modo os fraudadores conseguem trocar os cheques que sonegaram?

Endossos Duplos

Quando os cheques são à ordem de uma empresa, podem ser endossados simplesmente escrevendo o nome da empresa no verso do cheque. Os fraudadores não têm de forjar a assinatura de outra pessoa como teriam se o cheque roubado estivesse à ordem de uma pessoa. O problema para os empregados é que este endosso, só por si, não basta para poderem converter o cheque. O endosso à empresa apenas faz com que o cheque possa ser depositado numa conta da empresa – algo que não serve para nada aos fraudadores. É necessário um segundo endosso, se os empregados desejarem descontar o cheque ou depositá-lo numa conta que controlem.

O problema de um segundo endosso pode ser ultrapassado se os fraudadores tiverem um cúmplice numa instituição de depósito de cheques. Num dos casos, uma secretária de confiança roubou mais de 50 mil dólares à sua empregadora, com o auxílio de um cúmplice num banco local. Neste caso, os cheques eram, por vezes, passados à ordem do patrão da secretária, em vez de à sociedade de que ele fazia parte. Quando esses cheques chegavam, o patrão endossava-os e instruía a secretária a entregá-los ao contabilista da sociedade. Em vez disso, a secretária levava vários dos cheques ao banco do seu patrão. Ali, conseguia descontar os cheques com o auxílio do seu cúmplice.

À falta de um cúmplice numa instituição de depósito de cheques, os fraudadores terão de fazer um segundo endosso no verso do cheque, fazendo o cheque pagável a si próprios, a um cúmplice ou a outra entidade. Assim que o conseguirem, podem descontar o cheque ou depositá-lo numa conta que controlem. Noutro caso, um gestor sonegava cheques destinados a uma agência estatal e depositava-os na sua conta, assinando o próprio nome como segundo endossante. Uma vez que os fundos, neste caso, não eram muito previsíveis, não era provável que, se fossem roubados, viesse a sentir-se a sua falta. Por conseguinte, o fraudador conseguiu manter o esquema durante, aproximadamente, três anos e desviar mais de um milhão de dólares.

Normalmente, os fraudadores preferem não endossar um cheque roubado no seu próprio nome. Se uma empresa lesada investigar o paradeiro dos pagamentos em falta, um cheque descontado com o endosso de um fraudador poucas dúvidas deixará sobre o culpado. É, evidentemente, vantajoso que os fraudadores endossem os cheques roubados sob um nome falso. Esta simples táctica cria um fosso, no rasto da auditoria, entre os empregados e a troca do cheque roubado. Já aludimos a um caso em que um empregado do departamento de expedição interno de correio roubou mais de dois milhões de dólares em cheques e utilizou vários cúmplices, agindo sob nomes falsos, para «branquear» o cheque. Trata-se de um excelente exemplo do modo como os empregados podem converter um cheque roubado e, simultaneamente, ocultar a sua identidade. Neste caso, os cheques roubados eram trocados por várias pessoas diferentes, todas agindo sob nomes falsos e utilizando endereços fictícios.

O truque deste tipo de esquema, como é evidente, consiste em abrir as contas necessárias para branquear os fundos. Geralmente é necessária uma identificação pessoal, como a carta de condução e o cartão da segurança social em nome da pessoa fictícia. Quando se utiliza uma empresa fantasma para branquear fundos, os fraudadores também poderão necessitar de produzir estatutos da sociedade ou um certificado do registo do nome da «empresa». Se for possível obter esses falsos documentos, os fraudadores podem distanciar-se dos seus crimes.

Se um empregado trabalhar para um único patrão, os cheques recebidos podem ser passados em nome pessoal do proprietário. Nesses casos, o fraudador poderá trocar os cheques roubados, forjando o nome dessa pessoa (embora, provavelmente, necessite de um falso Bilhete de Identidade em nome do beneficiário).

Falsas Contas de Empresas

Alguns casos envolvem o uso de contas num «nome semelhante» para branquear os fundos sonegados. A conta da empresa de nome semelhante é aberta, de forma independente, da empregadora dos fraudadores. Como exemplo, imaginemos que a conta da empresa ABC Company, Inc. é mantida no Banco A. Um empregado vai ao Banco B e abre uma conta em nome da ABC Corporation, Inc. O empregado, tipicamente, forneceria ao Banco B documentos falsos para abrir a conta. Quando o empregado rouba cheques da ABC Company, Inc., pode depositá-los na conta da ABC Corporation, Inc. do Banco B, por causa da semelhança dos nomes. O Banco B, por norma, não questiona os depósitos. Quando o cheque é devolvido à empresa lesada, o fraudador espera que ninguém note a diferença no endosso.

Um exemplo do método da conta falsa ocorreu quando o empregado de um laboratório de um hospital abriu uma conta de empresa num banco local em nome da sua empregadora. Interceptou mais de 180 mil dólares em cheques recebidos e depositou-os nessa conta. O empregado conseguiu passar cheques da conta desta «empresa» para retirar o dinheiro roubado. Os cheques descontados acabaram por revelar a existência da conta falsa que o empregado abrira em seu próprio nome.

Uma mudança na prática de conversão de cheques, através da utilização de falsas contas de empresas, ocorreu num outro caso em que um empregado descobriu uma conta raramente utilizada pela empresa e que a gerência pensava ter sido encerrada. Ninguém vigiava esta conta esquecida. O autor do esquema, um empregado do departamento de contas a receber, conseguiu obter a autorização da assinatura sobre a conta esquecida. Depois, roubava os cheques recebidos e depositava-os na conta oculta, a partir da qual passava cheques para extrair os fundos roubados.

Designação de Beneficiário Alterada

Um modo mais directo de um empregado trocar um cheque roubado é alterá-lo, de modo a que fique à ordem desse empregado ou de um cúmplice. Na maioria dos casos, não é possível alterar a designação do beneficiário sem danificar o cheque roubado. Contudo, no nosso estudo, alguns empregados conseguiram acrescentar os seus nomes a cheques roubados. Quando se consegue fazê-lo, trocar o cheque torna-se fácil. Não é necessária qualquer identificação falsa nem contas ocultas; os fraudadores podem depositar o cheque directamente nas suas contas bancárias. Num exemplo, um gestor de crédito recebia cheques dos clientes e dactilografava o seu próprio nome no rosto do cheque, acima do nome da empresa. Conseguiu converter seis cheques graças a este método, num montante aproximado de 90 mil dólares de rendimentos roubados. Mas, por fim, um caixa de um banco notou a alteração de um dos cheques e o esquema foi revelado.

Além de dactilografarem os seus próprios nomes no rosto dos cheques roubados, os fraudadores podem «acrescentar» informações adicionais à designação do beneficiário ou, simplesmente, escrever um novo nome sobre o beneficiário existente. Dependendo da qualidade da alteração, estes cheques poderão ou não passar na verificação, quando os fraudadores tentam convertê-lo. A maior parte das alterações no rosto dos cheques é visível e evitará que um cheque roubado seja compensado. Como consequência, por norma, os empregados não optam por este método. Pode encontrar-se um debate mais pormenorizado sobre as alterações de cheques no Capítulo 5.

Substituições de Cheque por Dinheiro

Como o debate anterior certamente ilustrou, os empregados podem ter bastante dificuldade em trocar cheques roubados. Mesmo quando um cheque é convertido com êxito, o cheque descontado pode permanecer como prova da identidade do fraudador. Como já anteriormente foi referido, quando é possível, os fraudadores tentam roubar dinheiro em vez de cheques. O dinheiro é imediatamente líquido e permite que os empregados evitem muita da confusão que temos estado a debater.

Um esquema comum de sonegação consiste em pegar nos cheques não registados que um fraudador roubou e substituí-los por dinheiro recebido. Stefan Winkler utilizou este método no estudo do caso da Mogel. Outro exemplo de substituição de cheque por dinheiro ocorreu quando um empregado responsável por receber pagamentos de bilhetes e multas em nome de uma câmara municipal abusou da sua posição e roubou, durante quase dois anos, receitas recebidas. Quando esta pessoa recebia pagamentos em dinheiro, emitia recibos, mas quando recebia cheques, não o fazia. Os pagamentos em cheque constituíam, assim, receitas não registadas – prontas para serem sonegadas. Colocava estes cheques não registados junto das receitas do dia e tirava igual montante em dinheiro. As receitas correspondiam ao montante em caixa, mas os pagamentos em dinheiro tinham sido substituídos por cheques.

A substituição de cheques por dinheiro era muito comum entre os esquemas de sonegação do estudo de 1996. Embora estas substituições facilitem ao fraudador a conversão de pagamentos roubados, o problema de ocultar o furto permanece. Os cheques roubados que não eram lançados significavam que as contas de alguns clientes corriam o risco de ficarem vencidas. Se isso ocorrer, o esquema do fraudador corre um risco, porque estes clientes, muito provavelmente, queixar-se-ão de desvio dos seus pagamentos. Os métodos utilizados pelos empregados para lidar com este e outros problemas são debatidos mais adiante.

OCULTAÇÃO DA FRAUDE

Os esquemas de sonegação são, por norma, mais fáceis de ocultar do que a maioria de outros tipos de fraude ocupacional. Os esquemas de sonegação de vendas, sobretudo as não registadas, são facilmente ocultos, porque o dinheiro roubado e a transacção que deu origem ao pagamento não chegaram a ser registados. Como tal, não existe um vestígio na auditoria directa. Em muitos esquemas de sonegação, os fraudadores não tomam quaisquer medidas para ocultar os seus delitos.

Destruir ou Alterar Registos da Transacção

Quando os fraudadores tomam medidas para esconder os seus rastos, um dos métodos mais utilizado consiste na destruição dos registos da transacção original. Como já debatemos, é, por exemplo, a necessidade de um vendedor destruir a cópia de recibo da loja, para que a venda passe despercebida. Do mesmo modo, as fitas das caixas registadoras podem ser destruídas para ocultar uma venda *off-book*. Num dos casos, dois empregados administrativos sonegaram, durante um período de quatro anos, aproximadamente 250 mil dólares da empresa. Estes empregados falsificavam as fitas das caixas registadoras com as transacções das vendas, cujas receitas tinham sido sonegadas. Os fraudadores destruíam fitas inteiras ou então cortavam grandes partes onde estavam registadas as transacções fraudulentas. Em algumas circunstâncias, os empregados criavam, depois, novas fitas registadoras de modo a corresponderem ao dinheiro em caixa e criavam a impressão de que as suas caixas registadoras estavam em equilíbrio. Desembaraçar-se de fitas registadoras pode indicar uma fraude, levantando suspeitas de que estas foram destruídas para ocultar transacções fraudulentas. No entanto, sem as fitas, pode tornar-se bastante difícil reconstituir as transacções em falta e provar que alguém de facto sonegou dinheiro. Além disso, pode tornar-se difícil provar quem estava envolvido no esquema. Os autores de uma das fraudes puseram em prática um esquema mais subtil do que a simples destruição dos registos. Ao criarem fitas registadoras totalmente novas, os culpados conseguiram ocultar não só as suas identidades, mas também a própria fraude. Não sabendo que estava a ser roubada, a empresa lesada não tomou qualquer medida para apoiar os controlos e evitar futuros furtos. Assim, o esquema pôde continuar por um grande período de tempo. É obviamente favorável aos fraudadores manter os empregadores na ignorância dos furtos que ocorrem. A maioria dos esquemas do nosso estudo, que envolvia perdas de muitos dólares, devia a sua rentabilidade, pelo menos em parte, à qualidade dos esforços de ocultação dos seus autores.

Esquemas de Sonegação com Ocultação de Contas a Receber

Já referimos o facto de poder ser mais difícil ocultar a sonegação de contas a receber do que a sonegação de vendas, porque são sempre esperados os pagamentos dos créditos. A empresa lesada sabe que o cliente lhe deve dinheiro e espera esse pagamento. Num esquema de sonegação de receitas, em que não se regista uma venda, é como se esta nunca tivesse existido. A sonegação de contas a receber, pelo contrário, pode levantar questões acerca dos pagamentos em falta. Quando o pagamento mensal de um cliente é sonegado, a sua ausência surge nos livros como conta vencida. Para ocultar uma conta a receber sonegada, um fraudador tem, pois, de encontrar um modo de justificar o pagamento que era devido à empresa, mas nunca chegou a ser recebido.

Compensação Com Outros Fundos

Esta prática (*lapping*) constitui um dos métodos mais comuns de ocultar a sonegação e pode ser particularmente útil para os empregados que sonegam pagamentos de créditos. O *lapping* é a creditação de uma conta através da subtracção de dinheiro de outra conta. Constitui a versão do fraudador de «roubar a Pedro para pagar a Paulo». Imaginemos que uma empresa tem três clientes, A, B, e C. Quando o pagamento de A é recebido, o fraudador fica com ele, em vez de o lançar na conta de A. O cliente A espera que a sua conta seja creditada com o pagamento que fez, mas esse pagamento foi na realidade roubado. Quando o seguinte extracto de A chegar, ele verá que o seu cheque não foi lançado na sua conta e queixar-se-á. Para evitar que tal suceda, é necessário tomar alguma medida para dar a impressão de que o pagamento foi lançado.

Quando o cheque de B chega, o fraudador pega no dinheiro e lança-o na conta de A. Os pagamentos parecem assim estar actualizados na conta de A, mas falta dinheiro na conta de B. Quando é recebido o pagamento de C, o fraudador aplica-o à conta de B. Este processo continua indefinidamente, até suceder uma de três coisas: (1) alguém descobre o esquema, (2) é feita uma devolução às contas, ou (3) faz-se um lançamento de ocultação para ajustar o equilíbrio das contas a receber.

No estudo do caso da Mogel's, um dos modos utilizados por Stefan Winkel para ocultar os seus furtos consistia em desviar pagamentos entre as contas dos clientes. Esta foi talvez a técnica de ocultação mais comum nos esquemas de sonegação do nosso estudo. Embora seja, frequentemente, mais utilizada para ocultar contas a receber sonegadas, a compensação também pode ser utilizada para disfarçar a sonegação de vendas. Num outro caso, um gerente de loja roubava receitas diárias e substituía-as pelo dinheiro recebido no dia seguinte. Ia progressivamente atrasando as transacções bancárias, à medida que tirava cada vez mais dinheiro. Sempre que roubava as receitas de um dia, era necessário um dia suplementar de facturações para cobrir o dinheiro em falta. Por fim, as irregularidades das transacções bancárias tornaram-se tão grandes que deram origem a uma investigação. Descobriu-se que o gestor roubara quase 30 mil dólares e ocultara o furto, compensado com as vendas da sua loja.

Uma vez que estes esquemas podem tornar-se muito complexos, por vezes os fraudadores mantêm um segundo conjunto de livros, detalhando a verdadeira natureza dos pagamentos recebidos. Em muitos casos de sonegação, uma busca à área de trabalho do fraudador revelará um conjunto de registos que fornece a pista dos pagamentos realmente efectuados e do modo como estes foram desviados para ocultar o furto. Poderá parecer estranho que as pessoas mantenham registos das suas actividades ilegais à mão, mas muitos esquemas de compensação vão-se complicando à medida que cada vez mais pagamentos vão sendo desviados. O segundo conjunto de registos auxilia os fraudadores a manterem-se ao corrente dos fundos que roubaram e das contas que necessitam de ser creditadas para ocultar a fraude. A descoberta de tais registos, se existirem, contribuirá grandemente para a investigação de um esquema de compensação.

A versão mais extrema que já investiguei de ocultação de um esquema de compensação envolvia um empregado de uma empresa de processamento de dados. O seu nome era Nelson. A empresa para a qual trabalhava actuava, dentro das instalações dos clientes, no tratamento da informação, e fazia-o para uma variedade de bancos e outras instituições financeiras.

Nelson era um dos empregados iniciais desta firma – de três letras – que vale hoje muitos milhões de dólares. Estava na empresa já há quase 10 anos, quando começou a roubar. Ao que parece, a empresa desejava promover Nelson do seu escritório em Dallas a programador chefe de um dos seus maiores clientes, um banco em Nova Orleães.

A empresa concedeu um adiantamento de 15 mil dólares a Nelson para ele fazer a mudança. Em princípio, o adiantamento seria devolvido, quando ele vendesse a sua casa em Dallas. Mas a empresa não sabia que Nelson estava crivado de dívidas, com credores a telefonarem-lhe constantemente. Assim, ficou com o dinheiro da venda da casa em Dallas e pagou o maior número de dívidas possível.

Quando a empresa não recebeu o dinheiro de volta na devida altura, começou a pressionar Nelson. Este concordou em pagar o empréstimo a prestações e, de seguida, deu prontamente à empresa um cheque, sem cobertura, como primeiro pagamento. O seu gestor chamou-o e declarou: «Nelson, ligaram de Dallas, novamente, acerca do empréstimo. Deixe-me pôr-lhe a questão em termos claros: tem 30 dias para pagar ou a empresa obrigar-me-á a despedi-lo». Nelson compreendeu.

A primeira coisa que fez foi abrir uma conta corrente em nome de um tio no seu banco de Nova Orleães. Uma vez feito isso, começou a dedicar-se a uma série de truques de programação para movimentar o dinheiro para a conta e para fora da conta do tio, sobre a qual tinha autorização de assinatura. O dinheiro afinal provinha das contas de clientes reais do banco.

O truque de programação consistia em retirar dinheiro, não directamente da conta corrente, mas de um dos campos do extracto bancário de um cliente. Mais especificamente, Nelson programou o seu computador para debitar o campo do saldo do extracto de uma conta no dia seguinte ao envio, por correio, do extracto mensal ao cliente. Isso concedia a Nelson exactamente vinte e nove dias para reverter o lançamento antes de o próximo extracto lhe ser enviado.

Nelson escolheu o campo do saldo final, porque não deixava vestígios no extracto do mês seguinte do cliente – desde que ele repusesse o dinheiro na conta até ao vigésimo nono dia. Se ele debitasse directamente a conta corrente do cliente, o computador imprimiria automaticamente a transacção no extracto do depositante, provocando assim suspeitas.

O próprio esquema tornou-se possível pelo facto de os computadores do banco estarem programados para encerrarem e enviarem pelo correio uma parte dos extractos mensais dos clientes a cada dia útil do mês. O cliente Adams recebia o seu extracto no dia um de cada mês, mas o cliente Zane recebia o seu no último dia do mês.

Assim, Nelson criou o seu próprio programa para seguir o movimento de dinheiro que entrava e saía das contas dos clientes. O seu computador informava-o sobre a altura de mover o dinheiro da conta Adams para a conta Zane. Isto já é bastante complicado quando se lida apenas com uma transacção. Mas... e se forem centenas? Nelson não se ficou por «pedir emprestado» dinheiro suficiente para pagar a sua dívida à empresa; acabou por «emprestar» a si próprio dinheiro das contas dos clientes, para escapar às suas dívidas.

A queda de Nelson ocorreu quando se descobriu, inadvertidamente, que o seu programa de movimentação do dinheiro tinha uma espécie de erro de lógica. Como resultado, um cliente recebeu um extracto de Maio com um saldo final de 1,3 mil dólares. Mas o seu extracto de Junho reflectia um saldo inicial de 500 dólares. O banco, partindo do princípio que se tratava de um problema de erro de programação da empresa de serviço de tratamento de informação, deu o extracto ao patrão de Nelson. O patrão também presumiu que se tratava de um erro de programação e deu os extractos a Nelson. Bem diante do seu chefe, o seu rosto empalideceu.

Nos dias seguintes, muitos mais clientes começaram a receber extractos de conta corrente absurdos e o patrão de Nelson acabou por compreender o que se estava a passar. Fui chamado como investigador de fraudes privado para documentar o caso e trabalhar em colaboração com os advogados e as autoridades. Nelson fez uma confissão completa e auxiliou-me a reunir as provas documentais para o condenar. Devido ao modo como o dinheiro estava a saltar de conta em conta, eu teria levado semanas a compreendê-lo. Ele roubara um total de 150 mil dólares.

A cooperação de Nelson na documentação das perdas não serviu de muito perante o juiz, que enviou o homem de família para a prisão durante um ou dois anos. A última notícia que soube – e este delito ocorreu em meados de 1980

– foi que Nelson fora libertado e estava a trabalhar como contabilista nos Jimmy Swaggart Ministries (Igreja Pastoral de Jimmy Swaggart). Não estou a brincar.

Extractos Roubados

Outro método utilizado pelos empregados para ocultar os desvios dos pagamentos dos clientes consiste no furto ou na alteração de extractos de conta. Se os pagamentos de um cliente são roubados e não lançados, a conta torna-se vencida. Quando tal sucede, o cliente receberá notificações de atraso ou extractos que reflectem que a conta venceu. O objectivo de alterar os extractos dos clientes é impedi-los de se queixarem de desvio dos seus pagamentos.

Para manter os clientes na ignorância sobre o verdadeiro estado das suas contas, alguns fraudadores interceptam extractos de conta ou notificações de atraso. Isto pode conseguir-se, por exemplo, alterando o endereço de um cliente no sistema de facturação. Os extractos serão directamente enviados para casa do fraudador, ou para uma morada onde ele possa recuperá-los. Noutros casos, o endereço é modificado de modo a que o extracto não possa ser entregue, o que provoca o seu regresso à secretária do fraudador. Em ambas as situações, assim que o empregado obtém acesso aos extractos, pode fazer uma de duas coisas. A primeira opção consiste em deitar fora o extracto. Não se trata de um procedimento particularmente eficaz, uma vez que a determinada altura será provável que os clientes, se não receberem um extracto, peçam informações sobre as suas contas.

Por conseguinte, o fraudador geralmente altera os extractos ou cria extractos falsos para dar a impressão que os pagamentos dos clientes foram devidamente lançados. O empregado envia, em seguida, esses falsos extractos aos clientes, que os levam a acreditar que as suas contas estão actualizadas, impedindo-os de apresentarem queixa.

Falsos Lançamentos nas Contas

Interceptar os extractos dos clientes mantê-los-á na ignorância sobre o estado das suas contas, mas permanece ainda o problema de, enquanto os pagamentos de um cliente forem sendo sonegados, a conta vai-se tornando cada vez mais vencida. O fraudador tem de encontrar algum modo de actualizar novamente a conta, de modo a ocultar o crime. Como já debatemos, a compensação com outras contas é um modo de manter as contas actualizadas enquanto o empregado lhes sonega dinheiro. Outro modo consiste em criar falsos lançamentos no sistema de contabilidade da empresa lesada.

Conta de Débito

Um empregado pode ocultar a sonegação de fundos criando lançamentos não justificados nos livros da empresa lesada. Se, por exemplo, for feito um pagamento sobre uma conta a receber, o lançamento correcto, a fazer, é debitar à caixa e creditar na conta a receber. Mas, em vez de debitar à caixa, o fraudador pode optar por debitar numa conta de despesas. Esta transacção, ainda, mantém os livros da empresa equilibrados, mas o dinheiro recebido nunca chega a ser registado. Além disso, é creditada a conta de dívida activa do cliente, por isso não se torna vencida.

Debitar Contas Existentes ou Fictícias

Os fraudadores utilizam o método, acabado de descrever, quando debitam contas a receber activas ou fictícias para ocultar o dinheiro sonegado. Num caso, por exemplo, um gestor de escritório de um centro de saúde ficava com os pagamentos dos pacientes para si próprio. Para ocultar a sua actividade, os montantes tirados eram acrescentados às contas de outros pacientes que sabia que em breve seriam consideradas incobráveis. Os empregados que utilizam este método geralmente acrescentam os saldos sonegados a contas muito elevadas ou que estão a caducar e prestes a serem anuladas. Os aumentos dos saldos dessas contas não são tão visíveis como em outras contas. No caso acima descrito, assim que as contas caducadas eram amortizadas, os fundos roubados eram amortizados com elas.

Em vez de utilizar contas existentes, alguns fraudadores criam contas fictícias e debitam-nas pelo valor do desfalque nas contas a receber. Os empregados limitam-se então a esperar que as contas a receber fictícias caduquem e sejam amortizadas, por serem incobráveis. Entretanto, transportam o custo do esquema de sonegação para onde não possa ser detectado.

Cancelar Saldos de Contas

Num dos casos, um empregado sonegou as cobranças de dinheiro e cancelou as contas a receber relacionadas, considerando-as «crédito malparado». Do mesmo modo, noutro caso, um gestor de facturação foi autorizado a anular certos saldos de pacientes, considerando-os subsídios concedidos. Este empregado aceitava pagamentos de pacientes, em seguida ordenava ao pessoal da facturação que amortizasse o saldo em questão. Os pagamentos nunca eram lançados, pois eram interceptados pelo gestor de facturação. Cobriu aproximadamente 30 mil dólares em fundos roubados, servindo-se da sua autoridade para amortizar os saldos dos pacientes.

Em vez de cancelar as contas como crédito malparado, alguns empregados encobrem a sua sonegação fazendo lançamentos em contas de débitos esperados como «descontos e subsídios». Se, por exemplo, um empregado interceptar um pagamento de mil dólares, cria um «desconto» de mil dólares na conta, para compensar o dinheiro em falta.

Aumento de Inventário

Um grande problema de ocultação para os fraudadores é o inventário da empresa, se esta o tiver. As vendas *off-book* de mercadorias provocam sempre um encolhimento do inventário e um aumento correspondente no preço da mercadoria vendida. Quando se faz uma venda de mercadoria, o inventário físico fica reduzido na quantidade de mercadoria vendida. Se um retalhista vender, por exemplo, um par de sapatos, fica com menos um par em armazém. Contudo, se essa venda não for registada, os sapatos permanecem nos registos do inventário e, assim, passa a haver menos um par de sapatos em carteira do que o indicado nos registos. Tal redução no inventário físico, sem uma redução correspondente no inventário permanente, é conhecida como encolhimento.

Quando um empregado sonega proveitos de prestação de serviços, não existe redução no inventário (porque não existe um inventário de serviços), mas, quando as vendas de mercadorias são sonegadas, ocorre quase sempre esse encolhimento. Algumas perdas são esperadas, devido a furto de clientes, produtos defeituosos e deterioração, mas elevados níveis de perdas de *stocks* servem como aviso de que uma empresa pode estar a ser vítima de fraude ocupacional. Os métodos gerais utilizados para ocultar a redução do inventário são debatidos em pormenor no Capítulo 9.

DETECÇÃO

Seguem-se alguns métodos de detecção que podem ser eficazes para detectar esquemas de sonegação.

Detecção de Nível de Recepção ou Vendas

- Procedimentos analíticos-chave, como a análise vertical e horizontal de contas de vendas, podem ser utilizados para a detecção de sonegação em grande escala. Estes procedimentos analisam as alterações nas contas e podem indicar problemas de sonegação, incluindo a subavaliação de vendas.
- A análise de rácios pode, também, fornecer pistas para a detecção de esquemas de sonegação. Estes procedimentos são debatidos em pormenor no Capítulo 13.
- Os processos de controlo de inventário pormenorizados também podem ser utilizados para detectar perdas de inventário, devido a vendas não registadas. Os métodos de detecção do inventário incluem uma amostragem estatística, análise de tendências, análises de relatórios de recepção e registos de inventário, e verificação de requisição de material e documentação de remessas, bem como contagens efectivas do inventário físico. Estes procedimentos são analisados no Capítulo 9.

Detecção da Conversão de Cheques

Podem surgir sinais de alerta, quando um empregado tenta converter um cheque roubado.

- Um banco ou instituição de depósito de cheques questiona a validade do cheque.
- Um duplo endosso não é permitido ou provoca a verificação do cheque na instituição de depósito.
- Os cheques descontados com duplo endosso têm de ser escrutinados.
- Descobre-se um endosso forjado.
- Descobre-se que um empregado abriu uma conta bancária com um nome semelhante ao da empresa lesada.
- Descobre-se uma alteração do beneficiário do cheque ou do endosso.

Podem encontrar-se outras técnicas de detecção de conversão de cheques no Capítulo 5.

Análise de um Lançamento no Diário

As fraudes de sonegação podem, por vezes, ser detectadas pela revisão e pela análise de todos os lançamentos efectuados na conta de caixa e na conta de inventário. Os lançamentos nos diários que envolvem os seguintes tópicos devem ser examinados:

- Falsos créditos no inventário para ocultar vendas não registadas ou registadas por um valor inferior ao da venda.
- Amortizações relacionadas com produtos extraviados, roubados ou obsoletos.
- Amortizações de contas a receber.
- Lançamentos irregulares nas contas de caixa.

PREVENÇÃO

Controlo do Nível de Recepção ou Vendas

Como na maioria das fraudes, os procedimentos de controlo interno constituem a chave para evitar esquemas de sonegação. Uma parte essencial do desenvolvimento de procedimentos de controlo é a comunicação da gestão com os empregados. Controlar se um empregado não regista uma venda, subavalia uma venda, ou rouba pagamentos que entram é extremamente difícil.

Controlos de Conversão de Cheques

Os bancos e outras instituições financeiras aumentaram os métodos de detecção e prevenção. Mas, como sucede com a maioria das coisas, o elemento criminoso geralmente encontra-se um passo mais à frente. As empresas devem trabalhar em colaboração com os bancos num esforço para evitar a fraude de cheques. Outros controlos de conversão e falsificação de cheques são pormenorizados no Capítulo 5.

Controlos Gerais

Os controlos de acessos aos lançamentos de vendas e ao Livro-Razão geral devem incluir políticas e procedimentos documentados e comunicados directamente pela gestão. Os procedimentos de controlo geralmente abrangem estes temas:

- Devem seguir-se procedimentos de separação adequada de funções e controlo de acesso a respeito de quem efectua as transacções do Livro-Razão.
- As transacções devem ser devidamente registadas no que se refere ao montante, data da ocorrência e conta do Livro-Razão.
- Devem ser adoptadas medidas de salvaguarda adequadas para assegurar o acesso físico aos sistemas de contas. Medidas adicionais devem garantir a segurança dos activos da empresa.
- Reconciliações independentes, bem como verificação interna das contas, devem ser feitas nas contas do Livro-Razão[2].

Controlos de Sonegação

A descoberta de furtos de cheques ou dinheiro envolve controlos adequados no processo de recepção. As deficiências nas respostas a estas questões típicas de programas de auditoria podem constituir sinais de alerta.

- O correio é aberto por alguém independente do caixa, guarda-livros de contas a receber ou outros empregados de contabilidade que possam iniciar ou fazer lançamentos no diário?
- A entrega de correio comercial não aberto está proibida aos empregados com acesso aos registos contabilísticos?
- O empregado que abre o correio:
  - Coloca endossos restritivos («apenas para depósito») em todos os cheques recebidos?
  - Prepara uma lista do dinheiro, cheques e outros recebimentos?
  - Reencaminha todas as remessas de fundos para a pessoa responsável por preparar e efectuar o depósito bancário diário?
  - Reencaminha o total de todas as remessas de fundos para a pessoa responsável por compará-lo com o talão de depósito autenticado e montante registado?

- Utiliza-se uma caixa com fechadura?
- Ocorrem vendas de caixa? Em caso afirmativo:
  - Os recibos de caixa são pré-numerados?
  - É feita uma verificação diária independente de recibos pré-numerados e conciliada com o montante em caixa?
  - Os reembolsos de caixa exigem aprovação?
- Os montantes em caixa são depositados intactos diariamente?
- Os empregados que lidam com recebimentos estão vinculados?
- O guarda-livros de contas a receber está proibido de:
  - Preparar o depósito bancário?
  - Obter acesso ao livro de receitas em caixa?
  - Ter acesso a facturas dos clientes?
- Os bancos estão instruídos para não descontar cheques passados à ordem da empresa?
- O caixa está proibido de obter acesso aos registos de contas a receber e aos extractos bancários e dos clientes?
- Existem zonas, razoavelmente salvaguardadas, para o manuseamento físico do dinheiro?
- A pessoa que faz os lançamentos no Livro-Razão é independente das funções de recebimento de dinheiro e contas a receber?
- Existe uma pessoa independente das funções de caixa ou contas a receber para tratar das queixas dos clientes?[3]

NOTAS

1. Association of Certified Fraud Examiners, *Fraud Examiners' Manual*, Austin: ACFE, 2006.
2. Georgiades, George, *Audit Procedures*, Nova Iorque: Harcourt Brace Professional Publishing, 1995.
3. Ibid.

CAPÍTULO 4

FURTO DE DINHEIRO EM CAIXA

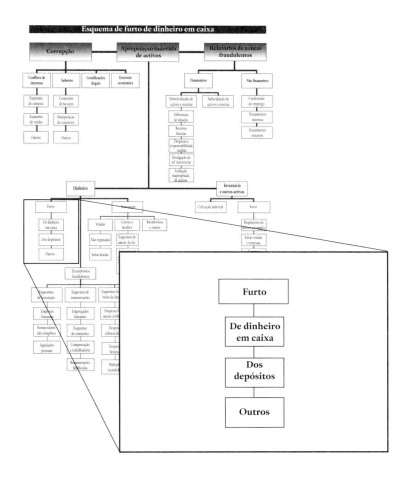

ESTUDO DE UM CASO: **CAIXA DE BANCO APANHADA EM FLAGRANTE DELITO***

Laura Grove trabalhava no Banco de Rocky Mountain, em Nashville, no Tennessee, há cinco anos. Como caixa, não enriquecia. Ela e o marido deviam cerca de 14 mil dólares, em dívidas com o cartão de crédito, quantia que, a cada mês, parecia aumentar, especialmente depois de terem adoptado uma menina de cinco anos.

---

* Vários nomes foram alterados de modo a preservar o anonimato.

Quando foi transferida para uma filial do banco em Cheetboro, no Tennessee, o banco promoveu-a a caixa principal. Nesta nova posição, Laura tinha autoridade para abrir o cofre de depósitos nocturnos, em conjunto com um colega. Por questões de segurança, o banco só permitia que cada um dos caixas possuísse metade da combinação do cofre.

Todas as manhãs, Laura observava a abertura e o fecho da porta do cofre, após a remoção de todos os depósitos nocturnos dos clientes. O banco colocava apenas uma câmara no cofre nocturno, que era ligada às 8h00 da manhã, altura em que o banco abria para actividade.

Laura pensava que seria fácil entrar no cofre nocturno e retirar os sacos. Estes pensamentos foram reforçados quando um cliente relatou que faltava o seu saco e o banco rapidamente lhe restituiu o dinheiro, sem proceder a uma investigação mais profunda. Assim, numa sexta-feira de manhã, Laura decidiu que podia retirar cerca de 15 mil dólares com poucos riscos de ser descoberta. Mas, antes de retirar o dinheiro, observou. Quando abriu o cofre nocturno, juntamente com o seu colega, Frank Geffen, viu-o marcar a primeira metade da combinação e teve o cuidado de memorizar os números. Após ter marcado a segunda metade dos números, abriram o cofre, como habitualmente, retiraram e enumeraram cada saco de depósito nocturno e, em seguida, fecharam o cofre. Contudo, desta vez, Laura não trancou o cofre.

Foi aqui que Laura cometeu o seu primeiro erro. Pensava que podia deixar a porta do cofre aberta e regressar na segunda-feira para retirar o dinheiro. Mas, pouco antes de o banco encerrar e os empregados se prepararem para sair, a caixa Melissa Derkstein foi verificar o cofre. Vendo que estava aberto, rodou o botão de combinação, sacudindo a pega para se certificar de que a porta estava trancada.

Laura e os outros empregados do banco passaram os seus códigos de segurança pela porta exterior e saíram. Durante o fim-de-semana, Laura pensou na sua conspiração. Deveria marcar a combinação sozinha e colocar o dinheiro num saco de transporte pessoal? Deveria ficar a trabalhar o dia todo com os fundos sob os seus pés?

Na segunda-feira de manhã, ainda não sabia como resolver a situação, embora tivesse decidido, de qualquer modo, avançar com o plano. Às 7h15, Laura foi a primeira pessoa a chegar ao banco. Após passar o código de segurança pela porta, colocou o seu saco de transporte e objectos pessoais numa cadeira. Dirigiu-se imediatamente para o cofre nocturno e marcou a combinação total. Nada aconteceu. A sua mente trabalhava velozmente. «Talvez isto não resulte; é demasiado arriscado». Os seus dedos tentaram a combinação, uma e outra vez, até que ouviu um clique e o cofre abriu-se.

Laura retirou os dois sacos de depósito dos clientes, que ela sabia conterem grandes quantias de dinheiro. Colocou-os no seu saco de transporte e dirigiu-se ao seu posto de caixa. Colocou o seu livro dos Weight Watchers e a carteira dentro da mala, por cima dos sacos de depósito. Depois, pendurou o saco na porta do armazém e regressou ao seu posto de trabalho, arrumando a sua área.

Quinze minutos mais tarde, o gerente da filial, Harvey Lebrand, entrou, parecendo surpreendido por Laura já se encontrar na sua mesa. Perguntou-lhe por que viera, naquela segunda-feira, trabalhar tão cedo.

«Necessitava de me organizar, porque tenho de levar o meu automóvel Bronco à oficina e sabia que não teria muito tempo», declarou Laura.

«Precisas de arranjar o teu automóvel?», perguntou o Sr. Lebrand. «Porque é que não vais já?»

«Está bem, a minha mãe pode dar-me boleia no regresso», declarou Laura. «Até já, Sr. Lebrand».

Laura precipitou-se para a zona do armazém, agarrou no saco de transporte e deixou o banco. Conduziu directamente para casa e esvaziou o conteúdo do saco, observando as muitas notas e cheques espalharem-se na sua cama. Sentiu-se invadida por um entusiasmo nervoso. Após separar os cheques para um monte à parte, reuniu o dinheiro num grande monte e fez uma contagem rápida. Roubara, segundo avaliou no momento, cerca de 15 mil dólares. Colocou as notas em envelopes amarelados e escondeu-os na cabeceira da cama. Colocou os cheques num pequeno saco de plástico e, depois, telefonou à mãe, pedindo-lhe que fosse ter com ela ao Sears Auto Center.

Laura sabia que havia um complexo de apartamentos próximo do Sears, com um grande contentor de lixo. Depois de colocar os cheques no contentor, dirigiu-se ao Sears. A mãe chegou um pouco depois, para levá-la de volta ao trabalho.

Um dia mais tarde, a investigadora de auditorias do Banco de Rocky Mountain, Stacy Boone, recebeu uma chamada do gerente de Laura, informando-a de que dois clientes não tinham recebido crédito pelos depósitos que haviam efectuado na noite anterior. Cada depósito era de oito mil dólares.

A investigação de Boone rapidamente a levou a suspeitar de Grove. Tendo sido a primeira a chegar ao banco nessa manhã, Grove também chegara antes de as câmaras de vigilância serem ligadas. Como caixa principal, sabia metade da combinação do cofre nocturno. Outros empregados declararam que «não confiavam nela». Mas quando os investigadores a interrogaram, Grove negou com veemência qualquer conhecimento acerca do furto.

«Durante a nossa entrevista, ela teve uma erupção cutânea», o que sugeria *stress*. «Já vi pessoas inocentes terem vermelhões, mas ela foi a única que entrevistámos nesse dia que a teve», declarou Boone.

Boone também suspeitava de Grove, porque a filial do banco de onde fora transferida «tinha muitos défices inexplicáveis e ela era suspeita, mas nunca conseguimos confirmar, inequivocamente, que ela retirava o dinheiro. Ela comprara muitas jóias novas, usava muitas roupas caras, mas, em determinada altura do ano, apresentara uma declaração de falência».

A investigação chegou a uma conclusão, quando Boone recebeu, no seu atendedor de chamadas, uma mensagem do marido de Grove, um antigo vizinho. «Receei que ele desejasse saber por que motivo investigávamos a sua mulher e hesitei em retribuir-lhe, de imediato, a chamada», declarou Boone.

> Boone decidiu que «era melhor despachar a conversa e dizer-lhe que não podia falar sobre isso [a investigação]. Quando lhe liguei, ele declarou-me que descobrira o dinheiro do banco no seu sótão e que suspeitava da mulher, que lhe tinha contado sobre a investigação do banco, mas que não admitira qualquer furto».
>
> «A filha deles escutara uma conversa que os pais tinham tido no dia do furto», em que Laura manifestara ao marido ansiedade por causa da investigação do banco, declarou Boone. «A filha dissera ao pai que a vira [Laura] pôr algo no sótão. Assim, quando ela não estava em casa, o marido subiu ao sótão, procurou e encontrou dois sacos de dinheiro».
>
> Boone explicou que o marido também desconfiara, porque a mulher já lhe mentira anteriormente. «Ele disse-me que a sua sogra, mãe dela, estava sempre a ganhar prémios. Ganhara até um automóvel num concurso. Uma noite, ele chegou a casa e encontrou um vídeo e uma televisão em cima de uma mesa e perguntara à mulher de onde viera aquilo. Ela respondeu: "Foi a minha mãe que ganhou". Na altura, não estranhara, mas, uns dias mais tarde, a Kirby's Electronics, de onde viera a televisão, telefonou a respeito do pedido de crédito que ela fizera. Disseram ao marido que ela comprara o vídeo e a televisão a crédito».
>
> Confrontada com tais provas, Laura e o marido restituíram 16 mil dólares em dinheiro. O banco despediu Grove e ela foi processada pelo delito, mas obteve liberdade condicional em vez de uma pena de prisão efectiva.
>
> Um ano mais tarde, Boone recebeu uma chamada de um dos caixas do banco, que vira Grove a trabalhar noutro banco, numa pequena cidade fora de Nashville. Boone ligou para um dos empregados do departamento de pessoal desse banco e falou com ele. «Era um banco que não efectuava verificações de impressões digitais, por isso não faziam ideia de que ela fora condenada. Ela conseguiu ir trabalhar para outro banco, mas não foi por muito tempo».

VISÃO GERAL

No cenário da fraude ocupacional, um *furto de dinheiro em caixa* pode ser definido como a subtracção intencional do dinheiro da entidade patronal (o termo "dinheiro" inclui moeda corrente e cheques) sem consentimento, e contra o seu desejo. No nosso caso de estudo, o furto de Laura Grove, de aproximadamente 16 mil dólares da sua empregadora, constitui um exemplo de furto de dinheiro.

Em que se distinguem os esquemas de furtos de dinheiro em caixa de outras fraudes de dinheiro? Para compreender a diferença das nossas classificações, convém dividir os esquemas de dinheiro em caixa em dois grandes grupos, sendo o primeiro constituído pelos *desembolsos fraudulentos* e o segundo por aquilo a que chamaremos em sentido lato os *esquemas de recepções de dinheiro*. Os esquemas de desembolsos fraudulentos são aqueles em que é feita uma distribuição de fundos da conta da empresa de um modo, aparentemente, normal. O método para obter os fundos pode ser forjar um cheque, apresentar uma factura falsa, falsificar um cartão de ponto, e por aí adiante. O essencial consiste em retirar o dinheiro da empresa de um modo que parece ser um desembolso legítimo de fundos. Os desembolsos fraudulentos serão debatidos, mais adiante, nos Capítulos 5 a 8.

Os esquemas de recepção, por seu lado, constituem aquilo que consideramos, tipicamente, o roubo incontestado de dinheiro. Os autores não contam com a entrega de documentos falsos nem com o forjar de assinaturas; limitam-se a pegar no dinheiro e levá-lo. Os esquemas de recepção recaem em duas categorias: a sonegação, que já debatemos, e os esquemas de furto. Recordemos que a sonegação foi definida como o furto de fundos não registados nos livros (*off-book*). Os esquemas de furto de dinheiro em caixa envolvem a subtracção de dinheiro que já surgiu nos livros de uma empresa lesada.

DADOS SOBRE FURTOS DE DINHEIRO EM CAIXA DO *INQUÉRITO NACIONAL SOBRE FRAUDES DE 2006* DA ACFE

Frequência e Custo

No nosso estudo, os esquemas de furto de dinheiro em caixa constituíam as formas de desvio de dinheiro menos comuns e menos onerosas. 16% de todos os esquemas de dinheiro no nosso inquérito envolviam o furto do dinheiro em caixa (a soma destas percentagens ultrapassa os 100%, porque alguns casos envolviam múltiplos esquemas de fraudes que recaíam sobre mais de uma categoria. Vários gráficos deste capítulo podem reflectir percentagens que totalizam mais de 100% por motivos semelhantes). A perda mediana para estes casos era de 73 mil dólares, que é semelhante à perda mediana nos esquemas de sonegação, mas praticamente metade da perda mediana nos desembolsos fraudulentos (consultar Figura 4.1 e 4.2).

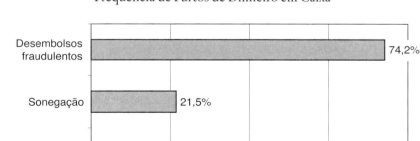

FIGURA 4.1 *Inquérito Nacional sobre Fraudes de 2006*: Frequência de Furtos de Dinheiro em Caixa

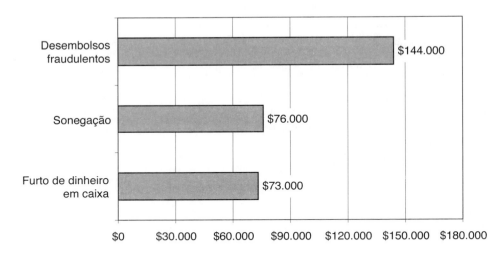

FIGURA 4.2 *Inquérito Nacional sobre Fraudes de 2006*:
Perda Mediana de Furtos de Dinheiro em Caixa

A Figura 4.3 mostra a distribuição de perdas por furto de dinheiro em caixa, em comparação com a distribuição em todas as fraudes ocupacionais. Havia mais probabilidades de os esquemas de furto recaírem nas classificações de mais baixo nível, com quase 40% de todos os casos de furto de dinheiro em caixa a provocarem perdas abaixo dos 50 mil dólares.

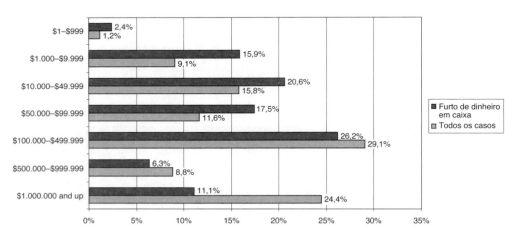

FIGURA 4.3 *Inquérito Nacional sobre Fraudes de 2006*:
Distribuição de Perdas em Dólares nos Esquemas de Furto de Dinheiro em Caixa

Detecção de Esquemas de Furtos de Dinheiro em Caixa

Recebemos 120 respostas em que o método de detecção inicial de casos de furto de dinheiro em caixa foi identificado. Os métodos mais comummente citados foram:

descoberta acidental, denúncias e controlos internos. O facto de os controlos internos terem sido mais citados nestes esquemas do que em outros tipos de fraude era de esperar, tendo em conta a natureza de furtos de dinheiro em caixa, que tendem a ser crimes *on-book* relativamente simples. Era mais provável que os esquemas desta natureza fossem detectados pelos controlos internos do que os esquemas *off-book*, como as fraudes de sonegação, cometidas por empregados em cargos superiores, que estão em melhor posição para passar por cima dos controlos e evitar a detecção (consultar Figura 4.4).

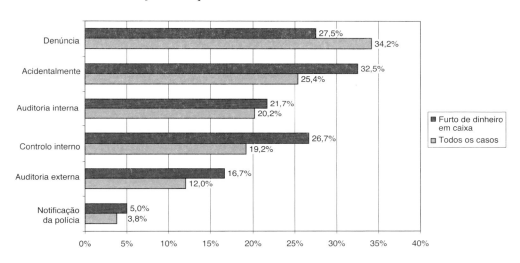

FIGURA 4.4 *Inquérito Nacional sobre Fraudes de 2006*:
Detecção de Esquemas de Furtos de Dinheiro em Caixa

Autores de Esquemas de Furto de Dinheiro em Caixa

Recebemos 126 respostas em que o cargo do autor de um caso de furto de dinheiro em caixa foi identificado. Os empregados eram responsáveis por 39% destes casos, um número inferior ao do índice de todas as fraudes ocupacionais. A distribuição de gestores que cometiam furtos de dinheiro em caixa era ligeiramente superior à das outras fraudes ocupacionais. Este resultado foi um pouco surpreendente, uma vez que os esquemas de furto de dinheiro em caixa são geralmente considerados como simples fraudes cometidas por empregados de níveis inferiores (consultar Figura 4.5).

Tal como em outros tipos de fraudes ocupacionais, a perda mediana nos esquemas de furto de dinheiro em caixa aumentava na proporção do nível do cargo do principal autor. Os casos de furto de dinheiro em caixa que envolviam gestores provocavam uma perda mediana de 77 mil dólares, quase o dobro da perda mediana de 40 mil dólares, associada a esquemas cometidos por empregados. As perdas medianas nos 22 casos cometidos por proprietários/executivos eram significativamente superiores às de ambas as outras categorias, sendo de 425 mil dólares (consultar Figura 4.6).

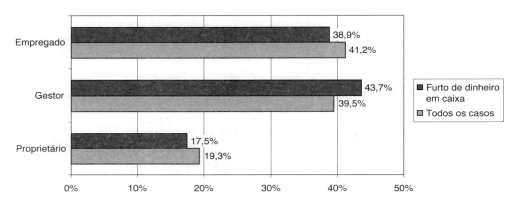

FIGURA 4.5 *Inquérito Nacional sobre Fraudes de 2006*:
Autores de Esquemas de Furtos de Dinheiro em Caixa

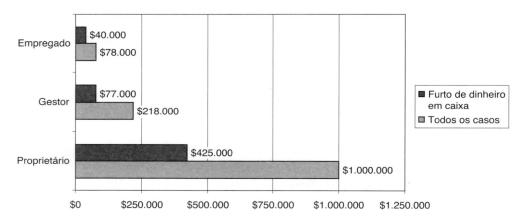

FIGURA 4.6 *Inquérito Nacional sobre Fraudes de 2006*:
Perda Mediana por Autor em Esquemas de Furtos de Dinheiro em Caixa

Vítimas de Esquemas de Furto de Dinheiro em Caixa

A Figura 4.7 mostra a análise de casos de furto de dinheiro em caixa, com base no número de empregados da organização lesada. Tal como sucedeu no caso da sonegação (consultar Capítulo 2), os casos de furto de dinheiro em caixa eram muito mais comuns em pequenas organizações do que as fraudes ocupacionais em geral.

Na Figura 4.8, encontram-se reflectidas as perdas medianas associadas aos casos de furto de dinheiro em caixa, com base na dimensão da organização lesada. Curiosamente, as maiores organizações sofreram a menor perda mediana, de 50 mil dólares. De um modo geral, houve poucas variações entre as perdas medianas em esquemas de furto de dinheiro em caixa, com base no número de empregados da organização lesada.

FIGURA 4.7 *Inquérito Nacional sobre Fraudes de 2006*: Dimensão da Empresa-Vítima, em Número de Empregados, em Esquemas de Furtos de Dinheiro em Caixa

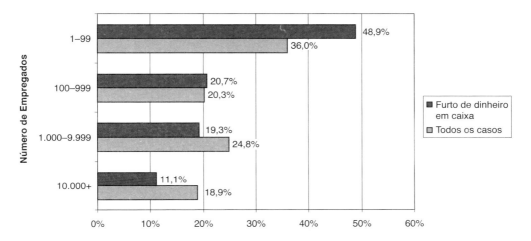

FIGURA 4.8 *Inquérito Nacional sobre Fraudes de 2006*: Perda Mediana por Dimensão da Vítima em Esquemas de Furtos de Dinheiro em Caixa

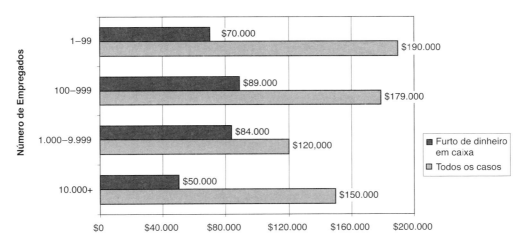

ENTRADA DE DINHEIRO

Furto de Dinheiro da Caixa Registadora

Uma grande percentagem dos esquemas de furto de dinheiro ocorreu, segundo o nosso inquérito, da caixa registadora, e por bons motivos – a caixa registadora é onde se encontra o dinheiro. A caixa registadora (ou outros pontos semelhantes de recolha de dinheiro como gavetas ou caixas de dinheiro) é, geralmente, o ponto mais comum de acesso ao dinheiro, disponível para os empregados, por isso é compreensível que seja na caixa registadora que os esquemas de furto ocorram mais frequentemente. Além disso, há, muitas vezes, uma grande actividade à volta da caixa registadora, com múltiplas transacções que exigem o manuseamento de dinheiro por parte dos empregados. Esta actividade pode servir de cobertura para o furto de dinheiro. Numa azáfama de actividade, com dinheiro a ser passado para trás e para a frente entre cliente e empregado, é mais provável que um fraudador consiga retirar dinheiro da caixa registadora para o seu bolso sem ser apanhado.

Eis o esquema mais simples: abrir a caixa registadora e retirar dinheiro (consultar Figura 4.9). Pode ser feito enquanto se efectua uma venda, para fazer com que o furto pareça uma parte da transacção ou quando ninguém estiver por perto para reparar que o autor vasculha a gaveta da caixa registadora. Num dos casos relatados, um caixa fez um registo na registadora, inscrevendo-o como «nenhuma venda», mas aproveitou para tirar dinheiro da gaveta. Durante um certo tempo, o caixa retirou aproximadamente seis mil dólares através deste método simples.

Recorde-se que a vantagem de um esquema de sonegação é o facto de a transacção não ser registada e os fundos roubados nunca serem lançados nos livros da empresa. O empregado que sonega subavalia a transacção, para que uma parte da venda não fique registada, ou omite por completo a venda, não a lançando na caixa registadora. Isto torna o esquema de sonegação difícil de detectar, porque a fita registadora não reflecte a presença dos fundos que foram sonegados. Num esquema de furto de dinheiro em caixa, os fundos que o autor rouba já se reflectiram na fita registadora. Como consequência, o resultado é um desequilíbrio entre a fita registadora e a gaveta da registadora. Este desequilíbrio deve constituir um sinal de alerta de furto para a empresa lesada.

O método de retirar dinheiro da caixa registadora – abrir a caixa e retirar o dinheiro – raramente varia. São os métodos utilizados pelos fraudadores para evitar serem apanhados que distinguem os esquemas de furto de dinheiro em caixa. Por estranho que pareça, em muitos casos, os fraudadores não fazem qualquer plano para evitar a detecção. Uma grande parte da fraude consiste na justificação; os fraudadores convencem-se que têm, de algum modo, direito ao que estão a tirar, ou que o que fazem não é realmente um delito. Os esquemas de furto de dinheiro em caixa começam, frequentemente, quando os autores se convencem de que estão apenas a «pedir emprestado» fundos para cobrir uma necessidade financeira temporária. Estas pessoas podem guardar consigo, durante vários dias, o dinheiro em falta das suas registadoras, iludindo-se com a crença de que um dia restituirão os fundos e esperando que os seus patrões não efectuem uma contagem de dinheiro surpresa na sua registadora até o dinheiro em falta ser restituído.

Os empregados que nada fazem para camuflar os seus delitos são facilmente apanhados; mais perigosos são os que tomam medidas para ocultar os seus delitos. Um modo básico de os empregados disfarçarem o roubo de dinheiro consiste em retirar o dinheiro da caixa registadora de outrem. Em algumas organizações retalhistas, são atribuídos empregados a certas caixas registadoras. Alternativamente, utiliza-se uma caixa registadora e cada empregado possui um código de acesso. Quando falta dinheiro da caixa registadora de alguém, o suspeito mais provável do furto é, obviamente, o caixa que nela trabalha. Como tal, ao roubar de outra caixa registadora, ou ao utilizar o código de acesso de outra pessoa, o fraudador certifica-se de que outro empregado será o principal suspeito do furto. No caso referido, o empregado que roubou dinheiro esperou que outro caixa fizesse um intervalo, para, então, ligando a caixa registadora do colega, registar «nenhuma venda» e levantar o dinheiro. O consequente défice de dinheiro apareceu na caixa registadora de um empregado honesto, desviando a atenção do verdadeiro ladrão. Num outro caso que analisámos, um gestor de tesouraria roubou mais de oito mil dólares, retirando dinheiro das caixas registadoras, mas fazendo parecer que eram os caixas que roubavam.

FIGURA 4.9 Furto de Dinheiro da Caixa Registadora

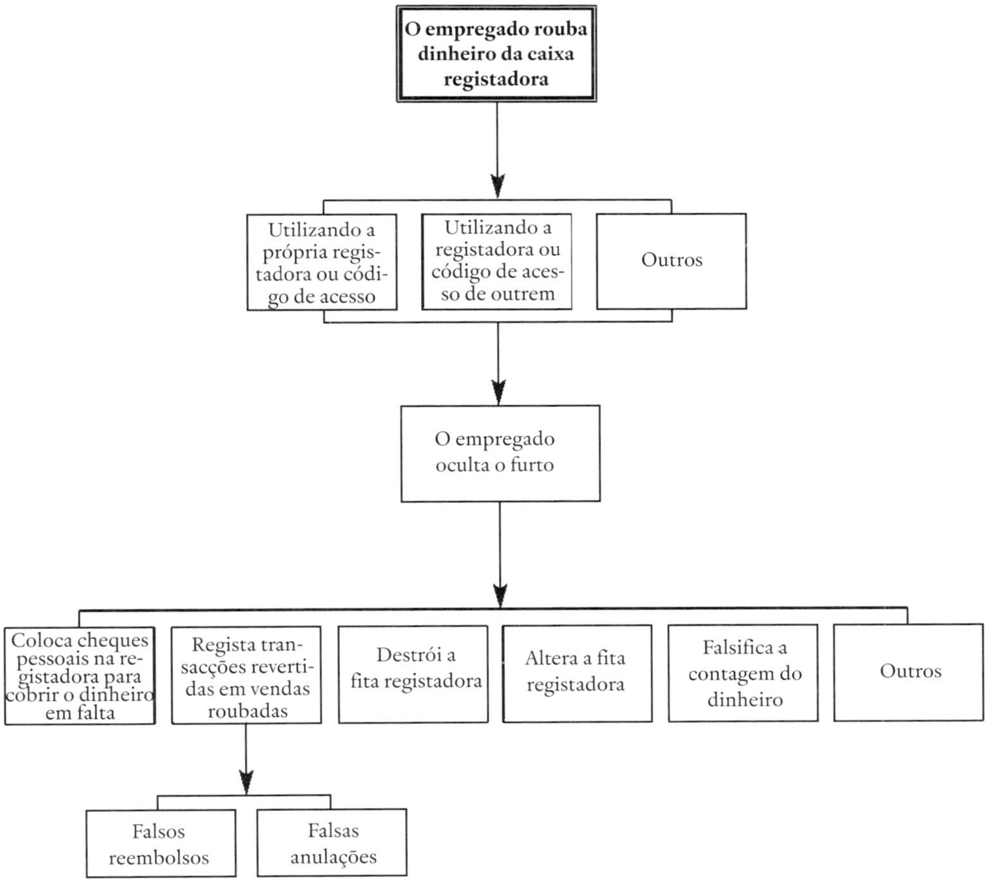

Um modo muito simples de evitar a detecção é roubar dinheiro em quantias muito pequenas, durante um longo período de tempo. Trata-se do esquema de furto de processo lento. Quinze dólares aqui, vinte ali, e, lentamente, como num dos casos, o culpado vai sangrando a empresa. Uma vez que os montantes em falta são pequenos, os défices podem ser atribuídos a erros e não a furtos. É típico os empregados tornarem-se dependentes do dinheiro extra que furtam, e os seus furtos sobem de escala ou tornam-se mais frequentes, o que leva, muitas vezes, a que o esquema seja desmascarado. A maioria das organizações retalhistas controla os excessos ou défices por empregado, tornando este método ineficaz.

Observa-se o equilíbrio de uma registadora, comparando as transacções da fita com o montante do dinheiro em caixa. Começando por um saldo conhecido, as vendas, devoluções e outras transacções registadas são acrescentadas ou subtraídas ao saldo para se chegar a um total no final do período em questão. O dinheiro efectivo é então contado e comparam-se os dois totais. Se a fita revelar que deveria haver mais dinheiro na registadora do que aquele que existe, isso pode dever-se a um furto.

Cheques Pessoais

Um modo de os empregados ocultarem os esquemas de furto consiste em deixar cheques pessoais nas suas registadoras para cobrir o montante de dinheiro que roubaram. O empregado passa um cheque pessoal pelo montante em falta e coloca-o na gaveta da registadora, para que esta esteja sempre em equilíbrio. Este método é utilizado para evitar que um esquema de furto seja descoberto durante uma contagem surpresa de dinheiro (é evidente que a presença do cheque pessoal do empregado na registadora pode suscitar, em si, preocupações). Como é óbvio, o empregado não chega a permitir que o cheque seja depositado, por isso o «equilíbrio» na registadora constitui, na realidade, uma ilusão.

Num dos casos, um caixa de banco utilizou um método de ocultação semelhante, mas, em vez de um cheque pessoal, utilizou um talão de transferência para cobrir o dinheiro que roubara. Um talão de transferência é um documento na gaveta de um caixa que mostra que um certo montante de dinheiro foi transferido para outra localização. É um débito para a gaveta do caixa que tem o bilhete e um crédito para o caixa que recebe o dinheiro em troca do bilhete. O caixa roubou mais de 57 mil dólares e, durante pouco mais de um ano, não foi detectado, pois o talão de transferência que estava na sua gaveta era do mesmo montante do que desfalcara. Embora a sua caixa fosse contada trimestralmente pela gestão, a validade do falso talão de transferência não foi confirmada. Por outras palavras, ninguém verificou a existência do crédito compensatório do talão noutra caixa. Se o tivessem feito, a fraude teria sido facilmente descoberta.

Reversão de Transacções

Outro modo de ocultar um furto de dinheiro em caixa é utilizar reversões de transacções, que fazem com que a fita registadora se concilie com o montante do dinheiro em caixa após o furto. Ao registar falsas anulações ou falsos reembolsos, um empregado pode reduzir o montante de dinheiro reflectido na fita registadora. Num dos casos, um caixa recebeu pagamentos de um cliente e registou as transacções no seu sistema. Roubou os pagamentos dos clientes e depois destruiu os recibos da empresa que provavam as transacções. Para completar o encobrimento, o caixa resolveu anular as transacções que lançara na altura em que os pagamentos tinham sido recebidos. Os lançamentos reversíveis fizeram com que os totais recebidos ficassem equilibrados com o dinheiro em caixa (estes esquemas serão debatidos com mais pormenor no Capítulo 6).

Em vez de reverterem lançamentos, alguns empregados alteram manualmente a fita registadora ou a contagem de dinheiro. Novamente, o objectivo desta actividade é forçar um equilíbrio entre o dinheiro em caixa e o montante registado. Um empregado pode utilizar tinta correctora para encobrir uma venda, cujos rendimentos foram roubados, ou simplesmente riscar ou alterar os números da fita, para que o total registado e o dinheiro em caixa estejam em equilíbrio. Um gestor de departamento alterou e destruiu fitas registadoras, num certo caso, para ajudar a ocultar um esquema de fraude, que prosseguiu durante quatro anos.

Alteração da Contagem do Dinheiro

Em vez de falsificar o registo de receitas da empresa, alguns fraudadores alteram as contagens de dinheiro nas suas caixas registadoras. Num dos exemplos, um empregado não só se desfez das fitas registadoras para ocultar os seus furtos, mas também apagou e reescreveu contagens de dinheiro das registadoras que furtara. Os novos totais nos envelopes de contagem de dinheiro estavam sobreavaliados pelo montante que ele roubara, reflectindo as receitas reais desse período e correspondendo às fitas registadoras. Sob os controlos da empresa lesada, este empregado não devia ter acesso ao dinheiro. Ironicamente, os seus colegas elogiavam a sua dedicação por ajudá-los a contar o dinheiro quando isso não constituía seu dever oficial.

Destruição de Fitas Registadoras

Se o fraudador não consegue que a caixa registadora e a fita estejam em equilíbrio, a seguir a melhor coisa a fazer é impedir os outros de calcular os totais e descobrir o desequilíbrio. Os empregados que roubam da caixa registadora por vezes destroem fitas registadoras detalhadas que os implicariam num delito. Quando as fitas detalhadas faltam ou se encontram danificadas, isso pode dever-se ao facto de alguém não desejar que a informação sobre eles seja conhecida.

Outros Furtos de Vendas e Contas a Receber

Nem todas as receitas chegam através da caixa registadora. Embora a maioria dos esquemas de furto no nosso estudo envolvessem o furto de dinheiro da registadora, não há motivos para um empregado não poder roubar o dinheiro recebido noutros pontos. Um dos métodos mais comuns para quem rouba o dinheiro que entra é lançar o pagamento do cliente no sistema de contabilidade, mas ficar com o dinheiro (consultar Figura 4.10). Houve um exemplo em que um empregado lançou todos os registos de pagamentos do cliente, mas ficou com o dinheiro recebido. Num período de quatro meses, esse empregado roubou mais de 200 mil dólares.

FIGURA 4.10 Outros Furtos de Dinheiro em Caixa

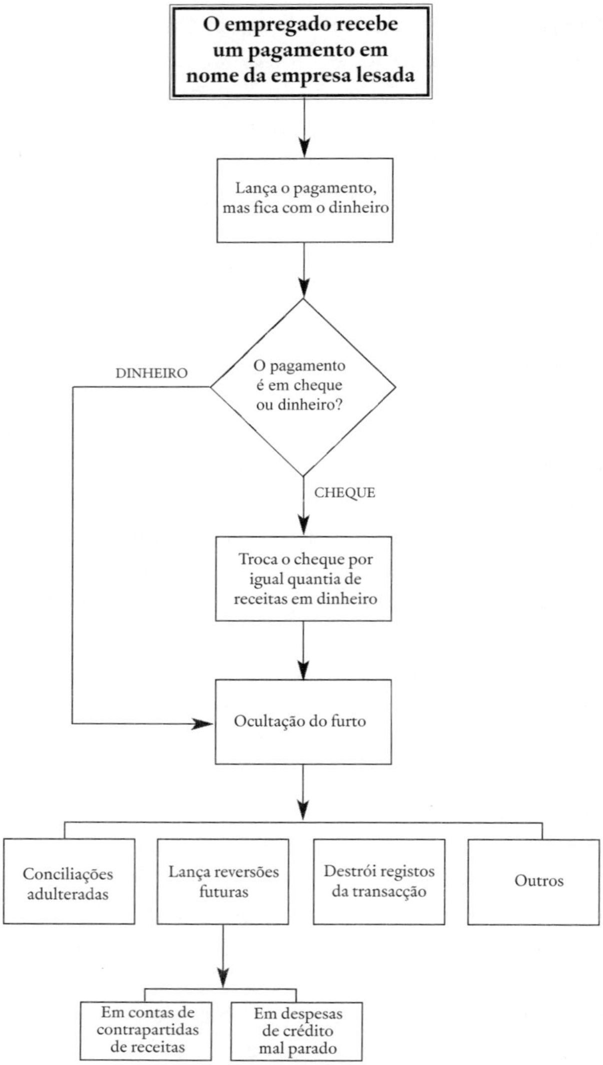

```
         ┌─────────────────────────┐
         │ O empregado recebe      │
         │ um pagamento em         │
         │ nome da empresa lesada  │
         └───────────┬─────────────┘
                     ▼
         ┌─────────────────────────┐
         │ Lança o pagamento,      │
         │ mas fica com o dinheiro │
         └───────────┬─────────────┘
                     ▼
                   ◇ O pagamento
   DINHEIRO       é em cheque
   ◀──────────── ou dinheiro? ◇
                     │
                   CHEQUE
                     ▼
         ┌─────────────────────────┐
         │ Troca o cheque por      │
         │ igual quantia de        │
         │ receitas em dinheiro    │
         └───────────┬─────────────┘
                     ▼
         ┌─────────────────────────┐
   ────▶ │ Ocultação do furto      │
         └───────────┬─────────────┘
                     │
       ┌────────┬────┴────┬──────────┐
       ▼        ▼         ▼          ▼
  Conciliações Lança   Destrói    Outros
  adulteradas  reversões registos
               futuras  da transacção
                 │
           ┌─────┴─────┐
           ▼           ▼
        Em contas   Em despesas
        de contra-  de crédito
        partidas    mal parado
        de receitas
```

Por conseguinte, a conta de caixa estava consideravelmente desequilibrada, o que levou à descoberta da fraude. Tratou-se de um dos casos do nosso estudo, em que, a propósito, o empregado justificou o furto, declarando que planeava restituir o dinheiro. Este caso ilustra o principal defeito dos esquemas de furto de dinheiro em caixa, os desequilíbrios resultantes nas contas da empresa. Este caso assemelha-se bastante a muitos esquemas de sonegação debatidos no Capítulo 3, excepto pelo facto de, nessas fraudes, as receitas roubadas não serem lançadas no diário de receitas em caixa.

Os fraudadores que possuem controlo total sobre o sistema de contabilidade de uma empresa podem ultrapassar o problema das contas desequilibradas. Num dos casos, um empregado roubou os pagamentos do cliente e lançou-os no diário das contas a receber, tal como fez o fraudador referido acima. Também neste caso, a fraude resultou num desequilíbrio na conta de caixa da empresa lesada. A diferença entre estas duas fraudes foi o facto de o autor possuir controlo sobre os depósitos da empresa e todos os seus Livros-Razão. Como tal, conseguiu ocultar o seu delito, fazendo lançamentos não sustentados nos livros da empresa, que produziram um equilíbrio fictício entre as receitas e os Livros-Razão. Este caso ilustra o modo como uma fraca separação de funções pode permitir a perpetuação de uma fraude que, normalmente, seria fácil de detectar.

Em circunstâncias em que os pagamentos são roubados, mas mesmo assim lançados no diário de receitas em caixa, os lançamentos de reversão podem ser utilizados para equilibrar as contas da empresa lesada. Por exemplo, um gestor de escritório roubou aproximadamente 75 mil dólares em pagamentos de clientes. Numa série de casos observados, lançou o pagamento na conta do cliente e, mais tarde, anulou o lançamento com ajustes não autorizados, tais como «descontos de cortesia».

Um modo menos elegante de ocultar um delito consiste, simplesmente, em destruir todos os registos que possam provar que o fraudador anda a roubar. Destruir registos em massa não evita que a empresa lesada descubra que está a ser roubada, mas pode contribuir para ocultar a identidade do ladrão. Esta estratégia de ocultação destruidora foi utilizada, num certo caso, por um controlador. Este, que tinha total controlo sobre os livros da sua empregadora, roubou aproximadamente 100 mil dólares. Quando se tornou evidente que os seus superiores suspeitavam das suas actividades, o fraudador entrou no escritório, uma noite depois do trabalho, roubou todo o dinheiro em caixa, destruiu todos os registos, incluindo o seu arquivo de pessoal, e abandonou a cidade.

FURTO DE DINHEIRO DOS DEPÓSITOS

Em determinado momento de todos os negócios que geram receitas, alguém tem de levar fisicamente o dinheiro e os cheques da empresa ao banco. Essa pessoa (ou pessoas), literalmente entregue a si própria com o saco, terá oportunidade de retirar uma parte do dinheiro, antes de o depositar nas contas da empresa.

Quando a empresa recebe dinheiro, é típico alguém ter a tarefa de classificar as receitas, enumerar a forma de pagamento (dinheiro ou cheque) e preparar um talão de depósito para o banco. Em seguida, outro empregado, de preferência alguém que não tenha estado envolvido na preparação do talão de depósito, leva o dinheiro e deposita-o no banco. Geralmente, a pessoa que preparou o talão de depósito fica com uma cópia do mesmo. Essa cópia é comparada com a cópia recebida do talão carimbado pelo banco quando o depósito é efectuado.

Este procedimento foi concebido para evitar o furto de fundos dos depósitos, mas continuam a ocorrer, porque, muitas vezes, não se adopta este procedimento (consultar Figura 4.11, na página 145). Um exemplo: um empregado, numa pequena empresa, era responsável por preparar e fazer os depósitos, registá-los nos livros da empresa e conciliar os extractos bancários. Este empregado tirou vários milhares de dólares aos depósitos da empresa e ocultou-os, efectuando falsos lançamentos nos livros que correspondiam a falsos talões de depósito. Do mesmo modo, noutro caso, numa loja de venda a retalho, em que não se utilizavam caixas registadoras, as vendas eram registadas em facturas pré-numeradas. O fiscal desta organização era responsável por receber receitas em caixa e fazer os depósitos bancários. O controlador era também a única pessoa que conciliava os totais das facturas pré-numeradas com o depósito bancário. Como tal, conseguiu roubar uma parte dos depósitos, sabendo que a discrepância entre o depósito e as receitas do dia não seria detectada.

Outra falha no procedimento é não conciliar a cópia do talão de depósito do banco com a cópia do original. Quando a pessoa que faz o depósito sabe que a sua empresa não concilia as duas cópias, pode roubar dinheiro a caminho do banco e alterar o talão de depósito, para que este reflicta um montante inferior. Em alguns casos, os registos de vendas também serão alterados de modo a corresponderem ao depósito reduzido.

Quando o dinheiro é roubado dos depósitos, o talão do banco estará, evidentemente, desajustado em relação à cópia do talão de depósito da empresa (a menos que o fraudador também tenha preparado o depósito). Para corrigir esse problema, alguns fraudadores alteram a cópia do talão de depósito do banco, mesmo depois deste ter sido validado. Isso equilibra novamente as duas cópias. Num dos exemplos, ao longo de um ano, um empregado alterou vinte e quatro talões de depósito e validou recibos de banco para ocultar o furto de mais de 15 mil dólares. Esses documentos foram alterados com tinta correctora ou esferográfica, para corresponderem aos registos de dinheiro da empresa. Evidentemente que, como o dinheiro foi roubado, o saldo dos livros da empresa não correspondia ao seu saldo bancário real. Se outro empregado efectuar vistorias regulares à conta corrente, este furto será facilmente detectado.

Outro erro que pode ocorrer na função de depósito, que será uma falta de bom senso, é confiar o depósito à pessoa errada. Por exemplo, um guarda-livros que tinha sido contratado apenas há um mês foi encarregado de efectuar o depósito. Prontamente desviou os fundos para uso próprio. Isto não significa que todos os empregados novos não são dignos de confiança, mas é aconselhável ter algum conhecimento do carácter de uma pessoa, antes de lhe confiar um saco cheio de dinheiro.

FIGURA 4.11 Furto de Dinheiro dos Depósitos

```
                    O empregado
                    rouba dinheiro
                    dos depósitos
                           |
                           v
                    O empregado
         SIM <----  preparou      
                    o depósito?
    |                      |
    v                     NÃO
Prepara um falso           |
talão para cobrir          v
o dinheiro            A empresa
roubado               lesada concilia
    |        NÃO <-- os seus depósitos?
    |                      |
    |                     SIM
    |                      |
    |                      v
    |              Altera o talão de
    |              depósito recebido
    |                      |
    |                      v
    +------------>  Oculta o furto
                           |
        +------------------+------------------+
        v                  v                  v
   Compensa          Lança o dinheiro
   com receitas      em falta como          Outros
   subsequentes      «depósitos em
                     trânsito»
```

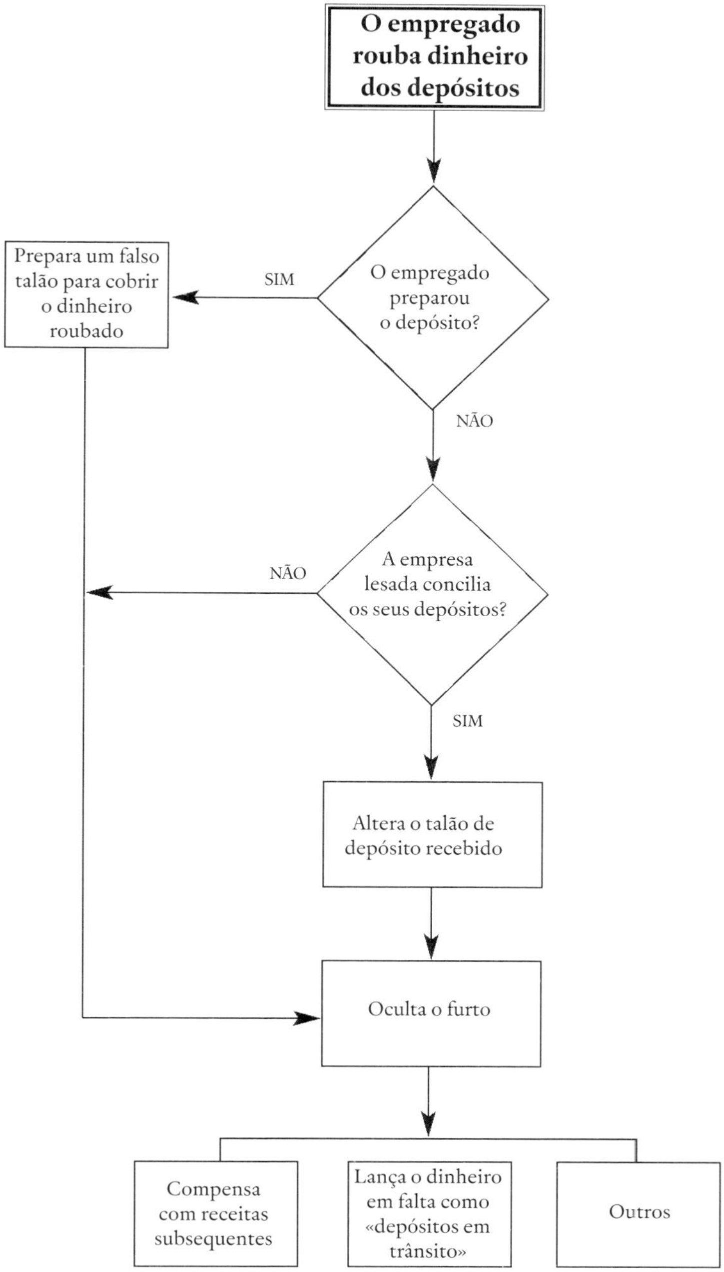

Outra questão de bom senso é o manuseamento dos depósitos a caminho do banco. Uma vez preparado, o depósito deve ser imediatamente colocado num local seguro, até ser levado para o banco. Em alguns dos casos que estudámos, o depósito era deixado, descuidadamente, ao abandono. Por exemplo, um empregado em *part-*

-*time* soube que era hábito do guarda-livros deixar o saco do banco na sua secretária durante a noite, até o depositar na manhã seguinte. Durante aproximadamente seis meses, este empregado furtou cheques dos depósitos e não foi descoberto. Conseguiu endossar os cheques num estabelecimento local, sem utilizar a sua própria assinatura, em nome da empresa lesada. O proprietário da instituição de depósito de cheques não questionou o facto de esta pessoa estar a descontar cheques da empresa, porque, como pastor de uma igreja considerável na comunidade, a integridade do fraudador parecia ser irrepreensível.

Tal como em todos os esquemas de furto de dinheiro em caixa, roubar dos depósitos da empresa pode ser bastante difícil de ocultar. Na maioria dos casos, estes esquemas têm êxito no longo prazo, apenas se a pessoa que conta o dinheiro também efectuar o depósito. Em quaisquer outras circunstâncias, o êxito do esquema depende principalmente da falta de atenção dos responsáveis por prepararem e conciliarem o depósito.

Compensação dos Depósitos

Um método utilizado, por vezes com sucesso, para evitar a detecção é o da compensação. Esta ocorre quando um empregado rouba o depósito a partir do dia 1 e depois o substitui com o depósito do dia 2. O dia 2 é substituído com o dia 3 e assim por diante. Os fraudadores estão sempre um dia atrasados, mas, desde que ninguém exija uma conciliação recente dos depósitos com o extracto bancário e se a dimensão dos depósitos não cair a pique, poderão conseguir evitar a detecção durante algum tempo. Num dos casos, um funcionário roubou receitas dos depósitos da empresa e adiou o depósito durante algum tempo. Por fim, o depósito foi feito e o dinheiro em falta foi substituído por um cheque recebido numa data posterior. A compensação é debatida com mais pormenor no Capítulo 3.

Depósitos em Trânsito

Uma última estratégia de ocultação de depósitos roubados é transportar o dinheiro em falta como depósitos em trânsito (d.i.t. – *deposits in transit*). Num dos casos, um empregado era responsável por receber cobranças, emitir recibos, lançar transacções, conciliar as contas e fazer os depósitos. Tal falta de separação das funções deixa uma empresa extremamente vulnerável. Este empregado roubou mais de 20 mil dólares em facturações à sua empregadora durante cinco meses. Para ocultar o seu furto, o fraudador lançou o dinheiro em falta como depósitos em trânsito, o que significava que o dinheiro apareceria no extracto bancário do mês seguinte. Evidentemente que nunca apareceu. O saldo foi transportado durante vários meses como «d.i.t.», até que um auditor se apercebeu da discrepância e pôs fim à fraude.

O caso estudado da Auditoria Surpresa é um exemplo de como um empregado roubou dinheiro dos depósitos bancários da sua empresa. Bill Gurado, o gestor de uma filial de uma empresa financeira de crédito ao consumidor, levava os depósitos da sua filial para o banco, onde colocava o dinheiro na sua própria conta, em vez de na conta da sua empregadora. O CFE Harry Smith fez uma auditoria à filial de Gurado, a fim de determinar a dimensão deste esquema. Este caso fornece um excelente exemplo do modo como a percepção de um empregado sobre os controlos da sua empresa pode ser valioso para evitar e detectar a fraude.

ESTUDO DE UM CASO: A "VELHA" FALSA AUDITORIA SURPRESA ENGANA SEMPRE**

Algumas pessoas poderiam alegar que os auditores não possuem sentido de humor, que constituem um bando de moralistas sérios. Bill Gurado tem outra opinião.

Gurado trabalhava como gestor da filial da Newfund, uma empresa financeira de crédito ao consumo em Nova Orleães. Era o líder mais respeitado da mais antiga, maior e mais bem sucedida filial da empresa. Com tal perfil, Gurado inspirava muito respeito. Os outros gestores desejavam ser como ele. Os empregados respeitavam-no. Toda a gente da empresa o considerava um bom tipo.

Por motivos não muito claros, Gurado começou a roubar a empresa. Não tirava muito dinheiro. O seu esquema era menos que brilhante. E, como não apreciou o sentido de humor de um auditor, a sua fraude veio à luz poucas semanas depois de ter começado.

A Newfund empregava bons controlos, de um ponto de vista contabilístico e de gestão. Um dos controlos em que Barry Ecker, o auditor interno da empresa, confiava era o da auditoria surpresa. Normalmente, accionava auditorias surpresa uma vez, ou, por vezes, duas, por ano, em cada uma das 30 filiais da Newfund. Devido à dimensão da filial de Gurado, Ecker não podia efectuar, só por si, uma auditoria surpresa. Teria de se coordenar com o pessoal da auditoria externa.

Durante estas auditorias surpresa, Ecker chegava e assumia o controlo desde o início. Era extremamente minucioso. Harry J. Smith, um dos auditores externos cuja equipa o acompanharia, descreve Ecker como «um típico auditor semelhante a um detective à moda antiga, um tipo um pouco baixo e atarracado que sentia um extraordinário prazer psicológico em assustar de morte o pessoal das filiais. Chegava e ficava muito silencioso, muito seguro dos seus papéis e da sua área. Obrigava as pessoas a baixarem os olhos. Olhava fixamente para as tabelas de contas, procurando irregularidades. Fazia as pessoas tremer». Smith acrescenta: «Era realmente divertido observá-lo. Quando entrava na sua personagem, era digno de nota».

Tendo passado por várias auditorias surpresa, Gurado sabia o alcance da investigação de Ecker. Provavelmente tinha essa ideia no subconsciente quando encontrou Ecker numa loja, por acaso, durante o fim-de-semana.

** Vários nomes foram alterados de modo a preservar o anonimato.

Tiveram uma breve conversa e, como seria de esperar de alguém como Ecker, que gostava de assustar um pouco as pessoas, ele referiu que estava prestes a lançar uma auditoria surpresa na filial de Gurado. «Encontramo-nos na segunda-feira», declarou sem esboçar um sorriso. «Harry e eu faremos uma auditoria à sua filial na segunda-feira de manhã». Como é evidente, não tinha a mínima intenção de efectuar, no futuro mais próximo, uma auditoria à filial. Quando se separaram, Gurado disse: «Óptimo. Até depois, então».

Mas Gurado não desejava nada ver Ecker. Sabia que Ecker, com todas as suas buscas e verificações, encontraria algumas irregularidades. Descobriria a fraude de Gurado sem grande trabalho. Não seriam precisos grandes esforços para verificar que Gurado desviara dinheiro da empresa para a sua própria conta. A clientela da Newfund era tal, que recebiam muito dinheiro. Durante cerca de uma semana, Gurado levara os depósitos diários para o banco e depositara o dinheiro na sua conta pessoal. Certificara-se de que todos os registos diários eram enviados para a sede, como sempre, excepto, evidentemente, os talões de depósito bancário. Eram apenas uns milhares de dólares. Mas ele ainda não tivera oportunidade de restituir nenhuma parte do dinheiro (se é que alguma vez tencionara fazê-lo) e não teria tempo para cobrir o seu rasto antes da auditoria «surpresa».

«Estava absolutamente convencido que, se tivéssemos feito uma auditoria à sua filial, descobriríamos isso», declara Smith. «E provavelmente teríamos. Barry Ecker efectuava uma auditoria à moda antiga, onde se entra e se sela os armários dos arquivos e se toma imediato controlo das gavetas de dinheiro e dos canais de apoio. São um controlo e uma manietação imediatos e totais. Tenho a certeza de que o descobriríamos. Sei que o gestor da filial se convenceu que estava a afundar-se».

Gurado examinou a consciência durante esse fim-de-semana. No domingo à noite, ligou para o presidente da empresa, um homem com a reputação de ser uma pessoa exigente e autoritária. «Sei que foi um passo gigantesco para o gestor da filial ligar-lhe nessa noite», declara Smith.

Em casa do presidente, nesse domingo à noite, Gurado confessou a verdade. «Sei que os auditores chegam amanhã de manhã», declarou. Depois, confessou ter tirado dinheiro à empresa. Foi imediatamente despedido.

Na segunda-feira de manhã, Ecker ligou para Smith na firma de contabilidade. Contou-lhe o que se tornara sabido e depois disse: «Olha, temos de ir fazer uma auditoria à filial». Smith e Ecker envidaram os maiores esforços para organizar uma equipa de auditoria para a filial, para se certificarem de que não se passava mais nada.

Descobriram exactamente o que Gurado relatara e nada mais. Fazendo uma retrospectiva deste caso, Smith tem a certeza de que a fraude teria sido detectada mesmo sem a piada mal compreendida. A Newfund praticava um procedimento de controlo que, provavelmente, teria revelado o dinheiro em falta ao fim de 15 dias. Devido a esse facto, ele conjectura que Gurado podia estar a cobrir alguma espécie de dívida de curto prazo, com a intenção de restituir o dinheiro.

> Uma vez que Gurado devolveu imediatamente os fundos e como confessou, a empresa não levantou qualquer acção penal nem civil contra ele. Achou que seria melhor manter as acções de Gurado fora do escrutínio público.
>
> Apesar disso, o assunto espalhou-se rapidamente pela empresa. O quadro de gestão de topo certificou-se disso. O facto de este estimado gestor da filial ter dado um passo em falso e ter sido imediatamente apanhado bastava para reforçar a importância de seguir os procedimentos adequados.
>
> «É comum as pessoas medirem as vantagens da auditoria pela substância das suas descobertas e recomendações», declara Smith. «É difícil observar e avaliar o papel das auditorias na prevenção do abuso, e este é frequentemente subavaliado. Mas este caso demonstra claramente que o espectro de uma auditoria certamente afecta o comportamento das pessoas».

ESQUEMAS DE FURTO VARIADOS

Evidentemente que, como ilustra o caso de Gurado, existem diversos modos de roubar dinheiro da empregadora. O método utilizado para o fazer depende, em larga medida, das circunstâncias existentes na empresa lesada. Debateremos alguns dos casos mais interessantes do nosso estudo, para ilustrar a variedade de métodos que descobrimos.

Um grande número de esquemas de furto de dinheiro em caixa que analisámos provinha do sector bancário, o que não constitui grande surpresa, tendo em conta as enormes quantias de dinheiro presentes na maioria dos bancos. Um exemplo notável é o de um funcionário bancário que roubou um cheque de quase 400 mil dólares, que fora depositado na conta de um cliente. O cheque fora validado e enviado para a área de provas para lançamento, quando o funcionário o apanhou e o enviou por correio para um cúmplice noutro estado. O cúmplice abriu uma conta em nome do depositante e tentou depositar o cheque nessa nova conta. Felizmente, o erro foi detectado antes de os culpados conseguirem fugir com o dinheiro.

Tal como noutros tipos de fraude ocupacional, os esquemas de furto de dinheiro em caixa desenvolvem-se, frequentemente, onde os controlos são fracos ou inexistentes. Um exemplo perfeito disso encontra-se num caso em que um empregado roubou cheques no valor de mais de 100 mil dólares à sua empregadora. Os cheques, endossados com o nome e o número de conta da empresa, eram simplesmente deixados ao abandono num cesto assinalado como «caixa».

Os esquemas de dinheiro em caixa são, geralmente, mas nem sempre, orquestrados por uma única pessoa. Em alguns casos, um grupo de empregados conspira para roubar a sua empresa e, noutros casos, o empregado pode recrutar auxílio externo. Foi o que aconteceu com um gestor que permitiu que a sua loja acumulasse aproximadamente 150 mil dólares, em dinheiro e senhas para aquisição de alimentos, e depois combinou com um grupo de cúmplices um assalto à loja.

Embora os esquemas de furto de dinheiro em caixa, no seu todo, sejam talvez os mais variados de todas as classificações de fraude do nosso estudo, num negócio específico deveriam ser os mais fáceis de evitar e de detectar. Isso é sobretudo verdade, porque, nestes esquemas, os empregados podem atacar o negócio apenas em certos pontos discretos, os locais onde o dinheiro é fisicamente recebido ou distribuído. Uma devida observância da separação das funções e a gestão da contabilidade, juntamente com a simples monitorização do processo de manuseamento de dinheiro, devem prevenir o volume de tais delitos.

DETECÇÃO

Registo de Receitas

Uma análise pormenorizada do saldo em caixa e do processo de registo constitui a chave para detectar um esquema de furto de dinheiro em caixa. As áreas de análise poderão incluir:

- Pontos de recepção do correio ou das caixas registadoras.
- Lançamento e registo das receitas no diário.
- A segurança do dinheiro, desde a recepção até ao depósito.

Ao analisar o processo de recepção do dinheiro, convém cumprir vários mecanismos de controlo:

- Devem ser preenchidos recibos de dinheiro. As receitas de cada dia devem ser prontamente recolhidas e totalmente depositadas.
- Deve ser assegurado que cada transacção a receber registada é legítima e tem documentos que a comprovem.
- Todas as informações incluídas na transacção devem ser verificadas em relação ao montante, data, codificação da conta e designações.
- O dinheiro deve ser salvaguardado enquanto em posse física da empresa.
- Deve haver pessoal adequado responsável por vigiar os processos de controlo de dinheiro.
- Os totais das fitas das caixas registadoras devem ser conciliados com o montante de dinheiro na caixa.
- Uma enumeração independente de receitas de caixa deve ser preparada antes de as receitas serem apresentadas ao caixa ou ao guarda-livros do departamento de contas a receber.
- Uma pessoa independente deve verificar a lista, comparando-a com os talões de depósito.
- Os talões de depósito autenticados devem ser mantidos e conciliados com os montantes correspondentes nos registos de saldo de tesouraria.

- O depósito bancário deve ser efectuado por uma pessoa que não seja o caixa ou o guarda-livros do departamento de contas a receber.
- Uma pessoa independente das funções de tesouraria e contas a receber deve comparar os lançamentos do diário de saldos de tesouraria com:
  - Talões de depósito bancário autenticados.
  - Extractos de depósito bancário.
- As áreas onde o manuseamento físico do dinheiro ocorre devem estar razoavelmente salvaguardadas.

Revisão Analítica

Analisar a relação entre vendas, custo das vendas e devoluções e deduções pode servir para detectar reembolsos e descontos indevidos.

- Em caso de suspeita de uma grande fraude de dinheiro, uma revisão minuciosa dessas contas pode esclarecer o investigador quanto à magnitude da fraude suspeita.
- Uma análise dos reembolsos, devoluções e deduções em comparação com o fluxo real do inventário pode revelar alguns esquemas de fraudes. O reembolso deve provocar um lançamento no inventário, mesmo que seja inventário danificado. Do mesmo modo, uma devolução deve provocar um lançamento correspondente numa conta de inventário.
- Deve haver uma relação linear entre as vendas e as devoluções e deduções numa escala relevante. Qualquer alteração nesta relação pode indicar um esquema de fraude, a menos que haja outra explicação válida, tal como a mudança do processo de produção, mudança da linha de produto ou mudança do preço.

Detecção de Registos

- À medida que o dinheiro é recebido, seja na caixa registadora ou pelo correio, convém assegurar que os empregados responsáveis por receberem e registarem os pagamentos que entram estão informados da sua responsabilidade e devidamente vigiados.
- O acesso à registadora deve ser monitorizado de perto e os códigos de acesso devem ser mantidos seguros.
- Um empregado que não seja o funcionário da registadora deve ser responsável por preparar documentos de contagem da registadora e conciliá-los com os totais da registadora.
- Deve estar-se atento a métodos de ocultação populares. Estes métodos, debatidos anteriormente, incluem cheques para descontar, transacções

revertidas, destruição ou alteração da fita registadora e contagens de dinheiro de vendas.
- A documentação preenchida de registos e dinheiro deve ser entregue ao pessoal adequado, de modo oportuno.
- Os furtos de dinheiro por vezes são revelados por clientes que pagaram dinheiro para uma conta e não receberam crédito ou, em alguns casos, quando notam que o crédito que lhes foi concedido não está de acordo com o pagamento que fizeram. Queixas e inquéritos também são frequentemente recebidos a partir dos bancos.

Análise de Contas de Caixa

O furto de dinheiro em caixa pode ser detectado através da revisão e da análise de todos os lançamentos no diário feitos nas contas de caixa. Estas acções de revisão e análise devem ser realizadas regularmente. Se os empregados não conseguirem ocultar a fraude, alterando os documentos originais como a fita registadora, podem recorrer ao lançamento no diário de contas. Em geral (e excepto nas instituições financeiras), existem muito poucos casos na actividade comercial diária em que seja necessário fazer um lançamento independente de contas no diário. Uma destas excepções é o registo da comissão bancária. No entanto, trata-se de um lançamento de diário fácil de seguir até ao documento original, nomeadamente o extracto bancário. Como tal, todos os outros lançamentos directamente para a caixa são suspeitos e devem ser seguidos até à documentação ou à explicação original. Os lançamentos suspeitos geralmente creditarão a conta de caixa e, em conformidade, debitarão várias outras contas como uma compensação de vendas ou despesas de crédito mal parado.

PREVENÇÃO

Separação de Funções

O modo principal de prevenir furto de dinheiro em caixa consiste na separação das funções. Sempre que uma pessoa tem o controlo sobre toda a transacção contabilística (e. g., autorização, registo e guarda), apresenta-se uma oportunidade de fraude monetária. O ideal seria cada um destes deveres e responsabilidades estar separado:

- Recepções de dinheiro
- Contagens de dinheiro
- Depósitos bancários
- Conciliação do talão de depósito

- Conciliações bancárias
- Lançamento de depósitos
- Desembolsos de dinheiro

Se uma pessoa tiver autoridade para receber o dinheiro, depositar as receitas, registar as facturas e desembolsar fundos da empresa, corre-se um risco elevado de que ocorra uma fraude.

Rotação de Tarefas e Férias Obrigatórias

Muitos esquemas de fraudes internos são de natureza contínua e exigem esforços constantes do empregado para ocultar o desfalque. A rotação de funções obrigatória constitui um método excelente para detectar a fraude monetária. Ao estabelecer uma rotação de funções ou tarefas obrigatórias, o elemento de ocultação é interrompido. E se a empresa tiver estabelecido políticas de férias obrigatórias, convém que, na ausência do empregado, outra pessoa desempenhe as normais tarefas de trabalho desse empregado. A finalidade das férias obrigatórias perde-se se o trabalho ficar por fazer durante a ausência do empregado.

Contagens de Dinheiro Surpresa e Supervisão do Procedimento

As contagens de dinheiro surpresa e as observações de fiscalização constituem um método de prevenção da fraude útil se devidamente utilizados. Convém que os empregados saibam que o dinheiro será contado numa base esporádica e imprevista. Estas contagens surpresa têm de ser feitas durante todas as fases do processo, desde a recepção do cheque até ao depósito.

Segurança Física do Dinheiro

- Assegurar devida separação de tarefas do pessoal-chave.
- Rever a composição de cheques e dinheiro dos depósitos bancários diários durante contagens de dinheiro não anunciadas e durante testes de auditoria independentes à tesouraria.
- Rever os registos das séries numéricas de recibos impressos pré-numerados da entidade e verificar se esses recibos são utilizados sequencialmente (incluindo documentos anulados).
- Rever a ocorrência dos depósitos das várias localizações para o tesoureiro central.
- Observar operações de recepção de dinheiro de localizações.

- Preparar e rever um horário de todas as funções de recepção de dinheiro a partir de uma revisão de relatórios de receitas, de formulários de recibos de dinheiro no tesoureiro central, e de debate junto de empregados dentro do assunto.
- Preparar e analisar um inventário de todas as provisões e trocos por finalidade, montante, depositário, data e localização.
- Fazer uma auditoria de todas as fontes de receitas de um período.
- Utilizar periodicamente revisões analíticas comparativas para determinar que funções têm tendências desfavoráveis.
- Determinar motivos para as receitas terem mudado em relação a relatórios de períodos anteriores.
- Confirmar respostas obtidas através dos gestores, utilizando registos alternativos ou através de testes de auditoria independentes.
- Aderir à política de contagens de dinheiro não anunciadas.

CAPÍTULO 5
FALSIFICAÇÃO DE CHEQUES

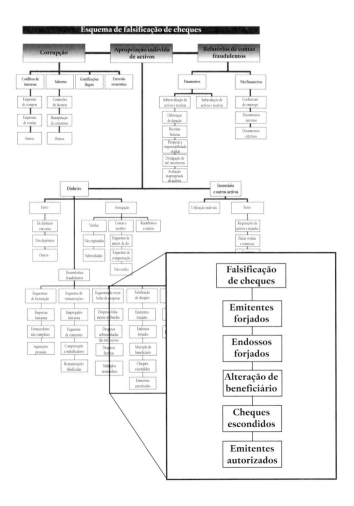

ESTUDO DE UM CASO: **UM LOBO EM PELE DE CORDEIRO**[*]

Melissa Robinson era uma esposa dedicada, com dois filhos encantadores. Era muito activa na escola dos seus filhos e era conhecida por ser caridosa, concedendo tanto o seu tempo como o seu dinheiro a várias organizações da comunidade. Passava uma grande parte do tempo a trabalhar como secretária de direcção

[*] Vários nomes foram alterados de modo a preservar o anonimato.

num departamento de uma organização de caridade mundial, em Nashville. Os seus colegas de trabalho e membros do clube consideravam a doação do tempo de Robinson e o seu trabalho diligente como nada menos que uma dádiva do céu. «Mesmo que alguém tivesse declarado [ao conselho de administração] que esta senhora roubava», recorda o investigador certificado de fraudes (CFE) e ROC (revisor oficial de contas) David Mensel, que é também membro da organização, «eles teriam declarado "é impossível, ela nunca faria isso"».

No entanto, todos estes louvores não podiam ocultar um simples facto: Melissa Robinson era uma ladra. Infelizmente, como secretária de direcção, era uma das duas pessoas da organização com autorização para passar cheques de contas bancárias da instituição. Como consequência, o clube foi roubado em mais de 60 mil dólares durante cinco anos, até que os membros do clube puseram fim à falcatrua de Robinson.

A secção da organização em Nashville assemelhava-se muito a outras instituições de caridade – envolvia-se em actividades de angariação de fundos, como vender amendoins ou chocolates, em esquinas de rua, durante as épocas festivas. Embora uma percentagem fosse recebida sob a forma de cheque, a maioria das receitas da angariação de fundos era em dinheiro.

«Não havia uma supervisão dessas recolhas de dinheiro», declara Mensel. «Se eu tivesse partido em missão de recolha, regressaria com um saco de dinheiro, deixá-lo-ia na mesa da secretária e ir-me-ia embora».

Mensel desconfia que Robinson roubou muito mais do que os 60,8 mil dólares que a equipa de auditores contabilizou, porque a quantidade de dinheiro que circulava no escritório dela não estava registada. «Não passa de uma suposição, tendo em conta o seu comportamento em relação às contas correntes», explica Mensel. «Do mesmo modo, assistimos a um declínio básico nas recolhas em algumas actividades a que a organização se dedicava há muitos anos».

As actividades fraudulentas de Robinson foram possíveis devido ao funcionamento brando do conselho de administração de Nashville. Os estatutos da organização ordenavam que fosse realizada, anualmente, uma auditoria independente. No entanto, durante o cargo de Robinson como secretária de direcção, nem uma auditoria anual foi efectuada. Mensel descreve o conselho de administração durante esse cargo como «letárgico».

Robinson chegou ao cargo de secretária de direcção através de trabalho árduo. Tendo começado em 1985, era uma das empregadas mais dedicadas que a instituição possuía, dando o máximo do seu tempo para ajudar. Assim que obteve o cargo de secretária de direcção, Robinson começou a roubar, um pouco de cada vez, das três contas bancárias da organização. Embora fossem necessárias duas assinaturas, Robinson conseguiu passar cheques, a si própria e a outras pessoas, assinando o seu próprio nome e forjando a segunda assinatura. Mensel declara que ela, geralmente, passava um cheque a si própria ou descontava e registava a transacção nos livros da organização como um cheque para uma fonte legítima. Se alguém desse uma vista de olhos aos livros, veria muitos hotéis e lojas de material de escritórios, nomes que se esperava que surgissem no Livro-Razão.

«As reuniões do clube realizavam-se, regularmente, num hotel da cidade ou num clube de reuniões de executivos», recorda Mensel, «e aquelas contas elevavam-se a dois ou quatro mil dólares por mês. A secretária de direcção... lançava no livro de cheques que pagara o hotel, mas o verdadeiro cheque era passado a outra pessoa».

Mensel também se recorda que Robinson recusou repetidamente converter o seu sistema de verificação manual num sofisticado sistema informático que a organização desejava que ela utilizasse. «Agora já sabemos o motivo», declara Mensel.

Mensel e outro sócio estiveram muito envolvidos numa operação de angariação de fundos, quando Robinson iniciou o seu reinado como secretária de direcção. Mensel observou que sempre que pedia alguma informação financeira a Robinson, ela lhe resistia ou arranjava desculpas. Mensel começou a desconfiar e levantou a questão junto do conselho de administração. Mas, quando declarou ao conselho que achava muito estranho não conseguir obter grandes dados financeiros de Robinson, o conselho pôs-se definitivamente do lado da secretária de direcção.

«Os membros do conselho saltaram-me em cima, afirmando que eu estava enganado e que estava a ser pouco razoável», declara Mensel. «E como eu não tinha qualquer prova em que me basear, apenas um pressentimento...deixei andar».

Mensel sentiu que o tesoureiro ficara pessoalmente ofendido com o seu inquérito, como se estivesse a sugerir que ele não estava a desempenhar bem a sua tarefa. O tesoureiro reagiu defensivamente e não verificou as actividades de Robinson.

Como consequência, a organização, que Mensel descreve, anteriormente, como «muito sólida financeiramente», começou a sentir uma certa pressão financeira. Simplesmente, não havia tanto dinheiro para dirigir a organização como no passado, e foi nesta altura que Robinson fez o que constituiu, talvez, a sua manobra mais engenhosa. Convenceu o conselho de administração que, como a organização estava a passar por alguns problemas económicos, devia fechar o espaço do escritório arrendado para a secretária de direcção. Este escritório era considerado o centro financeiro da organização. Aparentemente por bondade de alma, Robinson declarou ao conselho de administração que renunciaria de bom grado ao seu precioso espaço e dirigiria os assuntos financeiros do clube a partir de sua casa. Os membros do conselho concordaram.

Isto permitiu a Robinson efectuar o seu desfalque em pequenas doses; Mensel recorda que Robinson passou vários cheques de, apenas, entre 200 e 300 dólares. Durante todo esse tempo, o conselho nada fez para impedir o progresso de Robinson, mesmo quando ela não divulgava informações financeiras que lhe eram solicitadas. Quando ia a reuniões do clube, por vezes os membros do conselho pediam-lhe informações acerca das finanças ou pediam para ver os livros. Robinson desculpava-se e explicava que se esquecera deles.

No entanto, durante o último ano do desfalque, um novo grupo de funcionários foi eleito, incluindo um novo tesoureiro. A primeira coisa que o tesoureiro fez foi pedir a Robinson os livros. Robinson negou repetidamente os seus pedidos, até que o novo presidente da secção foi a casa de Robinson e os exigiu. «[O presidente] permaneceu na soleira da sua porta até ela lhe dar os livros. Declarou que não sairia dali até que ela lhos entregasse», recorda Mensel. «Assim que [o conselho] pôs as mãos nos livros, pôde ver que havia, sem dúvida, algo de muito errado».

Ao comparar os livros com muitos dos cheques liquidados, a organização pôde constatar, de imediato, que não só alguns cheques tinham sido alterados ou forjados, como muitos dos cheques, pura e simplesmente, faltavam. Chegado a esse ponto, o conselho de administração encarregou Mensel e dois outros membros do clube, um dos quais um ROC, para investigarem os alegados delitos de Robinson. À medida que Mensel e os outros membros do comité de auditoria examinavam os cheques, aperceberam-se que Robinson mal tentara cobrir as suas falcatruas.

«Ela apagou fisicamente alguns cheques e, por vezes, até utilizou tinta correctora para reescrever o nome do beneficiário, depois de o cheque ter sido compensado», ri Mensel. «Mas, evidentemente, no verso do cheque estava o nome dela, como depositante».

O mais estranho, na opinião de Mensel, foi a natureza variada da escrita de cheques de Robinson. Embora Mensel declare que vários dos cheques foram passados a casinos, como o Trump Taj Mahal, e refúgios de fim-de-semana, como o Mountain View Chalet, muitos outros eram passados a outras instituições de caridade e à escola frequentada pelos filhos de Robinson. Aparentemente, não utilizou o dinheiro desfalcado para melhorar, de forma substancial, o seu estilo de vida, que Mensel descreve como «uma vida de classe média muito normal, aqui em Nashville. Ela e o marido não eram, de modo algum, pessoas ricas».

Robinson foi imediatamente dispensada do seu cargo de secretária de direcção. Foi acusada por um grande júri, julgada e considerada culpada. Recebeu ordem para restituir o dinheiro ao clube e à companhia de seguros do mesmo. Pelas últimas notícias, ainda se encontrava a pagar o dinheiro. O tribunal apagará o seu cadastro, assim que ela terminar a restituição.

Robinson parecia ser uma das voluntárias mais dedicadas numa organização de caridade, concedendo-lhe o seu tempo e esforços. Os funcionários que a rodeavam elogiavam a sua generosidade e ética de trabalho, contudo, durante todo esse tempo, ela roubava-os. Se existe uma lição a retirar daqui, é a de que as funções de auditoria existem por um motivo e nunca devem ser ignoradas. Infelizmente, esta organização de caridade recordou-se da lição da forma mais difícil.

VISÃO GERAL

A falsificação de cheques é única entre as fraudes de desembolso, pois trata-se do único grupo de esquemas em que o fraudador prepara fisicamente o cheque fraudulento. Na maioria dos esquemas de desembolsos fraudulentos, os culpados geram um pagamento a si próprios, apresentando algum documento falso à empresa lesada, como uma factura ou um cartão de ponto. O documento falso representa uma reivindicação de pagamento e leva a empresa lesada a emitir um cheque que os perpetradores depois convertem. Estas fraudes resumem-se essencialmente a uma trapaça; os delinquentes enganam a empresa, levando-a a entregar-lhes o seu dinheiro.

Os esquemas de falsificação de cheques são diferentes. Tal como no caso de Melissa Robinson, os fraudadores assumem o controlo físico dos cheques e tornam-nos pagáveis a si próprios, através de um de vários métodos. As fraudes de falsificação de cheques dependem de factores como acesso ao livro de cheques da empresa, acesso a extractos bancários e capacidade para forjar assinaturas ou alterar outras informações no rosto do cheque. Utilizam-se cinco métodos para cometer fraudes de falsificação de cheques:

1. Esquemas de emitentes forjados.
2. Endossos forjados.
3. Alteração dos beneficiários.
4. Esquemas de cheques escondidos.
5. Esquemas de emitentes autorizados.

DADOS SOBRE FALSIFICAÇÃO DE CHEQUES DO *INQUÉRITO NACIONAL SOBRE FRAUDES DE 2006* DA ACFE

Frequência e Custo

No Capítulo 2, verificámos que a grande maioria da apropriação indevida de activos tem por alvo o dinheiro, por oposição a activos não monetários. Também constatámos que os desvios de dinheiro se subdividem em três categorias da Árvore da Fraude: sonegação, furto de dinheiro em caixa e desembolsos fraudulentos. A sonegação e o furto de dinheiro em caixa já foram tratados, pelo que voltaremos agora a nossa atenção, nos quatro capítulos seguintes, para os esquemas de desembolsos fraudulentos. Existem cinco categorias principais de desembolsos fraudulentos na Árvore da Fraude:

- Falsificação de cheques.
- Esquemas de desembolsos da registadora.
- Esquemas de facturação.

- Esquemas nas remunerações.
- Esquemas de reembolso de despesas.

Entre os casos de desembolsos fraudulentos no estudo de 2006, 26% envolviam a falsificação de cheques (a soma destas percentagens ultrapassa os 100%, porque alguns casos envolviam múltiplos esquemas de fraudes que recaíam sobre mais de uma categoria. Vários gráficos destes capítulo poderão reflectir percentagens que totalizam mais de 100% por motivos semelhantes). A falsificação de cheques ocupava o terceiro lugar como forma de desembolso fraudulento mais comum, a seguir aos esquemas de facturação e aos reembolsos de despesas (consultar Figura 5.1).

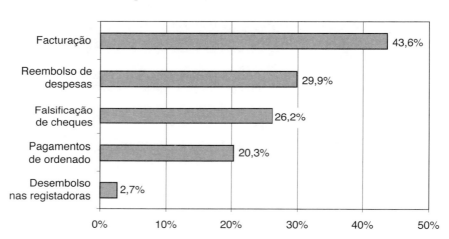

FIGURA 5.1 *Inquérito Nacional sobre Fraudes de 2006*: Frequência de Desembolsos Fraudulentos

A perda mediana devido a esquemas de falsificação de cheques no inquérito de 2006 era de 120 mil dólares, tornando-o no segundo esquema, em média, mais oneroso entre os esquemas de desembolsos fraudulentos (consultar Figura 5.2).

Cento e setenta e sete casos do nosso inquérito de 2006 envolviam falsificação de cheques, tendo o inquirido, em 155 deles, fornecido dados sobre a perda provocada pelo esquema. Como mostra a Figura 5.3, mais esquemas de falsificação de cheques resultaram em perdas entre 10 e 500 mil dólares do que no grupo geral de casos de fraude ocupacional. Quase um quarto dos casos de falsificação de cheques do nosso estudo provocou perdas no valor de, pelo menos, 500 mil dólares.

Detecção de Esquemas de Falsificação de Cheques

Recebemos 152 respostas em que o método de detecção inicial nos casos de falsificação de cheques foi identificado. O meio de detecção mais comum foi, de longe, o método acidental, que ocorreu em 48% dos casos. Trata-se de um índice consideravelmente mais elevado de detecção acidental do que o encontrado na distribuição global. Pelo contrário, os números de auditoria interna, denúncias, controlo interno e notificação da polícia foram todos inferiores aos verificados no grupo geral das fraudes ocupacionais (consultar Figura 5.4).

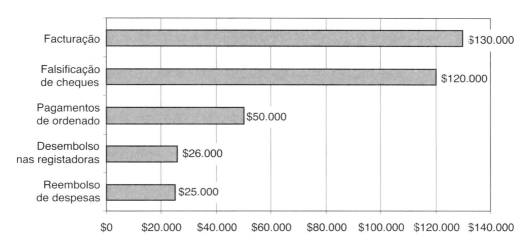

FIGURA 5.2 *Inquérito Nacional sobre Fraudes de 2006*:
Perda Mediana por Desembolsos Fraudulentos

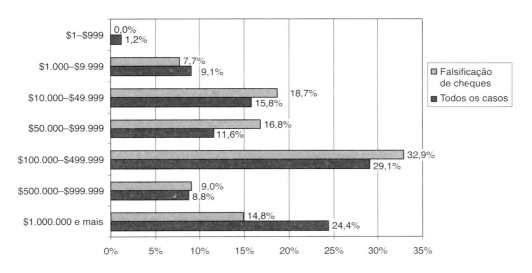

FIGURA 5.3 *Inquérito Nacional sobre Fraudes de 2006*:
Distribuição da Perda de Dólares em Esquemas de Falsificação de Cheques

FIGURA 5.4 *Inquérito Nacional sobre Fraudes de 2006*:
Detecção de Esquemas de Falsificação de Cheques

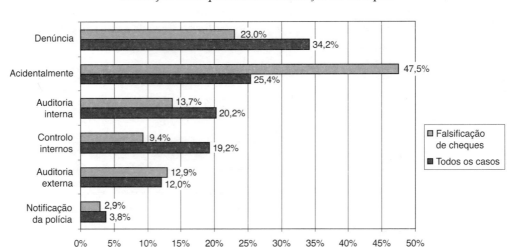

Autores de Esquemas de Falsificação de Cheques

42% dos esquemas de falsificação de cheques que analisámos foram cometidos a nível dos empregados, enquanto 38% foram realizados por gestores e 20% envolviam proprietários/executivos. Como é típico dos casos de fraudes ocupacionais, as perdas nestes esquemas aumentavam de acordo com os cargos dos autores. O custo médio de esquemas que envolviam proprietários/executivos foi de 250 mil dólares, mais do dobro da perda mediana em esquemas de falsificação de cheques cometidos por empregados. Mas este número era muito inferior, mesmo assim, às perdas medianas provocadas por proprietários/executivos no grupo global das fraudes ocupacionais que analisámos (consultar Figuras 5.5 e 5.6).

Vítimas de Esquemas de Falsificação de Cheques

Entre todas as fraudes ocupacionais, 36% das empresas lesadas tinham menos de cem empregados, mas uma percentagem consideravelmente maior das vítimas de falsificação de cheques (64%) recaía nesta categoria. Como já se declarou, existem muitas provas não confirmadas que sugerem que os pequenos negócios tendem a ter controlos internos mais negligentes do que as organizações maiores; e, talvez devido à falta de pessoal, observa-se frequentemente que os pequenos negócios não separam devidamente as funções de contabilidade.

Não é, pois, invulgar observar um caso de pequena empresa em que uma única pessoa passa cheques, lança desembolsos e concilia contas bancárias. Como explicaremos neste capítulo, a natureza da falsificação de cheques torna especialmente importante (mais que noutros esquemas de desembolsos fraudulentos) que o fraudador consiga lançar os seus cheques fraudulentos e ter acesso ao extracto bancário, para conseguir ocultar os desfalques. Isto talvez explique por que motivo tantos esquemas de falsificação de cheques do nosso estudo atacaram pequenas empresas (consultar Figura 5.7).

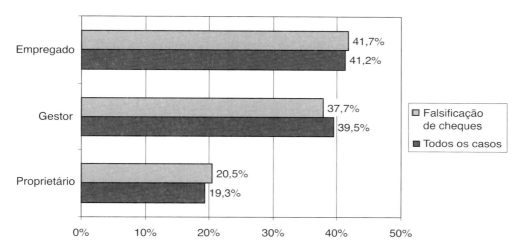

FIGURA 5.5 *Inquérito Nacional sobre Fraudes de 2006*:
Autores de Esquemas de Falsificação de Cheques

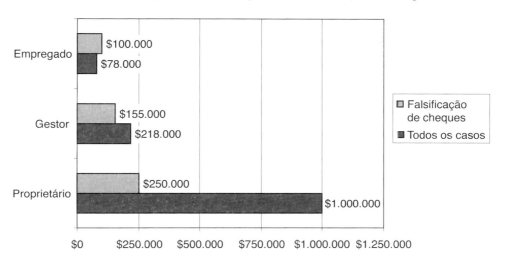

FIGURA 5.6 *Inquérito Nacional sobre Fraudes de 2006*:
Perda Mediana por Autor em Esquemas de Falsificação de Cheques

FIGURA 5.7 *Inquérito Nacional sobre Fraudes de 2006*: Dimensão, em Número de Empregados, da Vítima de Esquemas de Falsificação de Cheques

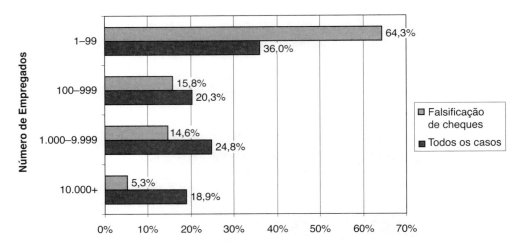

Descobriu-se também que a perda mediana devido a esquemas de falsificação de cheques tinha uma relação inversa com a dimensão da organização lesada; as empresas lesadas mais pequenas, as que tinham menos de 100 empregados, sofriam perdas mais de três vezes superiores às ocorridas nas maiores organizações, como se mostra na Figura 5.8.

FIGURA 5.8 *Inquérito Nacional sobre Fraudes de 2006*: Perda Mediana por Dimensão da Vítima em Esquemas de Falsificação de Cheques

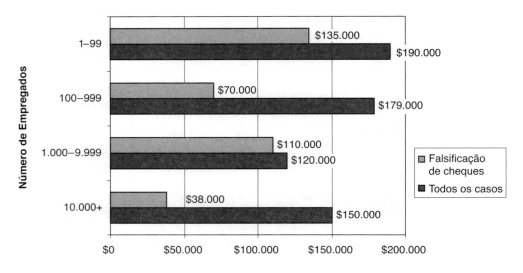

ESQUEMAS DE EMITENTES FORJADOS

A definição legal de falsificação inclui não só a *assinatura do nome de outra pessoa* num documento (como um cheque) com intenção fraudulenta, mas também *a alteração* fraudulenta de um documento autêntico[1]. Esta definição é tão lata que englobaria todos os esquemas de falsificação de cheques, por isso reduzimos o termo de modo a adaptar-se às nossas necessidades. Uma vez que nos interessa distinguir os vários métodos utilizados pelas pessoas para falsificarem cheques, limitaremos o conceito de «forjado» aos casos em que uma pessoa assina outro nome no cheque (consultar Figura 5.9).

A pessoa que assina o cheque é conhecida como «emitente» do cheque. O esquema de emitente forjado pode então ser definido como um esquema de falsificação de cheques em que um empregado desvia um cheque e nele apõe fraudulentamente a assinatura de um emitente autorizado para tal (consultar Figura 5.10 na página 167).

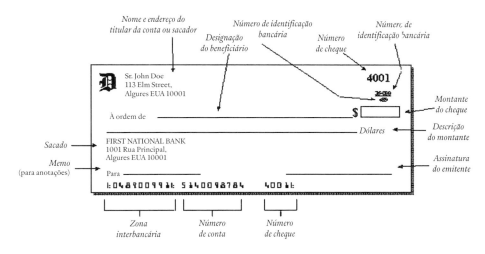

FIGURA 5.9 Gráfico de um Cheque

As fraudes que envolvem outros tipos de falsificação de cheques, como a alteração do beneficiário ou a alteração do montante de dólares, são classificadas à parte.

Como seria de esperar, os esquemas de cheques forjados são geralmente cometidos por empregados que não têm autorização de assinatura nas contas da empresa. O caso de Melissa Robinson constitui uma excepção, porque, embora ela tivesse autorização, os cheques da sua organização exigiam duas assinaturas. Robinson tinha, pois, de forjar a assinatura da segunda pessoa.

Para forjar um cheque, os empregados têm de ter acesso a um cheque em branco, têm de ser capazes de produzir uma falsificação convincente de uma assinatura autorizada e ser capazes de ocultar o delito. Se os fraudadores não conseguirem ocultar o delito à empregadora, o esquema certamente não durará muito. A ocultação constitui um problema universal nos esquemas de falsificação de cheques; os métodos utilizados são basicamente os mesmos, quer se trate de um esquema de emitente forjado, um esquema de cheque interceptado, um esquema de cheque oculto, ou um esquema de emitente autorizado. Assim sendo, as questões de ocultação serão debatidas, no final do capítulo, como um todo.

Obter o Cheque

Empregados com Acesso a Cheques da Empresa

Ninguém pode forjar um cheque da empresa, sem primeiro possuir um cheque. O primeiro obstáculo que os fraudadores têm de ultrapassar, ao cometer um esquema de cheque forjado, é descobrir como poderão obter um cheque em branco. Os resultados do nosso estudo indicam que a maioria dos esquemas de cheques forjados é cometida por responsáveis de pagamentos de contas, gestores de escritório, guarda-livros ou outros empregados, cujas funções incluem tipicamente a preparação de cheques da empresa. Tal como Melissa Robinson, trata-se de pessoas que têm acesso ao livro de cheques da empresa e, por isso, encontram-se na melhor posição para roubar cheques em branco. Se um empregado passar o dia de trabalho a preparar cheques em nome da empresa, e se esse empregado tiver alguma dificuldade financeira, basta um pequeno salto de lógica (e um grande salto na ética) para ver que os seus problemas financeiros poderão resolver-se, passando cheques fraudulentos em seu próprio benefício. Observamos vezes sem conta que os empregados adaptam a sua fraude às circunstâncias dos seus empregos. É óbvio que quem trabalha junto de um livro de cheques estaria inclinado a cometer esquemas de cheques forjados.

Empregados que não têm Acesso a Cheques da Empresa

Se os fraudadores não tiverem acesso ao livro de cheques da empresa através das suas funções de trabalho, terão de encontrar outros meios de desviarem um cheque. O modo como uma pessoa rouba um cheque depende, bastante, do modo como o livro de cheques é manuseado numa determinada empresa. Em certas circunstâncias, o livro de cheques não é bem guardado, é deixado ao abandono em zonas a que qualquer pessoa pode aceder. Noutras empresas, o livro de cheques pode ser mantido numa zona restrita, mas o autor pode ter obtido a chave ou combinação para esta zona, ou talvez saiba onde um empregado com acesso aos cheques guarda a sua cópia da chave ou combinação. Um cúmplice pode fornecer cheques em branco ao fraudador em troca de uma parte dos fundos roubados. Talvez uma secretária veja o livro de cheques deixado sobre a mesa de um gestor ou um depositário se depare com cheques em branco na gaveta aberta de uma secretária.

FALSIFICAÇÃO DE CHEQUES

FIGURA 5.10 Esquemas de Cheques Forjados

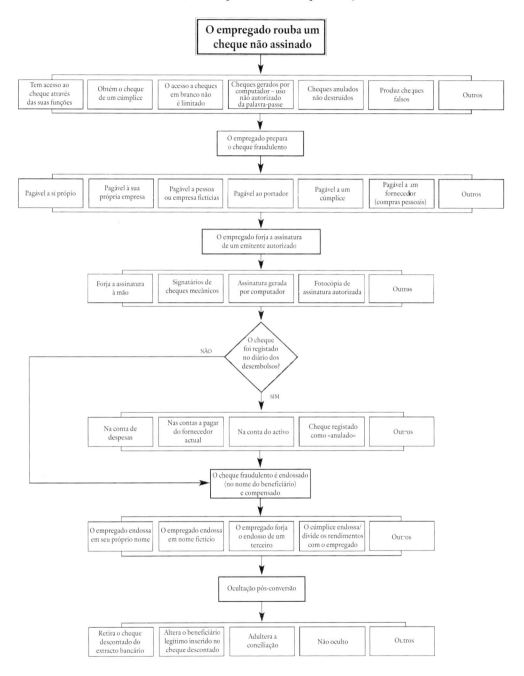

Em algumas empresas, os cheques são gerados por computador. Em tais casos, um empregado que saiba a palavra-passe, que permite que os cheques sejam preparados e emitidos, geralmente consegue obter todos os cheques não assinados que desejar. Existem modos ilimitados de roubar um cheque, cada qual dependente do modo como uma determinada empresa os guarda.

Um fraudador também pode conseguir obter um cheque em branco quando a empresa não se livra devidamente de cheques não usados. Num caso exemplificativo, uma empresa utilizava os cheques anulados para alinhar a impressora que passava os cheques dos ordenados. Estes cheques anulados não estavam destruídos. Um funcionário do serviço de pessoal recolheu os cheques anulados depois de a impressora estar alinhada e utilizou-os para emitir para si desembolsos suplementares através da conta de ordenados.

Um método invulgar de obter cheques em branco foi utilizado por um empregado noutro caso. Esta pessoa possuía um cúmplice que trabalhava para uma empresa impressora de cheques e que imprimiu cheques em branco com o número de conta da empresa do fraudador. Este passou, em seguida, um cheque falsificado de valor superior a 100 mil dólares. Este caso ilustra a criatividade e a complexidade de alguns esquemas. Tendo em conta o montante de lucros ilícitos que o fraudador obteve, não será de surpreender que um empregado se dê a tanto trabalho para obter um cheque em branco.

À Ordem de Quem é Passado o Cheque?

Ao Fraudador

Assim que obtêm um cheque em branco, os fraudadores têm de decidir à ordem de quem o mesmo deve ser passado. Podem passar um cheque seja a quem for, embora, na maioria dos casos, os cheques forjados sejam pagáveis aos próprios autores, para que sejam mais facilmente convertíveis. Um cheque passado à ordem de um terceiro, ou a pessoa ou empresa fictícias, pode ser difícil de trocar sem uma falsa identidade. A tendência para passar cheques à sua própria ordem parece ser mais um resultado da preguiça dos fraudadores do que uma decisão baseada na operação bem sucedida dos seus esquemas. É mais provável, evidentemente, que os cheques pagáveis a um empregado sejam reconhecidos como fraudulentos do que os cheques passados a outras pessoas ou entidades.

Se os fraudadores possuírem o seu próprio negócio ou tiverem criado uma empresa-fantasma, normalmente passam os cheques fraudulentos a essas entidades, em vez de a si próprios. Quando o beneficiário de um cheque é um «fornecedor», em vez de um empregado da empresa lesada, não é tão óbvio que o cheque seja forjado. Ao mesmo tempo, esses cheques são fáceis de converter, porque os fraudadores possuem as entidades às quais os cheques são pagáveis.

A um Cúmplice

Os fraudadores que trabalham com um cúmplice podem passar o cheque à ordem dessa pessoa. O cúmplice desconta, em seguida, o cheque e divide o dinheiro com o empregado-fraudador. Uma vez que o cheque está à ordem do cúmplice, com a sua identidade real, é facilmente descontado. Uma vantagem suplementar na utilização de um parceiro é o facto de um cheque descontado à ordem de um cúmplice não levantar, provavelmente, tantas suspeitas como um cheque descontado por um empregado. O inconveniente óbvio de utilizar um cúmplice num esquema é que o empregado – fraudador – tem de partilhar os lucros do esquema.

Em certas circunstâncias, porém, o cúmplice pode não ter consciência de estar envolvido numa fraude. Num dos casos recolhido, um guarda-livros passou vários cheques fraudulentos sobre contas da empresa e depois convenceu um amigo a permitir-lhe depositar os cheques na sua conta. O fraudador justificou que o dinheiro provinha de receitas de um negócio, que possuía à parte, e que necessitava daquele subterfúgio para evitar que os credores se apoderassem dos fundos. Após os cheques serem depositados, o amigo retirou o dinheiro e entregou-o ao fraudador.

Cheque «ao Portador»

Os fraudadores também podem passar cheques «ao portador», evitando colocarem-se como beneficiários. Os cheques ao portador, contudo, ainda têm de ser endossados. Os fraudadores terão de assinar o seu próprio nome ou forjar o nome de outra pessoa para trocar o cheque. Além disso, os cheques «ao portador» geralmente são olhados com maior cepticismo do que os cheques passados a pessoas ou empresas. Algumas instituições de depósito de cheques podem recusar descontar cheques «ao portador».

A Fornecedores

Os empregados que forjam cheques da empresa podem fazê-lo não para obter dinheiro, mas para comprar bens ou serviços para seu próprio benefício. Quando tal é o caso, os cheques forjados são passados à ordem de fornecedores que não estão envolvidos na fraude. Por exemplo, vários dos cheques de Melissa Robinson foram passados a casinos e hotéis, aparentemente para férias pessoais.

Forjar a Assinatura

Depois de os empregados terem obtido e preparado um cheque em branco, têm de forjar uma assinatura autorizada para converterem o cheque. O método mais óbvio, e o que nos ocorre quando pensamos na expressão «cheques forjados», é simplesmente pegar numa caneta e assinar o nome do emitente autorizado.

Cheques Forjados à Mão

A dificuldade que os fraudadores sentem, ao assinarem fisicamente o nome do emitente autorizado, consiste em criar uma aproximação razoável da verdadeira assinatura. Se os cheques forjados parecerem autênticos, o fraudador provavelmente não terá problemas em descontar o cheque. A assinatura forjada, na realidade, talvez não tenha de ser extremamente exacta. Muitos fraudadores descontam cheques forjados em lojas de bebidas, mercearias ou outras instituições conhecidas por serem menos diligentes na verificação da exactidão das assinaturas e identidades. Uma assinatura mal forjada pode ser um sinal de alerta evidente. A assinatura do emitente em cheques descontados deve ser analisada, para verificar se não foi forjada durante o processo de reconciliação.

Cheques Forjados Fotocopiados

Para garantir uma imitação exacta, alguns empregados fazem fotocópias de assinaturas legítimas e apõem-nas em cheques da empresa. Os fraudadores asseguram-se assim de que a assinatura parece autêntica. Este método foi utilizado por um guarda-livros, num dos casos, para roubar mais de 100 mil dólares da sua entidade patronal. Usando a correspondência do seu patrão e a fotocopiadora da empresa, fez decalques da sua assinatura. Colocou esses decalques na fotocopiadora e, assim, quando passava cheques pela máquina, a assinatura do patrão era copiada na linha do emitente do cheque. O guarda-livros possuía agora um cheque assinado à mão. Fez os cheques fraudulentos pagáveis a si próprio, mas falsificou o registo de cheques, para que parecesse que tinham sido passados a beneficiários legítimos.

Dispositivos Automáticos de Assinatura de Cheques

As empresas que emitem muitos cheques, por vezes, utilizam dispositivos automáticos de assinatura de cheques, em vez de assinarem cada cheque à mão. As assinaturas automáticas são produzidas por dispositivos manuais, tais como carimbos de assinatura, ou são impressas pelo computador. Como é evidente, um fraudador que obtenha acesso a um dispositivo de assinatura automática de cheques não terá dificuldades em forjar as assinaturas de emitentes autorizados. Mesmo os processos de controlo mais rudimentares devem limitar seriamente o acesso a tais instrumentos. No entanto, vários dos esquemas de emitentes forjados que analisámos eram realizados através da utilização de um carimbo de assinatura. Num dos casos, um agente fiscal guardava um conjunto de cheques manuais, que eram desconhecidos de outras pessoas da empresa. A empresa utilizava um signatário de cheques automático, e o responsável por ele deixou o agente ter acesso, de forma não controlada, ao equipamento. Utilizando os cheques manuais e o signatário de cheques da empresa, o agente fiscal conseguiu passar cheques fraudulentos, no valor de mais de 90 mil dólares, a si próprio, durante um período de aproximadamente quatro anos.

O mesmo princípio aplica-se às assinaturas geradas por computador. O acesso à palavra-passe ou ao programa que imprime cheques assinados deve ser limitado especificamente às pessoas que preparam os cheques e às que conciliam o extracto bancário. O autor de uma fraude, num dos exemplos, estava encarregado de preparar os cheques. Conseguiu obter a palavra-passe de emissão do seu patrão, em seguida utilizou essa palavra-passe para emitir cheques para uma empresa autónoma, que possuía. Utilizando este método, conseguiu roubar à sua empregadora aproximadamente 100 mil dólares.

A beleza dos signatários de cheques automáticos, do ponto de vista de um fraudador, consiste no facto de estes produzirem «cheques forjados» perfeitos. Nada na aparência física do cheque indicará que é fraudulento. É evidente que os cheques forjados são passados para fins ilícitos, por isso podem ser detectáveis quando se faz a conciliação do extracto bancário ou quando as contas são analisadas. A forma como os fraudadores evitam a detecção através desses meios são debatidos mais adiante neste capítulo.

Erro de Codificação de Cheques Fraudulentos

Efectuar um erro de codificação de um cheque é, na realidade, uma forma de ocultação, um modo de ocultar a natureza fraudulenta do cheque. Debatemos os modos como os fraudadores codificam os seus cheques forjados na secção de ocultação deste capítulo. Deve observar-se, porém, que o erro de codificação é utilizado tipicamente como método de ocultação apenas pelos empregados com acesso ao livro de cheques. Se um esquema de emitente forjado for realizado por empregados sem acesso ao livro de cheques, estes geralmente não fazem qualquer lançamento no diário de despesas.

Conversão do Cheque

Para converter o cheque forjado, os fraudadores têm de o endossar. O endosso é tipicamente feito em nome do beneficiário do cheque. Como geralmente é necessária uma identificação, quando se procura fazer o saque de um cheque, os fraudadores terão necessidade de ter identidades falsas, se forjarem os cheques à ordem de terceiros, reais ou fictícios. Como já debatemos, os cheques «ao portador» exigem o endosso da pessoa que os levanta. Sem uma falsa identificação, é provável que os fraudadores tenham de endossar esses cheques em seu próprio nome. O endosso de um empregado num cheque descontado pode constituir um sinal de alerta óbvio.

CHEQUES INTERCEPTADOS

Para não terem de forjar a assinatura de um emitente num cheque, alguns fraudadores esperam até que sejam preparados e assinados cheques legítimos, para depois os roubarem antes que sejam entregues aos seus devidos beneficiários. Estes esquemas são classificados de esquemas de cheques interceptados. Quando os fraudadores interceptam um cheque assinado podem fazer uma de duas coisas, para o descontar: endossar o cheque, forjando a assinatura do verdadeiro beneficiário, ou alterar a designação do beneficiário do cheque. Estes esquemas são tipicamente mais complicados do que os esquemas de cheques forjados e criam mais problemas de ocultação aos fraudadores.

ESQUEMAS DE ENDOSSOS FORJADOS

As fraudes de endossos forjados são esquemas de falsificação de cheques em que um empregado intercepta um cheque da empresa destinado a um terceiro e converte o cheque, assinando o nome desse terceiro na linha de endosso do cheque (consultar Figura 5.11 na página 173). Em alguns casos, o fraudador também assina o próprio nome como segundo endossante. O termo «esquemas de endossos forjados» parece implicar que tais fraudes deveriam ser categorizadas juntamente com os esquemas de emitentes forjados previamente debatidos. É verdade que ambos os tipos de fraude envolvem a falsa assinatura do nome de outra pessoa no cheque, mas existem certas diferenças que levam os esquemas de endossos forjados a serem categorizados separadamente.

Ao classificar os tipos de fraudes, olhamos para o cerne do esquema. Qual o ponto essencial no cometimento do delito? Num esquema de emitente forjado, o fraudador normalmente actua com um cheque em branco. O truque, nesta espécie de esquema, consiste em obter acesso a cheques em branco e produzir uma assinatura que pareça autêntica.

Num esquema de endosso forjado, o fraudador está a falsificar um cheque que já foi passado, por isso as questões envolvidas na fraude são diferentes. A essência destes esquemas consiste em obter os cheques depois de eles estarem assinados, mas antes de serem devidamente entregues.

Se conseguir fazer isso, forjar o endosso torna-se um tanto secundário. Por esse motivo, os falsos endossos classificam-se como esquemas de cheques interceptados.

O grande dilema do fraudador num caso de endosso forjado (e, aliás, em todos os casos de cheques interceptados) consiste em obter acesso a um cheque depois de o mesmo ter sido passado e assinado. O fraudador tem de roubar o cheque entre o ponto em que é assinado e o ponto em que é entregue, ou então tem de redirigir o cheque, levando-o a ser enviado por correio para um local onde o possa recuperar. O modo utilizado para roubar um cheque depende, em grande parte, do modo como a empresa manuseia os desembolsos para o exterior. Qualquer pessoa que possua autorização para manusear cheques assinados pode encontrar-se numa boa posição para os interceptar.

FIGURA 5.11 Esquemas de Endossos Forjados

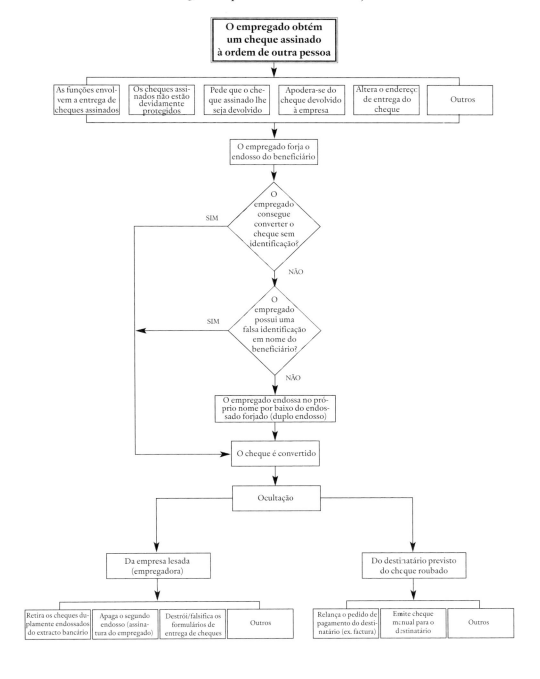

Interceptar os Cheques Antes da Entrega

Empregados Envolvidos na Entrega de Cheques

É evidente que os empregados em melhor posição para interceptar cheques assinados são aqueles cujas funções incluem o manuseamento e entrega de cheques assinados. O exemplo mais óbvio será o de um empregado do departamento de correio, que abre o correio para o exterior contendo cheques assinados e os rouba. Outro pessoal com acesso a cheques para o exterior pode incluir os empregados do departamento de contas a pagar, funcionários do serviço de pessoal, secretárias, e assim por diante.

Fraco Controlo dos Cheques Assinados

Os fraudadores conseguem, frequentemente, interceptar cheques assinados devido, infelizmente, aos fracos controlos internos. Num dos casos, os cheques assinados eram deixados toda a noite nas secretárias de alguns empregados, porque o processamento dos cheques não estava terminado. Um contínuo da equipa de limpeza nocturna encontrou esses cheques e apoderou-se deles, forjou os endossos dos destinatários e descontou-os numa loja de bebidas. Outro exemplo de fraca observância de controlos internos ocorreu quando um gestor de topo, com autoridade para desembolsar benefícios concedidos aos empregados, ordenou ao pessoal das contas a pagar que lhe entregasse os cheques de benefícios assinados, em vez de os entregar directamente aos devidos destinatários. Tendo em conta o nível de autoridade do gestor na empresa, tais ordens não foram questionadas, apesar de constituírem uma clara violação do conceito de separação de funções. O fraudador limitou-se a apoderar-se dos cheques que lhe foram devolvidos e a depositá-los na sua conta bancária pessoal, forjando os endossos dos beneficiários.

Este caso representa o que parece ser a falha mais comum dos controlos em fraudes de endosso forjados. Observámos ocorrências repetidas de cheques assinados que eram devolvidos ao empregado que os preparara. Esta situação ocorre tipicamente quando um supervisor assina um cheque e o devolve ao funcionário ou secretária que o apresentou; sucede por negligência ou devido ao facto de se depositar grande confiança no empregado e se pensar que ele está acima do furto. Os controlos internos adequados devem evitar que a pessoa que prepara os desembolsos da empresa tenha acesso aos cheques assinados. Esta separação de funções é fundamental; o seu objectivo é quebrar a cadeia de desembolsos, para que ninguém controle todo o processo de pagamentos.

Furto de Cheques Devolvidos

Outro modo de obter cheques assinados é roubar cheques que foram enviados pelo correio, mas foram devolvidos à empresa lesada por algum motivo; por exemplo, devido a um endereço incorrecto. Os empregados com acesso ao correio podem conseguir interceptar esses cheques devolvidos e convertê-los, forjando o endosso do beneficiário a que se destinavam. Num dos exemplos, um gestor apoderou-se e converteu cheques no valor aproximado de 130 mil dólares, que tinham sido devolvidos por causa de endereços desactualizados (também roubou cheques para o exterior, descontou-os e, em seguida, declarou que os mesmos se tinham extraviado). O fraudador era bem conhecido no seu banco e conseguiu converter os cheques, alegando que fazia um favor aos verdadeiros beneficiários, que estavam «demasiado ocupados para irem ao banco». O fraudador conseguiu prosseguir com o seu esquema, porque a natureza do negócio da sua empresa permitia que os destinatários dos cheques muitas vezes não soubessem que a empresa lhes devia dinheiro. Por isso, não se queixavam da falta do cheque. Por outro lado, o fraudador possuía um controlo absoluto sobre a conciliação bancária, por isso podia emitir novos cheques aos beneficiários que se queixavam, tendo depois de «adulterar» a conciliação, para dar a impressão que o extracto bancário e os livros da empresa coincidiam, quando, na realidade, tal não sucedia. Roubar cheques devolvidos não é, obviamente, tão comum como outros métodos de interceptar cheques, e é mais difícil um fraudador planear e executar este método a longo prazo. No entanto, também é muito difícil de detectar e pode levar a uma fraude em larga escala, como ilustra o caso anterior.

Redirigir a Entrega dos Cheques

O outro modo de um empregado conseguir desviar um cheque assinado consiste em alterar o endereço, para o qual o cheque deverá ser enviado. O cheque é entregue num local em que o fraudador possa recuperá-lo ou é propositadamente mal endereçado, para que o empregado possa roubá-lo quando é devolvido. Como já anteriormente referimos, uma devida separação das funções deve impedir qualquer pessoa que prepare os desembolsos de estar envolvida na sua entrega. No entanto, este controlo é frequentemente ignorado, permitindo à pessoa, que prepara o cheque, endereçá-lo e, ainda, colocá-lo no correio.

Em alguns casos, onde os devidos controlos são postos em prática, os fraudadores conseguem, apesar de tudo, provocar um desvio da entrega dos cheques. Num dos casos, o fraudador era um funcionário do departamento de serviço ao cliente de uma sociedade de crédito hipotecário, cujas funções incluíam alterar os endereços de correio dos proprietários. Foi-lhe atribuída uma palavra-passe que lhe dava acesso a um ficheiro de alterações de endereços. O funcionário foi transferido para um novo departamento, onde uma das novas funções consistia em emitir cheques aos proprietários. Infelizmente, o seu supervisor esqueceu-se de anular a sua antiga palavra-passe. Quando o funcionário se apercebeu deste descuido, pediu um cheque para um certo proprietário, em seguida entrou no sistema com a sua antiga palavra-passe e alterou o endereço desse proprietário. O cheque seria enviado para ele. No dia seguinte, o empregado utilizaria a palavra-passe para entrar novamente no sistema e mudar o endereço, novamente, para o correcto, de modo a que não houvesse registos do local para onde fora enviado o cheque. Este esquema de fraude resultou numa perda de mais de 250 mil dólares para a empresa lesada.

Converter o Cheque Roubado

Uma vez interceptado o cheque, os fraudadores podem descontá-lo, forjando a assinatura do beneficiário, daí a expressão «esquema de endossos forjados». Os fraudadores podem necessitar, ou não, nesta fase, de uma falsa identificação, dependendo do local onde tentarem descontar o cheque. Como já referimos anteriormente, muitos fraudadores descontam os seus cheques roubados em locais onde não necessitam de mostrar identificação.

Se os fraudadores necessitarem de mostrar uma identificação para descontarem os cheques roubados, e se não possuírem uma falsa identificação em nome do beneficiário, poderão utilizar um endosso duplo para levantar ou depositar o cheque. Por outras palavras, os fraudadores forjam a assinatura do beneficiário como se este lhes tivesse transferido o cheque, em seguida endossam-no em seu próprio nome e convertem-no. Quando se faz a conciliação do extracto bancário, os duplos endossos em cheques devem levantar sempre suspeitas, sobretudo quando o segundo signatário é um empregado da empresa.

ESQUEMAS DE BENEFICIÁRIOS ALTERADOS

O segundo tipo de esquema de cheques interceptados consiste na alteração do beneficiário. Trata-se de um tipo de fraude de falsificação de cheques em que um empregado intercepta um cheque da empresa destinado a um terceiro e altera a designação do beneficiário, de modo a que o cheque possa ser convertido pelo empregado ou por um cúmplice (consultar Figura 5.12). O fraudador insere o seu próprio nome, o nome de uma entidade fictícia ou outro nome na linha do beneficiário do cheque. Alterar a designação do beneficiário elimina muitos dos problemas associados à conversão do cheque que se encontraria numa fraude de endosso forjado. A alteração torna o cheque essencialmente pagável ao fraudador (ou a um cúmplice), e assim não há necessidade de forjar um endosso, nem necessidade de obter uma falsa identificação. O fraudador, ou um cúmplice, pode endossar o cheque em seu próprio nome e convertê-lo.

Como é evidente, se os cheques descontados forem analisados durante a conciliação do extracto bancário, é provável que um cheque à ordem de um empregado levante suspeitas, especialmente se a alteração da designação do beneficiário for óbvia. Trata-se do principal obstáculo a ultrapassar pelos fraudadores em esquemas de alteração de beneficiários.

FIGURA 5.12 Esquemas de Alteração de Beneficiários

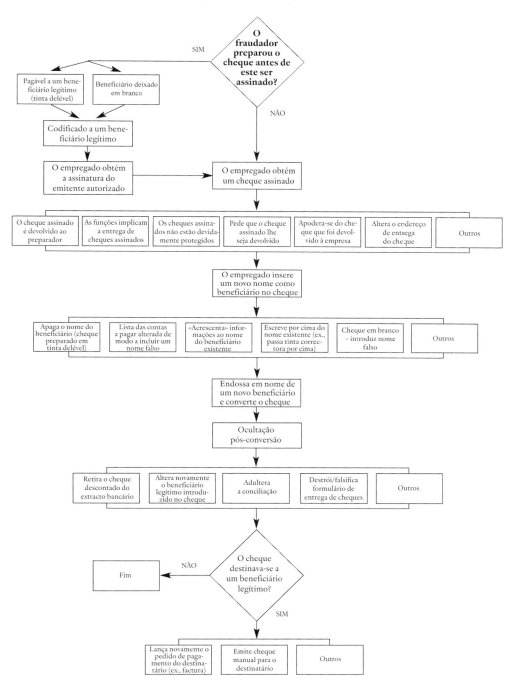

Alterar Cheques Preparados por Outras Pessoas: Introduzir um Novo Beneficiário

O método utilizado, para alterar a designação do beneficiário num cheque, depende, em grande parte, do modo como esse cheque é preparado e interceptado (a propósito, o montante do cheque pode ser alterado ao mesmo tempo e através do mesmo método que a designação do beneficiário). Os cheques preparados por outras pessoas podem ser interceptados por qualquer um dos métodos, debatidos acima, de endossos forjados. Após interceptar um cheque preparado por outra pessoa, os fraudadores podem alterá-lo segundo um de dois métodos. Um dos modos consiste em introduzir, em vez do verdadeiro beneficiário, o falso nome do beneficiário. Isto faz-se, geralmente, através de meios muito pouco sofisticados. O verdadeiro nome pode ser riscado com uma caneta ou apagado com uma tinta correctora, e coloca-se outro nome na designação do beneficiário. Estes tipos de alterações são fáceis de detectar.

Um método mais complexo consiste na entrada, por parte do fraudador, no sistema de contas a pagar para alterar os nomes dos beneficiários, como ocorreu no seguinte exemplo. Era depositada tanta confiança num empregado do departamento de contas a pagar, que o seu gestor lhe permitia utilizar, na sua ausência, a sua palavra-passe, que lhe dava acesso ao ficheiro de endereços das contas a pagar. Este empregado aguardou que o gestor estivesse ausente e seleccionou um fornecedor com quem a empresa fazia muitos negócios. Reteve as facturas desse dia do fornecedor e, depois do trabalho, utilizou o código de acesso do gestor para alterar nome e endereço do fornecedor, introduzindo os dados de uma empresa fictícia. O novo nome e endereço passaram pelo ciclo normal de contas a pagar, com um número de factura antigo, accionando a emissão de um falso cheque. A empresa lesada tinha um teste automático de facturas duplicadas, mas o fraudador contornou o problema substituindo o «1» por «I» e «0» (zero) pelo «O» maiúsculo. No dia seguinte, o empregado voltou a introduzir no sistema o verdadeiro nome e endereço do fornecedor e destruiu o registo de verificação, de modo a que o cheque pagável ao fornecedor fictício ficasse oculto. Através deste método, foram emitidos falsos cheques no valor aproximado de 300 mil dólares.

Alterar cheques Preparados por Outras Pessoas: «Acrescentar»

O outro método que os fraudadores podem utilizar para alterar cheques preparados por outras pessoas é o de «acrescentar» letras ou palavras no final da verdadeira designação do destinatário. Esta abordagem bastante invulgar à falsificação de cheques ocorreu num caso em que um empregado se apoderou de cheques à ordem da empresa «ABC» e os alterou de modo a que dissessem «A.B. Collins». Em seguida, depositou esses cheques numa conta que fora aberta em nome de A.B. Collins. A simples inclusão de um risco após a designação do beneficiário teria evitado a perda de mais de 60 mil dólares. Além de alterar a designação do beneficiário, o montante do cheque pode ser alterado, acrescentando números suplementares, se a pessoa que prepara o cheque for descuidada e deixar espaços para números suplementares na parte do «montante» do cheque.

Alterar Cheques Preparados pelo Fraudador:
Tinta delével

Quando os fraudadores são os responsáveis pela preparação dos cheques, os esquemas tendem a ser um pouco mais sofisticados. O motivo para tal é óbvio: quando os fraudadores conseguem preparar os cheques, podem prepará-los, pensando no modo como a designação do beneficiário será alterada. Mas se os fraudadores preparam os cheques, por que não fazerem, desde logo, os cheques pagáveis a si próprios ou a um cúmplice? Para conseguirem que um emitente autorizado assine o cheque, os fraudadores têm de dar a impressão que os cheques são passados a um beneficiário legítimo. Só depois da obtenção de uma assinatura legítima é que o fraudador, de um esquema de beneficiário alterado, inicia a falsificação do cheque.

Um dos modos mais comuns de preparar um cheque para ser alterado consiste em escrever ou dactilografar o nome do beneficiário (e possivelmente o montante) com tinta delével. Depois do cheque ter sido assinado por um emitente autorizado, o fraudador recupera o cheque, apaga o nome do beneficiário e introduz o seu próprio nome. Um exemplo deste tipo de fraude ocorreu quando um guarda-livros dactilografou cheques de pequenos montantes passados a um fornecedor local e conseguiu que o proprietário da empresa os assinasse. Em seguida, o guarda-livros utilizou a sua máquina de escrever com capacidade para apagar a tinta, para retirar a designação do beneficiário e o montante. Colocou o seu próprio nome como beneficiário e aumentou significamente o valor. O proprietário talvez tivesse assinado um cheque de 10 dólares, que, mais tarde, se transformou num cheque de 10 mil dólares. Estes cheques foram lançados no diário de despesas como pagamentos de inventário acumulados ao maior fornecedor da empresa, que recebia, todos os meses, bastantes cheques de valores elevados. Com este esquema, o guarda-livros roubou à sua empregadora mais de 300 mil dólares. O mesmo tipo de fraude pode ser efectuado, utilizando uma caneta de tinta delével. Em alguns casos, os fraudadores até obtiveram assinaturas em cheques passados a lápis!

Já debatemos que, com uma devida separação das funções, uma pessoa que prepara um cheque não deve ter autorização para manusear o cheque depois de ele ter sido assinado. No entanto, é exactamente o que sucede na maioria dos esquemas de alteração do beneficiário. Quando os fraudadores preparam cheques, com a intenção de, mais tarde, os alterarem, têm obviamente um plano para voltarem a ter acesso a eles, depois de terem sido assinados. Geralmente, os fraudadores sabem que não existe uma real separação. Sabem que o emitente do cheque lhos devolverá.

Alterar Cheques Preparados pelo Fraudador: Cheques em Branco

O exemplo mais notório de fracos controlos no manuseamento de cheques assinados é aquele em que os fraudadores preparam o cheque, deixam a designação do beneficiário em branco e o apresentam a um emitente autorizado, que assina o cheque e o devolve aos fraudadores. Como é evidente, quando a linha é deixada em branco, torna-se bastante fácil para os fraudadores autodesignarem-se, ou a um cúmplice, como beneficiários. O bom senso diz-nos que não devemos entregar a outra pessoa um cheque em branco assinado. No entanto, isto sucedeu em vários casos do estudo de 1996, por norma quando o fraudador era um empregado antigo, em que se depositava confiança. Num dos exemplos, um empregado obteve a confiança do proprietário da sua empresa, a quem convenceu a assinar cheques em branco para utilização de serviços, enquanto o proprietário estava ausente da cidade. O empregado preencheu, em seguida, o seu próprio nome como beneficiário de um cheque, descontou-o, e alterou o cheque quando ele foi devolvido juntamente com o extracto bancário. A confiança cega do proprietário no seu empregado custou-lhe quase 200 mil dólares.

Converter Cheques Alterados

Tal como em todos os outros tipos de cheques fraudulentos, o desconto do cheque realiza-se, endossando-o em nome do beneficiário. A conversão de cheques fraudulentos foi debatida em secções anteriores e não será aqui reexaminada.

ESQUEMAS DE CHEQUES ESCONDIDOS

Outro esquema que exige uma ineficácia considerável dos controlos e do bom senso é o do esquema do cheque escondido. Trata-se de fraudes de falsificação de cheques, nas quais um empregado prepara um cheque fraudulento e o apresenta, geralmente em conjunto com cheques legítimos, a um emitente autorizado que o assina sem uma análise adequada (consultar Figura 5.13 na página 181). Embora nem de longe tão comum como os outros métodos de falsificação de cheques, vale a pena mencioná-lo pela sua simplicidade, o seu carácter excepcional e a facilidade com que se poderia evitá-lo.

O autor é quase sempre uma pessoa responsável pela preparação dos cheques. Os passos envolvidos num esquema de cheque escondido são semelhantes aos de um esquema de emitente forjado, excepto no modo como o empregado obtém a assinatura do falso cheque. Estes esquemas funcionam do seguinte modo: o fraudador prepara um cheque passado a si próprio, a um cúmplice ou a uma pessoa fictícia. Em vez de forjar a assinatura de um emitente autorizado, o empregado leva o cheque ao emitente autorizado, no meio de cheques legítimos que aguardam assinatura.

FIGURA 5.13 Esquemas de Cheques Escondidos

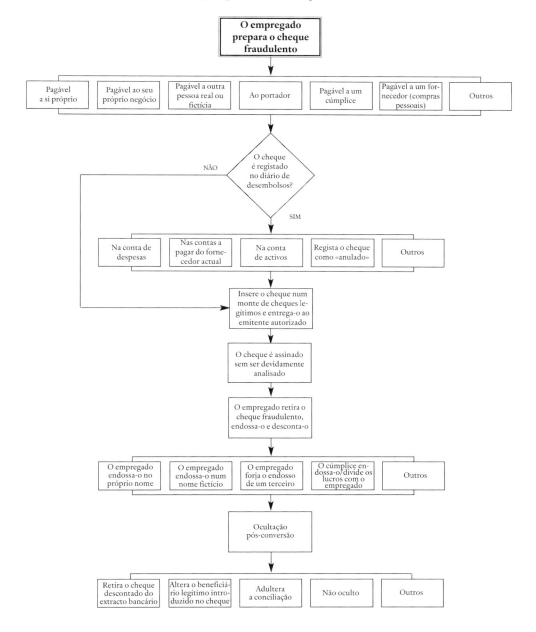

É típico os cheques serem entregues ao signatário numa altura do dia em que se encontra ocupado, quando ele tem pressa e é menos provável que lhes conceda muita atenção. Geralmente, os cheques são espalhados na secretária do signatário, de modo a que as linhas de assinatura fiquem expostas, mas os nomes dos beneficiários fiquem ocultos. Se um emitente autorizado específico for conhecido pela sua desatenção, os cheques são-lhe entregues.

O emitente assina rapidamente os cheques, sem os analisar devidamente. Como está ocupado, ou geralmente desatento, ou ambos, simplesmente não olha para o que está a assinar. Não pede para ver documentos comprovativos dos cheques e nada faz para verificar a sua legitimidade. Assim que os cheques são assinados, são devolvidos ao empregado, que retira o seu cheque e o liquida. Parece tratar-se de um dos métodos utilizados por Ernie Philips no caso de estudo apresentado no final do capítulo. Philips juntava vários cheques pagáveis a si próprio num monte de cheques da empresa, em seguida levava-os ao gestor de operações, designado para assinar os cheques, quando o proprietário do negócio se encontrava ausente. O gestor de operações, aparentemente, não verificava os nomes dos beneficiários e assinou, sem se dar conta, vários cheques da empresa para Philips.

Um exemplo semelhante do método do cheque escondido ocorreu num caso em que um guarda-livros se aproveitou do proprietário da empresa, inserindo cheques pagáveis a si próprio em grupos de cheques entregues ao patrão para este os assinar. O proprietário, simplesmente, nunca olhava a quem estava a pagar, quando assinava os cheques.

O autor de um esquema de cheque escondido conta com a desatenção do signatário do cheque. Se este analisasse os cheques que estava a assinar, certamente descobriria a fraude. Nestes casos, o fraudador pode passar o cheque à ordem de um cúmplice, de uma pessoa fictícia ou um negócio fictício, em vez de à sua própria ordem. É mais comum e certamente menos perigoso para o empregado (mas muito menos emocionante).

ESQUEMAS DE EMITENTES AUTORIZADOS

O último esquema de falsificação de cheques, o de emitentes autorizados, pode ser o mais difícil de evitar. Um esquema de emitente autorizado é um tipo de fraude de falsificação de cheques em que empregados com autoridade de assinatura sobre a conta de uma empresa passam cheques em seu próprio benefício e assinam, eles próprios, como emitentes (consultar Figura 5.14 na página 183). Os autores destes esquemas podem passar e assinar cheques fraudulentos. Não têm de alterar um documento preparado nem de forjar a assinatura do emitente.

Sobrepor-se aos Controlos através da Intimidação

Quando uma pessoa tem autoridade para assinar cheques da empresa, preparar os cheques é fácil. O empregado limita-se a passar e assinar os documentos, do mesmo modo que o faria em relação a qualquer cheque legítimo. Na maioria das situações, os signatários de cheques são proprietários, administradores, ou outros funcionários de quadro superior e, assim, têm, ou podem ter, acesso a todos os cheques em branco de que necessitam. Mesmo que a política da empresa proíba os signatários de manusear cheques em branco, normalmente o fraudador consegue utilizar a sua influência para ultrapassar esse obstáculo. Que empregado dirá ao presidente executivo (CEO) que este não pode ter um cheque em branco?

FIGURA 5.14 Esquemas de Emitentes Autorizados

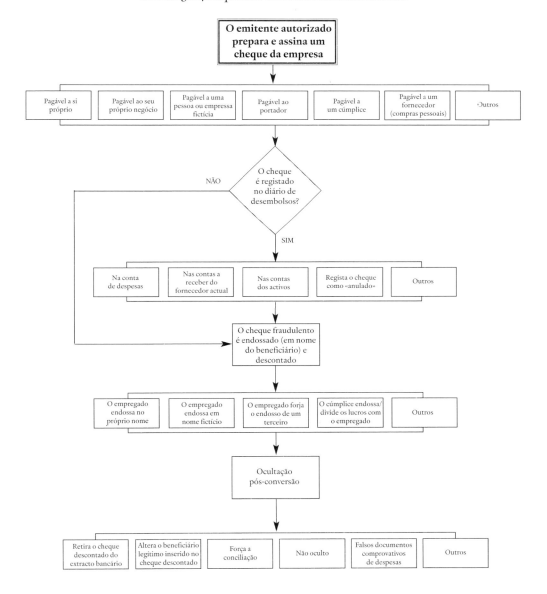

O modo mais básico de um empregado realizar um esquema de emitente autorizado é sobrepor-se aos controlos para evitar a fraude. Já declarámos que a maioria dos signatários autorizados possui uma grande influência nas suas empresas. Os fraudadores podem servir-se dessa influência para desviar questões sobre transacções fraudulentas. O exemplo mais comum é o de um accionista maioritário ou único que utiliza uma empresa como uma espécie de alter-ego, pagando despesas pessoais directamente das contas da empresa. Se tal disposição for divulgada, e os outros proprietários estiverem de acordo com ela, talvez não haja nisso nada de ilegal. Afinal, não nos podemos roubar a nós próprios. No entanto, na ausência de um acordo entre todos os proprietários, esses desembolsos elevam-se à categoria de desfalque. Em vez de pagar despesas pessoais, o fraudador pode passar cheques directamente a si próprio, aos seus amigos ou à sua família. Utilizando o receio da segurança do emprego como arma, o proprietário pode manter um ambiente de trabalho em que os empregados receiem questionar essas transacções.

Os administradores ou gestores podem ainda utilizar a sua autoridade para se sobreporem aos controlos nas empresas, cujos proprietários se encontram ausentes ou desatentos. A intimidação pode desempenhar um papel bastante importante no cometimento e na ocultação de qualquer tipo de fraude ocupacional com envolvimento de pessoas de muito poder. Num dos exemplos, o gestor de um serviço de vendas roubou aproximadamente 150 mil dólares à entidade patronal, durante um período de dois anos. Esse gestor possuía a principal autoridade para assinar cheques e abusava do seu poder, passando cheques da empresa para pagar despesas pessoais. As actividades fraudulentas do gestor eram bem conhecidas por alguns membros do seu pessoal, mas as carreiras desses empregados eram controladas pelo fraudador. O receio de perderem o emprego, juntamente com a falta de uma estrutura adequada de denúncia de irregularidades, evitou que os empregados do gestor denunciassem a sua fraude.

Fracos Controlos

Embora a sobreposição aos controlos seja o modo mais flagrante de executar um esquema de emitente autorizado, não se trata da mais comum. Muitos destes esquemas ocorrem, muito mais, pelo facto de ninguém prestar atenção às contas e haver poucos controlos para evitar a fraude. Num dos exemplos, um gestor de uma pequena companhia passou cheques da empresa para comprar bens para o seu próprio negócio. Apoderou-se de cerca de 800 mil dólares da sua empregadora, ocultando o dinheiro que faltava em contas a receber, porque sabia que tais contas eram analisadas, apenas, uma vez por ano. Antes das auditorias, o gestor pedia um empréstimo ao banco para substituir os fundos em falta e, depois, quando os livros eram encerrados, recomeçava todo o processo. Este esquema terminou em tragédia; o gestor e a sua mulher suicidaram-se quando a fraude foi descoberta. Não levando em consideração a catástrofe pessoal que ocorreu, é óbvio que, se os livros tivessem sido controlados mais atentamente, ou se tivesse havido uma ameaça de auditorias surpresa, além das análises regularmente agendadas, esta fraude talvez não tivesse assumido dimensões tão desproporcionadas.

O fracasso em controlar atentamente as contas é complementado pela falta de controlos internos, especialmente a ausência da separação de funções no processo de desembolsos de dinheiro. Num outro caso analisado, a autora da fraude estava encarregado de assinar todos os cheques da empresa, bem como de conciliar as contas bancárias de uma pequena empresa. Isto colocava-a numa posição perfeita para passar cheques fraudulentos a si própria e ao marido. De modo semelhante, num outro caso, o guarda-livros de uma empresa de dimensões médias estava encarregado de pagar todas as contas e preparar a folha de pagamentos de salários da empresa. Tinha acesso a um signatário de cheques automático e controlo total sobre as contas bancárias da empresa. O guarda-livros passava cheques suplementares para si, codificava as despesas na folha de pagamentos de salários e destruía os cheques descontados, quando estes eram devolvidos com o extracto bancário. Se as funções de preparar os cheques e conciliar as contas estivessem separadas, como deviam, o fraudador não teria conseguido completar o esquema.

Contas de Projectos Especiais

Por vezes, é concedida aos empregados uma autoridade de assinatura em contas de projectos limitados, em vez de nas contas gerais da empresa. Estas contas de projectos são constituídas com base nos custos esperados, e o empregado em questão tem uma autoridade limitada para desembolsar os fundos, à medida que forem sendo necessários para a conclusão do projecto. Num dos casos, um empregado tinha a seu cargo as contas de um projecto e conseguiu apoderar-se de quase 150 mil dólares para seu uso pessoal. Conseguiu fazê-lo, imputando o custo dos fornecimentos para os seus projectos às contas de serviço regulares da empresa, em vez de às contas constituídas para esses projectos. Assim, sobrou dinheiro nas contas do projecto, que o fraudador retirou, passando cheques fraudulentos sob a sua própria autoridade como signatário.

Falsificar o Cartão de Assinatura

O debate anterior incidiu sobre casos em que o fraudador está autorizado pela empresa a assinar cheques. Em alguns dos casos que analisámos, os empregados conseguiram acrescentar, secretamente, os seus nomes ao cartão de assinaturas de uma conta bancária de uma empresa. Isso permitiu aos fraudadores passarem cheques da conta da empresa em seu próprio benefício.

Como seria de esperar, a presença da assinatura não autorizada de um empregado num cheque, pode desencadear o alarme durante a reconciliação bancária. Num caso específico, um empregado evitou esse problema, acrescentando um nome fictício ao cartão de assinatura de uma conta de fundos do pessoal. O acréscimo de um emitente fictício ao cartão de assinatura asseguraria que, mesmo que os cheques fraudulentos fossem descobertos, ninguém saberia quem os tinha efectivamente passado. Infelizmente para a lesada, esta questão nem se colou, porque a empresa não realizou uma auditoria à conta senão depois de o fraudador se ter reformado, oito anos mais tarde e 120 mil dólares mais rico.

OCULTAÇÃO

Uma vez que a maioria dos esquemas de falsificação de cheques não consiste numa única ocorrência, mas, ao invés disso, continua durante um certo tempo, ocultar a fraude constitui indiscutivelmente o aspecto mais importante. Se um autor de uma fraude tencionasse roubar uma grande quantia de dinheiro e escapar-se para a América do Sul, ocultar a fraude não seria tão importante. Mas a grande maioria dos autores de fraudes ocupacionais permanece como empregado da empresa, e vai continuando a roubá-la. Como tal, ocultar a fraude torna-se extremamente importante. A ocultação da fraude significa não só ocultar a identidade do delinquente, mas também, na maioria dos casos, ocultar a existência da ilegalidade. As fraudes mais bem sucedidas são aquelas em que a empresa lesada não sabe que está a ser roubada. Como é evidente, assim que uma empresa descobre que está a ser lesada, tomará medidas para estancar a hemorragia, e o fim do esquema do fraudador estará próximo.

Os esquemas de falsificação de cheques podem apresentar problemas de ocultação especialmente complicados para os fraudadores. Noutros tipos de desembolsos fraudulentos, tais como esquemas de facturas ou pagamentos de ordenados, o lançamento fraudulento é feito nos livros como uma transacção legítima por outra pessoa diferente do fraudador. Recordemos que os pagamentos nesses esquemas são gerados pela apresentação de falsos documentos, que levam o pessoal dos débitos a pensar que se deve dinheiro a determinada pessoa ou fornecedor. Quando o departamento de contas a pagar emite um desembolso para uma factura falsa, fá-lo por acreditar que é autêntica. O pagamento é, então, lançado nos livros como legítimo. Por outras palavras, os fraudadores geralmente não têm de se preocupar em ocultar o pagamento nos livros, porque outra pessoa, inconscientemente, o faz.

Os esquemas de falsificação de cheques nem sempre permitem este luxo aos fraudadores. Nos esquemas de cheques forjados e de emitentes autorizados, são os fraudadores que passam o cheque, e, geralmente, são eles que classificam o cheque no diário de desembolsos. Têm de «explicar» o cheque nos livros. Os esquemas de endossos forjados e de alteração do beneficiário são diferentes, porque envolvem a alteração de cheques que já estavam preparados e classificados por outra pessoa. No entanto, criam um problema aos fraudadores, porque o cheque interceptado se destinava a um beneficiário legítimo. Ou seja, há alguém que aguarda o cheque que foi desviado. Os culpados destes esquemas têm de se preocupar não só com a ocultação da fraude perante a empregadora, mas também com o modo de acalmar o verdadeiro beneficiário. Se este não receber o pagamento, queixar-se-á à empregadora dos fraudadores. Isso poderia desencadear uma investigação sobre o paradeiro do cheque em falta, algo que os fraudadores desejam definitivamente evitar.

O fraudador Concilia o Extracto Bancário

Uma grande parte das pessoas que cometem fraudes de falsificação de cheques está envolvida na conciliação do extracto bancário da empresa. O extracto bancário, que uma empresa recebe normalmente, inclui os cheques descontados no período precedente. As pessoas que conciliam as contas encontram-se, assim, em posição privilegiada para ocultar a existência de quaisquer cheques fraudulentos, que tenham passado a si próprias. Podem retirar os cheques fraudulentos ou adulterar o extracto bancário, ou ambos.

Nos esquemas de emitentes forjados e emitentes autorizados, os fraudadores geralmente têm de codificar o cheque no diário de desembolsos. O modo mais básico de ocultar o cheque é classificá-lo como «anulado», ou não incluir qualquer lista no diário. Depois, quando chega o extracto bancário, os fraudadores retiram o cheque fraudulento do monte de cheques liquidados e destroem-no. Assim, não fica qualquer registo do pagamento no diário, nem prova física do cheque em questão. É evidente que o banco deverá ter uma cópia do cheque, mas a menos que alguém se interrogue acerca do cheque em falta, não há muitas probabilidades de a empresa vir a descobrir rotineiramente o problema. E, uma vez que os fraudadores são quem concilia a conta, é improvável que alguém repare sequer que falta o cheque.

O problema com a simples omissão do cheque fraudulento do diário de desembolsos consiste na não correspondência do saldo bancário com saldo contabilístico. Por exemplo, se o fraudador passou um cheque de 25 mil dólares a si próprio e não o registou, então o saldo contabilístico será superior ao saldo bancário em 25 mil dólares (o fraudador retirou 25 mil dólares à conta bancária, mas esse montante não foi creditado na conta de caixa da empresa). Os fraudadores geralmente omitem os seus cheques ilícitos do diário de desembolsos apenas em situações em que conciliam, pessoalmente, o extracto bancário e ninguém revê o seu trabalho. Isso permite aos fraudadores «adulterar» a conciliação. Por outras palavras, os fraudadores declaram que o saldo bancário e o saldo contabilístico correspondem, quando, de facto, tal não sucede. Trata-se de circunstâncias em que a empregadora aceita a palavra dos fraudadores de que o saldo bancário e o saldo contabilístico se conciliam.

Algumas das empresas lesadas do nosso estudo simplesmente não conciliavam as suas contas com regularidade. Uma vez que ninguém conciliava os livros da empresa com o extracto bancário, os fraudadores conseguiam passar cheques sem os registar. Num sistema em que os controlos são demasiado negligentes, praticamente qualquer método de ocultação será eficaz para disfarçar a fraude. Com efeito, nestas circunstâncias, pode não ser necessário o mínimo esforço para ocultar o delito.

Os fraudadores podem alterar fisicamente o extracto bancário, de modo a fazê-lo corresponder ao saldo contabilístico da empresa. Por exemplo, uma pessoa envolvida num esquema de emitente forjado pode decidir roubar cheques em branco do fim do livro de cheques. Esses cheques estão fora de sequência e, por isso, serão registados em último lugar no extracto bancário. O empregado apaga, então, esse grupo de cheques e altera o total final, de modo a que este corresponda aos livros da empresa lesada. Este método de ocultação foi utilizado no próximo caso de estudo.

Em alguns casos, as funções de um empregado não incluem conciliar as contas bancárias, mas ele consegue, mesmo assim, interceptar extractos bancários e alterá-

-los para ocultar os seus delitos. No caso seguinte, Ernie Philips conseguiu persuadir o banco da sua empresa a enviar os extractos bancários directamente para ele, em vez de irem para o seu chefe. Philips alterou, em seguida, os extractos, para ocultar as suas actividades fraudulentas. Este caso descreve o modo como o investigador certificado de fraudes James Sell pôs fim ao esquema de Philips.

ESTUDO DE UM CASO: **PARA QUE SERVEM OS AMIGOS?**[**]

Ernie Philips vivia tempos difíceis. Várias cirurgias às costas tinham-no deixado quase incapaz de se mover. Tornou-se viciado em comprimidos, que tornavam as dores suportáveis. A sua actividade como Revisor Oficial de Contas estava a afundar-se. Ele e a mulher tinham seis filhos adoptivos para sustentar. Não é de surpreender que Ernie sofresse de depressão e ansiedade crónica. Mas a sua sorte mudou quando encontrou o seu velho amigo James Sell. Os dois homens tinham trabalhado juntos numa agência federal e conheciam-se há mais de vinte anos. Ernie falou sobre os problemas que tinha e James declarou que podia ajudá-lo. Na altura, Ernie estava num programa de reabilitação por causa do abuso de medicamentos, por isso, James disse-lhe: «Avisa-me quando terminares o tratamento, que eu terei trabalho para ti».

James arrendou um escritório a Ernie e começou a enviar-lhe alguns pequenos projectos. «Desejava testá-lo, verificar como ele se sairia», observa Sell. «Ele parecia estar a tentar recompor-se». Ernie terminou o trabalho a tempo e saiu-se bem; por isso, quando James recebeu uma grande conta dos governos de Arizona e Nevada, levou o seu amigo para o escritório principal. Acordaram um salário de pouco mais de 38 mil dólares por ano, que James aumentou para 42 mil dólares ao fim de seis meses.

Sell foi nomeado administrador judicial da CSC Financial Services, no Arizona e no Nevada. Os proprietários da CSC tinham sido apanhados a desviar 5,5 milhões de dólares de fundos depositados pelos clientes nas operações no Arizona e no Nevada. O equipamento informático utilizado datava de 1960 e uma falta de supervisão e controlos adequados permitira que ocorresse o desfalque. A empresa não utilizava o método contabilístico das partidas dobradas, por isso a gerência podia alterar, com grande amplitude, os totais finais. Mesmo depois de uma auditoria regulamentar ter descoberto que as coisas estavam em desordem na CSC, os administradores da operação no Arizona tinham permitido que os proprietários infractores continuassem em actividade durante um ano e meio. Assim, quando Sell finalmente assumiu o controlo, encontrou uma enorme confusão. Faz parte do jogo, declarou. «Quando vamos para uma empresa como administradores judiciais, tentamos sobreviver com o que herdamos». A gestão

---

[**] Vários nomes foram alterados de modo a preservar o anonimato.

controlada envolvia mais de 15 mil contas activas, com cerca de 285 milhões de dólares de pagamentos internos todos os anos e mais de 30 mil transacções por mês. Resolver o assunto não seria fácil. Sell sabia que Ernie tinha experiência, por isso chamou-o para a tarefa. «Um dos motivos pelos quais o trouxe», declara Sell, «foi para introduzir sistemas de controlo, onde nada havia».

Mas Ernie tinha pouco respeito pelos controlos. Quando Sell pediu ao funcionário do departamento do correio os extractos bancários de um determinado mês, respondeu-lhe que Ernie é que os tinha. «Porquê?», interrogou Sell. «Ele sabe que os extractos devem vir por abrir para mim. Não devia tê-los». O funcionário declarou que Ernie necessitava dos extractos para uma conciliação. Sell não queria exagerar, mas sentiu-se nervoso. «O controlo sobre qualquer posição é limitado, e sobre uma posição financeira-chave é ainda menos», declara ele, «e, a partir do momento em que perdemos um ponto de controlo, corremos um risco. Assim, torna-se necessário assumir uma posição forte, de modo a restaurar o processo». Sell discutiu o assunto com Ernie e pensou que tinham chegado a um entendimento.

Ernie também estava a ter problemas com outras pessoas na empresa. Ele e o director de operações tiveram uma discussão acesa, quando o director tirou alguns documentos de contabilidade da secretária de Ernie. Este saíra e os documentos eram necessários nesse preciso momento. Quando Ernie manifestou o seu ressentimento, Sell pôs-se do lado do director de operações. Não havia problema, declarou James. Não era como se alguém estivesse a revistar a secretária de Ernie. Além disso, Sell viajava com frequência, e passava muito tempo no escritório de Nevada, por isso, ter um acesso aberto no escritório do Arizona permitia uma supervisão informal. Sell medita: «Um dos melhores controlos do mundo consiste em criar uma atmosfera de incerteza. Geralmente, o desfalque não ocorre, a menos que a pessoa pense que pode ocultar o que está a fazer. Por isso, pensei que isto seria um modo de manter as coisas às claras».

A incerteza não evitou a fraude, mas contribuiu para detectar o que se passava. O director de operações descobriu o roubo de Ernie quando procurava registos de contabilidade. Levou a Sell um cheque da empresa, da secretária de Ernie, passado em nome de Ernie Philips, no valor de 2.315 dólares. Visto que não era o cheque do ordenado de Ernie, o que seria então? O cheque não fora descontado, mas a assinatura de Sell fora forjada. Ainda não muito certo do que se passava, Sell marcou um encontro com Ernie longe do escritório principal.

Sell estivera ausente e necessitava de algumas actualizações sobre as operações de depósitos, e, por isso, certa tarde, passou pelo escritório privado de Ernie. Após terem terminado o assunto, Sell declarou: «Há mais uma coisa que desejava perguntar-te». Tirou uma cópia do cheque da sua pasta. «Tinha esperanças de que me pudesses explicar isto».

Seguiu-se um longo silêncio. Ernie fitou o cheque, franzindo os lábios e esfregando as mãos contra o tampo da secretária. A pausa prolongou-se pelo que pareceram minutos. Por fim, ele confessou: «Tenho retirado dinheiro».

«Pude ver pela expressão do seu rosto que isto era mau», relata Sell. Confirmava-se o pior. Ele esperara que houvesse uma explicação, uma explicação inofensiva, apesar de todos os sinais. Ainda assim, tinha vindo preparado. «Desejava confrontá-lo longe do escritório principal, para que, se houvesse algo a que ele pudesse deitar a mão e destruir, eu estivesse protegido». Sell levara também uma cópia do cheque, para que não parecesse, quando mostrasse o cheque a Ernie, que não fora descontado. «Eu desejava fazê-lo crer que sabia mais do que de facto sabia. Descobrir esta operação significaria rever páginas e páginas de extractos bancários, verificar cheques e pagamentos. Antes de me dar a esse trabalho, desejava saber que havia motivos para tal».

Sell excluiu Ernie de ambos os seus escritórios e começou a seguir as actividades do seu amigo durante os últimos sete meses. Em alguns casos, o nome de Sell tinha sido forjado nos cheques, numa letra que não era sua e que se assemelhava à de Ernie. A outros tinha-lhes sido aposto o carimbo de assinatura que devia estar trancado no escritório de um funcionário, excepto quando ele o utilizava num conjunto muito limitado de transacções. De algum modo, Ernie conseguira desviar o carimbo e apô-lo nos seus cheques.

Cobriu o seu rasto, apoderando-se de cheques fora da sequência, de modo a que estes surgissem no final do extracto bancário. Em seguida, interceptava o extracto e alterava o relatório final, devolvendo uma cópia do extracto ao funcionário, para que este a arquivasse. Depois de o funcionário contar a Sell que Ernie tinha o extracto, Ernie combinou com o banco que os extractos deviam ser-lhe dirigidos. Sem obter autorização, o banco concordou; Ernie pôde então adulterar o extracto, copiá-lo e, sem problemas, enviá-lo. Se alguém perguntasse por um desembolso não identificado, Ernie dizia que o dinheiro fora para um fornecedor. Uma vez que era ele o director, a sua palavra era tida como verdadeira. Ernie conseguiu até, em algumas ocasiões, introduzir cheques passados a si próprio num grupo regular, que o director de operações – que recebera autorização para assinar cheques na ausência de Sell – assinou.

Sell ficou, para sermos brandos, desgostoso. Acreditara que o seu escritório fora estabelecido para evitar o tipo de desfalque flagrante que enfrentava agora. Mas, admite ele, «por muito bom que seja o sistema que concebemos, uma pessoa versada no assunto pode contorná-lo... O segredo consiste em nos assegurarmos que os procedimentos estabelecidos são seguidos. Não sei se existe um sistema no mundo que seja imune. A chave está em limitar e controlar o alcance da actividade de qualquer pessoa, de modo a ser possível, pelo menos, detectar quando as coisas correm mal».

Sell calculou ter sofrido perdas no montante aproximado de 109 mil dólares. Percorreu, por completo, os extractos bancários durante o cargo de Ernie, identificou cheques fora de sequência ou lacunas em cheques emitidos e, em seguida, verificou a quem eram pagáveis e a finalidade declarada. O esquema exigira algumas manobras, mas não era extraordinariamente sofisticado. Os cheques tinham sido passados em montantes de números inexactos – 4.994,16 dólares, por exemplo –, mas Ernie fizera os pagamentos em seu próprio nome. Deixara para trás alguns dos seus extractos bancários pessoais, que revelavam depósitos relacionados com fundos que ele retirara a Sell (os montantes nem sempre correspondiam, porque Ernie retirava dinheiro dos depósitos, mas eram suficientemente aproximados para estabelecer uma ligação entre as transacções).

A breve Era de bons auspícios de Ernie terminara. Ele utilizara os lucros da sua trapaça para umas férias luxuosas em família, um novo automóvel, um novo computador e melhorias na sua casa, mas, como consequência do seu despedimento, a casa de Ernie sofreu uma execução hipotecária. Quase na mesma altura, foi acusado de conduzir sob o efeito do álcool. A Ordem dos Revisores Oficiais de Contas revogou a sua licença e multou-o por violação da ética. Ernie não se defendeu no julgamento civil, onde foi condenado ao pagamento triplicado dos 109 mil dólares desfalcados. Enquanto se encontrava em liberdade sob fiança, Ernie pegou na sua família e fugiu. Sell conseguiu localizá-lo através de um serviço de busca na Internet. Ernie morreu em Maio de 1996. «Ele desperdiçou tudo», lamenta Sell. «Por 109 mil dólares, estragou a sua vida e a da sua família».

Sell considera, filosoficamente, a questão. Existem muitos casos semelhantes ao de Ernie. Por exemplo, Sell acaba de investigar um assistente de um advogado que não só passava cheques da empresa a si próprio, como também enviou um para a procuradoria-geral do Estado para pagar a multa a que tinha incorrido por passar cheques sem fundos. «É típico estas pessoas não perderem tempo a estabelecer uma nova identidade ou uma empresa-fantasma», declara Sell. «Desejam o dinheiro rapidamente e apanham-no do modo mais fácil que conseguem».

«E muito frequentemente», acrescenta ele, «desejam ser apanhados... Ernie sabia que estava descontrolado, que éramos amigos há muito tempo. Sabia que estava a fazer mais do que infringir a lei. Após o sucedido, durante uma das nossas conversas, ele confessou-me: "Sabes, custou-me muito passar o primeiro cheque. Mas eu tinha pessoas a quem pedira dinheiro emprestado, tinha dívidas por toda a parte, tinha uma família. À medida que fui prosseguindo, passar os cheques tornou-se mais fácil"».

Nova Alteração dos Cheques

Nos esquemas de alteração dos beneficiários, é comum os fraudadores apoderarem-se de um cheque destinado a um beneficiário legítimo e, em seguida, adulterarem o documento de modo a serem designados como beneficiários. Um cheque da empresa à ordem de um empregado levantará obviamente suspeitas, quando o cheque descontado for conciliado com o extracto bancário. Para evitar que isso suceda, alguns empregados voltam a alterar os seus cheques fraudulentos quando o extracto bancário chega. Já debatemos o modo como alguns fraudadores alteram os cheques, escrevendo o nome do beneficiário em tinta ou dactilografia, quando preparam o cheque. Esses empregados obtêm uma assinatura do cheque, depois apagam o verdadeiro nome do beneficiário e introduzem o seu próprio nome. Quando esses cheques, já descontados, são devolvidos com o extracto, os empregados apagam o seu nome e voltam a colocar o nome do devido beneficiário. Assim, não parecerá haver algo de errado. O fraudador, num dos casos analisados, utilizou o método da nova alteração do cheque para ocultar o desvio de mais de 185 mil dólares.

O método da nova alteração não se limita a esquemas de alteração do beneficiário. A ocultação é igualmente eficaz em esquemas de emitentes forjados, de emitentes autorizados e de cheques escondidos. Os cheques, que sofrem nova alteração, corresponderão aos nomes dos beneficiários legítimos, enumerados no diário de desembolsos.

Lançar Falsas Informações no Diário de Desembolsos

Em vez de omitir um cheque fraudulento do diário de desembolsos, ou lançá-lo como anulado, os fraudadores podem passar um cheque pagável a si próprios, mas lançar nos livros o nome de outra pessoa como beneficiária. Geralmente, o falso beneficiário é um fornecedor regular – uma pessoa ou negócio que recebe inúmeros cheques da empresa lesada. Os empregados tendem a escolher fornecedores conhecidos para esses esquemas, porque é menos provável que um pagamento adicional a um beneficiário regular dê nas vistas.

O falso lançamento é, por norma, feito na altura em que o cheque fraudulento é passado, mas, em alguns casos, os fraudadores fazem alterações em informações existentes nos livros. No estudo de um caso, no início deste capítulo, Melissa Robinson utilizava tinta correctora e uma borracha para alterar os nomes dos beneficiários no livro de cheques da sua organização. Como é evidente, as alterações encontradas nos livros de uma empresa devem ser cuidadosamente escrutinadas, para assegurar que são legítimas.

Os fraudadores também podem ocultar um cheque fraudulento, falseando, no diário de desembolsos, os montantes. Exageram os valores de desembolsos, de modo a absorver o custo de um cheque fraudulento. Por exemplo, imaginemos que uma empresa deve 10 mil dólares a um determinado fornecedor. O fraudador passaria um cheque de 10 mil dólares ao fornecedor, mas lançá-lo-ia no diário de desembolsos como pagamento de 15 mil dólares. Os desembolsos da empresa foram assim exagerados em cinco mil dólares. O fraudador pode passar um cheque de cinco mil dólares a si próprio e enumerar esse cheque como anulado no diário de desembolsos. O saldo bancário e o saldo contabilístico continuarão a bater certo, uma vez que o custo do cheque fraudulento foi absorvido no montante excedentário do cheque legítimo. É evidente que o facto de os cheques descontados não corresponderem aos lançamentos do diário deve indicar uma fraude potencial. Este tipo de ocultação só é verdadeiramente eficaz quando as contas bancárias não são atentamente vigiadas, ou se o empregado tiver a seu cargo a conciliação das contas.

Codificação dos Cheques Fraudulentos

Se for possível, os fraudadores tentarão codificar os seus cheques fraudulentos em contas existentes, que raramente sejam analisadas, ou em contas muito activas. Num dos casos, o fraudador atribuiu os seus cheques aos débitos entre-companhias, porque só eram analisados no final do ano e não muito pormenorizadamente. O fraudador, neste caso, também podia ter classificado os seus cheques numa conta com grande actividade, esperando que se perdesse na confusão de transacções dessa conta. Nos casos que analisámos, a maioria dos cheques era codificada nas contas de despesas ou contas de passivos.

Este método específico pode ser muito eficaz para ocultar cheques fraudulentos, sobretudo quando a empresa lesada não é diligente na reconciliação das suas contas bancárias. Por exemplo, uma empresa lesada conciliava as suas contas, verificando os montantes com os números dos cheques, mas não verificava se o beneficiário final correspondia ao beneficiário enumerado no diário de desembolsos. Como consequência, a empresa não conseguiu detectar que os cheques tinham sido erradamente registados nesse diário. Como debatemos na secção anterior, os fraudadores podem também interceptar o extracto bancário antes de ele ser conciliado e alterar o nome do beneficiário no cheque fraudulento, de modo a que este corresponda ao lançamento que fez no diário de desembolsos.

Reemissão de Cheques Interceptados

Nos esquemas de cheques interceptados, os empregados enfrentam a detecção não só através dos procedimentos normais de controlo da empresa, mas também dos beneficiários a quem se destinavam os cheques roubados. Afinal, quando essas pessoas não recebem os seus pagamentos, é provável que se queixem. Essas queixas, por seu turno, podem desencadear uma investigação de fraude.

Alguns empregados evitam este problema através de novos cheques emitidos às pessoas cujos cheques roubaram. Num dos casos, um empregado roubou cheques destinados a fornecedores e depositou-os na sua própria conta corrente. Em seguida, pegou nas facturas desses fornecedores e reintroduziu-as no sistema como débito da empresa, acrescentando um número ou uma letra, para evitar os controlos de verificação sobre duplicados do sistema informático. Isso assegurou que os fornecedores recebessem o devido pagamento e, assim, não denunciassem o seu esquema, que lhe rendeu aproximadamente 200 mil dólares.

Outro exemplo de reemissão foi apresentado por um conciliador de débitos. O empregado estava encarregado de fazer a auditoria dos pagamentos a todos os fornecedores, analisar os documentos comprovativos e colocar os cheques no correio. De vez em quando, propositadamente, não enviava um cheque a um fornecedor. Como é evidente, o fornecedor telefonava para o departamento de débitos, questionando sobre o pagamento em atraso, e era-lhe dito que a factura fora paga em determinada data. Uma vez que o departamento das contas a pagar não tinha uma cópia do cheque descontado (porque o fraudador o tinha retido), chamava o conciliador para investigar o problema. Infelizmente para a empresa, o conciliador era a pessoa que tinha roubado o cheque. Por isso, dizia ao departamento de contas a pagar que emitisse outro cheque, enquanto anulava o pagamento do primeiro. Com isto, o fornecedor recebia o pagamento e o conciliador, entretanto, em vez de anular o pagamento do primeiro cheque, depositava-o na sua própria conta.

A diferença entre estes dois esquemas foi o facto de, no último, dois cheques terem sido emitidos para uma única factura. O conciliador do primeiro exemplo não teve de se preocupar com esse problema, porque realizava as conciliações bancárias para a sua empresa e podia «adulterar» os totais. Mais uma vez observamos como o acesso ao extracto bancário é essencial para ocultar um esquema de falsificação de cheques.

Documentos Comprovativos Falsificados

Embora alguns fraudadores tentem apagar todos os vestígios dos seus desembolsos falsos, destruindo os cheques, adulterando as conciliações bancárias, e assim por diante, outros optam por justificar os cheques, produzindo falsos comprovativos para eles. Estes fraudadores preparam falsos recibos de pagamento, incluindo facturas falsas, ordens de compra e/ou relatórios de recepção para criar uma aparência de autenticidade. Esta estratégia de ocultação só é prática quando os fraudadores passam cheques pagáveis a outras pessoas que não a eles (por exemplo, um cúmplice ou uma empresa-fantasma). Um cheque passado à ordem de um empregado pode levantar suspeitas, independentemente da fabricação dos documentos comprovativos.

Conceptualmente, a ideia de produzir falsos recibos de pagamentos pode parecer confusa num capítulo sobre falsificação de cheques. Se o fraudador utiliza recibos falsos, o delito não deveria ser classificado como um esquema de facturação? Não necessariamente. Num esquema de falsificação de cheques, os fraudadores geram o desembolso, passando eles próprios o cheque. Podem criar falsos comprovativos para justificar o cheque, mas o comprovativo – o recibo – não teve nada a ver com o desembolso feito. Se os fraudadores não tivessem criado uma factura falsa, teriam à mesma um cheque fraudulento.

Num esquema de facturação, os fraudadores utilizam o falso recibo para fazer com que seja gerado um pagamento. Nestes esquemas, sem um falso recibo, não teria havido nenhum desembolso fraudulento, porque os empregados dependem de outra pessoa que passe o cheque. Por outras palavras, nestes esquemas, o falso recibo constitui um meio de criar o pagamento injustificado e não uma tentativa de o ocultar.

DETECÇÃO

Análise Contabilística através de Extractos para Encerramento de Conta

Os extractos para encerramento de conta devem ser pedidos dez a quinze dias depois da data de fecho do balanço financeiro. Estes extractos podem ser utilizados para detectar fraudes de dinheiro em caixa em períodos entre os extractos bancários mensais. Os auditores utilizam frequentemente extractos para encerramento, de forma a assegurar que as receitas e as despesas são registadas na devida altura. Se os empregados souberem que, a qualquer momento, durante o mês, um extracto para encerramento pode ser pedido e analisado, a fraude de dinheiro em caixa será menos provável.

Um extracto para encerramento geralmente é pedido ao banco, entregue por abrir ao auditor (ou pessoa externa) e conciliado. Pode ser pedido a qualquer momento durante o ciclo contabilístico. Se não forem ordenados nem recebidos extractos para encerramento, deve obter-se o extracto bancário do período seguinte e deve efectuar-se uma análise e uma investigação contabilísticas[2].

Conciliações Bancárias

Deve obter-se cópias de conciliações bancárias e análises contabilísticas juntamente com o conjunto completo de extractos bancários de todas as contas correntes e de poupança, bem como certificados de depósito e outras contas remuneradas e não remuneradas. Devem realizar-se os seguintes testes:

- Confirmar a exactidão matemática da conciliação.
- Examinar o extracto bancário para verificar possíveis alterações.
- Seguir o saldo do extracto bancário até aos extractos para encerramento e confirmações do banco.
- Verificar a relação entre o saldo contabilístico e o Razão da empresa.
- Seguir os depósitos em trânsito até ao extracto para encerramento, para assegurar o registo no devido tempo.
- Examinar os cheques descontados e comparar com a lista de cheques em circulação.
- Testar a documentação comprovativa dos cheques passados nos montantes relevantes.
- Verificar a documentação comprovativa dos cheques em trânsito nos montantes importantes.
- Verificar a exactidão de dinheiro não operacional ou contas de equivalentes de caixa (certificados de depósito e outras contas de investimentos). A análise deve incluir a confirmação da instituição que retém os fundos, a taxa de juros, a data de vencimento, os saldos inicial e final e o actual período de actividade. Os saldos bancário e contabilístico devem ser comparados e quaisquer adições de juros analisadas[3].

Confirmação Bancária

Outro método relacionado com o extracto para encerramento é o pedido de confirmação bancária. Ao contrário do extracto para encerramento, este método de detecção não passa de um relatório do saldo das contas a partir da data do pedido. Esse saldo deve ser pedido para confirmar a demonstração do saldo contabilístico, bem como qualquer outra data necessária. Se a fraude estiver a ocorrer na fase de conciliação bancária, esta confirmação independente pode revelar-se muito útil.

Alertas de Falsificação de Cheques

- Os *cheques anulados* podem indicar que os empregados desviaram dinheiro e cobraram o desvio às contas de despesas. Quando a despesa é paga (das contas a pagar), os cheques fraudulentos são assinalados, lançados como nulos e removidos dos pontos de distribuição. É então feito um lançamento no diário de saldo de contas. A lista de cheques anulados deve ser comparada com as cópias físicas dos cheques. Os extractos bancários devem ser revistos, de modo a assegurar que os cheques anulados não foram processados.
- *Cheques em falta* podem indicar um controlo negligente da guarda física dos cheques. Devem ser emitidas suspensões de pagamentos para todos os cheques em falta.
- *Cheques à ordem dos empregados*, com excepção dos cheques de ordenado regulares, devem ser atentamente escrutinados. Tal exame pode indicar outros esquemas como conflito de interesses, fornecedores fictícios ou reembolsos de despesas duplicados.
- *Endossos alterados ou duplos endossos* de cheques liquidados podem indicar uma possível falsificação.
- *Cheques devolvidos* com endossos de assinatura forjada de forma óbvia ou duvidosa devem ser verificados junto do beneficiário original.
- *Alteração de beneficiários* em cheques devolvidos deve ser verificada junto do beneficiário pretendido.
- *Cheques duplicados ou falsificados* indicam fraude. Esses cheques podem ser seguidos até ao depositante através da codificação bancária do cheque.
- *Datas de depósito duvidosas* devem ser comparadas com as contas de cliente correspondentes.
- *Adiantamentos de dinheiro* devem ser examinados, para verificar se todos estão devidamente documentados e se não foram realizados pagamentos indevidos aos empregados.
- *Queixas dos clientes* a respeito de pagamentos que não foram aplicados às suas contas devem ser investigadas.
- *Um beneficiário duvidoso ou endereço de beneficiário duvidoso* num cheque deve desencadear a análise da correspondência do cheque e da documentação comprovativa.

PREVENÇÃO

Controlos de Desembolsos de Cheques

Esta lista de actividades contribuirá para reforçar os controlos e, possivelmente, impedir os empregados de ceder à tentação de cometer fraudes de cheques.

- O acto de passar e preparar o cheque não será feito por um signatário da conta.
- Os cheques são enviados por correio imediatamente após a assinatura.
- Os procedimentos de controlo de furto são seguidos (ver abaixo).
- Os registos e endereços de contas a pagar estão seguros contra possíveis falsificações. As alterações das informações sobre o fornecedor devem ser verificadas.
- Os extractos bancários são diligentemente analisados para assegurar que os montantes e as assinaturas não foram alterados.
- As conciliações bancárias são terminadas imediatamente após os extractos mensais serem recebidos. O *Uniform Commercial Code*[5] declara que as discrepâncias devem ser apresentadas nos 30 dias a seguir ao recebimento do extracto bancário para possível responsabilização do banco.
- As conciliações bancárias não são feitas por signatários da conta.
- Os extractos bancários são conciliados e analisados por mais de uma pessoa.
- Uma adequada separação de funções deve ser documentada e seguida.
- Comparações pormenorizadas são feitas rotineiramente entre os beneficiários dos cheques e os beneficiários enumerados no diário de desembolso de dinheiro.
- O pessoal responsável por manusear e codificar os cheques é, periodicamente, revezado, mantendo um mínimo de pessoal envolvido.

Controlos Assistidos pelo Banco

As empresas devem trabalhar em colaboração com os bancos, a fim de evitar a fraude de cheques. Pense em tomar estas medidas de controlo a respeito das contas correntes de uma empresa.

- Estabeleça montantes máximos de dólares, acima dos quais o banco da empresa não aceitará cheques sacados sobre a conta.
- Utilize controlos de pagamentos bancários, que permitem que uma empresa e o seu banco colaborem na detecção de itens fraudulentos apresentados a pagamento. A empresa fornece ao banco uma lista de cheques e montantes passados diariamente. O banco compara a lista com os itens apresentados para pagamento e rejeita os que não estiverem nessa listagem. Realizam-se investigações a respeito da origem de itens «não listados».

Prevenção da Falsificação Física

Esta lista pormenoriza as técnicas de prevenção da falsificação de cheques utilizadas, hoje em dia, por algumas instituições, assegurando a integridade dos cheques. Estes métodos podem ser utilizados separadamente ou em conjunto.

- *Banda de selagem de anulação de segurança, na linha de assinatura.* A palavra NULO surge no cheque quando este é fotocopiado.
- *Barra metalizada colorida.* Uma barra horizontal colorida, colocada no cheque, desvanece-se e funde-se noutra barra. As barras metalizadas fotocopiadas ficam firmes.
- *Limite de segurança holográfico.* São criadas imagens holográficas, de modo a reflectirem a luz para revelar um gráfico tridimensional.
- *Numeração nacarada gravada.* Os cheques são numerados, utilizando uma nova técnica, que se revela através de uma caneta fluorescente colorida ou através de uma luz brilhante colocada por detrás do cheque.
- *Outras anulações químicas.* Os cheques revelam uma imagem ou a palavra NULO quando tratados com um apagador químico.
- *Impressão microlinha.* Uma impressão extremamente pequena é demasiado pequena para ser lida a olho nu e torna-se distorcida quando fotocopiada.
- *Micro-impressão de alta resolução.* São produzidas imagens no cheque em alta resolução, de 2400 pontos por polegada, ou mais. Esta técnica é muito difícil de reproduzir.
- *Tintas de segurança.* Os cheques contêm tintas que reagem com os químicos de erradicação, reduzindo a capacidade ao forjador de modificar o cheque.
- *Coloração cromada.* A utilização de coloração de aparência cromada impede a fotocópia, mesmo com fotocopiadoras a cores. O padrão ou a numeração cromados criam um negro puro.
- *Suportes de marcas de água.* Imagens ocultas apenas podem ser vistas quando o cheque é colocado em determinado ângulo. Essa imagem é muito difícil de reproduzir.
- *Tinta ultravioleta.* Esta tinta revela uma imagem ou uma mensagem quando colocada sob luz ultravioleta.

Procedimentos de Controlo de Furto de Cheques

É muito importante fornecer controlos internos que minimizem a possibilidade de falsificação e furto de cheques. Abaixo, encontra-se uma lista de itens que devem ser integrados nas políticas e nos procedimentos da empresa, para ajudar a evitar a falsificação de cheques.

- Comprar novos cheques a produtores de cheques conceituados e reputados.
- Guardar os cheques não utilizados num local seguro, tal como um cofre, caixa-forte ou outra área fechada. O acesso a esta área de segurança deve restringir-se apenas a pessoal autorizado. Mudar rotineiramente as chaves e os códigos de acesso das áreas de armazenamento.
- Analisar todos os processos de contratação. Um dos meios mais importantes de combater a fraude é não contratar pessoas com antecedentes duvidosos. Criar uma separação distinta de funções no departamento de contas a pagar, incluindo políticas e procedimentos por escrito, para todo o pessoal que tenha a hipótese de manusear cheques, desde os funcionários do departamento de correio até ao CEO.
- Utilizar serviços de pagamento electrónico para tratar de grandes pagamentos a fornecedores e financeiros, eliminando a utilização de cheques em papel.
- Comunicar imediatamente o extravio ou roubo de cheques.
- Guardar, devida e seguramente, os cheques descontados.
- Destruir os cheques não utilizados de contas que tenham sido encerradas.
- Enviar, por correio, cheques impressos e assinados, imediatamente após a assinatura.

NOTAS

1. Henry Campbell Black, *Black's Law Dictionary*, 5.ª ed. (St. Paul, MN: West Publishing Co., 1979), p. 585.
2. George Georgiades, *Audit Procedures* (Nova Iorque: Harcourt Brace Professional Publishing, 1995).
3. Ibid.

CAPÍTULO 6

ESQUEMAS DE DESEMBOLSOS DA REGISTADORA

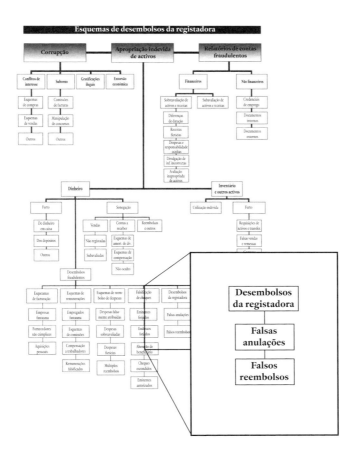

ESTUDO DE UM CASO: **DESPROMOÇÃO LEVA AO ARRANQUE DE UMA FRAUDE***

Após uma despromoção, e consequente redução do salário, Bob Walker jurou silenciosamente desforrar-se da sua entidade patronal. Em seis meses, Walker acumulou 10 mil dólares em dinheiro ilegalmente obtido; a sua empregadora, totalmente desprevenida, perdeu 10 mil dólares antes de soar o alarme.

A denunciante foi Emily Schlitz, que trabalhava aos fins-de-semana como guarda-livros assistente numa unidade da Thrifty PayLess, uma cadeia de 1000 drogarias de baixos preços distribuídas por dez estados ocidentais.

---

* Vários nomes foram alterados de modo a preservar o anonimato.

Num certo mês de Outubro, enquanto analisava o diário de reembolsos da sua loja, Schlitz reparou numa série invulgarmente alta de devoluções por parte do caixa-chefe – um certo Bob Walker – que, naturalmente, tratava da maioria dos reembolsos. Ao emitir devoluções de dinheiro de itens dispendiosos, era frequente Walker não registar o número de telefone do cliente. Frequentemente, não anexava os recibos de vendas ao diário de reembolsos, anotando que os clientes desejavam manter os seus recibos. Schlitz interrogou-se sobre a elevada proporção de tais irregularidades e informou o gerente da loja, que, por sua vez, chamou o departamento de protecção de activos (segurança) da sede para investigar o que designou por «lançamentos estranhos». A Thrifty PayLess presta verdadeira atenção a tais chamadas telefónicas, segundo o seu director de protecção de activos, James Hansen, que celebrava, nesse ano, o seu décimo terceiro aniversário a trabalhar na cadeia. Em 57% dos casos de fraude desse ano, relatou Hansen, os investigadores recebiam, tal como neste caso, o primeiro alerta directamente dos gerentes da loja.

Os lançamentos estranhos que Schlitz encontrou exigiam acção imediata. Hansen enviou um investigador de campo, Raymond Willis, para analisar as descobertas e realizar uma breve verificação dos antecedentes de Walker – um homem solteiro de 32 anos que trabalhava na Thrifty PayLess há cinco anos.

Willis descobriu, rapidamente, que, seis meses antes, o gerente da loja, referindo um fraco desempenho, despromovera Walker de um cargo de gestão para caixa principal, o que significava que sofrera uma redução mensal no ordenado de 300 dólares. Para Willis, essa informação, só por si, levantava um dos três alertas que assinalam uma possível fraude por parte dos empregados: problemas pessoais ou financeiros, mudanças de estilo de vida ou pressões e baixa moral, ou sentimentos de ressentimento.

Um inquérito mais profundo revelou que Walker culpava a gestão pela sua despromoção.

Mas estes alertas empalideciam perante a riqueza de provas que Willis descobriu durante a sua investigação. Começou por telefonar aos clientes enumerados no diário de reembolsos, para inquirir educadamente acerca do serviço que tinham recebido na drogaria, procurando discretamente uma confirmação ou difamação. Em seguida, comparou o número de reembolsos de robôs de cozinha – de longe a mercadoria mais popular que Walker aceitava como devolução – com a quantidade de máquinas entregues na loja, subtraindo as que tinham sido vendidas. Estes números foram, por seu turno, comparados com os robôs de cozinha ainda em armazém. O investigador descobriu grandes discrepâncias.

Willis concluiu o caso em apenas três dias. «Permaneceu noites acordado, trabalhando no caso, porque rapidamente se apercebeu da enormidade do roubo», recordou o patrão Hansen. «Despertou-lhe o ímpeto».

«O fraudador entusiasmara-se, realmente, com a sua actividade. Como sucede frequentemente, com o tempo tornou-se ganancioso. E quando Walker se tornou ganancioso, tornou-se descuidado e desleixado», declarou Hansen.

Embora enérgico na sua investigação, Willis manteve-a em segredo. Limitou as suas entrevistas a apenas dois ou três colegas de Walker. «Vários colegas tinham anteriormente comunicado aos gestores que Walker parecia descontente e um pouco aborrecido. Mas, por fora, a sua frustração nunca atingiu níveis que levassem a gestão a vigiá-lo», explicou Hansen.

No final do terceiro dia de Willis no terreno, chegou o momento de entrevistar Walker. No início, Willis colocou-lhe questões gerais acerca de políticas e procedimentos da loja. Prosseguiu, centrando-se mais nos métodos de recepção de caixa. Walker parecia estar à vontade, de início, prestável e receptivo. Em certo momento, Walker chegou até a sugerir que «devia haver mais controlos nos reembolsos».

Contudo, à medida que a entrevista prosseguia, Walker foi ficando cada vez mais nervoso. O conversador afável começou a balbuciar e a gaguejar. Willis perguntou a Walker se ele conhecia a definição de perdas. Ele replicou, de modo hesitante: «Em primeiro lugar, perda de dinheiro ou inventário devido ao furto de um cliente ou empregado».

Willis perguntou-lhe, em seguida: «O que fez, pessoalmente, para provocar perdas?» Walker tornou-se muito silencioso. Após uma longa pausa, perguntou em tom muito baixo: «E se eu o tiver feito?» Willis expôs as consequências e continuou a interrogar o empregado, outrora de confiança.

Walker descarregou a sua fúria contra os gestores que o tinham «injustamente» despromovido. Confessou ter passado falsas devoluções de dinheiro como retaliação. Embora a fraude tivesse começado em Maio, como um acto ocasional, rapidamente aumentou de frequência e flagrância. A princípio, para preencher os espaços em branco na parte de informações sobre o cliente do diário de reembolsos, retirou nomes aleatoriamente da lista telefónica. Mais tarde, simplesmente, inventava nomes e números de telefone, declarou. À medida que a sua ganância aumentava, alterou reembolsos legítimos que emitira anteriormente nesse dia, acrescentando mercadoria para inflacionar o seu valor monetário e embolsar a diferença.

Embora a política da loja ditasse que era necessária a aprovação da gestão para reembolsos que totalizassem mais de 25 dólares, ou na ausência de um recibo de vendas, Walker desrespeitou deliberadamente essas e outras regras. Nunca ninguém questionou a autoridade de assinatura do recentemente despromovido membro da equipa de gestão.

Para melhor justificar as suas acções, Walker descreveu os seus anteriores problemas financeiros, que declarou terem sido exacerbados pela redução mensal do ordenado em 300 dólares.

Os lucros da fraude destinaram-se, inicialmente, a dois pagamentos de empréstimos hipotecários, que, por mês, totalizavam 800 dólares. O seu espólio contínuo financiou, subsequentemente, os seus prémios de seguros e despesas de subsistência, que aumentavam. Pagou facilmente os seus cartões de crédito. O homem solteiro também utilizou o dinheiro para jantares luxuosos na cidade.

Durante a confrontação de duas horas, Walker pretendeu ignorar o montante exacto que roubara, declarando que nunca registara o número. Admitiu, porém, que jogava este jogo lucrativo com crescente entusiasmo e intensidade.

Como veio a revelar-se, os três reembolsos que Walker emitira no dia da entrevista eram fraudulentos. No entanto, ele continuava a parecer chocado por a sua fraude totalizar mais de 10 mil dólares – um número vinte e cinco vezes superior à redução de 300 dólares de ordenado que sofrera durante os últimos seis meses.

Numa loja que gera quatro milhões de dólares em vendas anuais, 10 mil dólares durante seis meses representa uma pequena percentagem de perdas. No sector do retalho, tal perda pode ser explicada pelos pequenos furtos, cheques sem fundos, erros de contabilidade ou documentação, deterioração ou quebra, perdas de transporte ou inúmeros outros motivos. O furto por parte de empregados, evidentemente, é também um factor significativo de perda, declarou Hansen, que iniciou a sua carreira como detective de loja e se tornou um investigador certificado de fraudes em 1991.

«Na minha opinião, um programa abrangente de prevenção de perdas fica equilibrado entre esforços de prevenção e de investigação». Ele declarou que a Thrifty PayLess tem um programa formativo excepcional para todos os empregados. Frequentam classes obrigatórias de formação para a prevenção e detecção da fraude. Essencial para o seu êxito, os empregados são sempre levados a sentir que são parte integrante de todo o esforço de prevenção de perdas da Thrifty PayLess. Hansen e o seu pessoal de protecção de activos visitam regularmente as lojas para se apresentarem, se familiarizarem com os empregados, formar uma relação contínua e edificar um nível de confiança na confidencialidade. Para incentivar mais a comunicação, a retalhista criou uma linha directa para a qual os empregados podem ligar com informações anónimas acerca de suspeitas de fraude ou abuso.

Como ficou demonstrado pelas suspeitas da guarda-livros em *part-time*, e subsequentes acções neste caso, os esforços da Thrifty funcionam, sem sombra de dúvida, declarou o chefe de segurança. «Não é que os nossos controlos fossem de modo algum inadequados; o problema foi que um gestor local não estava a aplicar devidamente esses controlos. Regra geral, tornava-se negligente com um empregado "de confiança"» (inútil será dizer que o gerente da loja sofreu algumas repercussões em consequência deste caso).

Como consequência da experiência com Walker, agora exige-se aprovação, por parte da gestão, para os reembolsos acima de cinco dólares. Um recibo de vendas também tem de acompanhar todos os reembolsos, declarou Hansen. Os departamentos de auditoria interna e de protecção de activos da Thrifty PayLess realizam auditorias regulares, verificando o cumprimento das regras.

«Uma devida implementação é a chave», prosseguiu Hansen, «Não se pode evitar a fraude a 100%. O melhor que se pode fazer é limitá-la, através de programas proactivos de formação, consciencialização e auditoria. E, evidentemente,

> investigar energicamente todos os sinais de alerta ou denúncias». O departamento de protecção de activos de Hansen conclui, por ano, mais de 1400 casos de furtos e fraudes por parte dos empregados e 30 mil casos de pequenos furtos por parte dos clientes.
>
> Devido à grande escala do furto neste caso, Walker foi imediatamente detido após a sua entrevista, acusado de crime grave de desfalque, estando a aguardar julgamento. Enfrentou um processo penal e civil. Walker assegurou a fiança em poucas horas, depois desapareceu sem deixar rasto. Até agora, todos os esforços de investigação para o localizar fracassaram.
>
> Até à data, Bob Walker permanece um fugitivo à justiça.

VISÃO GERAL

Até agora, debatemos dois modos de cometer a fraude na caixa registadora – a sonegação e o furto de dinheiro em caixa. Estes esquemas constituem aquilo que, normalmente, consideramos como furto. Envolvem a remoção sub-reptícia de dinheiro de uma caixa registadora. Quando o dinheiro é retirado de uma registadora, num esquema de sonegação ou de furto de dinheiro, não existem registos da transacção; simplesmente, o dinheiro falta.

Neste capítulo, debatemos desembolsos fraudulentos na caixa registadora. Estes esquemas distinguem-se das outras fraudes na registadora pelo facto de, quando o dinheiro é retirado, a remoção ficar registada na fita. Uma falsa transacção é registada como se se tratasse de um desembolso legítimo, para justificar a remoção do dinheiro. As devoluções de Bob Walker constituem um exemplo de tal transacção falsa.

Dois esquemas básicos de desembolsos fraudulentos ocorrem na caixa registadora: falsas devoluções e falsas anulações. Embora os esquemas sejam extremamente semelhantes, existem algumas diferenças entre os dois, que merecem uma discussão separada.

DADOS SOBRE DESEMBOLSOS DA REGISTADORA DO *INQUÉRITO NACIONAL SOBRE FRAUDES DE 2006* DA ACFE

Frequência e Custo

Os desembolsos da registadora foram os menos referidos dos esquemas de desembolso fraudulento no nosso inquérito de 2006. Representavam cerca de 3% dos desembolsos fraudulentos em 2006 (a soma destas percentagens ultrapassa os 100%, porque alguns casos envolveram múltiplos esquemas de fraudes que recaíam em mais de uma categoria. Vários gráficos deste capítulo podem reflectir percentagens que totalizam mais de 100% por motivos semelhantes). Devemos recordar, porém, que o nosso inquérito pediu aos inquiridos que referissem apenas um caso que tivessem investigado; não foi concebido para medir a frequência global de vários tipos de esquemas numa organização específica. Como tal, o baixo índice de respostas em relação aos desembolsos da registadora não reflecte necessariamente a frequência com que tais delitos ocorrem. Além disso, o tipo de fraude que ocorre numa organização é, em certa medida, determinado pela natureza da actividade que pratica. Por exemplo, os esquemas de desembolsos em caixas registadoras tendem a ser muito mais comuns numa grande loja de retalho que contrata vários funcionários para as caixas do que numa sociedade de advogados, onde nem sequer existiria caixa registadora. Os leitores devem recordar-se que as estatísticas de frequência apresentadas nesta obra representam apenas a frequência de casos que nos foram comunicados pelos nossos inquiridos (consultar Figura 6.1).

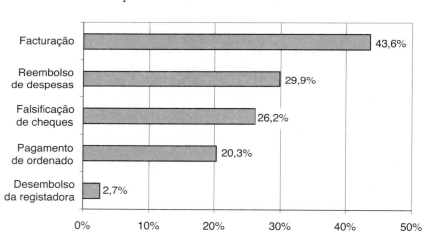

FIGURA 6.1 *Inquérito Nacional sobre Fraudes de 2006*: Frequência de Desembolsos Fraudulentos

Além de constituírem o tipo de desembolso fraudulento referido com menos frequência, os desembolsos da registadora foram os segundos menos onerosos, com uma perda mediana de 26 mil dólares. O esquema típico de desembolsos da registadora do nosso inquérito provocou cerca de um quinto das perdas do esquema típico de facturação (consultar Figura 6.2).

A Figura 6.3 mostra a distribuição de esquemas de desembolsos da registadora em comparação com a distribuição de todos os esquemas de fraude ocupacional do nosso estudo. Convém referir que houve apenas dezoito casos relatados de desembolsos da registadora, neste estudo; por isso, os dados dos seguintes gráficos terão muito pouca fiabilidade em termos de fornecimento de informação generalizada sobre esta fraude. No entanto, apresentámos aqui as mesmas comparações que efectuámos nos outros capítulos por motivos de exaustividade, e para fornecer um vislumbre sobre a natureza dos poucos esquemas de desembolsos da registadora que analisámos. Abaixo, observamos que mais de 70% destes esquemas provocaram perdas de menos de 50 mil dólares.

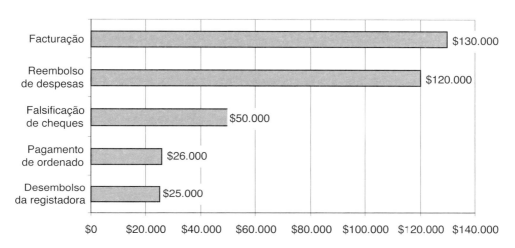

FIGURA 6.2 *Inquérito Nacional sobre Fraudes de 2006*:
Perda Mediana de Desembolsos Fraudulentos

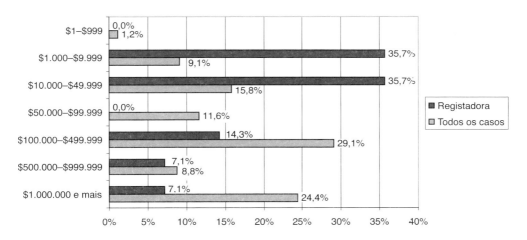

FIGURA 6.3 *Inquérito Nacional sobre Fraudes de 2006*:
Distribuição de Perda de Dólares nos Esquemas de Desembolsos na Registadora

Detecção de Esquemas de Desembolsos da Registadora

Dos dezasseis casos em que o método de detecção inicial foi identificado, oito citaram um controlo interno e quatro citaram as denúncias (consultar Figura 6.4).

FIGURA 6.4 *Inquérito Nacional sobre Fraudes de 2006*:
Detecção de Esquemas de Desembolsos da Registadora

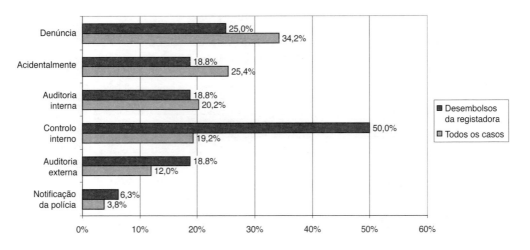

Autores de Esquemas de Desembolsos na Registadora

Os resultados do nosso inquérito incluíram dezasseis esquemas de desembolsos da registadora, em que o cargo do principal fraudador foi identificado. Destes casos, dez foram cometidos por empregados, quatro envolveram gestores e dois foram perpetrados por proprietários/executivos. Não é de surpreender que a maioria dos esquemas de desembolsos da registadora do nosso estudo tenha sido cometida por empregados, uma vez que os gestores e os proprietários/executivos desonestos geralmente utilizam meios mais sofisticados para roubar dinheiro à organização (consultar Figura 6.5).

FIGURA 6.5 *Inquérito Nacional sobre Fraudes de 2006*:
Autores de Esquemas de Desembolsos na Registadora

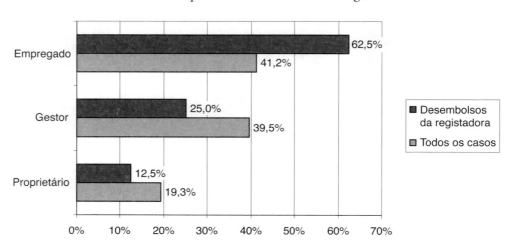

A tendência de perdas medianas nos casos de desembolsos da registadora, baseada no cargo dos fraudadores, foi consistente com a tendência das perdas em todos os casos do nosso estudo, como mostra a Figura 6.6. Ou seja, consoante a posição do principal fraudador subia na organização, assim aumentava o prejuízo monetário sofrido pela organização.

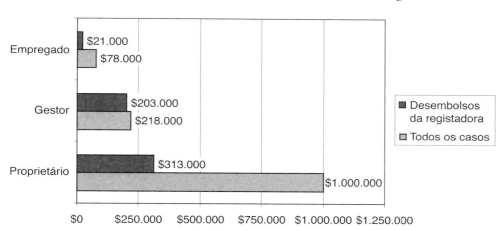

FIGURA 6.6 *Inquérito Nacional sobre Fraudes de 2006*:
Perda Mediana por Autor de Esquemas de Desembolsos na Registadora

Vítimas de Esquemas de Desembolsos na Registadora

Dos dezoito casos referidos de desembolsos fraudulentos das registadoras, apenas um ocorreu numa organização com mais de 10 mil empregados. Um terço dos casos ocorreu em pequenas organizações com menos de cem empregados (consultar Figura 6.7).

A perda mediana, devido a esquemas de desembolsos da registadora, não variou grandemente entre as três categorias de organizações com menos de 10 mil empregados. No entanto, como mostra a Figura 6.8, as perdas medianas decorrentes de desembolsos fraudulentos da registadora foram muito mais pequenas do que as perdas medianas dos casos de fraude ocupacional no seu todo.

FALSOS REEMBOLSOS

Um reembolso é processado na registadora, quando um cliente devolve um artigo comprado nessa loja. A transacção indica que a mercadoria está a ser reposta no inventário da loja e o preço de compra está a ser devolvido ao cliente. Por outras palavras, um reembolso revela um desembolso de dinheiro da registadora, quando o cliente recebe novamente o seu dinheiro (consultar Figura 6.9, na página 211).

FIGURA 6.7 *Inquérito Nacional sobre Fraudes de 2006*: Dimensão, em Número de Empregados, da Vítima de Esquemas de Desembolsos da Registadora

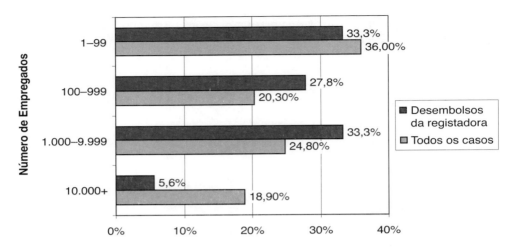

FIGURA 6.8 *Inquérito Nacional sobre Fraudes de 2006*: Perda Mediana por Dimensão da Vítima em Esquemas de Desembolsos da Registadora

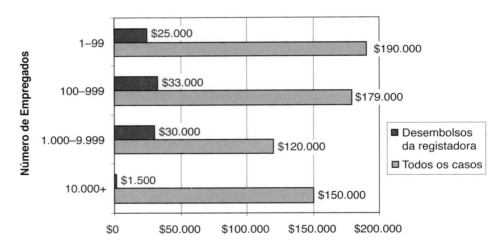

Reembolsos Fictícios

Num esquema de reembolso fictício, um fraudador processa uma transacção como se um cliente estivesse a devolver uma mercadoria, embora não exista uma verdadeira devolução. Duas coisas resultam desta transacção fraudulenta. A primeira é que o fraudador retira o dinheiro, no valor da falsa devolução, da registadora. Uma vez que a fita registadora mostra que foi efectuada uma devolução de mercadoria, o desembolso parece ser legítimo. A fita registadora está em equilíbrio com o dinheiro, porque o que foi retirado pelo fraudador teria sido supostamente entregue a um cliente como reembolso. Tratou-se do tipo de transacções fraudulentas utilizadas por Bob Walker no estudo de um caso referido.

FIGURA 6.9 Falsos Reembolsos

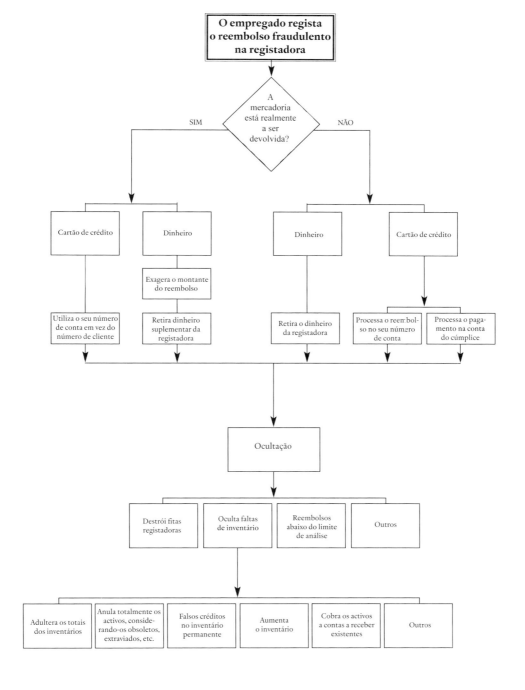

Como também verificámos nesse caso, o que em segundo lugar ocorre num esquema de reembolso fictício é a criação de um débito no sistema de inventário, mostrando que a mercadoria foi devolvida. Uma vez que a transacção é fictícia, nenhuma mercadoria é, de facto, devolvida. O resultado é que o inventário da empresa fica sobreavaliado. Num dos casos, um gestor criou falsas devoluções no valor de 5,5 mil dólares, o que resultou numa grande redução no inventário da empresa. Conseguiu prosseguir com o seu esquema durante vários meses, porque o inventário não era contado regularmente e porque o fraudador, um gestor, era uma das pessoas que realizava as contagens de inventário.

Reembolsos Exagerados

Em vez de criar um reembolso totalmente fictício, alguns fraudadores limitam-se a exagerar o montante de um reembolso legítimo e roubam o dinheiro a mais. Isto sucedeu num caso em que um empregado procurou aumentar o seu rendimento através do processamento de reembolsos fraudulentos. Em alguns casos, registava reembolsos totalmente fictícios, inventando nomes e números de telefone dos clientes. Noutros casos, aumentava o valor de reembolsos legítimos. Exagerava o valor de um reembolso real a um cliente, pagava ao cliente o montante devido pela mercadoria devolvida, e depois guardava a parte excedente para si próprio.

Reembolsos nos Cartões de Crédito

Quando se fazem compras com cartões de crédito em vez de dinheiro, os reembolsos surgem como créditos no cartão de crédito do cliente, em vez de desembolsos de dinheiro. Alguns fraudadores processam falsos reembolsos em vendas com cartões de crédito, em vez de processarem uma transacção de dinheiro normal. Uma vantagem do método do cartão de crédito é que o fraudador não tem de retirar fisicamente dinheiro da registadora e transportá-lo para fora da loja. Essa é a parte mais perigosa de um típico esquema na registadora, porque os gestores, colegas de trabalho ou câmaras de segurança podem detectar o culpado no acto de retirar o dinheiro. Ao destinar os reembolsos a uma conta de cartão de crédito, um fraudador colhe um lucro financeiro não autorizado e evita o possível embaraço de ser apanhado em flagrante a retirar dinheiro.

Num esquema típico de reembolso no cartão de crédito, o fraudador regista um reembolso numa venda de cartão de crédito, embora a mercadoria não seja realmente devolvida. Em vez de utilizar o número do cartão de crédito do cliente no reembolso, o empregado introduz o seu próprio número. O resultado é que o preço do artigo é creditado na conta de cartão de crédito do fraudador.

Uma aplicação mais criativa e de maior alcance do esquema de reembolsos de cartão de crédito foi utilizada por Joe Anderson no estudo de um caso, que se apresenta a seguir. Anderson processou reembolsos de mercadorias nas contas de outras pessoas e, em troca, recebeu, como comissão, uma parte do reembolso. O CFE Russ Rooker descobriu o esquema de Anderson, que custou ao departamento da loja da Greene's pelo menos 150 mil dólares. Este caso constitui também um caso de corrupção, porque Anderson recebeu pagamentos ilícitos em troca da criação de transacções fraudulentas. Trata-se de um excelente exemplo do modo como a caixa registadora pode ser utilizada como ferramenta de furto.

ESTUDO DE UM CASO: **UM CRIME SILENCIOSO****

«Um crime silencioso» – é assim que Russ Rooker se refere ao furto que descobriu num departamento de loja da Greene's numa zona de Detroit. «Não leva mais do que 30 segundos, e pode ficar-se com milhares de dólares», explica o especialista em investigação regional.

Joe Anderson, um empregado que trabalhava 15 horas por semana no departamento de sapataria da loja, era um perito nesse crime silencioso – registando reembolsos fictícios e creditando cartões de crédito por esse dinheiro.

Durante os cinco anos que desempenhou o seu cargo na loja, Anderson fez isso várias vezes. Rooker documentou pelo menos 150 mil dólares em perdas, mas crê que foram mais exactamente 500 mil dólares, e não se surpreenderia se a fraude ultrapassasse um milhão de dólares. «Até receamos saber», declara.

Tratou-se de um esquema que se encontrava perfeitamente na linha de investigação analítica de Rooker. Na altura da investigação, trabalhava na segurança do sector de retalho há cerca de uma década, primeiro como investigador de fraudes de crédito, verificando o lado externo, ou do cliente na fraude dos cartões de crédito, depois na investigação interna, procurando o furto e a fraude por parte dos empregados.

Na Greene's, os registos mostravam que o departamento da sapataria estava a perder dinheiro, porque tinha uma taxa extraordinariamente elevada de devoluções dos seus sapatos. Rooker decidiu investigar, utilizando a sua fórmula «SOD» – Sigam o Dinheiro. Pediu dados relativos a cinco meses de vendas do departamento, de dez terminais de vendas. Rooker dividiu as devoluções em categorias de dinheiro, cartões de crédito da cadeia (isto é, os cartões da Greene's) e cartões de crédito de terceiros, como Visas e Mastercards.

E verificou uma tendência. Por volta do dia 28 de cada mês, certos números de cartões de crédito eram creditados por um reembolso de aproximadamente 300 dólares. «Duzentos e noventa e sete dólares e sessenta cêntimos, para ser exacto», declara Rooker. Nunca havia uma venda correspondente registada pelas devoluções. E, todos os meses, cada número de cartão de crédito era creditado

---
** Vários nomes foram alterados de modo a preservar o anonimato.

apenas uma vez. Assim, se Rooker tivesse optado por estudar os dados relativos a um mês apenas, o crime não teria sido descoberto.

Rooker acabou por descobrir que mais de duzentos cartões de crédito pertencentes a cento e dez pessoas eram creditados por um empregado em *part-time*, Joe Anderson. Todas as semanas, Anderson creditava dois mil a três mil dólares em devoluções nas contas dos seus amigos, vizinhos e familiares. Em troca, Anderson recebia até 50% desse crédito. Se um amigo estava com apenas 300 dólares no final do mês e ainda necessitava de pagar a prestação da casa, telefonava a Anderson. Segundo Rooker, a palavra em Detroit era «se necessitas de dinheiro, telefona ao Joe. Dá-lhe 150 dólares e ele duplica-te o dinheiro».

O amigo podia contactar Anderson na casa que ele partilhava com a namorada. Ou podia encontrar-se com Anderson no bar local, ou nas traseiras da sua carrinha com motor adaptado, ou chamá-lo pelo bip. No caso do bip, ele colocava o número do seu cartão de crédito em vez do número de telefone no sistema de chamada.

De qualquer modo, o amigo fornecia a Anderson o seu número de cartão de crédito e prometia pagar-lhe 150 dólares pelo dinheiro. Então, Anderson, em 30 segundos na caixa registadora, introduzia o crédito. Em seguida, igualmente depressa, telefonava ao amigo e dizia-lhe que o negócio estava concluído. E, por fim, o amigo dirigia-se à caixa de multibanco mais próxima, introduzia o seu cartão de crédito e – sabendo que tinha um crédito de 300 dólares na sua conta – retirava esse montante em dinheiro.

«Era basicamente converter o crédito em dinheiro corrente», declara Rooker. «Pode ver-se, aqui, uma ligação à droga». No entanto, nunca foi provada essa ligação. O que se provou foi que um homem que «trabalhava quinze horas por semana na Greene's, vivia à grande. Vestia-se como um milionário», para citar Rooker. «Comia em restaurantes de luxo». Usava muitas jóias de ouro. E conduzia aquela carrinha adaptada, «toda sofisticada».

E a maioria dos seus «clientes» também parecia levar uma vida de classe média alta. Porém, as aparências iludem. A maioria encontrava-se no escalão de rendimento mais baixo. Anderson auxiliou-os a subirem. Por vezes, dava-lhes um par de sapatos de 300 dólares para acompanhar o seu crédito de 300 dólares. Desse modo, eles podiam ir até outra loja da Greene's, devolver os sapatos e receber mais 300 dólares. Um cliente recebeu um crédito de 30 mil dólares num ano, declara Rooker.

Outro cliente regular era a namorada de Anderson. A casa em que viviam era dela. E ela trabalhava como gestora de uma filial de um grande banco de Detroit. Ela, porém, não foi processada.

Os Serviços Secretos e o Ministério Público decidiram quem seria processado. Rooker chamou-os para a investigação, quando descobriu o fraudador. De facto, Anderson era bem conhecido por muita gente. Tinha amigos e relações por quase toda a parte.

O empregado que trabalhava quinze horas por semana, com um grande rendimento ilegal, era uma espécie de pessoa influente. Rooker pensa que isso constituía parte da motivação de Anderson – ele «andava» com a classe média alta, era bem aceite na sua esfera e desejava permanecer nesse grupo social. O único modo que encontrou para o conseguir foi cometendo uma fraude.

Rooker crê ainda que Anderson simplesmente «deixou-se apanhar naquilo», porque as pessoas passaram a contar com ele. Com efeito, iam à loja e perguntavam por Anderson. Só ele podia servi-los. Era frequente serem essas as pessoas a que Anderson também oferecia sapatos.

Os Serviços Secretos declararam a Rooker que se ele documentasse um mínimo de 10 mil dólares em devoluções, através da videovigilância, prosseguiriam a partir daí. Assim, Rooker mandou instalar um equipamento de videovigilância por toda a sapataria e nas registadoras dos pontos de venda. No primeiro dia em que o equipamento começou a funcionar, Anderson estava em acção, creditando, nesse dia, cinco mil dólares.

Segundo Rooker, Anderson simplesmente colocou a mão no bolso interior do seu valioso casaco, retirou uma lista e começou a registar créditos. Um dia, deu a um cliente um reembolso de dinheiro de 300 dólares, um reembolso de crédito de 300 dólares e um par de sapatos de 300 dólares.

Isto devastou o inventário da Greene's. Digamos que os relatórios de inventário da loja mostravam que havia dez pares de sapatos do modelo 8.730 em *stock*. Foi então que surgiu Anderson, registando uma devolução do modelo 8.730. Subitamente, os relatórios do inventário diziam que havia onze pares de sapatos do estilo 8.730 em *stock*. Na realidade, contudo, continuava a haver apenas os dez pares originais.

Cinco mil dólares em devoluções, num dia, fariam com que o inventário estivesse com mais dezassete pares de sapatos. Dezassete pares de sapatos vezes cinco dias de trabalho por semana, vezes 4,3 semanas por mês, e a Greene's tinha um monte de sapatos invisíveis em *stock*.

Seis semanas após o início da vigilância interna da loja, tinham sido registadas, em vídeo, perdas no valor de 30 mil dólares, ou seja, cem pares de sapatos registados no inventário que não estavam em *stock*.

E a maioria destas perdas foi documentada no final de cada mês, simplesmente porque, nessa altura, os "clientes" de Anderson estavam num aperto de dinheiro típico do final do mês. «Passaram a depender realmente do seu dinheiro», explica Rooker.

O investigador certificado de fraudes começou, depois, a fazer corresponder os clientes aos números de cartões de crédito. Foi fácil fazê-lo com os cartões da Greene's, mas revelou-se uma tarefa um pouco mais árdua com os cartões de terceiros, que representavam a maioria das devoluções.

Como membro da *International Association of Credit Card Investigators* (Associação Internacional de Investigadores de Cartões de Crédito), Rooker conseguiu contactar investigadores de fraudes em vários bancos para descobrir, informalmente, «o que se estava a passar», do lado dos bancos. Foi assim que descobriu que alguns dos clientes de Anderson eram amigos e familiares.

Ironicamente, o empregado em *part-time* nunca teve um cartão de crédito. Era um cliente de pagamento em dinheiro. O seu único bem conhecido era a sua carrinha adaptada. A casa que partilhava com a namorada estava em nome dela.

Os Serviços Secretos puseram Anderson sob vigilância. Ao fim de duas semanas, descobriram de que modo fazia os seus contactos. Durante todo o dia, amigos, familiares e vizinhos afluíam à casa que ele partilhava com a sua namorada bancária. Essencialmente, o seu emprego de quinze horas por semana exigia mais de quinze horas por semana. E era frequente que as pessoas, que se via irem a sua casa, recebessem, nesse mesmo dia, créditos.

Anderson iniciara o seu emprego «secundário» como uma pequena brincadeira, cobrando apenas 10% de comissão sobre o reembolso fictício. À medida que a vigarice e o renome foram aumentando, ele subiu a sua percentagem para 25 e depois para 50%. Toda a gente na cidade e toda a gente do seu departamento sabia que ele fazia algo de suspeito, relata Rooker, mas tinham receio de o denunciar. Acreditava-se que Anderson andava armado. Tantas eram as pessoas que gostavam de Anderson como as que o temiam.

Isso, porém, não deteve Rooker, nem os Serviços Secretos. «Os Serviços Secretos foram muito enérgicos», declara Rooker. Prometeram perseguir qualquer co-conspirador que tivesse ganhado, pelo menos, cinco mil dólares em devoluções, durante dois anos. Isso levou-os ao Ohio, onde entrevistaram um casal de meia-idade (a maioria dos clientes de Anderson andava por volta dos trinta e cinquenta anos).

Este casal já vivera na zona de Detroit. Após conseguirem que eles testemunhassem a favor do Estado, como fizeram os Serviços Secretos em diversas ocasiões durante esta investigação, os agentes da autoridade ficaram a saber do esquema completo de Anderson.

Pouco depois, quatro agentes armados dos Serviços Secretos dos EUA entraram na loja, agarraram Anderson, arrastaram-no pelo armazém e prenderam-no. Quando confrontado com o crime, Anderson disse aos agentes e a Rooker: «Vão-se lixar». Ele tinha escondido nas meias cinco mil dólares em dinheiro. No bolso do casaco, tinha uma lista de 15 números de cartões de crédito de terceiros, com montantes de dólares para creditar.

O facto de ele ter aqueles quinze números em seu poder, declara Rooker, foi o suficiente para o acusar da fraude. Rooker acabou por descobrir, porém, que tinham sido creditados 60 mil dólares em reembolsos a esses quinze números, durante os últimos dois anos.

Anderson foi levado, algemado, pelo centro comercial, pelos Serviços Secretos. Enquanto saía, gerente de loja atrás de gerente de loja vinha à porta e gritava: «Eh, Joe, o que se passa?»

Estavam preocupados. Estavam a perder um dos seus melhores clientes de caixa.

> Encontram-se pendentes acusações locais e federais de desfalque e fraude de transacções financeiras com cartões de crédito contra Anderson e vinte e sete co-conspiradores.
>
> O que não se encontra pendente são os novos controlos internos na Greene's, que Rooker implementou imediatamente. Com o tempo, concluiu-se que outros cinquenta a sessenta empregados estavam a executar a mesma vigarice, provocando perdas de 10 mil a 30 mil dólares à Greene's. A única diferença era que esses empregados creditavam os seus próprios cartões de crédito. Anderson creditava apenas os cartões de crédito das outras pessoas, silenciosamente, em aumentos de trinta segundos.

FALSAS ANULAÇÕES

As anulações fictícias assemelham-se a esquemas de reembolsos pelo facto de gerarem um desembolso na registadora. Quando uma venda é anulada na registadora, geralmente anexa-se uma cópia do recibo do cliente a um talão de anulação, juntamente com a assinatura ou as iniciais de um gestor, que indicam que a transacção foi aprovada (consultar Figura 6.10).

Para processar uma falsa anulação, a primeira coisa que os fraudadores necessitam é da cópia do recibo de vendas do cliente. Tipicamente, quando os empregados decidem processar uma anulação fictícia, limitam-se a reter o recibo do cliente na altura da venda. Se o cliente pedir o recibo, os funcionários podem apresentá-lo, mas, em muitos casos, os clientes simplesmente não reparam que não o receberam.

Com a cópia do recibo do cliente na mão, os infractores registam uma venda anulada. O dinheiro que o cliente pagou pelo artigo é retirado da registadora como se tivesse sido devolvido a um cliente. A cópia do recibo do cliente é anexada ao talão de anulação, para confirmar a autenticidade da transacção.

Antes de a venda anulada ser considerada válida, tem, geralmente, de ser aprovada por um gestor. Em muitos casos do nosso estudo, o gestor em questão simplesmente negligenciou a confirmação da autenticidade da venda anulada. Esses gestores assinavam quase tudo que lhes era apresentado, tornando-se vulneráveis a um esquema de vendas anuladas. Um exemplo deste tipo de negligência administrativa ocorreu num caso em que um funcionário de retalho guardava os recibos dos clientes e «anulava» as suas vendas depois de os clientes saírem da loja. O gerente da loja assinava os talões anulados dessas transacções, sem tomar qualquer medida para confirmar a sua autenticidade. Uma quebra semelhante na análise foi detectada num outro caso, em que um empregado processou anulações fraudulentas, guardou os recibos dos clientes e os apresentou aos seus supervisores para análise no final do seu turno, muito depois de as alegadas transacções terem ocorrido. Os supervisores aprovaram as vendas anuladas e o departamento de contas a receber não reparou no número excessivo de vendas anuladas processadas por este empregado.

FIGURA 6.10 Falsas Anulações

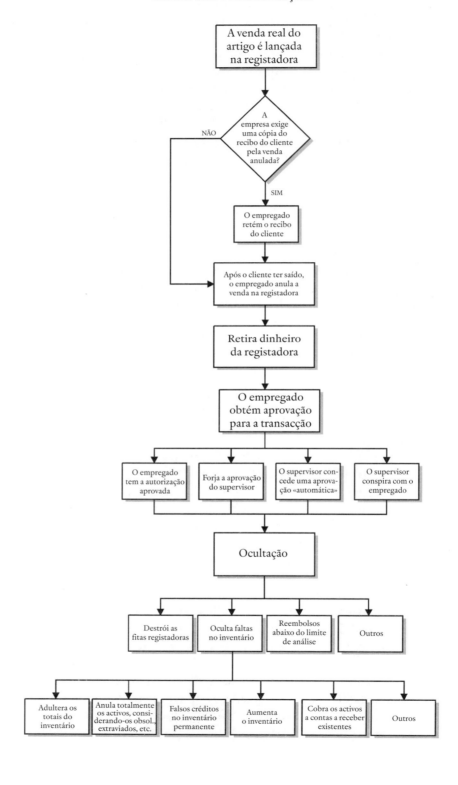

Não foi coincidência os autores destes delitos apresentarem os seus talões de anulação a um gestor que, por acaso, era indolente a respeito da autorização dos mesmos. Pelo contrário, geralmente este tipo de gestores é essencial para os esquemas do empregado.

Uma vez que nem todos os gestores estão dispostos a conceder uma aprovação automática de vendas anuladas, alguns empregados tomam medidas específicas para conseguirem que as suas vendas anuladas sejam «aprovadas». O que geralmente significa falsificação, tal como no caso do funcionário do negócio a retalho acima descrito, em que o fraudador acabou por forjar a assinatura do seu supervisor, à medida que as suas falsas anulações se foram tornando cada vez mais frequentes.

Por fim, é possível que um gestor conspire com um empregado da caixa registadora e aprove falsas anulações em troca de uma partilha dos lucros. Embora não tivéssemos encontrado qualquer destes casos no nosso estudo, deparámo-nos com vários exemplos em que os gestores auxiliam os empregados a falsificar cartões de ponto ou pedidos de reembolso de despesas. Não existe qualquer motivo lógico para pensar que o mesmo tipo de esquema não resultaria com anulações falsas.

OCULTAÇÃO DE DESEMBOLSOS DA REGISTADORA

Como já debatemos, quando um falso reembolso ou uma falsa anulação é lançado na registadora, ocorrem duas coisas. A primeira é que o empregado que comete a fraude retira dinheiro da registadora, e a segunda é que o artigo alegadamente devolvido é debitado no inventário. Isto provoca uma situação em que há um inventário real disponível menor do que reflecte o registo de inventários. Um certo nível de perdas é de esperar em qualquer sector de retalho, mas, sendo demasiado, suscita preocupações de fraude. É, pois, do interesse do fraudador ocultar o aparecimento de perdas nos livros.

Recordemos que o inventário é essencialmente apresentado através de um processo em duas fases. A primeira parte do processo é o inventário permanente, que é uma apresentação de tabelas corrente da quantidade de inventário que deveria estar disponível. Quando se efectua uma venda de mercadoria, o inventário permanente é creditado para retirar dos registos essa mercadoria. A quantidade de mercadoria que deveria estar disponível diminui. Periodicamente, alguém da empresa efectua uma contagem física do inventário, percorrendo o armazém ou depósito e contando a quantidade de artigos realmente disponível. Os dois números são, então, comparados para ver se existe uma discrepância entre o inventário permanente (o que deveria estar disponível) e o inventário físico (o que está disponível).

Nos esquemas de desembolsos da registadora, as perdas são frequentemente escondidas através da contagem excedentária do inventário, sobretudo se uma das funções do fraudador for a de tratar do inventário. Este limita-se a exagerar a quantidade de inventário disponível, de modo a que corresponda ao inventário permanente. Para uma análise mais pormenorizada de métodos utilizados para ocultar perdas de inventário, consulte o Capítulo 9.

Pequenos Desembolsos

Outro modo de os empregados evitarem a detecção num esquema de reembolso é manter os valores dos desembolsos baixos. Muitas empresas estabelecem limites abaixo dos quais a análise administrativa de um reembolso não é necessária. Quando tal é o caso, os fraudadores simplesmente processam muitas vezes números de reembolsos suficientemente pequenos para não terem de ser analisados. Num exemplo, um empregado criou mais de mil reembolsos falsos, todos abaixo do limite de análise de 15 dólares. Por fim, foi apanhado, porque começou a processar reembolsos antes do horário de abertura da loja e outro empregado reparou que surgiam reembolsos no sistema antes de a loja abrir. No entanto, antes de este esquema ser detectado, o homem conseguiu obter mais de 11 mil dólares em dinheiro da sua empregadora.

Destruição de Registos

Um último meio de ocultar um esquema na registadora, tal como em muitos tipos de fraude, consiste em destruir todos os registos da transacção. A maioria dos métodos de ocultação tem a preocupação de impedir que a gestão se aperceba de que ocorreu uma fraude. Quando os empregados recorrem à destruição de registos, é porque reconhecem que a gestão descobrirá o furto. Por isso, o objectivo de destruir os registos é evitar que se descubra quem é o ladrão. Num dos casos, uma mulher criava falsos recibos de inventários, que se reflectiam na fita registadora. Livrou-se, então, de todos os recibos de reembolso, legítimos e fraudulentos. Uma vez que faltava documentação sobre todas as transacções, tornava-se extremamente difícil distinguir os autênticos dos falsos. Assim, foi difícil descobrir quem andava a roubar.

DETECÇÃO

Reembolsos Fictícios ou Vendas Anuladas

Os reembolsos fictícios ou vendas anuladas podem ser detectados, examinando atentamente a documentação apresentada com as receitas da caixa.

- Um método de detecção consiste em avaliar os reembolsos ou descontos concedidos por cada caixa ou vendedor. Esta análise pode revelar que um único empregado, ou grupo de empregados, tem uma incidência de reembolsos ou descontos maior. Torna-se, então, necessário um exame mais profundo para determinar se os reembolsos são adequados e estão devidamente documentados.
- Avisos na área da registadora, alertando os clientes para que peçam e examinem os seus recibos, servem-se dos compradores como parte do sistema de

controlo interno. Isto contribui para assegurar que o caixa ou o vendedor explica devidamente a venda, e evita que os empregados utilizem os recibos dos clientes como comprovativos de falsas anulações ou devoluções.
- Chamadas de serviço aleatórias a clientes que devolveram mercadorias ou anularam compras podem ser utilizadas para confirmar a legitimidade das transacções.

Alertas de Esquemas nas Registadoras
- Existe uma separação inadequada de funções dos empregados. Por exemplo, o caixa não deve efectuar a contagem da registadora nem a conciliação.
- Os caixas, e não os supervisores, possuem acesso às chaves de controlo necessárias para os reembolsos e as anulações.
- Os empregados das registadoras têm autoridade para anular as suas próprias transacções.
- Os reembolsos nas registadoras não são metodicamente analisados.
- Múltiplos caixas operam numa simples caixa registadora, sem códigos de acesso diferentes.
- Encontram-se cheques pessoais do caixa na registadora.
- As transacções anuladas não estão devidamente documentadas, ou não foram aprovadas por um supervisor.
- Os recibos de caixa anulados (sistemas manuais) ou documentos comprovativos de transacções anuladas (sistemas de caixa registadora) não estão guardados em arquivo.
- Existem fitas registadoras em falta ou alteradas de forma óbvia.
- Existem lapsos na sequência das transacções na fita registadora.
- Existe um número excessivo de reembolsos, anulações, ou nenhuma venda na fita registadora.
- Os totais do inventário parecem adulterados.
- Existem múltiplos reembolsos ou anulações por quantias mesmo abaixo do limite de análise.

PREVENÇÃO
- Analisar a separação de funções de empregados-chave que operam a registadora, bem como as funções dos seus supervisores.
- À medida que o dinheiro for recebido, convém assegurar que os empregados responsáveis pelo registo da entrada de dinheiro estão informados das suas responsabilidades e são adequadamente vigiados.

- Um empregado que não seja o operador da registadora deve ser responsável pela preparação das folhas de contas da registadora e por conciliá-las com os totais das registadoras.
- Deve ser entregue uma documentação completa sobre a registadora e o dinheiro ao pessoal apropriado.
- Os furtos de dinheiro, por vezes, são revelados pelos clientes que pagaram em dinheiro uma conta e não receberam o crédito, ou, em alguns casos, a quem foram creditados montantes que não correspondem ao pagamento que efectuaram. Queixas e inquéritos também são frequentemente recebidos dos bancos.
- O acesso à registadora deve ser atentamente controlado, e devem manter-se seguros os códigos de acesso.
- Analise a quantidade de devoluções para detectar múltiplos pequenos reembolsos.
- Comunique e adira à política da empresa de realizar contagens de dinheiro inesperadas.
- Mantenha a presença de um gestor ou supervisor próximo da área da caixa registadora, como dissuasor do furto.
- Analise documentos comprovativos de transacções anuladas e de reembolso em relação à sua correcção (isto é, legitimidade e aprovações).
- Analise a sequência numérica e inteireza das fitas registadoras.

CAPÍTULO 7

ESQUEMAS DE FACTURAÇÃO

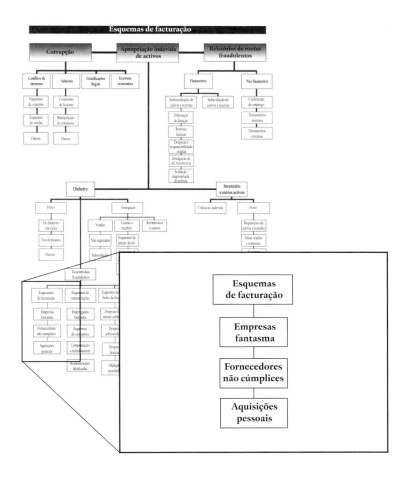

ESTUDO DE UM CASO: **ESCOLA MÉDICA TRATA FRAUDE E ABUSO***

A fraude parecia amaldiçoar uma certa escola médica do Sudeste, com um caso a surgir a seguir a outro. Uma transgressão menor de um supervisor abriu a caixa de Pandora da fraude cometida pelo seu assistente.

Tudo começou quando Bruce Livingstone, um supervisor de um escritório de três pessoas, casado, levou a sua namorada numa viagem de negócios, utilizando fundos da escola sacados de uma conta provisória (uma conta temporária

---

* Vários nomes foram alterados de modo a preservar o anonimato.

em que os lançamentos de créditos ou despesas são feitos até se poder determinar a sua correcta atribuição). Livingstone não apresentou um relatório de despesas para contrabalançar os custos desse mês, o que constituía uma violação de uma política que regia o orçamento extensivo de viagens da escola.

Assim que os administradores se aperceberam de que os empregados se tinham tornado negligentes na apresentação de relatórios de despesas de determinados períodos, tentaram conciliar a conta provisória, pedindo aos empregados que pagassem as suas próprias contas antes de receberem os seus salários.

Não desejando que a sua indiscrição fosse revelada, Livingstone teve de disfarçar a despesa suplementar de levar a sua namorada numa viagem de negócios. Apresentou um falso relatório de despesas em que, insensatamente, nomeou uma auditora superior da escola como sua companheira de viagem. Forjou a assinatura da auditora numa carta que declarava que ela participara na viagem.

Por sorte, a própria auditora, inocente, analisou o falso relatório. Ficou bastante surpreendida por descobrir que efectuara uma viagem com Livingstone. Informou imediatamente Harold Dore, o director de auditorias internas da instituição, da falsificação. Dore alertou os outros.

Após uma breve entrevista com administradores da escola, Livingstone admitiu o seu delito e foi despedido. O vice-presidente executivo autorizou Dore a realizar um exame completo de fraude. Como, em breve, descobririam, ainda não tinham visto o pior. A viagem de negócios amorosa de Livingstone era apenas a ponta do iceberg.

«Sempre que se descobre uma fraude aqui», declarou Dore, «automaticamente realizo aquilo a que chamo uma "enorme investigação"». Ele aprendeu que os fraudadores raramente se limitam à fraude descoberta. «Há grandes hipóteses de terem feito outras coisas».

No âmbito da recolha de informações para a sua investigação, Dore decidiu entrevistar Cheryl Brown, a assistente administrativa, de 30 anos, que trabalhara sob as ordens de Livingstone durante três anos. A entrevista seria realizada com o reitor da escola dentária a presidir, por isso Dore atravessou o *campus* em direcção ao gabinete.

Mas Brown saiu antes de Dore chegar. Declarou aos colegas que o seu tio fora alvejado e que ela tinha de partir para a Califórnia imediatamente. Na pressa de partir, deixou o cheque do ordenado para trás.

Considerando isso um sinal, Dore selou imediatamente o gabinete que Brown e Livingstone partilhavam e começou a busca. Encontrou sacos de dispendiosas ferramentas dentárias e próteses, que Livingstone vendia, há anos, ilegalmente aos estudantes dentários.

Sabendo que as comissões dos fornecedores são comuns e uma vez que uma das principais funções do gabinete era processar as facturas dos fornecedores, Dore começou por analisar o ficheiro principal. A lista nunca fora depurada e continha dezenas de milhares de nomes – todos os fornecedores que já tinham fornecido bens e serviços como parte do orçamento anual da escola de 55 milhões de dólares. Seleccionou 50 fornecedores, escolhendo deliberadamente os que não tinham um número de telefone ou endereço postal.

Em seguida, Dore levou a sua lista para a próxima paragem no processo de pagamentos, o departamento de contas a pagar. Após verificar metodicamente toda a correspondente documentação, concentrou-se num fornecedor: Armstrong Supply Company. Facturava, regularmente, duas ou três vezes por mês, estranhos artigos referenciados, mas desconhecidos por Dore, e sempre por montantes abaixo dos 4,5 mil dólares, eliminando a necessidade de duas assinaturas autorizadas. Todos os formulários de pedidos de fundos anexos às facturas tinham a assinatura de Livingstone ou do reitor da escola dentária. Além disso, Dore não conseguiu descobrir, no arquivo, qualquer candidatura de fornecedor da Armstrong Supply. Também não descobriu qualquer processo de concurso de compra em curso.

«Assim que olhei, com cuidado, para as facturas, surgiu-me um ponto de partida», declarou o investigador de fraudes. Todas as facturas tinham sido produzidas numa máquina de escrever em papel de máquina regular, branco e simples. Um logótipo com a cabeça de um soldado romano embelezava o topo, por cima da palavra «FACTURA», que estava dactilografada num tipo de letra de tamanho 12, a negrito. Algumas tinham números de factura, outras não, mas tinham um número de quatro dígitos de caixa postal (uma investigação subsequente revelou que as autoridades postais tinham mudado para caixas postais de cinco e seis dígitos, anos antes). Os artigos facturados incluíam coisas como «três dúzias de alfinetes TPM» (cuja identificação deixou perplexo até o gestor de armazém de há muitos anos).

«As facturas simplesmente pareciam falsas», declarou Dore, que possui mais de 20 anos de experiência em auditorias. Além disso, mais tarde, descobriu facturas em branco para a Armstrong Supply numa das gavetas da secretária de Brown, imediatamente por baixo de uma máquina de escrever suspeita. E encontrou uma factura preenchida, que fora preparada para submissão (aparentemente Brown partira demasiadamente apressado para se livrar da prova do delito).

Com base nestas facturas suspeitas, o departamento de contas a pagar emitia um cheque pelo valor declarado. Nos formulários de requisição de fundos anexos, Brown indicava, sempre, que entregaria pessoalmente o cheque à Armstrong Supply (devido a controlos negligentes, os fornecedores e empregados podiam levantar os cheques). Os cheques liquidados revelaram que um homem chamado Claude Armstrong III os descontara em vários serviços de desconto de cheques, que, por vezes, telefonavam a Cheryl Brown para uma confirmação adicional, como vinha anotado no reverso dos cheques.

Uma investigação mais profunda, segundo Dore, revelou nova vigarice. O correio do escritório continha um cheque-presente da Sears, com um cartão de um fornecedor para Brown, agradecendo-lhe o seu recente negócio. O fornecedor da Califórnia facturara à escola aproximadamente 12 mil dólares em cartuchos de tinta Xerox – 1,5 mil dólares por cada – e Brown processara as facturas. Após uma busca infrutífera deste espólio valioso, nos armazéns e centros de cópia da escola, Dore ligou para os distribuidores locais e descobriu que os seus tinteiros mais dispendiosos custavam apenas 183 dólares. Sob as suas ordens, investigadores privados localizaram a «sede corporativa» do fornecedor numa unidade arrendada da Mail Boxes Etc. EUA, mas a escola abandonou a sua tentativa de recuperação de longa distância, quando esta se revelou demasiado dispendiosa.

Embora Dore tivesse tentado manter a sua investigação de três meses em segredo, o *campus* ressoava com as notícias sobre as suas actividades. Os muitos amigos de Brown, incluindo dois no departamento de contas a pagar, mantinham-na ao corrente dos seus movimentos.

Em seguida, Dore chamou Livingstone para uma conversa sobre as novas provas que comprovavam fraudes de fornecedores e comissões, bem como a sua venda secreta de materiais ortodônticos. Segundo Dore, durante a entrevista, tornou-se evidente que o mulherengo não sabia nada sobre os esquemas de fornecedores. Brown cometera a fraude de fornecedor, de 63 mil dólares, sem o auxílio de Livingstone. Este pareceu ficar bastante abatido por o esquema ter ocorrido debaixo do seu nariz, por uma pessoa em quem ele confiava tanto. Em alguns casos, Brown forjara a assinatura do seu supervisor e do reitor da escola dentária, noutros, os chefes, inconscientemente, tinham assinado realmente os falsos formulários.

Ao mesmo tempo que ocorria a entrevista com Livingstone, o conselho geral da escola recebeu uma chamada do advogado de Brown. «Perguntou se alguma vez concedêramos indulgência a um empregado, que, no passado, teve um comportamento desviante, mas que tivesse admitido tudo», declarou Dore. Quando o conselho geral considerou isso uma possibilidade, marcaram uma reunião para Setembro. Devia ser assistida pelos dois advogados, Dore, o vice-presidente executivo da escola e Brown, que nunca mais regressara ao trabalho depois da sua partida apressada. O seu advogado também transmitiu o pedido de Brown de levar uma amiga, como testemunha do seu carácter, uma enfermeira para quem trabalhara outrora, que podia atestar o bom carácter desta mãe solteira que sustentava três filhos pequenos.

Brown esteve calada e colaborante na reunião. Dore levou-a até ao seu volumoso ficheiro sobre a Armstrong Supply, a empresa fictícia que ela criara. Ela identificou voluntariamente todos os documentos que especificavam a sua duplicidade, que começara cinco meses depois de ter sido contratada. Necessidades urgentes e desesperadas de dinheiro suscitaram as primeiras vigarices, explicou. À medida que Brown compreendeu como era fácil, à luz dos fracos controlos, a sua confiança aumentou e ela subiu a parada. «Segundo ela, tornou-se viciante», recordou Dore.

Para ilustrar a sua necessidade, explicou que o seu marido tinha um problema de drogas e álcool e que ela se deixara igualmente arrastar para o abuso de drogas. Argumentou que, após se ter tornado viciada, o marido a abandonara e aos filhos. Em seguida, foi-se abaixo e chorou, pela primeira de muitas vezes durante a entrevista. Brown prosseguiu, salientando que estava a ser tratada do seu vício. Quando Dore perguntou há quanto tempo ela ia ao médico, «declarou que a sua primeira visita seria na próxima semana» (meses mais tarde, uma conversa informal com um colega de trabalho que já saíra com Brown levantou dúvidas acerca das suas desculpas. «Ele jurou que ela nunca tocara em drogas ou álcool», declarou Dore).

Ela declarou que o seu cúmplice, Claude Armstrong III, era um amigo com um historial de abuso de drogas (verificações de antecedentes revelaram uma detenção e condenação por acusações de droga, no caso de Armstrong; Brown não possuía detenções nem condenações anteriores e as suas referências revelaram-se favoráveis). Ela também admitiu que a sua história sobre o tio na Califórnia fora inventada.

Depois de Brown ter manifestado remorsos sobre as facturas falsas, Dore interrogou-a sobre a sua relação com a falsa firma de fornecimento de tinteiros. Ela negou qualquer conhecimento dessa vigarice. Insistiu que as facturas eram legítimas e que os tinteiros estavam empilhados num armazém (nota: até à data, ninguém encontrou os tinteiros).

Mesmo sem ter admitido a recente vigarice dos tinteiros de 12 mil dólares, Brown pareceu surpreendida por saber que a sua fraude da Armstrong Supply rendera 63 mil dólares, ao longo de dois anos.

Considerando a pequena percentagem do orçamento anual que foi roubada, os administradores da escola não ficaram surpreendidos por a fraude não ser detectada por uma das *Big Six*[6] que servia como auditora externa. O seu contrato declarava que «os testes de auditoria não incluíam tudo e não eram concebidos para descobrir fraudes», uma exoneração de responsabilidade em que os auditores se apoiam para os absolver de uma possível culpabilidade. «Se fossem assim tão minuciosos, ninguém poderia pagar uma auditoria externa», declarou Dore, também auditor interno.

Em retrospectiva, ele viu que algum bem resultou das fraudes. Desde então, a escola instituiu controlos muito mais fortes e certifica-se que estes são aplicados. Dore declarou que os contos sobre a sua investigação tenaz aumentaram o respeito pela função de auditoria. «E provavelmente instilaram um certo receio entre os 1500 empregados, porque os administradores da escola apresentaram uma queixa-crime contra Brown».

Durante o julgamento, o promotor informou Dore que o seu testemunho não era necessário, embora tivesse demonstrado uma intenção bem firme da parte da arguida. Com o seu advogado a agir em seu nome, Brown chegou a um acordo com o promotor de Justiça. Ficou em liberdade condicional, tendo-lhe sido ordenada a restituição parcial dos fundos (Brown foi considerada três quartos culpada e Armstrong um quarto. Uma vez que metade dos fundos roubados provinham de subsídios federais, 30 mil dólares foram atribuídos à autoridade subsidiária federal).

> Como parte do acordo, Brown também foi condenada a seis meses de prisão domiciliária – com excepções concedidas para poder frequentar o trabalho e a igreja.

VISÃO GERAL

Os esquemas de apropriação indevida de activos debatidos até aqui – esquemas de sonegação, furto, falsificação de cheques e registadora – exigiam todos que o autor do esquema se apropriasse fisicamente de dinheiro ou cheques da entidade patronal. No esquema típico de furto de dinheiro em caixa, sonegação ou roubo na registadora, o fraudador embolsa o dinheiro – sob a forma de moeda corrente e cheques – e leva-o para fora das instalações da empresa. Nos esquemas de falsificação de cheques, um empregado apropria-se de um cheque e prepara-o de modo a conseguir converter os fundos da sua empregadora em proveito próprio.

Nos próximos dois capítulos, debatemos um tipo diferente de esquema de apropriação indevida de activos. Um esquema que permite que os seus autores desviem fundos da empresa sem nunca chegarem a manusear, no local de trabalho, dinheiro ou cheques. Estes esquemas atacam o ciclo de desembolsos de caixa e pagamentos, e são livremente chamados de *falsas reclamações*, pois obtêm sucesso através de um falso pedido de pagamento à empresa lesada. Os esquemas de falsas reclamações persuadem as empresas lesadas a emitir falsos pagamentos em troca de bens ou serviços que estas não receberam. Este grupo consiste em *esquemas de facturação* (que atacam a função de compra de uma empresa), *esquemas nas remunerações* e *esquemas de reembolsos de despesas dos empregados*. O mais comum é o esquema de facturação.

DADOS SOBRE ESQUEMAS DE FACTURAÇÃO DO *INQUÉRITO NACIONAL SOBRE FRAUDES DE 2006* DA ACFE

Frequência e Custo

Entre as categorias de desembolsos fraudulentos, os esquemas de facturação foram os mais vulgarmente relatados no *Inquérito Nacional sobre Fraudes de 2006*. De 675 casos relatados de desembolsos fraudulentos, 44% envolviam fraudes de facturação (a soma destas percentagens ultrapassa os 100%, porque alguns casos envolveram múltiplos esquemas de fraude que recaíam em mais de uma categoria. Vários gráficos deste capítulo podem reflectir percentagens que totalizam mais de 100%, por motivos semelhantes). Os esquemas de facturação foram, também, a forma mais onerosa de desembolsos fraudulentos, com uma perda mediana registada de 130 mil dólares (consultar Figuras 7.1 e 7.2).

Dos 253 casos de esquemas de facturação, em que foi referido um prejuízo de dólares, 61% causaram perdas de pelo menos 100 mil dólares, e um em cinco provocaram perdas de pelo menos um milhão de dólares. A distribuição de perdas medianas, em casos de esquemas de facturação, assemelhava-se bastante à distribuição de perdas medianas em todas as fraudes ocupacionais do nosso estudo (consultar Figura 7.3).

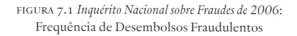

FIGURA 7.1 *Inquérito Nacional sobre Fraudes de 2006*:
Frequência de Desembolsos Fraudulentos

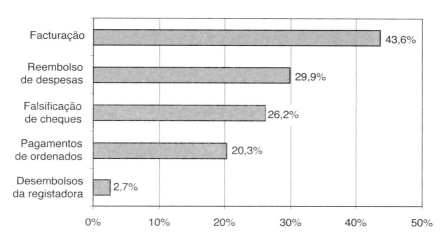

FIGURA 7.2 *Inquérito Nacional sobre Fraudes de 2006*:
Perda Mediana de Desembolsos Fraudulentos

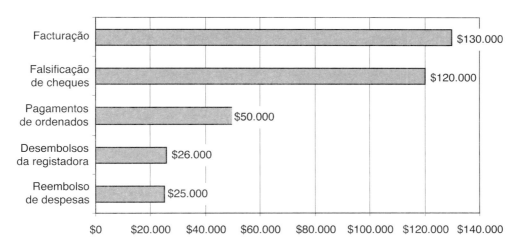

Detecção de Esquemas de Facturação

O método mais comum na detecção de esquemas de facturação foi o das denúncias, citadas em 41% dos casos que analisámos deste tipo de fraudes. A detecção acidental foi citada em quase um quarto dos esquemas de facturação (consultar Figura 7.4).

FIGURA 7.3 *Inquérito Nacional sobre Fraudes de 2006*:
Distribuição de Perdas de Dólares nos Esquemas de Facturação

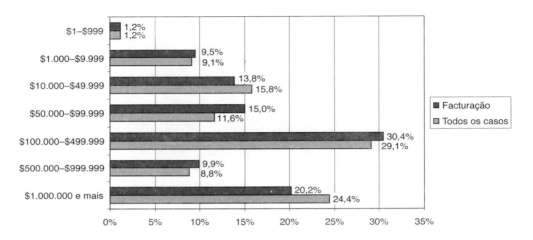

FIGURA 7.4 *Inquérito Nacional sobre Fraudes de 2006*: Detecção de Esquemas de Facturação

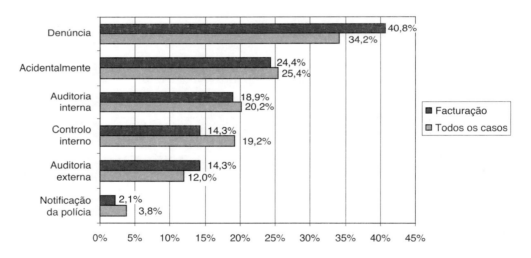

Autores de Esquemas de Facturação

De 253 esquemas de facturação em que o cargo do fraudador foi identificado, 30% (75 casos) foram cometidos por empregados, 49% (124 casos) por gestores e 21% (54 casos) por proprietários/executivos. Esta distribuição foi semelhante à distribuição de todos os casos, ainda que ligeiramente acima nos gestores e proprietários (consultar Figura 7.5).

Tal como na maioria das fraudes ocupacionais, as perdas medianas em esquemas de facturação aumentavam consoante o cargo do autor. Os esquemas realizados por gestores eram duas vezes e meia mais onerosos do que os cometidos por empregados, tendo como base as perdas medianas. Do mesmo modo, os proprietários provocavam perdas medianas maiores, mais de duas vezes superiores às perdas provocadas pelos gestores (consultar Figura 7.6).

FIGURA 7.5 *Inquérito Nacional sobre Fraudes de 2006*: Autores de Esquemas de Facturação

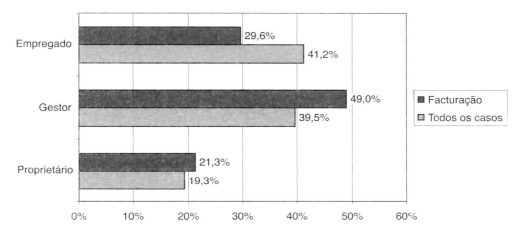

FIGURA 7.6 *Inquérito Nacional sobre Fraudes de 2006*: Perda Mediana por Autor de Esquemas de Facturação

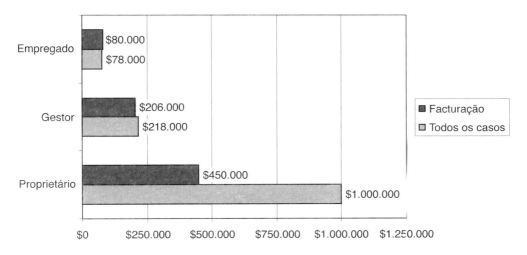

Vítimas de Esquemas de Facturação

A Figura 7.7 mostra a análise de casos, no nosso estudo, de fraudes com a facturação, com base no número de empregados na organização lesada. Esta distribuição assemelha-se bastante à distribuição global, embora ocorresse uma maior percentagem de esquemas de facturação em organizações com mais de 1000 empregados.

FIGURA 7.7 *Inquérito Nacional sobre Fraudes de 2006*:
Dimensão, em Número de Empregados, da Vítima de Esquemas de Facturação

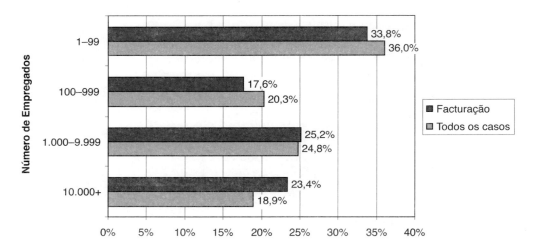

As perdas medianas associadas aos casos de fraude de facturação, com base na dimensão da organização lesada, encontram-se ilustradas no Figura 7.8. As perdas medianas dos esquemas de facturação ultrapassaram as perdas medianas, considerando todos os casos, em organizações com mais de 1000 empregados. Existem três tipos principais de esquemas de facturação:

1. Facturação através de empresas-fantasma
2. Facturação através de fornecedores não cúmplices
3. Compras pessoais com fundos da empresa

FIGURA 7.8 *Inquérito Nacional sobre Fraudes de 2006*:
Perda Mediana por Dimensão da Vítima em Esquemas de Facturação

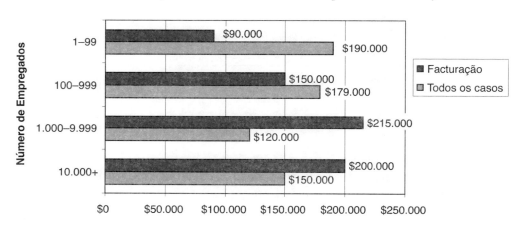

ESQUEMAS GERADORES DE DINHEIRO

Num esquema gerador de dinheiro, um empregado cria documentos comprovativos falsos ou apresenta facturas falsas à empregadora. Estes falsos documentos levam a empresa a emitir pagamentos por bens ou serviços que são totalmente fictícios, ou exagerados no preço. O fraudador recebe, então, os cheques, com o pagamento, e converte-os. Estes esquemas distinguem-se dos esquemas de compras (que serão debatidos, neste capítulo, mais adiante), em que um empregado compra bens ou serviços para uso pessoal a expensas da empresa.

Um *documento* é um ficheiro que inclui a ordem de compra enviada ao fornecedor, a factura do fornecedor, enumerando o preço e a quantidade de artigos comprados, e os relatórios internos de recepção, que comprovam que os artigos comprados foram entregues. No ciclo de compras típico, exige-se um comprovativo preenchido, contendo todos estes documentos, antes de o departamento de contas a pagar emitir um cheque a um fornecedor. Como tal, um esquema de facturação pode requerer a falsificação ou a alteração de qualquer um desses documentos.

Em geral, os esquemas de facturação gerador de dinheiro são edificados em torno de facturas de empresas-fantasma ou negócios pertencentes aos empregados. Em outras circunstâncias, um empregado corrupto pode utilizar facturas de fornecedores legítimos para gerar desembolsos fraudulentos.

FACTURAÇÃO ATRAVÉS DE EMPRESAS-FANTASMA

Formar uma Empresa-Fantasma

As empresas-fantasma, para os fins desta obra, são entidades fictícias criadas com a finalidade única de cometimento de uma fraude. Como verificámos no estudo de um caso, apresentado no início deste capítulo, podem não passar de um nome inventado e uma caixa postal que um empregado utiliza para recolher desembolsos de falsas facturações. Contudo, uma vez que os cheques recebidos serão passados em nome da empresa-fantasma, o fraudador também cria, normalmente, uma conta bancária em nome da nova empresa, registando-se como signatário autorizado da conta (consultar Figura 7.9).

Para abrir uma conta bancária para uma empresa-fantasma, um fraudador provavelmente terá de apresentar ao banco um pacto social, ou um certificado do registo do nome de guerra. Uma empresa obtém estes documentos através de um governo estatal ou local. Estes documentos podem ser forjados, mas é mais provável que o fraudador simplesmente apresente a papelada necessária e obtenha documentos legítimos. Isso, geralmente, pode conseguir-se por uma pequena taxa, cujo custo pode ser mais do que compensado por um esquema de fraude bem sucedido.

Caso se venha a descobrir que uma empresa está a ser falsamente facturada por um fornecedor, os investigadores da parte lesada podem tentar descobrir o proprietário. Os documentos utilizados para iniciar uma conta bancária em nome de uma empresa-fantasma por vezes podem auxiliar os investigadores a determinar quem se encontra por trás das facturações fraudulentas. Se o empregado corrupto formou a empresa-fantasma com o seu próprio nome, uma busca de registos públicos no tribunal local pode revelá-lo como fraudador.

FIGURA 7.9 Falsas Facturações de Empresas-Fantasma

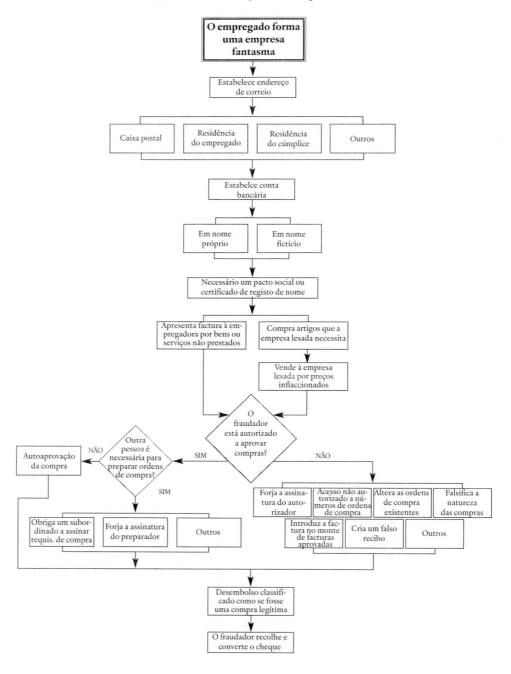

Por este motivo, os empregados corruptos por vezes formam empresas-fantasma em nome de outra pessoa. Num dos casos, um empregado roubou aproximadamente um milhão de dólares da sua empregadora através de falsas facturações apresentadas por uma empresa-fantasma estabelecida no nome da sua mulher. Utilizar o nome da esposa acrescenta um tampão de segurança ao esquema de fraude de um empregado.

Quando um empregado estabelece uma empresa-fantasma, por vezes fá-lo no nome de solteira da mulher, para se distanciar mais da empresa fictícia.

Um modo mais eficaz de os fraudadores ocultarem ligações a uma falsa empresa consiste em formar a empresa sob um nome falso. Tomemos o caso de um empregado que utilizou a identificação de um colega de trabalho para formar um fornecedor-fantasma. O fraudador cobrou, então, à empregadora cerca de 20 mil dólares em falsos serviços. Os cheques resultantes eram depositados na conta da empresa-fantasma, e era levantado, em numerário, da conta, através de uma caixa automática.

A outra questão envolvida na formação de uma empresa-fantasma é o endereço da entidade – o local em que os cheques fraudulentos serão recolhidos. É frequente os empregados alugarem uma caixa postal e registá-la como endereço de correio da empresa-fantasma. Alguns empregados, em vez disso, registam o seu endereço de casa. Num caso, um chefe de departamento estabeleceu uma falsa empresa, utilizando a sua residência como endereço de correio. Durante um período de dois anos, esse homem apresentou mais de 250 mil dólares em facturas falsas. Por fim, o esquema foi detectado por um funcionário recém-contratado. O funcionário estava a processar uma factura, quando reparou que o endereço do fornecedor era o mesmo que o do seu patrão (por feliz coincidência, o funcionário dactilografara, antes, nesse mesmo dia, uma carta pessoal do seu patrão, e recordava-se do endereço). Se o chefe de departamento tivesse utilizado um apartado postal, em vez do seu endereço de casa, nas facturas, o seu esquema poderia ter continuado.

O motivo para os empregados hesitarem em utilizar apartados postais em esquemas de empresas-fantasma é que, em alguns negócios, há cautelas especiais em enviar cheques a fornecedores que não possuem endereços de ruas. Os apartados podem indicar fraude. Por esse motivo, os fraudadores poderão utilizar o endereço de um familiar, amigo ou cúmplice, como ponto de recolha de cheques fraudulentos.

Emitir Falsas Facturas

Assim que uma empresa-fantasma é constituída, e uma conta bancária aberta, os empregados corruptos encontram-se em posição de começar a cobrar à empregadora. As facturas podem ser produzidas de diversos modos – uma impressora profissional, um computador pessoal ou uma máquina de escrever. Como verificámos no estudo de um caso no início deste capítulo, as facturas falsas nem sempre têm de ter qualidade profissional para gerar desembolsos fraudulentos. As facturas dactilografadas que Cheryl Brown utilizou para cobranças da Armstrong Supply Company «simplesmente cheiravam a esturro», segundo Harold Dore, no entanto, eram suficientes para gerar cheques.

Auto-aprovação de Facturas Fraudulentas

A dificuldade num esquema de empresa-fantasma não é normalmente produzir as facturas, mas conseguir que a empresa lesada as pague. A autorização para a compra fictícia (e portanto o pagamento da conta) é a chave. Numa grande percentagem de casos, do nosso estudo, de empresas-fantasma, os fraudadores estavam em posição de aprovar pagamentos sobre as facturas que apresentavam fraudulentamente. Num exemplo, um gestor autorizou o pagamento de seis milhões de dólares de falsas facturas de uma empresa fictícia, que constituíra. De modo semelhante, um empregado noutro caso estabeleceu uma falsa empresa de fretes e aprovou, pessoalmente, falsas facturas dessa empresa, no valor de 50 mil dólares. É lógico que as pessoas com autoridade para aprovar compras se encontrem entre as mais prováveis envolvidas em esquemas de facturação, uma vez que têm menos obstáculos a ultrapassar do que outros empregados.

Uma ligeira flexão deste método foi utilizada num caso em que a organização lesada adequadamente exigia que os comprovativos fossem preparados e aprovados por pessoas diferentes. O fraudador, neste caso, tinha autorização para a aprovação, mas não podia preparar os documentos que aprovava. Assim, essa pessoa criou falsos recibos e forjou as iniciais de um colega de trabalho como preparador. Em seguida, o fraudador autorizou o pagamento do recibo, sob a sua própria autoridade. Parecia que dois empregados tinham autorizado o documento, como o exigiam os controlos da organização.

Nem todas as empresas exigem o preenchimento dos comprovativos de pagamento antes de emitirem cheques. Em algumas empresas, os cheques são passados com base em procedimentos menos formais. Num exemplo, o CEO de uma entidade sem fins lucrativos apresentava, simplesmente, «pedidos de cheques» ao departamento de contabilidade. Como CEO, os seus «pedidos» tinham grande peso na organização. A empresa emitia cheques para qualquer empresa que estivesse enumerada no pedido, no valor de qualquer montante que fosse especificado. O CEO utilizou este mecanismo para obter mais de 35 mil dólares em pagamentos de serviços fictícios prestados por uma empresa-fantasma que constituíra. Neste caso, nem sequer eram necessárias facturas para autorizar pagamentos. Os formulários de pedidos de cheques registavam, simplesmente, o beneficiário, o montante e uma breve descrição do motivo do cheque. Era tão fácil para o CEO gerar desembolsos fraudulentos que acabou por formar três empresas diferentes que cobravam, ao mesmo tempo, a empresa lesada. É evidente que, como CEO, o fraudador tinha grande amplitude de acção na empresa e não era provável que fosse estorvado por um dos seus subordinados. No entanto, este caso deve ilustrar como a não requisição de comprovativos adequados dos pagamentos pode levar à fraude.

Supervisores «Automáticos»

Se os empregados não podem autorizar pagamentos por si, o melhor é que a pessoa que possui essa autoridade seja desatenta ou demasiado confiante. Supervisores «automáticos» como esses estão destinados a serem visados pelos empregados sem ética. Num caso, um empregado estabeleceu, juntamente com um cúmplice, uma falsa empresa de fornecimento de computadores e «vendeu» peças e serviços à sua empregadora. O supervisor do fraudador não sabia muito sobre computadores e não podia avaliar com precisão se as facturas da falsa empresa eram excessivas ou até necessárias. O supervisor era obrigado a confiar no autor do esquema para confirmar a autenticidade das compras. Consequentemente, a empresa lesada sofreu perdas de aproximadamente 20 mil dólares.

Confiança em Falsos Documentos

Quando os empregados não têm autoridade para a aprovação de compras e não possuem a vantagem de ter um supervisor «automático», têm de fazer passar os seus recibos pelo processo normal de contas a pagar. O êxito deste tipo de esquema dependerá da aparente autenticidade do falso documento criado. Se os fraudadores conseguirem criar ordens de compra e relatórios de recepção, que corroborem as informações da factura fraudulenta da empresa-fantasma, podem levar o departamento das contas a pagar a emitir o cheque.

Conluio

O conluio entre vários empregados é por vezes utilizado para ultrapassar controlos internos bem concebidos de uma empresa lesada. Numa empresa com a devida segregação de funções, as operações de comprar bens ou serviços, autorizar a compra, receber os bens ou serviços, e fazer o pagamento ao fornecedor devem estar separadas. Como é evidente, se este processo for estritamente seguido, tornar-se-á extremamente difícil um único empregado cometer um esquema de facturação falsa. Por isso, observámos a criação de esquemas em que vários empregados conspiraram para derrubar as medidas de prevenção da fraude da sua empregadora. Num caso, um chefe de armazém e um funcionário que encomendava peças conspiraram para comprar artigos inexistentes, no valor de 300 mil dólares. O funcionário, que encomendava as peças, iniciava as falsas transacções, obtendo aprovação para encomendar peças que dizia serem necessárias. As encomendas eram depois enviadas a um fornecedor que, actuando em conjunto com os dois fraudadores, preparava falsas facturas, que eram enviadas para a empresa lesada. Entretanto, o chefe de armazém confirmava a recepção de remessas fictícias. Os fraudadores conseguiram compilar *dossiers* de compras sem ultrapassarem as suas funções normais. De modo semelhante, noutro caso, três empregados criaram uma empresa-fantasma para cobrar à sua empregadora produtos e serviços. O primeiro empregado, um funcionário, estava encarregado de encomendar peças e serviços. O segundo empregado, um agente de compras, ajudava a autorizar tais ordens, falsificando os relatórios de compras, com os preços comparativos. O funcionário era, também, responsável por receber as peças e os serviços, enquanto um terceiro conspirador, um gestor do departamento de contas a pagar da empresa lesada, assegurava que eram emitidos pagamentos sobre as facturas fraudulentas.

Estes casos ilustram como o conluio entre vários empregados com funções separadas no processo de compras pode ser muito difícil de detectar. Mesmo que todos os procedimentos de controlo sejam seguidos, até certo ponto a empresa tem de confiar que os seus empregados são honestos. Um dos objectivos de separar funções consiste em evitar que uma pessoa tenha demasiado controlo sobre uma função de negócio específica. Fornece um mecanismo de controlo incorporado, em que as acções de toda a gente são verificadas por outra pessoa. Mas se toda a gente for corrupta, mesmo os controlos adequados podem ser ultrapassados.

Compras de Serviços em vez de Bens

A maioria dos esquemas de empresas-fantasma do nosso inquérito envolvia a compra de serviços e não de bens. Por que motivo? O motivo principal é o facto de os serviços não serem corpóreos. Se um empregado estabelece uma empresa-fantasma para fazer vendas fictícias de bens à sua empregadora, é evidente que esses bens nunca chegarão. Ao comparar as suas compras com os seus níveis de inventário, a empresa lesada pode detectar a fraude. É muito mais difícil a empresa lesada verificar que os serviços nunca foram prestados. Por este motivo, muitos empregados envolvidos em esquemas de empresas-fantasma cobram às suas empregadoras coisas como «serviços de consultoria».

Esquemas de Revenda

Nos esquemas debatidos até agora, as empresas lesadas eram cobradas por compras totalmente fictícias de bens ou serviços. Trata-se da fórmula mais comum de uma fraude de empresa fantasma, mas existe uma subcategoria em que bens ou serviços são realmente vendidos à empresa lesada. São conhecidos como esquemas de revenda.

Os esquemas de revenda geralmente são realizados por empregados encarregados de comprar em nome da empresa lesada. Em vez de comprarem mercadorias directamente a um fornecedor, os empregados criam uma empresa-fantasma e compram a mercadoria através dessa entidade fictícia. Em seguida, revendem a mercadoria da empresa-fantasma à sua empregadora por um preço inflacionado, obtendo assim um lucro não autorizado sobre a transacção.

Um dos melhores exemplos surgiu num caso em que um director de departamento estava encarregado de comprar equipamento para computadores. Devido à sua perícia no tema e ao seu cargo elevado na empresa, não era supervisionado na sua tarefa. O director criou uma empresa-fantasma noutro Estado e comprou computadores usados através dessa empresa, depois vendeu-os à sua empregadora por um preço exagerado. O dinheiro da primeira prestação da empresa lesada sobre os computadores foi utilizado para pagar as dívidas da empresa-fantasma aos verdadeiros fornecedores. Os pagamentos subsequentes constituíram lucros para a falsa empresa. O esquema custou à empresa lesada mais de um milhão de dólares.

FACTURAÇÃO ATRAVÉS DE FORNECEDORES NÃO CÚMPLICES

Esquemas de Pagamento e Devolução

Em vez de utilizarem empresas-fantasma como veículos para esquemas de sobrefacturação, alguns empregados geram desembolsos fraudulentos, utilizando as facturas de fornecedores não cúmplices. Nos esquemas de pagamento e devolução, estes empregados não preparam e apresentam as facturas dos fornecedores; em vez disso, realizam, propositadamente mal, pagamentos devidos a fornecedores legítimos (consultar Figura 7.10). Um modo de o fazer consiste em pagar, propositadamente, uma factura duas vezes.

Num dos casos, uma secretária era responsável por abrir o correio, processar os pedidos e autorizar os pagamentos. Pagou, propositadamente, duas vezes algumas contas e, em seguida, pediu aos destinatários que devolvessem um dos cheques. Interceptava esses cheques e depositava-os na sua própria conta.

Outro modo de realizar um esquema de pagamento e devolução é pagar propositadamente ao fornecedor errado. Isso ocorreu num caso em que um funcionário de contas a pagar deliberadamente colocou cheques para o fornecedor nos envelopes errados. Após terem sido colocados no correio, telefonou aos fornecedores para explicar o «erro» e pediu que lhe devolvessem os cheques. Depositou esses cheques na sua própria conta e introduziu, uma segunda vez, a ordem de pagamento no sistema de débitos, para pagar o devido aos fornecedores.

Finalmente, um empregado pode pagar ao fornecedor, mas propositadamente pagar-lhe em excesso. Num desses exemplos, um empregado levou, propositadamente, a que um cheque fosse emitido a um fornecedor por mais do que o montante da factura, e, em seguida, pediu a devolução do montante excedentário. O fraudador depositou esse dinheiro na sua própria conta. Do mesmo modo, um empregado pode comprar, propositadamente, mercadoria excessiva, devolver o excesso e ficar com o reembolso.

Sobrefacturação com Facturas de um Fornecedor Não Cúmplice

Na maioria dos casos em que os empregados criam facturas falsas para cobrar em excesso à sua empregadora, utilizam uma empresa-fantasma. É raro os empregados apresentarem a factura de um fornecedor existente. No entanto, em alguns casos, os empregados realizam tal esquema, alterando a factura de um fornecedor existente. No seguinte estudo de um caso, Albert Miano pegou na cópia de uma factura de um fornecedor de serviços, apagou as informações nela contidas e, em seguida, utilizou a cópia da factura, agora em branco, para imprimir réplicas. Com as facturas em branco daí obtidas, cobrou à sua empregadora mais de um milhão de dólares de trabalhos falsos. O CFE Terence McGrane pôs fim ao esquema de Miano.

FIGURA 7.10 Esquemas de Pagamento e Devolução

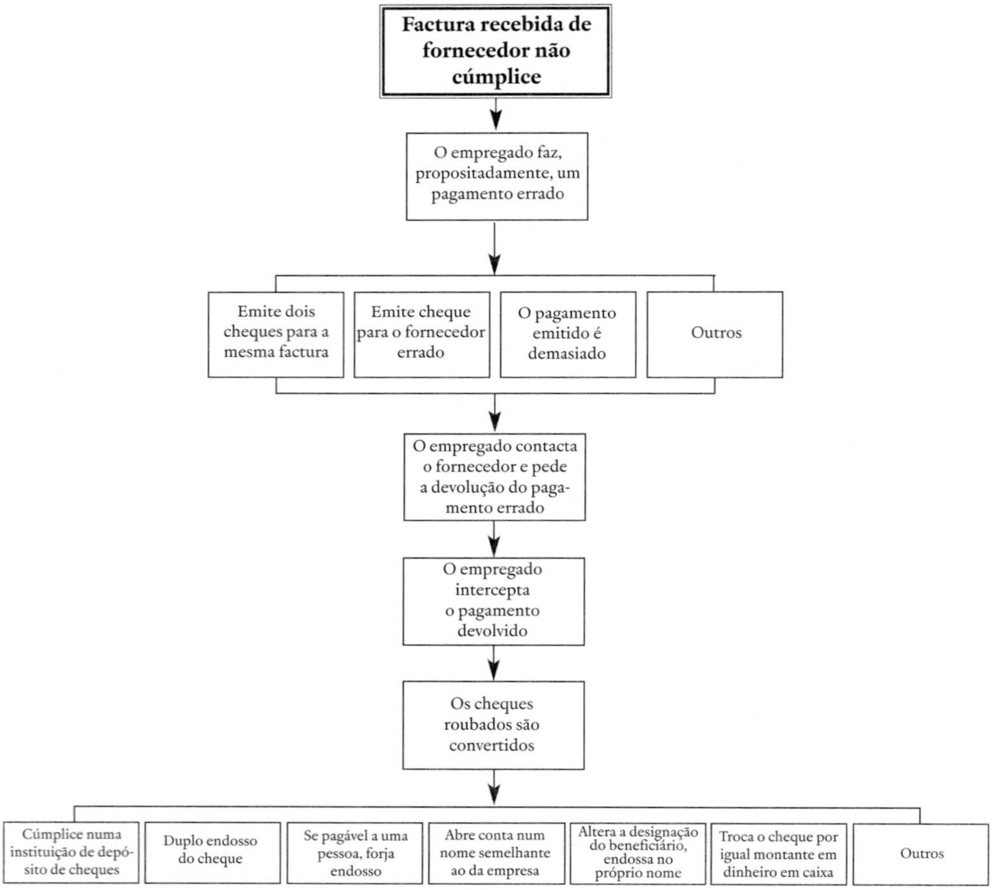

```
                  ┌─────────────────────────┐
                  │ Factura recebida de     │
                  │ fornecedor não          │
                  │ cúmplice                │
                  └───────────┬─────────────┘
                              ▼
                  ┌─────────────────────────┐
                  │ O empregado faz,        │
                  │ propositadamente, um    │
                  │ pagamento errado        │
                  └───────────┬─────────────┘
          ┌──────────┬────────┴────────┬──────────┐
          ▼          ▼                 ▼          ▼
      Emite dois  Emite cheque     O pagamento  Outros
      cheques    para o fornecedor  emitido é
      para a     errado            demasiado
      mesma
      factura
                              ▼
                  ┌─────────────────────────┐
                  │ O empregado contacta    │
                  │ o fornecedor e pede     │
                  │ a devolução do paga-    │
                  │ mento errado            │
                  └───────────┬─────────────┘
                              ▼
                  ┌─────────────────────────┐
                  │ O empregado             │
                  │ intercepta              │
                  │ o pagamento             │
                  │ devolvido               │
                  └───────────┬─────────────┘
                              ▼
                  ┌─────────────────────────┐
                  │ Os cheques              │
                  │ roubados são            │
                  │ convertidos             │
                  └───────────┬─────────────┘
```

| Cúmplice numa instituição de depósito de cheques | Duplo endosso do cheque | Se pagável a uma pessoa, forja endosso | Abre conta num nome semelhante ao da empresa | Altera a designação do beneficiário, endossa no próprio nome | Troca o cheque por igual montante em dinheiro em caixa | Outros |

ESTUDO DE UM CASO: PARA ESTA REVISTA, A FRAUDE INTERNA REVELOU-SE DIFÍCIL DE DIGERIR**

A fraude é, por vezes, descoberta por acaso, e não através de esforços deliberados. Na fraude de desfalque de um milhão de dólares por parte de um empregado da *Reader's Digest*, mais de uma coincidência deitou abaixo o fraudador.

A *Reader's Digest* é não só uma revista popular, como uma das maiores editoras de correio publicitário a nível mundial. Em meados dos anos 80, os administradores decidiram recorrer ao *outsourcing* em muitas das suas operações de correio publicitário junto de empresas especializadas. Com isso, começou a converter a sua localização em Pleasantville, Nova Iorque, de uma unidade de encomendas postais para um complexo de escritórios. Parte da construção do complexo de escritórios envolvia a construção de um auditório. Deveria ser um auditório idêntico ao da cidade histórica de Williamsburg, Virgínia.

Terrence McGrane mal começara o seu terceiro dia no emprego como chefe do departamento de auditoria interno da *Reader's Digest*. Num esforço para conhecer a sua nova empresa, marcara uma série de entrevistas com todos os vice-presidentes. A sua primeira entrevista foi com o vice-presidente dos serviços administrativos, Harold J. Scott, encarregado de muitos projectos de construção e serviços de manutenção. Devido ao projecto de renovação em larga escala, não era invulgar centenas de facturas serem encaminhadas para Scott.

A primeira coincidência ocorreu quando McGrane passou pelo departamento de contas a receber e encontrou uma série de facturas, apresentadas recentemente, de várias despesas relacionadas com o projecto de construção do auditório. «Uma das coisas que eu desejava era compreender como funcionavam os códigos de contabilidade – o que era capitalizado; o que era despendido; como era isso registado, etc.». Assim, pegou num monte de facturas processadas com códigos de contabilidade e dirigiu-se para o local de construção, para a entrevista com o vice-presidente.

Enquanto os dois percorriam o terreno, McGrane perguntou ao vice-presidente se lhe podia explicar os códigos de contabilidade. «Ele fitou a factura [de cima] durante aproximadamente 30 segundos e declarou: "Não é a minha assinatura que está nessa factura!" Ao olhar para o resto do monte, descobriu o que pareciam ser cerca de três ou quatro outras falsificações. Ficou totalmente perplexo».

A investigação inicial revelou que todas as falsificações se encontravam no departamento de pintura, com um orçamento anual de aproximadamente 500 mil dólares. A *Reader's Digest* contratara apenas uma pessoa para vigiar as operações de pintura no seu departamento de obras: Albert Miano.

** Vários nomes foram alterados de modo a preservar o anonimato.

Miano, um homem de 35 anos, de New Fairfield, Connecticut, recebia, por ano, cerca de 30 mil dólares. Era sua função coordenar contratos à hora com os vários pintores, carpinteiros, electricistas e canalizadores que trabalhavam, diariamente, na renovação, no conserto e na construção do complexo de edifícios. Como supervisor das obras, Miano encaminhava, regularmente, facturas para o vice-presidente dos serviços de gestão aprovar.

Miano lançou o seu esquema, fabricando falsas facturas pelos trabalhos realizados pelos pintores. Apoderou-se da cópia de uma factura comercial de um fornecedor de serviço de pintores e, utilizando tinta correctora, apagou informações numa factura de amostragem que tinha fotocopiado. Em seguida, fez uma réplica da factura numa loja de impressões. Depois do trabalho, fotocopiava facturas para tipos de serviços semelhantes, utilizando a sua máquina de escrever caseira, mas registava horas ligeiramente diferentes pelo trabalho do fornecedor.

McGrane relatou um cenário provável do modo como Miano executava o seu esquema. «Digamos que ele sabia que, por exemplo, durante o mês de Fevereiro» – declarou McGrane – «havia 27 pintores no terreno durante uma semana». Miano sabia, igualmente, o número total de horas e o volume de materiais utilizados durante esse tempo. «Ele faria facturas copiadas, de natureza semelhante, mas registava apenas onze pintores no terreno», declarou McGrane. Miano não copiava as facturas exactamente semelhantes do trabalho realizado durante uma semana, mas tornava-as tão semelhantes que nunca levantou suspeitas. Com efeito, não havia ordens de trabalho no «trabalho-fantasma» que ele criava nessas facturas. Miano colocava sempre menos pintores na falsa factura do que o número real que trabalhara nessa semana, e registava menos tempo pelos seus serviços do que aquele que eles tinham realmente trabalhado.

Como parte das suas funções, levava regularmente as facturas comerciais ao escritório administrativo do vice-presidente para aprovação da assinatura. Após entregar um monte dessas facturas, voltava para recolhê-las no dia seguinte ou no outro dia, e entregava as facturas aprovadas ao departamento de contas a pagar. «Era esta a oportunidade», declarou McGrane, «a de ser permitido a esta pessoa ir buscar as facturas aprovadas e inserir as suas próprias facturas fraudulentas copiadas como se estivessem aprovadas. Tratava-se da primeira peça de um "circuito electrónico" que lhe permitiu cometer a fraude». A segunda peça do circuito para que a fraude arrancasse, declarou McGrane, foi permitir ao mesmo empregado transportar as facturas para o departamento de contas a pagar e, por fim, receber o cheque.

Depois de ver como era fácil introduzir as suas próprias facturas falsas no monte das facturas aprovadas, Miano tornou-se mais ousado no seu esquema. Começou a ligar para o departamento de contas a pagar, alegando que um carpinteiro ou pintor chegara e necessitava do seu cheque «imediatamente». Para manter o projecto em andamento, os empregados do departamento de contas a pagar satisfaziam-no. Muitos empregados conheciam e gostavam de Miano, que trabalhava para a *Reader's Digest* há quase quinze anos.

Por fim, esta rotina tornou-se tão familiar para os empregados do departamento de contas a pagar que Miano nem sequer necessitava de inventar uma desculpa para ir levantar os cheques. De cada vez que os recolhia, escondia o cheque da falsa factura no bolso. Quando regressava a casa, em New Fairfield, levava o cheque ao seu banco, forjava o nome do fornecedor de serviço no verso, em seguida endossava-o com o seu próprio nome e depositava o cheque.

McGrane explica que Miano conseguiu realizar a vigarice devido ao falhanço dos controlos internos e ao facto de os empregados não seguirem os procedimentos de contabilidade padrão. «Em qualquer transacção de negócios, as facturas devem ser enviadas, autonomamente, para a autoridade aprovadora. Uma vez assinadas, as facturas aprovadas devem ser enviadas, também de forma independente, para o departamento de contas a pagar. Quando o cheque é preparado pelo departamento de contas a pagar, deve ser directamente enviado por correio a um terceiro. Sob um forte sistema de controlos internos, os empregados e/ou fornecedores de serviço não devem ter autorização para irem buscar os cheques directamente. Os contactos directos com o pessoal das contas a pagar provoca uma tentação demasiado grande a alguém para tentar desviar fundos».

O departamento de contas a pagar também não juntou as facturas num único cheque – passavam um cheque por cada factura. «Se as tivessem juntado», declara McGrane, «a sua factura falsa teria sido acrescentada ao resumo da factura legítima mensal do pintor, e o dinheiro teria sido enviado para o fornecedor de serviço legítimo». O departamento de contas a pagar não estudou as assinaturas das facturas em busca de falsificações, e o departamento de contabilidade errou ao não passar em revista os cheques processados em busca de duplos endossos, outro sinal de alerta do possível desvio de fundos.

A primeira transacção de Miano totalizou 1,2 mil dólares. A sua segunda transacção subiu para seis mil dólares e a terceira para 12 mil dólares. A sua maior transacção isolada chegou a mais de 66 mil dólares. Miano refinou a sua estratégia ao fixar, paralelamente, um certo montante, abaixo do total devido ao pintor. «Se o pintor apresentava uma factura de 20 mil dólares por mês», declarou McGrane, «Miano apresentava uma factura de, digamos, 14 mil dólares. Se o pintor apresentava uma factura de seis mil dólares, Miano apresentava uma de três mil dólares». Os montantes individuais das facturas, devido à construção contínua, não teriam alarmado nem sequer um auditor.

O comportamento de Miano no escritório era o mesmo de sempre. Vestia-se do mesmo modo, conduzia para o emprego o mesmo automóvel, e partilhava pouco da sua vida privada com outros trabalhadores. Não tirava férias há quatro anos, e o seu patrão achava que ele devia ser promovido (uma mudança a que Miano resistia, por motivos agora evidentes). Depois do trabalho, contudo, Miano era uma pessoa diferente.

A segunda coincidência neste caso foi o facto de a secretária de McGrane ser não só da equipa de *bowling* de Miano, como também vizinha dele. Encontravam-se regularmente na pista de *bowling* local. Ela reparou quando o comportamento de Miano se tornou um pouco extravagante. De início, começou a pagar as bebidas da equipa, um hábito muito apreciado pelos seus companheiros. No entanto, a secretária começou a pensar de onde viria todo aquele dinheiro, quando ele surgiu no seu novo Mercedes (um de cinco automóveis que comprou) e falou de um barco novo de 18 mil dólares. Também investiu em imobiliário e comprou uma segunda casa pelo preço de 416 mil dólares.

A secretária de McGrane abordou Miano, uma noite, após ele ter gasto cerca de 800 dólares em bebidas para a equipa. «Ganhou a lotaria ou assim?», perguntou ela. Ele explicou que o seu sogro falecera recentemente e deixara uma herança substancial à mulher e a ele. O sogro de Miano estava, na realidade, bem vivo, mas nunca ninguém se incomodou em verificar o caso. Ninguém suspeitava que Miano fizesse algo sinistro ou criminoso. Todos os seus parceiros o consideravam «demasiado tolo» para executar tal esquema. Uma pessoa descreveu-o como «estúpido como uma porta».

Terceira coincidência: após quatro anos sem férias, Miano fez aquilo que considerou uma viagem bem merecida a Atlantic City. Porém, não esteve lá muito tempo, até ser chamado a Pleasantville. Pode imaginar-se o seu desgosto ao ter de deixar os casinos e passeios pela praia, para regressar ao escritório. Mal sabia ele que as coisas estavam prestes a tornar-se ainda piores.

Quando regressou, Miano viu-se confrontado pelo auditor, vice-presidente e dois procuradores-gerais. Admitiu prontamente a sua culpa. «Declarou que esperava ser apanhado», disse McGrane. «Fê-lo estritamente por ganância. Miano afirmou que não havia mais ninguém envolvido, e a soma total da sua fraude era de cerca de 400 mil dólares».

A auditoria interna, porém, descobriu que Miano forjara endossos em mais de 50 cheques, naqueles quatro anos, cuja soma totalizava 1.057.000 dólares. Ironicamente, os auditores só conseguiram identificar cerca de 380 mil dólares gastos em activos corpóreos (barcos, automóveis, pagamento de entrada de uma casa, etc.). Os investigadores não conseguiram explicar os outros 700 mil dólares, embora soubessem que Miano retirara pelo menos essa quantia do banco.

Miano cumpriu apenas dois anos de prisão, de uma sentença de oito anos, numa penitenciária estatal. Na altura da sua acusação, a mulher apresentou um pedido de divórcio, reivindicando nada saber dos delitos do marido. Miano declarou a um jornalista na cadeia que a perda da sua família e a humilhação pública lhe tinham dado uma lição.

«Por um níquel ou por cinco milhões de dólares, não compensa», declarou Miano. «Desfrutamos do dinheiro por algum tempo, mas perdemos o orgulho e o respeito próprios. Acabamos por magoar a nossa família e não há dinheiro que possa mudar isso».

COMPRAS PESSOAIS COM FUNDOS DA EMPRESA

Em vez de realizarem esquemas de facturação para gerarem dinheiro, muitos fraudadores, simplesmente, compram artigos pessoais com o dinheiro da entidade empregadora, utilizando contas da empresa para comprar artigos para si próprios, para os seus negócios, as suas famílias e assim por diante. Num dos casos, um supervisor iniciou uma empresa para o filho e enviava trabalho para essa companhia. Além do comportamento pouco ético, o supervisor certificou-se de que a sua empregadora comprava todos os materiais e equipamentos necessários ao negócio do filho. O supervisor comprou também, através da sua empregadora, materiais que necessitava para acrescentar um quarto à sua casa. Somando tudo, o fraudador comprou perto de 50 mil dólares em artigos para si próprio, utilizando o dinheiro da empresa.

Conceptualmente, poderíamos indagar por que motivo uma fraude de compras não é classificada como um furto de inventário ou outros activos, em vez de esquema de facturação. Afinal, em esquemas de compras, o fraudador compra algo com o dinheiro da empresa e, em seguida, apropria-se do artigo comprado. No caso acabado de debater, o supervisor apropriou-se de materiais de construção e outros fornecimentos. Em que difere isto das fraudes debatidas no Capítulo 9, em que os empregados roubam fornecimentos e outros materiais? À primeira vista, os esquemas parecem muito semelhantes. Com efeito, os fraudadores de compras estão a roubar inventário, tal como o fariam em qualquer outro esquema de furto de inventário. No entanto, o cerne do esquema não é a apropriação de inventário, mas a compra do inventário. Por outras palavras, quando os empregados roubam mercadoria de um armazém, estão a roubar um bem de que a empresa necessita e que tem disponível para um propósito. O prejuízo para a empresa lesada não consiste, apenas, no custo do bem, mas também na perda do próprio bem. Num esquema de compras, o bem levado é supérfluo. O autor do esquema leva a empresa lesada a encomendar e pagar por um bem, que na realidade não necessita, e, como tal, o único prejuízo para a vítima é o dinheiro perdido na compra do artigo. Eis por que motivo os esquemas de compras são classificados como fraudes de facturação.

Compras Pessoais através de Falsas Facturas

A maioria dos empregados do nosso estudo, que realizaram esquemas de compras, fizeram-no passando facturas não autorizadas pelo sistema de contas a pagar. Os autores deste tipo de fraudes compram um artigo e apresentam a conta à empregadora, como se se tratasse de uma aquisição para a empresa (consultar Figura 7.11). O objectivo é fazer com que a companhia pague a factura. Como é evidente, a factura que os empregados apresentam à empresa não é legítima. O obstáculo principal a ser ultrapassado pelos fraudadores é, pois, evitar o escrutínio da factura não válida e obter autorização para que a conta seja paga.

FIGURA 7.11 Esquemas de Compras com Facturas

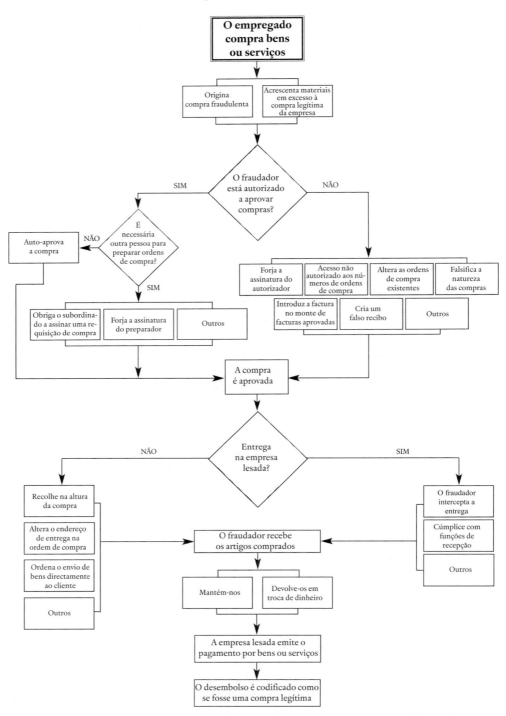

O Fraudador como Autorizador das Facturas

Tal como sucedeu nos esquemas de empresas-fantasma que analisámos, a pessoa que se dedica a um esquema de compras é, frequentemente, a que autoriza as compras. Evidentemente que controlos apropriados devem impedir alguém de aprovar as suas próprias compras. Funções tão mal separadas deixam pouco mais do que a consciência pessoal para dissuadir o empregado da fraude. No entanto, observámos vários exemplos de empresas em que existia este lapso nos controlos. Como continuamos a salientar, a fraude surge, em parte, devido a uma oportunidade apercebida. Um empregado que vê que ninguém analisa as suas acções terá mais probabilidades de se dedicar à fraude do que um que sabe que a sua empresa trabalha diligentemente para detectar o furto dos empregados.

Um exemplo de como os fracos controlos podem levar à fraude encontra-se num caso em que um gestor de uma localização remota de uma grande empresa cotada foi autorizado a ordenar fornecimentos e aprovar as facturas dos pagamentos aos fornecedores. Durante um ano, o gestor acrescentou, rotineiramente, às ordens de compra da sua entidade patronal, artigos e fornecimentos para o seu próprio negócio. As ordens incluíam uma amálgama de artigos, desde equipamentos técnicos a mobiliário, que podiam ser comprados na mesma ordem de compra. Como o gestor se encontrava em posição de aprovar as próprias compras, foi-se saindo bem com a fraude flagrante. Além de encomendar artigos pessoais, o fraudador alterava o endereço de entrega, de modo a que eles fossem directamente para a sua casa ou para o seu negócio secundário. Este esquema custou à lesada, em compras desnecessárias, cerca de 300 mil dólares. Num caso semelhante, um empregado, com total autonomia para comprar e armazenar artigos para o seu departamento, comprou aproximadamente 100 mil dólares em fornecimentos desnecessários com os fundos da empresa. O empregado autorizava as encomendas e os pagamentos. Os artigos em excesso eram levados para casa do fraudador, onde as utilizava para fabricar um produto para o seu negócio próprio. Estes exemplos patenteiam, claramente, que não são só os fracos controlos que abrem o caminho à fraude, mas é também a falta de supervisão à função de compras.

Em certas situações, os fraudadores têm autoridade para aprovar compras, mas os controlos impedem-nos de iniciarem requisições de compras. Este procedimento destina-se a evitar os tipos de esquemas acima referenciados. Só que, infelizmente, as pessoas com autoridade para aprovar compras são geralmente empregados com cargos superiores, logo, com grande controlo sobre os seus subordinados. Essas pessoas podem servir-se da sua influência para obrigar os subordinados a ajudá-los em esquemas de compras. Num exemplo, numa certa empresa de serviços públicos, as compras inferiores a mil dólares podiam ser feitas com ordens de preço limitado (LPO – *limited purchase orders*), que exigiam duas assinaturas – do gerador de uma requisição de compra e do aprovador da compra. Uma LPO, anexa a uma factura inferior a mil dólares, seria respeitada pelo departamento de contas a pagar. Neste caso, um gestor comprou bens e serviços com as contas da empresa e preparou LPO para as compras (em alguns casos, a LPO descrevia falsamente o artigo, para ocultar a natureza da compra). Assim que a LPO ficava preparada, o gestor obrigava um funcionário do seu departamento a assinar o documento como gerador da transacção. O funcionário, intimidado pelo seu patrão, não questionava a autenticidade das LPO. Com duas assinaturas apostas, a LPO parecia legítima e as contas eram pagas. O esquema custou à empresa lesada, pelo menos, 25 mil dólares.

Falsificar Documentos para Obter Autorização

Nem todos os fraudadores têm liberdade para aprovar as suas próprias compras. Os que não podem fazê-lo, têm de confiar noutros métodos para conseguirem que as compras pessoais sejam pagas pela empresa. O principal documento de controlo é a ordem de compra. Quando os empregados desejam comprar bens ou serviços, apresentam uma requisição de compra a um superior. Se a requisição for aprovada, é enviada uma ordem de compra ao fornecedor. Uma cópia dessa ordem de compra, guardada no comprovante, diz ao departamento de contas a pagar que a transacção foi aprovada. Mais tarde, quando uma factura e um relatório de recepção correspondente a essa ordem de compra se reúnem, o departamento de contas a pagar emite o cheque.

Para fazerem com que as suas compras pareçam autênticas, alguns fraudadores geram falsas ordens de compra. Num dos exemplos, um empregado forjou a assinatura de um chefe de divisão em ordens de compra. Estas pareciam ser autênticas, e o empregado conseguiu comprar aproximadamente três mil dólares em bens a expensas da sua empresa. Num outro caso, um empregado em *part-time* num estabelecimento de ensino obteve números de ordens de compra não utilizadas e aproveitou-os para encomendar, sob nome fictício, equipamentos para computadores. Em seguida, interceptou os equipamentos e carregou-os para o seu automóvel. Às tantas, o empregado começou a utilizar números de ordens de compra fictícios, em vez dos verdadeiros. O esquema veio a público quando o fraudador, inadvertidamente, seleccionou o nome de um fornecedor real. Após escrutinar os documentos, a escola compreendeu que fora lesada. Entretanto, o empregado comprara quase oito mil dólares em equipamento desnecessário.

Alterar Ordens de Compra Existentes

As ordens de compra também podem ser alteradas por empregados que procuram obter mercadorias a expensas da sua empregadora. Num dos casos do nosso estudo, várias pessoas conspiraram para comprar mais de dois milhões de dólares em materiais para uso pessoal. O cabecilha do esquema era um supervisor de nível inferior que tinha acesso ao sistema informático, que controlava a requisição e a recepção de materiais. Este supervisor entrava no sistema e, ou iniciava ordens de materiais que ultrapassavam as necessidades de um projecto específico, ou alterava ordens existentes de modo a aumentar a quantidade de materiais requisitados.

Uma vez que a empresa lesada possuía fracos controlos, não conciliava as ordens de trabalho preenchidas sobre os projectos com a quantidade de materiais encomendados para esses projectos. As ordens exageradas não eram detectadas. Além disso, outros empregados envolvidos no esquema estavam encarregados de receber as entregas. Esses empregados conseguiam desviar os materiais e falsificar os relatórios de recepção, para ocultar os artigos em falta. Além disso, a instituição lesada não estabelecera um ponto de entrega central obrigatório, o que significava que os empregados podiam ir buscar os materiais aos fornecedores nos seus veículos pessoais. Isso facilitava bastante o desvio da mercadoria em excesso. A capacidade do supervisor para contornar os controlos e iniciar falsas ordens ou alterar ordens genuínas era, porém, a verdadeira chave do esquema.

Falsas Requisições de Compras

Outro modo de um empregado conseguir a aprovação de uma falsa compra consiste em falsificar a natureza da compra. Em muitas empresas, as pessoas com poder para autorizar compras nem sempre o fazem com a devida atenção. Se um subordinado em quem se confia fizer um pedido para uma aquisição, os supervisores, atarefados, concedem frequentemente aprovação automática às requisições de compras. Além disso, os empregados, por vezes, falsificam a natureza dos artigos que estão a comprar, para que estes passem por uma análise rápida feita pelos seus superiores. Num dos casos, um engenheiro comprou mais de 30 mil dólares em artigos para si. O engenheiro lidava directamente com os fornecedores, e estava também encarregado de vigiar a recepção dos materiais que comprava. Conseguiu, por isso, falsificar a natureza da mercadoria que comprava, chamando-lhe «artigos de manutenção». As facturas dos fornecedores foram alteradas de modo a corresponderem a esta descrição.

É evidente que o problema de mentir em relação ao que se compra é que, quando a entrega ocorre, são os artigos pessoais do fraudador que chegam, não os artigos comerciais enumerados na requisição de compra. No caso acima debatido, a detecção nesta fase do delito pôde ser evitada, porque o engenheiro que fazia as compras fraudulentas também era o responsável por receber a mercadoria. Podia falsificar relatórios de recepção para manter a fraude. Também encontrámos casos em que os fraudadores, no departamento de compras, recrutavam o auxílio de empregados do departamento de recepção para ocultar os seus delitos.

Outro modo de evitar a detecção na fase de recepção é alterar o endereço de entrega das compras. Em vez de serem expedidos para a empresa lesada, os artigos que o empregado compra são directamente enviados para a sua casa ou para a sua empresa. Num cenário semelhante, um supervisor do departamento de contas a pagar comprou artigos para o seu próprio negócio, lançando comprovativos no sistema de contas a pagar da sua empregadora. Os cheques eram passados para pagar as despesas, durante emissões diárias normais de cheques. Para evitar problemas na recepção dos bens não autorizados, o fraudador ordenou a entrega directamente a um cliente do seu negócio secundário.

Compras Pessoais com Cartões de Crédito ou Outras Contas da Empresa

Em vez de passar falsas facturas pelo sistema de contas a pagar, alguns empregados fazem compras pessoais com cartões de crédito da empresa, ou fazem uso das contas correntes junto dos fornecedores (consultar Figura 7.12). Tal como nos esquemas de facturas, a chave para ter sucesso com uma compra com cartão de crédito está no evitar a detecção. Contudo, ao contrário dos esquemas de facturas, não é necessária uma prévia aprovação das compras. Um empregado com um cartão de crédito da empresa pode comprar um artigo somente assinando o seu nome (ou forjando o nome de outra pessoa). Uma análise posterior do extracto do cartão de crédito pode, no entanto, detectar a compra fraudulenta. Nos esquemas de facturas, observámos como os fraudadores se encontravam frequentemente em posição de aprovar as suas próprias compras. O mesmo se verifica nos esquemas com cartões de crédito. Um gestor, num dos casos, analisou e aprovou os seus próprios extractos do cartão de crédito. Isso permitiu-lhe fazer compras fraudulentas com o cartão da empresa durante aproximadamente dois anos.

É evidente que apenas alguns empregados estão autorizados a utilizar cartões de crédito da empresa. O gestor do caso acima, por exemplo, tinha cartão da empresa. Os empregados sem tal privilégio podem fazer compras fraudulentas com um cartão de crédito apenas se, primeiro, conseguirem apoderar-se de um.

Para esse fim, os cartões de crédito da empresa, por vezes, são roubados ou «pedidos emprestados» a utilizadores autorizados. Uma abordagem mais recente foi utilizada, num outro caso, por um contabilista, que acrescentou falsamente o seu nome a uma lista de empregados a quem seriam emitidos cartões. Utilizou o seu cartão para fazer compras fraudulentas, mas forjou as assinaturas dos possuidores de cartões autorizados para apagar o seu rasto. Uma vez que ninguém sequer sabia que ele tinha um cartão da empresa, não seria um suspeito principal da fraude, mesmo que alguém questionasse as compras. Durante mais de cinco anos, este empregado prosseguiu o seu esquema, acumulando um número de seis dígitos da conta da sua empregadora. Além disso, tinha controlo sobre o extracto do cartão de crédito e conseguia codificar as suas compras como despesas variadas, atrasando ainda mais a detecção do seu delito.

Uma secretária executiva, num outro exemplo, utilizou o acesso ao extracto com uma finalidade diferente. Depois de fazer centenas de milhares de dólares em compras fraudulentas com cartões da empresa, esta empregada destruiu os recibos das compras e os extractos mensais dos cartões de crédito. Mas, um dia, foram pedidas cópias dos extractos do cartão de crédito da empresa e a fraude foi descoberta. O facto de não serem recebidos extractos levou à detecção do esquema. Alguns fraudadores, que destroem as verdadeiras cópias dos extractos de cartões de crédito, optam por produzir cópias falsas, que omitem as compras fraudulentas. Ao tomarem esta precaução suplementar, os fraudadores conseguiam manter na ignorância as suas entidades patronais em relação à verdadeira actividade da conta.

FIGURA 7.12 Compras com o Cartão de Crédito ou a Conta da Empresa

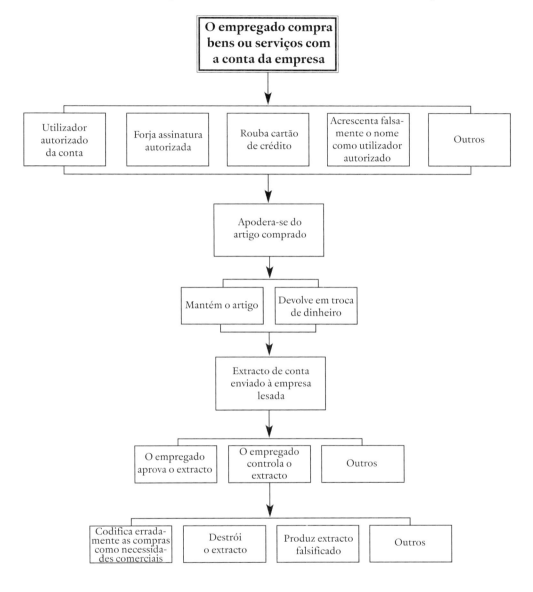

Contas Abertas

Algumas empresas mantêm contas abertas junto dos fornecedores com quem negoceiam regularmente. As empresas de materiais de escritório são um bom exemplo deste tipo de fornecedores. As compras em contas abertas podem exigir uma assinatura, ou outra forma de autorização de um representante designado pela empresa. Como é evidente, esse representante encontra-se em posição para comprar artigos pessoais através da conta da empresa. Outros empregados podem fazer o mesmo, forjando a assinatura de uma pessoa autorizada. Em alguns cenários informais, as compras podem ser confirmadas com uma simples chamada telefónica, tornando muito fácil realizar compras fraudulentas.

Devolução de Mercadoria em Troca de Dinheiro

Até aqui, todos os casos que debatemos na secção de compras fraudulentas envolveram a falsificação nas compras de mercadorias com o objectivo de as obter. Em alguns casos, porém, os fraudadores compram artigos e, depois, devolvem-nos, em troca do dinheiro. O melhor exemplo, no nosso inquérito, deste tipo de esquema foi o de um empregado que realizou ganhos fraudulentos através de uma agência de viagens. O empregado comprava bilhetes, para si e para a sua família, através do orçamento de viagens da empresa. Uma fraca separação de funções permitiu-lhe encomendar os bilhetes, recebê-los, preparar ordens de pagamento e distribuir os cheques. A única vistoria às suas actividades era feita por um supervisor atarefado, e bastante desinteressado, que aprovava as ordens de pagamento do empregado sem exigir documentação comprovativa. Por fim, o esquema do empregado evoluiu. Começou a comprar bilhetes de avião e a devolvê-los pelo seu valor em dinheiro. Um empregado da agência de viagens ajudou ao esquema, codificando os bilhetes como se o fraudador tivesse ele mesmo feito o pagamento. Isso fez com que as próprias linhas aéreas pagassem reembolsos directamente ao fraudador, em vez de à sua empregadora. Ao longo de dois anos, este empregado desfalcou mais de 100 mil dólares, através do seu esquema de compras.

DETECÇÃO

Estes testes podem ser benéficos para detectar sinais de alerta de esquemas de facturação.

- A empresa tem um departamento de compras? Em caso afirmativo, é independente (1) do departamento de contabilidade, (2) do departamento de recepção, ou (3) do departamento de remessas?
- As compras são feitas apenas depois dos respectivos chefes de departamento assinarem as requisições?
- As compras são feitas através de ordens enviadas a fornecedores para todas as compras, ou apenas em compras que ultrapassem um limite de dólares pré-estabelecidos?
- As ordens de compra especificam a descrição dos artigos, a quantidade, o preço, os termos, as requisições de entrega e as datas?
- É mantida uma lista de ordens de compra não preenchidas e revista periodicamente?

- Os formulários de ordens de compra são pré-numerados, e a sequência é verificada periodicamente?
- O cliente mantém uma lista de fornecedores aprovados?
- Os artigos são comprados apenas depois de se realizarem concursos públicos?
- É mantido um diário de todos os recibos?
- O departamento de recepção prepara relatórios para todos os artigos recebidos? Em caso afirmativo, os relatórios de recepção (1) são preparados para todos os artigos, (2) são preparados apenas para artigos que têm ordens de compra, ou (3) são renumerados?
- Na altura em que os artigos são recebidos, há alguém independente do departamento de compras que verifique a mercadoria, antes de a aceitar como estando de acordo com a descrição, a quantidade e a condição?
- As cópias dos relatórios de recepção (1) são fornecidas ao departamento de contabilidade, (2) fornecidas ao departamento de compras, ou (3) arquivadas no departamento de recepção?
- As recepções, sob pedidos de compra em aberto, são vigiadas, e as quantidades que ultrapassam o total autorizado são devolvidas ao fornecedor?
- Os procedimentos são adequados para a devida justificação de entregas parciais de ordens de compra?
- As funções de compra e recepção estão separadas do processamento de facturação, contas a pagar, e Livro-Razão geral?
- As facturas dos fornecedores, os relatórios de recepção e as ordens de compra são conciliadas antes de o passivo correspondente ser registado?
- As facturas são verificadas quanto aos preços, limites, pagamentos, custos de transporte, descontos e termos de crédito?
- Os controlos são adequados para assegurar que todos os descontos disponíveis são obtidos?
- As compras são lançadas num registo de compras ou garantia de compras antes de serem processadas através de desembolsos de caixa?
- Um empregado responsável realiza a devida distribuição de contas no Livro--Razão geral, no qual as facturas devem ser lançadas?
- Os procedimentos são adequados para garantir que as facturas foram processadas antes do pagamento e de modo a evitar pagamentos duplos?
- Um administrador responsável aprova as facturas para pagamento?
- Os procedimentos são adequados para garantir que a mercadoria comprada para entrega directa aos clientes é facturada prontamente aos clientes e registada, quer como contas a receber, quer como contas a pagar?
- Os registos de bens devolvidos ao fornecedor são conciliados com os mesmos de crédito do fornecedor?

- Os relatórios de recepção, ordens de compra e facturas de fornecedores não conciliados são periodicamente analisados e investigados para um devido registo?
- O Livro-Razão de contas a pagar ou registo de garantia é conciliado mensalmente com as contas de controlo do Livro-Razão geral?
- Os extractos dos fornecedores são regularmente analisados e conciliados com os passivos registados?
- Os ajustes às contas a pagar (por exemplo, anulação de saldos de débito) exige a aprovação de um administrador designado?
- São utilizados orçamentos? Em caso afirmativo, os orçamentos são aprovados por administradores responsáveis, as despesas reais são comparadas com os montantes orçamentados, e as variações são analisadas e explicadas?
- Se se suspeita de compra de inventário em excesso, é confirmado que todo o inventário comprado foi recebido (relatório de recepção) no devido local? Os relatórios de recepção ou um exame das facturas podem revelar locais de entrega alternativos.

PREVENÇÃO

Esta lista de métodos de prevenção contra esquemas de facturação poderá ser útil na prevenção da fraude.

- Documente e siga os procedimentos de autorização de ordens de compra, facturas e pagamentos.
- Analise periodicamente a lista de contas a pagar aos fornecedores, procurando verificar fornecedores e endereços estranhos.
- Analise codificações de pagamentos para verificar descrições fora do normal.
- Analise as compras ao fornecedor para verificar níveis anormais numa base mensal e anual.
- Compare e analise compras e níveis de inventário (consultar Capítulo 9).
- Estabeleça métodos de controlo para verificar facturas e números de ordens de compra duplos.
- Estabeleça uma separação de funções entre a autorização, compra, recepção, remessas e contabilidade.
- Analise periodicamente o pagamento de recibos para assegurar a integridade da documentação adequada.
- Analise relatórios de recepção e remessas para verificar o cumprimento total e a precisão.
- Inclua rastos de compras e outros dados nas informações dos activos.

- Escrutine rigorosamente os lançamentos no diário das contas de inventário.
- Realize periodicamente uma conciliação bancária adequada e analise procedimentos, procurando fornecedores e endossos deslocados.
- Analise extractos de cartões de crédito com frequência, para verificar irregularidades.
- Verifique a veracidade das facturas que tenham um apartado postal.
- Instale controlos adequados para a recepção e manuseamento de cheques a devolver ao remetente.

CAPÍTULO 8

ESQUEMAS NAS REMUNERAÇÕES E REEMBOLSO DE DESPESAS

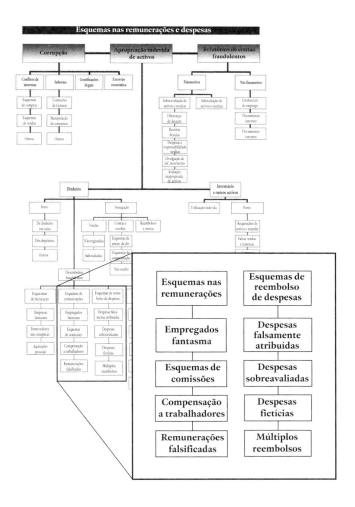

ESTUDO DE UM CASO: **SORRIAM!***

De vez em quando, uma pessoa concebe um esquema de fraude tão complexo que se torna praticamente indetectável. Um planeamento intrincado permite que a pessoa engane a empresa em milhões de dólares com poucas hipóteses de ser apanhada.

---

* Vários nomes foram alterados de modo a preservar o anonimato.

Jerry Harkanell não é tal pessoa.

O esquema de pagamentos de ordenados de Harkanell colocou apenas 1,5 mil dólares no seu bolso, antes de um supervisor detectar a fraude, menos de meio ano após ter tido início.

Harkanell trabalhava como secretário departamental para uma unidade de um grande hospital de San Antonio. As suas funções consistiam, sobretudo, em tarefas administrativas, incluindo o registo de pagamentos de ordenados para a unidade.

Um relatório de excepção do mês de Março enumerava uma actividade pouco habitual no mapa de serviços de Harkanell. Ele registara oito horas extraordinárias num período que coincidia com um tempo de baixa actividade na sua unidade. Durante épocas de baixa produtividade, não é necessário ninguém – e especialmente um secretário – fazer horas extraordinárias.

Quando o seu supervisor confrontou Harkanell sobre as oito horas, ele confessou. Declarou que registara o tempo, devido a problemas financeiros e ameaças de abandono por parte da sua mulher.

Apresentou imediatamente a sua demissão, aceite pelo administrador do hospital, tornando-se ex-empregado.

O administrador do hospital partilhou os pormenores deste caso com Oscar Straine, director de auditoria interna do hospital e investigador certificado de fraudes. «Ninguém se despede só por causa de oito horas», declarou Straine. «Deve haver muito mais por detrás da questão».

Quando Straine verificou os registos, descobriu exactamente aquilo que desconfiara. Harkanell estivera a exagerar as suas horas desde Outubro do ano anterior. Registara horas que na realidade não trabalhara; colocara essas horas em turnos onde o pagamento era mais elevado; registara tempos de férias como tempos de trabalho, sacando não só pagamentos suplementares, mas também tempo de férias extra.

Infelizmente para Harkanell, o seu método de enganar a empregadora deixou um rasto bem visível. Como secretário de departamento, apresentava ao seu supervisor os mapas de serviço da unidade preparados à mão. Este assinava-os e fazia cópias para guardar nos seus registos. Harkanell alterava em seguida o mapa de serviços original antes de o entregar ao departamento de processamento de ordenados. Surpreendentemente, assinalava as horas de serviço a lápis, o que lhe permitia simplesmente apagar os números antigos e alterá-los.

O pessoal da auditoria comparou as cópias dos mapas de serviço do supervisor com os que estavam arquivados no departamento de processamento de ordenados. As discrepâncias entre os dois sobressaíam. A investigação durou menos de um mês e revelou que, durante um período de 26 semanas, Jerry Harkanell defraudara o hospital em 1.570 dólares.

Entrevistas realizadas com colegas de trabalho e supervisores revelaram um pormenor que poderia ter denunciado Harkanell ainda mais cedo, se alguém tivesse reconhecido o acto suspeito pelo que realmente era.

Uma sexta-feira, antes do dia de pagamento, Harkanell estava de folga, mas, mesmo assim, foi ao hospital. Para ele, isso representava mais uma inconveniência, já que, além de ser o seu dia de folga, ele não tinha automóvel. Harkanell apanhou o autocarro para o emprego, só para conseguir que o mapa de serviço fosse aprovado e entregue ao departamento de processamento de ordenados. Na altura, ninguém se interrogou sobre o motivo pelo qual ele não pedira simplesmente a alguém que o substituísse.

No final da investigação, o hospital apresentou uma queixa-crime ao Ministério Público. As provas consistiam nas cópias dos mapas de serviço aprovados, cópias dos mapas de serviço alterados e declarações juramentadas dos supervisores de Harkanell.

Um procurador público adjunto, encarregado do caso, telefonou para o hospital, pouco depois de ter recebido a queixa. Descobrira alguns pormenores interessantes sobre o passado de Harkanell, durante uma verificação rotineira de antecedentes. Uma busca no computador revelou que ele possuía antecedentes criminosos e estava, actualmente, em liberdade condicional. Em 1970, relatou o procurador adjunto, Harkanell fora condenado a prisão perpétua por assalto à mão armada.

As notícias de que o hospital contratara, sem saber, um criminoso condenado perturbaram Oscar Straine. Ele descobriu que a capacidade de o hospital realizar verificações minuciosas de antecedentes sobre candidatos a empregados se encontrava limitada pelo dinheiro e pela acessibilidade aos registos. O hospital verificava rotineiramente os antecedentes criminais no distrito de Bexar (onde o hospital se encontra localizado) e nos outros onde um candidato referisse ter estado. Infelizmente para o hospital, o público em geral só pode aceder aos antecedentes criminais num distrito de cada vez; as forças policiais possuem bases de dados de todos os Estados. O preço e o tempo proíbem o hospital de verificar os antecedentes em todos os 254 distritos do Texas, especialmente no caso de um empregado com baixa remuneração como Harkanell.

A acção judicial contra Harkanell chegou rapidamente ao grande júri. Straine testemunhou. O grande júri pronunciou uma acusação e foi emitido um mandado para a detenção de Harkanell.

O departamento policial tentou localizar Harkanell, sem sucesso, por diversas vezes. Ele mudara-se e, como seria de esperar, não deixara endereço. O gabinete do procurador público informou imediatamente o hospital de que Harkanell desaparecera e de que não tinha intenções imediatas de continuar a busca.

Harkanell permaneceu em liberdade durante vários meses. Mas a sorte estava do lado do hospital. Ou talvez seja mais exacto dizer que a estupidez estava do lado de Harkanell. Tal como fizera em relação ao mapa de serviço, deixara para trás uma pista, desta vez referente ao seu paradeiro. Nem sequer se tratava de uma pista subtil. Bem poderia ter enviado ao hospital um convite com um mapa.

No mês de Janeiro seguinte, Straine estava a falar com uma senhora no departamento de recursos humanos que ajudara no caso original de Jerry Harkanell. Straine chamou a senhora para falar sobre as suas preocupações contínuas sobre a incapacidade do hospital de fazer uma investigação mais minuciosa dos antecedentes de candidatos a empregos. Durante a conversa, a senhora perguntou: «a propósito, viu o jornal de há umas semanas?»

«Não sei a que se refere».

«É que a fotografia de Jerry Harkanell estava na primeira página da secção de negócios do *Express*».

«Só pode estar a brincar».

Mas não estava.

Straine enviou imediatamente um dos seus auditores à biblioteca para obter uma cópia do jornal. Este regressou com um artigo de meia página que falava de uma organização sem fins lucrativos que auxiliava famílias com baixos rendimentos a comprar casas, através de taxas de juros bonificadas nos empréstimos e sem obrigatoriedade de entrada inicial.

Mesmo no meio do artigo, estava uma fotografia e, no centro da fotografia encontrava-se Jerry Harkanell. Ele e a sua família estavam sentados no alpendre da nova casa que o grupo sem fins lucrativos os ajudara a comprar. O artigo descrevia a história de Harkanell, comentando como ele se esforçara para obter aquela casa. E, embora não chegasse a referir a morada, o artigo continha informações suficientes para indicar a localização. Os Harkanell viviam perto de uma nova loja da Wal-Mart, do outro lado de um parque. A casa deles era a única nova do quarteirão.

Straine levou dez minutos a descobrir a casa. Sabia a localização do novo Wal-Mart, dirigiu-se até lá de automóvel e localizou o parque.

Straine declarou: «Foi estranho conduzir pela rua com a fotografia e encontrar a casa. Até conseguimos identificar o símbolo na porta da frente e fazê-lo corresponder à fotografia do jornal, enquanto conduzíamos».

Assim que regressou ao escritório, Straine ligou para o procurador público adjunto. Harkanell foi preso no dia seguinte.

Harkanell pediu o auxílio da organização sem fins lucrativos que o ajudara a comprar a casa. Esta concordou em ajudá-lo, sob a condição de ele confessar a verdade. A organização contactou o programa de assistência da comunidade do hospital para pedir que a acusação fosse retirada, ou pelo menos atenuada, passando de crime grave a um pequeno delito.

O hospital recusou retirar a acusação. O grupo sem fins lucrativos defendeu o caso de Harkanell, salientando que ele tinha uma mulher e um filho doente, que teriam de viver da segurança social, se ele fosse condenado de crime grave.

Straine tornou claro que o hospital procuraria obter uma condenação, quer se tratasse de um crime grave ou de um pequeno delito. A posição do hospital era a de que Harkanell deveria, pelo menos, ter de enfrentar um juiz. Mais tarde, o

> procurador adjunto revelou que, se Harkanell se tivesse considerado culpado da acusação de crime grave, o juiz ter-lhe-ia dado uma pena de 25 anos.
>
> Enquanto Harkanell continuava a tentar que as acusações fossem retiradas, outra parte do seu passado veio a lume. Um outro grupo apresentou uma queixa por falsificação na Procuradoria-Geral. Assim que a organização sem fins lucrativos tomou conhecimento deste desenvolvimento, recusou-se a prestar mais auxílio a Harkanell.
>
> Um juiz condenou Jerry Harkanell a 35 anos de prisão. Os agentes da polícia escoltaram-no da sala do tribunal directamente para uma cela de prisão.

VISÃO GERAL

Os esquemas nas remunerações e reembolsos de despesas assemelham-se aos esquemas de facturação. Os autores destas fraudes produzem falsos documentos, que levam a empresa lesada a fazer um desembolso fraudulento. No capítulo anterior, o falso documento era geralmente uma factura (a par, talvez, de falsos relatórios de recepção, ordens de compra e autorizações de compra). Neste capítulo, os falsos documentos serão itens como cartões de ponto, ordens de venda e relatórios de despesas. No estudo do caso referido acima, Jerry Harkanell entregava falsos mapas de serviço que levavam a sua empregadora a pagar-lhe horas extraordinárias. A grande diferença entre estes esquemas e os de facturação é que as fraudes de pagamentos de ordenados e de despesas envolvem desembolsos para os empregados e não para elementos exteriores.

DADOS SOBRE ESQUEMAS NAS REMUNERAÇÕES DO *INQUÉRITO NACIONAL SOBRE FRAUDES DE 2006* DA ACFE

Frequência e Custo

No nosso inquérito de 2006, os esquemas nas remunerações classificavam-se em quarto lugar, em termos de frequência de desembolsos fraudulentos; 20% (137 casos) dos casos de desembolsos fraudulentos, que analisámos, continham alguma forma de fraude de ordenados (a soma destas percentagens ultrapassa os 100%, porque alguns casos envolveram múltiplos esquemas de fraudes que recaíam em mais de uma categoria. Vários gráficos neste capítulo podem reflectir percentagens que totalizam mais de 100% por motivos semelhantes), (consultar Figura 8.1).

A perda mediana das fraudes de pagamentos de ordenados, no nosso inquérito de 2006, foi de 50 mil dólares. As fraudes de pagamentos de ordenados classificavam-se em terceiro entre os desembolsos fraudulentos, se considerada a perda mediana (consultar Figura 8.2).

A Figura 8.3 mostra a distribuição das perdas nos casos de pagamentos de ordenado. De um modo geral, as perdas provocadas por esquemas nas remunerações foram menores do que as ocorridas em todos os outros casos. Isto é sobretudo visível na categoria de 1.000.000 dólares ou mais, que incluiu menos de 7% dos esquemas nas remunerações, mas onde recaía quase um quarto dos casos como um todo. No entanto, convém notar que mais de 37% dos casos de ordenado provocaram, ainda assim, perdas de pelo menos 100 mil dólares.

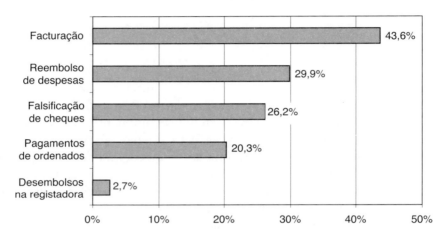

FIGURA 8.1 *Inquérito Nacional sobre Fraudes de 2006*:
Frequência de Desembolsos Fraudulentos

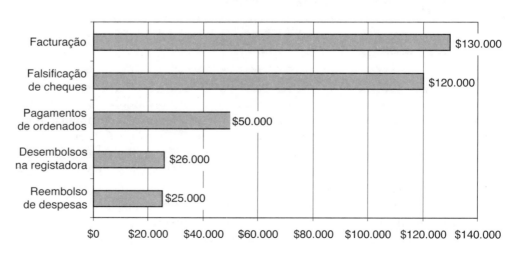

FIGURA 8.2 *Inquérito Nacional sobre Fraudes de 2006*:
Perda Mediana com Desembolsos Fraudulentos

ESQUEMAS NAS REMUNERAÇÕES E REEMBOLSO DE DESPESAS 263

FIGURA 8.3 *Inquérito Nacional sobre Fraudes de 2006*:
Distribuição das Perdas em Esquemas nas Remunerações

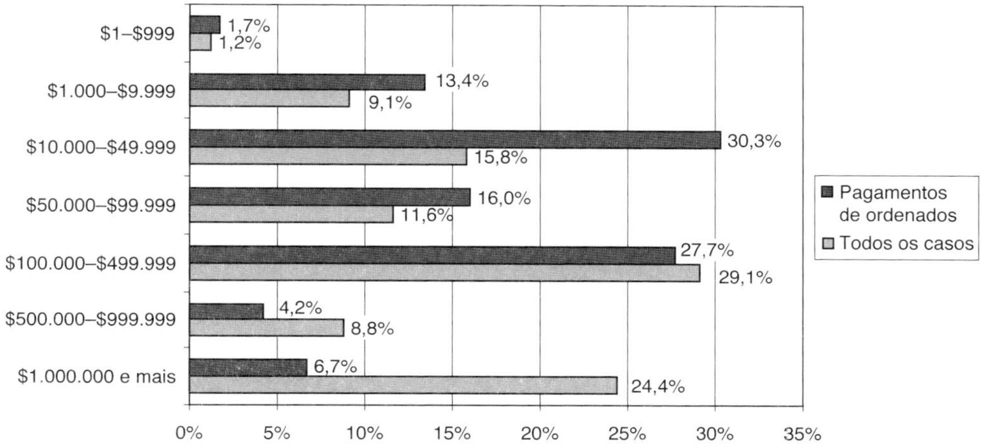

Faixa	Pagamentos de ordenados	Todos os casos
$1–$999	1,7%	1,2%
$1.000–$9.999	13,4%	9,1%
$10.000–$49.999	30,3%	15,8%
$50.000–$99.999	16,0%	11,6%
$100.000–$499.999	27,7%	29,1%
$500.000–$999.999	4,2%	8,8%
$1.000.000 e mais	6,7%	24,4%

Detecção de Esquemas nas Remunerações

Os esquemas de fraudes de pagamentos de ordenados tinham mais probabilidade de serem detectados acidentalmente do que as fraudes em geral, mas era menos provável serem detectados por denúncias, auditorias internas e controlos internos (consultar Figura 8.4).

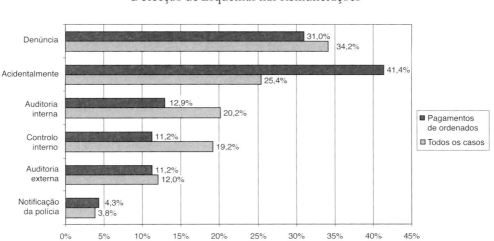

FIGURA 8.4 *Inquérito Nacional sobre Fraudes de 2006*:
Detecção de Esquemas nas Remunerações

Autores de Esquemas nas Remunerações

Dos 118 esquemas de fraudes de pagamentos de ordenados que identificavam o cargo do autor, a percentagem nos empregados ultrapassava ligeiramente os índices gerais. Inversamente, a percentagem de fraudes, nesta categoria, cometidas por gestores e proprietários/executivos era ligeiramente inferior à da população geral dos esquemas que analisámos, como se mostra na Figura 8.5.

FIGURA 8.5 *Inquérito Nacional sobre Fraudes de 2006*: Autores de Esquemas nas Remunerações

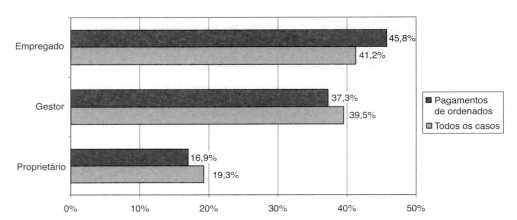

Típico, como na maioria das formas de fraude ocupacional, também nesta as perdas medianas subia consoante o cargo dos fraudadores. Os esquemas cometidos por gestores eram 38% mais onerosos do que os concretizados por empregados. Já os esquemas de proprietários/executivos tinham uma perda mediana muito mais baixa nas fraudes de pagamentos de ordenados do que no geral, mas, com uma média de 118 mil dólares, estes esquemas foram, ainda assim, bastante onerosos (consultar Figura 8.6).

Vítimas de Esquemas nas Remunerações

As Figuras 8.7 e 8.8 ilustram o impacto dos esquemas nas remunerações nas organizações lesadas. No primeiro gráfico, observamos que as fraudes de pagamentos de ordenados eram mais comuns em pequenas organizações; 36% das fraudes totais ocorreram em pequenas organizações, mas quase metade das fraudes de pagamentos de ordenados recaía nesta categoria.

Numa tendência contrária à generalidade das fraudes, as perdas medianas com esquemas de ordenados tendiam a ser maiores em organizações com maior força laboral. Com efeito, a perda mediana em esquemas nas remunerações em organizações com mais de 10 mil empregados foi o dobro da perda sofrida por entidades com menos de 100 empregados.

FIGURA 8.6 *Inquérito Nacional sobre Fraudes de 2006*:
Perda Mediana por Autor de Esquemas nas Remunerações

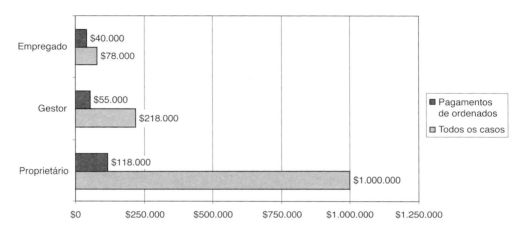

FIGURA 8.7 *Inquérito Nacional sobre Fraudes de 2006*:
Dimensão, em Número de Empregados, da Vítima de Esquemas de Ordenados

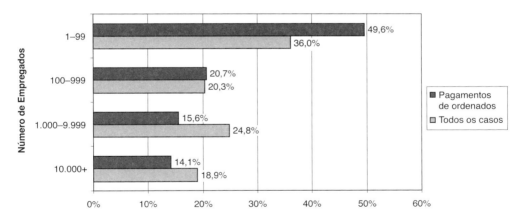

ESQUEMAS NAS REMUNERAÇÕES

Existem três categorias principais de fraude de pagamentos de ordenados:

1. Esquemas de empregados-fantasma
2. Falsificação de horas
3. Esquemas de comissões

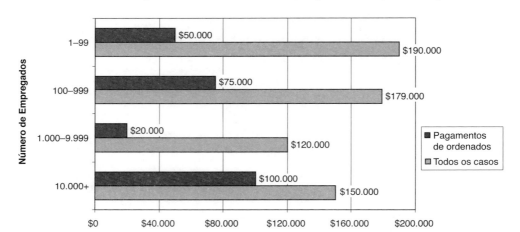

FIGURA 8.8 *Inquérito Nacional sobre Fraudes de 2006*:
Perda Mediana por Dimensão da Vítima em Esquemas nas Remunerações

Empregados-Fantasma

O termo «empregado-fantasma» refere-se a alguém que consta da folha de pagamentos de ordenados, mas que, na realidade, não trabalha na empresa lesada. Através da falsificação de registos do pessoal ou da folha de pagamentos de ordenados, um fraudador leva a que sejam gerados cheques para um "fantasma". O fraudador, ou um cúmplice, converte depois esses cheques de ordenado (consultar Figura 8.9).

A utilização, por um fraudador, de um esquema de empregado-fantasma pode significar acrescentar um segundo rendimento ao agregado familiar. O empregado-fantasma pode ser uma pessoa fictícia, ou uma pessoa real, que, simplesmente, não trabalha para a empregadora lesada. Quando o fantasma é uma pessoa real, frequentemente é um amigo ou familiar do fraudador. Em certos casos, o empregado fantasma é um cúmplice, que desconta os cheques de ordenados fraudulentos e divide o dinheiro com o fraudador.

Para que um esquema de empregado-fantasma resulte, são necessárias quatro ocorrências:

1. O fantasma tem de ser acrescentado à folha de pagamentos de ordenados.
2. Devem ser recolhidas informações sobre horários e salários.
3. Um cheque de ordenado tem de ser emitido ao fantasma.
4. O cheque tem de ser entregue ao fraudador ou a um cúmplice.

Acrescentar o Fantasma à Folha de Pagamentos de Ordenados

O primeiro passo num esquema destes é registar o fantasma na folha de pagamentos de ordenados. Em alguns negócios, as contratações são feitas através de um

ESQUEMAS NAS REMUNERAÇÕES E REEMBOLSO DE DESPESAS 267

FIGURA 8.9 Empregados-Fantasma

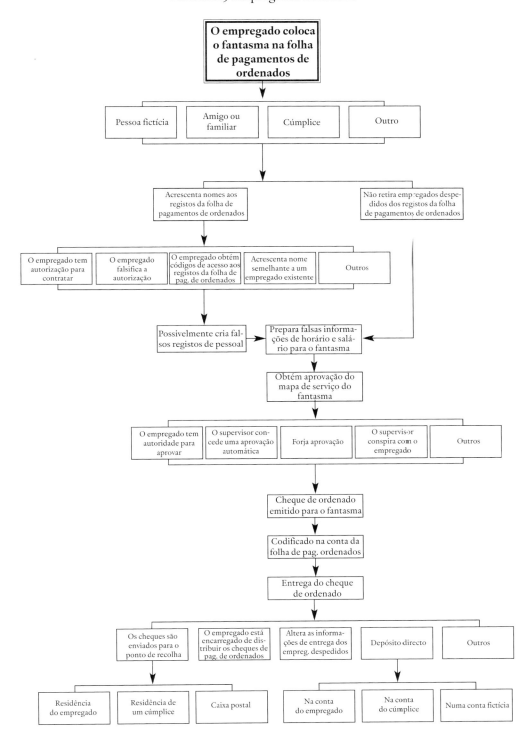

departamento de pessoal centralizado, enquanto, noutros, a função do pessoal é distribuída pelas responsabilidades de gerência de vários departamentos. Independentemente do modo como a contratação de novos empregados é tratada, a pessoa, ou pessoas, com autoridade para acrescentar novos empregados encontra-se na melhor posição para colocar fantasmas na folha de pagamentos de ordenados. Num dos casos referenciados, um gestor responsável por contratar e estabelecer o horário de limpezas acrescentou mais de 80 empregados-fantasma à folha de pagamentos de ordenados. Neste caso, os fantasmas eram pessoas que trabalhavam noutros empregos em outras empresas. O gestor preenchia mapas de serviço para os empregados fictícios e autorizava-os. Em seguida, entregava os cheques de pagamentos de ordenados, que daí resultavam, aos empregados fantasmas, que os descontavam e dividiam os lucros com o gestor. A autoridade deste gestor para contratar e supervisionar empregados permitiu-lhe cometer esta fraude.

Outra divisão, onde existe a oportunidade para acrescentar fantasmas, é a da contabilidade de remunerações. Num mundo perfeito, todos os nomes enumerados na folha de pagamentos de ordenados seriam confrontados com os registos de pessoal, de modo a assegurar que as pessoas que recebiam os cheques de ordenado trabalhavam realmente na empresa. Mas, na prática, isso nem sempre sucede. Pessoas no departamento de contabilidade podem conseguir acrescentar empregados fictícios à lista de pagamentos. O acesso aos registos de pagamentos de ordenados é, geralmente, limitado, por isso, é possível que só os gestores tenham possibilidade de fazer alterações nos registos, o que os torna os suspeitos mais prováveis num esquema de empregados-fantasma. No entanto, os empregados de níveis inferiores obtêm, muitas vezes, acesso aos registos de pagamentos de ordenados, através de uma fraca observância dos controlos ou de meios sub-reptícios. Num dos casos, um empregado no departamento de processamento de ordenados recebeu autorização para registar novos empregados no sistema de folha de pagamentos, fazer correcções às informações e distribuir os cheques dos pagamentos de ordenados. O gestor deste empregado concedia uma aprovação automática às sua acções, devido à relação de confiança estabelecida entre os dois. A falta de separação de funções e a ausência de análise tornaram simples para o culpado acrescentar um empregado fictício no sistema de pagamentos de ordenados.

Um modo de ajudar a ocultar a presença de um fantasma na folha de pagamentos de ordenados consiste em criar um empregado fictício com um nome muito semelhante ao de um empregado real. O nome no cheque de ordenado fraudulento parecerá assim ser legítimo a alguém que lhe dê uma vista de olhos. Este método foi utilizado pelo guarda-livros num caso em que conseguiu obter 35 mil dólares através de remunerações fraudulentas.

Em vez de acrescentar novos nomes à folha de pagamentos de ordenados, alguns empregados realizam esquemas de empregados-fantasma, não retirando os nomes de empregados despedidos. Os cheques de ordenado para o empregado despedido continuam a ser emitidos, ainda que ele já não trabalhe para a empresa lesada. Os fraudadores interceptam estes cheques e descontam-nos para sua própria utilização. Num dos casos, um contabilista atrasou a apresentação de cartas de demissão de alguns empregados e falseou os mapas de serviço, de modo a parecer que eles ainda trabalhavam na empresa. Este contabilista estava encarregado de distribuir os cheques de pagamentos de ordenados a todos os empregados, por isso quando os cheques fraudulentos eram emitidos, ele limitava-se a retirá-los do monte de cheques legítimos e guardava-os para si.

Recolha de Informações de Horários

A segunda ocorrência que tem de existir para que um cheque de ordenado seja emitido a um empregado-fantasma, pelo menos no caso de funções à hora, é a recolha e o cálculo de informações dos horários. O fraudador tem de fornecer à contabilidade um cartão de ponto, ou outro documento, que mostre quantas horas o empregado fictício trabalhou, no período de pagamento mais recente. Estas informações, juntamente com a categoria salarial contida nos ficheiros do pessoal ou nas folhas de ordenado, serão utilizadas para calcular o montante do cheque fraudulento.

Os registos das horas de trabalho podem ser mantidos de diversos modos. Os empregados podem registar, manualmente, as suas horas ou picar cartões de ponto, registando a hora a que inicia e a hora a que acaba o trabalho. Em ambientes mais sofisticados, os sistemas informáticos podem registar as horas de um empregado.

Quando é posto em prática um esquema de empregado-fantasma, alguém tem de criar documentação para as horas desse trabalhador. Isto consiste, essencialmente, em preparar um falso cartão de ponto, mostrando a alegada presença no trabalho. Consoante os procedimentos normais de registo de horas, um fraudador pode apresentar um falso cartão escrito e assiná-lo em nome do fantasma, picar o cartão para o fantasma, ou assim por diante. A preparação do cartão de ponto não constitui um grande obstáculo para o fraudador. A verdadeira chave consiste em obter a aprovação do cartão de ponto.

Os cartões de ponto de empregados à hora devem ser aprovados por um supervisor. Este confirma com o departamento de contabilidade que o empregado realmente trabalhou as horas que constam do cartão. Um empregado-fantasma, por definição, não trabalha na empresa lesada, portanto a aprovação terá de ser obtida fraudulentamente. É frequente ser o supervisor a criar o fantasma. Quando tal é o caso, o supervisor preenche um cartão de ponto em nome do fantasma e apõe-lhe a sua aprovação. O cartão de ponto é assim autenticado e é emitido um cheque de ordenado. Quando o esquema de empregado-fantasma é cometido por um não supervisor, é típico este forjar a aprovação necessária e, em seguida, encaminhar o cartão de ponto falso directamente para a contabilidade de salários, evitando o supervisor.

Nos sistemas informatizados, pode não ser necessária a assinatura de um supervisor. Em lugar disso, o supervisor introduz dados no sistema de pagamentos de ordenados. A utilização da palavra-passe do supervisor serve para autorizar a entrada. Se um empregado tiver acesso a essa palavra-passe, pode introduzir os dados que desejar e estes chegam ao sistema de pagamentos de ordenados com um selo de aprovação.

Se o fraudador criar empregados-fantasma assalariados e não com funções à hora, não é necessário recolher informações de horários. Os empregados assalariados recebem um certo montante a cada período de pagamento, independentemente das horas que trabalham. Uma vez que a função do horário pode ser evitada, poderá ser mais fácil um fraudador criar um empregado-fantasma com um salário fixo. No entanto, como tipicamente existem menos empregados assalariados, e é mais provável que sejam membros da gestão, os fantasmas assalariados podem ser mais difíceis de ocultar.

Emissão do Cheque de Ordenado do Fantasma

Assim que um fantasma é registado na folha de pagamentos de ordenados e o seu cartão de ponto é aprovado, o terceiro passo do esquema é a efectiva emissão do cheque de ordenado. O cerne de um esquema de empregado-fantasma está na falsificação dos registos da folha de pagamentos de ordenados e nas informações sobre os horários. Assim que esta falsificação ocorre, o fraudador, geralmente, não toma parte activa na emissão do cheque. O departamento de processamento de ordenados imprime o cheque – com base nas informações falsas fornecidas pelo fraudador –, como fará em relação a qualquer outro cheque de ordenado.

Entrega do Cheque de Ordenado

O último passo num esquema de empregado-fantasma consiste na distribuição dos cheques ao fraudador. Os cheques de pagamentos de ordenados podem ser entregues em mão aos empregados, enquanto estes estão no trabalho, enviados por correio para casa dos empregados ou directamente depositados nas contas bancárias dos trabalhadores. Se os empregados forem pagos em dinheiro, em vez de cheque, a distribuição é quase sempre realizada pessoalmente e no local.

O ideal seria que as pessoas encarregadas da distribuição dos ordenado não tomassem parte noutra função do ciclo dos ordenados. Por exemplo, a pessoa que regista novos empregados no sistema de pagamentos de ordenados não devia ter permissão para distribuir os cheques de ordenado, uma vez que, como constatámos no caso do contabilista que atrasava as cartas de demissão, essa pessoa pode incluir um fantasma na folha de pagamentos e, em seguida, retirar o cheque fraudulento do monte de cheques legítimos, que entrega em pagamento. É evidente que, quando o autor de um esquema de empregado-fantasma envia os cheques por correio ou os distribui no local de trabalho, está em melhor posição para assegurar que o cheque-fantasma é entregue a si próprio.

Na maioria dos casos, o fraudador não tem autoridade para distribuir cheques de ordenados, e, por isso, deve certificar-se de que a empregadora envia os cheques para um local onde ele os possa recuperar. Quando os cheques não são distribuídos no local de trabalho, são enviados por correio ou depositados directamente nas contas dos empregados.

Se o empregado fictício foi acrescentado nos registos de pagamentos de ordenados ou de pessoal pelo fraudador, o problema da distribuição é geralmente insignificante. Quando as informações da contratação do fantasma são introduzidas, o fraudador limita-se a registar um endereço ou uma conta bancária para onde podem ser enviados os pagamentos. No caso de empregados-fantasma puramente fictícios, o endereço é frequentemente o do próprio fraudador (o mesmo se aplica às contas bancárias). O facto de dois empregados (o fraudador e o fantasma) receberem pagamentos no mesmo destino pode indicar que há uma fraude em acção. Alguns fraudadores evitam esse problema, fazendo que os pagamentos sejam enviados para uma caixa postal ou uma conta bancária separada. Num dos casos, o fraudador criou uma falsa conta bancária em nome de um empregado fictício e conseguiu que os cheques de ordenado fossem directamente depositados nessa conta.

Como já declarámos, o fantasma nem sempre é uma pessoa fictícia. Pode ser uma pessoa real que conspira com o fraudador para defraudar a empresa. Num dos casos, um empregado colocou a sua mulher e a sua namorada na folha de pagamentos de ordenados da empresa. Quando pessoas reais que conspiram com o fraudador são falsamente incluídas na folha de pagamentos de ordenados, o fraudador, por norma, certifica-se que os cheques são enviados para as casas ou contas dessas pessoas. Desse modo, o fraudador evita o problema dos endereços repetidos na folha de pagamentos de ordenados.

A distribuição constitui um problema mais difícil quando o fantasma é um antigo empregado que, simplesmente, não foi retirado da folha de pagamentos de ordenados. Num dos casos, um supervisor continuou a apresentar cartões de ponto de empregados que tinham sido despedidos. Os registos dos pagamentos de ordenados, como é evidente, reflectem, nessa situação, o número de conta bancária ou endereço do empregado despedido. O fraudador tem então duas soluções.

Nas empresas em que os cheques de ordenados são distribuídos em mão ou deixados num local central para que os empregados os recolham, o fraudador pode ignorar os registos dos pagamentos de ordenados e, simplesmente, levantar os cheques fraudulentos. Se os cheques de ordenados forem distribuídos pelo correio ou através de um depósito directo, o fraudador terá de entrar nos registos do empregado despedido e alterar as informações relativas à entrega.

Horas e Remuneração Falsificadas

O método mais comum de desviar fundos de pagamentos de ordenados é, sem dúvida, o pagamento exagerado do salário. Para os empregados que trabalham à hora, o valor de um cheque de ordenado baseia-se em dois pressupostos: o número de horas trabalhadas e o nível salarial. Para que os empregados que trabalham à hora aumentem fraudulentamente o valor do seu cheque de ordenado, têm de falsificar o número de horas que trabalharam ou alterar o nível do salário (consultar a Figura 8.10 na página 272). Uma vez que os empregados assalariados não recebem remunerações com base no tempo que passam no trabalho, na maioria dos casos geram remunerações fraudulentas, aumentando os seus escalões salariais.

FIGURA 8.10 Horas e Remuneração Falsificadas

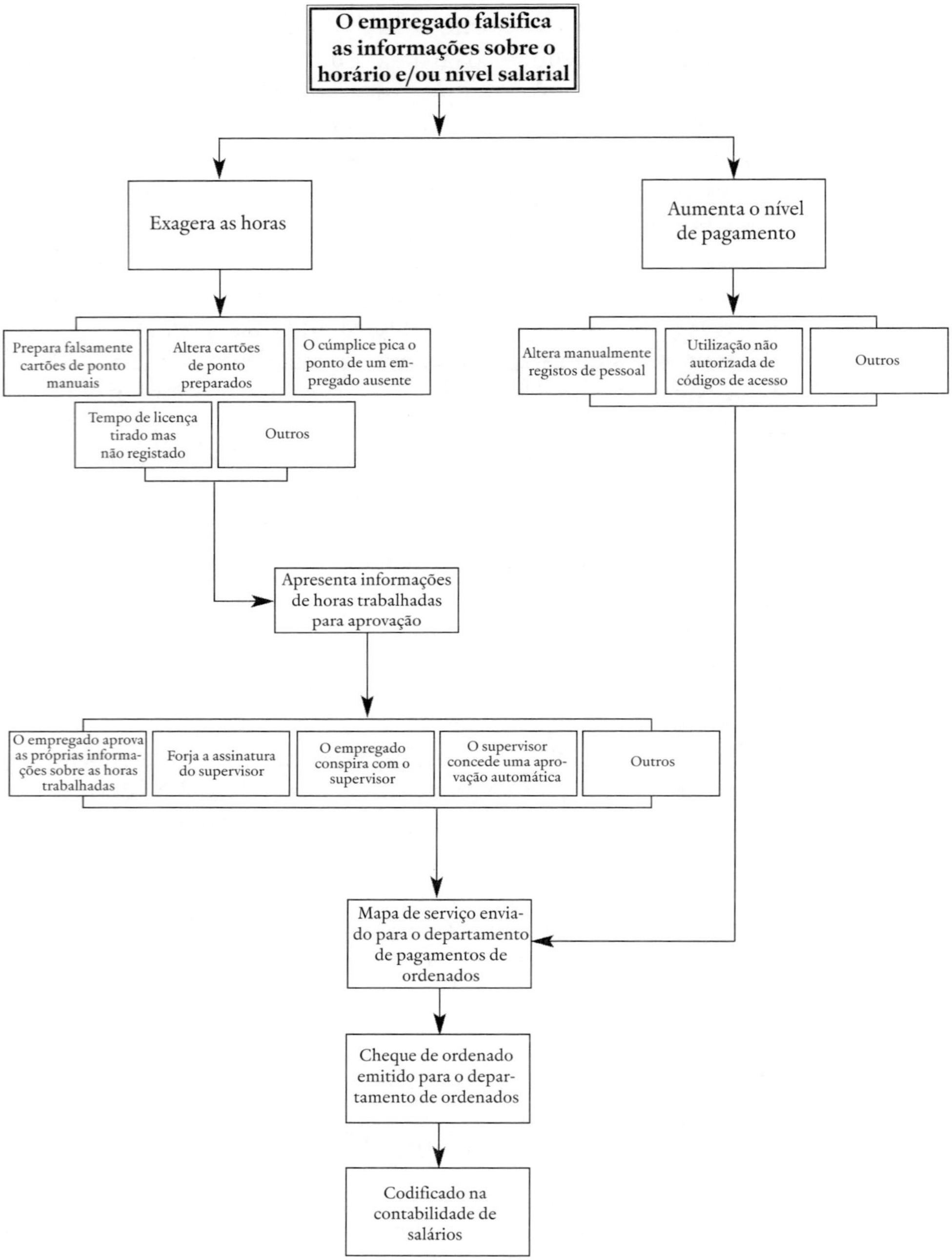

```
                    ┌─────────────────────┐
                    │ O empregado falsifica│
                    │ as informações sobre o│
                    │ horário e/ou nível salarial│
                    └─────────────────────┘
                         │           │
              ┌──────────┘           └──────────┐
              ▼                                 ▼
       ┌─────────────┐                  ┌─────────────┐
       │Exagera as horas│               │Aumenta o nível│
       │             │                  │de pagamento │
       └─────────────┘                  └─────────────┘
```

- Prepara falsamente cartões de ponto manuais
- Altera cartões de ponto preparados
- O cúmplice pica o ponto de um empregado ausente
- Tempo de licença tirado mas não registado
- Outros

- Altera manualmente registos de pessoal
- Utilização não autorizada de códigos de acesso
- Outros

Apresenta informações de horas trabalhadas para aprovação

- O empregado aprova as próprias informações sobre as horas trabalhadas
- Forja a assinatura do supervisor
- O empregado conspira com o supervisor
- O supervisor concede uma aprovação automática
- Outros

Mapa de serviço enviado para o departamento de pagamentos de ordenados

Cheque de ordenado emitido para o departamento de ordenados

Codificado na contabilidade de salários

Quando debatemos fraudes de pagamentos de ordenados, que envolvem horas exageradas, devemos compreender primeiro como é registado o tempo que o empregado passa no trabalho. Como já debatemos, o tempo é geralmente registado através de um de três métodos. Podem ser utilizados relógios de ponto, para marcar o momento em que um empregado começa e termina o trabalho. O empregado insere um cartão no relógio no início e no final do trabalho, e o tempo é impresso nesse cartão. Em sistemas mais sofisticados, os computadores podem registar o tempo que os empregados passam no trabalho, com base em códigos de acesso ou um indicador semelhante. Por fim, os cartões de ponto, que mostram o número de horas que o empregado trabalhou num dia específico, são, muitas vezes, preparados à mão pelo empregado e aprovados pelo gestor.

Cartões de Ponto Preparados à Mão

Quando se registam horas à mão, um empregado, geralmente, preenche o cartão de ponto, de modo a reflectir o número de horas de trabalho, apresentando-o depois ao supervisor para aprovação. O supervisor verifica a exactidão do cartão de ponto, assina ou coloca as suas iniciais no cartão para indicar que o aprova, reencaminhando-o para o departamento de processamento de salários, para que o cheque de ordenado possa ser emitido. A maioria das fraudes de pagamentos de ordenados encontrada no nosso estudo provinha de abusos neste processo.

Obviamente que, se um empregado preenche o seu próprio cartão de ponto, será fácil falsificar as horas que trabalhou. Limita-se a escrever as horas erradas, mostrando que chegou mais cedo ou saiu mais tarde do que na realidade aconteceu. A dificuldade não está em falsificar o cartão de ponto, mas em conseguir que o cartão fraudulento seja aprovado pelo supervisor. Existem, essencialmente, três modos de o empregado obter a autorização necessária.

Forjar a assinatura do supervisor

Ao utilizar este método, um empregado fica com um cartão de ponto, dos que são enviados para aprovação para o supervisor, forja a assinatura ou as iniciais do supervisor e, em seguida, junta o cartão de ponto ao monte de cartões autorizados e enviados para o departamento de processamento de ordenados. O cartão de ponto fraudulento chega a este departamento com o que parece ser a aprovação do supervisor, ficando apto para ser emitido um cheque correspondente.

Conluio com um supervisor

O segundo modo de obter a aprovação de um cartão de ponto fraudulento é conluiar-se com um supervisor que autoriza as informações de horários. Nestes esquemas, o supervisor assina conscientemente falsos cartões e, geralmente, garante uma parte das remunerações fraudulentas. Em alguns casos, o supervisor fica mesmo com todo o pagamento excedentário. Num dos exemplos dados, um supervisor atribuía aos empregados melhores áreas de trabalho ou melhores empregos, mas, em troca, exigia pagamento, que foi conseguido através da falsificação de cartões de ponto dos empregados, autorizados pelo supervisor. Os empregados eram remunerados por horas extraordinárias fictícias, cujo lucro revertia para o supervisor. Pode tornar-se particularmente difícil detectar fraudes de pagamentos de ordenados quando um supervisor se conluia com um empregado, pois deposita-se frequentemente confiança nos gestores com controlo sobre os horários.

    Nos esquemas de colusão, o supervisor nem sempre recebe uma fatia do pagamento extra. Um caso envolveu um empregado temporário que acrescentou horas fictícias ao seu mapa de serviço. Em vez de obter a aprovação do seu supervisor directo, obtinha aprovação de um administrador de outro local. O empregado era parente deste administrador, que autorizava o pagamento extra sem receber qualquer compensação pelo facto. Noutro caso, um supervisor necessitava de aumentar o salário de um empregado, para o impedir de sair da empresa para outro emprego. O supervisor autorizou o pagamento de 10 mil dólares em horas extras fictícias ao empregado. Apesar de tudo, talvez o caso mais singular com que nos deparámos no nosso estudo tenha sido o de dois empregados em *part-time*, que nem sequer se davam ao trabalho de aparecer no emprego. Um dos fraudadores não realizou qualquer trabalho verificável durante nove meses, e o outro, aparentemente, esteve ausente durante dois anos. Os cartões de ponto destes empregados eram preenchidos por um apontador que se baseava nos seus horários de trabalho e aprovados por um supervisor. Este era também um empregado em *part-time*, com outro emprego, onde, por seu lado, era supervisionado por um dos fraudadores. Assim, o supervisor sentia-se pressionado a autorizar os cartões de ponto fraudulentos para manter o seu segundo emprego.

Supervisores «automáticos»

O terceiro modo de obter a aprovação dos cartões de ponto fraudulentos é confiar que um supervisor os aprove sem analisar a sua exactidão. O método do gestor ocioso parece arriscado, e seria de pensar que fosse invulgar, mas a verdade é que ocorre com bastante frequência. Um tema recorrente no nosso estudo é a confiança dos fraudadores na falta de atenção dos outros. Quando um empregado vê uma oportunidade de obter um dinheirinho extra sem ser apanhado, é mais provável que se sinta incentivado a cometer uma fraude. E o facto de um supervisor ser conhecido por aprovar automaticamente os cartões de ponto, ou até ignorá-los, pode constituir um factor decisivo para iniciar esquemas ilegais.

    Num dos casos, um empregado temporário reparou que o seu gestor não conciliava, mensalmente, o diário de despesas. Por isso, o gestor não sabia quanto estava a ser pago à agência de trabalho temporário. O fraudador preencheu relatórios de horas fictícias, enviados para a agência de trabalho temporário e que obrigaram a lesada a pagar mais de 30 mil dólares em remunerações fraudulentas. Uma vez que o fraudador controlava o correio e o gestor não analisava o diário de despesas, o esquema, extremamente simples, não foi detectado durante algum tempo. Noutro exemplo de fraca supervisão, um guarda-livros, cujas funções incluíam a preparação de cheques de pagamentos de ordenados, aumentou os seus cheques, acrescentando horas extra fictícias. Esta pessoa somou mais de 90 mil dólares de pagamentos não autorizados ao seu salário, durante um período de quatro anos, antes de um contabilista reparar nos pagamentos exagerados.

Fracos procedimentos de controlo

Uma falha que ocorreu em vários casos no nosso estudo foi a falta de controlo adequado sobre os cartões de ponto. Num sistema devidamente dirigido, assim que os cartões de ponto são autorizados pela gestão, devem ser directamente enviados para o departamento de processamento de salários. As pessoas que preparam os cartões de ponto já não deviam ter acesso a eles depois de terem sido aprovados. Quando não se cumpre este procedimento, a pessoa que preparou o cartão de ponto pode alterá-lo após a aprovação pelo supervisor, mas antes de entregar ao departamento de processamento de ordenados. Foi precisamente o que sucedeu em vários casos do inquérito de 1996. No estudo de um caso, no início deste capítulo, Jerry Harkanell estava encarregado de compilar, semanalmente, os mapas de serviço (incluindo o seu próprio), obter a aprovação do supervisor e entregar os mapas aprovados ao departamento de processamento de salários. Como vimos, Harkanell esperava que o seu supervisor assinasse os mapas de serviço da unidade, para depois exagerar as suas horas de trabalho ou colocar horas, em que tinha trabalhado em turnos, com pagamentos mais elevados. Uma vez que o mapa de serviço fora aprovado pelo supervisor, o departamento de contabilidade partia do princípio que as horas eram legítimas.

Outro modo de falsificar as horas consiste no relatório errado do tempo de licença. Não é um procedimento tão comum como a falsificação dos cartões de ponto, mas pode mesmo assim ser problemático. A propósito, trata-se do único caso em que empregados assalariados cometem fraude de pagamentos de ordenado falsificando as suas horas. O modo como um esquema de licença funciona é muito simples. Um empregado tira um certo tempo do trabalho como licença ou férias com vencimento, mas não regista esse tempo de licença. Por norma, os empregados recebem uma certa quantidade de dias de licença com vencimento por ano. Se uma pessoa tirar uma licença, mas não a registar, esses dias não são deduzidos dos dias de licença que lhe são atribuídos. Por outras palavras, obtém mais tempo de licença do que aquele a que tem direito. O resultado é que o empregado aparece menos no trabalho, porém continua a receber o mesmo salário. Tratou-se de outro método utilizado por Jerry Harkanell para aumentar o seu ordenado. Outro exemplo deste tipo de esquema foi o de um gestor sénior que permitia que certas pessoas se ausentassem do trabalho sem apresentarem formulários de licença ao departamento de pessoal. Por conseguinte, esses empregados conseguiram tirar licenças a mais, recebendo 25 mil dólares em remunerações não merecidas.

Relógios de Ponto e Outros Sistemas Automáticos de Cronometração do Tempo

Nas empresas que utilizam relógios de ponto para recolher informações sobre as horas, a fraude de pagamentos de ordenados é geralmente pouco complicada. No cenário típico, o relógio de ponto encontra-se numa área não restrita, e existe, por perto, um cartão de ponto para cada empregado. Os empregados introduzem os seus cartões de ponto no início e no final dos seus turnos e o relógio imprime as horas. Fica assim registado o tempo de permanência do empregado no trabalho. Os supervisores deveriam estar presentes no início e no final dos turnos, para assegurar que os empregados não perfuram os cartões de colegas ausentes, mas este simples controlo é frequentemente ignorado.

Encontrámos muito poucos esquemas de fraudes de relógios de ponto e aqueles com que nos deparámos seguiam um padrão simples e único. Quando um empregado está ausente, um amigo dessa pessoa perfura o seu cartão para que pareça que o empregado esteve, afinal, a trabalhar nesse dia. O empregado ausente é erradamente remunerado por esse dia. Este método surgiu em alguns dos nossos casos.

Níveis de Pagamento

Enquanto o debate anterior incidiu sobre o modo como os empregados exageram o número de horas que trabalham, convém recordar que também podem receber cheques de ordenados maiores, alterando o seu escalão salarial. Os registos de pessoal ou de ordenado dos empregados reflectem a sua categoria de pagamento. Se os empregados conseguirem obter acesso a esses registos, ou tiverem um cúmplice com acesso aos mesmos, podem ajustá-los de modo a receberem um cheque maior.

Esquemas de Comissões

A comissão é uma forma de remuneração calculada em percentagem do montante de transacções que um vendedor ou outro empregado gera. Trata-se da única forma de remuneração que não se baseia em horas trabalhadas ou num salário anual estabelecido, mas antes na produção de receitas pelo empregado. As remunerações de um comissionista baseiam-se em dois factores, a quantidade de vendas geradas e a percentagem que recebe dessas vendas. Por outras palavras, existem dois modos através dos quais os empregados com comissões podem aumentar a sua remuneração: (1) falsificar a quantidade de vendas realizadas, ou (2) aumentar a taxa da comissão (consultar Figura 8.11 na página 277).

FIGURA 8.11 Esquemas de Comissões

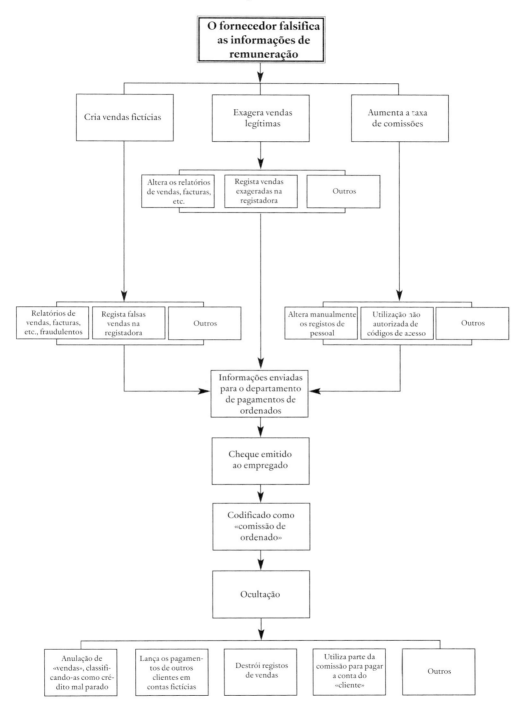

Vendas Fictícias

Os empregados podem falsificar a quantidade de vendas que efectuaram de três modos, sendo o primeiro a criação de vendas fictícias. Num exemplo, um agente de seguros pouco escrupuloso aproveitou-se das comissões de incentivo da sua empresa, que concedia 1,25 dólares por cada 1,0 dólares de prémios gerados no primeiro ano de uma apólice. O agente passou apólices a clientes fictícios, pagou os prémios e recebeu as suas comissões, criando um lucro ilícito sobre a transacção. Por exemplo, se o fraudador pagava 100 mil dólares em prémios, recebia 125 mil dólares em comissões, gerando um lucro para si de 25 mil dólares. Os pagamentos dessas apólices terminaram ao fim do primeiro ano.

    O modo como as vendas fictícias são criadas depende do sector em que o fraudador opera. Uma venda fictícia pode ser construída através da criação de ordens de venda, ordens de compra, autorizações de crédito, talões de entrega ou facturas fraudulentas, etc., ou pode, simplesmente, registar uma falsa venda numa caixa registadora. A essência é que uma venda fictícia seja criada, que pareça legítima e que a empresa lesada reaja, emitindo um cheque de comissão ao fraudador.

Vendas Alteradas

O segundo modo de os fraudadores falsificarem o valor das vendas que efectuaram consiste em alterar os preços inscritos nos documentos de venda. Por outras palavras, os fraudadores cobram um preço ao cliente, mas registam um valor mais elevado. Isso resulta no pagamento de uma comissão maior do que a que lhes é realmente devida. Num dos casos, um vendedor cotava uma certa taxa aos seus clientes, cobrava-lhes essa taxa e recolhia os seus pagamentos, mas exagerava os seus relatórios de vendas. O fraudador interceptava e alterava as facturas dessas transacções para impedir os clientes de se queixarem. Também exagerava as receitas recebidas dos clientes. Uma vez que as comissões do fraudador se baseavam na quantidade de receitas que cobrava, era exageradamente remunerado.

Converter Vendas de Outros

O terceiro modo pelo qual os empregados podem exagerar as vendas é fazer crer que as vendas realizadas por outro empregado foram suas. Evidentemente que este método só pode ser usado num número de circunstâncias limitado. Na maioria dos casos, o Vendedor A não pode ficar com o crédito das vendas do Vendedor B, porque este também as reivindicará. No entanto, as circunstâncias invulgares de um caso permitiram a alguns empregados exagerar fraudulentamente as suas comissões com base nas vendas de outra pessoa. Este incidente envolveu uma empresa que, por vezes, vendia mercadorias a prazo. As comissões sobre essas vendas não eram pagas até ao cumprimento total do contrato, o que significava que podia decorrer um grande período de tempo entre o acordo de vendas inicial e a comissão resultante. Algumas vendas a prazo foram iniciadas por empregados que se despediram ou foram transferidos antes do fim dos pagamentos sobre as vendas, o que significava que não estavam aptos a receber a respectiva comissão. Quando os clientes faziam os seus pagamentos finais sobre estes contratos, um gestor no local utilizava a sua autoridade para cancelar os contratos de venda a prazo e permitia que vendedores mais recentes reintroduzissem as transacções como suas. Como consequência, os vendedores recebiam comissões pelas vendas, embora não as tivessem gerado. O gestor não obtinha vantagens deste esquema, excepto a lealdade dos seus subordinados.

Como já referimos, o outro modo de manipular o processo de comissões consiste em alterar o nível de comissão do empregado. Isto implicaria provavelmente a alteração de registos de pessoal ou de pagamentos de ordenados, registos que deveriam ser inacessíveis ao pessoal de vendas.

Compensação a Trabalhadores

A compensação a trabalhadores não é uma conta de ordenado, mas antes uma despesa de seguro. No entanto, é essencialmente um privilégio do empregado permitir que as pessoas acidentadas nos empregos sejam indemnizadas, enquanto se restabelecem. Como tal, os esquemas de compensação a trabalhadores são debatidos neste capítulo.

Não existiu nada de complicado nos esquemas de compensação a trabalhadores que analisámos no nosso estudo. Um empregado limita-se a fingir um ferimento e recebe os pagamentos da seguradora da empresa lesada. Entretanto, não trabalha, embora esteja fisicamente capaz de o fazer. Em alguns casos, o empregado conluia-se com um médico que prescreve tratamentos médicos desnecessários, dividindo os pagamentos por esses tratamentos fictícios com o empregado «acidentado».

A vítima principal de um esquema de compensação a trabalhadores não é a empregadora, mas sim a sua seguradora, que é quem paga as contas médicas fraudulentas e as ausências desnecessárias do fraudador. No entanto, a empregadora é uma vítima em terceiro grau destes delitos, pois os falsos acidentes podem resultar, no futuro, em prémios de seguros maiores.

ESTUDO DE UM CASO: **FRAUDE DE UM VIAJANTE FREQUENTE CAI POR TERRA**[**]

Nos seus cinco anos num escritório regional da Smith & Carrington, Andrew Worth passou mais tempo na estrada do que em casa, o que significa que, frequentemente, deseja as boas-noites à mulher através de uma chamada de longa distância. O doutorado, de 35 anos, viaja por toda a América do Norte

---

[**] Vários nomes foram alterados de modo a preservar o anonimato.

no seu trabalho como geólogo da firma privada especializada em gestão ambiental e serviços de engenharia. A sua extensa lista de clientes, englobando todo o tipo de sectores, incluia câmaras municipais, firmas de construção, companhias de petróleo e empresas da lista das 500 Maiores da *Fortune*, com projectos de vários milhões de dólares. Como parte de uma equipa reunida por um gestor de projecto da Smith & Carrington, Worth era regularmente chamado para supervisionar operações de perfuração, realizar testes de amostragem, ou ajudar a fazer uma análise do local.

Andando de um local para outro, o herói da estrada segue as regras básicas das viagens de negócios: tentar obter um quarto no andar de cima, longe dos elevadores e da máquina do gelo; pedir um lugar próximo de uma saída de emergência num avião, declarada zona interdita a crianças; obter sempre documentação para qualquer despesa de viagem. E assim por diante. Mas Worth quebrou uma regra de ética básica: nunca, mas nunca, aldrabar o relatório de despesas.

A sua infracção foi descoberta por Sally Campbell, uma de quatro auditores internos que trabalhavam na sede da Costa Este da Smith & Carrington. Durante uma análise de rotina aos relatórios de actividades do cartão de crédito patrocinado pela empresa, Campbell reparou numa série excessiva de créditos de Worth que, imediatamente, fizeram soar o alerta. Ela contou a sua preocupação a Tina Marie Sorrenson, directora do departamento de auditoria interna.

«Todos os créditos pareciam seguir um padrão de uma companhia aérea», recordou Sorrenson, que fora, pouco tempo antes, acreditada como CFE. As duas contabilistas deram então uma vista de olhos rápida aos relatórios de despesas de viagens apresentados por Worth e descobriram que um par de números dos bilhetes creditados pela companhia aérea também correspondiam aos números de bilhetes apresentados no relatório do empregado para reembolso. «O que se passa aqui?», declarou Sorrenson. Era o que tencionava descobrir.

Nesse mesmo dia, Sorrenson chamou o supervisor directo de Worth, que ela sabia ser capaz de tomar decisões rápidas, e expôs-lhe as discrepâncias. O supervisor reuniu todos os mapas de serviço de Worth dos últimos 18 meses e enviou-os por fax a Sorrenson.

Campbell e Sorrenson reuniram toda a sua documentação para uma cuidada inspecção. Compilaram um horário cronológico das suas actividades. A papelada que reuniram revelou que, em inúmeras viagens de negócios, durante um período de quatro meses, Worth comprara dois bilhetes de avião com uma grande diferença de preços. No bilhete de viagem, que pressupunha quatro ligações, mais dispendioso, só parte do recibo do passageiro acompanhava o relatório de despesas para reembolso.

Procurando confirmação para o seu palpite, as auditoras fizeram duas chamadas telefónicas – uma para o agente de viagens que emitira os bilhetes e outra para a companhia aérea. «Todas as partes externas que contactámos se revelaram muito cooperantes», declarou Sorrenson. Por Sorrenson se ter identificado como uma agente da Smith & Carrington e por Worth ter usado um cartão de crédito da empresa para a compra, o representante das linhas aéreas sentiu-se à vontade para divulgar informações sobre o cliente – o bilhete de maior valor nunca era usado.

Tendo as linhas aéreas fornecido a confirmação, as auditoras descobriram o método de operação de Worth. Pelo menos com 14 dias de antecedência de uma viagem, Worth comprava um bilhete de avião para o seu destino. Obtinha a tarifa mais baixa e a rota mais directa que conseguia descobrir. Próximo da data da partida – por vezes no próprio dia – Worth comprava um segundo bilhete para o mesmo destino, pagando uma tarifa inflacionada por se tratar de uma reserva de última hora. «Ele escolhia deliberadamente uma rota não directa até ao destino final para aumentar ainda mais a tarifa de viagem», acrescentou Sorrenson. Por exemplo, para uma viagem para Miami, podia fazer paragens em Charlotte e Greenville, Carolina do Norte, antes de vaguear por Atlanta, em mais uma etapa do seu caminho contorcido para o sul da Florida, declarou ela. Podia fazer cinco etapas para chegar a Boston. «Ele utilizava o bilhete mais barato e devolvia o bilhete mais caro em troca de crédito».

Mas antes de devolver o mais caro, Worth arrancava o cupão de recibo do passageiro, a parte que descobriu que as linhas aéreas não exigem para um reembolso. Worth guardava o cupão para o anexar ao relatório de despesas para a empresa, que não necessitava de documentação completa. O gestor de projecto, frequentemente um engenheiro, mas nunca um contabilista, analisa e assina quaisquer relatórios de despesas apresentados por membros da equipa em relação ao projecto.

«Não centralizamos a aprovação dos nossos relatórios de despesas, devido à natureza do nosso negócio», declarou Sorrenson. Para sermos justas, declarou, os bilhetes de avião são, para leigos no assunto, confusos e difíceis de decifrar. Sorrenson reconhece que os gestores de projecto estão mais preocupados em corresponder aos objectivos orçamentais e cobrar o cliente certo pelas horas ou procedimentos devidos, e não em analisar relatórios de despesas em busca de uma possível fraude.

Munida de provas incontestáveis de uma fraude de 4,1 mil dólares, que parecia limitar-se a um período de quatro meses, Sorrenson agiu rapidamente para levar este caso a seu termo. Ainda jogando segundo as regras, chamou o departamento de contencioso à Smith & Carrington para o informar sobre a situação de Worth e pedir conselho sobre como proceder. Sorrenson declarou que o departamento de contencioso ficou de posse do caso.

Em seguida, enviou a colecção de provas, juntamente com a sua análise detalhada do esquema de Worth, por correio, para o supervisor directo de Worth no escritório regional, o qual, por sua vez, o mostrou ao seu patrão. Os dois gestores marcaram uma reunião privada com Worth, na segunda-feira seguinte, logo de manhã.

Perante as provas, Worth admitiu prontamente o seu delito. Declarou que estava a passar por problemas financeiros temporários e necessitava, apenas, de algum dinheiro para se aguentar. Segundo Sorrenson, que ouviu o relato em segunda mão, Worth jurou: «Só o fiz durante quatro meses». Jurou que aumentara as suas contas de despesas apenas por um breve período; insistiu que os gestores verificassem todos os outros relatórios de despesas que apresentara durante os seus cinco anos na Smith & Carrington (o trabalho de averiguação de Sorrenson corroborava a sua declaração).

Os gestores pediram então a Worth que fornecesse o seu próprio relato do delito. A sua versão aproximava-se bastante dos cálculos de Sorrenson – 4,1 mil dólares. Worth concordou em restituir o dinheiro roubado. «Começou por pagar-nos dois mil dólares de uma só vez e 150 dólares de dois em dois meses», recordou Sorrenson.

Worth foi imediatamente despedido, mas a Smith & Carrington optou por não o processar. «Trata-se de uma regra não escrita da nossa empresa», declarou Sorrenson. Também mantiveram em segredo a sua investigação. «Ninguém soube dela, excepto através de rumores». Ainda assim, as outras pessoas só sabiam que alguém se metera em sarilhos por falsificar um relatório de despesas, adiantou Sorrenson.

Fiel à cultura da empresa de tomar acções decisivas, Sorrenson e a sua equipa resolveram este caso em pouco menos de um mês. «Foi o caso mais fácil que já tivemos», reconheceu.

Sorrenson chamou a este caso uma verdadeira revelação. «Descobrimos que se tratava de uma fraude muito fácil de cometer, especialmente porque os bilhetes de avião são confusos de interpretar. Em nome da Smith & Carrington, Sorrenson lançou, mais tarde, uma auditoria para descobrir outros esquemas de viagens. E descobriu alguns. O esquema de Worth não constituía um incidente isolado.

A gestão da empresa seguiu, posteriormente, o seu conselho de designar um agente de viagens para tratar de todas as viagens para a empresa, incluindo os 50 escritórios regionais. «Isso torna as nossas vidas de auditoras muito mais fáceis. Dá-nos um melhor controlo, bem como melhores dados sobre os custos», declarou Sorrenson. «Não há modo de evitar este tipo de fraude», declarou, «a menos que se obrigue os empregados a utilizarem um cartão de crédito da empresa».

Embora a auditora geral também tenha recomendado que os empregados utilizassem um cartão de crédito da empresa para todas as despesas de negócios, a gestão recusou a ideia. «Tentei passar essa ideia há anos e estou novamente a defendê-la», disse Sorrenson, alegando que o extracto de contas de um cartão de crédito da empresa fornece uma ferramenta de auditoria muito mais forte e um rasto mais facilmente acessível numa auditoria.

Sorrenson compreende que o esquema de Worth poderia não ter sido detectado se ele tivesse utilizado o cartão de crédito pessoal para pagar a passagem aérea de negócios. «Este tipo era um pouco idiota. Se decidimos executar uma coisa destas, não devemos utilizar o cartão de crédito da empresa». E prossegue:

> «Uma coisa que convém compreender acerca dos fraudadores é que geralmente são estúpidos». Ou talvez só os estúpidos sejam apanhados.
> Sorrenson tem um conselho para outros investigadores de fraude que enfrentem a possibilidade de este tipo de crime ocorrer na sua organização – «Arrisquem sempre a pergunta».

As empresas geralmente pagam reembolsos de despesas deste modo: um empregado apresenta um relatório que descreve uma despesa incorrida para fins de negócio, tal como um almoço com um cliente, um bilhete de avião, contas de hotel associadas a uma viagem de negócios, e assim por diante. Ao preparar um relatório de despesas, um empregado geralmente tem de explicar a finalidade da despesa, bem como a sua data, hora e local. Anexa ao relatório da despesa deve vir documentação comprovativa da despesa, vulgarmente um recibo. Em certos casos, são permitidas cópias de cheques passados pelo empregado ou de um extracto de cartão de crédito pessoal, que mostram a despesa. O relatório, geralmente, tem de ser autorizado por um supervisor, para que a despesa seja reembolsada. Os quatro tipos principais de esquemas de reembolso de despesas são:

1. Despesas falsamente atribuídas.
2. Despesas sobreavaliadas.
3. Despesas fictícias.
4. Múltiplos reembolsos.

DADOS SOBRE REEMBOLSO DE DESPESAS DO *INQUÉRITO NACIONAL SOBRE FRAUDES DE 2006* DA ACFE

Frequência e Custo

No nosso estudo de 2006, a fraude de reembolso de despesas foi citada em 30% de casos de desembolsos fraudulentos, classificando-se, em segundo lugar, em termos de frequência (a soma destas percentagens ultrapassa os 100%, porque alguns casos envolveram múltiplos esquemas de fraudes que recaíam em mais de uma categoria. Vários gráficos deste capítulo podem reflectir percentagens que totalizam mais de 100% por motivos semelhantes). Por contraste, os esquemas de fraudes de reembolso de despesas constituíam a forma de desembolso menos onerosa, resultando numa perda mediana de 25 mil dólares (consultar Figuras 8.12 e 8.13).

A Figura 8.14 mostra a distribuição de perdas, em dólares, por via de esquemas de reembolso de despesas, comparando com as perdas em todas as fraudes ocupacionais. A variação mais significativa ocorreu em casos que custaram entre mil e 10 mil dólares. Quase um quarto de fraudes de reembolso de despesas recaía nesta categoria, por oposição a apenas 9% no total das fraudes.

FIGURA 8.12 *Inquérito Nacional sobre Fraudes de 2006*:
Frequência de Desembolsos Fraudulentos

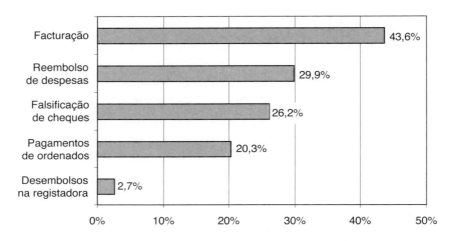

FIGURA 8.13 *Inquérito Nacional sobre Fraudes de 2006*:
Perda Mediana de Desembolsos Fraudulentos

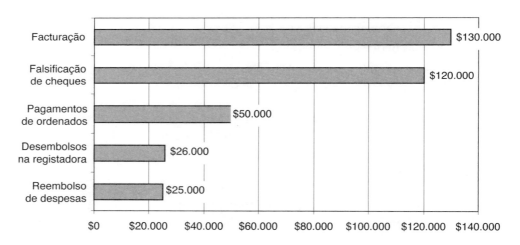

Detecção de Esquemas de Reembolso de Despesas

Recebemos 175 respostas em que o método de detecção inicial dos casos de reembolso de despesas foi identificado. As denúncias e a descoberta por acaso foram os métodos mais comummente referidos, cada um dos quais tendo contribuído para a detecção de mais de um quarto dos casos de reembolso de despesas. Estes dois métodos de detecção, bem como a auditoria interna, eram ligeiramente mais comuns nas fraudes de reembolso de despesas do que no grupo geral dos casos (consultar Figura 8.15).

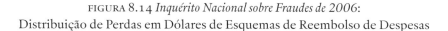

FIGURA 8.14 *Inquérito Nacional sobre Fraudes de 2006*:
Distribuição de Perdas em Dólares de Esquemas de Reembolso de Despesas

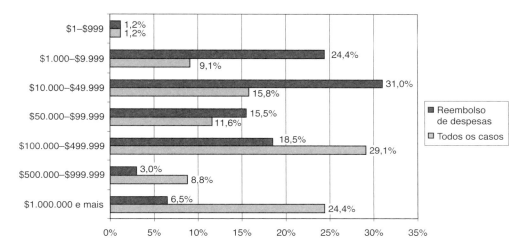

FIGURA 8.15 *Inquérito Nacional sobre Fraudes de 2006*:
Detecção de Esquemas de Reembolso de Despesas

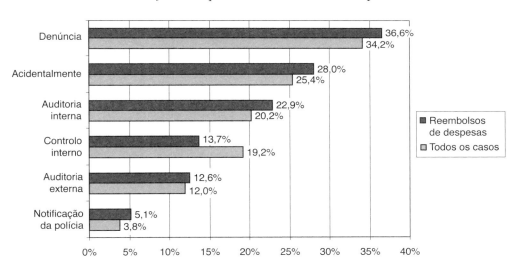

Autores de Esquemas de Reembolso de Despesas

A tendência geral no nosso estudo foi a de serem os empregados a cometerem o maior número de fraudes ocupacionais, mas eram mais prováveis os esquemas de reembolso de despesas em cargos superiores. Quase três quartos dos casos que envolviam fraudes de reembolso de despesas eram cometidos por alguém ao nível da gerência ou proprietário/executivo (consultar Figura 8.16).

FIGURA 8.16 *Inquérito Nacional sobre Fraudes de 2006*:
Autores de Esquemas de Reembolso de Despesas

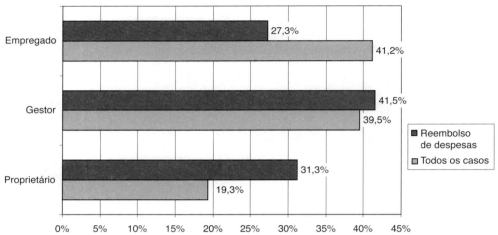

Embora os casos de reembolso de despesas fossem mais vulgarmente cometidos por gestores e proprietários do que acontecia no conjunto das fraudes ocupacionais, as perdas associadas foram muito mais baixas (consultar Figura 8.17).

FIGURA 8.17 *Inquérito Nacional sobre Fraudes de 2006*:
Perda Mediana por Cargo do Autor de Esquemas de Reembolso de Despesas

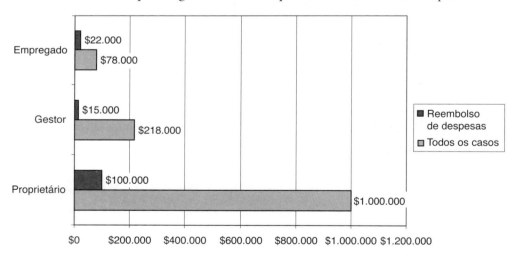

Vítimas de Esquemas de Reembolso de Despesas

As Figuras 8.18 e 8.19 comparam as fraudes de reembolso de despesas com todos os casos de fraudes no nosso estudo, com base no número de empregados da organização lesada. Os esquemas de reembolso de despesas ocorreram num índice superior ao da fraude em geral em organizações com menos de 1000 empregados. Além disso, as perdas medianas das fraudes de contas de despesas eram significativamente menores do que o valor global, considerando todas as categorias de dimensão das organizações.

Figura 8.18 Inquérito Nacional sobre Fraudes de 2006: Dimensão, por Número de Empregados, da Vítima de Esquemas de Reembolso de Despesas

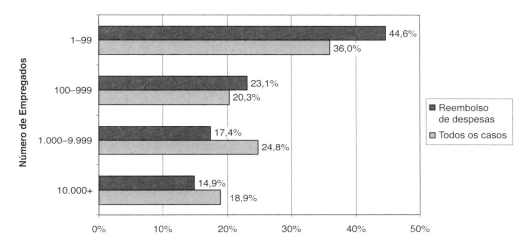

FIGURA 8.19 *Inquérito Nacional sobre Fraudes de 2006*: Perda Mediana, por Número de Empregados, em Esquemas de Reembolso de Despesas

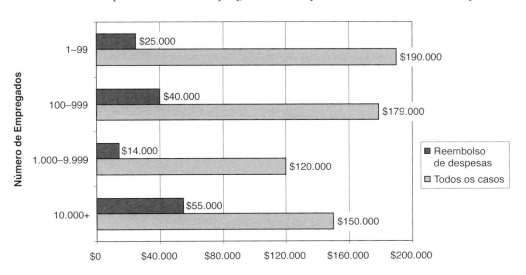

ESQUEMAS DE REEMBOLSO DE DESPESAS

Despesas Falsamente Atribuídas

Apenas certas despesas dos seus empregados são reembolsáveis pela empresa, dependendo da sua política. Mas, em geral, as viagens relacionadas com negócios, o alojamento e as refeições são reembolsados. Um dos esquemas mais básicos é cometido, simplesmente, pedindo um reembolso por uma despesa pessoal, alegando estar relacionada com o trabalho (consultar Figura 8.20).

Exemplos de falsificações de despesas incluem pedir o reembolso de viagens pessoais como se fossem viagens de negócios, classificar um jantar com um amigo como «desenvolvimento de um negócio», e assim por diante. Os fraudadores podem apresentar os recibos das suas despesas pessoais juntamente com os relatórios e fornecer motivos de negócios para os custos incorridos.

O falso relatório de despesas induz a empresa lesada a emitir um cheque, reembolsando o fraudador por despesas pessoais. Uma falsa atribuição é um esquema simples, equivalente a pouco mais do que uma mentira. Em casos que envolvem bilhetes de avião e viagens nocturnas, uma falsa atribuição pode ser detectada, comparando os relatórios de despesas do empregado com o seu horário de trabalho. Frequentemente, as datas das pretensas viagens de negócios coincidem com férias ou dias de folga. Os relatórios de despesas detalhados permitem que uma empresa faça este tipo de comparações e, como tal, são muito úteis para evitar esquemas de fraudes.

Exigir informações detalhadas significa mais do que apenas documentos comprovativos; significa declarações exactas daquilo que foi comprado, quando e onde. Num dos casos relatados, um autor de uma fraude apresentou extractos de cartões de crédito como comprovativos de despesa, mas apresentou apenas a parte de cima dos extractos e não a que descreve o que foi comprado. Mais de 95% das suas despesas reembolsadas eram de natureza pessoal. É evidente que, neste exemplo específico, o esquema foi facilitado, porque o seu autor era o CEO da empresa, o que tornava improvável que alguém pusesse em causa a validade dos seus relatórios de despesas.

Fosse qual fosse o motivo, a maioria dos esquemas de despesas falsamente atribuídas, dos nossos estudos, foi cometida por empregados com cargos superiores, proprietários ou administradores. Muitas vezes, o fraudador tinha autoridade sobre a conta de onde as despesas eram pagas. Outra característica comum era a não apresentação de relatórios de despesas detalhados, ou não apresentação de qualquer tipo de relatório de despesas. É evidente que, quando uma empresa se dispõe a reembolsar despesas dos empregados sem qualquer documentação comprovativa, torna-se fácil um empregado aproveitar-se do sistema. No entanto, não parece haver nada intrínseco à natureza de um esquema de falsas atribuições que possa impedir o seu uso num sistema em que sejam exigidos relatórios detalhados. Como exemplo, imaginemos que um caixeiro-viajante faz uma viagem e incorre, uma noite no hotel, numa grande despesa no bar, guarda o recibo e descreve esta despesa como «representação de negócios» num relatório de despesas. Nada acerca das horas, data ou natureza da despesa indicaria prontamente uma fraude e o recibo pareceria confirmar a despesa. Só contactando o cliente que foi alegadamente entretido é que poderia haver esperanças de identificar a despesa como fraudulenta.

FIGURA 8.20 Despesas Falsamente Atribuídas

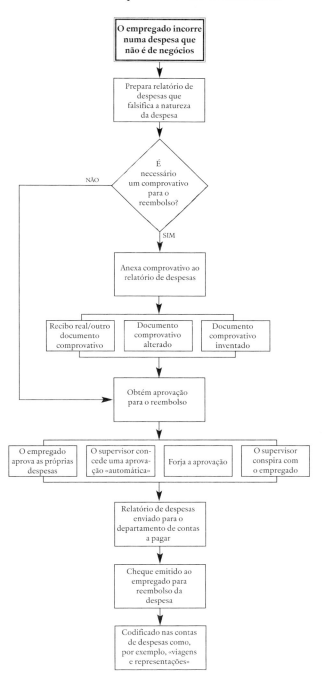

Uma última observação é o facto de os esquemas de falsas atribuições poderem ser extremamente dispendiosos. Nem sempre se trata de um almoço grátis, mas pode envolver, pelo contrário, enormes quantias de dinheiro. Num exemplo, dois gestores de quadro médio incorreram em despesas, falsamente atribuídas, de um milhão de dólares, durante dois anos. As suas viagens não eram devidamente supervisionadas e os seus pedidos de reembolso de despesas não eram analisados com atenção, o que lhes permitiu gastarem grandes quantias do dinheiro da empresa em viagens internacionais, entretenimento de luxo para os amigos, e compras de presentes dispendiosos. Limitavam-se a fazer crer que tinham incorrido em tais despesas para entreter clientes. Embora este caso tenha sido mais dispendioso do que a média dos esquemas de falsas atribuições, deve servir para sublinhar o possível prejuízo que pode ocorrer se o processo de reembolsos não for atentamente tratado.

Relatórios de Despesas Sobreavaliadas

Em vez de procurar reembolso para despesas pessoais, alguns empregados exageram o custo real das despesas de negócios (consultar Figura 8.21). Isso pode ser conseguido de vários modos.

Recibos Alterados

O exemplo mais básico de esquemas de reembolso de despesas sobreavaliadas ocorre quando um empregado falsifica um recibo ou outro documento comprovativo, de modo a que este reflicta um preço maior do que aquele que foi efectivamente pago.

O empregado pode utilizar tinta correctora, uma esferográfica, ou outro método, para alterar o preço reflectido no recibo, antes de apresentar o relatório de despesas. Se a empresa não exigir documentos originais com comprovativos, o fraudador, geralmente, anexa uma cópia do recibo ao relatório de despesas. As alterações são menos visíveis numa fotocópia do que num documento original. Precisamente por esse motivo, muitas empresas exigem os recibos originais e assinaturas a caneta em relatórios de despesas.

Tal como noutras fraudes de despesas, os esquemas de gastos exagerados são frequentemente bem sucedidos devido a fracos controlos. Nas empresas em que os documentos comprovativos não são exigidos, os fraudadores limitam-se a mentir acerca do quanto pagaram por uma despesa de negócio. Sem nenhum comprovativo disponível, pode tornar-se muito difícil contestar as falsas declarações de despesa de um empregado.

ESQUEMAS NAS REMUNERAÇÕES E REEMBOLSO DE DESPESAS 291

FIGURA 8.21 Despesas Sobreavaliadas

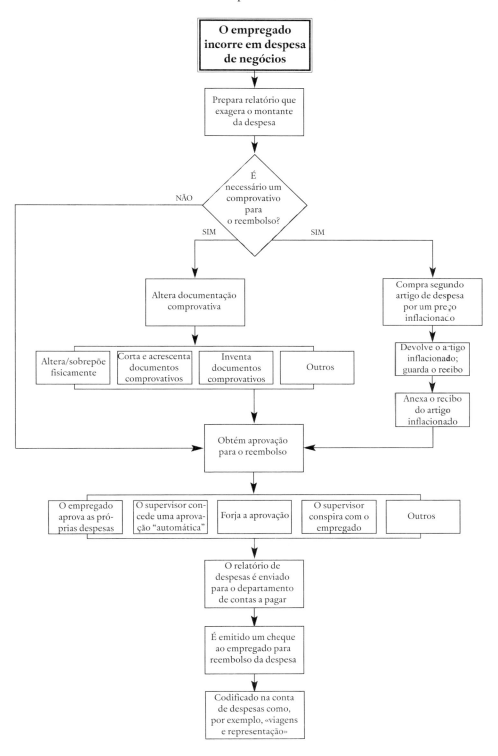

Compras a Mais

O caso de Andrew Worth, no início desta secção, ilustrou outro modo de exagerar um formulário de reembolso, «comprando a mais» nas despesas de negócios. Como vimos, Worth comprou dois bilhetes para a sua viagem de negócios, um caro e outro barato. Devolveu o bilhete caro à companhia aérea, mas ficou com o cupão de recibo de passageiro e utilizou-o para exagerar os seus relatórios de despesas. Entretanto, utilizou o bilhete mais barato na viagem. Deste modo, conseguiu ser reembolsado por uma despesa maior do que a que efectivamente fora paga.

Exagerar as Despesas de Outro Empregado

Os esquemas de inflação de despesas não são apenas cometidos pela pessoa que a paga. Pelo contrário, podem ser cometidos por alguém que trate ou processe os relatórios de despesas. Um exemplo ocorreu quando um caixa de pequenas despesas utilizou tinta correctora nos pedidos de adiantamentos de viagem de outro empregado e inseriu grandes montantes. O caixa passou-lhe então os adiantamentos de viagem legítimos e encaixou o excedente. Este método pode ser utilizado, quer para reembolsos de despesas, quer para adiantamentos de viagens.

Este tipo de esquema tem mais probabilidades de ocorrer num sistema em que as despesas são reembolsadas em dinheiro, em vez de cheque, uma vez que os fraudadores não poderiam retirar a sua «fatia» de um único cheque passado a outro empregado.

Ordens para Exagerar Despesas

Por fim, observámos alguns casos em que os empregados falsificavam conscientemente as suas próprias despesas, mas faziam-no por indicação dos seus supervisores. Num dos casos, um chefe de departamento obrigou os seus subordinados a exagerarem as suas despesas e devolver-lhe os lucros. Presumivelmente, os empregados concordaram com este esquema com receio de perderem os empregos. A fraude durou dez anos e custou à empresa lesada aproximadamente seis milhões de dólares. De modo semelhante, num outro caso, um director de vendas ordenou aos seus vendedores que exagerassem as suas despesas, de modo a gerar dinheiro para um fundo secreto, fundo que era utilizado para pagar subornos e para fornecer formas impróprias de entretenimento aos clientes.

Esquemas de Despesas Fictícias

Os empregados, por vezes, procuram reembolsos de despesas para artigos totalmente fictícios. Em vez de exagerar uma verdadeira despesa de negócio ou procurar reembolsos para uma despesa pessoal, um empregado simplesmente inventa uma compra que tem de ser reembolsada (consultar Figura 8.22).

FIGURA 8.22 Despesas Fictícias

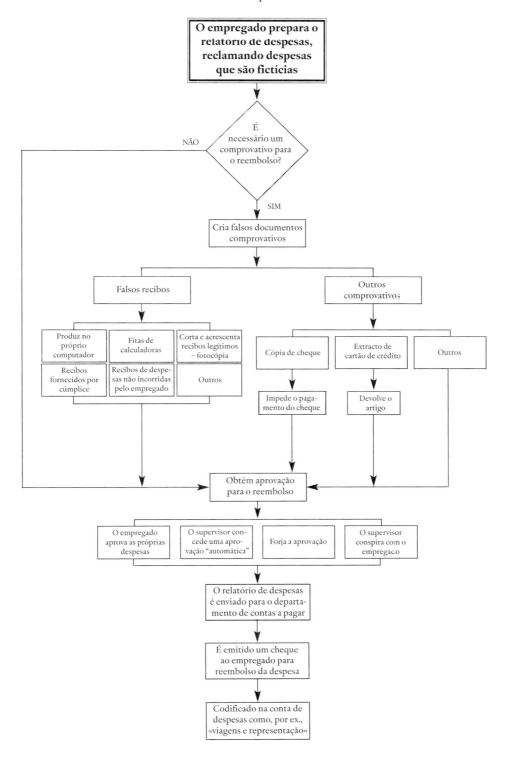

Apresentar Recibos Falsos

Um modo de gerar um reembolso por uma despesa fictícia consiste em criar falsos documentos comprovativos, tais como falsos recibos.

A massificação dos computadores pessoais permitiu que alguns empregados criassem recibos falsos em casa, com aparência realista. Essa foi a ideia num dos casos, em que um empregado fabricou falsos recibos, utilizando o seu computador e uma impressora a laser. Estas falsificações eram muito sofisticadas, incluindo até os logótipos das lojas, onde ele, alegadamente, fizera compras relacionadas com o trabalho.

Os computadores não são o único meio de criar comprovativos de uma falsa despesa. O fraudador, no caso acima, utilizou vários métodos para justificar despesas fictícias, à medida que o seu esquema progredia. Começou por utilizar impressões de calculadoras para simular recibos, prosseguiu para o corte e cola com recibos de fornecedores, para, finalmente, evoluir para a utilização do *software* do computador para gerar recibos fictícios.

Obter Recibos em Branco dos Fornecedores

Se os recibos não forem criados pelo fraudador, podem ser obtidos, de diversos modos, de fornecedores legítimos. Um gestor, num exemplo, simplesmente pediu recibos em branco a empregados de mesa, *barman*, e outros. Em seguida, preencheu esses recibos de modo a «criar» despesas de negócios, incluindo os nomes dos clientes que, alegadamente, entretivera. O fraudador pagava todas as suas despesas em dinheiro para evitar rastos na auditoria. Uma coisa que desmascarou este infractor foi o facto de o último dígito da maioria dos preços nos seus recibos ser, geralmente, um zero ou um cinco. Foi o que levantou dúvidas sobre a validade das suas despesas a um observador astuto.

Um esquema semelhante surgiu num caso em que a namorada de um empregado trabalhava num restaurante próximo da empresa lesada. A namorada validava recibos de cartões de crédito e dava-os ao fraudador para que ele os apresentasse juntamente com os seus relatórios de despesas.

Em vez de pedirem recibos em branco, alguns empregados, pura e simplesmente, roubam-nos. Nalguns casos, os fraudadores roubam um monte inteiro de recibos em branco e vão-nos apresentando ao longo do tempo para confirmar despesas de negócios fictícias. Este tipo de fraude pode ser identificável pelo facto de o autor apresentar recibos com números consecutivos do mesmo estabelecimento, apesar de os relatórios de despesas se encontrarem distanciados no tempo.

Reclamar Despesas de Outros

Outro modo de os fraudadores utilizarem recibos verdadeiros para gerar reembolsos injustificados consiste em apresentar relatórios de despesas com pagamentos feitos por outras pessoas. Tomemos, por exemplo, o caso em que um empregado reclamou despesas de hotel, que tinham de facto sido pagas pelo seu cliente. Fotocópias de contas de hotel legítimas foram anexadas ao relatório de despesas como se o empregado tivesse pago o seu próprio quarto.

Como já declarámos, nem todas as empresas exigem que se anexem recibos aos relatórios de despesas. Os cheques passados pelo empregado ou as cópias de uma conta do cartão de crédito pessoal podem ser permitidos como comprovativo, em lugar de um recibo. Num dos casos, uma pessoa passou cheques pessoais, que parecia destinarem-se a despesas de negócios, fotocopiou-os e anexou-os aos pedidos de reembolso. Na realidade, nada foi comprado com os cheques; eles foram destruídos depois de as cópias terem sido efectuadas. Isso permitiu ao fraudador receber da sua empregadora um reembolso, sem nunca incorrer efectivamente numa despesa. O mesmo método pode ser aplicado aos cartões de crédito, em que uma cópia de um extracto é utilizada para comprovar uma compra. Assim que o relatório de despesas é arquivado, o fraudador devolve o artigo e recebe o crédito na sua conta.

Em muitos esquemas de despesas, o fraudador não tem de apresentar qualquer comprovativo. Assim, torna-se muito mais fácil criar a aparência de uma despesa que na realidade não existe.

Múltiplos Reembolsos

Baseando-nos no nosso estudo, o menos comum dos esquemas de despesas é o reembolso múltiplo. Este tipo de fraude envolve a apresentação de uma única despesa várias vezes, de modo a receber-se múltiplos reembolsos. O exemplo mais frequente de um esquema de reembolso repetido é a apresentação de vários tipos de comprovativos para a mesma despesa. Num dos casos, um empregado utilizou o canhoto de um bilhete de avião e uma factura da agência de viagens em relatórios de despesas diferentes para poder ser reembolsado duas vezes pelo preço de um único voo. O fraudador conseguia que o presidente da sua secção autorizasse um relatório e que o vice-presidente aprovasse o outro, de modo a que nenhum deles visse os dois relatórios. Além disso, o fraudador deixava decorrer um intervalo de tempo de cerca de um mês entre o preenchimento dos dois relatórios, para que a repetição fosse menos visível.

Em casos em que uma empresa não exige documentos originais como comprovativos, alguns empregados utilizam até várias cópias do mesmo documento comprovativo para gerar múltiplos reembolsos.

Em vez de preencherem dois relatórios de despesas, os empregados podem cobrar um artigo ao cartão de crédito da empresa, guardar o recibo e anexá-lo a um relatório de despesas, como se a despesa tivesse sido paga por eles. A empresa lesada acaba, assim, por pagar duas vezes a mesma despesa.

Talvez o caso mais interessante, do nosso estudo, de despesas repetidas seja o que envolveu um funcionário governamental, responsável por dois orçamentos distintos. O fraudador fazia uma viagem de negócios e reclamava as despesas aos fundos de viagens de cada um desses orçamentos, recebendo assim um duplo reembolso. Em certos casos, o culpado cobrava as despesas a outra categoria orçamental, e apresentava à mesma relatórios para os dois orçamentos, gerando um triplo reembolso. Por fim, essa pessoa começou a inventar viagens, quando nem se ausentava da cidade, o que levou à detecção do seu esquema.

DETECÇÃO DE ESQUEMAS NAS REMUNERAÇÕES

Distribuição Independente de Pagamentos de Ordenados

Os esquemas de empregados-fantasma podem ser descobertos, arranjando pessoal (que não seja o do departamento de processamento de ordenado) para distribuir os cheques de ordenados, exigindo a identificação do beneficiário.

Análise do Endereço ou das Contas do Beneficiário

Se os cheques de ordenados forem enviados por correio ou depositados automaticamente no banco, uma lista de endereços ou de contas de depósito repetida pode revelar empregados-fantasma ou múltiplos pagamentos.

Números de Segurança Social Repetidos

Uma vez que cada empregado deve ter um número de segurança social, uma lista de números repetidos pode revelar empregados-fantasma.

Autorização de Horas Extraordinárias

Exigir que as horas extraordinárias de um empregado sejam autorizadas por um supervisor, responsabilizar o supervisor pelos cartões de ponto, e ordenar-lhe que envie os cartões de ponto directamente ao departamento de processamento de ordenado serão actos que contribuirão para reduzir os abusos em relação às horas extraordinárias. Além disso, o departamento de processamento de salários deve analisar os relatórios das horas e pôr em causa abusos óbvios, como haver apenas um empregado a fazer horas extraordinárias num departamento ou horas extraordinárias excessivas num único cartão de ponto. Ao examinar a documentação original, podem detectar-se abusos de horas extraordinárias não autorizadas e horas falsificadas.

Comissões

- Compare as despesas de comissões com os números de vendas para confirmar uma correlação linear.

- Prepare uma análise comparativa das comissões ganhas por vendedor, verificando a precisão dos índices e dos cálculos. Ganhos extremamente elevados de uma pessoa podem indicar uma fraude.
- Analise as vendas por vendedor para verificar se existem montantes de vendas não cobrados.
- Determine a devida separação de funções, no cálculo dos montantes das comissões. As comissões devem ser fornecidas por pessoal independente, exterior ao departamento de vendas.
- Contacte uma amostragem aleatória de clientes para confirmar as vendas.

Análise de Retenções dos Ordenados Pagos em Cheque

Uma análise das retenções dos pagamentos de ordenado poderá revelar abusos de empregados-fantasma ou de contas fiduciárias. É frequente os empregados-fantasma não terem impostos de retenção na fonte, seguros ou outras deduções normais. Assim, uma enumeração de qualquer empregado sem esses pontos pode revelar um empregado-fantasma.

Uma análise aos depósitos das retenções na fonte pode revelar que os impostos das contas fiduciárias foram «pedidos emprestados», ainda que por um curto período de tempo, antes de os impostos serem depositados. A comparação da data de desembolso com a data de depósito deverá revelar se os impostos que deveriam ser depositados nas contas fiduciárias foram emprestados. Além disso, quaisquer notificações por parte do *Internal Revenue Service* (administração fiscal), em relação a impostos sobre ordenados de um empregado, devem servir de alerta a possíveis «empréstimos» de impostos.

DETECÇÃO DE ESQUEMAS DE REEMBOLSO DE DESPESAS

Detectar fraudes de reembolso de despesas pessoais envolve dois métodos básicos. O primeiro consiste numa revisão e análise das contas de despesas. O segundo método de detecção consiste numa revisão detalhada dos reembolsos de despesas.

Revisão e Análise de Contas de Despesas

De um modo geral, a revisão de contas de despesa segue um destes dois métodos: comparações históricas ou comparações com os montantes orçamentados. Uma comparação histórica compara o saldo de despesas neste período com o saldo do período semelhante anterior. Ao efectuar esta análise, tenha em conta alterações no *marketing*, serviços ou outras operações da empresa.

Os orçamentos são cálculos sobre o dinheiro e/ou o tempo necessário para terminar determinada tarefa. Baseiam-se em experiências anteriores, levando em conta as condições actuais e futuras do negócio. Assim, ao comparar orçamentos com as despesas reais, convém determinar despesas excessivas ou cálculos inexactos do orçamento.

Revisão Detalhada de Reembolsos de Despesas

De um modo global, o melhor método de detecção consiste numa revisão detalhada dos reembolsos de despesas dos empregados. Este método exige que o investigador de fraudes tenha, na altura da análise, um calendário e uma cópia do horário do empregado durante o período relevante. O investigador deve estar familiarizado com as políticas de viagens e representação da empresa. Além disso, estes dois passos podem contribuir para detectar e evitar os abusos de despesas dos empregados:

1. Exigir que os empregados apresentem os seus reembolsos de despesas para uma revisão detalhada, antes de ser concedido o reembolso. Se os empregados souberem que os reembolsos de despesas têm de ser revistos, antes de se proceder ao seu pagamento, é mais provável que as despesas apresentadas não sofram uma preparação fraudulenta.
2. Rever periodicamente os reembolsos de despesas dos empregados. Trata-se de uma medida particularmente eficaz, antes de análises ao desempenho dos empregados.

PREVENÇÃO DE ESQUEMAS NAS REMUNERAÇÕES

Existem duas medidas de prevenção básicas das fraudes relacionadas com os pagamentos de ordenados: a separação das funções e a revisão e análise periódica dos pagamentos de ordenados.

Separação de Funções

As seguintes funções devem ser separadas:

- Preparação dos pagamentos de ordenados
- Desembolso dos pagamentos de ordenados (para as contas de pagamentos de ordenados e de retenções de impostos)
- Distribuição dos pagamentos de ordenados
- Conciliações bancárias dos pagamentos de ordenados
- Funções departamentais dos recursos humanos

Se o ordenado for preparado por pessoal não responsável pela sua distribuição e conciliação, torna-se difícil que alguém consiga acrescentar com êxito empregados-fantasma. Também não será possível conseguir «empréstimos» de dinheiro que seria para impostos em contas fiduciárias, porque não terão acesso à função de desembolso. Em empresas mais pequenas, esta função é, frequentemente, tratada fora da empresa e aos cêntimos por empregado.

Após os cheques de ordenados terem sido preparados, a contabilidade deve tratar da transferência de fundos das contas gerais para as contas de ordenados. O departamento de pessoal deve distribuir os cheques e exigir identificação para os dar. Isso restringirá a oportunidade de acrescentar empregados-fantasma à folha de pagamentos de ordenados. Uma forma de identificação sugerida pode ser passes de acesso emitidos pela empresa, quando disponíveis.

Se a função de conciliação bancária da conta de ordenados for atribuída a alguém que não se encontre nas funções acima descritas, então todas as funções de ordenado ficam separadas. Ninguém poderá acrescentar empregados-fantasma, nem «pedir emprestadas» as retenções na fonte, sem a possibilidade de ser descoberto por outra pessoa.

Revisão e Análise Periódica dos Pagamentos de Ordenados

Uma revisão independente e periódica aos pagamentos de ordenados poderá revelar o nível de funcionamento dos controlos internos. A comparação de datas de depósito com datas de desembolso ou transferência de pagamentos de ordenados pode revelar empregados-fantasma. Estes também podem ser revelados numa distribuição independente de pagamentos de ordenados.

A presença de certas repetições ou omissões pode revelar a presença de empregados-fantasma:

- Mais de um empregado com o mesmo endereço
- Mais de um empregado com o mesmo número de segurança social
- Mais de um empregado com o mesmo número de conta (depósito automático)
- Empregados sem retenção na fonte

Alertas de Fraudes de Pagamentos de Ordenados

A seguinte lista de testes poderá, além de tudo o resto, contribuir para descobrir sinais de alerta na fraude de distribuição de pagamentos de ordenados e contribuir para instituir procedimentos de controlo:

- Os registos de pessoal são mantidos independentes das funções de ordenado e contagens de tempo?
- A função da contabilidade de pagamentos de ordenados é independente da função do Livro-Razão geral?

- As alterações aos ordenados não são efectuadas, a menos que o departamento de pessoal envie uma notificação aprovada directamente ao departamento de processamento de salários?
- As referências e os antecedentes de novos contratados são verificados?
- Todos os níveis de remunerações são autorizados, por escrito, por um administrador designado?
- As autorizações assinadas para empregados, cujas remunerações estão sujeitas a deduções especiais, encontram-se arquivadas?
- Os bónus, as comissões e horas extraordinárias são aprovados antecipadamente e revistos em função do cumprimento das políticas da empresa?
- As licenças por doença, as férias e os feriados são revistos em função do cumprimento da política da empresa?
- São preenchidos formulários adequados, e assinados por empregados, para mostrar autorização das deduções de ordenado com isenção de retenções na fonte?
- O ordenado é verificado periodicamente em comparação com os registos de pessoal, para verificar se existem empregados despedidos, empregados fictícios ou semelhantes?
- É utilizado um relógio de ponto para empregados de escritório e para operários fabris?
- Se é utilizado um relógio de ponto, os cartões de ponto são (1) perfurados pelos empregados na presença de um supervisor designado e (2) assinados por um supervisor no final do período salarial?
- Os cartões de ponto e os relatórios de produção são analisados e comparados com os relatórios de distribuição de pagamentos de ordenados e os horários de produção?
- Os registos de pagamentos de ordenados são revistos e aprovados antes de serem efectuados desembolsos por (1) nomes de empregados, (2) horas trabalhadas, (3) níveis salariais, (4) deduções, (5) concordância com cheques de ordenados e (6) pontos não habituais?
- Todos os empregados são pagos por cheque a partir de uma conta bancária de ordenados separada?
- Os cheques de ordenados são pré-numerados e emitidos em sequência numérica?
- É restrito o acesso a cheques de ordenados não emitidos e a placas de assinaturas?
- Os cheques são sacados e assinados por funcionários designados que (1) não preparam os ordenados, (2) não têm acesso aos registos de contas, ou (3) não têm a guarda dos fundos de caixa?

- Os cheques de ordenados são distribuídos por outra pessoa que não o chefe de departamento ou a pessoa que prepara os ordenados?
- A distribuição dos ordenados é periodicamente revezada entre diferentes empregados sem notificação prévia?
- A conta bancária dos ordenados é conciliada por um empregado designado que (1) não está envolvido na preparação dos ordenados, (2) não assina os cheques, ou (3) não trata da distribuição de cheques?
- Os procedimentos de conciliação das contas bancárias de ordenados incluem a comparação de cheques pagos com a folha de pagamentos de ordenados e o escrutínio dos endossos de cheques descontados?
- Os registos de pagamentos de ordenados são conciliados com as contas de controlo do Livro-Razão geral?
- Está estabelecida uma conta de passivos para todas as remunerações que não foram reivindicadas durante um certo período de tempo? Em caso afirmativo, (1) essas remunerações voltaram a ser depositadas numa conta bancária especial e (2) é exigida identificação na altura da sua distribuição subsequente?
- As distribuições das horas (directas e indirectas) de actividade ou dos departamentos são revistas e aprovadas por pessoal supervisor?
- Os montantes de pagamentos de ordenados efectivos são revistos e comparados com os orçamentados, e as variações são analisadas com regularidade?
- Existem procedimentos adequados para a preparação e o preenchimento oportunos e precisos dos relatórios de contas de pagamentos de ordenados e impostos relacionados?
- As contribuições para planos de benefícios são conciliadas com os dados adequados do *census* do empregado?
- São mantidos registos adequados e pormenorizados da responsabilidade da entidade, em relação ao pagamento de férias e de baixas por doença? Em caso afirmativo, são periodicamente conciliados com as contas de controlo do Livro-Razão geral?

PREVENÇÃO DE ESQUEMAS DE REEMBOLSO DE DESPESAS

Relatórios de Despesas Detalhados: Apresentação e Análise

Os relatórios de despesas detalhados devem exigir as seguintes informações:
- Recibos ou outros documentos comprovativos
- Explicação da despesa, incluindo finalidade específica de negócio
- Período de tempo em que a despesa ocorreu

- Local da despesa
- Montante

Não basta obrigar à apresentação de um relatório de despesas detalhado, se o mesmo não for analisado. Uma política que exija a análise periódica dos relatórios de despesas, juntamente com a análise dos detalhes adequados, contribuirá para impedir os empregados de apresentarem despesas pessoais para reembolso.

CAPÍTULO 9

INVENTÁRIO E OUTROS ACTIVOS

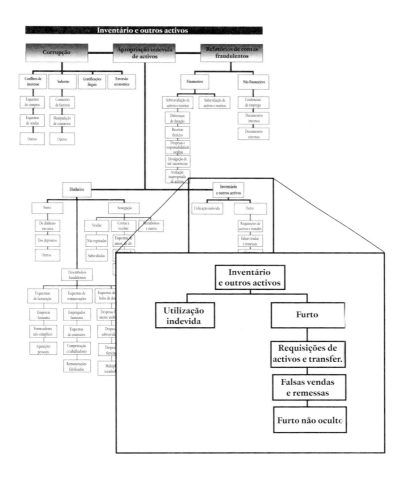

ESTUDO DE UM CASO: **FURTO PROGRESSIVO DE ALTA TECNOLOGIA***

Larry Gunter, de dezanove anos, não sabia muito sobre computadores, mas trabalhava como funcionário de remessas num armazém de um construtor de computadores. Tal como muitas outras empresas de Silicon Valley, esta empresa produzia milhares de *chips* em miniatura – *chips* para microprocessador – a matéria-prima dos computadores pessoais.

---

* Vários nomes foram alterados de modo a preservar o anonimato.

Gunter não trabalhava no edifício «sala limpa» da fábrica, onde eram produzidos os *chips*. A empresa transportava os *chips* da porta ao lado para o armazém, para serem processados e inventariados juntamente com outros componentes de computador. No mercado livre, um desses *chips* de computador, que é composto por milhões de transístores, díodos e condensadores, inseridos num espaço do tamanho da unha da mão de um bebé, vale cerca de 40 dólares. Mais de mil *chips* estavam empacotados em tubos de plástico, dentro de uma caixa de cartão com a marca da empresa.

Gunter sabia que eles valiam alguma coisa, mas não sabia quanto. Um dia, tirou um *chip* de um recipiente no armazém e deu-o ao pai da sua namorada, Grant Thurman, porque sabia que Thurman geria uma espécie de negócio de reparação de computadores. Declarou-lhe que a empresa deitara fora o *chip* como desperdício.

«Perguntei-lhe se conhecia alguém que comprasse *chips* desperdiçados», declarou Gunter, e Thurman respondeu afirmativamente. «Assim, ao fim de uma semana ou duas, roubei três caixas de *chips* e levei-os a Grant, para que ele os vendesse ao tipo dos computadores. Cerca de uma semana mais tarde, recebi um pagamento de Grant Thurman, no valor de cinco mil dólares, num cheque pessoal».

Gunter sabia que os *chips* não eram sucata, uma vez que as caixas, cada qual do tamanho de uma caixa de sapatos, continham a marca «SIMMS», que significava que os *chips* eram bons. Com efeito, a produtora mantinha um procedimento padrão para *chips* de refugo, levando-os para outro armazém da empresa e selando os componentes para os enviar para outra fábrica onde seriam destruídos.

Gunter ocultou as caixas dos guardas de segurança, colocando-as no fundo do seu carro de trabalho e pondo caixas vazias em cima. Empurrou-o para fora do armazém, como se fosse apenas levar caixas vazias para o lixo. Uma vez no parque de estacionamento, onde não havia seguranças, carregou as três caixas de *chips* para o seu camião.

Pouco tempo depois do roubo, um gestor de inventário que preenchia uma encomenda, reparou que faltavam muitos *chips* e imediatamente dirigiu-se ao seu supervisor, o gestor de armazém. Este confirmou que faltavam certa de 10 pacotes de *chips*, no valor de mais de 30 mil dólares. Contactaram o director de operações da empresa, que acelerou o processo de inventário de produtos na fábrica. Em vez de ser realizado uma vez por mês, passou a efectuar o inventário uma vez por semana.

Gunter continuava a achar fácil roubar, segundo declarou, porque os seguranças não prestavam muita atenção e porque era fácil iludir as câmaras de vigilância fixas do armazém. Cerca de duas semanas depois do seu primeiro furto, roubou quatro caixas de novos *chips*, pelos quais Thurman lhe pagou 10 mil dólares. Entusiasmado com a sua nova conquista, Gunter contou ao seu jovem amigo e colega de trabalho, Larry Spelber, sobre o fácil lucro que podiam obter. Os dois podiam dividir 50 mil dólares de um furto de seis caixas de *chips*, declarou a Spelber, o suficiente para deixarem de trabalhar e pagarem os seus estudos.

Contudo, por esta altura, a empresa já detectara o segundo roubo e contactara o investigador privado de fraudes Lee Roberts, que dirigia o seu próprio negócio e que já anteriormente tinha trabalhado com o advogado da empresa.

«Sabiam exactamente a quantidade que lhes faltava», declarou Roberts, «porque nenhum produto podia sair do edifício sem um documento que permitisse carregá-lo num camião para responder a uma ordem. No entanto, havia uma falha no sistema. A operação da empresa estava separada em dois edifícios, a cerca de 90 metros de distância um do outro... Recebiam produto muito valioso, mas este ia de um edifício para o outro, atravessando um parque de estacionamento de 90 metros, através de carros empurrados pelos empregados. Por conseguinte, acabavam por ficar com o excesso de produto que precisava de sair do armazém e ser devolvido ao Edifício 1. Este processo, evidentemente, não gerava qualquer papelada: alguém, simplesmente, dizia: "Vou levar este produto para o Edifício 2" ou vice-versa. E era uma situação tão comum que os seguranças começaram a menosprezar.

«A minha preocupação imediata foi esta», declarou Roberts, «se temos alguma coisa a sair do edifício no processo de encomendas, então temos de ter envolvidos os supervisores, os condutores e outros. Tratar-se-ia de uma operação bastante grande, e talvez fosse essa a sua preocupação».

Roberts suspeitava que os furtos ocorriam entre estas transferências de edifícios. Uma vez que os empregados, que efectuavam essas transferências, eram os 30 e tal trabalhadores do armazém, ele tinha muitos suspeitos possíveis.

Para apanhar os ladrões teria de ser instalado um novo sistema de videovigilância no armazém. «Observámos o sistema de videovigilância da empresa e descobrimos que as câmaras estavam mal posicionadas e que não guardavam as fitas em arquivo o tempo suficiente para retroceder e observá-las». A empresa de Roberts, que é especialista em alarmes e protecção de segurança, entre outras coisas, instalou mais 16 câmaras de vídeo ocultas, no interior do armazém, e câmaras extra, nos parques de estacionamento.

«Concordámos em fingir que nada se passara», declarou Roberts, «o que daria aos suspeitos uma falsa sensação de segurança. A empresa concordou em voltar a armazenar *chips* de computador».

O gestor de armazém e o seu assistente começaram dissimuladamente a acompanhar as transferências entre armazéns todos os dias. Com acesso à documentação e um novo sistema de vídeo, «conseguimos isolar *frames* de imagens» para podermos ver um carro de um empregado de todos os ângulos. Desta vez, o gestor de armazém sabia exactamente quantas caixas um empregado deveria transportar para o outro edifício.

Sem que Gunter e Spelber soubessem, as câmaras de vídeo gravaram-nos a conversar nas passagens e noutras zonas do armazém. Em conjunto com a verificação diária do inventário, a gravação mostrou que os dois empregados tinham frequentemente mais caixas do que a quantidade que deviam transportar.

Uma certa tarde, por volta das 3h30, Gunter e Spelber retiraram seis caixas das prateleiras, colocaram-nas num carro com caixas vazias por cima e levaram-

-no para o exterior. No parque de estacionamento, Spelber carregou as caixas para o seu camião e regressou ao trabalho. Depois do expediente, conduziam os seus próprios veículos rua abaixo e transferiam as caixas para o automóvel de Gunter.

Em casa, Gunter retirava as etiquetas da empresa dos *chips* e dirigia-se à casa de Thurman, que lhe prometera pagar por este lote 50 mil dólares.

Gunter e Spelber nunca chegaram a ver esse dinheiro, pois, no dia seguinte, a segurança da empresa confrontou-os com as provas. Rapidamente admitiram a culpa e identificaram Thurman como receptor do equipamento roubado. Quando a polícia entrevistou Thurman em sua casa, este negou ter conhecimento de que os *chips* eram roubados. Admitiu ter revendido a um conhecido chamado Marty por 180 mil dólares, pagos com cheques bancários.

Entrevistas com Marty e recibos de cheques revelaram que o montante era, na realidade, muito superior. Marty pagara aproximadamente 697 mil dólares a Thurman pelos *chips* (um lucro de aproximadamente 50 cêntimos por dólar, em comparação com os 10 cêntimos por dólar que Gunter recebia). Embora os investigadores não conseguissem recuperar qualquer dos *chips* roubados, julgam que Marty vendeu os bens à indústria aeroespacial e, possivelmente, a agências federais.

No dia seguinte, a polícia prendeu Thurman, depois de ele ter tentado levantar uma grande quantia de dinheiro da sua cooperativa de crédito. Thurman e Gunter cumpriram pena, durante um ano, na penitenciária estatal por furto qualificado e desfalque. Spelber, ficando em liberdade condicional, teve de fazer, durante nove meses, trabalho comunitário. A polícia nunca conseguiu associar ao crime Marty, que foi quem obteve mais dinheiro no mercado livre pelos *chips*. Uma vez que nenhum produto foi descoberto no seu armazém e, como os investigadores não conseguiram provar que ele sabia que se tratava de propriedade roubada, não puderam instaurar-lhe uma acção penal.

Roberts declarou tratar-se de um caso único, pelo facto de representar o maior furto interno na história deste distrito da Califórnia – mais de um milhão de dólares. A empresa, embora não conseguisse recuperar a maioria da propriedade roubada, aprendeu uma importante lição. Depois da ocorrência, os gestores realizaram controlos mais apertados sobre as transferências entre os edifícios, fizeram auditorias mais frequentes ao inventário e estabeleceram maior segurança física, que incluiu uma nova vedação metálica entre os dois edifícios.

«Penso que esta fraude foi difícil de detectar, porque os controlos de auditoria que tinham e o modo como os tinham estabelecido eram incorrectos», declarou Roberts. «Trata-se de algo comum que observamos como investigadores de fraudes. É frequente as pessoas gastarem muito dinheiro a estabelecer controlos de auditoria – segurança física, alarmes – e nós dizemos-lhes frequentemente: comprar simplesmente esse equipamento ou colocar esses procedimentos em execução não basta. Necessita de um profissional preparado e experiente que lhe diga como proceder e como utilizar o equipamento. Se não proceder de modo correcto, é inútil».

VISÃO GERAL: DADOS SOBRE DESVIO NÃO MONETÁRIO DO *INQUÉRITO NACIONAL SOBRE FRAUDES DE 2006* DA ACFE

Frequência e Custo

Os esquemas não monetários não foram, no nosso inquérito, tão comuns como os que envolviam dinheiro, sendo responsáveis por 23% de apropriação indevida de activos (a soma destas percentagens ultrapassa os 100%, porque alguns casos envolveram múltiplos esquemas de fraudes que recaíam em mais de uma categoria. Vários gráficos deste capítulo podem reflectir percentagens que totalizam mais de 100% por motivos semelhantes). No entanto, os esquemas não monetários tinham um custo médio mais elevado do que as fraudes que procuravam obter dinheiro (consultar Figura 9.1).

FIGURA 9.1 *Inquérito Nacional sobre Fraudes de 2006*:
Esquemas de Dinheiro *Versus* Esquemas Não Monetários

Tipo de esquema	Percentagem de casos	Custo médio
Apropriação indevida de activos		
Esquemas de dinheiro (910 casos)	87,7%	$150.000
Desvios não monetários (243 casos)	23,4%	$200.000

Nota: como foi referido no Capítulo 1, a soma das percentagens nesta tabela, tal como em várias tabelas e gráficos ao longo desta obra, ultrapassa os 100%, porque alguns casos envolveram múltiplos esquemas de fraudes que recaíam em mais de uma categoria.

Recebemos 190 casos não monetários em que a perda foi identificada. Como mostra o Figura 9.2, a distribuição de perdas em esquemas não monetários foi bastante semelhante à de todos os casos, mas os esquemas não monetários foram mais predominantes nos três registos mais baixos de perdas de dólares.

Tipos de Activos não Monetários Roubados

De longe, os *activos físicos*, incluindo inventário e equipamento, foram os activos não monetários mais vulgarmente desviados. Os fraudadores desfalcavam activos físicos em 82% dos casos que envolviam desvios não monetários (consultar Figura 9.3).

Embora os valores mobiliários fossem o bem menos provável de ser desviado (16 casos), a perda mediana em casos que envolveram o furto de títulos de investimentos foi consideravelmente maior do que a de qualquer outra categoria, atingindo os 1,85 milhões de dólares (consultar Figura 9.4).

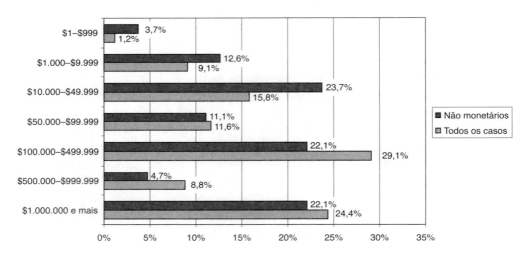

FIGURA 9.2 *Inquérito Nacional sobre Fraudes de 2006*:
Distribuição de Perdas, de Dólares, em Esquemas Não Monetários

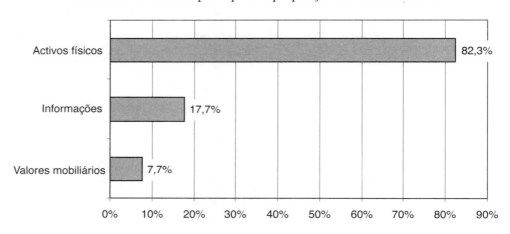

FIGURA 9.3 *Inquérito Nacional sobre Fraudes de 2006*:
Casos Não Monetários por Tipo de Apropriação Indevida de Activos

Detecção de Esquemas de Furtos Não Monetários

Recebemos 200 casos que identificaram os meios através dos quais os esquemas não monetários foram inicialmente detectados. As denúncias foram referidas em quase metade desses casos, o que constituiu um índice muito mais elevado do que aquele que observámos no grupo geral de fraudes ocupacionais. Os esquemas não monetários tinham ligeiramente menos probabilidade de serem detectados acidentalmente ou através de auditorias externas do que as outras formas de fraude ocupacional (consultar Figura 9.5).

INVENTÁRIO E OUTROS ACTIVOS   309

FIGURA 9.4 *Inquérito Nacional sobre Fraudes de 2006*:
Perda Mediana em Casos Não Monetários por Tipo de Apropriação Indevida de Activos

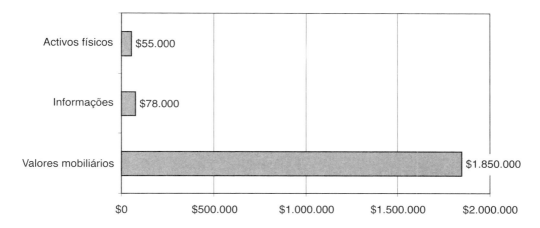

FIGURA 9.5 *Inquérito Nacional sobre Fraudes de 2006*:
Detecção de Esquemas de Furtos Não Monetários

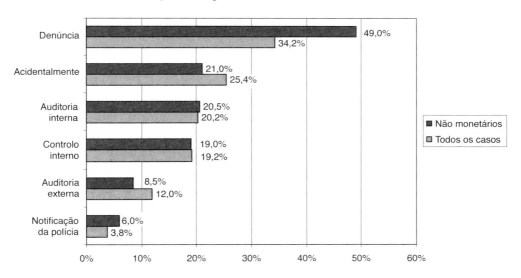

Autores de Esquemas de Furtos Não Monetários

Houve 221 esquemas não monetários em que o cargo do fraudador foi identificado. Em 38%, o fraudador era um empregado, enquanto 43% dos esquemas eram cometidos por gestores e 19% envolviam proprietários/executivos. Esta distribuição foi semelhante à distribuição de todas as fraudes ocupacionais (consultar Figura 9.6).

310 MANUAL DA FRAUDE NA EMPRESA

FIGURA 9.6 *Inquérito Nacional sobre Fraudes de 2006*:
Autores de Esquemas de Furtos Não Monetários

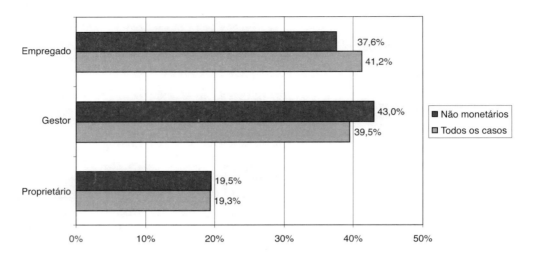

Como seria de esperar, níveis superiores de autoridade, dentro da empresa, provocavam perdas crescentes nos esquemas não monetários. Os esquemas cometidos por empregados tinham uma perda mediana de apenas 37 mil dólares, enquanto a perda mediana em esquemas cometidos por gestores era, com 75 mil dólares, mais do dobro. Os 43 casos que envolveram proprietários/executivos tinham uma perda mediana de 350 mil dólares, o que era mais de nove vezes superior às perdas medianas causadas por empregados (consultar Figura 9.7).

FIGURA 9.7 *Inquérito Nacional sobre Fraudes de 2006*:
Perda Mediana por Autor de Esquemas de Furtos Não Monetários

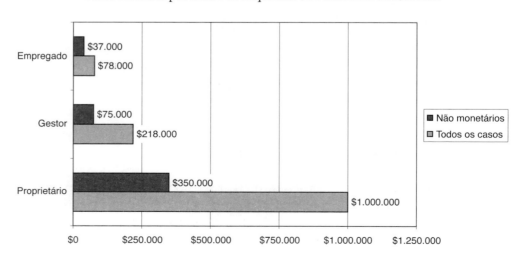

Vítimas de Esquemas de Furtos Não Monetários

Recebemos 221 casos que relataram a dimensão da organização lesada em fraudes não monetárias. A distribuição foi semelhante à de todas as fraudes ocupacionais, com um pouco mais de vítimas a recair na categoria de 1.000- 9.999 empregados (consultar Figura 9.8).

As perdas medianas em fraudes não monetárias foram inferiores à média de todos os casos de categorias de dimensão das empresas, como revela a Figura 9.9.

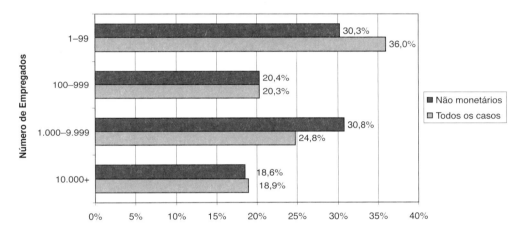

Figura 9.8 Inquérito Nacional sobre Fraudes de 2006: Dimensão, por Número de Empregados, da Vítima de Esquemas de Furtos Não Monetários

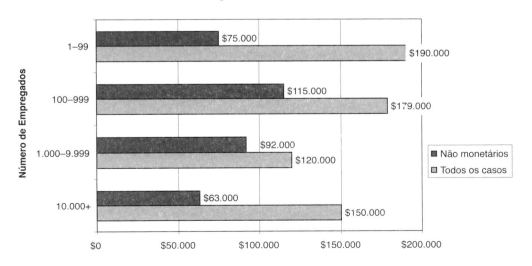

Figura 9.9 Inquérito Nacional sobre Fraudes de 2006: Perda Mediana por Dimensão da Vítima em Esquemas de Furtos Não Monetários

UTILIZAÇÃO INDEVIDA DO INVENTÁRIO E DE OUTROS ACTIVOS

Existem essencialmente dois modos através dos quais uma pessoa pode apropriar-se de um activo da empresa. O activo pode ser indevidamente utilizado (ou «emprestado»), ou pode ser roubado. O simples uso indevido é obviamente o menos notório dos dois. Os activos que são indevidamente utilizados, mas não roubados, incluem por norma veículos da empresa, provisões da empresa, computadores e outro equipamento de escritório. Num exemplo, um empregado fez uso pessoal de um veículo da empresa, enquanto se encontrava numa missão noutra cidade. O empregado forneceu falsas informações, quer por escrito, quer verbalmente, sobre a necessidade de utilização do veículo. Este foi devolvido incólume e o custo para a empresa do fraudador foi de apenas umas centenas de dólares. No entanto, este tipo de uso não autorizado de um activo da empresa equivale a uma fraude, quando uma falsa declaração acompanha o uso.

Alguns empregados utilizam também computadores, aprovisionamentos e outro equipamento de escritório para efectuar trabalhos pessoais na hora de expediente. Por exemplo, um empregado pode utilizar o seu computador no trabalho para escrever cartas, imprimir facturas ou fazer outros trabalhos relacionados com um negócio secundário que tenha. Em muitos casos, esses negócios secundários são da mesma natureza que o da empregadora, portanto o empregado está, essencialmente, a competir com a entidade patronal, utilizando o seu equipamento. Um exemplo de como os empregados usam indevidamente os activos da empresa para com ela concorrer foi apresentado num caso em que um grupo de empregados não só roubou material da empresa, como o utilizou, assim como algum do equipamento, para produzir o seu próprio produto. Os fraudadores retiraram o produto terminado do local de trabalho e venderam-no em concorrência com a sua empregadora. Num esquema semelhante, o fraudador utilizou a maquinaria da sua empregadora para dirigir o seu próprio negócio de remoção e escavação de neve, durante, aproximadamente, nove meses. Geralmente, fazia o seu trabalho aos fins-de-semana e fora de horas, falsificando os diários que registavam a quilometragem e a utilização do equipamento. O empregado fora, anteriormente, proprietário de todo o material, mas vendera-o para evitar a falência. Como condição da venda, concordara ir trabalhar para o novo proprietário, operando o equipamento; na realidade, porém, nunca deixou de dirigir o seu antigo negócio.

Os casos precedentes oferecem um bom exemplo do modo como um simples esquema pode abranger mais de um tipo de fraude. Os autores destes esquemas estavam a utilizar indevidamente materiais e equipamento da empresa – um caso de apropriação indevida de activos – ao mesmo tempo que concorriam com as suas empregadoras – um conflito de interesses. As categorias que desenvolvemos para classificar as fraudes são úteis, no sentido em que nos permitem seguir o rasto de certos tipos de esquemas, observar elementos, vítimas e métodos comuns; mas as pessoas envolvidas na prevenção da fraude devem recordar-se que cada crime não recai puramente numa categoria. As fraudes expandem-se frequentemente, na medida em que a oportunidade e a necessidade o permitem e, um esquema que começa como algo pequeno, pode tornar-se um crime de grande envergadura, capaz de paralisar um negócio.

Custos da Utilização Indevida do Inventário

Os custos do uso indevido do inventário são difíceis de quantificar. Para muitas pessoas, este tipo de fraude não é considerado um crime, mas sim um «empréstimo». Na realidade, o custo deste tipo de esquema para uma empresa pode até ser insignificante. Quando um fraudador pede emprestado um agrafador durante a noite ou leva para casa algumas ferramentas para efectuar um conserto doméstico, o custo para a empresa é insignificante, desde que os bens sejam devolvidos incólumes.

Contudo, os esquemas de uso indevido podem ser bastante onerosos. Tomemos como exemplo as situações debatidas acima, em que um empregado utiliza equipamento da empresa para gerir um negócio secundário, durante o horário de trabalho. Uma vez que o empregado não está a desempenhar os seus deveres, a empregadora sofre uma perda de produtividade. Se a baixa produtividade continuar, a empregadora poderá ter de contratar mais empregados para compensar, o que significa mais capital desviado para os salários. Se o negócio do empregado for semelhante ao da empregadora, então negócios perdidos podem constituir custos adicionais. Se o empregado não tivesse trabalhos contratados à sua própria empresa, o negócio presumivelmente iria para a sua empregadora. O uso não autorizado do equipamento também pode significar um desgaste suplementar, levando a que se estrague mais cedo do que sucederia sob condições de negócio normais. Além disso, quando um empregado «pede emprestada» propriedade da empresa, não existe garantia de que seja devolvida. É assim que alguns esquemas de furto começam. Apesar de algumas opiniões em contrário, o uso indevido de activos nem sempre constitui um delito inofensivo.

FURTO DO INVENTÁRIO E OUTROS ACTIVOS

Embora o uso indevido de propriedade da empresa possa constituir um problema, o seu furto é obviamente mais preocupante. Como constatámos, as perdas resultantes de furto de activos da empresa podem alcançar milhões de dólares. Os meios empregues para roubar propriedade da empresa vão do simples furto – de forma simples, sair com activos da empresa – a esquemas mais complicados, que envolvem a falsificação de documentos e Livros-Razão. Os métodos para roubar inventário e outros activos incluem:
- Esquemas de furtos
- Requisições e transferências de activos
- Esquemas de compras e recepção
- Falsos envios de remessas

Esquemas de Furtos

A definição clássica de «furto»[7] é demasiado lata para os nossos objectivos, pois abrange todos os tipos de roubo de activos. Para obter uma compreensão mais específica dos métodos utilizados para roubar o inventário e outros activos, reduzimos a definição. Para os nossos fins, o furto é o tipo mais básico de roubo de inventário, os esquemas em que um empregado simplesmente o leva das instalações da empresa, sem tentar ocultá-lo nos livros e registos (consultar Figura 9.10). Noutros esquemas de fraudes, os empregados podem criar documentação falsa para justificar o envio de mercadoria, ou adulterar os registos do inventário para ocultar activos em falta. Os furtos são mais directos. O culpado desses crimes leva activos da empresa sem tentar «justificar» a sua ausência.

No estudo do caso, no início deste capítulo, Larry Gunter simplesmente saía do armazém com *chips* de computador, no valor de várias centenas de milhares de dólares.

A maioria dos esquemas de furtos não monetários não é muito complicada. Tipicamente, são cometidos por empregados (isto é, pessoal de armazém, funcionários do inventário e funcionários de envio de remessas) com acesso ao inventário e outros activos. Uma técnica representativa da natureza pouco sofisticada dos esquemas de furto não monetário é aquilo a que se pode chamar um esquema de reserva. Neste tipo de delito, um empregado responsável por carregar mercadoria para envio a clientes retém uma parte da mercadoria e coloca-a de parte, com a intenção de a utilizar mais tarde. Num dos casos, um fraudador utilizou este método, deixando o inventário visado bem à vista no chão do armazém, enquanto executava as suas funções. Como o inventário estava à vista e não escondido, os colegas não desconfiaram que estava destinado a ser roubado. Se alguém notava que as remessas estavam em falta, o facto de a mercadoria estar à vista de todos fazia parecer que o desaparecimento fora um descuido e não uma remoção intencional. Na maioria dos casos, porém, ninguém reparava que as remessas estavam deficitárias e que o inventário excedentário se encontrava disponível para o fraudador o levar. Se os clientes se queixavam de receber encomendas reduzidas, a empresa enviava os artigos em falta sem verificar onde se encontrava o inventário em falta. Por fim, o culpado foi apanhado, quando alguém reparou que ele estava envolvido na preparação de um número excessivo de remessas deficitárias.

Quando falamos em furto de activos, tendemos a imaginar encontros a altas horas da noite no armazém, ou mercadoria enfiada apressadamente debaixo da roupa, enquanto um empregado nervoso abre caminho até ao seu automóvel. Por vezes, é assim que os empregados roubam inventário e outros activos, mas, em muitos casos, os fraudadores não têm de recorrer a tais extremos. Em muitos dos casos do nosso estudo, os empregados levavam abertamente os artigos durante as horas de trabalho, bem à vista dos seus colegas. Como acontece tal coisa? A verdade é que as pessoas são levadas a pensar que os seus amigos e conhecidos agem com honestidade. Quando vêem um colega de confiança a levar algo do escritório, as pessoas julgam que ele tem um motivo legítimo para isso. Quase sempre, as pessoas, simplesmente, não pensam que está a ocorrer uma fraude à sua volta. Foi o que aconteceu num caso, em que um professor universitário ia deixar a Faculdade para assumir um cargo numa nova escola. Esta pessoa recebeu permissão para levar um pequeno número de artigos para o seu novo emprego, mas, certamente, ultrapassou as intenções da escola ao carregar dois camiões cheios de equipamento de laboratório e computadores da universidade, no valor de várias centenas de milhares de dólares. O fraudador limitou-se a empacotar esses bens roubados, juntamente com os seus artigos pessoais, e saiu.

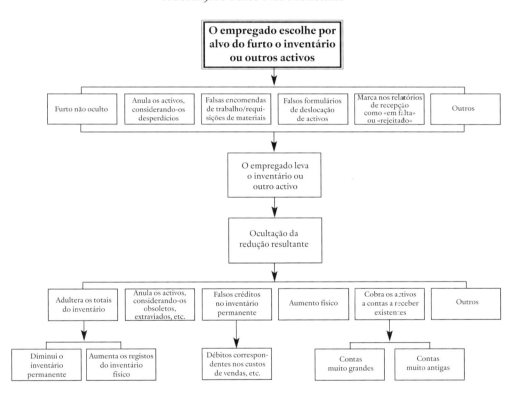

FIGURA 9.10 Furto Não Monetário

Embora seja verdade que os empregados, por vezes, se apropriam indevidamente de activos à frente de colegas que não desconfiam de fraude, também é verdade que os empregados podem ter plena consciência de que um dos seus colegas está a roubar e, no entanto, absterem-se de denunciar o crime. Existem vários motivos para os empregados poderem ignorar comportamentos ilegais, tais como um sentido de lealdade para com os amigos, uma mentalidade de oposição dos trabalhadores contra a gestão, intimidação de empregados honestos por parte do ladrão, fracas vias de comunicação, ou cumplicidade no próprio furto. Quando pessoal de cargos elevados rouba as suas empresas, os empregados fingem ignorar o delito, por recearem perder os empregos se o denunciarem. Por exemplo, um director de escola, num dos casos, não só fazia pequenos desfalques nas contas, como também roubava activos da escola. Uma busca à sua casa revelou uma cave cheia de bens roubados. Uma série de empregados da escola sabia, ou desconfiava, que o director estava envolvido em negócios ilegais, mas ele era muito poderoso e as pessoas temiam denunciá-lo com receio de retaliações. Como consequência, conseguiu roubar a escola durante vários anos. Do mesmo modo, noutro exemplo, um administrador municipal ordenou aos subordinados a instalação de equipamentos de ar condicionado – que se sabia serem propriedade da cidade – nas casas de vários cidadãos influentes, a sua incluída. Embora não houvesse dúvida de que estava a violar o código deontológico, ninguém o denunciou, devido à falta de um procedimento de denúncias adequado.

Ironicamente, os empregados que roubam inventário são frequentemente objecto de grande confiança nas suas organizações. Essa confiança pode fornecer aos empregados acesso a zonas restritas, a cofres, a salas de aprovisionamentos ou até a chaves da empresa. Tal acesso, por sua vez, facilita a apropriação indevida de activos. Um exemplo deste tipo de situação ocorreu quando um empregado de um contratante recebeu as chaves de acesso à sala de componentes. A sua tarefa era entregar componentes em várias localizações. Esta pessoa utilizou o seu acesso para roubar artigos de grande valor, que depois vendeu a outro contratante. O esquema em si era simples, mas como o empregado tinha um longo historial de serviço para a empresa, e como era alvo de grande confiança, permitia-se que as contagens do inventário falhassem. Por outro lado, o seu desempenho não era muito vigiado. Como consequência, o esquema continuou por mais de dois anos e custou à empresa mais de 200 mil dólares.

Os empregados com chaves dos edifícios da empresa conseguem apropriar-se indevidamente de activos fora das horas de trabalho, altura em que podem evitar os olhos indiscretos dos colegas e evitar o pessoal de gestão e segurança. Deparámos com vários esquemas em que os empregados entravam nos locais de trabalho para roubar bens, durante os fins-de-semana, assim como antes ou depois das horas normais de trabalho. Um dos casos mostrou esta actividade fora de horas. Neste esquema, dois empregados, com cargos de gestão numa fábrica, colocavam, de parte, ao final do dia, artigos terminados. No dia seguinte, entravam uma hora antes do turno da manhã e retiravam a mercadoria, antes de chegarem outros empregados. Estes autores possuíam chaves do portão da fábrica, o que lhes permitia entrar antes das horas normais. Durante vários anos, estes dois infractores retiraram e venderam inventário da sua empresa, no valor aproximado de 300 mil dólares.

Pode ser insensato os fraudadores transportarem fisicamente o inventário e outros activos para fora das instalações da empresa. Esta prática acarreta um risco inerente e o possível embaraço de serem apanhados em flagrante delito com bens roubados. Alguns fraudadores evitam esse problema, enviando, por correio, activos da empresa, para um local onde possam recolhê-los sem terem de se preocupar com a segurança, a gestão, ou outros possíveis observadores. Num dos exemplos relatados, um guarda de peças sobressalentes pegou em *chips* de computadores, no valor de milhares de dólares, e enviou-os, por correio, para uma empresa que não tinha quaisquer negócios com a sua empregadora. Com isso, reivindicou a mercadoria como sua. Ao optar por enviar a mercadoria roubada por correio, o fraudador permitiu que os serviços postais efectuassem inconscientemente o trabalho sujo por ele.

Falsas Vendas

As apropriações indevidas de activos nem sempre são efectuadas apenas por empregados da empresa lesada. Em muitos casos, empregados corruptos utilizam cúmplices externos para os ajudar a roubar inventário. A venda falsa é um método que, para ser bem sucedido, depende de um cúmplice. Tal como a maioria dos roubos de inventário, a venda falsa não é difícil. Esta ocorre quando o cúmplice do empregado fraudador «compra» mercadoria, venda que não é registada pelo empregado. O cúmplice leva a mercadoria, sem efectuar qualquer pagamento. Para um observador ocasional, parece que a transacção é uma venda normal. O empregado coloca a mercadoria num saco e pode agir como se uma transacção estivesse a ser lançada na registadora, mas, na realidade, a «venda» não é registada. O cúmplice pode até passar um valor simbólico de dinheiro ao empregado para completar a ilusão. Num caso, o fraudador alinhou nestas falsas vendas em troca de presentes do seu cúmplice, embora, noutros casos, os dois possam dividir a mercadoria roubada.

Por vezes, também são utilizados cúmplices para devolver o inventário que o empregado roubou. Trata-se de um modo fácil de converterem o inventário em dinheiro, quando não necessitam da mercadoria e não possuem meios de revendê-la.

Requisições de Activos e Transferências

As requisições de activos e outros formulários que permitem que activos não monetários sejam deslocados de um local para outro podem ser utilizados para facilitar o desvio. Os fraudadores utilizam documentos internos para obterem acesso à mercadoria, que, de outro modo, talvez não conseguissem manusear, sem levantar suspeitas. Os documentos de transferência não justificam tanto a mercadoria em falta como as falsas vendas, mas permitem aos fraudadores deslocar activos de um local para outro. Durante este transporte, os fraudadores apropriam-se das mercadorias (consultar Figura 9.10).

O esquema mais básico ocorre quando um empregado requisita materiais para terminar um trabalho relacionado com um projecto e, em seguida, rouba os materiais. Em certos casos, os fraudadores limitam-se a exagerar o montante de materiais ou equipamento necessários para terminar o trabalho e furtam o excedente. Em casos mais extremos, os fraudadores podem inventar, totalmente, um projecto que, alegadamente, necessita dos activos que tencionam roubar. Num dos casos, um empregado de uma empresa de telecomunicações utilizou documentos de falsos projectos para pedir *chips* no valor aproximado de 100 mil dólares, alegadamente para modernizar os computadores da empresa. Sabendo que este tipo de requisição necessitava de autorização verbal de outra fonte, o empregado criou um esquema telefónico elaborado para conseguir que o «projecto» fosse aprovado. O fraudador utilizou os seus conhecimentos do sistema telefónico da empresa para reencaminhar chamadas de quatro linhas diferentes para a sua secretária. Quando a chamada de confirmação foi feita, foi o fraudador que respondeu e autorizou o projecto.

Os empregados desonestos por vezes falsificam formulários de transferência de propriedade, para poderem retirar inventário ou outros activos de um armazém ou sala de aprovisionamento. Assim que a mercadoria entra na sua posse, os fraudadores limitam-se a levá-la para casa. Num dos exemplos, um gestor requisitou mercadoria do armazém da empresa para uma mostra num andar de exposições. As peças que requisitou nunca chegaram à sala de exposições, porque ele tratou de carregá-las numa camioneta e levá-las para casa. Por vezes, chegava a levar os artigos em plena luz do dia e com o auxílio de outro empregado. O problema óbvio deste tipo de esquema é que a pessoa que encomenda a mercadoria, geralmente, torna-se na principal suspeita quando se detecta o seu desaparecimento. Em muitos casos, os fraudadores confiam simplesmente nas fracas comunicações entre os diferentes departamentos e esperam que ninguém reconstitua o delito. Porém, neste caso, a pessoa pensava estar salvaguardada da detecção, porque requisitou a mercadoria por computador, utilizando um código de segurança da gestão e não específico de um gestor. Por isso, acreditava, não haveria modo de saber qual dos gestores encomendara a mercadoria. Mas a empresa conseguiu apurar de que terminal de computador a requisição partira. O gestor utilizara o seu próprio computador para fazer a requisição, o que levou à sua ruína.

Nos casos em que o inventário é armazenado em múltiplos locais, a transferência de activos de um edifício para outro pode criar oportunidades de furto pelos empregados. Larry Gunter, no estudo de um caso no início deste capítulo, roubou *chips* no valor de mais de um milhão de dólares, adicionando mercadoria suplementar ao seu carrinho, enquanto transferia materiais entre dois edifícios da empresa, ou enquanto levava o lixo para a rua. Limitava-se a fazer um desvio para carregar os *chips* roubados no seu camião, antes de prosseguir o seu percurso. Tal como sucede em muitos negócios, a empresa de Larry Gunter não exigia nenhuma papelada interna quando se deslocava produtos entre dois dos seus edifícios, por isso, era muito difícil seguir o movimento dos activos. Por conseguinte, para Gunter, tornou-se fácil roubar.

Esquemas de Compra e Recepção

As funções de compra e recepção numa empresa também podem ser manipuladas por empregados desonestos para facilitar o roubo do inventário e outros activos (consultar Figura 9.10). À primeira vista, pode parecer que qualquer esquema de compras deveria recair sob o título de falsas facturações. Existe, contudo, uma distinção entre esquemas de compras classificados como falsas facturações e esquemas de compras classificados como desvios não monetários. Se os empregados levam as suas empresas a comprar mercadoria de que a empresa não necessita, trata-se de um esquema de falsa facturação. O prejuízo para a empresa ocorre no pagamento de activos, para os quais não tem destino. Por exemplo, num dos nossos casos, um carpinteiro tinha controlo sobre a encomenda de materiais para um pequeno projecto de construção. Ninguém se incomodou em calcular o montante de materiais encomendados face à dimensão do projecto. O carpinteiro conseguiu encomendar madeira, em excesso, que foi então entregue em sua casa e que ele utilizou para construir uma vedação para si próprio. A essência da fraude, neste caso, foi a compra de materiais desnecessários.

Se os activos foram, propositadamente, comprados pela empresa, mas desviados pelo fraudador, classifica-se esta fraude como furto de inventário. No exemplo anterior, imaginemos que a empresa lesada desejava manter uma certa quantidade de madeira disponível para eventuais trabalhos. Se o carpinteiro levasse essa madeira para casa, o delito consistiria num furto de madeira. A diferença é que, no segundo exemplo, a empresa fica privada, não só do dinheiro que pagou pela madeira, mas também da própria madeira. Terá agora de comprar mais madeira para substituir a que falta. No primeiro exemplo, a única perda da empresa foi o dinheiro que pagou pela compra de materiais que não necessitava.

Falsificação de Entradas de Remessas

Um dos modos mais comuns de os empregados abusarem das funções de compra e recepção consiste na falsificação dos registos de entradas de remessas, por parte da pessoa responsável por receber as mercadorias em nome da empresa, como um supervisor de armazém ou um funcionário receptor. Num dos casos, dois empregados conspiraram para desviar entradas de mercadoria, marcando as remessas como reduzidas. Se recebiam 1000 unidades de um artigo específico, os fraudadores indicavam que apenas 900 tinham sido recebidas. Podiam assim roubar as 100 unidades em alegada falta.

O problema evidente deste tipo de esquema é que se o relatório de recepção não corresponder à factura do fornecedor, haverá problemas no pagamento. No exemplo acima, se o fornecedor cobrar 1000 unidades, mas o comprovativo enviado para o departamento de pagamentos revelar a recepção de apenas 900 unidades, alguém terá de explicar onde foram parar as 100 unidades em falta. Como é evidente, o fornecedor indicará que foi enviada uma remessa completa e, assim, a atenção da empresa lesada, provavelmente, recairá sobre a pessoa que tiver assinado o relatório de recepção.

No caso anterior, os fraudadores tentaram evitar este problema, alterando uma cópia do relatório de recepção. A cópia enviada para o departamento de contas a pagar indica a recepção de uma remessa completa para que o fornecedor fosse pago na sua totalidade, não levantando quaisquer questões. Já a cópia utilizada para os registos de inventário indicava uma remessa reduzida, de modo a que os activos disponíveis correspondessem aos activos no inventário permanente.

Em vez de assinalar as remessas como reduzidas, os fraudadores podem rejeitar partes de uma remessa, como não correspondendo às especificações de qualidade. Os fraudadores guardam então a mercadoria «abaixo dos padrões», em vez de a devolverem ao fornecedor. O resultado é o mesmo do que se a remessa tivesse sido assinalada como deficitária.

Falsas Remessas de Inventário e Outros Activos

Para ocultar furtos de inventário e de outros activos, os infractores criam, por vezes, falsos documentos de remessas e falsos documentos de vendas, para simular a venda do produto roubado (consultar Figura 9.11). O documento que leva o departamento de remessas a libertar inventário para entrega é, geralmente, a nota de encomenda. Ao criar um falso talão de encomenda, os empregados corruptos podem levar a que o inventário seja entregue, fraudulentamente, a si próprios ou a cúmplices. As «vendas» reflectidas na nota de encomenda são, por norma, efectuadas em nome de uma pessoa ou empresa fictícia ou de um cúmplice do fraudador. Num dos exemplos, um empregado que controlava o inventário aproveitou-se da sua função, para criar documentação fraudulenta que autorizava entregas de inventário, no valor de mais de 30 mil dólares, aos seus cúmplices. Os fraudadores conseguiram, depois, vender o inventário em benefício próprio.

Uma vantagem da utilização de falsos documentos de remessas para desviar inventário ou outros activos é a de o produto poder ser retirado do armazém ou sala de aprovisionamentos por outra pessoa, que não o fraudador. O autor do esquema não tem de se arriscar a ser apanhado a roubar inventário à empresa. Em vez disso, a empresa lesada entrega, inconscientemente, os activos visados ao fraudador.

As falsas notas de encomenda permitem que o inventário seja enviado da empresa lesada ao fraudador, mas só por si não escondem o desfalque. Para ocultar o furto, os fraudadores podem criar uma falsa venda, de modo a parecer que o inventário em falta foi enviado a um cliente. E assim explicam a falta de inventário. Consoante o modo como a organização lesada funciona, o fraudador poderá ter de criar uma falsa ordem de compra do «comprador», uma falsa ordem de venda e uma falsa factura, juntamente com o talão de encomenda, para criar a ilusão de uma venda.

O resultado é que uma falsa conta a receber é lançada nos livros pelo preço do inventário desviado. Evidentemente que o «comprador» da mercadoria nunca a pagará.

Como lidam os fraudadores com essas falsas contas a receber? Em certos casos, o fraudador deixa simplesmente que a dívida vença até acabar por ser anulada, quando se torna incobrável. Noutros casos, o empregado pode tomar medidas para retirar a venda – e a conta a receber daí resultante – dos livros. Num dos nossos

FIGURA 9.11 Falsas Remessas de Inventário e Outros Activos

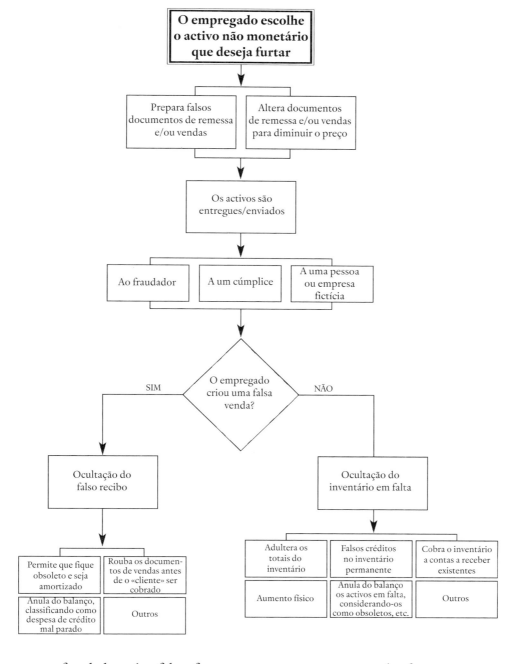

casos, o fraudador criou falsas facturas e entregou-as no armazém da empresa para remessa. As facturas foram então assinaladas como «entregues» e enviadas para o escritório de vendas. O fraudador retirou todas as cópias dos ficheiros antes de estas serem cobradas ao cliente fictício. Noutros cenários, o fraudador pode dar baixa das contas a receber, como o fez um gestor corrupto num outro caso. Neste, um esquema que durou cinco anos, o fraudador levava activos da empresa e cobria a perda criando uma falsa venda. Umas semanas depois da falsa venda ser lançada nos livros, o fraudador anulava a conta a receber, passando-a para «activos roubados e extraviados». O mais comum é a falsa venda ser anulada nos descontos e deduções ou numa conta de incobráveis.

Em vez de vendas totalmente inventadas, alguns empregados preferem subavaliar vendas legítimas, para que um cúmplice seja cobrado por menos do que aquilo que recebeu. O resultado é que uma parte da mercadoria é vendida a preço zero. Num dos casos, um vendedor preencheu ordens de remessa, que reencaminhou para o armazém. Após a mercadoria ser entregue, ordenou aos empregados do armazém que lhe devolvessem as ordens de remessa para um «trabalho extra», antes de serem enviadas para o departamento de facturação. O trabalho extra do vendedor foi alterar as ordens de venda, reduzindo a quantidade de mercadoria, para que o comprador (o seu cúmplice) fosse cobrado por menos do que aquilo que efectivamente recebeu.

O estudo do caso seguinte foi seleccionado como exemplo de um falso esquema de remessas. Neste caso, um gestor de *marketing*, com o auxílio de um funcionário de remessas, entregou vários discos rígidos a uma empresa de computadores, em troca de um pagamento de dinheiro substancial. A empresa lesada possuía controlos débeis, que permitiam que a mercadoria fosse enviada sem recibos, deixando a empresa extremamente vulnerável a este esquema. O CFE Harry D'Arcy investigou este crime e, por fim, ajudou a levar os culpados à justiça.

ESTUDO DE UM CASO: DISCOS RÍGIDOS E AZAR**

Alguém roubara 1.400 discos rígidos de um armazém de computadores em Toronto. Isto era certo. Porém, permanecia uma dúvida: quem os levara? A resposta era mais do que teórica; podia significar a diferença entre a continuação do funcionamento da distribuidora ou uma falência total. A Swainler's Technology fazia em média, por ano, entre oito e nove milhões de dólares em vendas, mas, com uma margem de lucro de 8%, não tinha, a nível financeiro, muito espaço de manobra. Era uma *joint-venture* que estava a ser dirigida por um grupo de investidores, que estavam, para sermos brandos, nervosos. Tinham um seguro contra roubos, mas com uma cláusula particularmente complicada. A apólice não cobriria furtos cometidos por um empregado da Swainler's. Para receberem o valor dos 600 mil dólares dos discos rígidos em falta, os investidores tinham de demonstrar que o furto era um trabalho externo.

O seu relatório mostrava precisamente isso. Os empregados e a gestão concordaram em que os carregamentos de equipamento tinham sido seguros até à

** Vários nomes foram alterados de modo a preservar o anonimato.

semana em que uma rival da Swainler's, a Hargrove Incorporated, enviara condutores de entregas para uma troca. Evidentemente, alguns dos trabalhadores da Hargrove tinham roubado o equipamento durante os vários dias em que tinham estado a trabalhar no armazém da Swainler's. A Hargrove e a Swainler colaboravam quando era necessário, mas eram grandes concorrentes e, em determinados momentos, as empresas perdiam negócios e empregados uma para a outra. Uma vez que todos os empregados da Swainler's tinham sido investigados, a gestão concluiu que o furto devia ter sido cometido por alguém da Hargrove.

Doug Andrews era um perito de seguros independente, contratado pela seguradora da Swainler's Technology. Além de realizar rotineiras avaliações de perdas, Andrews é também um investigador de fraudes, disposto, segundo as suas próprias palavras, «a ver as coisas que outras pessoas não vêem, ou preferem ignorar». Embora o conselho de administração assegurasse a Andrews que se tratava de um caso simples, ele não estava convencido. «Não estava certo que não se tratava de um trabalho interno. Permaneciam demasiadas questões por esclarecer. Como levara o pessoal da Hargrove, sem ser visto, o material? A data que a gestão estabelecera para o furto era extraordinariamente conveniente. Parecia que pelo menos uma pessoa da Swainler's tinha de estar envolvida», recorda Andrews. Ele necessitava de ajuda para seguir os seus palpites, por isso, contratou Harry D'Arcy, que trabalhava para o *Canadian Insurance Crime Prevention Bureau* (Gabinete de Prevenção de Crimes de Seguros Canadiano) como CFE e investigador. Ele e Andrews entrevistaram toda a gente do armazém e do conselho de administração, retrocedendo duas ou três vezes, quando necessário, para colocarem novas questões. Seguiram números de série e possíveis itinerários de distribuição para tentar encontrar algum vestígio dos discos rígidos. «Reuníamo-nos pelo menos duas vezes por semana para discutir o modo de resolver o caso. Era como um grupo de reflexão, a ressaltar ideias e opções de uns para outros. "Que rumo deveríamos seguir agora? Deveríamos contactar a Califórnia? Temos de ir àquela loja em Otava?" Sabíamos que estávamos a ser bloqueados, apenas tínhamos de encontrar um modo de contornar os bloqueios que colocavam à nossa volta», declara D'Arcy.

O que mais incomodava D'Arcy era o facto de o conselho de administração lhes apresentar o que parecia ser um caso fechado. Todas as histórias condiziam como peças de precisão. «Era demasiado bom para ser verdade, demasiado perfeito», declara D'Arcy. Os membros do conselho de administração tinham visto o material na sexta-feira anterior à chegada de Hargrove; repararam que este desaparecera depois; tinham motivos para suspeitar que a sua rival se encontrava por detrás disto. Sim, sabiam que a sua apólice de seguro não pagaria se o golpe tivesse sido feito por um empregado, mas não era essa a questão. O conselho de administração confiava nos seus empregados. Muitas das pessoas da Swainler's, desde os funcionários até ao pessoal do armazém, eram familiares ou amigos da gestão. Os investigadores enfrentavam aquilo que, mais tarde, Andrews descreveu como «uma campanha activa de informações erradas».

Assim que se apercebeu do modo como funcionava o sistema operativo da Swainler's, D'Arcy obteve material para uma nova série de questões. Reparou que, à medida que os carregamentos de equipamento eram preparados para remessa, todo o aparelho era embrulhado em plástico grosso e deslocado do andar do armazém para o local de embarque. «Ora», perguntou ele a um dos investidores, «se esses discos rígidos estavam prontos para serem enviados na sexta-feira, como disse, então já estariam embrulhados, certo?»

«Claro».

«Então como sabia o que estava a ver, se o embrulho já estava feito? Não se consegue ver através do embrulho».

«Eu sabia que aquela carga deveria sair na semana seguinte», replicou o homem.

«Então os carregamentos deveriam ter sido levados para o local de carga», interveio D'Arcy.

«Não compreendo onde quer chegar».

«O senhor declarou que os vira no armazém», recordou D'Arcy ao homem. «Não podia tê-los visto no armazém, se eles tivessem sido levados para o local de carga».

A testemunha mudou de ideias e declarou: «Talvez ainda não tivessem sido levados».

D'Arcy tinha uma série de questões para os gestores, inicialmente tão faladores. Porque repararam num carregamento específico de discos rígidos, num dia específico? Por que motivo eram as suas recordações sobre essa remessa precisa tão claras? Quão frequentemente a gestão percorria o armazém para proceder a um inventário informal? «Depois de os abalar, perguntava-lhes categoricamente: "Está a repetir algo que ouviu outra pessoa dizer?"», relata D'Arcy. Os homens respondiam que não, que tinham, eles próprios, visto o material.

«Falou nisso com outros membros do conselho?», perguntava D'Arcy.

«Falámos acerca disso em reuniões do conselho, claro», foi a resposta.

«E todos concordaram com aquilo que diriam quando fizessem uma declaração?»

«Não».

«Mas todas as vossas declarações condizem».

«Concordámos que nos recordávamos de os discos estarem ali no mesmo dia».

Doug Andrews começava a ficar farto. «Recebíamos aquela fiada de pretensas respostas e eu sentia que não estávamos a conseguir nada».

A Swainler's contratara o seu próprio detective privado para resolver o caso. Harry D'Arcy falou com o homem, que estava convencido que possuía provas para demonstrar que fora um trabalho externo. O detective estivera na Hargrove e falara com os seus empregados, incluindo um homem que já trabalhara para a Swainler's. «Não sei se alguém daqui levou o material ou não», declarou o homem, «mas aqueles tipos da Swainler's merecem tudo o que lhes acontecer».

Ele argumentava que a Swainler's exigia aos seus empregados que trabalhassem muitas horas por pouco dinheiro ou benefícios e que os trabalhadores pouco mais eram que interruptores num processo de transformação. Para o investigador da Swainler's, tratava-se, pois, de um caso clássico de ressentimento de um empregado, uma desculpa comum para a fraude.

D'Arcy afirmou discordar, mas o investigador insistiu. A Swainler's Technology reclamava, agora, custos com a investigação, que totalizavam 125 mil dólares. Durante, apenas, uma semana, o detective privado cobrou 45 mil dólares, quando realizou uma vigilância secreta noutra cidade. Uma denúncia anónima para o vice-presidente executivo da Swainler's colocava os discos roubados num armazém em Londres, Ontário. O detective levou uma equipa de pessoas e equipamento e, após uma vigilância de fim-de-semana, viram um homem a abrir o armazém. Quando a equipa se aproximou, não descobriu nada no seu interior a não ser os pertences pessoais do sujeito.

Entretanto, D'Arcy e Andrews prosseguiam a sua própria estratégia. Notificaram os representantes do fabricante no Canadá e nos Estados Unidos para que estivessem atentos a um conjunto de números em série. Até que receberam a chamada de um concessionário na Califórnia; um dos discos rígidos aparecera para ser consertado. As facturas mostravam que o disco rígido fora enviado do norte de Nova Iorque e fora comprado em Otava, Canadá. A loja de Otava recebera o disco rígido de um distribuidor em Montreal. Doug Andrews foi ao armazém de Montreal, mas encontrou-o vazio. Sondando a vizinhança, descobriu que as pessoas que tinham arrendado a casa se tinham mudado para outra zona no norte da cidade.

Quando Andrews chegou ao novo endereço, interrogou quatro ou cinco dos trabalhadores sobre o caso. Eles nunca tinham ouvido falar da Swainler's e nada sabiam acerca dos discos rígidos roubados. Mas quando, sob pressão, Andrews os convenceu a mostrarem os registos, descobriu documentos que correspondiam aos seus números de série. E descobriram, no interior do armazém, um dos discos rígidos em falta.

Porém, Andrews não tinha o que festejar. «Sentia-me derrotado. Passáramos tanto tempo a correr para trás e para a frente, entrevistando e voltando a entrevistar. Declarei: "Não sei, talvez não descubramos esta"». As facturas que ele observara estavam datadas cinco semanas antes de a Swainler's ter registado o furto. A discrepância poderia deitar por terra a hipótese de o fraudador ser uma pessoa externa à empresa, mas também podia ser utilizada para lançar maior confusão no caso já bastante circunstancial de Andrews. No regresso a Toronto, Andrews recebeu um telefonema de Harry D'Arcy. «Tenho trabalhado com base no que descobriste aí», declarou-lhe D'Arcy com entusiasmo. «Quando regressares, eles estarão presos».

Uma vez que D'Arcy sabia, agora, que pelo menos uma parte da mercadoria passara pelo armazém de Montreal, procurara chamadas provenientes dessa cidade nos registos telefónicos da Swainler's. Não só o gestor de *marketing*, Frederic Boucher, recebera grande quantidade de telefonemas de Montreal como as chamadas provinham do armazém que Andrews acabara de visitar, o tal que alegava nunca ter ouvido falar da Swainler's. D'Arcy falou novamente com pessoas do armazém, uma das quais admitiu que os carregamentos tinham desaparecido muito antes do que fora afirmado. Pelos seus cálculos, a verdadeira data correspondia a um mês antes do que a gestão referira. Como seria de esperar, coincidia com as facturas que Andrews descobrira em Montreal. Numa reunião especial, o conselho de administração analisou as descobertas de D'Arcy e confrontou Frederic Boucher com as provas que apontavam na sua direcção. Boucher negou qualquer envolvimento e o conselho apoiou a sua história.

No dia seguinte de manhã, Boucher contou outra história. Falara com a sua esposa e com um advogado e estava pronto a confessar. Declarou que, numa conferência, conhecera as pessoas do armazém de Montreal. Em conjunto, tinham chegado a um acordo para que Boucher lhes fornecesse uma quantidade de discos rígidos a um preço acessível. Com o auxílio de um funcionário de remessas da Swainler's, Boucher enviou 60 discos de gama baixa para Kingston, a meio caminho entre Montreal e Toronto, por 20 mil dólares, pagos em numerário. O ambiente na Swainler's era propício a este tipo de delito. «O sistema de contabilidade não era controlado. Não era de estranhar encontrar coisas a sair sem recibos. A operação era dirigida, principalmente, na base da confiança. Os homens que dirigiam a empresa eram todos velhos amigos, e contratavam pessoas que conheciam ou com quem estavam de algum modo relacionadas. Era dirigida com base na confiança cega e no nepotismo», recorda Harry D'Arcy. Incentivados pelo seu primeiro êxito, Boucher e os seus cúmplices combinaram, então, a grande venda: 1.400 discos rígidos de gama alta por 600 mil dólares. Não tinham de se preocupar em encobrir o furto, pois a gestão estava desejosa de apontar o dedo a alguém exterior à empresa, para receber o seguro.

Graças à confissão de Boucher, Doug Andrews pôde fazer um relatório aprazível para a sua cliente, declarando que não era responsável pela cobertura da ocorrência. Boucher foi condenado a restituir o furto e a dois anos de prisão, enquanto o funcionário de remessas e o distribuidor de Montreal apanharam, cada um, um ano de cadeia. Todas as sentenças foram suspensas e os arguidos postos em liberdade condicional. Os executivos da Swainler's receberam, segundo Harry D'Arcy, «uma advertência em relação à sua cumplicidade na questão». A Swainler's sobreviveu à perda, mas, mais tarde, foi comprada por um proeminente grupo de investimento e, agora, está debaixo desse grupo.

Doug Andrews, que dá conferências e escreve artigos sobre fraudes de seguros, além de realizar investigações, acredita que as pessoas resistem a considerar casos como o da Swainler's um verdadeiro delito. «Existe a crença de que cometer um crime contra uma seguradora constitui um delito sem vítimas». Relatórios da KPMG e da *Canadian Coalition Against Insurance Fraud* (Coligação Canadiana contra as Fraudes de Seguros) colocam as perdas anuais de seguros no Canadá entre mil milhões e 2,6 mil milhões de dólares. Andrews sugere que se pode «pegar no número do meio dos dois mil milhões e duplicá-lo». Embora uma parte considerável dessas perdas se relacione com crimes ocupacionais, não se encontra ainda disponível um cálculo exacto. Isso deve-se ao facto de alguns dos principais actos que ocorrem nos crimes empresariais – como fraudes de fornecedores e comissões – não serem incluídos nos números do sector segurador. No entanto, esses crimes são sérios e estão a proliferar. «São frequentes», declara Andrews, «e muitas vezes sistemáticos e bem organizados. Especialmente porque as companhias de seguros não publicitam no Canadá tão agressivamente como nos EUA, as pessoas vêem as seguradoras como uma espécie de burocracia anónima». Com as tremendas quantidades de dinheiro que mudam de mãos neste sector todos os dias, «existe um preconceito que classifica estas empresas como alvos de ataque... Mas, no fim, as pessoas acabam por ver a diferença, quando pagam os seus prémios».

Outros Esquemas

Uma vez que os empregados adaptam os seus furtos aos sistemas de segurança, à manutenção de registos, à configuração dos edifícios e a outras operações diárias das suas empresas, os métodos utilizados para roubar inventário e outros activos variam. As categorias anteriores abrangiam a maioria dos esquemas do nosso estudo, mas um par de outros métodos, que não se encaixavam em nenhuma categoria estabelecida, merece debate.

As amortizações são frequentemente utilizadas para ocultar o furto de activos após estes terem sido roubados. Em alguns casos, porém, os activos são amortizados para os tornar disponíveis para serem roubados. Houve um caso em que um chefe de armazém abusou da sua autoridade para declarar o inventário obsoleto. Anulou os activos, que estavam em perfeitas condições, e «deu-o» a uma corporação fictícia que possuía, sem que alguém soubesse. Este infractor apoderou-se de 200 mil dólares em mercadoria da sua entidade patronal. Assim que os activos são declarados «refugo», pode tornar-se mais fácil ocultar o seu desvio. Os fraudadores podem, até, receber autorização para ficarem com os activos «inúteis», comprá-los ou vendê-los a um cúmplice por um preço bastante reduzido, ou simplesmente levá-los consigo.

Outro exemplo único envolveu um esquema em que um encarregado de quadro inferior convenceu o seu supervisor a aprovar a compra de novo equipamento de escritório para substituir equipamento existente que seria retirado. Quando o novo equipamento foi comprado, o fraudador levou-o para casa e deixou o material existente no lugar. O seu chefe presumiu que o que estava no escritório era o equipamento novo, embora, na realidade, se tratasse do material que sempre ali estivera. Se não servir para mais nada, este caso ilustra que, por vezes, um pouco de atenção por parte da gestão é o bastante para impedir a fraude.

OCULTAÇÃO

Quando se rouba inventário, a questão principal da ocultação é a sua diminuição. O encolhimento é a redução não explicada do inventário da empresa, que resulta do furto. Por exemplo, imaginemos que um retalhista tem mil computadores em armazém. Um dia, após o trabalho, um empregado carrega 10 computadores para um camião e leva-os para casa. Agora, a empresa possui apenas 990 computadores, mas como não há registo de o empregado ter levado dez computadores, os livros do inventário continuam a mostrar 1000 unidades disponíveis. A empresa sofreu um encolhimento de inventário no montante de 10 computadores.

O encolhimento constitui um dos sinais de alerta que indicam fraude. Quando falta mercadoria e não existe justificação, a questão óbvia que se coloca é: «Para onde foi?». A procura de uma resposta a esta questão pode revelar uma fraude. O objectivo dos fraudadores é levar por diante os seus esquemas sem serem detectados. Por isso é do seu interesse evitar que alguém procure os activos em falta. Isso significa ocultar a redução de inventário que resulta do furto do activo.

O inventário e outros activos são tipicamente acompanhados através de um processo de dois passos. O primeiro, o inventário permanente, é uma contagem corrente que regista a quantidade que deve estar disponível. Quando novas remessas ou provisões são recebidas, por exemplo, são lançadas no inventário permanente. Do mesmo modo, quando são vendidos produtos, estes são retirados dos registos do inventário permanente. Assim, uma empresa segue o seu inventário numa base diária.

Periodicamente, as empresas devem proceder a uma contagem física dos activos disponíveis. Neste processo, alguém percorre realmente o armazém e conta tudo o que a empresa tem em *stock*. Esse total é conciliado com o montante de activos reflectidos no inventário permanente. Uma variação entre os totais do inventário físico e do permanente é um encolhimento. Embora seja de esperar um certo nível de encolhimento em qualquer negócio, grandes quantias podem indicar uma fraude.

Ocultar o Encolhimento do Inventário

Registos de Inventário Alterados

Um dos modos mais simples de ocultar o encolhimento consiste em alterar o inventário permanente, de modo a que este corresponda à contagem do inventário físico. A isto chama-se também uma conciliação forçada da conta. Basicamente, o fraudador limita-se a alterar os números do inventário permanente para os fazer corresponder ao montante do inventário disponível. Num exemplo, um supervisor envolvido no furto creditou no inventário permanente e debitou na conta de custos de vendas, para fazer coincidir os números do inventário permanente com a contagem real do inventário. Assim que esses lançamentos ajustados fossem efectuados, uma análise do inventário não revelaria qualquer encolhimento. Em vez de utilizar lançamentos de correcção, alguns empregados alteram simplesmente os números, apagando ou cobrindo os totais correctos e lançando novos números.

Existem dois lados da equação do inventário, o inventário permanente e o inventário físico. Ao invés de alterar o inventário permanente, o fraudador que tenha acesso aos registos de uma contagem do inventário físico pode alterá-los, de modo a que correspondam ao inventário permanente. Regressando à loja de computadores, por exemplo, imaginemos que a empresa conta o seu inventário todos os meses e o compara com o inventário permanente. A contagem física deveria ser de 990 computadores, uma vez que é o que, de facto, está disponível. Se o fraudador for alguém encarregado da contagem do inventário, essa pessoa pode, simplesmente, anotar que existem 1000 unidades disponíveis.

Vendas Fictícias e Contas a Receber

Já debatemos de que modo os fraudadores criam falsas vendas para disfarçar o furto de activos. No exemplo dado em cima, quando o fraudador efectuou um lançamento de ajuste no inventário permanente e na conta de custos de vendas, o problema era o de não haver uma transacção de vendas nos livros que correspondesse a esses lançamentos. Se o fraudador desejasse resolver esse problema, teria lançado um débito nas contas a receber e o crédito correspondente na conta das vendas, para dar a impressão que os artigos em falta tinham sido vendidos.

Evidentemente que surge, depois, o problema do pagamento, pois ninguém pagará pelos bens «vendidos» nesta transacção. Existem dois rumos que um fraudador pode seguir nestas circunstâncias. O primeiro consiste em cobrar a venda a uma conta existente. Em certos casos, os fraudadores cobram falsas vendas a grandes contas a receber existentes, já que o acréscimo introduzido pelos fraudadores não será notado. Outros empregados corruptos cobram as «vendas» a contas que já estão a caducar e, em breve, serão anuladas. Quando essas contas são retiradas dos livros, o inventário roubado dos fraudadores desaparece de forma efectiva.

O outro ajuste que é tipicamente feito é uma anulação, classificando-a como descontos, deduções ou dívida incobrável. Num dos casos, um empregado com autoridade plena para amortizar até cinco mil dólares, por ocorrência, em vendas incobráveis, aproveitou para o fazer, ocultando falsas vendas de inventário a empresas inexistentes. Com este método, o fraudador furtou à sua empresa aproximadamente 180 mil dólares.

Amortização de Inventário e Outros Activos

Já debatemos um caso em que um empregado corrupto anulou inventário como obsoleto e, em seguida, «deu» o inventário a uma empresa-fantasma que controlava. A amortização de inventário e outros activos é um modo utilizado comummente pelos fraudadores para retirar activos dos livros, antes ou depois de os terem roubado. Mais uma vez, isso é vantajoso para os fraudadores, porque elimina o problema do encolhimento inerente a todos os casos de apropriação indevida de activos não monetários. Exemplos deste método, com que nos deparámos, incluíram um caso em que o gestor anulou artigos, considerando-os perdidos ou destruídos e depois vendeu-os através da sua própria empresa; num outro caso, um director de manutenção livrou-se de activos fixos, registando-os como avariados e, em seguida, apoderou-se deles para si.

Aumento Físico

A maioria dos métodos de ocultação lida com a mudança dos registos de inventário, alterando o inventário permanente ou procedendo a uma contagem errada do inventário físico. Em alternativa, alguns fraudadores tentam dar a impressão de que existem mais activos presentes no armazém do que aqueles que realmente existem. Caixas vazias, por exemplo, podem ser empilhadas nas prateleiras para criar a ilusão de inventário suplementar. Num caso, os empregados roubaram bebidas alcoólicas do seu armazém e empilharam novamente os contentores da mercadoria em falta. Isso deu a impressão de que o inventário em falta estava presente, quando, na realidade, eram caixas vazias que estavam nas prateleiras do armazém. Em aproximadamente 18 meses, este método de ocultação permitiu que os empregados roubassem mais de 200 mil dólares em bebidas alcoólicas.

O caso mais notório de aumento de inventário, no nosso estudo, ocorreu quando os fraudadores construíram uma fachada de produto terminado, numa localização remota de um armazém e interditaram o acesso àquela zona. Embora devesse haver produto disponível no valor de um milhão de dólares, na realidade não havia nada por detrás da parede, que foi construída apenas para criar a ilusão que havia inventário suplementar.

DETECÇÃO

Amostragem Estatística

As empresas com contas de inventários têm tipicamente grandes quantidades de documentos originais. Uma amostragem estatística permite que o inspector de fraudes examine atributos-chave numa parcela (ou amostragem) mais pequena desses documentos. Por exemplo, o investigador pode seleccionar uma amostragem aleatória, estatisticamente válida, de requisições de compras para determinar se todas foram devidamente aprovadas. A amostragem estatística permite que o investigador preveja a taxa de ocorrências nos documentos e, assim, determinar, com alguma precisão, a taxa de erro ou a fraude potencial.

Outros pontos que podem ser testados numa base estatística incluem:

- Relatórios de recepção
- Registos do inventário permanente
- Requisições de matérias-primas
- Documentos de remessas
- Folha de custos com pessoal

Os atributos testados nos documentos supra-mencionados podem incluir uma data, um artigo ou um local específicos.

Registos do Inventário Permanente

Lançamentos inexplicáveis nos registos permanentes podem revelar perdas por desfalque.

- Todas as reduções do inventário permanente foram explicadas por documentos originais (isto é, facturas de vendas, aprovações para considerar inventário de refugo, ou dano)?
- Todos os aumentos nos registos permanentes foram explicados por documentos originais, tais como relatórios de recepção?

Documentos de Remessas

O furto de inventário pode ser descoberto através das respostas a questões como:

- Todas as vendas correspondem devidamente a um documento de remessa?
- Existem alguns documentos de remessa que não estejam associados a uma venda?
- O inventário está a desaparecer do armazém?

Contagens Físicas do Inventário

As contagens físicas do inventário podem, por vezes, dar origem à detecção do furto de inventário. No entanto, como outras explicações justificam a escassez de inventário (isto é, encolhimento), torna-se geralmente necessária uma análise histórica. Além disso, se o único método utilizado para detectar a fraude do inventário consistir na contagem física do final do ano, os fraudadores terão um ano inteiro para conceber métodos de ocultação, para contornar uma possível detecção.

Revisão Analítica

Utilizando a revisão analítica, é possível detectar a fraude do inventário, porque certas tendências se tornam, desde logo, evidentes. Por exemplo, se o custo das mercadorias vendidas aumenta num montante desproporcional relativamente às vendas, e não ocorrem alterações nos preços de compra, nas quantidades compradas ou na qualidade dos produtos comprados, a causa do aumento desproporcional no custo das vendas pode resultar: da redução do inventário final por furto, ou do lançamento de falsas ocorrências na conta do inventário, para ocultar um desfalque.

Uma revisão analítica de todas as componentes do custo de mercadorias vendidas deve permitir ao investigador dirigir a sua investigação. Por exemplo, presumindo que o tipo de inventário comprado é o mesmo e não existe alteração no processo de produção ou preço de compra, se as vendas e o seu custo se alterarem de 5.650.987 dólares e 2.542.944 dólares para 6.166.085 dólares e 2.981.880 dólares, respectivamente, o que dizem os dados ao investigador? Para começar, as vendas aumentaram 9,12%, enquanto o custo das vendas aumentou 17,26%. A margem de lucro diminuiu três pontos percentuais (de 55% para 52%). Com base nestas informações, o investigador de fraudes pode querer examinar melhor os componentes do inventário, tais como o inventário inicial, as compras e o inventário final. Se o inicial era de 1.207.898 dólares, se as compras foram, respectivamente, de 2.606.518 e 2.604.972 dólares, e o inventário final era de 894.564 dólares, então uma matriz de inventário assemelhar-se-ia à Figura 9.12.

FIGURA 9.12 Matriz de Amostragem de Inventário

	Ano 1	Ano 2	% Variação
Inventário inicial	$1.207.898	$1.271.472	5,26%
Compras	$2.606.518	$2.604.972	-0,06%
Activos disponíveis para venda	$3.814.416	$3.876.444	1,63%
Inventário final	$(1.271.472)	$(894.564)	-29,64%
Custo de vendas	$2.542.944	$2.981.880	17,26%

As compras de inventário, em percentagem das vendas, diminuiram de 46,13% para 42,25%. A partir deste exemplo, podemos levantar a hipótese que (1) as compras de inventário foram propositadamente aumentadas no ano 1 para serem apenas liquidadas no ano 2; (2) as vendas aumentadas no ano 2 foram inesperadas e a compra de inventário não acompanhou as vendas; ou (3) pode haver algum esquema de fraude no inventário. Se, através de entrevistas, o investigador não conseguir apurar uma explicação razoável, como (1) ou (2) acima referidas, então pode justificar-se um exame mais atento do inventário final.

O investigador de fraudes poderá procurar, em seguida, diferenças nos procedimentos de inventário físico, para ver se isso criou uma contagem de inventário mais (ou menos) exacta no final do ano 1 ou do ano 2. Se não houver outra explicação lógica, então pode tornar-se necessária uma investigação mais profunda desta e de outras contas de inventário, para explicar as anomalias que se verificam no inventário.

Análise de Tendência Gerada por Computador

O computador pode ser utilizado para facilitar a obtenção de listas de artigos com atributos específicos. Por exemplo, numa operação de depósitos de madeira, o computador pode ser programado para enumerar todas as compras de estacas de cedro de 4 x 4, com 2,5 metros de comprimento. O investigador pode rever todos os documentos originais representados na enumeração. Ao examinar os documentos originais de cada uma destas compras, o investigador pode traçar tendências para determinar a ocorrência dos seguintes (ou outros) padrões (consultar Figura 9.13).

FIGURA 9.13 Pesquisas de Esquemas

Pesquisas	Esquemas
Compras por fornecedor	Se o mesmo fornecedor recebe tratamento favorável
Níveis de inventário por tipos e datas	Se o inventário está a ser comprado ao nível das novas encomendas ou se está a ser encomendado inventário em excesso
Inventário enviado por endereço	Se o endereço do fornecedor corresponde ao endereço de um empregado ou ao de outro fornecedor
Custo por artigo	Se os descontos são devidamente creditados nas compras
Trabalho directo por artigo	Se estão a ser acrescentadas horas de trabalho extraordinárias a uma função ou artigo específicos
Materiais directos por artigo	Se os materiais são devidamente cobrados pela tarefa (demasiados ou materiais errados)
Despesas gerais por artigo de inventário	Se as despesas gerais são devidamente aplicadas e aplicadas apenas uma vez
Remoções e depois geradas novas encomendas	Se o inventário utilizável é prematuramente designado como refugo
Escassez por artigo de inventário	Se há furto de inventário ou o sistema de novas encomendas não está a funcionar
Devoluções e deduções	Se existe uma incidência invulgarmente elevada de devoluções e deduções
Deduções de vendas	Se as deduções de vendas não são devidamente creditadas nas deduções promocionais
Comprador	Se o comprador não age no âmbito da autoridade

Programa de Auditoria Detalhado

Os seguintes testes também serão úteis para estabelecer o controlo do inventário:

- Existem procedimentos e instruções por escrito, adequados e pormenorizados, relativos ao inventário? Os procedimentos de inventário atribuem a devida consideração ao local e à disposição do inventário?
- Os procedimentos de inventário atribuem a devida consideração à identificação e à descrição dos inventários?
- O método de determinar quantidades de inventário é especificado (por exemplo, peso, contagem)?
- O método utilizado para registar artigos contados é adequado (por exemplo, folhas de contagem, etiquetas pré-numeradas)?
- São utilizadas etiquetas de inventário? Em caso afirmativo: (1) são pré-numeradas? (2) A contabilidade das etiquetas de inventário é adequada e inclui o controlo em relação às etiquetas usadas, não usadas e anuladas?
- São aplicados procedimentos adequados para identificar o inventário contado, para assegurar que todos os artigos foram contados e para evitar uma contagem repetida?
- Os inventários obsoletos, de lenta saída ou danificados são devidamente identificados e separados?
- O inventário é razoavelmente identificável para classificação adequada nos registos de contabilidade (por exemplo, descrição, fase de conclusão)?
- As contagens de inventário são sujeitas a (1) recontagens totais por pessoas independentes das envolvidas nas contagens iniciais, (2) recontagens de mercadoria apenas com valor substancial, ou (3) verificações de local por parte de pessoal supervisor?
- As contagens são realizadas por empregados com funções independentes das funções de guarda física dos inventários e manutenção de registos?
- Existem controlos e procedimentos adequados de contabilidade para exclusão do inventário de mercadoria disponível que não é sua propriedade (por exemplo, mercadoria do cliente, consignações)?
- Existem controlos e procedimentos adequados de contabilidade para inclusão no inventário de mercadoria não disponível, mas sua propriedade (por exemplo, mercadoria em armazéns, em conserto, saída de consignações)?
- São acumulados artigos de inventário idênticos em várias áreas para permitir uma harmonização nas contagens totais de uma lista resumida subsequente à observação?
- O movimento do inventário é devidamente controlado (por exemplo, actividades de remessas e recepção suspensas) durante a contagem física, de modo a assegurar um encerramento correcto?

- As diferenças consideráveis entre as contagens físicas e os registos detalhados são investigadas antes de serem ajustados para corresponder às contagens físicas?
- O inventário em localizações remotas é contado?
- Serão necessários procedimentos de contagem especiais ou conversões de volume (por exemplo, artigos pesados na balança)?
- Como será o inventário de trabalho em curso identificado?
- Existem outros assuntos que deveriam ser anotados na contagem do inventário?[1]

PREVENÇÃO

Existem quatro medidas básicas que, se devidamente instaladas e implementadas, podem contribuir para evitar a fraude do inventário. São elas:

1. Documentação adequada
2. Separação de funções (incluindo aprovações)
3. Verificações independentes
4. Salvaguardas físicas

Documentação Adequada

Pré-numeração e controlo:

- Requisições
- Relatórios de recepção
- Registos permanentes
- Requisições de matérias-primas
- Documentos de remessas
- Folhas de custos de pessoal

No entanto, nem todos os inventários necessitam da compra de matérias-primas. Nestes casos, a documentação adequada pode assumir a forma de talões e recibos de vendas pré-numerados e controlados.

Separação de Funções

Pessoal diferente deveria tratar destas funções:

- Requisição de inventário
- Recepção de inventário

- Desembolso de inventário
- Conversão de inventário em refugo
- Recepção de rendimentos resultantes da destruição de refugo

Verificações Independentes

Uma pessoa independente das funções de compras ou armazenagem deve realizar a observação física do inventário. O pessoal que realiza as observações físicas também deve conhecer bem o inventário.

Salvaguardas Físicas

Toda a mercadoria deve ser fisicamente guardada e trancada; o acesso deve limitar-se apenas ao pessoal autorizado. Por exemplo, a colocação estratégica de seguranças pode contribuir para a detecção e prevenção de potenciais esquemas de furto. Também podem ser utilizados meios electrónicos, tais como câmaras e aparelhos de vigilância. A eficácia de qualquer aparelho, porém, depende do facto de o empregado saber que estão a ser aplicados controlos de salvaguarda física e do tipo de inventário disponível para desvio.

NOTA

1. Georgiades, George, *Audit Procedures,* Nova Iorque: Harcourt Brace Professional Publishing, 1995.

PARTE II

CORRUPÇÃO

CAPÍTULO 10

SUBORNO

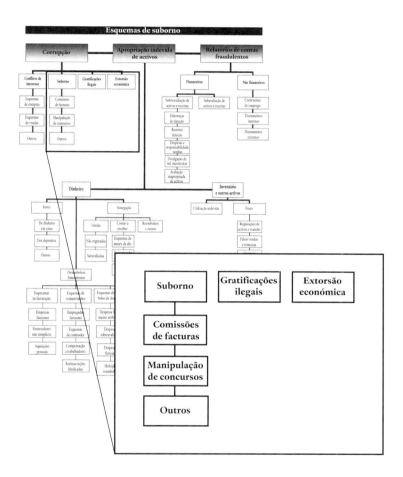

ESTUDO DE UM CASO: **PORQUE ESTÁ ESTA MOBÍLIA A DESFAZER-SE?***

Há uns anos, o *Washington Post* publicou uma série de artigos, relatando acusações de desperdício, fraude e abuso nos *General Services Administration* (Serviços Gerais da Administração – SGA), a agência do governo federal que gere as compras da Administração Central. Em particular, durante mais de uma década, um fabricante de mobílias em Nova Jérsia produzira em série móveis defeituosos e inúteis, no valor de 200 milhões de dólares, comprados pelos SGA.

---

* Vários nomes foram alterados de modo a preservar o anonimato.

Apesar de anos de queixas dos clientes da SGA, alegando má qualidade da mobília e do equipamento, a SGA pouco tinha feito para investigar o fornecedor, a Art Metal USA. Agências governamentais que tinham recebido a mobília, como o *Internal Revenue Service* (administração fiscal), a *Central Intelligence Agency* (CIA) e o Ministério dos Negócios Estrangeiros, contavam histórias aterradoras de como a mobília se desfazia, as secretárias ruíam e cadeiras que tinham uma das pernas mais curta.

Quando os funcionários federais se queixavam à SGA, eram ignorados ou repelidos. «Não preencheu o formulário adequado», respondia a SGA, ou, «terá de pagar para devolver isso ao fornecedor e esperar dois anos, até que talvez receba uma substituição».

Ao fim de vários anos, este comportamento acabou por levantar naturalmente especulações de que suborno e corrupção se encontravam na origem do problema.

Uma série de artigos no *Washington Post* levou a uma investigação do Congresso. Peter Roman, nessa altura investigador chefe de um subcomité do Comité dos Assuntos Governamentais do Senado norte-americano, recordou o momento em que o Senador Lawton Chiles, da Florida, presidente do subcomité, o chamou ao seu gabinete. «Desejava uma investigação completa de todas as práticas da SGA», declarou Roman. Ao contrário de uma auditoria privada, uma investigação do Congresso envolve, quando necessário, uma análise minuciosa de registos financeiros e operativos, entrevistas e testemunhos ajuramentados. Se houver provas suficientes para demonstrar que foi cometido um crime, então o Departamento de Justiça dos EUA avança com o processo. Roman lembrou que esta era «das poucas investigações de fraudes de colarinho branco, que o Senado efectuava há anos, com excepção dos inquéritos sobre crime organizado do Subcomité de Investigação».

O primeiro passo em semelhante análise envolvia audiências gerais de supervisão para o Subcomité de Práticas de Compras Federais e Governo Aberto. Numa das primeiras audiências, Phillip J. Kurans, presidente da empresa de mobiliário Art Metal, surgiu sem ser convidado e pediu uma oportunidade para testemunhar. Declarou ao Senador Chiles que a sua empresa produzia mobília de boa qualidade a preços muito baratos e desafiou o subcomité a provar o contrário. Convidou o Senador a visitar a fábrica em Newark, Nova Jérsia, para inspeccionar os seus registos.

«Chiles recebeu-me, na manhã seguinte, no seu gabinete», recorda Roman, «E propôs: "diz-lhes que aceitamos a sua oferta. Vai a Nova Jérsia e descobre o que se passou"».

Roman reuniu uma equipa de investigação de outras agências federais. Os responsáveis eram Dick Polhemus, CFE, do Tesouro; Marvin Doyal, CFE, ROC; e Paul Granetto do Gabinete de Contabilidade Geral dos EUA. «Concordámos que a abordagem lógica seria efectuar uma análise do fluxo de caixa», recorda Roman. «Se a mobília era defeituosa, então alguém tinha de gerar dinheiro para subornar outra pessoa a aceitá-la. Todos nós tínhamos experiência em seguir o dinheiro, por isso fomos a Newark procurá-lo».

Juntos visitaram a Art Metal USA, em nome do senador. Kurans enviou-os, de má vontade, para uma grande sala cheia de 30 anos de registos financeiros. No passado, o simples volume de documentação levara duas investigações à SGA a terminar sem incidente e sem que os auditores da empresa descobrissem algo inapropriado. Metade da equipa começou a verificar os cheques, separando-os em operações e pagamentos de ordenados, enquanto os outros analisavam os cheques descontados para efectuar uma análise padrão.

«Marvin Doyal e eu ainda discutimos sobre qual de nós foi o primeiro a descobrir os cheques a uma subempreiteira, que tinham sido levantados, em vez de depositados», declara Roman.

«À medida que começámos a analisar os cheques operacionais», recorda ele, «sobressaíram os cheques passados a uma empresa, sob três nomes diferentes: I. Spiegel, Spiegel Trucking Company e Spiegel Trucking, Inc.». Teriam os guarda-livros sido descuidados, escrevendo o nome errado? Os investigadores descobriram que os cheques passados a I. Spiegel (que estavam dobrados em três, como se faria a um cheque pessoal para o colocar na carteira) eram descontados por um certo Isador Spiegel, ao contrário do que acontecia nas outras contas. Esses cheques não passavam por qualquer conta de negócios da Spiegel Trucking Co. e tinham sido utilizados apenas para obtenção de dinheiro. Os cheques passados à Spiegel Trucking Co. «pareciam ter sido usados contra uma entrega efectiva de mobília em armazéns da SGA ou clientes», declarou Roman.

O outro ponto que despertou a atenção dos investigadores envolvia cheques para «Despesas de Leilão» por somas de dinheiro regulares. Kurans declarou-lhes que a empresa comprava maquinaria usada a pronto pagamento em leilões ao longo da Costa Este. Era por esse motivo, declarou ele, que a empresa gastava grandes quantias de dinheiro.

No entanto, quando a equipa contactou operadores de leilões de mobiliário, descobriram que os leilões exigiam ao comprador um cheque visado, com 10% do montante adquirido. O resto também deveria ser pago através de cheques visados. Ao longo de quatro anos, a Art Metal gerara 482 mil dólares em dinheiro, através das chamadas despesas de leilão. Mais de 800 mil dólares que passara para a Spiegel fora convertido em dinheiro. Isto constituía prova suficiente para obter uma intimação para Kurens comparecer perante o subcomité. A intimação permitiu aos investigadores obterem, «literalmente, um camião cheio de documentos» da Art Metal, declarou Roman, «que encheram uma sala inteira na cave do Russell Senate Office Building».

Tendo descoberto mais de um milhão de dólares em dinheiro, o próximo passo da equipa de investigação consistia em procurar provas de suborno. Entrevistaram, meticulosamente, todos os fiscais de mobiliário da Região Dois da SGA, acabando por se concentrarem num antigo fiscal regional. Durante os últimos quatro anos, esse homem comprara 11 cavalos de corrida por um preço médio, cada, de 13 mil dólares – muito mais dinheiro do que um fiscal de mobiliário da SGA poderia obter. Nesta altura, o Senador Chiles autorizou a vinda de um consultor jurídico, Charles Intriago, um antigo procurador da Força de Intervenção de Miami. Ao ser confrontado, o fiscal invocou os seus direitos, ao abrigo da Quinta Emenda[8], e a procura de outra testemunha prosseguiu. Encontraram uma: Louis Arnold, um guarda-livros reformado da Art Metal. Arnold estava disposto a testemunhar que a gestão da Art Metal subornava os fiscais da SGA. Arnold revelou uma terceira fonte de dinheiro, um fundo para pequenas despesas, que totalizava cerca de 100 mil dólares e era utilizado para pagar almoços e hotéis a fiscais.

Com base no testemunho de Arnold, os investigadores intimaram três bancos que tinham fotografado todas as transacções em dinheiro. «Encontrámos fotografias do tesoureiro, do gestor da fábrica e, ocasionalmente, de um dos parceiros a descontar os tais cheques de "despesas de leilão" e a receber o dinheiro em notas de vinte».

Durante as audiências do Senado, vários funcionários superiores de agências testemunharam a má qualidade do mobiliário. Roman, que passara algum tempo no piso da fábrica, vira muitos exemplos de trabalho mal executado. Embora os gestores da fábrica alegassem ter comprado uma máquina de pintura de qualidade para pintar arquivadores de ficheiros, Roman declarou que a única coisa que viu foi um homem com máscara de gás e um *spray* manual a espalhar tinta, ao acaso, nos arquivadores que passavam rapidamente por ele num tapete rolante. «Era o mesmo que assistir a um miúdo a jogar uma espécie de tiro ao alvo, onde o alvo aparece durante meio segundo e ele atira ao acaso, esperando atingi-lo», declarou.

Marvin Doyal testemunhou a geração de 1,3 milhões de dólares em dinheiro, e um funcionário da empresa testemunhou que o dinheiro fora utilizado para subornar fiscais (não nomeados) da SGA. Trabalhadores da empresa e fiscais da SGA invocaram os seus direitos, ao abrigo da Quinta Emenda. Problemas inter-agências, entre o subcomité e o Departamento da Justiça, resultaram num não acordo de culpa de um antigo funcionário da SGA. Nesta altura, o Senador Chiles e os restantes elementos decidiram que o subcomité já fizera tudo o que podia.

Por que motivo a Art Metal não tentou ocultar a sua fraude? «Em primeiro lugar», declarou Roman, «pensavam que ninguém iria investigar. Em segundo, tinham sido alvo de duas investigações designadas pela SGA» que nada tinham revelado.

O resultado das investigações foi decepcionante para o Senador Chiles e o subcomité.

Porém, «no fim», declarou mais tarde o Senador Chiles, «alcançámos a nossa missão legislativa. Ficámos desapontados por o acordo de culpa e outros esforços do subcomité não terem compensado tão plenamente, mas certamente despertámos a atenção da SGA».

> Embaraçados pelas revelações do subcomité, a SGA deixou de adjudicar contratos de mobiliário para o Governo à empresa Art Metal. Tendo perdido o que equivalia ao seu único cliente, a Art Metal faliu. O seu gestor de fábrica e o conselho geral foram condenados por delitos semelhantes ao fim de dois anos. As investigações à SGA levaram a uma limpeza geral da agência. Na altura das audiências, a SGA tinha 27 mil empregados; actualmente emprega 13 mil. O papel da SGA, como principal agente de compras do Governo federal, diminuiu bastante. O caso da Art Metal demonstrou que as compras centralizadas nem sempre são boa ideia.

VISÃO GERAL

O *Black's Law Dictionary* define «corrupto» como «estragado; contaminado; viciado; depravado; corrompido; moralmente degenerado. Utilizado como verbo, significa modificar os princípios e a moralidade de alguém de bons para maus»[1]. Os autores, evidentemente, não tinham grande opinião acerca das pessoas corruptas. Definem ainda corrupção como «um acto realizado com a intenção de conferir uma vantagem incompatível com os deveres oficiais e os direitos de terceiros; o acto de um funcionário ou pessoa fiduciária que, ilícita e lesivamente, utiliza o seu posto ou papel para obter alguma vantagem para si ou para outra pessoa, contrária aos deveres e direitos dos outros»[2].

A minha primeira experiência oficial de suborno ocorreu quando o FBI me transferiu de El Paso, Texas, para Nova Iorque, Nova Iorque («a cidade tão agradável que a chamaram duas vezes»). Enviar-me para Nova Iorque foi a piada cruel do FBI em relação a alguém que crescera em Duncan, Oklahoma. Mas acabei por passar a adorar a cidade. Na altura em que fui transferido, cerca de um em cada sete agentes do FBI trabalhava no gabinete de Manhattan. Como consequência, os agentes estavam divididos em esquadrões especializados, que consistiam em cerca de 20 investigadores e um supervisor.

Como havia uma secretária vazia no Esquadrão de Suborno e Corrupção, foi para aí que me enviaram. Não havia outro motivo; eu não sabia absolutamente nada sobre o assunto. Mas estava prestes a aprender. Durante os anos seguintes, investiguei várias centenas de casos, partes, ou no seu todo. O mais famoso foi a investigação governamental do antigo procurador, John N. Mitchell, pelo seu papel no Watergate. Enviámo-lo para a prisão. Na altura, pareceu uma grande proeza – ele cometeu o crime e cumpriu a pena. Mas, mais tarde, depois de ter sido libertado e de toda a fúria dos media ter passado, Mitchell morreu deprimido. O meu orgulho naquela condenação transformou-se, desde então, em piedade. Como observou Lorde Acton: «O poder corrompe. Um poder absoluto corrompe absolutamente». Talvez muitos de nós, colocados perante as mesmas circunstâncias que Mitchell, caíssemos também, vítimas da tentação.

Embora Watergate fosse o meu caso mais famoso, não foi o primeiro. E para aqueles como eu, que se encontram na área da investigação, a primeira vez que nos surge uma situação é, quase sempre, a mais memorável. O meu primeiro caso de suborno envolvia alegações contra um funcionário público com um cargo muito elevado, Herman Klegman. Trabalhava no *Immigration and Naturalization Service* (Serviço de Imigração e Naturalização – SIN) e tinha o cargo de director distrital. A zona de Klegman abrangia toda a Nova Jérsia.

Como director distrital do SIN, Klegman tinha a autoridade final para emitir todos os cartões verdes do seu distrito. Para os não iniciados, um cartão verde dá a um não cidadão dos EUA o direito de viver e trabalhar no país, sem se tornar cidadão permanente. Os cartões verdes são estritamente concedidos por país estrangeiro e podem ser muito difíceis de obter, legitimamente, consoante o país de residência. Nessa altura, era particularmente provável que os cidadãos da China continental vissem as suas candidaturas a um cartão verde rejeitadas, por isso muitos imigravam ilegalmente. Uma vez nos Estados Unidos, esses imigrantes ilegais inseriam-se na comunidade chinesa. Na cidade de Nova Iorque, muitos deles empregavam-se nos inúmeros restaurantes de Chinatown.

Rumores, não confirmados, sobre a ética de Klegman circulavam há anos pelos círculos do SIN. Por fim, alguém – presumivelmente um empregado – escreveu uma carta anónima ao FBI, acusando Klegman de «receber subornos» de um proprietário de um restaurante chinês, na cidade de Nova Iorque, Stanley Yee. Não eram fornecidos pormenores e eu não fazia ideia por onde começar. Falei com o agente mais experiente do Esquadrão de Corrupção, Boyd Henry. Ele era um veterano, com pelo menos mil casos de suborno, e sabia como abrir caminho através do nevoeiro. Perguntei a Boyd como poderia provar tal caso.

«Joe», declarou Boyd, «se alguém anda a receber subornos, então está a fazer algo que não deveria fazer. Procura descobrir o que é, e descobrirás a resposta». Boyd conseguira resumir a essência da investigação de corrupção em duas frases e eu não as esqueci.

No caso de Klegman, pensei que ele devia emitir, de algum modo, cartões verdes para os trabalhadores de Yee, em troca de comissões. Mas esta teoria continha uma falha óbvia: a autoridade de Klegman encontrava-se limitada a Nova Jérsia e os restaurantes chineses de Yee – 20 – situavam-se todos em Nova Iorque.

Debati a teoria com Boyd, que declarou: «Deve ser isso – Klegman está provavelmente a emitir cartões verdes para trabalhadores de um restaurante chinês, na cidade de Nova Iorque, através do escritório em Nova Jérsia. Tens de te concentrar no modo exacto como ele pode conseguir isso». A abordagem de Boyd fazia todo o sentido. Sol Saletra, o meu contacto no SIN, explicou-me que uma candidatura para um cartão verde é arquivada no distrito de residência do imigrante. Como tal, se Klegman emitia cartões verdes para trabalhadores da cidade de Nova Iorque, estes teriam de possuir uma residência em Nova Jérsia. Caso contrário, pareceriam demasiado suspeitos aos auditores de controlo do SIN, que periodicamente verificavam o procedimento de emissão de cartões verdes. O primeiro passo para provar a teoria do endereço consistia em encontrar os registos de todos os empregados

dos 20 restaurantes de Yee – no total, cerca de 400 pessoas. Emitimos intimações para todos os restaurantes, exigindo-lhes os seus registos. Assim que obtivemos os nomes dos trabalhadores chineses de Yee, comparámo-los com os registos do SIN, em Nova Iorque e Nova Jérsia.

Vejam só, acertámos em cheio.

A investigação revelou um padrão misterioso com cerca de uma dúzia de imigrantes. Parecia que os seus ficheiros de imigração originais tinham tido início em Nova Iorque. Depois, todos esses imigrantes, em épocas diferentes, tinham enviado uma carta ao SIN, declarando que se tinham «mudado» de Nova Iorque para Nova Jérsia. As suas candidaturas a cartões verdes tinham, a partir de então, sido processadas no escritório do SIN de Nova Jérsia – adivinharam – pelo próprio Klegman. Depois de os seus cartões verdes terem sido emitidos, todos esses imigrantes chineses enviaram uma carta ao escritório do SIN de Nova Jérsia, declarando que se tinham «mudado», novamente, para Nova Iorque. Curiosamente, a olho nu, todas as cartas parecia terem sido preparadas na mesma máquina de escrever.

Mais uma vez recorri aos sensatos conselhos de Boyd Henry. «Sim, Joe, estás na pista de algo», declarou ele. «Mas ainda tens um longo caminho a percorrer. Ainda não provaste que Klegman fez alguma coisa que, oficialmente, não poderia ter feito». Em primeiro lugar, para formar um caso circunstancial, Boyd acreditou que um funcionário, num cargo tão elevado do SIN como Klegman, nunca aprovaria pessoalmente candidaturas de cartões verdes, embora tivesse autoridade para tal. Sol Saletra, do SIN, confirmou que seria pouco comum encontrar-se a assinatura do director distrital numa candidatura, como estava nesta dúzia ou mais de candidaturas de imigrantes chineses.

Mas as observações de Saletra teriam de ser confirmadas para poderem ser apresentadas em tribunal. Tal como Sol, eu só conhecia um modo de o fazer: alguém teria de examinar todos os ficheiros de imigrantes no distrito de Nova Jérsia e inspeccionar a assinatura de aprovação do funcionário. Relutantemente, encarregámos o pessoal dessa missão. Centenas de horas de trabalho monótono mais tarde, encontrámos exactamente aquilo de que necessitávamos – dos milhares de candidaturas de imigrantes no seu distrito, a assinatura de Klegman surgia apenas na dúzia de trabalhadores do restaurante chinês.

Através de intérpretes de chinês do FBI, entrevistámos os trabalhadores do restaurante. Negaram terem pago pelos seus cartões verdes. Mas durante as entrevistas, obtivemos informações das suas contas bancárias e, depois, fizemos uma intimação para vermos esses registos. Em todos os casos, os trabalhadores tinham feito um levantamento de 10 mil dólares em dinheiro das respectivas contas. E cada levantamento era feito perto da data de aprovação pelo SIN da candidatura desse imigrante.

Boyd Henry, o meu mentor do FBI, sorriu perante os progressos do meu caso. «Para provar um caso de suborno, terás de provar que Klegman recebeu "uma coisa de valor" como requerem os estatutos», observou ele. «Na maioria – mas não em todos – dos casos, a "coisa de valor" será o dinheiro. Se descobrires onde Klegman escondeu o dinheiro dos seus subornos, penso que terás o suficiente para uma condenação». Descobrir o esconderijo revelou-se mais difícil do que Henry pensara. «Por algum motivo inexplicável», declarou Boyd, a maioria das pessoas que recebe dinheiro deposita uma parte ou o todo na sua própria conta bancária. Depois, gasta-o. Procura primeiro o seu extracto bancário», sugeriu ele. Assim fiz. Não estava lá nada. Juntámos então as peças para constituir uma imagem financeira de Klegman, que indicava que ele não vivia ostensivamente – nada de casas, automóveis ou brinquedos novos, pelo que podíamos saber. Foi então que o Assistente do Promotor Público, Robert «Flecha» Beller, que estava interessado em promover a acção, levou Klegman perante o grande júri. Klegman não invocou a Quinta Emenda – cooperou plenamente, mas negou tudo.

Então, como é habitual nos casos de corrupção, «Flecha» propôs um acordo irrecusável a Stanley Yee: se cooperasse com o Governo, este seria brando com ele. Por fim, Yee apresentou-se no gabinete do FBI com o seu advogado. Em troca de uma pena reduzida, Yee forneceu a informação essencial. Sim, pagara a Klegman, admitiu ele. Tinham uma combinação – por cada cartão verde emitido a um dos trabalhadores do restaurante, o imigrante ilegal pagaria a Yee 10 mil dólares. Por seu turno, Yee pagaria o dinheiro a Klegman. A combinação prosseguia há anos, e Yee calculava que pagara a Klegman pelo menos 250 mil dólares em subornos.

Mas onde escondera Klegman os lucros ilícitos? Em Israel, declarou Yee, numa conta bancária secreta que Klegman abrira em Tel Aviv. Conseguimos confirmar esse facto através dos nossos contactos internacionais. Klegman foi acusado de suborno. A poucos dias do seu julgamento, Herman Simon Klegman apresentou uma admissão de culpa e obteve uma pena de prisão leve. Yee saiu em liberdade.

A lição a retirar de um caso de corrupção é que estes são muito difíceis de provar. E, em quase todos os casos, torna-se necessário chegar a um acordo com o proverbial «homem do dinheiro», como Stanley Yee. Inicialmente, fazer tais acordos aborrecia-me. Mas acabamos por aprender a obter aquilo que conseguimos, no sistema de justiça penal. Caso contrário, pessoas como Klegman permanecem impunes.

Classificações de Corrupção

No nosso estudo, os *esquemas de corrupção* foram decompostos em quatro classificações: *suborno, extorsão económica, gratificações ilegais e conflitos de interesse*. As primeiras três têm uma natureza muito semelhante e são debatidas mais adiante. Os esquemas de conflitos de interesse são tratados no Capítulo 11.

Antes de debater como funcionam os esquemas de corrupção, convém compreender as semelhanças e as diferenças existentes entre casos de suborno, extorsão e gratificações ilegais. O suborno pode ser definido como a oferta, a doação, a recepção ou a solicitação de algo de valor para influenciar um acto oficial[3]. O termo «acto oficial» significa que os estatutos tradicionais de suborno proscrevem apenas pagamentos feitos para influenciar as decisões de agentes ou empregados governamentais. No caso da Art Metal USA, foi exactamente isso que sucedeu. O fornecedor de mobiliário pagava subornos a fiscais, para que estes aceitassem mercadoria de baixa qualidade.

Muitos esquemas de fraudes ocupacionais, porém, envolvem subornos comerciais, que se assemelham à definição tradicional de suborno, excepto pelo facto de se oferecer algo de valor para influenciar uma decisão de negócios, em vez de um acto oficial do governo. Todos os dias se efectuam pagamentos de decisões de negócios, e esses pagamentos são perfeitamente legais. Quando duas partes assinam um contrato, concordando que um entregará mercadoria em troca de uma certa quantia de dinheiro, trata-se de uma decisão de negócios influenciada pela oferta de algo de valor. Evidentemente, esta transacção não é ilegal. Num esquema de suborno comercial, o pagamento é recebido por um empregado sem o consentimento da entidade patronal. Por outras palavras, os casos de suborno comercial lidam com a aceitação de pagamentos secretos, em troca do exercício de influência numa transacção de negócios. Notemos também que *oferecer* um pagamento pode constituir um suborno, mesmo que o pagamento ilícito nunca chegue a ser efectuado.

As gratificações ilegais assemelham-se aos esquemas de suborno, excepto pelo facto de que algo de valor é dado a um empregado como *recompensa* de uma decisão, em vez de ser para a influenciar. Em todos os esquemas de gratificações ilegais, toma-se uma decisão que beneficia uma pessoa ou empresa, sem que seja influenciada por qualquer espécie de pagamento. A parte que beneficia da decisão recompensa, depois, a pessoa que tomou a decisão. Por exemplo, num dos casos, um empregado de uma empresa de serviços públicos atribuiu um contrato de construção de muitos milhões de dólares a um certo fornecedor que, mais tarde, lhe deu um automóvel como recompensa.

À primeira vista, pode parecer que os esquemas de gratificações ilegais são inofensivos se as decisões de negócios não forem influenciadas pela promessa de um pagamento. Mas a maioria das políticas de ética de uma empresa proíbe os empregados de aceitarem presentes não declarados de fornecedores. Um motivo é que os esquemas de gratificações ilegais podem evoluir (e realmente evoluem) para esquemas de suborno. Quando um empregado é recompensado por um acto, como atribuir negócios a um fornecedor específico, pode chegar a um entendimento para que futuras decisões benéficas ao fornecedor sejam, igualmente, recompensadas. Além disso, embora não tenha sido feita uma promessa categórica de pagamento, os empregados podem entregar negócios a certas empresas, na esperança de serem recompensados através de dinheiro ou presentes.

Os casos de extorsão económica constituem os esquemas de corrupção que obriga outros a pagarem. Enquanto os esquemas de suborno envolvem uma oferta de pagamento destinada a influenciar uma decisão, os de extorsão económica são cometidos quando uma pessoa exige um pagamento de outra. A recusa de pagar ao extorsionista resulta em algum dano, como a perda de um negócio. Por exemplo, num dos casos, um empregado exigiu pagamentos aos fornecedores para lhes atribuir subempreitadas em vários projectos. Se os fornecedores recusavam pagar, as subempreitadas eram atribuídas a fornecedores rivais ou retidas até que o fraudador recebesse o seu dinheiro.

DADOS SOBRE A CORRUPÇÃO DO *INQUÉRITO NACIONAL SOBRE FRAUDES DE 2006* DA ACFE

Frequência e Custo

Dos 1134 casos do nosso inquérito de 2006, 31% envolviam um esquema de corrupção (a soma destas percentagens ultrapassa os 100%, porque alguns casos envolviam múltiplos esquemas de fraudes que recaíam em mais de uma categoria. Vários gráficos deste capítulo podem reflectir percentagens que totalizam mais de 100% por motivos semelhantes). Apesar de a corrupção ser bastante menos comum do que a apropriação indevida de activos, era, no entanto, muito mais onerosa. No nosso inquérito, a perda mediana em casos de corrupção (538 mil dólares) era mais de três vezes e meia superior à perda mediana em esquemas de apropriação indevida de activos (150 mil dólares), (consultar Figuras 10.1 e 10.2).

A Figura 10.3 mostra que os casos de corrupção, em todas as categorias de perdas, representavam somas mais elevadas do que as fraudes ocupacionais no geral. Dos 341 casos de corrupção, em que foram referidas perdas, 43% provocaram danos superiores a um milhão de dólares, onde recaíam, apenas, 24% de todas as fraudes ocupacionais. Mais de quatro quintos de todos os casos de corrupção provocaram perdas no valor de, pelo menos, 100 mil dólares.

Tipos de Esquemas de Corrupção

Na Árvore da Fraude, os esquemas de corrupção podem decompor-se em quatro categorias distintas: suborno, conflitos de interesse, extorsão económica e gratificações ilegais.

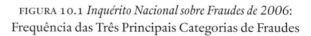

FIGURA 10.1 *Inquérito Nacional sobre Fraudes de 2006*: Frequência das Três Principais Categorias de Fraudes

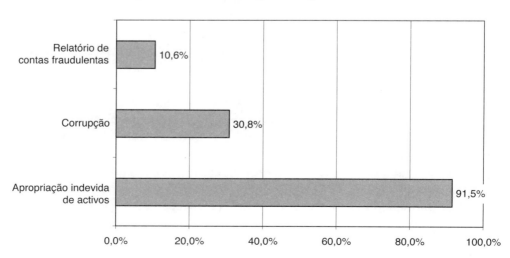

FIGURA 10.2 *Inquérito Nacional sobre Fraudes de 2006*:
Perda Mediana nas Três Principais Categorias de Fraudes

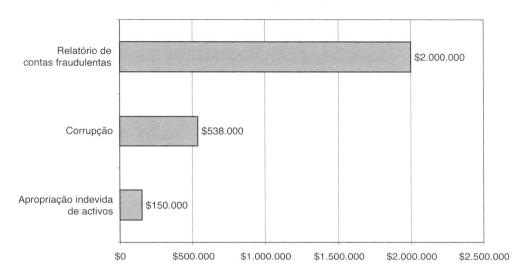

FIGURA 10.3 *Inquérito Nacional sobre Fraudes de 2006*:
Distribuição de Perdas em Dólares em Esquemas de Corrupção

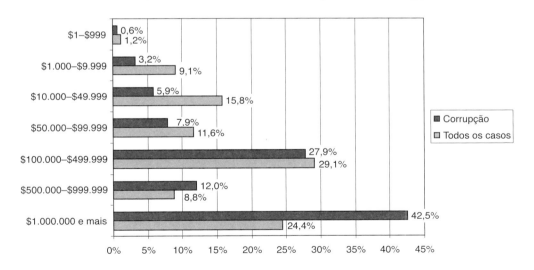

Como mostra o gráfico seguinte, aproximadamente 62% dos casos de corrupção, que analisámos, envolviam conflitos de interesse, enquanto 43% envolviam suborno (consultar Figura 10.4).

FIGURA 10.4 *Inquérito Nacional sobre Fraudes de 2006*:
Frequência de Esquemas de Corrupção por Tipo

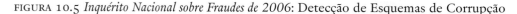

Detecção de Esquemas de Corrupção

O método mais comum de detecção nas ocorrências de corrupção foi a denúncia, que ocorreu em mais de metade dos casos no nosso estudo. Tratou-se de um índice superior ao encontrado na análise global de todos os tipos de fraudes. Pelo contrário, menos casos de corrupção foram detectados através de auditorias internas, controlos internos e acidentalmente do que no grupo geral das fraudes ocupacionais (consultar Figura 10.5).

FIGURA 10.5 *Inquérito Nacional sobre Fraudes de 2006*: Detecção de Esquemas de Corrupção

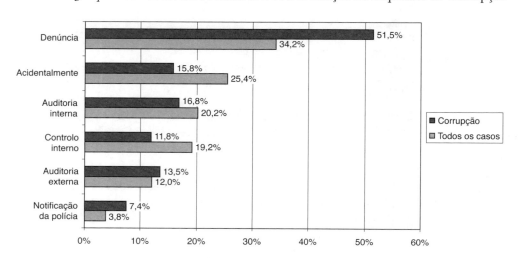

Autores de Esquemas de Corrupção

Os casos de corrupção no nosso estudo tinham mais probabilidade de serem cometidos por gestores ou proprietários/executivos do que as fraudes ocupacionais em geral. Enquanto um pouco menos de 40% em todas as fraudes era cometido por gestores, quase metade dos casos de corrupção se integrava nesta categoria. E, enquanto 19% de todos os casos envolviam proprietários/executivos, 27% dos casos de corrupção estavam nessa categoria (consultar Figura 10.6).

Entre os casos de corrupção do nosso estudo, os esquemas cometidos por proprietários/executivos tinham uma perda mediana de 500 mil dólares, cinco vezes mais do que a provocada por gestores envolvidos em esquemas de corrupção, como mostra a Figura 10.7.

FIGURA 10.6 *Inquérito Nacional sobre Fraudes de 2006*: Autores de Esquemas de Corrupção

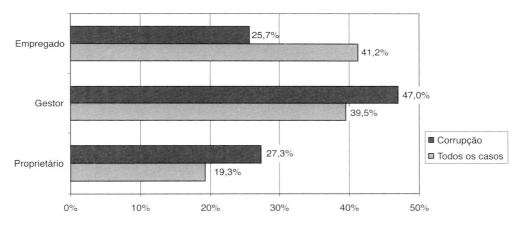

FIGURA 10.7 *Inquérito Nacional sobre Fraudes de 2006*:
Perda Mediana por Autor de Esquemas de Corrupção

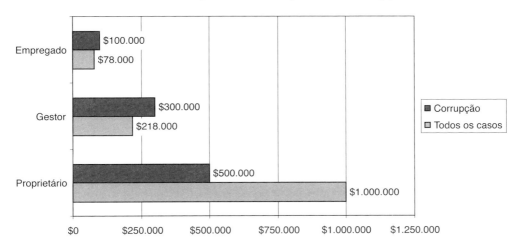

Vítimas de Esquemas de Corrupção

A Figura 10.8 mostra como os casos de corrupção no nosso inquérito se encontravam distribuídos com base na dimensão da organização lesada. Os casos de corrupção tinham ligeiramente mais probabilidade de ocorrer em grandes organizações do que as fraudes ocupacionais em geral. 52% dos casos de corrupção ocorreram nas duas classes maiores de organizações, em comparação com 44% de todos os casos.

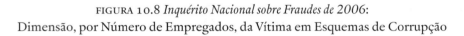

FIGURA 10.8 *Inquérito Nacional sobre Fraudes de 2006*:
Dimensão, por Número de Empregados, da Vítima em Esquemas de Corrupção

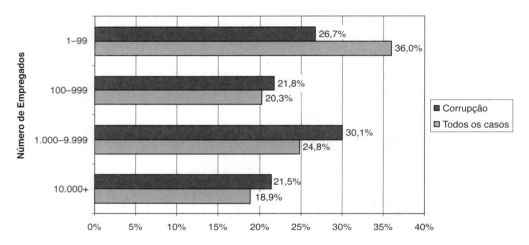

Como referido previamente, os casos de corrupção, no nosso estudo, provocaram perdas maiores, em média, do que as fraudes ocupacionais em geral. Assim, não é de surpreender que as perdas medianas provocadas por esquemas de corrupção ultrapassassem as perdas medianas de todos os casos em todas as categorias de organização lesada (consultar Figura 10.9).

ESQUEMAS DE SUBORNO

Na sua essência, o suborno é uma transacção de negócio, ilegal ou pouco ética. Tal como no caso da SGA, relatado anteriormente, uma pessoa «compra» algo com os subornos que paga. Aquilo que compra é a influência do destinatário. Os esquemas de suborno geralmente recaem em duas grandes categorias: esquemas de *comissões* ("luvas") e *manipulação de concursos*.

As comissões são pagamentos, não declarados, feitos por fornecedores aos empregados das entidades compradoras. O objectivo das comissões, geralmente, é recrutar o empregado corrupto para um esquema de facturação exagerada. Por vezes, simplesmente, os fornecedores pagam comissões para obter mais negócios da empresa compradora. Os esquemas de manipulação de propostas ocorrem quando um empregado ajuda fraudulentamente um fornecedor a obter um contrato, num processo de concurso público.

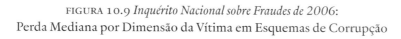

FIGURA 10.9 *Inquérito Nacional sobre Fraudes de 2006*:
Perda Mediana por Dimensão da Vítima em Esquemas de Corrupção

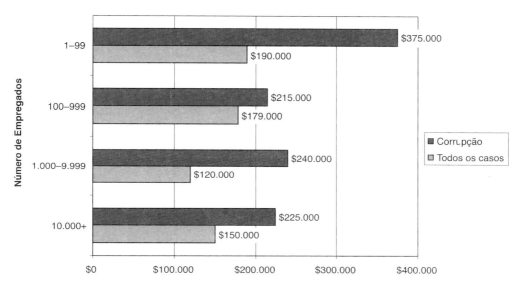

Esquemas de Comissões

Os esquemas de comissões são, geralmente, muito semelhantes aos esquemas de facturação descritos na Parte I desta obra. Envolvem a apresentação de facturas por bens e serviços que estão sobreavaliados ou são completamente fictícios (consultar Figura 10.10).

As comissões são classificadas como esquemas de corrupção, e não de apropriação indevida de activos, porque envolvem um conluio entre empregados e fornecedores. Num tipo comum de esquema de comissão, um fornecedor apresenta uma factura fraudulenta ou exagerada à empresa lesada e um empregado desta empresa certifica-se que o pagamento sobre a factura falsa é efectuado. Por essa ajuda, o empregado, fraudador, recebe algum tipo de pagamento do fornecedor. Esse pagamento é a comissão.

Os esquemas de comissões quase sempre atacam a área de compras da empresa lesada, por isso é lógico que tais fraudes sejam frequentemente realizadas por empregados com responsabilidades de compra. Os empregados responsáveis pelas compras têm, muitas vezes, contacto directo com os fornecedores e, como tal, têm a oportunidade de estabelecerem um conluio. Num dos casos, um agente de compras redirigiu ordens para uma empresa que era propriedade de um fornecedor, com quem ele conspirava. Em troca dos negócios adicionais, o fornecedor pagou ao agente mais de metade dos lucros das ordens suplementares.

FIGURA 10.10 Esquemas de Comissões

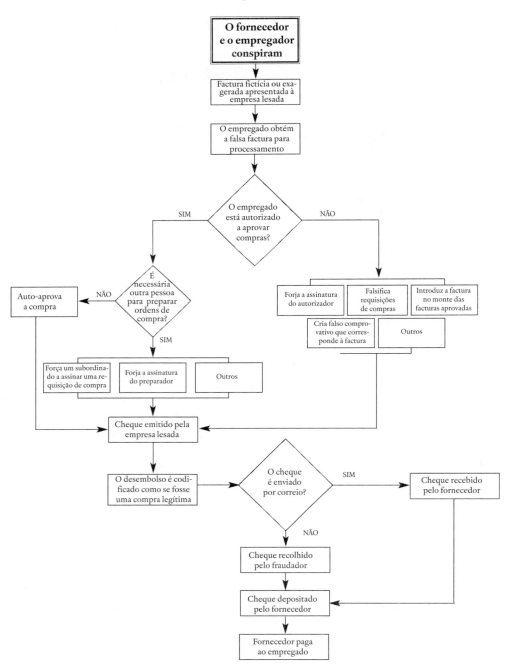

Desviar o Negócio para Fornecedores

Em alguns casos, um empregado, fraudador, recebe uma comissão apenas para reencaminhar negócios excedentes para um fornecedor. Pode não haver facturação exagerada envolvida nesses casos; o fornecedor limita-se a pagar as comissões para assegurar um fluxo contínuo de negócios da parte da compradora. Num dos casos, o presidente de um empresa fornecedora de *software* ofereceu uma percentagem no capital da sua empresa a um empregado de uma compradora em troca de um grande contrato. Num outro caso, uma agência de viagens ofereceu viagens e outros entretenimentos ao agente de compras de uma empresa retalhista. Em troca, o responsável pelas compras passou a marcar todas as viagens da empresa através dessa agência.

Se não estiver envolvida uma facturação exagerada, num esquema de comissões, poderemos indagar onde reside o prejuízo. Presumindo que o fornecedor deseja simplesmente obter o negócio da compradora, e não aumenta os preços nem cobra por bens ou serviços não prestados, de que modo é a compradora prejudicada? O problema é que, tendo subornado um empregado da empresa compradora, um fornecedor já não se encontra sujeito às pressões económicas normais do mercado. E, como tal, não tem de concorrer, com outros fornecedores, ao negócio, não tendo, por isso, incentivo para fornecer a um preço baixo ou mercadoria de qualidade. Nessas circunstâncias, a empresa compradora acaba quase sempre por pagar excessivamente por bens e serviços, ou por obter menos do que aquilo que pagou. No caso da agência de viagens, que acabámos de descrever, a empresa lesada calculou ter desembolsado 10 mil dólares mais por bilhetes de avião, durante um período de dois anos, ao marcar as viagens através da agência corrupta do que se tivesse utilizado outra companhia.

Assim que os fornecedores sabem que têm uma combinação de compra exclusiva, são incentivados a aumentar os preços para cobrir o custo da comissão. A maioria dos esquemas de suborno acaba por se tornar em facturação exagerada, mesmo que não comece assim. Esse é um dos motivos pelos quais os códigos de ética da maioria das empresas proíbem os empregados de aceitarem presentes não declarados por parte dos fornecedores. A longo prazo, a empresa é que paga pela conduta pouco ética dos empregados.

Esquemas de Facturação Exagerada

Empregados com autoridade de aprovação

Na maioria dos casos, os esquemas de comissões começam por ser esquemas de pagamentos exagerados em que um fornecedor apresenta facturas inflacionadas à empresa lesada. As falsas facturas exageram o preço de bens e serviços efectivos ou reflectem vendas fictícias. Num dos exemplos, um empregado com autoridade plena para aprovar guias de um certo fornecedor autorizou o pagamento de mais de 100 facturas fraudulentas, em que as taxas cobradas eram em excesso. Como ninguém analisava as suas decisões, o empregado conseguiu aprovar pagamentos de facturas a taxas acima do normal, sem receio de detecção.

A capacidade para autorizar compras (e assim autorizar fraudes) é, geralmente, a chave dos esquemas de comissões. O autor, no caso acabado de referir, era um empregado, não pertencente à gestão, com autoridade para aprovar compras ao fornecedor com quem se conluiou. Autorizou facturas exageradas no valor aproximado de 300 mil dólares, em menos de dois anos. Num caso distinto, mas do mesmo modo, um gestor estava autorizado a comprar activos fixos para a sua empresa para melhorar um arrendamento. Os activos que encomendou eram de pior qualidade e com preço mais baixo do que aquilo que fora especificado, mas o contrato que negociou não reflectia isso. Assim, a empresa pagou por materiais de elevada qualidade, mas recebeu os de baixa qualidade. A diferença de preço, entre o que a empresa pagou e aquilo que os materiais custavam realmente, foi para os bolsos do gestor como comissão.

A existência de autoridade de compra pode ser crucial para o êxito de esquemas de comissões. Se os fraudadores puderem autorizar pagamentos por si próprios, não têm de apresentar requisições de compras ao superior, que poderá questionar a validade da transacção.

Fraudadores sem autoridade de aprovação

Embora a maioria dos esquemas de comissões que analisámos envolvesse pessoas com poderes para aprovar compras, essa autoridade não constitui uma necessidade absoluta. Quando os empregados não podem aprovar compras, podem, ainda assim, orquestrar um esquema de comissões, desde que consigam contornar os controlos das contas a pagar. Em certos casos, basta preencher uma falsa requisição de compra. Se um empregado, em quem se deposita confiança, disser a um superior que a empresa necessita de certos materiais ou serviços, por vezes é o bastante para conseguir que uma falsa factura receba aprovação de pagamento. Tais esquemas são geralmente bem sucedidos quando a pessoa com autoridade de aprovação está desatenta, ou quando é obrigada a confiar na orientação dos subordinados, em questões de compras.

Os empregados corruptos também podem preparar falsos guias para dar a impressão de que as facturas fraudulentas são legítimas. Se estiverem a ser aplicados os devidos controlos, é necessário um comprovativo completo, antes que o departamento de pagamentos liquide uma factura. Uma solução é o fraudador criar uma ordem de compra que corresponda à factura fraudulenta do fornecedor. O fraudador pode forjar a assinatura de autorização na ordem de compra para mostrar que a aquisição foi aprovada. Em sistemas informatizados, um empregado com acesso a uma palavra-passe restrita pode aceder ao sistema e autorizar pagamentos sobre as facturas fraudulentas.

Em esquemas menos sofisticados, um empregado corrupto pode, simplesmente, pegar numa factura fraudulenta e introduzi-la no monte das facturas preparadas, antes de estas serem introduzidas no sistema de contas a pagar. Uma descrição mais pormenorizada do modo como as falsas facturas são processadas encontra-se no Capítulo 7.

Os esquemas de comissões podem ser muito difíceis de detectar. Em certo sentido, a empresa lesada está a ser atacada em duas direcções. A nível externo, um fornecedor corrupto apresenta falsas facturas que induzem a empresa lesada a pagar bens e serviços que não recebe. A nível interno, um ou mais dos empregados da empresa lesada esperam corroborar a falsa informação fornecida pelo fornecedor.

Outros Esquemas de Comissões

Os subornos nem sempre são pagos a empregados para processarem falsas facturas. Em certas circunstâncias, pessoas externas procuram outro tipo de assistência fraudulenta por parte dos empregados da empresa lesada. No estudo de um caso, relatado no início deste capítulo, a Art Metal USA pagou enormes quantias a fiscais de qualidade, para que o seu equipamento abaixo dos padrões fosse aceite pelos Serviços Gerais de Administração norte-americana. Neste caso, o fornecedor não estava a cobrar exageradamente a agência; estava a tentar escoar produtos abaixo dos padrões estabelecidos, em vez de fornecer equipamento que correspondesse às especificações governamentais.

Noutros casos, os subornos não provêm de fornecedores que tentam vender algo à empresa, mas sim de potenciais compradores que procuram um preço mais baixo da empresa lesada. Num dos nossos casos, um vendedor de publicidade não só vendia anúncios, como estava autorizado a cobrar e a receber as contas. Estava igualmente autorizado a fazer descontos aos clientes. Em troca de benefícios, como viagens grátis, alojamento e presentes diversos, esta pessoa vendia anúncios a preços extremamente reduzidos ou fornecia anúncios grátis. O seu controlo total sobre a publicidade e uma falta de supervisão permitiram a este empregado «negociar» mais de 20 mil dólares em receitas de anúncios. De modo semelhante, num outro caso, o gestor de um centro de convenções aceitou vários presentes de promotores de exposições. Em troca, permitia que esses promotores arrendassem o centro de convenções por preços abaixo das taxas aprovadas pelo município, proprietário do centro.

Pagamentos de Comissões

Cada suborno constitui uma transacção bilateral. Em todos os casos em que um fornecedor suborna um comprador, existe alguém do lado do fornecedor que faz um pagamento ilícito. É, pois, tão provável os empregados pagarem subornos como aceitá-los.

Para obter fundos para efectuar esses pagamentos, os empregados geralmente desviam dinheiro da empresa para um depósito secreto, uma conta não pertencente à empresa, a partir da qual se podem efectuar subornos. Partindo do princípio que os subornos não são autorizados pela empresa do subornador, ele tem de encontrar um modo de gerar os fundos necessários para influenciar ilegalmente alguém de outra organização. Assim, a chave para o crime, do ponto de vista do subornador, consiste no desvio de dinheiro para o fundo secreto. Trata-se de um desembolso fraudulento de fundos da empresa, que geralmente se consegue, passando cheques da companhia a uma entidade fictícia ou apresentando falsas facturas em nome dessa falsa entidade. Num dos casos, por exemplo, um empregado, numa organização muito grande de serviços de saúde, criou um fundo para pagar aos funcionários públicos e influenciar legislações pendentes. Este funcionário utilizou pedidos de cheques com códigos de despesas diferentes para gerar pagamentos que iam para um dos membros do *lobby* da empresa, que, por sua vez, colocava o dinheiro numa conta, a partir da qual era possível levantar dinheiro para subornos. A maioria dos cheques, neste caso, era codificada como «honorários» por consultorias ou outros serviços.

É comum atribuir desembolsos fraudulentos a contas obscuras como «honorários de consultoria». A compra de bens pode ser verificada através de uma vistoria ao inventário, mas nesse tipo de serviço não existe inventário. Torna-se, pois, mais difícil provar que os pagamentos são fraudulentos. O debate sobre como são feitos exactamente os desembolsos fraudulentos encontra-se nos capítulos sobre falsificação de cheques e facturas.

Esquemas de Manipulação de Propostas

Como já dissemos, quando uma pessoa paga um suborno a outra, fá-lo para obter a vantagem da influência do destinatário. O processo de concurso público, em que vários fornecedores ou contratantes rivalizam por contratos num ambiente que pode ser muito feroz, pode ser especialmente propensa ao suborno. Qualquer vantagem que um fornecedor possa obter sobre os concorrentes torna-se extremamente preciosa. O benefício da «influência interna» pode assegurar que um fornecedor vencerá o contrato que está a ser disputado. Muitos fornecedores estão dispostos a pagar por tal influência.

Nos procedimentos de concurso público, todos os concorrentes, por lei, devem estar no mesmo pé de igualdade, concorrendo nos mesmos termos e condições. Cada concorrente compete por um contrato com base nas especificações estabelecidas pela empresa compradora. Os fornecedores apresentam ofertas confidenciais, declarando o preço pelo qual concluirão um projecto, nos termos das especificações da compradora.

O modo como o concurso público é manipulado depende, em grande parte, do nível de influência do empregado corrupto. Quanto mais poder uma pessoa tiver sobre o procedimento do concurso, mais probabilidade terá de influenciar a selecção de um fornecedor. Assim, os empregados envolvidos em esquemas de manipulação de propostas, tal como nos das comissões, tendem a ter uma grande influência ou o acesso ao procedimento do concurso público. Os alvos potenciais de subornos incluem compradores, responsáveis de contratação, engenheiros e pessoal técnico, representantes de qualidade ou garantia de produtos, empregados de ligação a subempreiteiros, ou qualquer outra pessoa com autoridade sobre a atribuição de contratos.

Os esquemas de manipulação de propostas podem ser categorizados com base na fase do concurso em que o fraudador exerce a sua influência. Tais esquemas ocorrem, geralmente, na fase pré-concurso, durante o concurso ou na apresentação das propostas (consultar Figura 10.11).

Fase Pré-Concurso

Na fase de pré-concurso – antes de oficialmente se pedir ofertas para um projecto –, os esquemas de suborno podem ser decompostos em dois tipos. O primeiro é o esquema de reconhecimento de necessidade, em que os empregados de uma potencial concorrente são pagos para convencerem a sua empresa de que um projecto específico é necessário. O segundo motivo para subornar alguém na fase de pré-solicitação é levar a que as especificações do contrato sejam feitas à medida dos pontos fortes de um fornecedor específico.

Esquemas de reconhecimento de necessidade

A fraude típica na fase de reconhecimento de necessidade consiste numa conspiração entre a compradora e o contratante, em que um empregado da primeira recebe algo de valor para, em troca, reconhecer a «necessidade» de um produto ou serviço específico. O resultado de tal esquema é que a empresa lesada compra bens ou serviços desnecessários a um fornecedor por indicação do empregado corrupto.

Várias tendências podem indicar uma fraude de reconhecimento de necessidade. Requisições invulgarmente elevadas para *stocks* e inventário podem revelar uma situação em que um empregado corrupto procura justificar actividades de compras desnecessárias a um certo fornecedor. Um empregado também pode justificar compras desnecessárias de inventário, amortizando grandes números de artigos como refugo. À medida que esses artigos saem do inventário, abrem espaços para justificar compras adicionais. Outro indicador de um esquema de reconhecimento de necessidade é a definição de uma «necessidade» que apenas pode ser satisfeita por um certo fornecedor ou contratante. Além disso, a falta de criação de uma lista satisfatória de fornecedores pode revelar uma fixação invulgar num fornecedor principal – uma fixação explicável pela aceitação de subornos desse fornecedor.

Esquemas de especificações

O outro tipo de fraude de pré-concurso consiste num esquema de especificações. As especificações de um contrato são uma lista de elementos, materiais, dimensões e outros requerimentos relevantes para a conclusão do projecto. As especificações são preparadas para ajudar os fornecedores no processo de ofertas, dizendo o que lhes é pedido para fazer e dando uma base firme para a apresentação e aceitação de ofertas.

FIGURA 10.11 Esquemas de Manipulação de Propostas

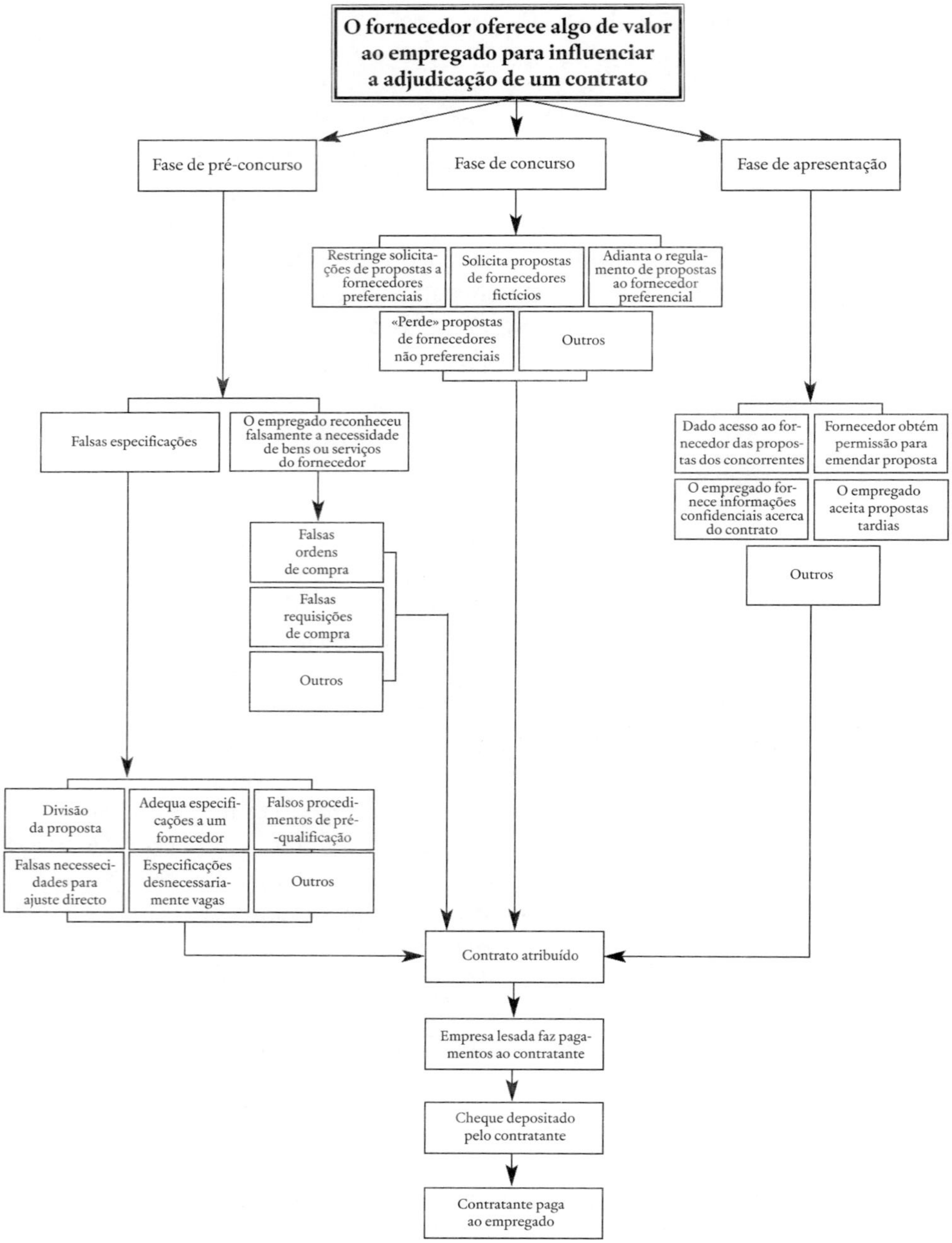

```
                O fornecedor oferece algo de valor
                ao empregado para influenciar
                a adjudicação de um contrato
```

Fase de pré-concurso

- Falsas especificações
- O empregado reconheceu falsamente a necessidade de bens ou serviços do fornecedor
  - Falsas ordens de compra
  - Falsas requisições de compra
  - Outros
- Divisão da proposta
- Adequa especificações a um fornecedor
- Falsos procedimentos de pré-qualificação
- Falsas necessidades para ajuste directo
- Especificações desnecessariamente vagas
- Outros

Fase de concurso

- Restringe solicitações de propostas a fornecedores preferenciais
- Solicita propostas de fornecedores fictícios
- Adianta o regulamento de propostas ao fornecedor preferencial
- «Perde» propostas de fornecedores não preferenciais
- Outros

Fase de apresentação

- Dado acesso ao fornecedor das propostas dos concorrentes
- Fornecedor obtém permissão para emendar proposta
- O empregado fornece informações confidenciais acerca do contrato
- O empregado aceita propostas tardias
- Outros

↓

Contrato atribuído

↓

Empresa lesada faz pagamentos ao contratante

↓

Cheque depositado pelo contratante

↓

Contratante paga ao empregado

Um esquema de corrupção que ocorre neste processo é a adequação fraudulenta das especificações a um determinado fornecedor. Nestes casos, o fornecedor suborna um empregado da compradora que está envolvido na preparação do regulamento do concurso. Em troca, o empregado adapta as especificações do contrato às competências desse fornecedor. Num dos casos, um fornecedor pagou a um empregado de um serviço público para escrever especificações de contrato tão particulares que permitiam eliminar qualquer concorrência. Durante quatro anos, esse fornecedor ganhou o contrato, que era o maior atribuído por essa empresa de serviços públicos. Essa fraude custou-lhe mais de dois milhões de dólares.

Os métodos utilizados para restringir a concorrência num processo de ofertas podem incluir a utilização de procedimentos de «pré-qualificação», que se sabe que eliminarão certos concorrentes. Por exemplo, a proposta pode exigir que os potenciais contratantes tenham parte do capital detido por mulheres ou tenham accionistas minoritários. Não existe nada de ilegal em tal exigência, mas, se for colocada nas especificações como resultado de um suborno, e não como resultado de outros factores, então o empregado vendeu a sua influência para beneficiar um fornecedor desonesto, um caso evidente de corrupção.

Justificações de adjudicações de contrato com concursos não concorrenciais ou por ajuste directo também podem ser utilizadas para eliminar a concorrência e direccionar os contratos para um fornecedor específico. Tomemos o caso de um requisitante que distorceu os requerimentos de um concurso, alegando que as especificações exigiam um ajuste directo. Com base nas informações do requisitante, não foi feito concurso público e o contrato foi atribuído a um fornecedor específico. Uma análise a outras propostas, recebidas mais tarde, demonstrou que certos materiais estavam disponíveis por menos 70 mil dólares do que aquilo que a empresa pagara por ajuste directo. O empregado ajudara a adjudicar o trabalho ao contratante em troca de uma promessa futura de emprego. O concurso público também foi preterido noutro caso em que o pessoal da gestão de uma entidade estatal aceitou subornos de fornecedores para autorizar compras de aproximadamente 200 mil dólares de activos fixos.

Outro tipo de esquema de especificação é escrever deliberadamente condições vagas. Neste tipo de esquema, um fornecedor paga a um empregado da empresa compradora para ele escrever especificações que exigirão emendas numa data posterior. Isso permitirá ao fornecedor subir o preço do contrato quando as emendas forem efectuadas. Como as necessidades da compradora se tornam mais específicas ou mais pormenorizadas, o fornecedor pode alegar que, se soubesse o que a compradora de facto desejava, teria lançado uma proposta de valor mais alto. Para concluir o projecto, de acordo com as novas especificações, o fornecedor terá de cobrar mais.

Outra forma de fraudes de especificações consiste na divisão das propostas. Num dos exemplos apresentados, um gestor de uma entidade federal dividiu um grande trabalho de reparação em vários contratos de componentes, para desviar trabalhos para o seu cunhado. A Lei federal exigia concursos públicos nos projectos que ultrapassassem um certo valor. O gestor dividiu o projecto, de modo a que cada parte ficasse abaixo do nível que obrigava ao lançamento de um concurso. Uma vez dividido o contrato, o gestor contratou o seu cunhado para tratar de cada um dos projectos. Com isso, o cunhado acabou por ficar com todo o contrato e evitou-se o concurso público.

Um modo menos notório, mas no entanto injusto, de manipulação de propostas ocorre quando um fornecedor paga a um empregado da compradora pelo acesso às especificações antes dos seus concorrentes. O empregado não altera as especificações de modo a que se adaptem ao fornecedor; em vez disso, limita-se a dar ao candidato um avanço no planeamento e na preparação da sua proposta. O tempo suplementar confere-lhe uma vantagem sobre os concorrentes na preparação da candidatura.

Fase de Concurso

Na fase de concurso, os fraudadores tentam influenciar a selecção de um contratante, limitando o grupo de concorrentes. Por outras palavras, um fornecedor corrupto paga a um empregado da empresa compradora para assegurar que um ou mais dos concorrentes não conseguem apresentar-se a concurso. Deste modo, o fornecedor corrupto aumenta as suas hipóteses de ganhar o trabalho.

Um tipo de esquema envolve o representante comercial que negoceia em nome de uma série de potenciais licitantes. O representante suborna um funcionário da contratante para que manipule a solicitação, assegurando que somente as empresas por si representadas conseguem apresentar propostas. Não é invulgar, em alguns sectores, as compradoras «pedirem» que os licitantes se façam aparecer por representantes comerciais ou de produção. Esses pagam uma comissão à compradora, para que proteja os interesses dos seus clientes. O resultado desta transacção é que a empresa compradora fica privada da capacidade de obter o melhor preço para o seu contrato. Tipicamente, o grupo de fornecedores «protegidos» não compete realmente entre si pelos contratos, mas envolve-se numa «proposta combinada».

Proposta combinada

A proposta combinada é um processo através do qual vários licitantes conspiram para dividir contratos e assegurar que cada qual obtém uma certa quantidade de trabalho. Em vez de apresentarem propostas confidenciais, os fornecedores debatem, entre si, as suas ofertas para garantirem que cada um obtém uma parte do negócio da empresa compradora. Por exemplo, se os fornecedores A, B e C forem considerados para três trabalhos diferentes, podem concordar que a proposta de A será a mais baixa no primeiro contrato, a de B a mais baixa no segundo contrato e a de C a mais baixa no terceiro. Nenhum dos fornecedores obtém os três trabalhos, mas todos eles ficam com a garantia de obter pelo menos um. Além disso, uma vez que planeiam as suas propostas com antecedência, os fornecedores podem, ainda, conspirar para subirem os seus preços. Assim, em resultado do esquema, a empresa compradora fica prejudicada.

Fornecedores fictícios

Outro modo de eliminar a concorrência na fase de solicitação consiste em solicitar propostas a fornecedores fictícios. No caso acima debatido, de divisão do contrato em várias propostas, o cunhado apresentou ofertas em nome de várias empresas e executou os trabalhos sob esses nomes. Embora se tivesse evitado o concurso público, neste caso, o fraudador utilizou ofertas de várias das empresas fictícias do cunhado para demonstrar a razoabilidade dos preços nos contratos finais. Por outras palavras, as ofertas de preço fictícias do cunhado foram utilizadas para validar os seus preços reais.

Outros métodos

Em alguns casos, a concorrência, num concurso, pode ser limitada, restringindo muito o tempo disponibilizado para a apresentação das propostas. Alguns fornecedores recebem notificação prévia dos regulamentos, antes do lançamento do concurso. Esses fornecedores conseguem, pois, começar a preparar as suas propostas com antecedência. Estipulando-se um prazo curto para a apresentação das propostas, o fornecedor que tinha conhecimento prévio do regulamento terá uma vantagem decisiva sobre a concorrência.

Os funcionários subornados da compradora também podem restringir a concorrência para os seus co-conspiradores, colocando o lançamento do concurso em publicações desconhecidas, sendo pouco provável que outros concorrentes o vejam.

Mais uma vez, isso é feito para eliminar potenciais rivais e criar uma vantagem para os fornecedores corruptos. Alguns esquemas também envolveram a publicação do lançamento do concurso durante períodos de férias, em que não é provável que os fornecedores não «informados» procurem os anúncios. Em casos mais flagrantes, as propostas de terceiros são aceites, mas «perdidas» ou indevidamente desqualificadas. Tipicamente, quando um fornecedor suborna um empregado da empresa compradora, para que este o auxilie em qualquer espécie de esquema de concurso, o custo do suborno é incluído na proposta do fornecedor corrupto. Assim, a empresa compradora acaba por suportar o custo do pagamento ilícito, sob a forma de um preço de contrato mais elevado.

Fase de Apresentação das Propostas

Na efectiva fase de apresentação das propostas, podem ser utilizados vários esquemas para atribuir um contrato a um fornecedor específico. O principal delito tende a ser a violação das propostas em carta fechada. As propostas de concursos públicos são confidenciais; devem, evidentemente, permanecer fechadas até à data, previamente determinada, em que todas as propostas são abertas e analisadas pela empresa compradora. A pessoa ou as pessoas com acesso às propostas em carta fechada são, frequentemente, alvo de fornecedores pouco éticos, que procuram uma vantagem no processo. Num dos exemplos dados, foram oferecidos presentes e pagamentos em dinheiro a um accionista maioritário de uma empresa em troca de tratamento preferencial durante um concurso público. O fornecedor, que pagou os subornos, teve autorização para ser o último a apresentar a proposta, já sabendo os preços que os seus concorrentes tinham proposto, ou, em alternativa, era-lhe permitido ver mesmo as propostas dos concorrentes e ajustar a sua.

Os fornecedores também subornam empregados da compradora em troca de informações sobre como preparar a proposta. Tomemos o caso do director-geral de uma empresa compradora que forneceu informações confidenciais sobre preços a um fornecedor, permitindo-lhe cobrir as propostas dos concorrentes e obter um contrato de longo prazo. Em troca, o director-geral e a filha receberam pagamentos do fornecedor. Outros motivos para subornar empregados da compradora incluem:

- Assegurar a recepção de uma proposta tardia
- Falsificar o lançamento da proposta
- Prolongar a data de abertura da proposta
- Controlar as aberturas de propostas

O próximo estudo de um caso foi seleccionado para ilustrar, com mais detalhe, uma falsificação de proposta na fase de apresentação. A história fala de Thad Ferguson, um vendedor corrupto que, constantemente, conseguia que os seus clientes ganhassem as propostas, porque tinha controlado o gestor da fábrica da compradora. Em troca de pagamentos em dinheiro e outros presentes, o gestor da fábrica fornecia a Ferguson informações que lhe permitiam cobrir, por um triz, as propostas dos seus concorrentes. O estudo descreve ainda, em pormenor, como o CFE Gene Earle descobriu o esquema e o deteve.

ESTUDO DE UM CASO: **VIGIEM O VENDEDOR****

O CFE Gene Earle pensou que ia apenas a uma festa. Mas a conversa trivial foi mais interessante do que ele esperava. A festa era dada pela empregadora de Earle, a HydroCo, uma empresa de separação de gases com mais de 600 milhões de dólares de vendas anuais. A HydroCo isola da atmosfera gases como o árgon,

---

** Vários nomes foram alterados de modo a preservar o anonimato.

o oxigénio e o hidrogénio e, em seguida, distribui-os para utilização industrial. Enquanto Gene Earle provava os *hors d'oeuvres* e as bebidas, ia falando com o controlador de uma firma de construção que fizera vários trabalhos para a HydroCo.

«Vou ser franco consigo», declarou a Earle. «O vosso processo de propostas para este trabalho de amianto não é justo». «Qual é o problema?», interrogou Earle, em voz alta. «Bem, se observar com atenção, verá que o seu trabalho segue um certo vendedor. O seu nome é Thad Ferguson. Já trabalhou para diversas empresas. Mas, seja qual for a empresa para a qual trabalhe, esta acaba por conseguir os vossos contratos. Para onde ele vai, a HydroCo segue-o. Ora, se quer saber a minha opinião, isso é bastante injusto». Além disso, declarou o homem, Ferguson era conhecido no seu meio como um «corrupto». «Nestas circunstâncias, o que é um corrupto?». «Pode aplicar a definição que desejar, que servirá para descrever esse tipo. Ele faz de tudo», replicou o controlador.

Quando Earle chegou ao escritório, no dia seguinte, começou a procurar os projectos de extinção do amianto. Um mandado do Governo considerara o amianto um perigo para a saúde e exigira a sua remoção imediata de todos os edifícios públicos. A extinção era delicada, um trabalho que provocava, no mínimo, dores de cabeça. Desde o princípio, Earle compreendeu que não podia contar com aquilo que esperava. O departamento de compras, um local lógico para começar a colocar questões, não tratara da aquisição desses trabalhos, pois fora passado para o gabinete de operações da fábrica.

Os ficheiros de propostas nas Operações encontravam-se num caos. Earle não descobriu quase nenhuma documentação sobre qualquer coisa. Os concursos públicos não tinham confirmação e faltavam, ou estavam incompletos, os formulários de observância de segurança. Os documentos presentes descreviam trabalhos que não coincidiam com os contratos de 300 mil e 400 mil dólares. Os engenheiros tinham concebido um projecto global de extinção do amianto que equivalia a alguns milhões de dólares. A remoção efectiva do amianto seria realizada por fases, por várias centenas de milhares de dólares, em cada fase. Os ficheiros desorganizados não revelavam grande coisa; embora, para Earle, «parecesse que o trabalho estava a ser efectuado, mas não pelo valor que estávamos a pagar por ele». O engenheiro chefe da HydroCo calcularia, mais tarde, que a empresa fora roubada entre 250 mil e 400 mil dólares, nas primeiras três fases do trabalho, que fora estabelecido com contratantes individuais. Quanto à fraude de manipulação das propostas, Earle não podia confirmar se as acusações da sua fonte eram verdadeiras ou não, mas descobriu o nome de Thad Ferguson em vários documentos essenciais.

Descobrir realmente as empresas de extinção era o próximo obstáculo. Uma vez que se tratava de um trabalho tão delicado, cheio de regulamentos, e sempre na mira de processos judiciais, Earle teve dificuldade em obter um panorama concreto das várias empresas e suas operações. «É um pesadelo tentar penetrar nas diversas camadas de accionistas e filiais para descobrir onde se encontra realmente a empresa, quem está autorizado a tratar das propostas, aprová-las e supervisionar o processo». Reduzindo a lista de alvos, Earle ligou para um dos antigos empregos de Ferguson e não conseguiu nada. O gestor dessa empresa declarou não fazer ideia do que Earle estava a falar. Ferguson trabalhara ali e já saíra, e isso era tudo. Mas a empresa desse gestor continuava a apresentar propostas para trabalhos na HydroCo. Se desejasse permanecer como candidato aos concursos, sugeriu Earle, seria do interesse de toda a gente que deixasse de dizer disparates. O gestor pensou durante um segundo e fez uma oferta. Se pudesse ter a certeza de que não haveria qualquer repercussão, legal ou comercial, falaria com Earle. Mostrar-lhe-ia os documentos. Mas o homem declarou que teriam de se encontrar num hotel. Earle pensou que aquilo se assemelhava um pouco a espionagem, mas concordou com o encontro.

«Quando Ferguson veio trabalhar para nós», declarou com franqueza o gestor, «afirmou-nos que tinha a HydroCo no seu bolso... Conseguiria obter os vossos negócios, trabalhasse para quem trabalhasse».

«E disse-lhe como faria isso?», interrogou Earle.

«Eu não desejava realmente saber».

«Custa-me a acreditar nisso», replicou Earle. O gestor observou que muitas vezes compensava manter-se na ignorância.

Earle efectuou outra abordagem. «Ferguson trabalhava para outra empresa nessa altura. O que tiveram de fazer para o contratar?»

«Fizemos-lhe concessões sobre as comissões».

«E eram muito lucrativas?»

«Eram substanciais», declarou o gestor, sublinhando a palavra «substanciais».

A conversa prosseguiu. «Como dizia Ferguson que obteria os nossos negócios para a vossa empresa?»

«Nós teríamos de comprar um serviço, algo chamado "relatório de avaliação de viagens", do vosso gestor de fábrica. O nome dele era Ben Butler... a irmã de Butler tinha uma espécie de agência de viagens. Tínhamos de lhe comprar essa avaliação».

«E quanto custou isso?», interrogou Earle.

«Dez mil dólares».

«Como pagaram?»

«Com um cheque».

«Um cheque?»

«Um cheque, dez mil dólares».

O gestor declarou não fazer ideia do que era um relatório de avaliação de viagens. Não chegaram a receber nada da agência de viagens. «Conseguimos o trabalho», declarou inexpressivamente. Não gostava de fazer negócios daquele modo. A sua empresa fora prejudicada duas vezes no projecto, declarou ele. Além do dinheiro pago antecipadamente, o filho de dezanove anos de Thad Ferguson foi colocado na folha de pagamentos de salários da construtora, embora raramente aparecesse, se é que aparecia, para trabalhar. Apenas mais um benefício em troca do acesso ao bolso lucrativo de Ferguson. No final do encontro, o gestor fornuceu a Earle aquilo de que ele necessitava – uma cópia do cheque descontado de 10 mil dólares com a assinatura de Ben Butler. Uma simples conversa junto dos funcionários do banco sobre as assinaturas de contas autorizadas revelou que a Sun & Fun Travel não pertencia à irmã de Butler; Butler era o principal accionista da empresa.

De regresso à fábrica, Earle falou com pessoas do gabinete de operações onde as propostas de construção eram processadas. Sim, todos conheciam Ferguson. Ele passava por ali, pelo menos uma vez por mês, mais até quando decorria um trabalho de construção. Ele metia conversa com toda a gente, trazia flores e chocolates às empregadas, permanecia para longos almoços e bebidas. Uma funcionária de compras declarou a Earle que Ben Butler, como gestor da fábrica, tratava, pessoalmente, dos trâmites das propostas de construção. «Eu tratava de alguns documentos», declarou a senhora, «mas eram só números que ele me fornecia, para que eu preparasse as folhas de proposta... Em relação a assuntos com Thad, o Sr. Butler tratava disso pessoalmente».

E Ferguson tratava de Butler. Os dois desapareciam durante tardes inteiras, percorrendo os melhores restaurantes e bares de *topless* de Houston. E, *quid pro quo*, as empregadoras de Ferguson – fossem quem fossem – acabavam por apresentar sempre uma proposta 1% abaixo da do concorrente seguinte. A funcionária de compras recordava-se de um projecto em que, primeiro, se sentira atónita, em seguida desconcertada, e depois demasiado preocupada para levantar questões. Após ter sido arquivado um conjunto de propostas, um contratante ligou, declarando que tinha interpretado mal um requisito essencial; desejava apresentar outra versão da sua proposta e a funcionária alterou os números de acordo com isso. Mais tarde, quando as propostas foram abertas, a empresa de Ferguson também tinha alterado a sua proposta! Estava apenas um pouco abaixo do novo número apresentado pelo outro contratante, e Ferguson obteve o trabalho. Como declarara a fonte de Earle na festa, aquilo era bastante injusto.

Earle marcou uma reunião com Thad Ferguson. O vendedor chegou num belo fato e de bom humor, mas sofria de amnésia grave. Não conseguia recordar-se de nada acerca de Ben Butler ou da extinção do amianto. «Ele era astuto», declara Earle «sorrindo, um conversador rápido, mas sentíamos necessitar de um banho após abandonarmos a sala». Earle questionou-o acerca da combinação da sua antiga empregadora comprar uma avaliação de viagens da Sun & Fun. Ferguson sorriu maliciosamente e abanou a cabeça. «Nunca ouvi falar em tal. Que lhe parece que seja?», retorquiu. Earle sentia-se irritado à medida que a entrevista ia prosseguindo, sem obter nada a não ser sorrisos maliciosos e negações do encantador Sr. Ferguson. «Ele sabia que eu sabia que ele estava a mentir», recorda Earle, amargamente, «mas não havia nada que eu pudesse fazer a esse respeito».

Ben Butler tentou seguir a via da amnésia, mas não teve a sorte de Ferguson. «Conheço Thad Ferguson, sim», declarou Butler. «Mas não muito bem. Apenas o vejo no escritório e falamos de negócios».

> Earle escutou pacientemente. «Necessitava que ele mostrasse o jogo. Sabíamos que ele tinha problemas financeiros. Dois dos seus filhos adultos tinham regressado novamente para sua casa e ele sustentava-os. Tinha dívidas de um rancho que comprara uns anos antes». Além disso, Earle possuía um trunfo – o cheque descontado do contratante com a assinatura de Butler. Mais ou menos a meio da entrevista de seis horas, Earle colocou o cheque sobre a mesa. «Temos de falar sobre isto», declarou a Butler.
>
> A partir daí, o dique rebentou. Butler relatou toda a história. «De início, tratava-se apenas de uma questão de negócios. Saíamos, almoçávamos, íamos a alguns bares de *strip*. Nada de pouco ortodoxo. Ao fim de algum tempo, começávamos a falar e eu dava-lhe uma indicação sobre os trabalhos que aí vinham, coisas assim». Por fim, declarou Butler, sentiu-se encurralado. Sabia que estava a dar a Ferguson mais informações do que devia. Já passara a fronteira da ética. Bem podia obter algo pelo seu trabalho. Butler e Ferguson montaram o esquema. Butler fornecia informações privilegiadas sobre os trabalhos, à medida que os concursos eram abertos, ou ajustava o preço de Ferguson de acordo com os outros números que a empresa recebia. Ferguson certificava-se de que a sua empregadora do momento aproveitasse o valor das avaliações de muitos dólares da Sun & Fun.
>
> Ninguém chegou a ser processado. Butler foi despedido e perdeu as contribuições da empresa para o seu plano de benefícios, uma pena substancial, uma vez que o antigo gestor de fábrica acumulava fundos há quase 30 anos. Thad Ferguson continua a ganhar a vida nas vendas, embora não seja bem-vindo à HydroCo. Não importa. Continua a sorrir e a acariciar o seu bolso.

ALGO VALIOSO

O suborno foi definido, no início deste capítulo, como «oferecer, receber ou solicitar algo de valor para influenciar um acto oficial ou uma decisão de negócios». Um empregado corrupto como Ben Butler ajuda o subornador a obter algo valioso e, em troca, o empregado recebe algo também valioso. Existem vários modos de um fornecedor «pagar» a um empregado pela ajuda sub-reptícia à sua causa. O mais comum, evidentemente, é o dinheiro. No esquema mais básico de suborno, o fornecedor simplesmente dá dinheiro ao empregado. Trata-se daquilo que imaginamos no cenário de suborno clássico – um envelope cheio de dinheiro a ser deslizado por baixo da mesa, um rolo de notas apressadamente enfiado num bolso. Estes pagamentos são feitos preferencialmente em dinheiro, e não em cheques, porque é mais difícil encontrar vestígios do pagamento. O dinheiro, no entanto, pode não ser prático, quando estão envolvidas grandes somas. Nesse caso, geralmente, são estabelecidos fundos secretos para financiar pagamentos ilegais. Noutros casos, os cheques podem ser directamente sacados das contas das empresas. Esses desembolsos geralmente são codificados como «honorários de consultoria», «comissões de consulta», ou algo parecido. O cheque de 10 mil dólares passado à irmã de Ben Butler, no estudo de um caso anterior, constitui um excelente exemplo disso.

Em vez de pagamentos em dinheiro, alguns empregados aceitam, como suborno, promessas de emprego futuro. Num dos casos, um empregado do Governo forneceu a um contratante informações privilegiadas, para que este obtivesse um contrato de muitos milhões de dólares, em troca da promessa de um emprego muito bem pago. Tal como sucede em relação ao dinheiro, a promessa de emprego pode destinar-se a beneficiar uma terceira pessoa e não o empregado corrupto. Num dos casos, um consultor que trabalhava para uma universidade contratou a filha de um dos empregados da universidade.

Num dos casos debatidos anteriormente, neste capítulo, uma pessoa corrupta desviou um contrato de compra importante para um fornecedor, em troca de uma percentagem do capital do negócio do fornecedor. Isso assemelha-se a um suborno efectuado pela promessa de emprego, mas também contém elementos de um esquema de conflitos de interesse. A promessa de parte do capital social do fornecedor corresponde a um interesse financeiro não divulgado na transacção pelo empregado corrupto.

Presentes de todos os tipos também podem ser utilizados para corromper um empregado. Os tipos de presentes utilizados para influenciar um empregado podem incluir refeições e bebidas alcoólicas grátis, viagens e alojamentos grátis, automóveis, outras mercadorias e até favores sexuais.

Outros incentivos incluem o pagamento dos empréstimos ou contas dos cartões de crédito do empregado corrupto, a oferta de empréstimos em condições favoráveis e transferências de propriedade por um valor substancialmente abaixo do mercado. A lista de coisas que pode ser oferecida a um empregado, em troca do exercício da sua influência, é praticamente interminável. Qualquer coisa que o empregado valorize é legítima e pode ser usada para influenciar a sua lealdade.

EXTORSÃO ECONÓMICA

Como já foi dito anteriormente, a extorsão económica é, basicamente, o inverso de um esquema de suborno. Em vez de um fornecedor oferecer um pagamento a um empregado para influenciar uma decisão, o empregado exige o pagamento de um fornecedor para tomar uma decisão a seu favor. Em qualquer situação em que um empregado esteja em condições de favorecer uma empresa ou pessoa específicas, a situação pode reverter-se, ao ponto de extorquir dinheiro de um potencial comprador ou fornecedor. Num dos exemplos, um gestor de fábrica de uma empresa de serviços públicos iniciou o seu próprio negócio secundário. Os fornecedores que desejassem realizar um trabalho para a empresa de serviços públicos, sua empregadora, eram obrigados a desviar uma parte para a sua própria empresa. Aqueles que não «cooperassem» perdiam os negócios com a empresa de serviços públicos.

GRATIFICAÇÕES ILEGAIS

Como já declarámos, as gratificações ilegais assemelham-se aos esquemas de suborno, excepto pelo facto de não haver, necessariamente, uma intenção de influenciar uma decisão de negócio. Um exemplo de uma gratificação ilegal ocorreu quando um comissário municipal negociou um acordo de valorização das terras com um grupo de investidores privados. Após o acordo ter sido aprovado, o comissário e a sua mulher foram recompensados com umas férias internacionais grátis, com todas as despesas pagas. Embora a promessa desta viagem possa ter influenciado as negociações do comissário, seria difícil prová-lo. No entanto, o simples facto de aceitar tal presente equivale a uma gratificação ilegal, um acto que é proibido pela maioria dos códigos de ética das empresas governamentais e privadas.

DETECÇÃO

Os seguintes sinais de alerta podem indicar que os empregados estão envolvidos num esquema de suborno.

Compras Gerais

Questões como estas podem revelar que fornecedores por ajuste directo, ou em exclusividade, estão a ser favorecidos, ou que as políticas de concursos públicos não estão a ser seguidas.

- Os materiais estão a ser encomendados na altura própria de reabastecimento?
- As compras são feitas frequentemente ao mesmo fornecedor?
- As políticas estabelecidas para as propostas são seguidas?
- Os custos dos materiais são desproporcionados?

Solicitações Pré-Concurso

Colocar quaisquer restrições no caderno de encargos do concurso, que tendem a restringir a concorrência, como:

- Adequar as especificações e as declarações do trabalho, de modo a adaptarem-se aos produtos ou competências de um único contratante.
- Utilizar procedimentos de «pré-qualificação» para restringir a concorrência.
- Justificações de ajustes directos ou adjudicações não competitivas desnecessárias:

- Contendo falsas declarações.
- Assinadas por funcionários não autorizados.
- Contornando procedimentos de revisão necessários.
• Fornecimento de informações ou conselhos por parte da compradora ao contratante, numa base preferencial.
• Utilização de declarações de trabalho, especificações ou justificações de ajuste directo desenvolvidas ou com a consulta de um contratante que terá permissão de lançar uma proposta.
• Permitir que os consultores que ajudaram à preparação das declarações do trabalho, especificações, ou concepção participem no contrato como subempreiteiros ou consultores.
• Dividir custos em contratos separados para evitar a revisão.
• Divulgar informações sobre firmas que participam na concepção e na engenharia a contratantes que competem pelo contrato principal.
• Dividir requerimentos de modo a que cada contratante possa obter «uma justa parcela» e possa rotativamente ganhar propostas.
• Utilizar especificações não coerentes com adjudicações semelhantes do passado.

Solicitação de Propostas

• Limitar o tempo para a apresentação de propostas, para que apenas aqueles com informações antecipadas tenham tempo suficiente para preparar propostas ou ofertas.
• Revelar informações a um contratante que não são reveladas a todos.
• Realizar uma conferência de licitantes que permita comunicações indevidas entre os contratantes, que ficam então em posição de manipular as propostas.
• Deixar de assegurar que um número suficiente de potenciais concorrentes tem consciência da solicitação, como:
  - Utilizar publicações desconhecidas para publicar o lançamento do concurso.
  - Publicar o lançamento do concurso durante períodos de férias.
• Utilizar uma formulação vaga em relação ao tempo, local ou outros requerimentos para a apresentação de propostas.
• Fornecer controlos internos inadequados em relação ao número e destino de pacotes de propostas enviados aos licitantes interessados.
• Permitir comunicações indevidas por parte das compradoras com os contratantes em reuniões comerciais ou profissionais, ou contacto social indevido com representantes dos contratantes.

- Permitir que o agente de compras tenha um interesse financeiro no negócio do contratante.
- Permitir que a compradora debata um possível emprego com o contratante.
- Permitir que a compradora ajude o contratante a preparar a sua proposta.
- Encaminhar um contratante para um subempreiteiro, perito ou uma fonte de fornecimento específicos.
- Não emendar um regulamento, para que inclua alterações ou esclarecimentos necessários sobre a proposta, como informar um contratante sobre as alterações que podem ser efectuadas após a oferta.
- Falsificar documentos ou recibos para conseguir a aprovação de uma proposta tardia.
- Permitir que um licitante que ofereceu um preço mais baixo se retire e se torne subempreiteiro no mesmo contrato.
- Quaisquer indicações de conluio entre licitantes.
- Falsificar as qualificações, o historial de trabalho, as instalações, o equipamento ou o pessoal do contratante.

Aceitação da Proposta ou do Contrato

- Restringir a adjudicação de modo a excluir ou impedir qualquer contratante qualificado.
- Aceitar indevidamente uma proposta tardia.
- Falsificar documentos ou recibos para conseguir a qualificação de uma proposta tardia.
- Alterar uma proposta após serem conhecidos os preços de outros licitantes (isto por vezes é feito através da «colocação» de erros propositados numa proposta).
- Retirada do licitante com preço mais baixo, que depois se pode tornar um subempreiteiro do licitante com preço mais alto, mas que obtém o contrato.
- Conluio ou manipulação de propostas entre licitantes.
- Revelar o preço de um licitante a outro.
- Falsos certificados da parte do contratante.
- Falsificar informações relativas a qualificações, capacidade financeira, instalações, posse de equipamento e provisões, qualificações de pessoal, execução bem sucedida de trabalhos anteriores, e assim por diante, do contratante.

Perfil Comportamental do Destinatário do Suborno

O perfil comportamental dos empregados envolvidos em esquemas de suborno pode incluir as seguintes características:

- Vício de drogas e/ou álcool
- Problemas financeiros pessoais
- Hábitos de jogo
- Estilo de vida extravagante
- Agiota ou outras dívidas privadas
- Namorada (ou namorado) sustentada pela pessoa
- Despesas médicas extraordinárias
- Despesas de dinheiro consideráveis e regulares em entretenimento e/ou viagens.

PREVENÇÃO

Política de Prevenção de Subornos

A prevenção do uso de esquemas de suborno pode ser difícil. O primeiro recurso para impedir este acto complexo consiste numa política de empresa que aborde especificamente os problemas e ilegalidades associados ao suborno e delitos relacionados. O objectivo da política é tornar a posição da empresa perfeitamente clara. A ausência de uma política clara concede a um fraudador uma oportunidade para justificar um suborno ou delito relacionado, ou alegar ignorância sobre o delito. Seguem-se exemplos de políticas de prevenção do suborno.

Presentes

Nenhum empregado ou membro da sua família próxima deve solicitar ou aceitar qualquer compensação, adiantamentos (excepto de instituições financeiras estabelecidas na mesma base dos outros clientes), presentes, entretenimento, ou outros favores com valor mais do que simbólico, ou que o empregado não estaria em posição de retribuir, enquanto despesas normais, da parte de um cliente ou fornecedor efectivo ou em perspectiva.

Sob nenhuma circunstância se deve aceitar um presente ou entretenimento que influencie a opinião do empregado. Mais especificamente, os empregados devem evitar qualquer interesse em benefício de qualquer fornecedor que possa razoavelmente levá-los a favorecer esse fornecedor em relação a outros. Constitui uma clara violação do código, um empregado solicitar ou incentivar um fornecedor a oferecer-lhe um artigo ou serviço, independentemente do seu valor, por muito pequeno que seja. Os fornecedores manterão a confiança na objectividade e na integridade da empresa, apenas se cada empregado observar rigorosamente estas directrizes.

Denunciar Presentes

Um empregado, ou um membro da sua família, que receba um presente não solicitado proibido por estas directrizes deve denunciá-lo ao seu supervisor e devolvê-lo à pessoa que o ofereceu ou, no caso de um presente perecível, oferecê-lo a uma organização de caridade sem fins lucrativos.

Descontos

Um empregado pode aceitar descontos numa compra pessoal dos produtos do fornecedor ou do cliente, apenas se tais descontos não afectarem o preço de compra da empresa e forem oferecidos de modo geral a outros com uma relação de negócios semelhante com o fornecedor ou cliente.

Reuniões de Negócios

O entretenimento e os serviços oferecidos por um fornecedor ou cliente podem ser aceites por um empregado, quando estiverem associados a uma reunião de negócios, e o fornecedor ou cliente os oferecer a outros como parte normal do seu negócio. Exemplos de tais entretenimentos e serviços são o transporte para e do local de negócios do fornecedor ou cliente, presentes de hospitalidade, partidas de golfe, ficar alojado no local de negócios do fornecedor ou cliente, e almoços e jantares de negócios para visitas à sua sede. Os serviços devem ser do tipo que é utilizado normalmente pelos empregados da empresa e admissível ao abrigo da conta de despesas aplicável.

NOTAS

1. Black, Henry Campbell, *Black's Law Dictionary*, 5.ª ed., St. Paul, MN: West Publishing Co., 1979, p. 311.
2. Ibid.
3. Association of Certified Fraud Examiners, *Fraud Examiners' Manual*, Austin: ACFE, 2006.

CAPÍTULO 11
CONFLITOS DE INTERESSE

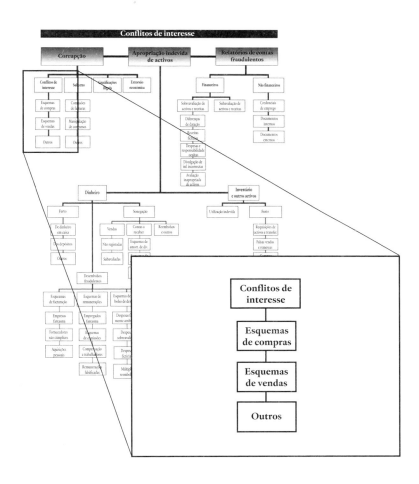

ESTUDO DE UM CASO: **TRABALHAR EM DUAS FUNÇÕES***

Depois de uma rápida refeição no centro comercial, Troy Biederman passava o resto da sua hora de almoço a comprar roupas. Gostava de apresentar um ar profissional como gestor de vendas da ElectroCity, uma cadeia de electrónica e aparelhos eléctricos. Enquanto esperava a aprovação de uma cobrança, numa pequena loja de roupa masculina, Biederman descobriu uma promoção de uma cadeira reclinável Lazy-Boy e atirou o seu cartão de visita para a taça do sorteio

---

* Vários nomes foram alterados de modo a preservar o anonimato.

que estava no balcão. Subitamente, os seus olhos captaram um nome familiar no cimo do monte – Rita Mae King, a agente de compras, a tempo inteiro, da ElectroCity. O cartão, porém, dizia: Rita Mae King, gestora de contas da Spicewood Travel.

«Ele somou dois mais dois e sentiu que havia algo de suspeito», explicou Bill Reed, o vice-presidente de prevenção de perdas da ElectroCity. Biederman sabia que a Spicewood Travel era a agência que a sua empresa utilizava para marcar viagens de prémios para o seu pessoal de vendas, do qual ele fazia parte. Também sabia que King mantinha uma relação estreita com a Spicewood. Agora interrogava-se quão estreita seria essa relação. Biederman arrebatou o cartão de King do monte e entregou-o discretamente ao seu patrão, nessa tarde.

Ao fim de duas semanas, o cartão tinha chegado até ao vice-presidente executivo da ElectroCity, uma empresa que regista vendas anuais de 450 milhões de dólares. Não querendo saltar para conclusões precipitadas, suspeitando porém que a sua agente de compras podia estar conluiada com um fornecedor de viagens, o vice-presidente executivo entregou o cartão a Bill Reed, para que ele «investigasse a extensão da relação».

Reed pediu imediatamente ao departamento de contas a pagar todas as contas de viagens da empresa, dos últimos três anos. Os primeiros lançamentos revelavam que a empresa usara a Executive Travel para a maioria das suas necessidades de viagens. Durante o seu primeiro ano como agente de compras, porém, King introduzira a Spicewood e colocara-a em primeiro lugar na lista dos fornecedores de viagens. Reed declarou que, embora a ElectroCity nunca tivesse designado uma agência como sua única fornecedora, sob a orientação da agente de compras, a Spicewood expulsara a Executive Travel, substituindo-a em todos os negócios, que agora ultrapassavam os 200 mil dólares.

Os investigadores certificados de fraudes ligaram, em seguida, para diversas outras agências de viagens, pedindo preços para serviços semelhantes, pelo mesmo período, num esforço de comparação de valores. Descobriram que muitas das contas tinham sido exageradas entre 10% e 30% em relação aos pacotes de viagens de outras agências para destinos como Trump Castle, em Atlantic City, e Bally's, em Las Vegas. Telefonemas para outras filiais da Spicewood Travel confirmaram, ainda mais, uma cobrança exagerada considerável pelo escritório local, que King utilizava exclusivamente.

Seis dias após o início da investigação, Reed anotou uma declaração do comprador de *merchandising* da ElectroCity, que tivera dificuldades com King em diversas ocasiões por causa de preços de viagens. Declarou que King insistia em utilizar a Spicewood. No seu relatório por escrito, de um episódio recente, o comprador de *merchandising* contou que conseguira, pessoalmente, um preço melhor por umas férias de incentivo às Ilhas Caimão. «Com essa viagem, fui primeiro a um agente externo e só depois forneci a Rita Mae as informações para calcular o preço dessa viagem. A Spicewood apresentou um preço superior em quase 100 dólares por pessoa. Rita Mae não marcou a viagem através da agência com o preço mais baixo, mas voltou atrás e pediu à Spicewood que reavaliasse o preço. Quando pedi que me informassem sobre a nova oferta reduzida da Spicewood, descobri que a viagem de avião incluía uma escala adicional, que baixava o custo».

Para estabelecer a relação de King com a agência de viagens, Reed pediu a um dos seus investigadores que ligasse para o escritório local e pedisse para falar com a gestora de contas Rita Mae King. Sem o mínimo sinal de inquietação, a recepcionista transferiu-o para Janet Levy, gestor de serviços empresariais. O investigador identificou-se como um viajante interessado, que tinha o cartão de King e desejava que ela lhe fizesse uma boa proposta para uma viagem às Bahamas. Levy assegurou-lhe que não haveria problema, pois ela trabalhava de perto com King. Levy pediu-lhe, então, que contactasse King através de outro número de telefone. Esse número veio a revelar-se ser o seu número na ElectroCity.

«Ela estava basicamente a dirigir a sua própria agência de viagens a partir do seu escritório daqui», declarou Reed. Embora não tivesse acesso a um computador *online*, ela improvisou um sistema para os seus clientes de viagens. «Aparentemente, se King desse negócios à Spicewood, eles acrescentariam isso ao seu acordo de crédito».

King operava a partir de uma colmeia de actividade inundada em papelada, declarou Reed. A mulher, casada, de 51 anos, mantinha frequentemente duas ou três conversas ao mesmo tempo no seu local de trabalho. «Era um tipo de pessoa muito liderante, muito mandona – muito sociável, mas também cáustica em muitas das suas interacções com os outros empregados. Também era rápida a caluniar e a queixar-se». Por outro lado, «quando quer, pode ser muito insinuante e muito amável». Através do seu trabalho, King tornou-se bem relacionada na indústria de viagens, com muitos amigos e imensos contactos.

Depois de ter estabelecido uma ligação de negócios externa entre King e a Spicewood, Reed analisou em seguida registos pessoais da sua actividade de viagens. Trabalhando com base num palpite, dirigiu a sua atenção para umas férias que King tirara em Dezembro último, em que ela e um companheiro voaram para a ilha das Caraíbas de Antigua através das American Airlines.

Reed, um antigo agente da polícia, escrutinou os extractos bancários pessoais do cartão de crédito de King dessa altura. Um exame dos extractos revelou uma cobrança no MasterCard do Hotel Royal Antiguan. Mais uma vez, Reed pediu a um dos seus investigadores que fizesse uma chamada. Fingindo ser o «Sr. Lowell King», o investigador telefonou para o hotel, alegando necessitar de ajuda com os seus registos de viagem, para se preparar para uma auditoria fiscal. O guarda-livros do hotel enviou, amavelmente, uma cópia da conta de hotel de King ao «hóspede» por fax.

Na conta, King colocara como sua profissão agente de viagens, dando como endereço comercial o escritório local da Spicewood Travel. Para receber um desconto de 50% sobre o preço do seu quarto – uma poupança no valor de 412 dólares –, ofereceu ao gerente o seu cartão de visita e um número da Airlines

Reporting Corporation, um código emitido por uma câmara de compensação internacional para identificar todas as agências de viagens. Embora Reed suspeitasse que King tivesse feito outras viagens subsidiadas pela empresa, «Antigua foi a única que desencantámos. Bastava-nos uma».

Uma análise mais profunda dos extractos do cartão de crédito de King demonstrou que ela cobrara mais três bilhetes de avião, durante um período de sete meses, e recebera três créditos correspondentes, que amortizavam o preço das viagens, fazendo-a poupar 834 dólares.

Os investigadores de fraudes provaram nitidamente que King violara o seu dever de agir no melhor interesse da empresa, em relação ao seu papel de agente de compras. Também obtivera um certo benefício de um fornecedor, outra violação da política na empresa. O manual pessoal da ElectroCity aborda ambas as questões: «Os empregados devem divulgar qualquer interesse financeiro externo, que possa influenciar as suas decisões ou acções empresariais. Se a empresa julgar que tais actividades entram em conflito com a prosperidade da empresa, o empregado deverá terminar tais interesses. Tais interesses incluem, mas não se limitam, a propriedade ou interesse pessoal ou familiar num negócio considerando um cliente, fornecedor ou concorrente».

King infringiu ainda outras regras enumeradas no manual pessoal: «Os empregados não podem utilizar activos da empresa para seu uso ou lucro pessoal. Os empregados e as suas famílias nunca devem aceitar qualquer forma de pagamentos de suborno, comissões ou descontos, quer seja em dinheiro ou em espécie, por parte dos fornecedores». Contrariando a política da empresa, King estabelecera uma mini-agência noutro local, utilizando o telefone da empresa, aceitara descontos de viagem de um fornecedor, em troca de negócios contínuos e crescentes, e recebera cerca de 10% das cobranças da agência em comissões.

Com base nas suas descobertas, os investigadores também concluíram que King violara o estatuto de suborno comercial do Estado, e podia ser responsabilizada por danos civis se a empresa decidisse apresentar queixa. Embora Reed declarasse que as suas infracções justificavam um despedimento imediato, o ex-polícia não aconselhou a instrução de uma acção penal, tendo em conta a idade de King e a débil saúde do seu marido desempregado. «Quando se leva alguém a tribunal, as únicas opções possíveis são multas ou prisão».

Ele assume inteira responsabilidade pela decisão de não acusar King. Tal como os agentes da polícia, os profissionais de segurança têm de fazer avaliações adequadas com base nas circunstâncias, declarou Reed. «Os maus cumprem sempre as regras, independentemente do que for melhor para a comunidade».

«Construímos um caso, corrigimos o sistema na empresa e lesámo-la profissionalmente», declarou Reed. A ElectroCity exige agora que todos os fornecedores assinem acordos, recusando comportamentos proibidos e ofertas de presentes a todos os seus empregados, que agora perfazem o número de 3200. A empregada fraudulenta não foi obrigada a restituir o que roubou.

Reed levou os resultados da sua investigação de fraude ao presidente da Spicewood Travel, que reagiu com silêncio total e descrença estupefacta. «A documentação estava ali. Eles sabiam que iam perder negócios». A empresa também fez, de início, ameaças verbais de perseguição legal contra a agência. Mantiveram negociações prolongadas, a fim de recuperarem 20 mil dólares, um cálculo de dois anos de cobranças a mais, «mas outro vice-presidente deitou tudo a perder», declarou Reed.

O director de investigações da empresa realizou uma entrevista com King para fazer uma avaliação final sobre a natureza e a extensão da sua relação com a Spicewood e para obter provas de quaisquer outras combinações que pudessem ter afectado a empresa. Reed sugeriu que fosse pedido a King a declaração completa, por escrito, dos seus interesses e actividades em relação à Spicewood e quaisquer outros fornecedores.

Durante a entrevista, King organizou os seus pensamentos numa carta escrita à mão ao presidente da ElectroCity:

Caro Sr. Smith:

Devo dizer que lamento. Nunca me ocorreu que o que eu fazia estivesse em conflito com a minha posição de confiança, aqui, na ElectroCity. Fiz asneira, sem dúvida, não existe outra explicação. Nunca reflecti que um preço reduzido pudesse constituir algo mais do que isso. Nunca pensei nisso, sequer. Lamento realmente, especialmente por sentir que quebrei uma confiança que fomos estabelecendo ao longo dos anos. Por favor, compreenda que eu nunca tencionei prejudicar a ElectroCity, nem ninguém. Além disso, nem sequer pensei nessa taxa especial como um benefício de um fornecedor, apenas pensei que fosse um modo de eu, pessoalmente, poupar alguns dólares.

Respeitosamente,
Rita Mae King

King utilizara indevidamente a sua autoridade como agente de compras e violara os seus deveres para com a ElectroCity. «Sentia remorsos, no sentido em que agora teria de sofrer as consequências dos seus actos», declarou Reed. «Penso que ela deve ter batido em si própria por não ter conseguido aproveitar mais com a sua vigarice. Sentia que era uma mulher que trabalhava muito num emprego muito difícil, não era apreciada e não era devidamente compensada por um sistema de classes predominantemente masculino na América empresarial».

VISÃO GERAL

Um conflito de interesses ocorre quando um empregado, gestor ou executivo tem um interesse económico ou pessoal, não revelado, numa transacção que afecta desfavoravelmente a organização[1]. Tal como noutros casos de corrupção, os conflitos envolvem o exercício da influência de um empregado em detrimento da sua empresa. No caso da ElectroCity, por exemplo, Rita Mae King utilizou a sua influência para direccionar as viagens da sua empregadora para a Spicewood Travel. Nos esquemas debatidos no Capítulo 10, os fraudadores eram pagos para exercerem a sua influência em proveito de terceiros. Os casos de conflito, ao contrário, envolvem negociações pessoais por parte dos empregados. King cobrou excessivamente a ElectroCity para benefício próprio e para benefício da sua outra empregadora, a Spicewood Travel.

A grande maioria de casos de conflito ocorre, porque o fraudador possui um interesse económico, não revelado, na transacção. Mas o interesse oculto do fraudador não é necessariamente económico. Em certos cenários, o empregado prejudica a empresa, a fim de obter um benefício para um amigo ou familiar, ainda que o fraudador não obtenha qualquer benefício financeiro com a transacção. Num dos casos, um gestor dividiu um grande projecto de reparação em vários mais pequenos, para evitar lançar um concurso público. Isso permitiu que o gestor atribuísse os contratos ao seu cunhado. Embora não houvesse indicações de que o gestor tenha recebido qualquer lucro financeiro com este esquema, as suas acções equivaleram, mesmo assim, a um conflito de interesse.

Para ser classificado como conflito de interesse, o interesse do empregado na transacção não pode ser revelado. O cerne de um caso de conflito reside no facto de o fraudador se aproveitar da empregadora; a empresa lesada não tem consciência de que o seu empregado possui lealdades divididas. Se uma empregadora souber do interesse do empregado numa transacção de negócios, não pode haver conflito de interesses, por muito favorável que a combinação seja para o empregado.

Qualquer esquema de suborno, debatido no Capítulo 10, pode ser utilizado no contexto do conflito de interesses. A única diferença é o motivo do fraudador. Por exemplo, se um empregado aprova o pagamento de uma factura fraudulenta, apresentada por um fornecedor em troca de uma comissão, isso é suborno. Se, por outro lado, um empregado aprovar o pagamento de facturas apresentadas pela sua própria empresa (e se a sua posse não for revelada), trata-se de um conflito de interesses. Tal foi a situação num dos nossos casos, em que um empregado de serviços de escritório recomendou a sua própria empresa para trabalhos de reparação e manutenção do equipamento de escritório da sua empregadora. O fraudador aprovou facturas de cerca de 30 mil dólares em cobranças excessivas.

A distinção entre os dois esquemas é evidente. No caso de suborno, os fraudadores aprovam a factura em troca de uma comissão, enquanto num caso de conflito aprovam a factura devido ao seu próprio interesse oculto. Exceptuando o motivo do empregado para cometer o delito, os mecanismos das duas transacções são praticamente idênticos. A mesma dualidade pode encontrar-se nos casos de manipulação de propostas, em que os empregados influenciam a selecção de uma empresa em que possuem um interesse oculto, ao invés de influenciarem a escolha de um fornecedor que os subornou.

Contudo, os esquemas de conflitos nem sempre reflectem esquemas de suborno. Existe uma enorme quantidade de modos pelos quais os empregados podem utilizar a sua influência para beneficiar uma empresa em que possuam um interesse oculto. Este capítulo debate alguns dos métodos mais comuns, que surgiram no nosso estudo.

A maioria dos esquemas de conflito do nosso inquérito integra-se em três categorias: esquemas de compras, esquemas de vendas e outros esquemas.

Por outras palavras, a maioria dos conflitos de interesse surge quando uma empresa lesada inconscientemente compra algo por um preço elevado a uma empresa onde um dos seus empregados tem um interesse oculto, ou, sem ter noção, vende algo por um preço mais baixo a uma entidade, onde um dos seus empregados possui um interesse oculto. A maioria dos outros conflitos com que deparámos envolvia empregados que roubavam clientes ou desviavam fundos da sua empregadora.

ESQUEMAS DE COMPRAS

A maioria dos conflitos do nosso estudo foi em esquemas de compras e o mais comum de entre estes era o esquema de facturação exagerada. Já debatemos os esquemas de conflitos que envolvem facturações. Estes são muito semelhantes aos esquemas de facturação debatidos na Parte I, por isso, convém debater aqui a distinção que estabelecemos entre os esquemas de facturação tradicionais e os esquemas de compras que constituem conflitos de interesse.

Embora seja verdade que, sempre que os empregados contribuem para a facturação exagerada à sua empresa, existe provavelmente um certo conflito de interesses (os empregados prejudicam a sua empregadora devido a um interesse financeiro oculto na transacção), isso não significa, necessariamente, que cada falsa facturação seja classificada como um esquema de conflito. Para que o esquema seja classificado de conflito de interesses, o empregado (ou um amigo ou familiar) tem de ter algum tipo de posse ou interesse no fornecedor que apresenta a factura. Esta distinção é fácil de compreender, se olharmos para a natureza da fraude. Por que motivo os fraudadores cobram exageradamente as suas empregadoras? Se se envolvem no esquema apenas pelo dinheiro, trata-se de um esquema de facturação de desembolso fraudulento. No entanto, se procuram melhorar a situação financeira do seu próprio negócio a expensas das suas empregadoras, trata-se de um conflito de interesses. Por outras palavras, os interesses dos fraudadores residem noutra empresa diferente da sua empregadora. Quando os empregados falsificam as facturas de terceiros fornecedores, com quem não possuem relação, não se trata de um esquema de conflito de interesses, porque os empregados não têm interesse nesses fornecedores. A única finalidade do esquema é gerar um desembolso fraudulento.

Poderíamos indagar, então, por que motivo os esquemas de empresas-fantasma são classificados como desembolsos fraudulentos e não como conflitos de interesse. Afinal, os fraudadores através de esquemas de empresas-fantasma possuem a entidade fictícia e, como tal, devem possuir um interesse nela. Recordemos, porém, que estas empresas são criadas com o único fim de defraudar a empregadora. A empresa não é exactamente uma entidade, no espírito dos fraudadores, mas sim uma ferramenta. Com efeito, uma empresa-fantasma é, geralmente, pouco mais que uma caixa postal e uma conta bancária. Os fraudadores não têm um interesse na empresa-fantasma que provoque divisão de lealdades; limitam-se a utilizá-la para furtar as suas empregadoras. Os esquemas de empresas-fantasma são, pois, classificados como esquemas de falsas facturações.

Um pequeno princípio geral pode ser utilizado para fazer a distinção entre esquemas de facturação exagerada, classificadas como apropriação indevida de activos, e os esquemas de conflito de interesses: se a conta provier de uma empresa autêntica, em que o fraudador possui um interesse económico ou pessoal, não revelado à lesada, então o esquema constitui um conflito de interesses.

Agora que já sabemos que tipos de esquemas de facturação são classificados como conflitos de interesse, a questão que se coloca é esta: Como funcionam esses esquemas? A resposta é um pouco decepcionante. Os esquemas funcionam do mesmo modo. A distinção entre as duas espécies de fraude só é útil para distinguir o cargo e a finalidade do fraudador. Os mecanismos do esquema de facturação, quer se tratem de conflitos ou desembolsos fraudulentos, não mudam (consultar Figura 11.1). Num caso de conflito de interesses, um superintendente de compras defraudou a sua empregadora, comprando artigos a um certo fornecedor, em nome da sua empregadora a preços exagerados. O fornecedor, neste caso, pertencia ao superintendente, mas estava registado em nome da esposa e era dirigido pelo irmão. O interesse do fraudador na empresa não foi revelado. O fornecedor comprava artigos no mercado, em seguida subia-lhes os preços e revendia-os à empresa lesada. O superintendente de compras utilizava a sua influência para assegurar que a sua empregadora continuava a fazer negócios com o fornecedor e a pagar os preços exorbitantes. Uma análise mais pormenorizada das fraudes de facturação excessiva encontra-se no Capítulo 7 desta obra.

Os fraudadores também se envolvem em manipulação de propostas, em proveito das suas próprias empresas. Os métodos utilizados para manipular propostas são debatidos em pormenor no Capítulo 10 e não serão tratados em profundidade neste capítulo. Resumindo, os empregados da empresa compradora encontram-se em perfeita posição para manipular propostas, porque possuem acesso às candidaturas dos concorrentes. Uma vez que podem descobrir que preços os outros propuseram, os fraudadores podem facilmente adequar a proposta da sua própria empresa, de modo a obterem o contrato. Por vezes, os fraudadores também recusam propostas para evitar o concurso público. Num dos casos, um gestor recusou, de forma não consubstanciada, propostas com o intuito de direccionar as compras para um fornecedor, onde um dos seus empregados possuía interesse. O conflito não foi revelado e o esquema custou à empresa lesada mais de 150 mil dólares.

Noutros casos, os fraudadores podem ignorar a política de rotação de compras da sua empregadora e dirigir um número excessivo de contratos ou aquisições para a sua própria empresa. Seja qual for o modo pelo qual os empregados exerçam a sua influência para desviar negócios para uma empresa onde possuam um interesse oculto, isso constitui um conflito de interesses.

FIGURA 11.1 Conflitos de Interesse

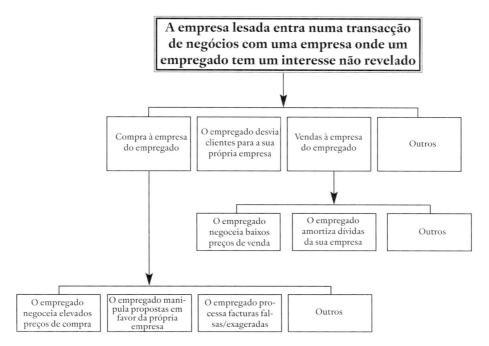

Activos Únicos

Nem todos os esquemas de conflitos de esquemas ocorrem na relação tradicional fornecedor-comprador. Vários dos casos do nosso inquérito envolviam empregados que negociavam a compra de um bem único, tipicamente grande, como uma terra ou um edifício, onde possuíam um interesse não revelado. É no processo dessas negociações que os fraudadores violam o seu dever de lealdade para com a sua empregadora. Como têm algo a lucrar com a venda do bem, os empregados não negoceiam de boa-fé com a empregadora; não tentam obter o melhor preço possível. Os fraudadores colherão um maior benefício financeiro se o preço da compra for elevado.

Um exemplo deste tipo de esquema foi denunciado quando um vice-presidente sénior de uma empresa de serviços públicos estava encarregado de negociar e aprovar explorações de minérios em nome da sua empresa. Sem que a sua empregadora o soubesse, o vice-presidente também tinha terrenos onde as explorações iriam ser feitas. O prejuízo potencial neste tipo de relação é evidente. O vice-presidente não tinha motivos financeiros para negociar um arrendamento favorável para a sua empregadora.

Vendas de Reviravolta

Um tipo especial de esquema de compras que encontrámos chama-se a *venda de reviravolta ou reverso*. Neste tipo de esquema, os empregados sabem que a sua empregadora pretende comprar um certo bem e aproveitam-se da situação, comprando eles próprios esse bem (geralmente em nome de um cúmplice ou empresa-fantasma). Os fraudadores fazem, seguidamente, uma reviravolta e revendem o artigo à empregadora por um preço exagerado. Já vimos um exemplo deste tipo de esquema no caso do superintendente de compras, debatido acima, em que registou uma empresa em nome da esposa para revender mercadoria à sua empregadora. Outro exemplo interessante deste método ocorreu quando o presidente executivo de uma empresa, conspirando com um antigo empregado, vendeu um edifício de escritórios à empresa desse CEO. Aquilo que tornou a transacção suspeita foi o facto de o edifício ter sido comprado pelo antigo empregado, no mesmo dia em que foi revendido à empresa lesada e por menos 1,2 milhões de dólares do que o preço cobrado à empresa do CEO.

ESQUEMAS DE VENDAS

O nosso estudo identificou dois principais tipos de esquemas de conflito associados às vendas das empresas lesadas. O primeiro, e mais prejudicial, consiste na venda de bens e serviços por preços demasiadamente baixos. Assim como os empregados podem levar ao pagamento exagerado de bens e serviços a empresa onde os empregados tenham um interesse oculto, também podem levar as empregadoras a vender, por preços demasiado baixos, a uma empresa onde tenham um interesse oculto (consultar Figura 11.1).

Subfacturações

Os fraudadores cobram a menos ao fornecedor onde possuem um interesse oculto. A empresa lesada acaba por vender os seus bens ou serviços abaixo do valor justo de mercado, o que resulta numa margem de lucro reduzida ou até numa venda com prejuízo, consoante a dimensão do desconto. Este método foi utilizado num caso em que dois empregados venderam inventário da sua empregadora à sua própria empresa a preços que não estavam de acordo com as especificações, provocando uma perda de aproximadamente 100 mil dólares. Outro exemplo foi o de um empregado que se livrou de um imóvel da sua empregadora, vendendo-o por um preço abaixo do valor de mercado a uma empresa onde tinha um interesse oculto, provocando uma perda de aproximadamente 500 mil dólares.

Anulação de Vendas

O outro tipo de esquema de vendas envolve a falsificação dos livros da empresa lesada, de modo a diminuir ou anular o montante devido por um negócio do empregado. Por exemplo, depois de a empresa de um empregado comprar bens ou serviços à companhia lesada, podem ser emitidas notas de crédito sobre a venda, levando a que esta seja anulada em contas de compensação tais como descontos e deduções. Este método foi utilizado, num dos nossos casos, por um director de fábrica. Este fraudador assistia clientes privilegiados, atrasando a facturação das suas compras até cerca de 60 dias. Quando a dívida desses clientes vencia, o fraudador emitia notas de crédito sobre as vendas para as apagar.

Um grande número de estornos de vendas pode ser um sinal de que está em curso uma fraude numa organização. O fraudador acima evitou o problema de demasiadas anulações, emitindo novas facturas sobre as vendas depois de as «antigas» contas a receber serem retiradas dos livros. Desse modo, as contas a receber podiam ser transportadas indefinidamente nos livros sem nunca se tornarem vencidas.

Noutros casos, os fraudadores podem não anular o esquema, limitando-se apenas a atrasar a facturação. Isso é por vezes feito como um «favor» a um cliente amistoso e não é uma fuga categórica à conta, mas sim uma táctica dilatória. A empresa lesada acaba por ser paga, mas perde valor temporal sobre o pagamento, que chega mais tarde do que deveria.

OUTROS ESQUEMAS

Desvios de Negócios

Num dos casos apresentados, um empregado iniciou o seu próprio negócio em concorrência directa com a sua empregadora. Enquanto ainda trabalhava para a empresa lesada, esse empregado começou a desviar clientes para o seu próprio negócio. Essa actividade violava nitidamente o dever de lealdade do empregado para com a sua empregadora. Não existe nada de pouco escrupuloso na livre concorrência, mas, quando uma pessoa age como representante da sua empregadora, é certamente incorrecto tentar fazer-lhe concorrência e roubar-lhe os seus clientes. Do mesmo modo, um fraudador, num outro caso, afastou potenciais clientes da sua empregadora e dirigiu-as para o seu próprio negócio. Não existe nada de pouco ético em criar uma empresa independente (na falta de contratos de trabalho restritivos, como acordos de não concorrência), mas se os empregados não agem no melhor interesse das empregadoras, no exercício das suas funções, então estão a violar a ética na empresa.

Desvios de Recursos

Por fim, alguns empregados desviam os fundos e outros recursos das suas empregadoras para o desenvolvimento dos seus próprios negócios. Num exemplo, um vice-presidente de uma empresa autorizou grandes despesas para desenvolver um modelo único de um equipamento, utilizado por um certo contratante. Mais tarde, outra firma assumiu o controlo deste contratante, bem como do novo equipamento.

Pouco depois disso, o vice-presidente reformou-se e foi trabalhar para a firma que comprara o contratante. O fraudador conseguira utilizar o dinheiro da sua empregadora para financiar uma empresa em que ele acabou por desenvolver um interesse. Este esquema envolve factores de suborno, conflitos de interesse e desembolsos fraudulentos. Neste caso específico, se o vice-presidente financiou o equipamento em troca da promessa de um emprego, as suas acções poderiam ser adequadamente classificadas como um esquema de suborno. O caso ilustra, contudo, um potencial problema de conflito. O fraudador poderia ter autorizado igualmente as despesas excessivas para uma empresa em que ele secretamente tivesse um interesse.

Embora estes esquemas constituam nitidamente esquemas de corrupção, os fundos foram desviados através da utilização de um desembolso fraudulento. O dinheiro podia ter saído da empresa através de um esquema de falsificação de cheques, de facturação, de pagamentos de ordenados ou de reembolso de despesas. Para um debate sobre os métodos utilizados para gerar desembolsos fraudulentos, consultar a secção da apropriação indevida de activos desta obra.

Divulgação de Dados Financeiros

A gestão tem a obrigação de divulgar aos accionistas fraudes importantes cometidas por administradores, executivos e outras pessoas em posições de confiança. A gestão não tem a responsabilidade de divulgar conduta criminal não julgada dos seus administradores e executivos. No entanto, se e quando, os administradores, executivos ou outras pessoas em posições de confiança se tornam alvo de uma acusação criminal, é exigida a sua divulgação.

A divulgação inadequada de conflitos de interesse encontra-se entre a mais grave das fraudes. A divulgação inadequada de transacções com partes relacionadas não se limita a um sector; transcende todos os tipos e relações de negócios.

O próximo caso foi seleccionado para ilustrar a experiência autêntica de um CFE que lidou com uma fraude de conflito de interesses. Como veremos, James Larken utilizou a sua influência para colocar mais de um milhão de dólares do dinheiro da sua empregadora num negócio em dificuldades, no qual ele possuía um interesse oculto. Este estudo não só descreve o esquema do Sr. Larken, mas também mostra de que modo o CFE Puyler Simonds conseguiu descobrir a sua fraude.

ESTUDO DE UM CASO: **UMA QUINTA PARASITA****

James Larken organizara um belo esquema. Como chefe financeiro, arranjou forma de a sua empregadora comprar outra empresa. Depois, sustentava as operações da outra empresa com o dinheiro do cofre da sua empregadora. E como

---

** Vários nomes foram alterados de modo a preservar o anonimato.

Larken nunca informou os seus empregadores que possuíam uma filial, colhia, pessoalmente, todos os benefícios.

Larken trabalhava para uma grande companhia de embalagens de carne no Midwest, para os nossos fins chamada Theriot's Incorporated. A Theriot's pensava, de facto, expandir o seu negócio para a última linha de fornecimento da indústria de carne, analisando uma operação pecuária, que estava com problemas, mas tinha potencial. Após uma inspecção mais atenta, verificaram que a unidade pecuária, Napa Farms, não tinha mais nada para oferecer do que um pouco de terra e muitos problemas; por isso, a Theriot's desistiu do negócio.

O Sr. Larken teve uma visão diferente. Uma vez que não tinha de utilizar o seu próprio dinheiro, a Napa Farms representava apenas potencial. A sua autoridade na Theriot's era inquestionável. A Theriot's possuía um departamento de auditorias, mas o pessoal estava subordinado a Larken e receava-o. Ele tinha poderes para fazer tudo o que desejasse, ou assim pensava. «Se este tipo não se tivesse tornado ganancioso», declara Puyler Simonds, o CFE que acabou por dar cabo do esquema de Larken, «podia ter-se safado com isto».

Larken exerceu uma opção de compra sobre a Napa Farms, adquirindo-a secretamente. Valendo-se da sua posição na Theriot's, comprou os créditos da Napa (dinheiro que lhe era devido por gado vendido e serviços realizados) e o seu inventário. Com a ajuda de um ROC da Theriot's, o dinheiro foi escondido como créditos diversos nos livros contabilísticos.

Napa estava em tão má situação, porém, que o dinheiro das vendas a crédito não bastava. Larken decidiu comprar equipamento de construção e veículos para a unidade pecuária. Encomendou um camião, por exemplo, com a conta da Theriot's e mandou entregá-lo na Napa Farms. Larken criara um parasita financeiro. Há uns meses, a Napa estava a entrar em falência; agora, graças aos cofres da Theriot's, estava a adquirir nova vida.

Mas o apetite de Larken ultrapassava a sua capacidade de cobrir os seus vestígios. Depois de um funcionário ter discretamente manifestado as suas suspeitas acerca de Larken e a sua relação com a Napa Farms, o CEO começou a verificar os livros. Ficou estupefacto com os créditos adquiridos desta empresa, a mesma que visitara e pensara em comprar. A mesma que, a esta altura, devia estar extinta. Todas as desconfianças foram despertadas, quando o CEO viu uma factura que mostrava que a Theriot's tinha comprado um camião, que enviara para Napa.

Simonds foi chamado, em nome da firma de contabilidade que trabalhava para a Theriot's, para verificar a situação. Pegando nos ficheiros de Larken, a equipa de Simonds descobriu títulos de equipamento, registos bancários, cartões de assinatura, e outros documentos de negócios, todos assinados por Larken em nome da Napa. As pessoas que trabalhavam com e sob as ordens de Larken não demoraram a apontar o dedo, ainda que os seus comentários não passassem de insinuações e suspeitas. Não gostavam dele. Simonds recorda Larken como uma pessoa barulhenta, agressiva e importuna, especialmente com as mulheres. «Não

> me parece que houvesse muito amor entre este tipo e as pessoas que trabalhavam para ele».
> Em seguida, Simonds foi visitar o director da Napa Farms. Inicialmente, Blain Fletcher esquivou-se às questões e evitou dizer algo, excepto que já conhecia Larken de negócios anteriores. Fletcher deixou-se, por fim, convencer a abrir os seus ficheiros, onde Simonds descobriu, «quase por acaso», a opção de compra em nome de Larken. A partir de então, foi apenas uma questão de seguir as pistas em direcção a Larken. Em oito meses, este escoara mais de um milhão de dólares para a Napa, utilizando dinheiro da Theriot's. Foram apresentadas queixas e o caso passou para as mãos da polícia.
> Nada arrependido, e arrogante como sempre, Larken confessou, porém, ser culpado e aguarda a sentença. Contudo, temos más notícias para ele: pode comprar-se a quinta, mas não se pode levá-la.

DETECÇÃO

Alguns dos métodos mais comuns que podem ser utilizados para detectar conflitos de interesse são as denúncias e as queixas, comparações de endereços de fornecedores com os endereços dos empregados, análise dos ficheiros de propriedade do fornecedor, análise de entrevistas de saída da empresa, comparações de endereços de fornecedores com endereços de empregadoras subsequentes, e entrevistas com pessoal de compras sobre tratamento preferencial de um ou mais fornecedores.

Dicas e Queixas

Se um fornecedor específico estiver a ser favorecido, então os fornecedores concorrentes podem apresentar queixas. Além disso, queixas de um empregado sobre um fornecedor preferencial podem levar à descoberta de um conflito de interesses.

Comparação de Endereços de Fornecedores com Endereços de Empregados

Se partes representantes ou relacionadas forem utilizadas como proprietários de fornecedores, então o endereço comercial desta poderá corresponder ao do empregado. Procure também endereços de caixas postais de fornecedores. Este método de detecção assemelha-se ao utilizado para localizar falsos fornecedores.

Análise de Ficheiros de Propriedade de Fornecedores

Quando é seleccionado um fornecedor, deve ser guardado um ficheiro completo com a sua estrutura accionista. Isso é especialmente importante em negócios com números reduzidos de accionistas. Se o fornecedor tiver de actualizar o ficheiro anualmente, então as mudanças de propriedade também serão divulgadas. Uma comparação informática entre a propriedade do fornecedor e o ficheiro do empregado pode revelar conflitos de interesse.

Análise de Entrevistas de Saída da Empresa e Comparações de Endereços de Fornecedores com Endereços de Empregadoras Subsequentes

Se a análise de uma entrevista de saída de um empregado fornecer o nome e endereço da empregadora subsequente, então uma simples comparação desse nome e endereço com o ficheiro de fornecedores pode revelar um conflito de interesses, em que o empregado obteve emprego de um contratante.

Entrevistas com Pessoal de Compras sobre Tratamento Preferencial de Um ou Mais Fornecedores

Os empregados são, geralmente, os primeiros a observar que um fornecedor está a receber tratamento preferencial. Assim, perguntando aos empregados se algum fornecedor recebe tratamento preferencial, o investigador pode descobrir conflitos de interesse, que de outro modo passariam despercebidos. Outra questão que pode ser colocada aos empregados é se o serviço (ou produto) de qualquer fornecedor se tornou recentemente inferior em qualidade.

PREVENÇÃO

Os esquemas de conflitos de interesse são variantes da regra que afirma que um fiduciário, agente ou empregado tem de agir de boa-fé, com divulgação total, no melhor interesse do capital ou da empregadora. A maioria dos esquemas constitui uma violação da máxima legal de que uma pessoa não pode servir «dois mestres». Alguns dos esquemas mais comuns envolvem o interesse de um empregado, de um gestor ou de um executivo num cliente ou fornecedor e o recebimento de ofertas. Frequentemente, o empregado, gestor ou executivo é compensado pelo seu interesse sob a forma de «honorários de consultoria».

De acordo com o velho ditado, que diz que mais vale prevenir do que remediar, os casos de conflitos de interesse são mais facilmente evitados do que detectados. Os controlos internos tornam muito mais difícil que os empregados cometam esse tipo de esquema. Uma política que exija que os empregados preencham uma declaração de interesses anual constitui uma excelente abordagem proactiva. A comparação dos nomes e endereços divulgados com a lista de fornecedores pode revelar verdadeiros conflitos de interesse e fazê-los vir à luz. A comunicação com os empregados a respeito dos seus interesses noutros negócios é aconselhável.

NOTA

1. Association of Certified Fraud Examiners, *Fraud Examiner's Manual*, Austin: ACFE, 2006.

PARTE III

RELATÓRIOS DE CONTAS FRAUDULENTOS

CAPÍTULO 12
RELATÓRIOS DE CONTAS FRAUDULENTOS

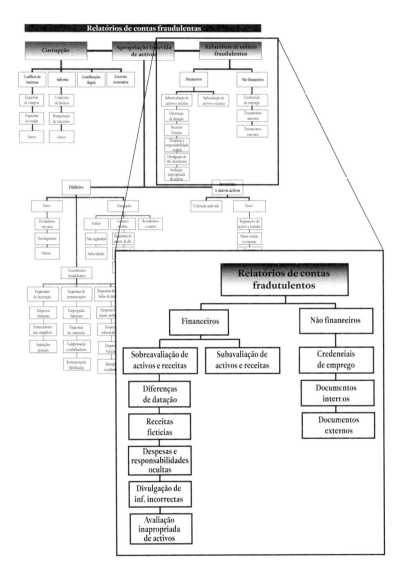

INTRODUÇÃO

Quando eu trabalhava para o FBI, durante os anos 1970 e 1980, a fraude rotineira de relatórios de contas provinha de devedores bancários, individuais ou empresariais. Nos termos do *Bank Secrecy Act* (Lei de Segredo Bancário), as instituições financeiras têm de informar o FBI de possíveis fraudes por parte dos seus devedores em relação a uma série de actividades, a maioria das quais respeitante às fraudes de empréstimo.

O caso típico de fraude de relatório de contas não impressionava o agente típico do FBI, porque muitos de nós aprendemos, da pior maneira, que alguns bancos tentavam servir-se do Governo como de agências de cobranças de dívidas. Uma queixa comum dos agentes era o facto de os bancos fazerem poucas diligências em relação aos clientes antes de emprestarem o dinheiro. Muitos dos relatórios de contas nos ficheiros de empréstimos bancários, que examinei, fariam rir um contabilista. A maioria deles não passara por uma auditoria, o que constituía uma pista; e uma série deles continha simples erros matemáticos no balanço ou na demonstração de resultados; em resumo, nem sequer faziam sentido, o que era outra pista.

Mas para que a fraude de relatório de contas constituísse uma violação das leis federais, o mutuante deveria ter confiado em falsas declarações ao conceder o empréstimo. Na maioria dos casos, a realidade era que os números estavam nos ficheiros de empréstimos bancários apenas para cumprirem os regulamentos do governo. Os bancos, em geral, preferem garantias materiais. E se a garantia perder o seu valor ou desaparecer quando o empréstimo entra em incumprimento, é muito tentador, até para os bons banqueiros, dirigirem-se ao FBI, queixando-se de fraudes de relatórios de contas.

Existe uma vantagem óbvia, do ponto de vista do banco, em enviar um agente do FBI à porta do mutuário, cujo empréstimo venceu. Embora os agentes não tentem cobrar os fundos, é espantosa a quantidade de devedores que, subitamente, surge com o dinheiro para pagar os seus empréstimos, após receberem a visita do FBI.

Contudo, num caso memorável não se passou assim. Já no final da minha carreira no FBI, foi-me atribuída a investigação da Orange Associates, Inc. Tratava-se de uma empresa em fase de arranque que, supostamente, se especializara num novo conceito: equipamento de medição electrónico de sinais vitais do corpo humano (*biofeedback*). Tais equipamentos têm evoluído muito desde os anos 70 e estão, hoje, integrados na corrente principal dos tratamentos médico e psicológico.

O equipamento possui sensores que são colocados em partes da cabeça, pescoço e outras zonas. Esses sensores encontram-se ligados por um fio a um computador e um ecrã. Quando os sensores são colocados em partes estratégicas do corpo de um doente, torna-se possível ver e ouvir, em tempo real, aumentos e diminuições dos níveis de *stress* dessa pessoa. Ao ver e ouvir os níveis de *stress*, o doente aprende exercícios para o controlar; ou seja, *biofeedback*.

O conceito da Orange Associates fora desenvolvido por um educador, chamado, se bem me recordo, David Aldridge, ou algo parecido. De qualquer modo, Aldridge possuía um vago antecedente como «consultor» da comunidade médica e psicológica. Acabou por conhecer um psicólogo, o Dr. Wayne Gaffney, que concordou em injectar capital inicial na Orange. O seu grandioso plano consistia em produzir e distribuir vários modelos de equipamento de *biofeedback*.

Gaffney foi uma boa escolha por parte de Aldridge. O psicólogo descendia de uma longa linhagem de plantadores de arroz no sul do Texas, em que posses de terras são tão vastas que possuem pelo menos 1000 acres. Graças à herança de várias propriedades da sua família, o Dr. Gaffney possuía milhões. E era um fanático por aparelhos. O seu plano inicial era que Gaffney entrasse com o dinheiro e Aldridge gerisse as operações. Foram ao Banco Travis, onde Gaffney penhorou uma parte das suas plantações de arroz, por um milhão de dólares. Esse dinheiro constituiu o capital inicial, para o arranque da empresa. Os fundos do empréstimo iam para a conta corrente da empresa, no que era então o Austin State Bank.

Tal como em muitas outras operações em fase de arranque, o capital inicial rapidamente se revelou insuficiente; ao fim de poucos meses, a Orange necessitava de mais fundos de maneio. Gaffney recusou hipotecar mais da sua herança, por isso Aldridge preparou um pedido de empréstimo da Orange, que seria apresentado ao Austin State Bank.

Uma vez que a Orange não tinha qualquer património líquido, Aldridge, sem que Gaffney soubesse, inventou uma série de «contratos», que a empresa tinha, pretensamente, assinado, para vender por atacado o seu equipamento a grossistas. Esses «contratos» foram penhorados como contas a receber num segundo empréstimo de um milhão de dólares, desta vez no Austin State Bank. Os «contratos» tinham um grande sinal de alerta, que brilhava como uma luz de néon: os pretensos clientes eram todos de empresas nas Ilhas Caimão.

A explicação de Aldridge sobre os clientes nas Ilhas Caimão era que se tratava de revendedores para os japoneses e europeus. Mas Aldridge declarou também que os japoneses fabricavam o equipamento de *biofeedback* para a Orange. Essencialmente, alegava Aldridge, o equipamento era fabricado por uma empresa japonesa e vendido, no papel, a uma empresa nas Ilhas Caimão, que comprava o equipamento à Orange. Se o banco tivesse escutado com atenção o que Aldrigde lhe dizia, teria notado que esta história não fazia o mínimo sentido.

Mas o banco acreditou na história de Aldridge, tal como o seu sócio Gaffney, que ainda teve de assinar a nota da Orange sozinho, como fiador, antes que o banco lhes fornecesse mais fundos. De facto, a Orange Associates obteve o dinheiro e Gaffney estava agora com uma dívida de dois milhões de dólares.

Ainda assim, a Orange continuava a ir mal. As operações na sede de Aldridge integravam uma dúzia de administradores. Nem o banco nem Gaffney repararam que não havia pessoal para vendas ou *marketing*. O arrendamento era elevado. A investigação e o desenvolvimento somavam-se aos custos. Em breve, Aldrigde apercebeu-se que teria de voltar a extrair dinheiro do poço ou encerrar a operação – uma opção que, por esta altura, era para si impensável.

Aldridge estava consciente do problema, seis meses antes da Orange se candidatar a um terceiro empréstimo. Era tempo suficiente para ele compreender que teria de movimentar a conta corrente da empresa no Austin State Bank. Afinal, raciocinou Aldridge, se o banco visse muita actividade, especialmente grandes depósitos, seria mais provável que acreditasse que os negócios da Orange estavam a prosperar.

Assim, Aldridge começou a depositar cheques sem fundos[9], de uma conta das Ilhas Caimão, na conta de depósitos à ordem da Orange Associates, do Austin State

Bank, para criar vendas com aparência legítima. Em seguida, fez uma transferência electrónica de fundos para um banco em Dallas, simulando um pagamento de equipamento fabricado pelos japoneses. Na realidade, os fundos regressavam directamente para a conta bancária nas Ilhas Caimão, a fim de cobrir o cheque que ele depositara no Austin State Bank.

Quando chegou a altura de recorrer a um empréstimo, os depósitos na conta corrente da Orange pareciam bastante bons para o banco; entravam várias centenas de milhares de dólares na conta. Mas, como era óbvio, o dinheiro saía imediatamente outra vez. Aldridge declarou ao banco e ao Dr. Gaffney que os negócios corriam tão bem que se tornava necessário efectuar um novo empréstimo para satisfazer novas encomendas. Desta vez, necessitariam de cerca de dois milhões de dólares, calculou Aldridge.

Após analisar as contas da empresa, e mais um novo conjunto de relatórios de contas fraudulentos, o banco mordeu, pela última vez, o isco, mas, neste empréstimo, cometeu um erro fatal. Permitiu que a Orange, que pagara satisfatoriamente os outros empréstimos (embora com o dinheiro do banco), contraísse um crédito, dando como garantia o inventário de equipamento. Gaffney não teve de ser fiador.

A Orange conseguiu manter-se à superfície, durante cinco anos. Isso revelou-se uma proeza notável, tendo em conta que a empresa nunca gerou um cêntimo de receitas. Em vez disso, Aldridge confiara totalmente no financiamento bancário para sustentar as operações. Mentira ao Dr. Gaffney e a toda a gente envolvida. A Orange Associates era maioritariamente um produto da imaginação de David Aldridge.

O esquema veio à luz na quarta, e última, vez que Aldridge tentou obter um empréstimo do banco. Por esta altura, a direcção do Austin State Bank mudara. Desejava que a Orange reduzisse o seu saldo de empréstimos, que ultrapassava os três milhões de dólares. Sem mais ninguém a quem recorrer para um financiamento, a Orange rapidamente ficou sem dinheiro e começou a falhar os pagamentos dos empréstimos, não só ao Austin State Bank, mas também ao Travis Bank, a quem ainda devia cerca de um milhão.

Ambos os bancos apresentaram uma acção judicial contra a Orange, Aldridge e Gaffney, para executar as suas penhoras. Não havia nenhuma. As perdas conjuntas limparam, por completo, as garantias de ambos os bancos. Em vez de lhes concederem mais dinheiro, os accionistas de ambos os bancos decidiram vender. Devido à possibilidade de fraude, o FBI foi contactado. Foi aí que eu entrei na história.

Dirigi-me ao gabinete do procurador público e obtive uma intimação para ter acesso aos registos financeiros e bancários da Orange. Começou, então, o verdadeiro trabalho. Um agente do FBI, «cavaleiro solitário dos empréstimos» (eu), sem pessoal nem computador, passou seis longos meses, simplesmente, a verificar os débitos e créditos que entravam e saíam das contas de exploração da Orange.

Os números contavam a verdadeira história: quatro milhões de dólares em empréstimos e cinco milhões de dólares em despesas, ao longo de cinco anos. As despesas incluíam um salário considerável para Aldridge, mas nada de escandaloso. Ele tinha bastante pessoal, gastava milhões em contratantes externos para investigação e desenvolvimento, efectuava viagens internacionais para desenvolver os negócios e pagava a grupos de pressão e outros consultores. As despesas revelaram-se legítimas.

Após ter feito os trabalhos de casa ao nível financeiro, chegara o momento de entrevistar toda a gente do grupo. O advogado de Aldridge não o deixava falar, mas as outras pessoas falaram. Veio a revelar-se que Gaffney não passava de um ingénuo. Durante anos, escutara Aldridge, mas nunca confirmara nada por si próprio. Os empregados da Orange Associates gostavam e respeitavam Aldridge; no entanto, admitiam uma certa confusão em relação ao negócio. Os empregados declararam que Aldridge era o CEO e, de facto, administrador financeiro (CFO). O guarda-livros da empresa, quando o entrevistei, não fazia ideia do quadro geral.

Assim, na situação da Orange, só Aldridge era culpado. Apresentei as minhas provas no gabinete do procurador público, a fim de debater uma possível acusação. O procurador rapidamente dirigiu a atenção para a questão fundamental: se Aldridge visivelmente não enriquecera, qual seria a sua motivação para inventar estes relatórios de contas claramente fraudulentos?

A minha investigação sobre Aldridge revelara uma curiosa contradição. Aldridge era um bom tipo – estimado e respeitado pelos seus empregados, vizinhos e colegas profissionais. Era tão recto como uma seta – casado, estável, com formação superior, voluntário na sua comunidade e um frequentador regular da igreja.

Ao juntar a imagem financeira com o seu perfil pessoal, contei ao promotor aquilo que pensava ter sucedido. Quando Aldridge se envolveu pela primeira vez com Gaffney e fizeram o empréstimo do primeiro milhão, basicamente Aldridge gastara mal o dinheiro. Devia ter compreendido, nessa altura, que não era um homem de negócios.

Mas, em vez disso, para cobrir os seus erros, procurou que Gaffney conseguisse um empréstimo de mais um milhão. Aldridge também perdeu bastante dinheiro. Por essa altura, já contara demasiadas mentiras para conseguir voltar atrás. Tinha de seguir em frente e esperar que a empresa se mantivesse a funcionar, por tempo suficiente, até começar a dar lucros. Se tal sucedesse, a sua fraude nunca seria descoberta.

O principal motivo para a Orange ter fracassado foi o facto de Aldridge ser um intelectual; simplesmente, não sabia o que estava a fazer. O promotor concordou com essa teoria, que o incomodava. «Joe», declarou ele, «exceptuando o seu salário, Aldridge não obteve nenhum proveito pessoal». Eu aleguei que o salário, só por si, provinha principalmente de actividades fraudulentas.

«Sei que tecnicamente tens razão, Joe», declarou o promotor, «mas isto não tem os elementos necessários de um bom caso de fraude criminal para apelar ao júri – alguém que o júri possa odiar por ser mau e ganancioso. Este homem não é assim. Acho que devíamos pôr de lado o processo penal, e o banco devia interpor uma acção civil».

Eu sabia que o promotor público tinha razão, mas, mesmo assim, tentei convencê-lo. Acho que também não estava muito empenhado no assunto. Como rapidamente aprendi, ao trabalhar no sistema penal, temos de deixar escapar muitas pessoas para nos podermos concentrar noutras. Trata-se simplesmente de uma questão de recursos.

Aldridge ficou totalmente impune, sem receber quaisquer sanções penais. Ambos os bancos defraudados processaram Aldridge e Gaffney, juntamente com a extinta Orange Associates, Inc. Soube que os bancos receberam algum dinheiro de Gaffney, mas não o suficiente para cobrir as perdas. Gaffney foi à falência; parece que os milhões em activos imobiliários que herdara estavam maioritariamente imobilizados num fundo fiduciário de família. A família quase renegou o Dr. Gaffney, segundo ouvi dizer, devido ao sarilho legal que ele criara.

Em alguns casos de fraudes de relatórios de contas, como o da Orange, os directores nem sempre embolsam directamente os lucros ilicitamente obtidos. Mas, tal como Aldridge, até os executivos superiores de grandes corporações têm, por vezes, motivos para adulterar os livros; consideram tal actividade vital para manterem os seus empregos. Ao contrário de Aldridge, alguns executivos de empresas, frequentemente, têm remunerações de milhões de dólares, o derradeiro motivador da mentira. Para outros, a oportunidade de beneficiar ilegalmente através da manipulação das declarações é irresistível.

FRAUDE DE RELATÓRIOS DE CONTAS

As fraudes de relatórios de contas, como a que acabamos de descrever, são provocadas por uma série de factores, que ocorrem ao mesmo tempo, sendo o mais significativo a pressão da gestão para mostrar lucros. Preparar falsos relatórios de contas é, de certo modo, facilitado pela natureza subjectiva como os livros e registos são mantidos. A área da contabilidade já há muito reconheceu que, em grande medida, a contabilidade constitui um processo um tanto arbitrário, sujeito a vastas interpretações. Estes profissionais também reconhecem, indirectamente, que os números estão sujeitos a manipulações. Afinal, um débito nos livros da empresa pode ser registado como uma despesa ou um bem. Um crédito pode ser um passivo ou uma participação de capital. Como tal, existe uma enorme tentação – quando se torna necessário mostrar fortes lucros – de classificar as despesas como activos e os passivos como capital.

No próximo capítulo, exploraremos os cinco principais métodos, através dos quais se cometem fraudes de relatórios de contas. Mas, antes de nos debruçarmos sobre os mecanismos desses esquemas, convém ter em conta três questões gerais que se dirigem à essência desses delitos:

1. Quem comete fraudes de relatórios de contas?
2. Por que motivo as pessoas cometem fraudes de relatórios de contas?
3. De que modo as pessoas cometem fraudes de relatórios de contas?

Quem Comete Fraudes de Relatórios de Contas?

Três grupos principais de pessoas cometem fraudes de relatórios de contas. Por ordem ascendente, ou probabilidade de envolvimento, são estas:

1. *Criminosos organizados*. Podem fazê-lo como parte de um esquema para obter empréstimos fraudulentos de uma instituição financeira ou para valorizarem a acção, que estejam a vender, como parte de um esquema de compra seguida de disseminação de informação falsa e de venda.
2. *Empregados de quadro médio e inferior*. Podem falsificar relatórios de contas na sua área de responsabilidade (filial, secção ou outra unidade) para ocultarem o seu fraco desempenho ou para ganharem bónus com base no melhor desempenho.
3. *Gestão de topo*. Segundo um estudo de 1999 de aproximadamente 200 fraudes de relatórios de contas, entre 1987 e 1997, realizado pelo *Committee of Sponsoring Organizations of the Treadway Commission* (COSO)[10], os presidentes executivos estavam envolvidos em 72% das fraudes, enquanto os administradores financeiros correspondiam a 43%. Tanto os CEO como os CFO estavam envolvidos em 83% dos casos. Os motivos para os administradores cometerem fraudes de relatórios de contas são variados e encontram-se descritos na secção seguinte[1].

Por Que Motivo as Pessoas Cometem Fraudes de Relatórios de Contas?

Os administradores (CEO, CFO, etc.) e os proprietários podem «adulterar os livros» por diversos motivos:

- *Para ocultar o verdadeiro desempenho*. Isso pode ser para exagerar ou diminuir os resultados.
- *Para preservar o estatuto/controlo pessoal*. Os administradores, com grandes egos, podem não estar dispostos a admitir que a sua estratégia falhou e que o desempenho do negócio é fraco, uma vez que isso pode levar ao seu despedimento.
- *Para manter rendimentos/riquezas pessoais* do salário, bónus, acções e direito de opção sobre acções.

Poderemos evitar e detectar melhor a fraude, se começarmos por compreender as diferentes pressões que os administradores e os proprietários de negócios podem enfrentar e que os podem levar a cometer uma fraude. Se compreendermos os factores de motivação por detrás desses delitos, então é lógico que estaremos em melhor posição de reconhecer circunstâncias que possam motivar ou pressionar as pessoas a cometerem fraudes de relatórios de contas. Também aumentaremos a probabilidade de detectarmos tais crimes, se soubermos os locais mais prováveis em que devemos procurar a fraude nas finanças de uma organização.

Tal como noutras formas de fraude ocupacional, os esquemas de relatórios de contas, geralmente, adaptam-se às circunstâncias existentes na organização. Isso significa que os critérios de avaliação utilizados pelas pessoas, com poderes sobre a gestão, tendem a conduzir o comportamento da administração em casos de fraude. Por exemplo, a bolha da Internet, os investidores pressionaram as empresas *dot-com* a aumentarem as receitas, em vez de alcançarem grandes lucros. Este tipo de pressão poderia levar os administradores superiores a exagerar as receitas, mas sem necessariamente simularem mais ganhos. Algumas empresas de Internet fizeram isso, registando receitas de publicidade provenientes de transacções de troca, mesmo quando não havia valor de mercado para a publicidade. Contratos de empréstimo apertados podem levar os administradores a classificar, indevidamente, certos passivos como de longo prazo, em vez de curto prazo, para melhorar o grau de solvabilidade (capacidade de os activos cobrirem os passivos de curto prazo), sem afectar os lucros registados.

Alguns dos motivos mais comuns para os administradores exagerarem o desempenho dos negócios são:

- Corresponder ou exceder as expectativas de lucros, ou aumento de receitas dos analistas da bolsa de valores.
- Cumprir os contratos de empréstimos.
- Aumentar o montante de financiamento disponível, através de empréstimos garantidos por activos.
- Satisfazer os critérios de um mutuante para garantir/prolongar facilidades de empréstimo.
- Satisfazer os critérios de desempenho na empresa estabelecidos pela empresa-mãe.
- Satisfazer critérios de desempenho pessoais.
- Desencadear remunerações relacionadas com o desempenho ou pagamentos extra.
- Sustentar o preço das acções, antecipando uma fusão, aquisição ou venda de acções pessoais.
- Mostrar um padrão de crescimento para sustentar uma planeada oferta de acções ou a venda do negócio.

Em alternativa, a gestão pode subavaliar o desempenho do negócio para:

- Diferir lucros «excedentes» para o período contabilístico seguinte. Se os orçamentos do período presente foram cumpridos e não há recompensa por um desempenho adicional, os administradores podem preferir diferir os lucros adicionais para o período seguinte, para os ajudarem a cumprir os seus novos objectivos.

- Fazer todas as amortizações numa única «grande operação» actual, de modo a que os lucros futuros pareçam bastante mais elevados.
- Reduzir as expectativas no presente para que o crescimento futuro seja mais notado e recompensado.
- Preservar uma tendência de crescimento constante, evitando resultados voláteis.
- Reduzir o valor de um negócio gerido por um proprietário, para fins de um acordo de divórcio.
- Reduzir o valor de uma unidade na empresa, cuja gestão planeia a aquisição.

De Que Modo as Pessoas Cometem Fraudes de Relatórios de Contas?

Os mecanismos dos tipos principais de fraudes de relatórios de contas são debatidos no próximo capítulo. À medida que for analisando esse material, recorde-se que, seja qual for o método, existem três modos gerais, através dos quais os relatórios de contas fraudulentos podem ser criadas. Tendo consciência dessas três abordagens, as pessoas que investigam estas fraudes podem estar alertadas em relação a provas de tentativas de manipular o processo de relatório financeiro e contabilístico, ou de criação de documentos externos a esses relatórios. As fraudes de relatórios de contas podem envolver mais de um desses três métodos, embora, vulgarmente, comecem com o primeiro e, progressivamente, acrescentem os outros dois métodos, à medida que a fraude aumenta. Os três métodos gerais são:

1. *Manipular o sistema contabilístico*. Nesta abordagem, os fraudadores servem-se do sistema contabilístico como uma ferramenta para gerar os resultados que desejam. Por exemplo, para aumentar ou diminuir os lucros para o número desejado, os fraudadores podem manipular os pressupostos utilizados para calcular taxas de depreciação, provisões para créditos de cobrança duvidosa, ou provisões para inventário em excesso ou obsoleto. Para evitar reconhecer despesas e passivos, as facturas dos fornecedores podem não ser registadas numa base de tempo oportuna. As vendas genuínas podem ser prematuramente registadas. As transacções registadas no sistema contabilístico têm uma base real, mesmo que estejam incorrectamente registadas. Existe um vestígio documental para sustentar os resultados registados nos relatórios de contas, embora os pressupostos mostrados, em alguns desses documentos, possam ser duvidosos.

2. *Superar o sistema contabilístico*. Nesta abordagem, os fraudadores alimentam o sistema contabilístico de informações falsas e fictícias para manipular os resultados registados, para um montante maior do que aquele que se pode alcançar pela simples manipulação do sistema contabilístico. Podem ser registadas vendas fictícias a clientes legítimos ou falsos. Os números do inventário ou das contas a receber podem ser inventados, sendo posterior-

mente falsificados documentos para comprovar os pretensos números. A gestão financeira pode determinar provisões, para créditos de cobrança duvidosa e para o inventário em excesso ou obsoleto, sem ter em conta as fórmulas ou os métodos historicamente utilizados para determinar esses montantes. Os lançamentos nos diários podem ser disfarçados, numa tentativa de ocultar a sua intenção fraudulenta (por exemplo, dividindo grandes ajustes de somas em muitos pequenos lançamentos de montantes aproximados), ou os movimentos podem ser ocultados através do uso de contas inter-empresas para esconder o outro lado da transacção. Algumas transacções registadas no sistema contabilístico podem não ter uma base real, e algumas que têm podem ser incorrectamente registadas. Não haverá nenhum vestígio documental, para comprovar algumas transacções ou saldos, a menos que os autores preparem documentos forjados ou alterados para ajudar a comprovar essa fraude.

3. *Fora do sistema contabilístico.* Nesta abordagem, os fraudadores produzem os relatórios de contas que desejam, utilizando, quem sabe, apenas uma máquina de escrever ou um computador pessoal. Estes relatórios de contas podem basear-se nos resultados de um processo de relatório financeiro e contabilístico para uma entidade operacional, com ajustes manuais adicionais para alcançar os resultados pretendidos. Alternativamente, podem ser simplesmente impressos com falsos números fornecidos pelos fraudadores. Em alguns casos, os fraudadores podem voltar atrás e lançar falsos dados no sistema contabilístico, de modo a comprovar os falsos relatórios de contas. Noutros casos, podem nem se preocupar com isso ou pode nem sequer existir um sistema contabilístico. Assim, nem todas as transacções poderão ser registadas num sistema contabilístico ou, algumas ou todas, as transacções podem não ter base real. Para descobrir este tipo de fraude, torna-se necessário começar por seguir os relatórios de contas publicados, desde o início da produção do sistema contabilístico. Tal como na situação anterior, não existem vestígios documentais que comprovem certas transacções ou saldos registados nos relatórios de contas, a menos que os fraudadores preparem documentos forjados ou alterados para ajudar a comprovar a sua fraude.

PRINCIPAIS PRINCÍPIOS CONTABILÍSTICOS GERALMENTE ACEITES

Ao longo dos anos, os negócios têm descoberto diversos modos engenhosos de exagerar os seus verdadeiros lucros e activos. Como consequência, desenvolveu-se uma série de convenções contabilísticas, ou aquilo a que se chama princípios contabilísticos geralmente aceites (PCGA). A maioria dos princípios contabilísticos históricos foi agora codificada pelo *Financial Accounting Standards Board* (FASB – Comité de Normas de Contabilidade Financeira), uma organização supervisora independente, responsável pelo estabelecimento de normas contabilísticas[2].

Os Princípios Contabilísticos Geralmente Aceites incluem estes oito critérios principais:

1. Materialidade.
2. Balanceamento.
3. Prudência.
4. Continuidade.
5. Custo histórico.
6. Prova objectiva.
7. Consistência.
8. Divulgação total.

Materialidade

Não se espera que os relatórios de contas sejam perfeitos, apenas razoáveis e justos. Existem, sem dúvida, muitos pequenos erros nos livros de grandes e pequenas empresas, mas que significa isso, na realidade, quando se pensa no quadro global? A resposta é que isso depende de quem observa os relatórios de contas e toma decisões com base nos mesmos. Se os lucros estimados de uma empresa forem de um milhão de dólares por ano com base nos seus relatórios de contas, mas se, afinal, esse número for realmente de 990 mil dólares (ou de 1.010.000 dólares), que importância tem? Provavelmente nenhuma. Mas imaginemos que esse milhão de dólares de lucros nos relatórios de contas é, na realidade, de 500 mil dólares – metade do que a empresa demonstrou. Nesse caso, muitas pessoas, investidores e, principalmente, mutuantes, importar-se-iam bastante.

A materialidade, então, segundo os PCGA, é um conceito orientado para o utilizador. «Se existe uma declaração errada tão considerável que utilizadores sensatos e prudentes dos relatórios de contas sejam levados a tomar uma decisão diferente da que tomariam se tivessem recebido informações correctas, então o erro é material e deve ser corrigido»[3].

Uma questão típica que envolve a materialidade e a fraude seria a da apropriação indevida de activos. Muitos deles são bastante pequenos, e não materiais, para os relatórios de contas no seu todo. Mas, e o conjunto? Se muitos roubarem pequenos montantes, o resultado pode, de facto, ser material.

Balanceamento

O conceito de balanceamento exige que os livros, os registos e os relatórios de contas decorrentes correspondam às receitas e despesas do período contabilístico devido. Pode ocorrer uma fraude, quando se fazem tentativas propositadas de manipular o conceito de balanceamento. Por exemplo, controlando o encerramento do final do ano nos números financeiros, muitas empresas aumentam o resultado líquido corrente, ao contabilizar, antecipadamente, receitas do ano seguinte e ao adiar o lançamento das despesas desse ano para o ano seguinte.

Prudência

Por «prudência» os contabilistas entendem que os números financeiros apresentados pela empresa são, pelo menos, equivalentes aos reflectidos nas demonstrações, se não superiores. Existe um provérbio na contabilidade: «Antecipa as perdas possíveis e omite os lucros potenciais». Isto resulta numa *contabilidade assimétrica*, em que as despesas são, propositadamente, exageradas, e as receitas, propositadamente, subavaliadas. Recordemos que a única altura em que o verdadeiro valor de um negócio pode ser determinado é no momento da sua venda. Até então, os números reflectidos nos relatórios de contas históricos são os melhores cálculos disponíveis – mas devem ser conservadores. Se os relatórios de contas de uma empresa violarem, intencionalmente, o princípio da prudência, podem ser fraudulentos.

Continuidade

Ao valorizar os activos de uma empresa para fins de relatórios de contas, presume-se que o negócio continuará no futuro. Isso sucede, porque o valor do negócio, se este for bom, será sempre superior ao valor dos seus activos corpóreos. Por exemplo, se desejava comprar um negócio com um retorno de 10%, então pagaria cerca de um milhão de dólares por um investimento que lucrasse 100 mil dólares por ano. Os activos subjacentes ao negócio, se vendidos em leilão, não renderiam perto de um milhão de dólares. Trata-se do conceito da continuidade, que presume que o negócio continuará indefinidamente no futuro. Se existirem sérias dúvidas sobre o facto de um negócio poder continuar, os contabilistas terão de divulgar essa informação em nota de rodapé nos relatórios de contas.

A fraude no princípio da continuidade resulta, geralmente, de tentativas de uma entidade ocultar a condição terminal do seu negócio. Por exemplo, imaginemos que uma empresa se dedica à produção de peças de computador. No ano anterior, a empresa lucrou, após impostos, 100 mil dólares. Este ano, a gestão tem consciência de que uma nova tecnologia tornará o negócio totalmente obsoleto e, num dos anos seguintes, provavelmente encerrará. Este facto pode não ser do conhecimento dos auditores da empresa. E, quando estes preparam os relatórios de contas, a gestão tem o dever de os informar sobre a capacidade futura do negócio para gerar dinheiro. Estes, por sua vez, insistirão, para que os relatórios de contas do período corrente reflictam esse evento futuro.

Custo Histórico

Os princípios contabilísticos geralmente aceites exigem que a maioria dos activos seja transportada para os relatórios de contas pelo método do custo, pois trata-se do método mais prudente. Mas, se os activos valerem menos do que aquilo que custaram, esse valor inferior deve ser transportado para os relatórios de contas. Utilizar o valor inferior, do custo ou o do mercado, produz as avaliações de activos mais prudentes. O custo declarado para os activos, desde que estes valham mais do que custaram, chama-se custo histórico ou de aquisição. Mas existem ainda outras definições de custo[4].

Justo Valor

O justo valor de um activo é o preço pelo qual se poderia vender o bem no mercado livre, numa transacção entre um comprador interessado e um vendedor interessado. É por vezes referido como «valor actual de mercado». Para refrear estimativas demasiado subjectivas, a contabilidade do justo valor assenta, principalmente, nas cotações de mercado e outras informações objectivamente observáveis para utilizar na determinação do valor do activo. Nos termos dos princípios contabilísticos geralmente aceites, este método de avaliação só é permitido em relação a certos activos, tais como títulos transaccionáveis.

Custo Histórico Ajustado aos Preços Correntes

O método do custo histórico ajustado aos preços contabilizaria, nos relatórios de contas, um activo pelo que custaria naquela altura, tendo em conta a inflação. Actualmente, este método não é aceitável para transportar custos para o balanço.

Valor Realizável Líquido

O valor realizável líquido é o montante que seria conseguido com a venda do activo, num determinado momento futuro, subtraindo-lhe os custos associados à posse, operação e sua venda. O valor realizável líquido difere do justo valor, no sentido em que se baseia numa venda futura planeada, enquanto o justo valor utiliza o valor corrente do activo. Uma vez que este método lida com uma projecção, não é geralmente aceitável para determinar os custos de um activo.

Lucros Futuros

As empresas adquirem activos para os utilizarem na produção de artigos e/ou serviços. Este método requer que se determine um cálculo de lucros futuros que a empresa poderia obter por ter esse activo. Este método, tal como os outros, não é aceitável para determinar os custos de um activo, devido à natureza subjectiva das informações.

Custo de Substituição

O método de custo de substituição é, na realidade, o oposto ao do valor realizável líquido. Em vez de se determinar o valor líquido do artigo, se este for vendido, este método considera o valor do activo, se tiver de ser substituído. Durante períodos inflacionários, o custo de substituição aumentaria os activos e o capital. Não é permitido utilizar o custo de substituição para determinar o valor dos activos, nos termos dos princípios contabilísticos geralmente aceites.

Prova Objectiva

Outro princípio contabilístico geralmente aceite, que é frequentemente influenciado pela fraude, é o da prova objectiva. Os registos contabilísticos foram concebidos para serem mantidos com base em provas objectivas e não subjectivas. Ou seja, quase toda a gente pode concordar com o que o activo custa historicamente, por oposição ao que pode valer presentemente. Ao avaliar os activos nos relatórios de contas, o contabilista procura provas objectivas do custo desse activo – uma factura, um cheque descontado, um contrato. Inerente a esse pressuposto de prova objectiva, mas não especificamente declarado, encontra-se o facto de a prova poder ser fraudulentamente apresentada; um documento pode ser forjado ou falsificado. Assim, a prova utilizada pelo contabilista para avaliar os activos pelo seu custo não tem de ser absoluta, apenas razoável.

Consistência

Para se fazer uma apresentação justa de informações financeiras, durante um período de tempo, o método de apresentação deve ser consistente, ainda que não seja a avaliação mais exacta de ano para ano. Por exemplo, um modo fácil de o valor dos activos e das receitas ser exagerado é através dos métodos de depreciação que as empresas usam nos seus livros. Imaginemos que uma peça de equipamento valiosa foi adquirida por uma empresa por 99 mil dólares e se esperava que esta durasse três anos. Isso significa que, segundo um método de depreciação constante, a amortização no primeiro ano seria, no máximo, de 33 mil dólares. Segundo o método de depreciação acelerada, no primeiro ano dar-se-ia uma baixa de 66 mil dólares. Ao alterar os métodos de depreciação de um ano para o outro, uma empresa pode influenciar os seus resultados líquidos em 33 mil dólares. Na realidade, não se trata de rendimento, mas de um modo de comparar maçãs e laranjas. Se uma empresa altera o modo como contabiliza nos livros, de um ano para o outro, e se essas alterações têm um impacto material nos relatórios de contas, a empresa deve divulgar as alterações numa nota de rodapé. A fraude ocorre, frequentemente, quando se evita de forma propositada a consistência, para demonstrar falsos lucros.

Divulgação Total

O princípio por detrás da divulgação total, tal como no exemplo da consistência, é o de que qualquer desvio material dos PCGA deve ser explicado ao leitor da informação financeira. Além disso, qualquer evento conhecido, que possa ter impacto material nos lucros futuros, deve ser explicado ou divulgado. Por exemplo, como num caso que já debatemos, imaginemos que uma empresa tem consciência de que o seu principal método de fabrico de peças de computadores está a tornar-se obsoleto devido à evolução tecnológica. Tal evento tem de ser divulgado. Se a empresa estiver a ser processada e em risco de incorrer numa sentença monetária material, esse facto também tem de ser divulgado. Na realidade, qualquer evento potencialmente desfavorável de natureza material tem de ser divulgado nos relatórios de contas. Muitas fraudes financeiras importantes foram provocadas pela omissão propositada, em notas de rodapé, de divulgações importantes.

RESPONSABILIDADE PELOS RELATÓRIOS DE CONTAS

Os relatórios de contas são da responsabilidade da gestão da empresa. Como tal, torna-se difícil imaginar que possa ser cometida uma fraude de relatórios de contas sem conhecimento ou consentimento da gestão, embora tal fraude possa ser cometida por qualquer pessoa que tenha a oportunidade e os motivos para omitir ou introduzir uma declaração errada nas informações apresentadas para conseguir alcançar o seu objectivo.

A fraude é, geralmente, fomentada por membros da gestão – no mínimo, por pessoas sob a direcção e o controlo da gestão. Nos casos em que a gestão não investiga suspeitas de fraudes, como pode assegurar que evitará a fraude e, se a fraude ocorrer de facto, que esta será detectada?

O conselho de administração e a gestão estabelecem, normalmente, o código de conduta da empresa. Esse código de conduta é, frequentemente, referido como a «ética» da empresa. A ética é o critério pelo qual todos os outros empregados tenderão a comportar-se. É lógico, pois, que, se a empresa tiver uma ética de elevada integridade, os seus empregados tenderão a operar de modo mais honesto. Se, porém, a ética for corrupta, os empregados considerá-la-ão como uma licença para serem igualmente corruptos. Uma ética na empresa irrepreensível não assegura, por si só, que não ocorra uma fraude de relatório de contas. São necessárias medidas adicionais para a gestão exercer as suas responsabilidades em relação à prevenção e detecção de relatórios financeiros fraudulentos.

UTILIZADORES DOS RELATÓRIOS DE CONTAS

Os esquemas de fraudes de relatórios de contas são cometidos, na maioria das vezes, pela gestão contra os seus potenciais utilizadores. Estes incluem os accionistas, a gestão da empresa, organizações mutuantes e investidores. Os relatórios de contas fraudulentos são utilizados por diversos motivos. O mais comum é o de aumentar a aparente prosperidade da organização aos olhos de actuais e potenciais investidores. Fazê-lo não só pode incitar a novos investimentos como também pode contribuir para manter os actuais investidores satisfeitos. Os relatórios de contas fraudulentos podem ser utilizados para dissipar, no mercado, ideias negativas sobre uma organização. A administração utiliza, frequentemente, os relatórios de contas para julgar o desempenho dos empregados ou da gestão. Por isso, estes podem ser tentados a manipular as demonstrações, para assegurar a continuação do emprego e compensações adicionais que podem estar ligadas ao desempenho. Certos objectivos internos, tais como cumprir os orçamentos, conferem maior pressão à responsabilidade administrativa. A Figura 12.1 demonstra o papel das informações e dos relatórios de contas no processo de tomada de decisões dos utilizadores.

FIGURA 12.1 Papel das Informações Financeiras no Processo de Tomada de Decisões

TIPOS DE RELATÓRIOS DE CONTAS

Segundo o *Statement on Auditing Standards* (SAS) 62 – Declaração de Normas de Auditoria, publicado pelo AICPA (*Auditing Standards Board of the American Institute of Certified Public Accounts* – Comité de Normas de Auditoria do Instituto Americano de Revisores Oficiais de Contas), os relatórios de contas incluem apresentações de dados financeiros e notas de acompanhamento preparadas em conformidade com os PCGA ou outra base abrangente de contabilidade. Tais relatórios de contas incluem:

- Balanço
- Demonstração de resultados ou contas de exploração
- Demonstração de lucros não distribuídos
- Demonstração de fluxos de caixa
- Demonstração de alterações no capital próprio
- Demonstração de activos e passivos que não inclui o capital próprio
- Demonstração de receitas e despesas
- Resumo das operações
- Demonstração das operações por linhas de produto
- Demonstração de saldo da tesouraria e desembolsos[5]

Embora não especificamente anotado na SAS 62, os relatórios de contas também incluem tipicamente outras apresentações de dados financeiros como:

- Informações financeiras previstas
- Declarações de representação
- Informações financeiras provisórias
- Representações financeiras de valor actual
- Relatórios de contas pessoais
- Relatórios de contas de falência
- Divulgações de demonstrações de registos

Outras bases contabilísticas abrangentes, segundo a SAS 62, incluem:

- Contabilidade de organismo público
- Contabilidade de matéria colectável
- Saldo da tesouraria e desembolsos, ou saldo de tesouraria e desembolsos alterados
- Qualquer outra base com um conjunto definido de critérios aplicados a todos os artigos materiais, como a base de nível de preços de contabilidade[6]

Como podemos constatar através das listas precedentes, o termo «relatório de contas» inclui quase qualquer apresentação de dados financeiros, preparada de acordo com os PCGA ou de acordo com outra base abrangente de contabilidade. Ao longo do resto deste capítulo e no Capítulo 13, o termo «relatórios de contas» inclui as formas de relatar dados financeiros, incluindo as notas de rodapé que as acompanham e o debate da gestão.

O *SARBANES-OXLEY ACT* (LEI SARBANES-OXLEY)

A 30 de Julho de 2002, o *Sarbanes-Oxley Act*[7] (SOX) foi assinado. Esta Lei, que foi desencadeada em grande parte por vários escândalos de contabilidade na empresa, alterou significativamente as leis do governo das sociedades e as regras e regulamentos, segundo as quais as firmas de contabilidade devem operar. O *Sarbanes-Oxley Act* foi concebido para restaurar a confiança dos investidores nos mercados de capitais e contribuir para eliminar a fraude dos relatórios de contas em empresas cotadas, e aumentar, ao mesmo tempo de forma considerável, as penas por fraude contabilística na empresa. As alterações mais significativas introduzidas pela Lei incluem:

- A criação do *Public Company Accounting Oversight Board* (Conselho Supervisor das Empresas de Auditoria)
- Exigência que os responsáveis financeiros certifiquem os relatórios enviados para a SEC
- Novos critérios para a independência de comités de auditoria
- Novos critérios para a independência de auditores
- Maiores exigências na divulgação financeira
- Novas protecções para denunciantes
- Maiores penas para crimes de colarinho branco

Public Company Accounting Oversight Board (Conselho Supervisor das Empresas de Auditoria)

O Título I do SOX estabelece a criação do *Public Company Accounting Oversight Board* (PCAOB) – Conselho Supervisor das Empresas de Auditoria – cuja finalidade é:

> *A supervisão das auditorias feitas a empresas cotadas, sujeitas às leis do mercado de valores mobiliários e assuntos conexos, de forma a proteger o interesse dos investidores e promover o interesse geral, através da preparação de relatórios de auditoria informativos, exactos e independentes das empresas cujos títulos são vendidos, estão em posse ou mantidos em custódia por conta dos investidores públicos. [Secção 101]*

Em resumo, o PCAOB tem a responsabilidade de supervisionar as auditorias realizadas, estabelecer critérios de auditorias e investigar actos de não conformidade por parte dos auditores ou das empresas de auditoria. O PCAOB foi nomeado e é supervisionado pela *Securities and Exchange Commission* (SEC), supervisor do mercado de capitais. É constituído por cinco pessoas, duas das quais são ou foram ROC (revisores oficiais de contas) e três das quais nunca foram ROC. A lei enumera os deveres do PCAOB, que incluem:

- Fazer o registo das empresas de auditoria que emitam relatórios para empresas cotadas.
- Estabelecer ou adoptar normas de auditoria, controlo de qualidade, ética, independência e outras normas relacionadas com a preparação dos relatórios de auditoria a serem emitidos para as empresas cotadas.

- Fazer inspecções às empresas de auditoria registadas.
- Fazer investigações e levantar processos, impondo igualmente sanções, quando justificadas, às auditoras registadas e às pessoas associadas às referidas empresas.
- Executar outras responsabilidades ou funções que o Conselho considere serem necessárias ou adequadas à promoção de normas profissionais de nível elevado, e melhorar a qualidade dos serviços de auditoria fornecidos pelas empresas de auditoria registadas e pelas entidades a elas associadas, ou de outro modo cumprir com as disposições desta Lei, de forma a proteger os investidores ou salvaguardar o interesse público.
- Fazer com que as auditoras e as entidades a elas associadas cumpram com as disposições da Lei Sarbanes-Oxley, com as normas do PCAOB, com as normas profissionais e as leis do mercado em matéria relacionada com as auditorias das empresas cotadas.

Inscrição no Conselho

As empresas de auditoria têm de se inscrever primeiro no *Public Company Accounting Oversight Board* (PCAOB), para poderem preparar ou emitir legalmente um relatório de auditoria a uma empresa cotada. Para se inscreverem, as auditoras têm de divulgar, entre outras coisas, os nomes de todas as empresas cotadas para quem prepararam ou emitiram auditorias no ano anterior, os nomes de todas as cotadas, para as quais pretendem preparar ou emitir auditorias no ano corrente, e as remunerações anuais que receberam de cada uma dessas cotadas, suas clientes, por serviços de auditoria, contabilidade e outros diferentes.

Normas e Regras de Auditoria, Controlo de Qualidade e Independência

A Secção 103 da Lei Sarbanes-Oxley exige que o PCAOB estabeleça normas de auditoria, controlo de qualidade, ética, independência e outras questões relacionadas com auditorias feitas às cotadas. Embora se atribua ao PCAOB a responsabilidade de estabelecer normas de auditoria, também são definidas regras que o organismo deve incluir nessas normas. Essas regras incluem o seguinte:

- Os papéis de trabalho de auditorias devem ser guardados, pelo menos, durante sete anos.
- As empresas de auditoria têm de proporcionar uma análise e aprovação concorrente, ou de outra fonte, dos relatórios de auditoria, e têm de proporcionar a aprovação concorrente, na sua emissão, por uma pessoa qualificada que não seja a responsável pela auditoria.

- Todos os relatórios têm de descrever o âmbito de verificação das estruturas de controlos internos das empresas e têm de apresentar as descobertas do auditor de tal verificação, incluindo uma avaliação sobre se tal estrutura dos controlos é aceitável, bem como uma descrição das fragilidades materiais dos controlos internos e qualquer não conformidade material encontrada.

Inspecções de Empresas de Auditoria Registadas

A Lei autoriza ainda o PCAOB a realizar inspecções regulares a empresas de auditoria para avaliar o seu grau de conformidade com a lei, regulamentos e normas profissionais vigentes, relativas às auditorias. As inspecções devem ser realizadas uma vez por ano para cada empresa que audite contas a mais de 100 empresas cotadas e, pelo menos, uma vez, de três em três anos, às auditoras que auditem 100 ou menos empresas cotadas.

Investigações e Procedimentos Disciplinares

O PCAOB tem autoridade para investigar empresas de auditoria registadas (ou pessoas que lhe estejam associadas) que possam violar esta Lei, as normas profissionais, quaisquer regras estabelecidas pelo Conselho, ou quaisquer disposições do mercado de capitais relativas à preparação e emissão de relatórios de auditoria. Durante uma investigação, o Conselho tem poder para obrigar à prestação de declarações e à apresentação de documentos.

O Conselho tem ainda poder para emitir sanções por motivos de violação ou não colaboração numa investigação. As sanções podem incluir a suspensão temporária ou permanente do registo de uma empresa no Conselho (o que significaria que essa empresa já não poderia fazer legalmente auditorias a empresas cotadas), suspensão temporária ou permanente do direito de uma pessoa continuar associada a uma empresa de auditoria registada, a proibição de fazer auditorias, e penalizações monetárias, que podem ser de cerca de 750 mil dólares para uma pessoa ou de cerca de 15 milhões de dólares para uma empresa.

Responsabilidade dos CEO e CFO pelos Relatórios de Contas

Uma das alterações mais significativas efectuadas pelo *Sarbanes-Oxley Act* foi a exigência de o CEO e o CFO, das sociedades que emitem relatórios periódicos, certificarem, pessoalmente, cada relatório anual ou trimestral arquivado ou submetido à SEC. Essas certificações exigem, essencialmente, que os CEO e os CFO assumam a responsabilidade pelos relatórios de contas das suas empresas e impedem-nos de delegar essa responsabilidade nos seus subordinados, para depois não evocarem ignorância, quando se descobre uma fraude nos relatórios de contas. Existem dois tipos de responsabilidades exigidos pela Sarbanes-Oxley: as penais, que são estabelecidas na Secção 906 da Lei e codificadas no 18 USC § 1350 (Leis gerais dos Estados Unidos), e as civis, estabelecidas na Secção 302.

Responsabilidade Criminal (§ 906)

Os documentos periódicos submetidos à SEC têm de ser acompanhados por uma declaração, assinada pelo CEO e pelo CFO, certificando que o relatório está em conformidade total com as exigências da SEC e que as informações contidas no relatório apresentam, honestamente, em todos os aspectos materiais, a condição financeira e os resultados da actividade da empresa. Essas certificações são conhecidas pelo nome de «responsabilidade criminal», porque a lei impõe sanções penais para os administradores que violem as suas exigências.

- Os administradores de empresas que violem, *conscientemente*, as exigências de certificação ficam sujeitos a multas até 1.000.000 de dólares e penas até 10 anos de prisão, ou ambas.
- Os administradores que violem, *dolosamente*, as exigências de certificação ficam sujeitos a multas até 5.000.000 de dólares e penas até 20 anos de prisão, ou ambas.

Responsabilidade Civil (§ 302)

A Secção 302 da Lei exige que o CEO e o CFO certifiquem, pessoalmente, que:

1. Analisaram eles próprios o relatório.
2. Baseado no seu conhecimento, o relatório não contém qualquer declaração falsa de um facto material que torne o relatório de contas enganador.
3. Baseado no seu conhecimento, os relatórios de contas do relatório apresentam em todos os aspectos materiais, e de forma clara, a condição financeira, os resultados da actividade e os fluxos de caixa da empresa.
4. São responsáveis pelo estabelecimento e eficácia dos controlos internos, bem como pela sua avaliação; avaliaram os controlos 90 dias antes da emissão do relatório e nele apresentaram as suas conclusões acerca da eficácia desses controlos.
5. Divulgaram aos auditores e ao comité de auditoria quaisquer fragilidades materiais dos controlos e qualquer fraude, material ou não, envolvendo a gestão ou outros empregados que desempenhem uma parte activa nos controlos internos da empresa.
6. Indicaram no relatório se se verificaram, ou não, alterações significativas nos controlos internos desde a apresentação do último relatório.

Convém notar que, nos pontos 2 e 3, o CEO e o CFO não são obrigados a certificar que os relatórios de contas são exactos ou que não existem falsas declarações. É-lhes, no entanto, exigido que certifiquem que, *pelo que sabem*, as demonstrações são exactas e não enganadoras. No entanto, isso não significa que os directores financeiros possam alegar ignorância sobre os documentos submetidos à SEC, das suas empresas, para evitarem responsabilidades. O termo «apresentam de forma clara», no ponto 3, é um critério mais lato do que o exigido pelos PCGA. Ao certificar que os seus relatórios satisfazem esse critérios, o CEO e o CFO têm de certificar, essencialmente, que a empresa: (1) seleccionou políticas contabilísticas adequadas para assegurar a precisão material dos relatórios; (2) aplicou adequadamente esses critérios contabilísticos; e (3) divulgou informações financeiras que reflectem as transacções e eventos subjacentes da empresa. Além disso, as outras novas regras de certificação (consultar 1 e 4-6 acima) ordenam que os CEO e os CFO desempenhem um papel activo nos relatórios públicos das suas empresas e na concepção e manutenção dos controlos internos.

É significativo que, no ponto 4, o CEO e o CFO não só têm de certificar que são responsáveis pelos controlos internos das suas empresas, mas também que avaliaram os controlos *num período até 90 dias antes do relatório trimestral ou anual*. Essencialmente, essa exigência de certificação ordena que as empresas reavaliem activa e continuamente as suas estruturas de controlo, de modo a evitarem as fraudes.

O ponto 5 exige que o CEO e o CFO certifiquem que divulgaram aos auditores e ao comité de auditoria quaisquer fragilidades materiais nos controlos internos da empresa e também qualquer fraude, *material ou não*, que envolva a gestão ou outros empregados fundamentais. Evidentemente, isto constitui um modelo de relatório extenso, que vai muito além do modelo contemplado na SAS 82. O CEO e o CFO têm agora de denunciar aos seus auditores e comité de auditoria *qualquer fraude* cometida pela gestão. Isto coloca uma maior responsabilidade nestes executivos, obrigando-os, para satisfazer esta exigência de certificação, a integrarem os esforços anti-fraude e a terem consciência de actividades fraudulentas nas suas empresas. O ponto 6 é significativo, porque os documentos periódicos à SEC têm de incluir declarações, pormenorizando alterações importantes nos controlos internos das empresas abertas.

Avaliação dos Controlos Internos pela Gestão

Em conjunto com as exigências de certificação da Secção 302 acerca da responsabilidade do CEO e do CFO sobre os controlos internos, a secção 404 do SOX exige que todos os relatórios anuais contenham uma declaração sobre controlos internos que: (1) indique a responsabilidade da gestão em estabelecer e manter uma estrutura adequada de controlos internos e de procedimentos com vista à emissão dos relatórios de contas; e (2) contenha uma avaliação da eficácia da estrutura dos controlos internos e dos procedimentos para a emissão de relatórios financeiros. O auditor independente da empresa também terá de emitir um relatório que ateste a avaliação, publicada no relatório financeiro, dos controlos internos feita pela gestão. Esse relatório do auditor tem de integrar o relatório anual da companhia, submetido à SEC.

Novas Normas de Independência do Comité de Auditoria

Responsabilidades do Comité de Auditoria

A secção 301 do SOX exige que o comité de auditoria de cada empresa cotada seja responsável pela nomeação, remuneração e supervisão do trabalho dos auditores externos. A lei determina, ainda, que os auditores reportem directamente ao comité de auditoria – e não à gestão – e torna este comité responsável por intermediar diferendos entre a gestão e os auditores. A secção 301 exige, também, que o comité de auditoria tenha autoridade e financiamento para contratar consultores independentes, e outros, que considere necessários para cumprir os seus deveres.

Composição do Comité de Auditoria

O *Sarbanes-Oxley Act* determina que cada membro do comité de auditoria seja membro do conselho de administração da empresa, e que, além disso, seja «independente». O termo independente significa que o membro do comité de auditoria só pode receber remuneração da sua empresa pelo seu serviço como membro do conselho de administração, do comité de auditoria ou de qualquer outro comité do conselho de administração. Não pode ser pago pela empresa por qualquer outro trabalho de aconselhamento ou consultoria.

Perito Financeiro

A secção 407 da Sarbanes-Oxley exige que todas as empresas cotadas divulguem, nos seus relatórios periódicos, se o comité de auditoria possui pelo menos um membro que seja um «perito financeiro» e, em caso negativo, explicar por que motivo não o tem. A Lei define um «perito financeiro» como uma pessoa que, através da sua formação e experiência como contabilista ou auditor, ou CFO, ou controlador, ou cargo semelhante: (1) possua um entendimento dos princípios contabilísticos geralmente aceites e dos relatórios de contas; (2) possua experiência na preparação ou auditoria dos relatórios de contas de empresas comparáveis e na aplicação de tais princípios e sua articulação com a contabilidade em matéria de previsões, fundos e reservas; (3) possua experiência de controlos internos contabilísticos; e (4) possua um entendimento das funções do comité de auditoria.

Estabelecer uma Estrutura de Denúncias

A Lei torna o comité de auditoria responsável por estabelecer procedimentos (por exemplo, uma linha directa) para receber e tratar queixas e denúncias anónimas de empregados, em relação a irregularidades nos métodos contabilísticos da empresa, controlos internos, ou assuntos de auditoria.

Novas Normas de Independência dos Auditores

Restrições nos Serviços Extra-Auditoria

Talvez a maior preocupação levantada pelos escândalos de contabilidade pública de 2001 e 2002 fosse o receio de que as empresas de auditoria, que recebiam muitos milhões de dólares em honorários de consultoria dos seus clientes, não pudessem manter um nível adequado de objectividade na realização das auditorias para esses mesmos clientes. Para abordar essa preocupação, o Congresso, na secção 201 do *Sarbanes-Oxley Act*, estabeleceu uma lista de actividades que as empresas de auditoria estão, agora, proibidas de realizar para os seus clientes de auditoria. Os serviços proibidos são:

- Serviços de contabilidade.
- Concepção ou implementação de sistemas de informação financeira.
- Serviços de avaliação, opiniões sobre a adequação ou relatórios sobre colaboração de natureza idêntica.
- Serviços actuariais.
- Serviços de auditoria interna contratados exteriormente.
- Funções de gestão ou de recursos humanos.
- Serviços de corretagem, consultoria de investimentos, ou serviços de investimento bancário.
- Serviços jurídicos e serviços técnicos não relacionados com a auditoria.
- Quaisquer outros serviços que o Conselho por regulamento declare não ser permissível.

Existem outros serviços fora do âmbito das auditorias – nomeadamente serviços fiscais – que não são expressamente proibidos pela Sarbanes-Oxley. No entanto, para que uma empresa de auditoria realize esses serviços num cliente a quem audite as contas, esse trabalho tem de ser, previamente, aprovado pelo comité de auditoria da empresa. A aprovação dos serviços extra-auditoria tem de ser divulgada nos relatórios periódicos submetidos à SEC.

Rotação Obrigatória do Auditor Sócio

A secção 204 do SOX exige que as empresas de auditoria alternem, a cada cinco anos, o principal sócio auditor ou o auditor responsável pela auditoria.

Disposições Relativas a Conflitos de Interesse

Outra disposição da Sarbanes-Oxley destinada a melhorar a independência dos auditores é a secção 206, que procura limitar os conflitos ou potenciais conflitos que surgem, quando os auditores passam a trabalhar para os seus antigos clientes. A Lei torna ilegal que uma empresa de auditoria registada faça auditorias a uma empresa, caso o CEO, o CFO, o controlador ou o chefe da contabilidade tenham trabalhado para a auditora e participado na auditoria da empresa, no ano que precedeu a data do início da auditoria.

Relatórios de Auditores aos Comités de Auditoria

A secção 301 exige que os auditores reportem directamente ao comité de auditoria e a secção 204 faz exigências quanto ao conteúdo desses relatórios. Para ajudar a assegurar que o comité de auditoria tem consciência das políticas contabilísticas ou dos tratamentos questionáveis utilizados na preparação dos relatórios de contas da empresa, a Secção 204 declara que os auditores têm de fazer um relatório ao comité de auditoria com:

- Todas as políticas e práticas contabilísticas criteriosas que são utilizadas.
- Métodos alternativos de PCGA que tenham sido discutidos com a gestão, as ramificações na utilização desses tratamentos alternativos e o tratamento preferido pelos auditores.
- Quaisquer outros meios de comunicação por escrito, materiais, entre os auditores e a gestão.

Atestação dos Controlos Internos pelos Auditores

Como já foi previamente referido, a secção 404 da Lei exige que cada relatório anual contenha um relatório de controlos internos que declare que a gestão da empresa é por eles responsável e que também avalie a eficácia das estruturas dos controlos internos. A secção 404 exige que os auditores externos da empresa atestem e emitam um relatório sobre a avaliação dos controlos internos realizada pela gestão.

Influência Indevida sobre as Auditorias

A Lei também torna ilegal que qualquer administrador ou director de uma empresa cotada tome alguma medida para influenciar, coagir, manipular ou induzir em erro, fraudulentamente, um auditor no exercício de uma auditoria aos relatórios de contas da empresa. Trata-se de mais uma tentativa de o Congresso assegurar a independência e objectividade das auditorias, de modo a evitar a fraude contabilística e reforçar a confiança dos investidores na fiabilidade dos relatórios de contas de empresas cotadas.

Exigências na Divulgação de Relatórios de Contas Aperfeiçoados

Transacções Fora do Balanço

O *Sarbanes-Oxley Act* determina que a SEC emita regras, exigindo a divulgação de todas as transacções materiais fora do balanço das empresas cotadas. Tal como a secção 401 da Lei ordena, as regras exigem a divulgação de «todas as transacções materiais fora do balanço, ajustamentos, obrigações (incluindo as contingenciais), e outros relacionamentos da empresa com entidades ou pessoas não consolidadas que possam ter um efeito corrente ou futuro nas condições financeiras, nas modificações das condições financeiras, nos resultados das operações, na liquidez, nos investimentos, nos recursos de capital, ou em componentes significativos de receitas ou despesas». Estas divulgações são exigidas em todos os relatórios anuais e trimestrais enviados à SEC.

Informações Financeiras **Pro Forma**

A secção 401 determina que a SEC emita regras sobre informações financeiras *pro forma*. Essas regras exigem que os relatórios de contas *pro forma* não contenham quaisquer declarações falsas ou omissões, que os tornem enganosos, e exigem que os relatórios de contas *pro forma* sejam conciliados com os PCGA. Essas regras aplicam-se a todos os relatórios de contas *pro forma* que são submetidos à SEC ou que estão incluídos em qualquer divulgação pública ou comunicados à imprensa.

Proibições de Empréstimos Pessoais a Executivos

A secção 402 torna ilegal a concessão, por parte das cotadas, de empréstimos pessoais ou de qualquer outra forma de extensão de créditos, directa ou indirectamente, a qualquer director ou administrador. Existe uma excepção que se aplica às instituições de crédito, se os empréstimos forem semelhantes aos que a empresa faz ao público, e nas mesmas condições.

Restrições à Utilização de Informações Privilegiadas

A secção 403 estabelece exigências de divulgação das transacções que envolvem os directores e administradores de empresas cotadas, ou pessoas que possuem mais de

10% dessa empresa. As alterações de titularidade dessas participações têm de ser comunicadas à SEC, até ao final do segundo dia útil após a transacção.

Ao abrigo da secção 306, os directores e administradores também estão proibidos de transaccionar valores mobiliários das empresas, durante períodos de inibição de negociação dos fundos de pensões. Essa restrição só se aplica aos títulos adquiridos em resultado da sua contratação ou do seu serviço à empresa. Um período de inibição é definido como um período de mais de três dias úteis consecutivos em que, pelo menos, 50% dos participantes no plano de reforma estão impedidos de negociar títulos das empresas. Se um director ou administrador violar esta disposição, pode ser obrigado a ceder à empresa todos os lucros obtidos com a venda dos títulos durante esse período.

Códigos de Ética para os Gestores Financeiros

No seguimento da secção 406 do SOX, a SEC estabeleceu regras que exigem às cotadas que divulguem se adoptaram um código de ética para os seus gestores financeiros superiores, explicando o motivo, caso não o tenham feito. As novas regras exigem, igualmente, imediata divulgação pública de alterações do código de ética ou de renúncia ao código de ética por parte de um gestor financeiro.

Divulgações Periódicas Melhoradas

A secção 408 da Lei exige que a SEC faça análises regulares e sistemáticas às divulgações feitas pelas cotadas. As análises destas comunicações, incluindo os seus relatórios de contas, têm de ser efectuadas, pelo menos uma vez, a cada três anos. Antes desta promulgação, as análises eram mínimas e tendiam a coincidir com as ofertas públicas registadas.

Divulgações em Tempo Real

Ao abrigo da secção 409, as cotadas têm de informar, publicamente, modificações materiais às suas condições ou operações financeiras. Essas divulgações têm de ser efectuadas «em inglês simples» e têm de ser feitas «de forma rápida e actual».

Protecções de Denunciantes ao Abrigo da Sarbanes-Oxley

O *Sarbanes-Oxley Act* estabelece novas e alargadas protecções aos informadores empresariais (*whistleblow*). Existem duas secções da Lei que abordam as protecções aos denunciantes: a secção 806 trata das protecções civis e a secção 1107 estabelece responsabilidade penal para as pessoas que retaliem contra os informadores.

Protecção de Denunciantes ao Abrigo da Responsabilidade Civil

A secção 806 da Lei Sorbones-Oxley, que se encontra codificada em 18 USC § 1514A, cria responsabilidade civil para as empresas que retaliam contra os informadores. Convém notar que esta disposição não fornece protecção universal aos informadores; apenas protege os empregados das empresas cotadas. A secção 806 torna ilegal despedir, despromover, suspender, ameaçar, perseguir ou discriminar, seja de que outro modo for, um empregado que forneça informações ou ajude na investigação de fraudes de valores mobiliários. Para desencadear as protecções ao abrigo da secção 806, o empregado tem de comunicar a suspeição da conduta errada a uma agência reguladora federal ou a forças policiais, a um membro do Congresso ou a um comité do Congresso, ou a um supervisor. Os empregados também são protegidos contra retaliações, por apresentarem, testemunharem, participarem ou auxiliarem, de qualquer outro modo, num processo apresentado ou prestes a ser apresentado, relacionado com uma alegada violação das leis de valores mobiliários ou regras da SEC.

As protecções ao informador aplicam-se mesmo que se acabe por descobrir que a empresa não cometeu uma fraude. Desde que o empregado tenha motivos razoáveis para crer que está a comunicar uma conduta que constitui uma violação às leis federais, então tem direito à protecção. As protecções abrangem actos de retaliação, não só por parte da empresa, mas também por parte de qualquer administrador, empregado, contratante, subempreiteiro ou agente da empresa.

Se se descobrir que uma empresa cotada violou a secção 806, a Lei prevê uma compensação suficiente para «restabelecer o empregado». As penas incluem reposições; retroactivos com juros; e compensações por danos especiais, incluindo custos de litígio, honorários de uma testemunha pericial e honorários dos advogados.

Protecção de Denunciantes ao Abrigo das Sanções Penais

A secção 1107 da Sarbanes-Oxley – codificada em 18 USC § 1513 – torna crime tomar alguma medida prejudicial, conscientemente, e com intenção de retaliar, contra uma pessoa que forneça informações relacionadas com o cometimento ou possível cometimento de qualquer delito federal. Essa protecção só é desencadeada quando a informação é fornecida a um agente da lei; não se aplica a relatórios dirigidos a supervisores ou a membros do Congresso, como é o caso ao abrigo da secção 806.

Em geral, a secção 1107 tem uma cobertura muito mais alargada do que as protecções aos informadores, de acordo com a responsabilidade civil descritas na secção 806. Embora as protecções da secção 806 se apliquem somente a empregados de empresas cotadas, as protecções aos informadores da secção penal 1107 abrangem todas as pessoas (e organizações), independentemente do local onde trabalham. Além disso, a secção 806 aplica-se, apenas, a violações de leis de valores mobiliários ou regras e regulamentos da SEC. A secção 1107, por outro lado, protege pessoas que fornecem informações sobre o cometimento, ou possível cometimento, de qualquer delito federal. As violações da secção 1107 podem ser punidas por multas até cerca de 250 mil dólares e penas até dez anos de prisão para pessoas individuais. As empresas que violem a lei podem ser multadas até 500 mil dólares.

Penas Aumentadas para Crimes de Colarinho Branco

Como parte dos esforços gerais do Congresso para impedir a fraude contabilística na empresa, e outros crimes de colarinho branco, o *Sarbanes-Oxley Act* também aumentou as penas criminais para uma série de delitos.

Tentativa e Conspiração

A Lei emenda as disposições de fraude postal do Código dos Estados Unidos (Capítulo 63), de modo a tornar as «tentativas» e as «conspirações para cometer» infracções sujeitas às mesmas penas que o próprio delito. Isto aplica-se à fraude de correios, fraude telefónica, fraudes em títulos, fraudes bancárias e fraudes de serviços de saúde.

Fraude de Correio e Fraude Telefónica

A Sarbanes-Oxley emenda os estatutos de fraude de correio e fraude telefónica (18 USC §§ 1341,1343), aumentando a pena máxima de prisão de cinco para vinte anos.

Fraudes em Títulos

A secção 807 da Lei torna as fraudes em títulos, ao abrigo do 18 USC § 1348, um crime, prevendo multas até 250 mil dólares e penas até 25 anos de prisão.

Destruição de Documentos

A secção 802 da Lei torna a destruição de provas, para obstruir uma investigação ou qualquer outro assunto dentro da jurisdição de qualquer departamento dos EUA, ilegal e punível com uma multa até 250 mil dólares e uma pena que pode ir aos 20 anos de prisão.

As regras finais adoptadas pela SEC, ao abrigo da secção 802, exigem especificamente que os contabilistas que realizam auditorias em empresas cotadas têm de manter todos os documentos de trabalho de auditoria ou análise durante um período de sete anos. Embora as primitivas disposições da secção 802 exigissem um período de retenção de apenas cinco anos, a SEC alargou a exigência, de modo a ser consistente com o período de retenção de sete anos exigido pelas Normas de Auditoria promulgadas pelo *Public Company Accounting Oversight Board* e previstas na secção 103 da Lei. As violações às regras da SEC podem ser punidas com multas até 250 mil dólares e penas até dez anos de prisão para pessoas singulares, ou multas até 500 mil dólares para empresas.

A secção 1102 da Lei emenda o artigo § 1512 do Código dos EUA, de modo a constituir crime o acto ou a tentativa de alterar, destruir, mutilar ou ocultar, corruptamente, um registo ou documento, com a intenção de comprometer a sua integridade ou uso num processo oficial ou, de qualquer outro modo, obstruir, influenciar ou impedir qualquer processo oficial. As violações a esta secção são puníveis com multas até 250 mil dólares e penas até vinte anos de prisão.

Congelamento de Activos

Durante uma investigação a possíveis violações de uma empresa cotada ou de qualquer um dos seus administradores, directores, sócios, agentes, pessoas controladoras ou empregados, a SEC pode formular um pedido ao tribunal federal, para que este congele, por 45 dias, os «pagamentos extraordinários» a qualquer das pessoas supramencionadas. Se for concedido, os pagamentos serão colocados, sob custódia, numa conta remunerada, enquanto a investigação avança. Esta disposição foi promulgada para evitar que os activos da sociedade fossem indevidamente distribuídos enquanto decorre uma investigação.

Lacunas da Falência

A secção 803 emenda o Código de Falências, para que os pagamentos de julgamentos, acordos, danos, multas, penalizações, restituição e privação, resultantes de violações das leis federais sobre valores mobiliários não sejam perdoados. Isto destina-se a evitar que os autores de delitos empresariais protejam os seus activos ao abrigo da protecção de falência.

Restituição de Bónus

Um dos aspectos mais singulares do *Sarbanes-Oxley Act* é a secção 304, que declara que se uma empresa cotada tiver de preparar uma nova declaração contabilística, devido à não conformidade material da empresa, como resultado de uma «manipulação» em relação a qualquer relatório de contas, então o CEO e o CFO terão de restituir à empresa:

- Quaisquer bónus ou compensações auferidas a título de incentivos ou participação no capital que tenham recebido da empresa, durante os 12 meses seguintes à primeira emissão do relatório, que tem novamente de ser preparado.

- Quaisquer lucros da venda de títulos da empresa durante o mesmo período de doze meses.

Embora a Lei exija que o CEO e o CFO sejam privados dos seus bónus, se os relatórios de contas da empresa tiverem de ser novamente preparados devido à «manipulação», não faz, no entanto, referência à pessoa que desencadeia esta disposição. Não existe nada no texto da secção 304 que limite a disposição de restituição a casos de manipulação por parte do CEO e do CFO. Presumivelmente, então, estes administradores executivos podem ser obrigados a privar-se dos seus bónus e lucros, ainda que não tivessem conhecimento nem tivessem tomado parte na manipulação que tornou a nova declaração necessária.

DADOS SOBRE FRAUDES DE RELATÓRIOS DE CONTAS DO *INQUÉRITO NACIONAL SOBRE FRAUDES DE 2006* DA ACFE

Frequência e Custo

As fraudes de relatórios de contas constituíam, de longe, no nosso estudo, o método de fraude na empresa menos comum. Dos 1134 casos do nosso inquérito de 2006, 11% envolveram fraudes de relatórios de contas (a soma destas percentagens ultrapassa os 100%, porque alguns casos envolviam múltiplos esquemas de fraudes que recaíam em mais de uma categoria. Vários gráficos deste capítulo podem reflectir percentagens que totalizam mais de 100% por motivos semelhantes), (consultar Figura 12.2).

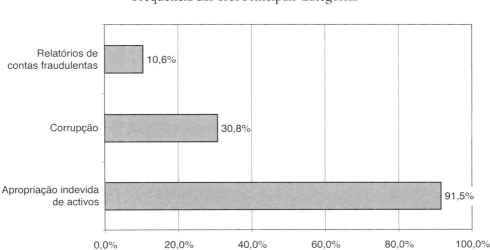

FIGURA 12.2 *Inquérito Nacional sobre Fraudes de 2006*: Frequência das Três Principais Categorias

Embora constituíssem a categoria menos referida de fraude ocupacional, os esquemas de relatórios de contas fraudulentos eram facilmente os mais onerosos. No nosso inquérito, a perda mediana associada foi de dois milhões de dólares, o que equivalia a quase quatro vezes mais do que a perda mediana provocada por esquemas de corrupção e mais de dez vezes a perda mediana de apropriação indevida de activos (consultar Figura 12.3).

Como mostra a Figura 12.4, as fraudes de relatórios de contas inclinavam-se, acentuadamente, para os níveis de perdas, em dólares, mais elevados. Recebemos 92 casos de relatórios de contas em que foi referida a perda de dólares e, em mais de dois terços dessas fraudes, as vítimas perderam pelo menos um milhão. Somente sete esquemas de relatórios de contas fraudulentos, no nosso estudo, provocaram perdas inferiores a 100 mil dólares.

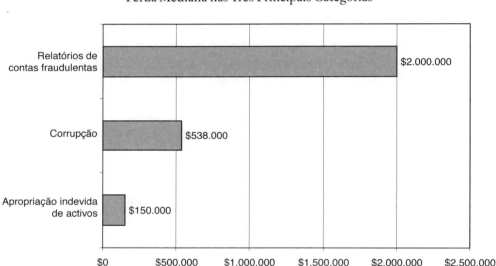

FIGURA 12.3 *Inquérito Nacional sobre Fraudes de 2006*: Perda Mediana nas Três Principais Categorias

Tipos de Esquemas de Relatórios de Contas Fraudulentos

As fraudes de relatórios de contas podem ser decompostas em cinco categorias distintas: despesas e responsabilidades ocultas, receitas fictícias, avaliações de activos incorrectas, divulgações de informações falseadas e diferenças de datação. Como mostra a Figura 12.5, a distribuição destes tipos de esquemas foi bastante uniforme, com cada uma das primeiras três categorias a ocorrer em pelo menos 40% dos esquemas de relatórios de contas fraudulentos que analisámos. As diferenças de datação foram o esquema menos comum entre as 120 fraudes de relatórios de contas, tendo ocorrido em 28% dos casos.

FIGURA 12.4 *Inquérito Nacional sobre Fraudes de 2006*:
Distribuição de Perdas em Dólares em Esquemas de Relatórios de Contas Fraudulentos

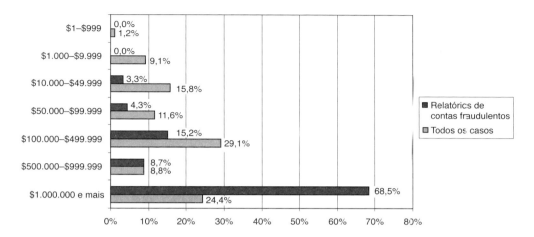

FIGURA 12.5 *Inquérito Nacional sobre Fraudes de 2006*:
Categorias dos Esquemas de Relatórios de Contas Fraudulentos

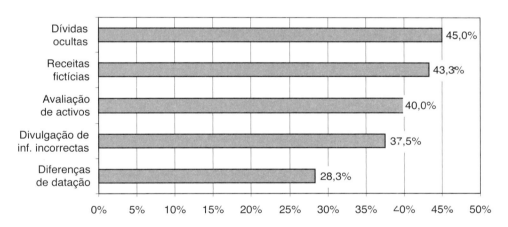

Detecção de Esquemas de Relatórios de Contas Fraudulentos

Noventa e um dos inquiridos contaram-nos o modo como os casos de fraudes de relatórios de contas que investigaram foram detectados. Os métodos mais comuns foram as denúncias, auditorias externas e acidentalmente, cada um dos quais aconteceu em pelo menos 20 casos. Não é de surpreender que a maior diferença dos resultados em todos os casos proviesse da categoria das auditorias externas, que eram responsáveis por apenas 12% das detecções globais, mas que levaram à detecção de mais de 28% das fraudes de relatórios de contas (consultar Figura 12.6).

FIGURA 12.6 *Inquérito Nacional sobre Fraudes de 2006*:
Detecção de Esquemas de Relatórios de Contas Fraudulentos

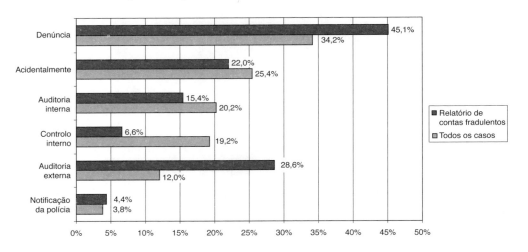

Autores de Esquemas de Relatórios de Contas Fraudulentos

A tendência dos autores de casos de fraudes de relatórios de contas foi contrária à apurada no global de todas as fraudes ocupacionais. A percentagem de fraudes de relatórios de contas aumentava à medida que se subia no nível de autoridade: a maioria das fraudes de relatórios de contas era cometida por proprietários/executivos, enquanto 31% dos casos envolviam gestores e apenas 6% envolviam empregados. Esta tendência era de esperar, uma vez que, geralmente, apenas os quadros superiores têm acesso aos relatórios de contas ou aos meios para provocar declarações incorrectas (consultar Figura 12.7).

FIGURA 12.7 *Inquérito Nacional sobre Fraudes de 2006*:
Autores de Esquemas de Relatórios de Contas Fraudulentos

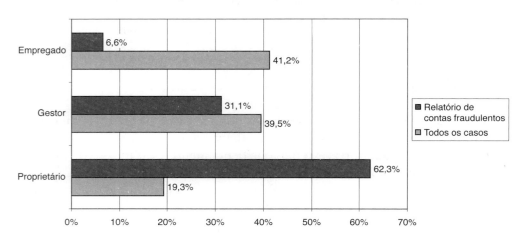

Não é de surpreender que as perdas provocadas por esquemas de relatórios de contas, em cada uma das três categorias de fraudadores, ultrapassavam, de longe, as perdas provocadas por fraudes ocupacionais no seu todo. Os gestores e os executivos/proprietários provocaram perdas medianas de mais de um milhão de dólares em fraudes de relatórios de contas (consultar Figura 12.8).

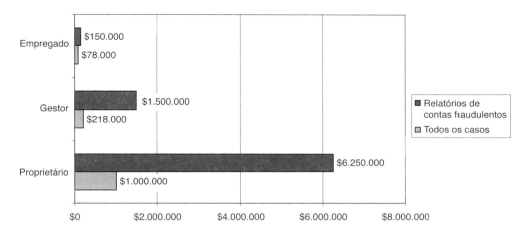

FIGURA 12.8 *Inquérito Nacional sobre Fraudes de 2006*: Perda Mediana por Autor de Esquemas de Relatórios de Contas Fraudulentos

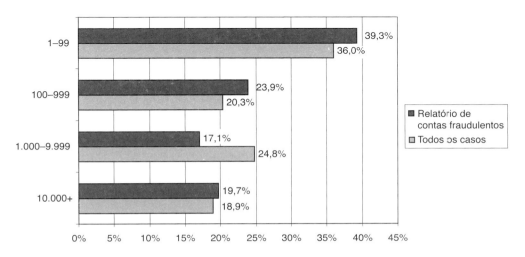

FIGURA 12.9 *Inquérito Nacional sobre Fraudes de 2006*: Dimensão, por Número de Empregados, da Vítima em Esquemas de Relatórios de Contas Fraudulentos

Vítimas de Esquemas de Relatórios de Contas Fraudulentos

A Figura 12.9 mostra o modo como os casos de fraude de relatórios de contas se encontravam distribuídos com base na dimensão da organização lesada. As vítimas eram, em maior número, as organizações mais pequenas.

Na Figura 12.10, vemos como as perdas medianas variavam com base na dimensão da vítima. As perdas medianas, em cada uma das categorias de dimensão, devido a fraudes de relatórios de contas ultrapassaram de longe as de todas as fraudes ocupacionais.

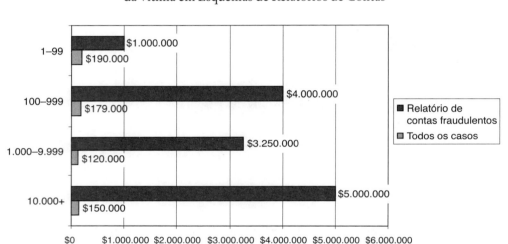

FIGURA 12.10 *Inquérito Nacional sobre Fraudes de 2006*: Perda Mediana por Dimensão da Vítima em Esquemas de Relatórios de Contas

NOTAS

1. The Committee of Sponsoring Organizations of the Treadway Committee, *Fraudulent Financial Reporting: 1987-1997: An analysis of U.S. Public Companies*, 1999.
2. Finkler, Steven A., *Finance and Accounting for Nonfinancial Managers*, Englewood Cliffs, NJ: Prentice-Hall, 1996, pp. 32-34.
3. Ibid., p. 34.
4. Ibid., pp. 45-51.
5. American Institute of Certified Public Accountants, Inc., *Accounting Standards, Original Pronouncements*, «Special Reports», Statement on Auditing Standards N.º 62, Janeiro de 1988.
6. Ibid.
7. Pub. L. 107-204, 116 Stat. 745 (2002).

CAPÍTULO 13

ESQUEMAS DE RELATÓRIOS DE CONTAS FRAUDULENTOS

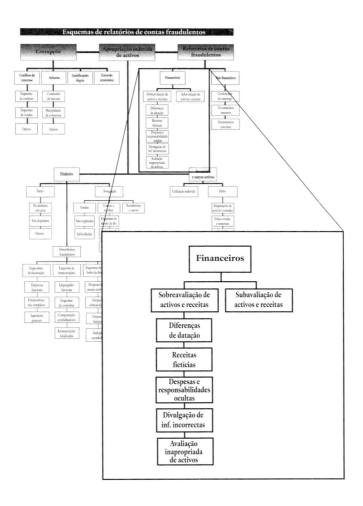

ESTUDO DE UM CASO: **ALI RESIDE A LOUCURA***

«Sou o Eddie Louco!», grita um homem de olhos esbugalhados no ecrã de televisão, batendo no rosto com as mãos. «Os meus preços são DE-MENTES!» Eddie Antar entrou no negócio da electrónica em 1969, com uma modesta loja chamada Sight and Sound. Menos de 20 anos depois, transformara-se no Eddie

---

* Vários nomes podem ter sido alterados de modo a preservar o anonimato.

Louco, um multimilionário e fugitivo à justiça. Era astuto, ousado e exclusivamente preocupado com os seus interesses; era obsessivo e ganancioso. Mas dificilmente seria «demente». Um promotor público declarou: «Ele não era o Eddie Louco, era o Eddie Vigarista». O homem no ecrã nem sequer era Eddie. O rosto, tão atentamente observado em toda a Nova Jérsia, Nova Iorque e Connecticut –, pertencia a um actor contratado para desempenhar uma imitação humilhante mas eficaz. O verdadeiro Eddie Antar não era homem para gritar e rasgar as próprias roupas. Vivia ocupado a ganhar dinheiro, e ganhava bastante, de forma ilegal. Quando o seu império electrónico ruiu, Antar e membros da sua família tinham-se distinguido por uma fraude de enormes proporções, colhendo mais de 120 milhões de dólares. Um funcionário superior da *Securities and Exchange Commission* (SEC) declarou com sarcasmo: «Talvez não se trate da maior fraude de acções de todos os tempos, mas, em escândalo, será muito difícil de ultrapassar». À SEC juntaram-se o FBI, o *Postal Inspection Service* (Serviço de Inspecção Postal) e a Procuradoria-Geral, na tentativa de descobrirem o rasto de Eddie. Conseguiram revelar uma fraude multi-prolongada, em que Antar:

1. Classificava dinheiro contrabandeado de bancos estrangeiros como vendas.
2. Fazia falsos lançamentos nas contas a pagar.
3. Exagerava o inventário da Crazy Eddie, Inc., entrando nos registos de auditorias e alterando-os.
4. Recebia crédito por mercadoria «devolvida», contando-a ao mesmo tempo como inventário.
5. «Partilhava inventário» de uma loja para aumentar a conta de auditoria das outras lojas.
6. Conseguia que os fornecedores enviassem mercadoria e adiassem a facturação, além de reivindicar descontos e créditos de publicidade.
7. Vendia grandes lotes de mercadorias a grossistas e, em seguida, distribuía o dinheiro por lojas individuais como se fossem recibos de vendas a retalho.

Tratava-se de uma longa e lucrativa lista para Eddie Antar e o seu círculo familiar íntimo. Os sete pontos de actividade foram concebidos para dar a impressão de que a Crazy Eddie estava a prosperar. Na realidade, estava. Era a única grande loja de venda de aparelhagens de som e televisões, na zona metropolitana de Nova Iorque, com uma quota dominante e aparentemente inexpugnável do mercado. Mas para Eddie não bastava. Ele dispersou, em bolsa, capital da cadeia e encaixou muito dinheiro. Acções que inicialmente eram vendidas a oito dólares, cada, mais tarde atingiriam os 80 dólares, graças à manipulação magistral das contas da empresa por parte da equipa de Eddie.

Inflacionar o preço das acções da Crazy Eddie não constituía a primeira vigarice realizada por Antar. Nos primeiros tempos, à medida que a Sight and

Sound crescia e se transformava na Crazy Eddie, que se multiplicava em várias lojas, Eddie declarava rendimentos inferiores aos que obtinha. O primo de Eddie, Sam Antar, recordava-se de aprender como a empresa fazia negócio, observando, durante os primeiros tempos, o seu pai. «Os gerentes de loja entregavam dinheiro à casa, antes de fecharem, às dez horas, e o meu pai fazia uma pilha para depositar na conta da empresa e várias pilhas para outros da família», declarou Sam Antar. «Em seguida ia às suas casas para lhes entregar, às duas da manhã, a respectiva pilha de dinheiro». Por cada pequena quantia de dólares para a empresa, os Antars recebiam um dólar para si próprios. O dinheiro era colocado em contas bancárias secretas no Banco Leumi, de Israel. Eddie também contrabandeava algum do dinheiro para fora do país, atando montes de notas grandes em redor do seu corpo. Os Antars escaparam com, pelo menos, sete milhões de dólares, ao longo de vários anos. Sonegar o dinheiro significava lucros livres de impostos e um pé-de-meia colossal à sua espera além-mar.

Mas entrar no mercado de capitais era outra história. Eddie preparava a oferta pública inicial (IPO) das acções, simplesmente retirando dinheiro do Banco de Leumi para a empresa. Estava de facto a crescer, mas o facto de injectar os fundos furtados como receitas de vendas fazia o crescimento parecer ainda mais impressionante. Isto parece magnífico: sonegar o dinheiro e enganar o homem do fisco e, em seguida, sacar os fundos, à medida que fosse necessário para aumentar os números das vendas. Mantém a embarcação a flutuar sem problemas.

Mas Paul Hayes, um agente especial que trabalhou no caso com o FBI, salientou o problema de Eddie. «Depois de aumentar os números dos livros, estabeleceram um padrão de crescimento de dois dígitos, que tinham de manter. Quando não conseguiam mantê-lo, começaram à procura de novos modos de o falsificarem», declarou Hayes.

Eddie, os seus irmãos, os primos e várias pessoas leais à família possuíam grandes quinhões de acções da empresa. Fosse o que fosse que se passasse nas lojas, todos desejavam que as suas acções subissem. Foi assim que nasceu o plano dos sete pontos. O dinheiro sonegado esperava além-mar, para ser introduzido e disfarçado como vendas. Mas havia limites para o dinheiro corrente que a família dispunha e que podia regressar ao país, por isso voltaram-se para outros métodos de aumentar os relatórios de contas da empresa. Na parte mais ousada da vigarice alargada, os Antars entraram nos registos de auditorias e aumentaram os números de inventário. Com um traço de caneta, 13 leitores de micro-cassetes tornavam-se 1.327.

Melhor ainda, os Antars descobriram como fazer o seu inventário representar trabalho dobrado. Eram formulados memorandos de débitos que mostravam quantidades substanciais de aparelhagens ou vídeos-gravadores como «devolvidos ao fabricante». A Crazy Eddie recebia um crédito pelo custo grossista devido pelo fabricante. Mas os aparelhos ficavam guardados no armazém, para serem contados como inventário. Numa variação da vigarice do inventário, pelo menos um grossista concordou em enviar à Crazy Eddie camiões carregados de mercadoria, adiando a facturação para uma data posterior. Desse modo, a Crazy Eddie tinha, lançados no livro de contabilidade, um volume de inventário bastante grande e, ainda, os créditos de devolução. Mas, e se os auditores se aproximassem demasiado e começassem a levantar questões? Os executivos deitavam fora os registos. Um relatório «perdido» era um relatório seguro.

Eddie Antar não se detinha em simples jogos de contabilidade e armazém; «partilhou inventário» entre as suas cerca de 40 lojas. Depois de os auditores acabarem de contar a mercadoria de um armazém e partirem, os trabalhadores metiam-na em camiões, e, durante a noite, transportavam-na para outra loja. Quando os auditores chegavam a essa loja, descobriam um armazém cheio, à espera de ser contado. Mais uma vez, este estratagema acarretou um duplo pagamento. A auditoria parecia sólida, pois os artigos de inventário eram contados múltiplas vezes. E a contabilidade parecia boa, porque apenas um conjunto de facturas era lançado como contas a pagar aos credores da Eddie. Além disso, a brincadeira podia ser repetida pelo tempo que a ronda de auditorias exigisse.

O trunfo de Eddie era a rede de fornecimentos. Ele tinha grande influência junto dos grossistas da zona, porque a Crazy Eddie constituía o maior e melhor ponto de venda a retalho da região. O agente Paul Hayes recorda-se de Eddie como «um homem de negócios enérgico: fazia pressão sobre um fabricante, declarando-lhe que não ia transportar o seu produto. Ora, ele era o rei daquilo que constituía, talvez, o maior mercado consolidado de venda a retalho da nação. Os fabricantes japoneses disputavam entre si a entrada para esse mercado... por isso, quando Eddie fazia uma ameaça, era uma ameaça com um grande impacto potencial».

Os fornecedores concediam descontos extraordinários e abatimentos de publicidade. Se não o fizessem, os Antars tinham outro método: inventavam o desconto. Por exemplo, a Crazy Eddie podia dever um milhão de dólares à George Electronics; ao declarar que 500 mil dólares eram descontos ou crédito mal parado, a conta ficava reduzida para metade. Por vezes, havia um verdadeiro desconto, outras não (não foi fácil, depois da queda de Eddie, saber o que constituía um negócio astuto e o que era uma fraude. «Tinham descontos legítimos à mistura», declara Hayes, «juntamente com as actividades criminosas. Eis o motivo pelo qual se tornava difícil saber onde estava o fumo e onde estava o fogo»).

Eddie tinha ainda outra combinação com os fabricantes. Para certos artigos muito procurados – aparelhagens de som topo de gama, por exemplo –, uma empresa produtora concordava em vender apenas à Crazy Eddie. Eddie pedia uma encomenda suficientemente grande para suprir as suas necessidades e, depois, acrescentava mais um pouco. O excedente era vendido a um distribuidor que já concordara em vender a mercadoria fora da zona, de três estados, da Crazy Eddie. E depois vinha a parte realmente boa: por acordo, a distribuidora pagava pela mercadoria numa série de cheques pequenos – o valor de 100 mil dólares de aparelhagens portáteis seria pago com dez cheques de 10 mil dólares cada. Eddie distribuía esse dinheiro pelas suas lojas como vendas registadas. Sabia que os analistas da Wall Street utilizavam comparações de vendas de loja como indicador básico. Novas lojas são comparadas com lojas antigas, e qualquer loja aberta há mais de um ano é comparada com o seu desempenho durante o período anterior. O objectivo é ultrapassar o desempenho do ano anterior. Assim, as injecções de 10 mil dólares faziam as «comparações» de Eddie parecer fantásticas.

À medida que os números adulterados circulavam em círculos financeiros entusiastas, a CRZY dobrava os seus resultados por acção (EPS) durante o primeiro ano cotada em bolsa. A companhia realizou um *stock split* (desmultiplicação das acções), de uma para duas acções, nos dois primeiros anos fiscais, como empresa cotada. Como *chairman* (presidente não executivo) e CEO, Eddie Antar serviu-se da sua *newsletter* para anunciar lucros vertiginosos, redução das despesas gerais e uma nova sede empresarial com cerca de 20 mil metros quadrados. Estavam em curso planos para a criação de uma nova área de negócio, de compras *online*. Além das lojas de electrónica, havia agora uma filial, a Crazy Eddie Record and Tape Asylums, no *dossier* da Antar. No seu auge, a operação incluía 43 lojas e registava vendas de 350 milhões de dólares por ano. Estava muito longe da operação da primeira loja, Sight and Sound, onde tudo começara.

Era quase inquietante o modo deliberado como os conspiradores Antars manipulavam os investidores e o modo tão directo como os seus crimes influenciavam as avaliações dos corretores. No final do segundo ano da Crazy Eddie, como empresa cotada, uma importante sociedade de investimentos emitiu uma efusiva recomendação de «compra», que se baseava, explicitamente, «no crescimento de 35% do EPS» e no «crescimento das vendas de lojas comparadas no nível mais baixo do crescimento de dois dígitos». Estas expansões de dois dígitos eram de «comparações» que Eddie e o seu bando tinham adulterado com o dinheiro dos revendedores e manipulando os inventários. As acções da CRZY, previa o relatório, duplicariam e uma parte seria durante o ano seguinte. Como se estivessem a seguir um guião dos Antars, os analistas declararam: «a Crazy Eddie é a única retalhista do nosso universo que não registou, nos últimos dois anos, um trimestre decepcionante. Não cremos que se trate de um acaso... Acreditamos que a Crazy Eddie está a tornar-se no tipo de empresa que pode registar, continuamente, um crescimento das vendas em lojas comparadas acima da média». Não podiam saber que eram necessários esforços hercúleos para dar precisamente essa impressão. O relatório louvava as capacidades de gestão de Eddie. «O Sr. Antar criou uma sólida organização por detrás de si, coesa e orientada... Apesar da qualidade turbulenta (alguns comentadores menos caridosos chamar-lhe-iam repugnante) dos anúncios, a gestão da Crazy Eddie é bastante conservadora».

De certo modo, até era verdade. Agarravam-se fortemente ao dinheiro à medida que este fluía pelo mercado. Segundo as acusações federais, a conspiração aumentou o valor da empresa, durante o primeiro ano, em cerca de dois milhões de dólares. Ao venderem acções de uma empresa sobrevalorizada, os sócios embolsavam mais de 28,2 milhões de dólares. No ano seguinte, aumentaram ilegalmente os resultados em 5,5 milhões de dólares e as vendas a retalho em 2,2 milhões de dólares. Desta vez, o grupo encaixou uma subida das acções de 42,2 milhões de dólares. No último ano, antes de a prosperidade se ter transformado em falência, Eddie e os seus sócios inflacionaram os lucros em 37,5 milhões de dólares e as vendas a retalho em 18 milhões de dólares. Não tinham assim tanto de reserva, por isso, apesar da grande explosão, apenas encaixaram 8,3 milhões de dólares.

Talvez Eddie soubesse que o fim estava próximo, mas, com ofertas públicas de aquisição a surgirem, ele continuava a lutar. Iniciara o seu negócio com uma loja em Brooklyn, quase vinte anos antes, próximo da vizinhança onde crescera, povoada sobretudo de judeus imigrantes da Síria. Apesar deste humilde começo – acabaria por ser chamado de «o Darth Vader do capitalismo» por um advogado de acusação, referindo-se não só ao seu logro profissional, mas também à sua vida pessoal. O romance de Eddie com outra mulher terminou o seu casamento e precipitou uma ruptura para toda a vida com o seu pai. Acabou por se divorciar e casar com a amante. Os rumores davam a entender que Eddie se sentia infeliz, porque tivera cinco filhas e nenhum filho do primeiro casamento. Os vizinhos declararam que o resto da família ficou do lado da ex-mulher. Eddie e os seus irmãos prosseguiram o negócio juntos, mas não mantinham contacto fora da empresa. Allen Antar, uns anos mais novo, deveria ter-se solidarizado – também fora afastado da família quando pedira o divórcio e desposara uma mulher que não era judia (embora Allen acabasse por se divorciar dessa mulher para voltar a casar com a primeira esposa). Mais tarde, no julgamento, os irmãos Antar foram notavelmente frios um para o outro. Até o próprio advogado de Eddie lhe chamou «charlatão».

Mas este Darth Vader tinha um lado compassivo. Eddie era conhecido como um homem sossegado e modesto. Raramente era fotografado e quase nunca concedia entrevistas. Dizia-se que ele passara horas à cabeceira de um primo moribundo, Mort Gindi, cujo irmão, também chamado Eddie, foi constituído arguido no julgamento federal dos Antars. É recordado pelo seu primo Sam como «um líder, alguém que eu admirava desde que era miúdo. Eddie era forte, levantava pesos; quando os miúdos italianos queriam vir ao nosso bairro para bater nos miúdos judeus, Eddie detinha-os. Isso, quando nós éramos pequenos. Depois, ficou diferente».

Eddie percorrera um longo caminho. Realizara milhões de dólares, vendendo acções da empresa a preços inflacionados. Esse dinheiro era escondido em contas secretas por todo o mundo, mantido sob o nome de várias identidades falsas. Eddie saíra-se tão bem que se tornou vulnerável enquanto líder do império retalhista. Quando Elias Zinn, um homem de negócios de Houston, se juntou à Oppenheimer-Palmieri Fund e se envolveu numa guerra pela posse da Crazy Eddie, os Antars já tinham pouco poder accionista para impedir a proposta. Perderam. Pela primeira vez, a Crazy Eddie estava fora do alcance de Eddie.

Os novos proprietários não tiveram muito tempo para festejar. Descobriram, rapidamente, que o navio estava a afundar-se. As lojas estavam, alarmantemente, desprovidas de *stock*, os accionistas estavam a processá-los, os fornecedores fechavam as linhas de crédito, porque eram pagos tardiamente ou não eram pagos de todo. Uma análise inicial mostrou que o inventário da empresa tinha sido exagerado em 65 milhões de dólares, um número que, mais tarde, subiu para mais de 80 milhões. Numa manobra desesperada, a nova gestão estabeleceu um sistema de inventário informatizado e criou linhas de crédito. Apaziguaram os fornecedores e cortaram 150 empregos para reduzir as despesas gerais. Mas era demasiado tarde. Menos de um ano após a aquisição, a Crazy Eddie estava morta.

Eddie Antar, por outro lado, estava bem vivo. Mas ninguém sabia onde. Desaparecera quando se tornara evidente que a aquisição o obrigava a sair. Ele criara falsas empresas na Libéria, em Gibraltar e no Panamá, juntamente com contas bem recheadas em Israel e na Suíça. Sentindo que os seus dias na Crazy Eddie estavam contados, fugiu dos Estados Unidos, viajando pelo mundo com falsos passaportes, chamando-se, em momentos diferentes, Harry Page Shalom e David Cohen. Shalom era uma pessoa real, um amigo de longa data de Eddie, outra pessoa na rede de companheiros antigos e desgostosos.

Foi como David Cohen que Eddie terminou a sua fuga à justiça e à realidade. Após vinte e oito meses em fuga, foi parar a uma esquadra de Berna, na Suíça, mas não para se entregar. «David Cohen» pedia ajuda à polícia. Estava zangado, porque os funcionários do banco se recusavam a deixá-lo aceder aos 32 milhões de dólares que tinha numa conta. Os funcionários do banco não diziam nada a Cohen, excepto que ele não podia aceder aos fundos, mas informaram discretamente a polícia de que o dinheiro fora congelado pelo Departamento da Justiça dos EUA. Declarações ajuramentadas na investigação tinham indicado a conta como uma linha Antar. Não demorou muito até se descobrir que David Cohen, o milionário irado na esquadra de Berna, era Eddie Antar. Foi a última actuação pública do Louco Eddie durante uns tempos. Por fim, confessou-se culpado das acusações de extorsão e conspiração e foi condenado a 82 meses de prisão, com crédito por tempo cumprido. Isso deixou-o com cerca de três anos e meio por cumprir. Também foi condenado a restituir 121 milhões de dólares a investidores defraudados. Foram recuperados quase 72 milhões de dólares das contas pessoais de Eddie. «Não peço perdão», declarou Eddie ao juiz. «Peço justiça».

O irmão de Eddie, Mitchell, foi o primeiro a ser condenado. Apanhou quatro anos e meio de prisão e foi obrigado a restituir três milhões de dólares, mas a sua condenação foi anulada devido a uma observação prejudicial por parte do juiz no julgamento. Mitchell, mais tarde, confessou-se culpado de duas fraudes sobre valores mobiliários, e as restantes acusações foram retiradas. Allen Antar foi absolvido no primeiro julgamento, mas ele e o seu pai Sam ainda enfrentam acusações da SEC.

Segundo as últimas notícias, Eddie tinha um novo emprego e estava a sair-se bem. Tão bem que os administradores dos serviços de alimentação da prisão de Otisville, em Nova Iorque, apresentaram uma petição especial ao tribunal, pedindo que lhe fosse permitido manter o emprego. QUE LOUCURA!

MÉTODOS DE FRAUDE DE RELATÓRIOS DE CONTAS

A maioria dos esquemas de relatórios de contas pode ser classificada dentro de uma ou mais das seguintes categorias:

- Receitas fictícias
- Diferenças de datação
- Despesas e responsabilidades ocultas
- Divulgações de informações incorrectas
- Avaliações de activos incorrectas

No entanto, como a manutenção de registos financeiros envolve um método das partidas dobradas, os lançamentos de contabilidade fraudulentos afectam, sempre, pelo menos duas contas e, portanto, pelo menos duas categorias dos relatórios de contas. Embora os esquemas descritos nas páginas seguintes reflictam as principais classificações de fraudes de relatórios de contas, convém ter em conta que existe algures o outro lado da transacção fraudulenta. É comum os esquemas envolverem um conjunto de vários métodos.

RECEITAS FICTÍCIAS

As receitas fictícias ou inventadas envolvem o registo de vendas de bens ou serviços que não ocorreram. Elas envolvem, muito frequentemente, clientes falsos ou fantasmas, mas também podem envolver clientes legítimos. Por exemplo, uma factura fictícia pode ser preparada (mas não enviada por correio) para um cliente legítimo, embora os artigos não sejam entregues ou os serviços não sejam prestados. No início do período contabilístico seguinte, a venda pode ser revertida para ajudar a ocultar a fraude, o que, no entanto, pode originar uma perda de receita no novo período, criando a necessidade de mais vendas fictícias. Outro método consiste em utilizar clientes legítimos e aumentar ou alterar, artificialmente, as facturas, de modo a que reflictam montantes ou quantidades mais elevados do que os realmente vendidos.

De um modo geral, a receita é reconhecida quando é (1) realizada ou realizável e (2) ganha. Em Dezembro de 2003, a *Securities and Exchange Commission* emitiu o Boletim sobre Contabilidade N.º 104, Reconhecimento das Receitas (SAB 104), para actualizar directrizes sobre os critérios de reconhecimento de receitas e para refrear algumas das práticas indevidas que tinham sido observadas. O SAB 104 determina que a receita é considerada realizada ou realizável e ganha, quando são satisfeitos todos os critérios seguintes:

- Existe uma prova convincente de um acordo.
- Ocorreu uma entrega ou foram prestados os serviços.
- O preço do fornecedor para o comprador é fixo ou determinável.
- A cobrança está razoavelmente assegurada.

Um caso específico descreve um exemplo típico de receitas fictícias. Interessada em aumentar a sua posição financeira, uma empresa cotada urdiu transacções simuladas durante mais de sete anos. A gestão da empresa utilizou várias empresas-fantasma, para simular uma série de vendas. As transacções de vendas eram fictícias, tal como os pretensos clientes. À medida que os montantes das vendas aumentavam, aumentavam igualmente as suspeitas dos auditores internos. As transacções simuladas incluíam o pagamento de fundos por activos, enquanto os mesmos fundos eram devolvidos à empresa-mãe como receitas de vendas. O esquema da gestão passou despercebido durante tanto tempo que, no final, os livros da empresa estavam inflacionados em mais de 80 milhões de dólares. Os fraudadores foram finalmente descobertos e processados em tribunais civis e penais.

Um exemplo de uma amostragem de lançamento para este tipo de caso encontra-se descrito abaixo. É feito um lançamento fictício para registar uma pretensa compra de activos fixos, debitando esses activos fixos pelo montante da alegada compra e creditando à caixa o pagamento:

Data	Descrição	Ref.	Débito	Crédito
12/01/97	Activos fixos	104	350.000	
	Caixa	101		350.000

Faz-se, então, um lançamento fictício de vendas pelo mesmo montante que a falsa compra, debitando na conta a receber e creditando na conta de vendas. A saída de caixa que supostamente pagou os activos fixos é «devolvida» como pagamento sobre as contas a receber, embora, na prática, o dinheiro possa nunca ter sido movimentado, se os fraudadores não se incomodaram em falsificar esses documentos comprovativos.

Data	Descrição	Ref.	Débito	Crédito
12/01/97	Contas a receber	120	350.000	
	Vendas	400		350.000
12/15/97	Caixa	101	350.000	
	Contas a receber	120		350.000

O resultado da sequência de eventos totalmente inventada é um aumento nos activos da empresa e nas receitas anuais. Em alternativa, o débito podia ser dirigido a outras contas, tais como a do inventário ou na conta de dívidas, ou podia simplesmente ser deixado nas contas a receber, se a fraude fosse cometida perto do fecho do exercício, o que resultaria numa dívida pendente, sem atrair atenções indevidas.

Vendas com Condições

As vendas com condições são uma forma de esquema de receitas fictícias em que uma venda é marcada, embora algumas condições não tenham sido preenchidas, e os direitos e riscos de posse não tenham sido transmitidos ao comprador. Essas transacções não se qualificam para o reconhecimento como receitas, mas podem ser registadas num esforço para aumentar, fraudulentamente, os rendimentos de uma empresa. Estes tipos de vendas assemelham-se aos esquemas que envolvem o reconhecimento de receitas em períodos incorrectos, uma vez que as condições de venda podem ser satisfeitas no futuro, altura em que o seu reconhecimento seria adequado. Os esquemas de reconhecimento prematuro são debatidos mais adiante neste capítulo.

Pressões para Aumentar as Receitas

As pressões externas colocadas sobre proprietários e gestores de negócios por banqueiros, accionistas, famílias e até comunidades fornecem frequentemente a motivação para cometer fraude. Num dos exemplos dados, uma empresa de investimento imobiliário tratou da venda de acções que possuía numa empresa não relacionada. A venda ocorreu no último dia do ano e foi, nesse ano, responsável por 45% do resultado da empresa. Uma entrada de 30% do valor foi registada como recebida e o correspondente valor foi inscrito nas contas a receber para efeitos de balanço. Com a intenção de mostrar uma empresa financeiramente mais saudável, os pormenores da venda foram tornados públicos num anúncio à imprensa, mas a venda era totalmente inventada. Para cobrir a fraude, foram feitos empréstimos, fora do balanço, pelo montante do pagamento da entrada. Outros documentos comprovativos foram também falsificados. A falsa declaração de 40 milhões de dólares foi, por fim, descoberta e o proprietário da empresa imobiliária enfrentou uma acção penal.

Num caso semelhante, uma empresa têxtil cotada envolveu-se numa série de falsas transacções concebidas para melhorar o seu retrato financeiro. Recibos da venda de existências foram devolvidos à empresa sob a forma de receitas. A equipa de gestão fraudulenta chegou mesmo ao ponto de registar um empréstimo bancário como proveitos. Na altura em que o esquema foi revelado, os livros da empresa estavam exagerados em cerca de 50 mil dólares, um montante material para esta empresa.

As pressões para cometer fraude de relatórios de contas podem provir do interior da empresa. Exigências nos orçamentos departamentais, incluindo objectivos de lucros e receitas, podem criar situações propícias à fraude nos relatórios de contas. Num dos casos relatados, o responsável pela contabilidade de uma pequena empresa introduziu falsos registos financeiros para cobrir as suas deficiências económicas. Os relatórios de contas incluíam uma série de lançamentos feitos pelo gestor, concebidos para satisfazer as projecções orçamentais e para cobrir perdas no fundo de pensões da empresa. Influenciado por um desempenho financeiro sombrio nos últimos meses, o contabilista também exagerou, de forma constante, as receitas em determinados períodos. Para cobrir o seu esquema, fez débitos na conta de passivos e créditos aos capitais próprios. O fraudador acabou por se demitir, deixando uma carta de confissão. Mais tarde, foi processado num tribunal penal.

Sinais de Alerta Associados a Receitas Fictícias

- Rápido crescimento ou rentabilidade invulgar, especialmente em comparação com o de outras empresas do mesmo sector.
- Fluxos de caixa recorrentemente negativos ou incapacidade para gerar fluxos de caixa com as operações, enquanto regista lucros e crescimento de lucros.
- Transacções significativas com partes relacionadas ou entidades com finalidades específicas, fora do rumo habitual dos negócios, ou com entidades que não passam por auditorias ou são auditadas por outras empresas.
- Transacções significativas, invulgares ou muito complexas, especialmente as que ocorrem perto do fecho do período, que colocam questões difíceis de «substância sobre a forma».
- Aumento invulgar do número de dias das vendas nas contas a receber.
- Um volume significativo de vendas a entidades cuja substância e posse não é conhecida.
- Um aumento invulgar de vendas por um pequeno conjunto de unidades numa empresa, ou de vendas registadas pela sede da empresa.

DIFERENÇAS DE DATAÇÃO

Como já foi referido, a fraude de relatórios de contas também pode envolver diferenças de datação – ou seja, o registo de receitas e/ou despesas em períodos incorrectos. Isso pode ser feito para mudar receitas ou despesas entre um período e o seguinte, aumentando ou diminuindo os lucros à medida do que se deseja.

Conciliar Receitas com Despesas

Recordemos que, segundo os Princípios Contabilísticos Geralmente Aceites, as receitas e despesas correspondentes devem ser registadas ou conciliadas no mesmo período contabilístico; não o fazer constitui uma violação do princípio de balanceamento dos PCGA. Por exemplo, imaginemos que uma empresa regista, com exactidão, vendas que ocorreram no mês de Dezembro, mas não regista totalmente os custos associados a essas vendas, fazendo-o só em Janeiro – o período contabilístico seguinte. O efeito deste erro seria exagerar o resultado líquido da empresa no período em que as vendas foram registadas, mas também diminuiria os resultados do período subsequente, em que as despesas foram registadas.

O exemplo seguinte retrata uma venda, em que o custo associado não é registado no mesmo período. É feito um lançamento no diário para registar a facturação de um projecto, que não está completo. Embora tenha sido assinado um contrato para esse projecto, os artigos e serviços para o mesmo não foram entregues, e a data de início do projecto nem sequer está marcada para antes de Janeiro. Para aumentar as receitas do ano corrente, essa transacção é fraudulentamente registada antes do fecho do exercício:

Data	Descrição	Ref.	Débito	Crédito
12/31/97	Contas a receber	120	17.000	
	Vendas – Projecto C	401		17.000
	Registar venda de bens e serviços – Projecto C			
	Ano de encerramento do exercício fiscal – 97			

Em Janeiro, o projecto é iniciado e concluído. Os lançamentos abaixo mostram um registo exacto dos custos de 15.000 dólares associados à venda:

Data	Descrição	Ref.	Débito	Crédito
01/31/98	Custo de vendas – Projecto C	702	13.500	
	Inventário	140		13.500
	Registar diminuição de inventário para o Projecto C			
01/31/98	Custos de mão-de-obra – Projecto C	550	2.000	
	Caixa	101		2.000
	Registar despesas de ordenado para o Projecto C			

Se registados correctamente, os lançamentos para o reconhecimento das receitas e dos custos associados seriam realizados no período contabilístico em que realmente ocorrem: Janeiro. O efeito na demonstração de resultados da empresa é mostrado na Figura 13.1.

Este exemplo retrata exactamente como a não aderência ao princípio do balanceamento dos PCGA pode provocar uma declaração material errada nas demonstrações de resultados anuais. Como as receitas e as despesas foram registadas, erradamente, no ano YY, este apresentou um lucro líquido de 17.000 dólares, enquanto o ano ZZ produziu um prejuízo de 13.400 dólares. Correctamente declaradas, as receitas e despesas são conciliadas e registadas, em conjunto, no mesmo período contabilístico, mostrando lucros líquidos moderados, porém exactos, de zero dólares no ano YY e de 3.600 dólares no ano ZZ.

FIGURA 13.1 Demonstração de Resultados:
Correctamente Declarada vs. Incorrectamente Declarada

	Incorrectamente declarada		Correctamente declarada	
	Ano YY	Ano ZZ	Ano YY	Ano ZZ
Receitas de vendas				
Projecto B	25.000		25.000	
Projecto C	17.000			17.000
Projecto D		26.500		26.500
Total de vendas	42.000	26.500	25.000	43.500
Custos de vendas				
Projecto B	22.500		22.500	
Projecto C		15.500		15.500
Projecto D		21.400		21.400
Total de custos de vendas	22.500	36.900	22.500	36.900
Margem bruta	19.500	(10.400)	2.500	6.600
Despesas gerais e administrativas	2.500	3.000	2.500	3.000
Resultado líquido	17.000	(13.400)	0	3.600

Reconhecimento Prematuro de Receitas

Geralmente, as receitas devem ser reconhecidas, nos registos contabilísticos, quando a venda fica concluída, ou seja, quando se passa a titularidade do bem da vendedora para a compradora. Esta transferência de propriedade conclui a venda e, geralmente, não é final, até que todas as obrigações que rodeiam a venda fiquem concluídas. Quatro critérios estabelecidos no Boletim de Contabilidade N.º 104 da SEC têm de ficar cumpridos. Como referido na secção anterior, esses quatro critérios são:

1. Existe prova convincente de um acordo.
2. Ocorreu uma entrega ou foram prestados os serviços.
3. O preço do vendedor para o comprador é fixo ou determinável.
4. A cobrança está razoavelmente assegurada.

Um dos casos descreve como o reconhecimento antecipado de receitas não só leva a representações incorrectas dos relatórios de contas, como também pode servir como catalisador de novas fraudes. A gestão de uma cadeia de drogarias antecipou-se no registo de receitas. Num esquema, que foi utilizado repetidamente, a gestão aumentava os lucros, registando prematuramente receitas ainda não obtidas, resultando na ideia de que as drogarias eram muito mais rentáveis do que na realidade eram. Quando a situação veio a público, e foi investigada, vários esquemas de desfalque, de relatórios de falsas despesas e fraudes de cartões de crédito foram também reveladas.

Num outro caso, o presidente de uma organização sem fins lucrativos conseguiu extrair, ilegalmente, o montante máximo de doações privadas, adulterando os livros da instituição. Para permitir à organização receber fundos adicionais, que estavam dependentes das contribuições já recebidas, o presidente da organização registou doações prometidas, antes de estas serem entregues. Quando o esquema foi descoberto, pelo auditor interno da organização, a fraude já era cometida há mais de quatro anos.

Quando os gestores reconhecem receitas prematuramente, um ou mais dos critérios estabelecidos no Boletim de Contabilidade N.º 104 da SEC não são cumpridos. Problemas comuns, devido ao reconhecimento prematuro de receitas, encontram-se expostos abaixo.

Não existe uma prova convincente de um acordo

- Não existe qualquer acordo por escrito ou verbal.
- Existe um acordo verbal, mas é habitual haver um acordo por escrito.
- Existe uma ordem por escrito, mas está condicionada à venda aos utilizadores finais (isto é, uma venda à consignação).
- Existe uma ordem por escrito, mas contém um direito de devolução.
- Existe uma ordem por escrito, mas uma carta de acompanhamento altera os termos, de forma a que anula o acordo.
- A transacção é entre uma parte inter-relacionada, facto que não foi divulgado.

Não ocorreu uma entrega ou os serviços não foram prestados

- Não foi efectuada uma remessa, e os critérios para o reconhecimento de receitas em transacções de «cobrança e retenção» estabelecidos no Boletim de Contabilidade N.º 104 da SEC não foram cumpridos.
- Foi efectuada uma remessa, não para o cliente, mas para o vendedor, um instalador ou um entreposto público.
- Apenas alguns, não todos, dos componentes necessários para a operação foram enviados.
- Foram enviados artigos de especificação errada.
- A entrega não está concluída até à instalação, teste e aceitação por parte do cliente.
- Não foram prestados quaisquer serviços.

- Os serviços estão a ser prestados durante um período prolongado, e apenas uma parte das receitas pelos serviços deveria ter sido reconhecida no período corrente.
- A mistura de bens e serviços num contrato foi falsamente declarada para acelerar indevidamente o reconhecimento de receitas.

O preço do vendedor para o comprador não está fixado nem é determinável

- O preço depende de certos eventos futuros.
- Uma comissão de serviço ou de associação encontra-se sujeita a cancelamento imprevisível durante o período contratual.
- A transacção inclui uma opção de trocar o produto por outros.
- Os termos de pagamento são prolongados por um período substancial, e podem ser exigidos descontos ou actualizações para induzir o uso e pagamento contínuos, sob pena de mudar para produtos alternativos.

A cobrança não está razoavelmente assegurada

- A cobrança depende de certos eventos futuros (por exemplo, revenda do produto, recepção de financiamento adicional ou litígio).
- O cliente não tem capacidade para pagar (por exemplo, está em dificuldades financeiras, comprou muito mais do que consegue pagar, ou trata-se de uma empresa-fantasma com activos mínimos).

Contratos a Longo Prazo

Os contratos a longo prazo colocam problemas especiais para o reconhecimento de receitas. Os contratos de construção, a longo prazo, usam o método do contrato concluído ou de percentagem concluída, dependendo das circunstâncias. O método de contrato concluído não regista receitas até que o projecto esteja totalmente acabado. Os custos de construção são mantidos numa conta de inventário até à conclusão do projecto. O método de percentagem concluída reconhece receitas e despesas à medida que se efectuam progressos mensuráveis no projecto, mas este método é particularmente vulnerável à manipulação. Os gestores podem facilmente manipular a percentagem concluída e os custos estimados para concluir um projecto de construção, de modo a reconhecer receitas prematuramente e ocultar derrapagens.

Sobrecarga do Canal

Outra área difícil no reconhecimento é a sobrecarga do canal, também conhecido como sobrecarga comercial. Refere-se à venda de uma quantidade invulgarmente grande de um produto aos distribuidores, que são incentivados a comprar em excesso para beneficiarem de grandes descontos e/ou condições de pagamento prolongadas. Esta prática é especialmente atractiva em indústrias com elevadas margens brutas (tabaco, farmácia, perfumaria, concentrado de soda e bens de consumo de marca), porque pode, a curto prazo, aumentar lucros. O inconveniente é que, ao roubar as vendas do período seguinte, se torna mais difícil alcançar os objectivos desse período, o que conduz por vezes a níveis de sobrecarga de canais cada vez mais disruptivos e, por fim, a um novo relatório de contas.

Embora, num esquema de sobrecarga de canais, sejam recebidas encomendas, as suas condições podem, no entanto, levantar algumas questões sobre a cobrança dos pagamentos e poderá haver acordos colaterais, que garantam um direito de devolução, tornando-se, verdadeiramente, uma venda à consignação. Pode existir um maior risco de devoluções em certos produtos, se não for possível vendê-los antes de expirar a data de armazenamento. Trata-se de um problema particular dos fármacos, porque os retalhistas não aceitam medicamentos com prazo curto de armazenamento. Como consequência, a sobrecarga de canais deve ser considerada com cepticismo, pois, em certas circunstâncias, pode constituir uma fraude.

Registar Despesas no Período Incorrecto

O registo oportuno das despesas é, por vezes, comprometido devido a pressões para satisfazer as projecções e os objectivos orçamentais ou devido à falta de controlos contabilísticos adequados. À medida em que as despesas de certos custos são empurradas para períodos diferentes daqueles em que de facto ocorrem, não são devidamente conciliadas com a receita que ajudaram a produzir. Pensemos num caso em que o material foi comprado e aplicado ao orçamento do ano corrente, mas, na realidade, foi utilizado no período contabilístico posterior. Um gestor de uma empresa cotada terminou onze meses de actividade abaixo do orçamento previsto para o conjunto do ano. Decidiu, portanto, fazer um adiantamento das despesas. Para gastar todos os fundos orçamentados para o corrente ano, para o seu departamento, comprou 50 mil dólares em artigos desnecessários. As despesas foram registadas no orçamento corrente. Os auditores notaram o grande salto nas despesas e investigaram a situação. O gestor confessou, explicando que estava sob pressão para cumprir o orçamento do ano seguinte. Como o gestor não tentou ficar com os fundos, não foi tomada qualquer acção legal.

O registo correcto de tais transacções seria debitar o aprovisionamento ao inventário pelo montante da compra original e, subsequentemente, ir retirando os artigos da conta à medida que vão sendo usados. Os lançamentos no diário exemplificados abaixo descrevem o método correcto de gastar as provisões ao longo do tempo.

Data	Descrição	Ref.	Débito	Crédito
12/31/AA	Inventário de aprovisionamento	109	50.000	
	Contas a pagar	201		50.000
	Registar a compra de aprovisionamento			
Registado em	Despesa do aprovisionamento	851	2.000	
Período usado	Inventário do aprovisionamento	109		2.000
	Registar aprovisionamento consumido no período corrente			

Lançamentos semelhantes devem ser feitos mensalmente, à medida que as provisões são utilizadas até serem consumidas, e até serem registados 50.000 dólares em despesas de aprovisionamento.

Sinais de Alerta Associados às Diferenças de Datação

- Rápido crescimento ou rentabilidade invulgar, especialmente em comparação com o de outras empresas do mesmo sector.
- Fluxos de caixa recorrentemente negativos ou incapacidade da actividade em gerar fluxos de caixa, enquanto regista lucros e crescimentos dos lucros.
- Transacções significativas, invulgares ou muito complexas, especialmente as que ocorrem perto do fecho do período, que colocam questões difíceis de «substância sobre a forma».
- Crescimento invulgar na margem bruta ou margem acima de pares sectoriais.
- Aumento invulgar do número de dias das vendas nas contas a receber.
- Diminuição invulgar do número de dias das compras nas contas a pagar.

ESTUDO DE UM CASO: **A IMPORTÂNCIA DA DATA**[**]

Que dizer de um esquema em que ninguém obtém dinheiro algum? Um esquema que nunca se destinou a enriquecer os seus intervenientes nem a defraudar a empresa para a qual trabalham? Foi o que sucedeu em Huntsville, Alabama, no local de uma grande fábrica de produtos de alumínio que gerava mais de 300 milhões de dólares de vendas anuais. Um grupinho de homens astutos adulterou os livros da empresa, sem obter um único cêntimo para si próprios.

Terry Isbell era um auditor interno que fazia uma análise rotineira das contas a pagar. Estava a fazer uma busca no computador para procurar transacções de

---

[**] Vários nomes podem ter sido alterados de modo a preservar o anonimato.

mais de 50 mil dólares e encontrou, entre os dados, uma conta para a substituição de dois revestimentos de caldeira. Os pagamentos, no final do ano, eram para uma fornecedora aprovada e tinham as assinaturas devidas de Steven Leonyrd, um engenheiro de manutenção, e Doggett Stine, o gestor de compras do sector. No entanto, não havia mais nada no ficheiro. Os trabalhos de manutenção e reparação deste género deviam ser feitos com base na mão-de-obra e materiais. Assim, deveria haver, no ficheiro, relatórios de trabalho, talões e documentos de inspecção, juntamente com as facturas pagas. Mas não havia nada.

Isbell falou com Steven Leonyrd, que lhe mostrou as caldeiras, recentemente revestidas e trabalhando na perfeição. Então onde estavam os documentos? «Estarão no ficheiro de trabalhos regular do primeiro trimestre», replicou Leonyrd.

«A conta era do ano passado, Novembro e Dezembro», salientou Isbell. Isso era porque o trabalho tinha sido pago em «adiantamentos», segundo Leonyrd. Não havia espaço no plano de trabalho para assegurar o serviço em Novembro, por isso, o trabalho fora cobrado no orçamento de manutenção não recorrente desse ano. Mais tarde, algum tempo após o início do ano, o trabalho fora efectivamente realizado.

A gestão da divisão concordou que Isbell procedesse a um exame. Este descobriu 150 mil dólares em facturas de reparação sem os devidos documentos. Os registos de materiais e aprovisionamentos pagos num ano, mas recebidos no ano seguinte, totalizavam 250 mil dólares. Uma verificação e uma inspecção de registos mais recentes mostraram que tudo o que fora pago fora efectivamente recebido, mas mais tarde do que o prometido.

Assim, visitou, novamente, Leonyrd, que declarou ser tudo muito simples. «Tínhamos dinheiro no orçamento para manutenção e reparação, aprovisionamentos fora do âmbito normal. O ano estava a chegar ao fim, parecia que íamos perder aqueles dólares, sabe, acabariam por reverter para os fundos gerais. Então criámos as ordens de trabalho e colocámo-las no orçamento do ano passado. E recebemos as coisas, mais tarde». Quem dissera a Leonyrd para fazer isso? «Ninguém, fazia sentido, só isso».

Ninguém, suspeitava Isbell, era o gestor de compras que dirigia o grupo de Leonyrd, Doggett Stine. Stine era conhecido como um «tipo do género autoritário» entre as pessoas que trabalhavam para ele, uma espécie de tirano de armazém. Isbell interrogou-o acerca da combinação com Leonyrd. «Não é nada de especial», insistiu Stine. «Tratava-se apenas de gastar o dinheiro enquanto ali estava. Era para isso que ele lá estava, para manter a fábrica. Foi o que fizemos». Não fora ideia sua, declarou Stine, mas também não fora de Leonyrd, para dizer a verdade, tratara-se apenas de uma discussão e de uma decisão informal. O supervisor de recepção do armazém concordara que se tratava de uma excelente ideia e criara os documentos como lhe haviam dito. O pessoal da contabilidade processava as facturas como lhes diziam. Um guarda-livros a *part-time* declarou a Isbell que se recordava de uma discussão acerca de como gastar o dinheiro, mas não colocara questões.

Isbell encontrava-se numa estranha posição, um pouco à semelhança do Malvolio de Shakespeare, que passa o seu tempo, na peça *A Noite dos Reis*, a repreender as outras personagens por se estarem a divertir tanto. Leonyrd não embolsara nada, nem Stine; ser um tirano dificilmente constituía um crime fraudulento. Tinha-se perdido cerca de seis mil dólares em juros, presumindo que o dinheiro tivesse permanecido nas contas bancárias da empresa, mas não era bem essa a questão. A um nível mais sério, este fácil desvio de fluxo de caixa representava uma distorção no manuseamento e utilização de fundos. Isbell não pensava nas regras por si próprias nem por cerimónia – dinheiro de tão fácil acesso significava que a empresa tinha uma falha. As próximas pessoas podiam não ser tão cívicas nem tão altruístas; podiam começar a manipular zeros e assinaturas em vez de datas.

Perante a recomendação de Isbell, o departamento de recepção começou a reportar directamente à divisão de contabilidade geral da fábrica, e o seu supervisor recebeu outro trabalho. Doggett Stine tinha-se reformado. Steven Leonyrd foi despromovido e transferido para outro sector; foi despedido um ano mais tarde por um esquema diferente. Abordara um contratante para substituir o telhado de sua casa, com a conta a ser cobrada em «manutenção não recorrente» da fábrica. Mas o contratante alertou funcionários da fábrica acerca do seu empregado pouco escrupuloso, que também era conhecido por obter dinheiro extra em «trabalhos de consultoria» da fábrica. *Bolas*, deve ter pensado Leonyrd, *tramado novamente*.

DESPESAS E RESPONSABILIDADES OCULTAS

Como já foi debatido anteriormente, subavaliar dívidas e despesas constitui um dos modos através dos quais é possível manipular os relatórios de contas para dar a impressão de que uma empresa é mais lucrativa. Uma vez que o resultado, antes da dedução dos impostos, aumentará no montante total da despesa ou dívida não declarada, este método de fraude de relatório de contas pode ter um impacto significativo nos lucros registados, com relativamente pouco esforço para o fraudador. Trata-se de um método muito mais fácil de cometer do que a falsificação de muitas transacções de vendas. As transacções em falta são, geralmente, mais difíceis de detectar pelos auditores do que as incorrectamente registadas, pois não existe uma pista de auditoria.

Existem três métodos comuns para ocultar as dívidas e despesas:

1. Omissões de dívidas/despesas.
2. Custos plurianuais.
3. Não divulgação de custos de garantias e dívidas.

Omissões de Dívidas/Despesas

O método preferido, e mais fácil, de ocultar dívidas/despesas é simplesmente não as registar. Julgamentos de muitos milhões de dólares contra a empresa, provenientes de uma decisão recente do tribunal, podem ser convenientemente ignorados. As facturas dos fornecedores podem ser atiradas fora (eles enviarão outra mais tarde) ou esquecidas nas gavetas, ao invés de serem lançadas no sistema de contas a pagar, aumentando assim os lucros no valor total das facturas. Num ambiente de venda a retalho, podem ser criados memorandos de débitos de compensação a fornecedores, supostamente para reclamar abatimentos ou deduções permitidos, mas, por vezes, apenas para criar um rendimento adicional. Estes itens podem, ou não, ser devidamente registados num período contabilístico subsequente, mas isso não altera a natureza fraudulenta dos relatórios de contas correntes.

Um dos casos de omissões de dívidas, de mais elevado nível, envolveu a Adelphia Communications, que, em Julho de 2002, foi acusada pela SEC de, entre outras coisas, excluir, fraudulentamente, mais de 2,3 mil milhões de dívidas bancárias dos seus relatórios de contas consolidados. Segundo a queixa apresentada pela SEC, o fundador da Adelphia e os seus três filhos excluíram as dívidas dos relatórios de contas consolidados anuais e trimestrais da empresa, passando-os deliberadamente para subsidiários que não consolidavam e, por isso, fora do balanço da Adelphia. O não registo dessas dívidas violava as exigências dos PCGA e deu origem a uma série de falsas representações da Adelphia, incluindo a criação de falsas transacções sustentadas em documentos fictícios, para dar a falsa impressão de que a Adelphia tinha liquidado as dívidas, quando, na realidade, simplesmente as passara para outras entidades, não consolidadas, controladas pelo fundador. Os relatórios de contas eram, pois, enganadores, já que nas notas de rodapé davam a falsa ideia que as dívidas registadas incluíam todos os empréstimos bancários pendentes.

É frequente os fraudadores de omissões de dívidas e despesas acreditarem que podem ocultá-la em períodos futuros. Frequentemente planeiam compensar as dívidas omitidas, com o vislumbre de outras fontes de rendimento, tais como lucros de futuros aumentos de preços.

Sendo tão fáceis de ocultar, as dívidas omitidas são, provavelmente, um dos esquemas de relatórios de contas mais difíceis de descobrir. Uma análise minuciosa a todas as transacções de data posterior aos relatórios de contas, tal como os aumentos e diminuições das contas a pagar, pode contribuir para a descoberta de dívidas omitidas, do mesmo modo que uma análise informática dos registos de despesas pode ajudar. Além disso, se o auditor pediu, e obteve, acesso ilimitado aos ficheiros dos clientes, uma busca física poderá revelar facturas ocultas e dívidas não lançadas. Entrevistas ao pessoal das contas a pagar e a outro pessoal pode também revelar itens não registados ou adiados.

Custos Plurianuais

As despesas de capital são custos que garantem um benefício à empresa, durante mais do que um período contabilístico. O equipamento de produção constitui um exemplo deste tipo de despesa. As despesas de receitas ou encargos correspondem, directamente, à produção de receitas correntes e fornecem benefícios apenas para o período contabilístico corrente. Um exemplo de despesas são os custos de mão-de-obra por uma semana de serviço. Esses custos correspondem directamente às receitas facturadas no período contabilístico corrente.

Capitalizar despesas de receitas constitui outro modo de aumentar o resultado e os activos, uma vez que são amortizados ao longo de um período de anos, em vez de serem imediatamente reconhecidos como custo. Se as despesas forem capitalizadas como activos e não reconhecidas como custo, durante o período corrente, o resultado está a ser inflacionado. Quando os activos são amortizados, o resultado nos períodos subsequentes é subavaliado.

A capitalização incorrecta de despesas foi um dos métodos fundamentais de fraude de relatórios de contas alegadamente utilizada pela WorldCom, Inc., na fraude conhecida no início de 2002. Segundo uma queixa apresentada pela SEC, a WorldCom exagerou, materialmente, o resultado nos relatórios de contas em aproximadamente nove mil milhões de dólares, utilizando principalmente dois métodos. Primeiro, a WorldCom reduziu os custos operacionais, lançando, como crédito a estes custos, provisões anteriormente estabelecidas para custos de linhas[11] e impostos. Em segundo lugar, reduziu indevidamente os custos operacionais, caracterizando certas despesas como activos imobilizados. Grande parte dos nove mil milhões relacionava-se com a representação indevida de custos de linhas, que se encontravam entre as maiores despesas operacionais da WorldCom. Ao reduzir indevidamente provisões a «custos de linhas» e transferindo certos «custos de linhas» para os activos imobilizados, a WorldCom deu uma imagem falsa de si própria, parecendo um negócio lucrativo, quando não o era, ocultando grandes perdas. Estas práticas contabilísticas indevidas foram concebidas para, e assim o fizeram, inflacionar os resultados, de modo a que correspondesse às estimativas dos analistas da Wall Street, sustentando os seus preços por acção.

Reconhecimento de Despesas de Capital

Assim como não é correcto capitalizar despesas, também não o é reconhecer como custos despesas que deveriam ser capitalizadas. Uma organização pode desejar minimizar o seu resultado líquido devido aos impostos ou aumentar lucros em períodos futuros. Reconhecer como despesa um item que deveria ser amortizado ao longo de um certo tempo, contribuiria para se conseguir precisamente isso – o resultado líquido baixa e, como tal, os impostos também.

Devoluções, Deduções e Garantias

O registo incorrecto de devoluções e deduções de vendas ocorre quando uma empresa não as lança devidamente ou não apresenta a despesa associada às devoluções e deduções de clientes por insatisfação. É inevitável que uma certa percentagem de produtos vendidos seja, por um ou outro motivo, devolvida. Quando tal sucede, a gestão tem de registar a despesa relacionada como uma conta de contrapartida de venda, o que reduz o montante de vendas líquidas apresentado na demonstração de resultados.

Do mesmo modo, quando uma empresa oferece uma garantia nas vendas de produtos, tem de estimar o montante do custo de garantia em que espera incorrer durante o período de garantia e acrescentar ao passivo esse montante. Na fraude de dívida de garantia, esta é geralmente omitida por completo ou substancialmente subavaliada. Outra área semelhante é a responsabilidade resultante de produtos defeituosos (responsabilidade do produtor).

Sinais de Alerta Associados às Despesas e Responsabilidades Ocultas

- Fluxos de caixa recorrentemente negativos ou incapacidade da actividade em gerar fluxos de caixa, enquanto regista lucros e crescimentos dos lucros.
- Activos, passivos, receitas ou despesas, baseados em estimativas que envolvem opiniões subjectivas ou incertezas difíceis de corroborar.
- Participação ou preocupação excessiva de gestores não financeiros com a selecção dos princípios contabilísticos ou a determinação de estimativas.
- Crescimento invulgar na margem bruta ou margem acima de pares sectoriais.
- Deduções por devoluções de vendas, reivindicações de garantias e semelhantes estão a diminuir percentualmente ou estão desajustadas dos pares sectoriais.
- Redução invulgar no número de dias que as compras permanecem nas contas a pagar.
- Reduzir as contas a pagar, enquanto os concorrentes prolongam os prazos de pagamento aos fornecedores.

DIVULGAÇÃO DE INFORMAÇÕES INCORRECTAS

Como já foi debatido, os princípios contabilísticos exigem que os relatórios de contas e as suas notas incluam todas as informações necessárias para evitar que um utilizador razoavelmente perspicaz seja enganado. As notas devem incluir divulgações históricas, programas comprovativos e quaisquer outras informações necessárias para evitar enganar potenciais investidores, credores ou quaisquer outros utilizadores dos relatórios de contas.

A gestão tem a obrigação de divulgar todas as informações significativas, adequadamente, nos relatórios de contas e nas análises e discussões do conselho de administração. Além disso, as informações divulgadas não devem ser enganadoras. Divulgações incorrectas em relação a fraudes de relatórios de contas geralmente envolvem:

- Omissões de dívidas
- Eventos subsequentes
- Fraudes administrativas
- Transacções de partes relacionadas
- Alterações contabilísticas

Omissões de Dívidas

As omissões típicas incluem a não divulgação de contratos de empréstimos ou dívidas contingentes. Os contratos de empréstimos são acordos – além de ou como parte de um financiamento – onde um mutuante promete cumprir um conjunto de obrigações enquanto o acordo financeiro decorre. Os contratos podem conter vários tipos de obrigações, incluindo limites para o rácio financeiro e restrições em outros grandes acordos financeiros. As dívidas contingentes são obrigações potenciais que só se materializarão se certos eventos, no futuro, ocorrerem. Uma garantia corporativa para empréstimos de um funcionário ou de uma empresa privada controlada por um funcionário constitui um exemplo de uma dívida contingente. A dívida potencial da empresa, se for material, deve ser divulgada.

Eventos Subsequentes

Os eventos que ocorrerem ou se tornarem conhecidos, após o fecho do período, podem ter um efeito significativo sobre os relatórios de contas, e devem ser divulgados. Os fraudadores evitam tipicamente divulgar julgamentos em tribunal e decisões regulatórias que minem os valores registados dos activos, que indiquem dívidas não registadas ou que reflictam desvantajosamente a integridade da gestão. As buscas de registos públicos podem revelar tais informações.

Fraudes Administrativas

A gestão tem a obrigação de divulgar aos accionistas fraudes significativas cometidas por funcionários, executivos e outras pessoas em posições de confiança. Recusar essas informações aos auditores envolveria provavelmente mentir-lhes, um acto, por si só, ilegal.

Transacções de Partes Relacionadas

As transacções de partes relacionadas ocorrem quando uma empresa faz negócio com outra entidade, cuja gestão ou políticas operacionais podem ser por si, ou por qualquer outra parte comum, controladas ou consideravelmente influenciadas. Não existe nada de errado nas transacções entre partes relacionadas, desde que as mesmas sejam totalmente divulgadas. Se as operações não se realizarem numa base de distanciação, a empresa pode sofrer prejuízos económicos, prejudicando os accionistas.

O interesse financeiro que um funcionário de uma empresa pode ter talvez não seja logo evidente. Por exemplo, directores comuns a duas empresas, que fazem negócio entre si, qualquer sócio geral da empresa e os sócios com quem faz negócios, ou qualquer accionista que controle a empresa com a qual faz negócios podem ser partes relacionadas. As relações familiares também podem ser consideradas partes relacionadas. Essas relações incluem todos os descendentes e antepassados em linha directa, independentemente dos interesses financeiros. As transacções de partes relacionadas são, por vezes, referidas como negócios pessoais. Embora estas transacções sejam, algumas vezes, realizadas à distância, o mais frequente é, no entanto, não o serem.

No caso da fraude da Tyco, muito publicitado, que rebentou em 2002, a SEC acusou antigos executivos de topo da empresa, incluindo o seu antigo CEO, L. Dennis Kozlowski, de não divulgar aos accionistas centenas de milhões de dólares de empréstimos a taxas reduzidas e sem juros que contraíram junto da empresa e que, em certos casos, nunca chegaram a pagar. A acusação da SEC alegava, ainda, que três antigos executivos, incluindo Kozlowski, tinham vendido acções da Tyco, avaliadas em milhões de dólares, antes de divulgarem os seus negócios pessoais. Várias transacções indevidas foram alvo da acusação, incluindo o alegado uso por Kozlowski de 242 milhões de dólares de empréstimos para fins inadmissíveis e não autorizados, incluindo o financiamento de um estilo de vida extravagante. Com esses empréstimos não divulgados, Kozlowski alegadamente acumulou milhões de dólares em belas-artes, iates e jóias antigas, bem como um apartamento de 31 milhões de dólares, em Park Avenue, e uma propriedade palaciana em Nantucket. Kozlowski também se envolveu, alegadamente, em transacções imobiliárias não distanciadas, e não divulgadas, com a Tyco ou as suas filiais, e recebeu compensações e gratificações não divulgadas, incluindo o perdão de empréstimos de muitos milhões de dólares, utilização sem pagamento de rendas de grandes apartamentos em Nova Iorque, e utilização de aviões da empresa para fins pessoais por baixo ou nenhum custo.

Alterações Contabilísticas

O *Statement of Financial Accounting Standards*[12] N.º 154 (SFAS 154), sobre Mudanças Contabilísticas e Correcção de Erros, descreve três tipos de alterações contabilísticas que têm de ser divulgadas para evitar enganar o utilizador dos relatórios de contas: princípios contabilísticos, cálculos e entidades referentes ao relatório. Embora o tratamento requerido para cada tipo de alteração seja diferente, todas são passíveis de manipulação por fraudadores determinados. Por exemplo, os fraudadores podem não refazer, devida e retroactivamente, os relatórios de contas em caso de alteração de um princípio contabilístico se tal fizer com que a situação financeira da empresa pareça mais fraca. Do mesmo modo, podem não divulgar alterações significativas nos cálculos, como o tempo de vida útil e valores residuais estimados de activos amortizáveis, ou os cálculos subjacentes à determinação de garantias ou outras responsabilidades. Podem até alterar secretamente a entidade referente, acrescentando entidades detidas, em privado, pela gestão ou excluindo certas unidades detidas pela empresa, para melhorar os resultados registados.

Sinais de Alerta Associados a Divulgações Incorrectas

- Domínio da gestão por uma única pessoa ou um pequeno grupo (num negócio não gerido pelo proprietário) sem controlos de compensação.
- Supervisão ineficaz do conselho de administração ou comité de auditoria sobre o processo de relatório financeiro e controlos internos.
- Comunicação, implementação, apoio ou aplicação dos valores ou padrões éticos da entidade ineficazes por parte da gestão, ou comunicação de valores ou padrões éticos inadequados.
- Rápido crescimento ou rentabilidade invulgar, especialmente em comparação com outras empresas do mesmo sector.
- Transacções significativas invulgares ou muito complexas, especialmente as efectuadas perto do fecho do período que colocam questões difíceis de substância sobre a forma.
- Transacções significativas de partes relacionadas, fora do rumo normal de negócios, ou com entidades relacionadas que não passaram por uma auditoria ou que tiveram uma auditoria de outra empresa.
- Contas bancárias ou operações de filiais ou subsidiárias significativas em jurisdições e paraísos fiscais, para as quais parece não haver uma justificação de negócios evidente.
- Estrutura organizacional demasiado complexa, envolvendo entidades legais ou linhas de autoridade administrativa invulgares.
- Historial conhecido de violações às leis do mercado de capitais ou outras leis e regulamentos, ou de processos contra a entidade, a sua gestão, ou membros do conselho, por causa de alegadas fraudes ou violação legais ou regulamentares.
- Tentativas recorrentes, por parte da gestão, de justificar contabilidade marginal ou inadequada com base na materialidade.

- Restrições formais ou informais sobre o auditor, que limitam indevidamente o acesso a pessoas ou informações, ou a capacidade de comunicar eficazmente com o conselho de administração ou o comité de auditoria.

AVALIAÇÃO INAPROPRIADA DE ACTIVOS

Ao abrigo da regra «o mais baixo, o custo ou o valor de mercado», quando o custo de um activo é superior ao seu valor no mercado (como sucede frequentemente com tecnologia obsoleta), esse activo tem de ser amortizado pelo valor do mercado. À excepção de certos valores mobiliários, os activos não são aumentados para reflectir o actual valor de mercado. Torna-se, frequentemente, necessário utilizar estimativas. Por exemplo, são utilizadas para determinar o valor residual e o tempo de vida útil de um bem amortizável, para determinar a parte incobrável das contas a receber, ou a parte excessiva ou obsoleta do inventário. Sempre que se utilizam estimativas, existe uma oportunidade adicional de fraude, através da sua manipulação.

Muitos esquemas são utilizados para inflacionar activos circulantes à custa de activos de longo prazo. O efeito líquido observa-se no grau de solvabilidade. A avaliação inapropriada de activos a longo prazo como circulantes pode ser uma preocupação crucial para as instituições mutuantes, que exigem a manutenção de certos rácios financeiros. Isso tem importância, sobretudo, quando os contratos de empréstimo são sobre linhas de crédito e outros empréstimos a curto prazo não segurados ou com garantias demasiado baixas. Por vezes, estas classificações incorrectas são referidas como *window dressing* (operações contabilísticas falsas usadas para melhorar, de forma fictícia, os resultados).

A maioria das avaliações inapropriadas de activos envolve o exagero fraudulento do inventário ou das contas a receber. Outras avaliações incorrectas de activos incluem a manipulação da atribuição do preço de compra de um negócio adquirido, para inflacionar futuros lucros, a classificação incorrecta de activos fixos e outros, ou a capitalização indevida de inventário ou custos de arranque. As avaliações inapropriadas de activos geralmente recaem sobre uma das seguintes categorias:

- Avaliação do inventário.
- Contas a receber.
- Combinações de negócios.
- Activos fixos.

Avaliação do Inventário

Uma vez que o inventário tem de ser avaliado pelo preço de aquisição, excepto quando se determina que o preço é mais elevado que o corrente valor de mercado, o inventário deve ser amortizado pelo seu valor corrente ou totalmente amortizado se não possuir valor. Não amortizar os inventários resulta em activos sobreavaliados e na discordância do custo dos activos vendidos com as receitas. O inventário também pode ser incorrectamente declarado pela manipulação da contagem do inventário físico; inflacionando o custo por unidade com base no qual se estabelecerá o preço; não aliviando o inventário pelos custos dos activos vendidos, ou através de outros métodos. Os esquemas de inventários fictícios geralmente envolvem a criação de falsos documentos, tais como folhas de contagem de inventário, relatórios de recepção e itens semelhantes. As empresas até programaram relatórios de inventários informáticos especiais para auditores que acrescentavam indevidamente linhas de artigos, de modo a inflacionar o saldo global do inventário. Técnicas de auditoria auxiliadas pelo computador podem ajudar consideravelmente os auditores a detectar muitas destas fraudes do inventário. Um dos casos relatados envolveu um esquema de avaliação do inventário em que a fraude foi cometida através da manipulação da contagem das existências. Durante uma auditoria de rotina a uma empresa cotada de fornecimento médico, a equipa de auditores descobriu uma declaração incorrecta do valor do inventário, que, dificilmente, se poderia classificar de rotineira. O inventário do cliente era medido em volumes métricos. Aparentemente, à medida que a contagem era efectuada, um empregado deslocou, arbitrariamente, a unidade decimal. Isso resultou numa enorme sobreavaliação do inventário. A descoberta obrigou a empresa a fazer nova declaração dos seus relatórios de contas, o que resultou numa amortização do montante do inventário em mais de 1,5 milhões de dólares.

Um dos métodos mais populares de sobreavaliar o inventário é através de inventário fictício (fantasma). Por exemplo, num dos casos, um investigador certificado de fraudes (CFE), que realizava uma análise a um controlo de sistemas, numa grande fábrica de conservas e grossista de produtos no Sudoeste, observou um condutor de uma empilhadora a construir uma grande fachada de produto acabado numa localização remota do armazém. O inventário estava rodeado por um cordão e um sinal indicava que estava destinado a uma empresa de transformação de produtos alimentares nacional. A fábrica de conservas estava supostamente a guardar o inventário até que o cliente o pedisse. Quando o CFE investigou, descobriu que o inventário, mantido para a transformadora de alimentos, foi mais tarde revendido a um fornecedor de uma cadeia de *fast food* nacional.

Uma análise às contas a receber, prestes a caducar, revelou vendas, nos meses anteriores, de aproximadamente 1,2 milhões de dólares a este cliente específico, e também se descobriu que tinham sido passados recibos de dinheiro contra essas contas a receber. Uma análise do inventário final não conseguiu revelar quaisquer incorrecções, porque a amortização do inventário tinha sido devidamente registada nos custos de vendas. Foram então pedidas cópias de todos os documentos de vendas a esse cliente específico. O produto foi repetidamente vendido FOB (*free on board*[13]), o embarque e o rótulo passaram. Mas guias de carga indicavam que apenas 200 mil dólares do inventário fora enviado ao comprador original. Devia haver um milhão de dólares de produtos acabados disponíveis para a transformadora de alimentos. No entanto, não havia nada por detrás da fachada de produtos acabados. Uma comparação adicional de números de identificação bancária na guia de carga com os documentos de vendas revelou que o mesmo produto fora vendido duas vezes.

O controlador da empresa foi notificado e o gestor da fábrica interrogado. Este explicou que «fazia o que lhe mandavam». O vice-presidente de *marketing* e o vice-presidente de operações tinham conhecimento da situação, mas sentiam que não havia «irregularidade». O CFO e o presidente da empresa tiveram uma opinião diferente e despediram os vice-presidentes. A empresa acabou por ir à falência.

Contas a Receber

As contas a receber encontram-se sujeitas a manipulações idênticas às das vendas e do inventário e, em muitos casos, os esquemas são realizados em conjunto. Os dois esquemas mais comuns que envolvem as contas a receber são as falsas contas a receber e a não amortização de contas a receber como crédito mal parado (ou não estabelecer uma dedução adequada para o crédito mal parado). As contas a receber fictícias surgem normalmente de receitas fictícias, que já foram debatidas. As contas a receber devem ser registadas pelo valor realizável líquido, ou seja, o montante da conta a receber menos o valor que não se espera receber.

Contas a Receber Fictícias

As contas a receber fictícias são comuns entre empresas com problemas financeiros bem como entre gestores que recebem uma comissão com base nas vendas. O lançamento típico de contas a receber fictícias consiste em debitar (aumentar) contas a receber e creditar (aumentar) vendas. Evidentemente que estes esquemas são mais comuns por volta do fecho do período contabilístico, uma vez que se espera que as contas a receber sejam pagas em dinheiro num período de tempo razoável. Os fraudadores normalmente tentam ocultar contas a receber fictícias, fornecendo falsas confirmações de saldos aos auditores. Obtêm as confirmações de auditoria, porque o endereço de correio que utilizam geralmente para os falsos clientes é uma caixa postal que controlam, um endereço de casa ou o endereço comercial de um co-conspirador. Tais esquemas podem ser detectados, utilizando relatórios de créditos comerciais, registos públicos ou até a lista dos telefones para identificar clientes importantes sem existência física ou sem necessidade evidente do produto que lhes é vendido.

Não Amortização

As empresas devem acrescentar as perdas das contas a receber incobráveis para satisfazer os critérios do *Statement of Financial Accounting Standards Board* N.º 5. As empresas com dificuldades em obter lucros e resultados podem ser tentadas a omitir o reconhecimento de tais perdas devido ao seu impacto negativo sobre o resultado.

Combinações de Negócios

As empresas devem atribuir o preço de compra que pagaram para adquirir outro negócio aos activos corpóreos e incorpóreos do seu negócio. Qualquer excesso do preço de compra em função do valor dos activos adquiridos é tratado como *goodwill*. As alterações na contabilização do *goodwill* diminuiram o incentivo de as empresas atribuirem um montante excessivo aos activos adquiridos para minimizar o valor do *goodwill*, já que antes se exigia que fosse amortizado, reduzindo os lucros futuros. No entanto, as empresas ainda podem ser tentadas a atribuir aos activos um preço de compra excessivo em processo de investigação e desenvolvimento, para os amortizarem imediatamente. Ou podem estabelecer reservas excessivas para despesas várias na altura da aquisição, tencionando amortizar calmamente essas reservas excessivas como lucros numa data futura.

Activos Fixos

Os activos fixos estão sujeitos a manipulação através de vários esquemas diferentes, alguns dos mais comuns são:

- Registar activos fictícios.
- Representar incorrectamente a avaliação dos activos.
- Capitalizar indevidamente o inventário e os custos de arranque.

Registar Activos Fictícios

Um dos métodos mais fáceis de representação inapropriada dos activos consiste no registo de activos fictícios. Esta falsa criação de activos afecta os totais no balanço de uma empresa. A conta correspondente geralmente utilizada é a dos capitais próprios. Uma vez que os activos da empresa se encontram, boa parte das vezes, dispersos fisicamente por muitas localizações, esta fraude passa facilmente despercebida. Um dos esquemas mais comuns de activos fictícios consiste simplesmente em criar documentos falsos. Num exemplo, uma promotora imobiliária e de financiamento hipotecário produziu falsas declarações, que incluíam montantes de activos fictícios e inflacionados e contas a receber ilegítimas. A empresa também registou despesas que, na realidade, eram para uso pessoal e não comercial. Para cobrir a fraude, a empresa obteve dinheiro através de várias ofertas ilegais de títulos, garantindo mais de 110 milhões de dólares com projectos de imobiliários. Subsequentemente, não conseguiu cumprir as suas promessas. A empresa declarou falência, pouco antes do falecimento do seu proprietário.

Noutros casos, o equipamento é arrendado e não possuído, facto esse que não é revelado durante auditoria aos activos fixos. Os falsos imobilizados, por vezes, podem ser detectados, porque o seu acréscimo não tem sentido comercial.

Representar Incorrectamente a Avaliação dos Activos

Os activos fixos devem ser registados pelo custo. Embora os activos possam aumentar de valor, esse acréscimo não deve ser reconhecido nos relatórios de contas da empresa. Muitas fraudes de relatórios de contas envolveram o registo de activos fixos pelo valor de mercado, em vez do registo pelo custo de aquisição (inferior), ou até por valores ainda mais elevados com falsas avaliações para comprová-los. Além disso, as empresas podem inflacionar falsamente o valor do imobilizado, não registando desvalorizações dos activos de longa duração (como exige o SFAS 144) e do *goodwill* (como exige o SFAS 142). A falsa representação do valor dos activos anda, frequentemente, a par com outros esquemas.

Um dos casos de fraude de avaliação de activos ao mais alto nível, nos últimos anos, envolveu o antigo CFO da Enron, Andrew S. Fastow. Em Outubro de 2002, a SEC apresentou uma acção civil contra Fastow, que também enfrentava acusações penais relacionadas com um alegado esquema de auto-enriquecimento, defraudando detentores de acções da Enron, através do uso de certas entidades fora do balanço. Uma das seis transacções, na acusação da SEC contra Fastow, era designada Raptor I/Avici. Segundo a acusação, a Enron e a parceria controlada por Fastow, a LJM2, envolveram-se em transacções complexas com uma entidade chamada Raptor I. A Raptor I foi utilizada para manipular o balanço e a demonstração de resultados da Enron e para gerar lucros para a LJM2 e para Fastow à custa da Enron. Em Setembro de 2002, Fastow e outros utilizaram a Raptor I para efectuar uma transacção de cobertura de riscos fraudulenta e, assim, evitar uma desvalorização do investimento da Enron no capital de uma empresa cotada chamada Avici Systems Inc. Especificamente, Fastow e outros predataram documentos, de modo a simular a data da imobilização pela Enron do investimento na Avici para Agosto de 2000, altura em que a Avici negociava ao seu mais alto valor.

Subavaliação de Activos

Em alguns casos, como em empresas relacionadas com o Governo ou reguladas, em que o financiamento adicional se baseia nos activos disponíveis, pode tornar-se vantajoso subavaliar os activos. Esta subavaliação pode ser feita directamente ou através de depreciações indevidas. Num dos casos relatados, a gestão de uma empresa falsificou os seus relatórios de contas, manipulando a depreciação dos activos fixos. A reserva da depreciação foi acelerada no montante de 2,9 milhões de dólares, durante um período de seis meses. A finalidade do esquema era evitar contribuições de dinheiro para uma conta de aquisições de activos detidos pelo governo central.

Capitalizar Custos Não Relacionados com Activos

As taxas de juro e comissões financeiras incorridas por uma compra estão excluídas do custo de aquisição de um activo. Por exemplo, quando uma empresa financia a compra de um equipamento imobilizado, os pagamentos mensais incluem a redução do capital em dívida e o pagamento de juros. Na compra inicial, apenas o custo original do activo deve ser capitalizado. Os subsequentes pagamentos de juros devem ser atribuídos às taxas de juro e não ao activo. Sem haver motivos para uma análise intensiva, uma fraude deste tipo pode passar despercebida. Num dos casos, um novo investidor de uma empresa, não cotada, processou-a, querendo rescindir o contrato de compra de capital, porque alegava que a empresa compilara informações financeiras que representavam incorrectamente o historial financeiro do negócio. Uma investigação de fraude revelou activos sobreavaliados, devido à capitalização de juros e outras taxas financeiras. Também foi descoberto que um dos proprietários estava a subavaliar receitas em 150 mil dólares e a desfalcar fundos. As partes acabaram por chegar a acordo fora do tribunal.

Classificação Incorrecta dos Activos

Para satisfazer exigências orçamentais, e por vários outros motivos, por vezes os activos são incorrectamente classificados em contas do Razão geral, às quais não pertencem. A manipulação pode falsear rácios financeiros e ajudar a cumprir os contratos ou outras exigências de empréstimo. Num exemplo dado, um empregado das compras de uma ourivesaria temeu ser gravemente censurado por algumas más aquisições de jóias. Em vez de assumir a culpa pelas más margens em muitos artigos, o empregado redistribuiu arbitrariamente os custos de remessas por contas de inventário individuais. O encobrimento não funcionou, pois o CFO da empresa detectou a fraude, depois de proceder a alterações para controlar os procedimentos. Quando o administrador financeiro criou uma separação de funções, entre as compras e os custos, o empregado desonesto foi descoberto e despedido.

Sinais de Alerta Associados à Avaliação Inapropriada de Activos

- Fluxos de caixa recorrentemente negativos ou incapacidade para gerar fluxos de caixa, embora registando lucros e aumento de lucros.
- Declínios significativos da procura do cliente e fracassos comerciais crescentes na indústria ou na economia global.
- Activos, passivos, receitas ou despesas baseados em muitas estimativas que envolvem opiniões subjectivas ou incertezas difíceis de corroborar.
- Participação ou preocupação excessiva da gestão não financeira na selecção de princípios contabilísticos ou na determinação de estimativas.
- Aumento invulgar da margem bruta ou margem acima dos pares sectoriais.
- Aumento invulgar do número de dias das vendas nas contas a receber.
- Aumento invulgar do número de dias das compras no inventário.

- Provisões para créditos de cobrança duvidosa, inventário excessivo e obsoleto, e outros elementos que diminuem percentualmente ou estão desajustados em relação aos pares sectoriais.
- Alteração invulgar na relação entre activos fixos e depreciações.
- Acrescentar activos, quando os concorrentes estão a reduzir o capital imobilizado em activos.

DETECÇÃO DE ESQUEMAS DE RELATÓRIOS DE CONTAS FRAUDULENTOS

SAS 99 – Consideração de Fraude numa Auditoria de Relatórios de Contas

Em resposta às grandes fraudes financeiras, que ocorreram em 2001 e 2002, o *Auditing Standards Board of American Institute of Certified Public Accountants* substitui o critério de auditoria de fraudes pré-existente – *Statement on Auditing Standards*[14] N.º 82 – pelo SAS 99, para fornecer uma maior orientação aos auditores na detecção de fraudes materiais. O novo critério constitui parte de um esforço para «restaurar a confiança dos investidores nos mercados de capitais americanos e restabelecer os relatórios de contas auditados como a imagem nítida da América empresarial».

O SAS 1 declara que «o auditor tem a responsabilidade de planear e realizar a auditoria de modo a obter uma certeza razoável sobre se os relatórios de contas não contêm declarações materialmente incorrectas, provocadas por erro ou por fraude». O objectivo do SAS 99 é «estabelecer critérios e fornecer orientação aos auditores no cumprimento dessa responsabilidade». Encontra-se dividido em dez secções:

1. Descrição e características da fraude.
2. Importância de exercer com cepticismo a profissão.
3. Discussão, entre o pessoal envolvido, sobre os riscos de declarações materialmente incorrectas devido a fraudes.
4. Obtenção de informações necessárias para identificar riscos de declarações materialmente incorrectas devido a fraudes.
5. Identificação de riscos que possam resultar em declarações materialmente incorrectas devido a fraudes.
6. Avaliação dos riscos identificados, após a avaliação dos programas e controlos da entidade.
7. Resposta aos resultados da avaliação.
8. Avaliação das provas produzidas na auditoria.
9. Comunicação da fraude à gestão, ao comité de auditoria e outros.
10. Documentar a consideração de fraude pelo auditor.

Segue-se uma breve descrição de cada uma destas secções.

Descrição e Características da Fraude

Esta secção sublinha que o auditor deve interessar-se por actos, que resultem em declarações materialmente incorrectas nos relatórios de contas. As declarações incorrectas podem ser resultado de fraude ou erro, consoante a intenção.

Dois tipos de declarações incorrectas são considerados relevantes para fins de auditoria:

1. Declarações incorrectas provenientes de relatórios financeiros fraudulentos.
2. Declarações incorrectas provenientes de apropriação indevida de activos.

Declarações incorrectas provenientes de relatórios financeiros fraudulentos

Esta categoria é definida como declarações incorrectas ou omissões intencionais de montantes ou divulgações nos relatórios de contas, «concebidas para enganar os utilizadores dos relatórios de contas». Os relatórios financeiros fraudulentos podem ser conseguidos do seguinte modo:

- Manipulação, falsificação ou alteração de registos contabilísticos ou documentos comprovativos.
- Representação incorrecta ou omissão intencional de eventos, transacções ou outras informações importantes.
- Aplicação intencionalmente incorrecta de princípios contabilísticos, referentes a montantes, classificações, modos de apresentação ou divulgações.

Declarações incorrectas provenientes de apropriação indevida de activos

Também referida como furto ou desfalque, esta categoria inclui o furto de activos de uma entidade, que leva a que os relatórios de contas, em todos os aspectos materiais, não estejam de acordo com os PCGA.

Esta secção prossegue, recordando ao auditor que, por definição, a fraude está frequentemente oculta e os gestores encontram-se em mais fácil posição de cometê-la, porque estão em posição de poderem manipular directa ou indirectamente os registos contabilísticos. Os auditores não podem obter certeza absoluta de que não existem declarações materialmente incorrectas, mas devem ter consciência que pode haver uma fraude oculta e que os empregados podem estar conluiados uns com os outros ou com fornecedores externos. Se os auditores observarem registos ou actividades de aparência que pareçam pouco normais, devem, pelo menos, considerar a possibilidade de ter ocorrido uma fraude.

Importância de Exercer com Cepticismo a Profissão

O SAS 1 declara que uma atenção profissional devida exige que o auditor exerça com cepticismo a sua profissão. Devido às características da fraude, o auditor deve realizar a sua tarefa «com uma atitude capaz de reconhecer a possibilidade de poder estar presente uma declaração materialmente incorrecta, devido a uma fraude». Também exige uma «contínua interrogação» sobre se as informações obtidas podem sugerir uma declaração materialmente incorrecta devido a uma fraude.

Discussão, entre o Pessoal Envolvido, sobre os Riscos de Declarações Materialmente Incorrectas Devido a Fraudes

Antes ou durante os procedimentos de junção de informações, os membros da equipa de auditoria devem discutir a possibilidade de declarações materialmente incorrectas, devido a uma fraude. O debate deve incluir «*brainstorming*» entre os membros da equipa sobre:

- Como e onde pode o relatório de contas da entidade ser susceptível de fraude.
- Como pode a gestão cometer ou ocultar a fraude.
- Como pode haver apropriação indevida de activos da entidade.

Esta discussão deve incluir também uma consideração sobre factores externos e internos conhecidos, que afectam a entidade, e que podem:

- Criar incentivos/pressões para a gestão ou outros cometerem fraudes.
- Fornecer a oportunidade para que a fraude seja cometida.
- Indicar uma cultura ou ambiente que permita que a gestão ou outros justifiquem o cometimento da fraude.

O debate também deve enfatizar a necessidade de manter «uma mente indagadora» na junção e avaliação das provas ao longo da auditoria e de, se for necessário, obter mais informações.

Obtenção de Informações Necessárias para Identificar Riscos de Declarações Materialmente Incorrectas Devido a Fraudes

O SAS 22 fornece orientação ao auditor, para que obtenha conhecimento acerca do negócio e do sector da entidade. Como parte desse processo, os auditores devem realizar quatro procedimentos para obter informações a utilizar na identificação de riscos de declarações materialmente incorrectas devido a uma fraude:

1. Obter as opiniões da gestão, e outros na entidade, acerca dos riscos da fraude e do modo como são abordados.
2. Considerar quaisquer relações invulgares ou inesperadas, identificadas ao realizar procedimentos analíticos no planeamento da auditoria.

3. Considerar se existem um ou mais factores de risco de fraude.
4. Considerar outras informações que possam ser úteis na identificação de riscos de declarações materialmente incorrectas devido a uma fraude.

Obter as opiniões da gestão, e outros na entidade, acerca dos riscos da fraude e o modo como são abordados.

Este passo envolve interrogar a gestão acerca de uma série de pontos, incluindo:

- Se a gestão tem conhecimento ou suspeitas de fraudes.
- Perceber a compreensão da gestão acerca do risco da fraude.
- Programas e controlos estabelecidos pela entidade para ajudar a evitar, impedir ou detectar a fraude.
- Se, e de que modo, a gestão comunica com os empregados as suas opiniões sobre práticas comerciais e comportamento ético.

Os auditores também devem interrogar directamente o comité de auditoria, para saber as suas opiniões em relação aos riscos de fraude e se tem conhecimento ou suspeitas de fraudes. Os auditores devem fazer o mesmo junto do departamento de auditoria interna da empresa.

Além disso, podem necessitar de realizar inquéritos semelhantes a outro pessoal da entidade, se acreditarem que podem possuir mais informações acerca dos riscos da fraude.

Considerar os resultados de procedimentos analíticos realizados no planeamento da auditoria

O SAS 99 exige que sejam realizados procedimentos analíticos no planeamento da auditoria, com o objectivo de identificar a existência de transacções ou eventos invulgares, e montantes, rácios e tendências que possam indicar matéria «com implicações nos relatórios de contas e no planeamento de auditorias». Se os resultados desses procedimentos revelarem relações invulgares ou inesperadas, o auditor deve considerá-los na identificação de riscos de declarações materialmente incorrectas devido a uma fraude.

Considerar factores de risco de fraude

Como já foi debatido, embora estejam ocultos, os auditores podem identificar eventos ou condições que indiquem incentivos ou pressões, oportunidades ou atitudes e justificações para condutas fraudulentas. Esses eventos e condições são os factores de risco de fraude. Os auditores devem determinar se um ou mais factores de risco se encontram presentes, que devam ser considerados na identificação e avaliação dos riscos de declarações materialmente incorrectas, devido a uma fraude. O apêndice ao SAS 99 contém uma lista de exemplos de factores de risco de fraude.

Considerar outras informações

Por fim, os auditores também devem considerar quaisquer outras informações que sintam que possam contribuir para a identificação dos riscos de declarações materialmente incorrectas.

Identificação de Riscos que Possam Resultar em Declarações Materialmente Incorrectas Devido a Fraudes

Depois de reunir as informações, do modo acima debatido, os auditores devem considerá-las no contexto das três condições presentes quando a fraude ocorre – incentivos/pressões, oportunidades e atitudes/justificações. Os auditores devem considerar:

- O *tipo* de risco que pode existir, ou seja, se envolve um relatório financeiro fraudulento ou uma apropriação indevida de activos.
- A *importância* do risco, ou seja, se é de uma amplitude que possa resultar numa possível declaração materialmente incorrecta.
- A *probabilidade* do risco, ou seja, a probabilidade de este resultar numa declaração materialmente incorrecta.
- A *penetração* do risco, ou seja, se o risco potencial se difunde no relatório de contas como um todo ou está especificamente relacionado com uma asserção, conta ou grupo de transacções particular.

Avaliação dos Riscos Identificados, Após a Avaliação dos Programas e Controlos da Entidade

O SAS 55 exige que os auditores obtenham uma compreensão de cada um dos cinco componentes dos controlos internos, suficiente para planear a auditoria. Como parte desta medida, os auditores devem avaliar se os programas e controlos da entidade, que abordam os riscos identificados de fraude, foram devidamente concebidos e colocados em prática. Esses programas e controlos podem envolver:

- Controlos específicos concebidos para atenuar determinados riscos de fraude (por exemplo, controlos para evitar a apropriação indevida de activos específicos e susceptíveis).
- Programas mais vastos concebidos para evitar, impedir e detectar a fraude (por exemplo, política ética).

O Modelo I do SAS 99 fornece exemplos de programas e controlos que uma entidade pode implementar para criar uma cultura de honestidade e evitar a fraude.

Resposta aos Resultados da Avaliação

Assim que os auditores tiverem reunido as informações e avaliado o risco da fraude, devem determinar o impacto que a avaliação terá no modo como será efectuada a auditoria. Por exemplo, os auditores podem necessitar de conceber procedimentos de auditoria adicionais ou diferentes, a fim de obterem provas mais fiáveis, que comprovem os saldos ou as transacções das contas ou obterem justificação adicional para as explicações e representações da gestão em relação a assuntos materiais (tais como confirmação de terceiros, documentação de fontes independentes, utilização de um especialista, procedimentos analíticos, etc.).

Respostas globais ao risco de declaração materialmente incorrecta

Os juízos sobre o risco de declarações materialmente incorrectas, devido a uma fraude, têm um efeito global, sobre a forma como a auditoria é realizada, de vários modos:

- *Afectação de pessoal e supervisão*. Os auditores podem necessitar de consultar especialistas de uma área específica.
- *Princípios contabilísticos*. Os auditores devem considerar a selecção e a aplicação por parte da gestão dos principais princípios contabilísticos, sobretudo os relativos a medições subjectivas e transacções complexas.
- *Previsibilidade dos procedimentos de auditoria*. Os auditores devem integrar um «elemento de imprevisibilidade» na selecção de procedimentos de auditoria a realizar, tais como utilizar métodos de amostragem distintos em diferentes locais ou em locais numa base não anunciada.

Respostas que envolvem procedimentos realizados para abordar os riscos identificados

Esta secção observa que os procedimentos de auditoria realizados, em resposta a riscos identificados, variam consoante esses tipos de riscos. Tais procedimentos podem envolver testes substantivos e testes sobre a eficácia operacional dos programas e controlos da entidade. No entanto, como a gestão pode ter a capacidade para se sobrepor aos controlos, que de resto podem parecer funcionar eficazmente, é improvável que o risco de auditoria possa ser devidamente reduzido, somente através da realização de testes de controlo.

Como tal, as respostas dos auditores a riscos especificamente identificados de fraude devem incluir:

- Alteração da *natureza* dos procedimentos de auditoria, de modo a obter informações comprovativas adicionais ou mais fiáveis (isto é, através de fontes independentes ou inspecção física).

- Alteração do *momento* de testes aprofundados (por exemplo, um auditor pode realizar testes de fundo, perto ou no fecho do período de exercício registado).
- Reflexo da avaliação do risco de fraude na *amplitude* dos procedimentos (isto é, aumentar os tamanhos das amostragens ou realizar procedimentos analíticos a um nível mais pormenorizado).

O SAS 99 fornece uma série de exemplos de respostas que os auditores podem dar a respeito dos riscos de declarações materialmente incorrectas de relatórios financeiros fraudulentos e apropriação indevida de activos. Alguns dos exemplos relativos aos relatórios financeiros fraudulentos incluem:

- *Reconhecimento de receitas.* Realizar procedimentos analíticos aprofundados relacionados com as receitas que utilizam dados desagregados (por exemplo, comparar receitas registadas por mês e por linha de produto durante o período de exercício corrente com períodos anteriores comparáveis); confirmar junto dos clientes condições de contrato relevantes; ou interrogar o pessoal acerca de remessas perto do fecho de um período.
- *Quantidades de inventário.* Examinar registos de inventário para identificar localizações de artigos que requerem uma atenção específica, durante ou após a contagem física do inventário; examinar mais rigorosamente a contagem, tal como examinar os conteúdos de artigos guardados em caixas; testes adicionais de folhas de contagem, etiquetas ou outros registos.
- *Estimativas da gestão.* Conforme a situação, os auditores podem desejar contratar um especialista ou desenvolver uma estimativa independente para comparar com a projecção da gestão. Reunir mais informações pode ajudar os auditores a avaliarem a razoabilidade das estimativas e pressupostos subjacentes da gestão.

Se os auditores identificarem um risco de declaração materialmente incorrecta, devido a fraude, relacionada com a apropriação indevida de activos, podem desejar incluir procedimentos adicionais. Por exemplo, se um bem específico for extremamente susceptível de desvio, os auditores podem desejar realizar mais testes aos controlos para evitar e detectar tais desvios.

Respostas para a abordagem de mais riscos da sobreposição dos controlos pela gestão

Uma vez que a gestão se encontra numa posição única para se sobrepor aos controlos existentes, se tal risco for identificado, os auditores podem necessitar de realizar mais procedimentos para abordar esse risco.

Examinar lançamentos no diário e outros ajustes para procurar provas de possíveis declarações materialmente incorrectas devido à fraude

As declarações materialmente incorrectas de relatórios de contas envolvem frequentemente o registo indevido ou não autorizado de lançamentos nos diários ou correcções de montantes registados nos relatórios de contas que não estão reflectidos nos lançamentos dos diários (i. e., consolidar ajustes ou reclassificações). Assim, os auditores devem conceber procedimentos para testar a justeza dos lançamentos do diário registados no Livro-Razão geral e outros ajustes (isto é, lançamentos feitos directamente nos esboços dos relatórios de contas).

Analisar estimativas contabilísticas para verificar parcialidades que possam resultar em declarações materialmente incorrectas devido a fraude

Ao preparar os relatórios de contas, a gestão é responsável por fazer uma série de juízos ou suposições que afectam importantes estimativas contabilísticas. O relatório financeiro fraudulento é frequentemente conseguido através da declaração, intencionalmente incorrecta, dessas estimativas. Ao realizar a auditoria, os auditores devem considerar se as diferenças entre as estimativas comprovadas pela auditoria e as estimativas incluídas nos relatórios de contas indicam uma possível parcialidade por parte da gestão. Se assim for, os auditores devem realizar uma análise retrospectiva das principais estimativas contabilísticas do ano anterior. Essa análise deverá fornecer aos auditores mais informações sobre se a gestão pode estar a ser parcial na apresentação das estimativas do ano corrente.

Avaliar os racionais do negócio de significativas transacções invulgares

Durante o decorrer de uma auditoria, os auditores podem tomar conhecimento de transacções significativas que fogem ao curso normal do negócio da entidade, ou que parecem invulgares dado o conhecimento dos auditores sobre as operações da entidade. Os auditores devem, pois, obter um entendimento do racional dessas transacções e ver se esse racional (ou a falta dele) sugere que tais transacções foram realizadas para dar origem a relatórios financeiros fraudulentos ou para ocultar apropriação indevida de activos. Alguns factores a considerar incluem:

- As transacções são demasiado complexas?
- A gestão debateu as transacções com o conselho de administração e o comité de auditoria?
- A gestão deu mais ênfase à necessidade de um tratamento contabilístico particular do que aos económicos subjacentes à transacção específica?
- As transacções envolvem partes não consolidadas e não relacionadas (incluindo entidades com fins especiais) ou partes que não possuem a substância ou robustez financeira para sustentar a transacção?

Avaliação das Provas Produzidas na Auditoria

Avaliar riscos de declarações materialmente incorrectas devido a uma fraude ao longo da auditoria

Durante a realização da auditoria, os auditores podem identificar condições que modifiquem ou confirmem um juízo a respeito da avaliação dos riscos. Os exemplos incluem:

- Discrepâncias nos registos contabilísticos (isto é, transacções não registadas, saldos ou transacções não confirmados ou não autorizados, ou ajustes de última hora).
- Matéria de prova contraditória ou em falta (isto é, documentos/registos em falta ou alterados, itens ou conciliações não explicados, ou inventário em falta).
- Relações problemáticas ou invulgares entre o auditor e a gestão (isto é, negação de acesso a registos, instalações, empregados, clientes; queixas por parte da gestão sobre a conduta da equipa de auditoria; demoras invulgares no fornecimento de informações; ou pouca disposição para acrescentar ou rever divulgações).

Avaliar se os procedimentos analíticos realizados indicam um risco de fraude não reconhecido anteriormente

Os procedimentos analíticos realizados durante a auditoria podem resultar na identificação de relações invulgares ou inesperadas, que devem ser consideradas na avaliação do risco de declarações materialmente incorrectas devido a fraude. Determinar se uma tendência ou relação específica constitui um risco de fraude exige um juízo profissional. As relações invulgares, que envolvem receitas e resultados do fecho do exercício, são particularmente relevantes, e podem incluir grandes montantes incaracterísticos, registados na última ou nas duas últimas semanas, provenientes de transacções e resultados invulgares e inconsistentes com tendências do fluxo de caixa.

Os procedimentos analíticos são úteis, porque a gestão ou os empregados geralmente não conseguem manipular todas as informações necessárias para produzir relações normais ou esperadas. O SAS 99 fornece vários exemplos, incluindo:

- A relação entre o resultado líquido e os fluxos de caixa podem parecer pouco habituais, porque a gestão registou receitas e contas a receber fictícias, mas não conseguiu manipular a caixa.
- Alterações no inventário, contas a pagar, vendas ou custos de vendas do período anterior para o período corrente podem ser inconsistentes, indicando um possível furto do inventário, porque o empregado não conseguiu manipular todas as contas relacionadas.

- Uma relação inesperada ou inexplicável entre o volume de vendas determinado pelos registos contabilísticos e as estatísticas de produção mantidas pelo pessoal de operações (que são mais dificilmente manipuladas pela gestão) podem indicar uma possível declaração incorrecta de vendas.

Avaliar riscos de declarações materialmente incorrectas na conclusão, ou perto, do trabalho de campo

Na conclusão, ou perto, do trabalho de campo, os auditores devem avaliar se os resultados acumulados dos procedimentos de auditoria e outras observações afectam a avaliação anterior do risco de declarações materialmente incorrectas materiais devido a fraude. Tal avaliação pode identificar se existe a necessidade de realizar mais procedimentos de auditoria.

Responder a declarações incorrectas que podem ser resultado da fraude

Mesmo que pensem que as declarações incorrectas são, ou poderão ser, o resultado de fraudes sem efeito material nos relatórios de contas, os auditores devem avaliar as implicações, especialmente as que lidam com «a posição organizacional» da pessoa envolvida, que possam exigir uma reavaliação da avaliação do risco. O exemplo fornecido envolve um furto de caixa de um pequeno fundo para despesas miúdas. O montante do furto não seria significativo para os auditores, mas, se o furto fosse cometido pela gestão, poderia ser indicativo de um problema mais profundo, tal como a integridade dos seus membros.

Se os auditores pensarem que uma declaração incorrecta é, ou pode ser, resultado de fraude e determinam que o seu efeito é material para os relatórios de contas, ou não são capazes de avaliar, devem:

- Tentar obter provas adicionais para determinar se ocorreu uma fraude material e qual o seu efeito sobre os relatórios de contas.
- Considerar as implicações para outros aspectos da auditoria.
- Debater a questão e a abordagem para mais investigações com um nível adequado na gestão – que esteja, pelo menos, um nível acima das pessoas envolvidas –, com a administração e com o comité de auditoria.
- Se for apropriado, sugerir que o cliente consulte um consultor jurídico.

Comunicação da Fraude à Gestão, ao Comité de Auditoria e a Outros

Segundo o SAS 99, «sempre que um auditor considerar que há provas de que pode existir uma fraude, o assunto deve ser levado à atenção de um nível apropriado de gestão». Acredita-se ser apropriado fazê-lo, ainda que o assunto possa ser considerado insignificante. A fraude que envolve a administração e a fraude (por parte de qualquer pessoa) que provoque uma declaração materialmente incorrecta deve ser comunicada directamente ao comité de auditoria.

Se os auditores tiverem identificado riscos de declarações materialmente incorrectas devido a fraude, que tenham implicações contínuas sobre o controlo, também devem considerar se devem ser comunicados à administração e ao comité de auditoria. Inversamente, os auditores também devem considerar se a ausência de controlos para impedir, detectar ou evitar a fraude deve ser comunicada.

A divulgação de uma possível fraude a partes que não sejam a administração do cliente e o seu comité de auditoria, geralmente, não faz parte das responsabilidades de um auditor e pode ser impedida pelas obrigações éticas ou legais de confidencialidade, a menos que a questão se reflicta no relatório do auditor.

No entanto, o SAS 99 salienta que pode haver o dever de divulgar as informações a partes externas, nas seguintes circunstâncias:

- Para cumprir certos requisitos legais e regulamentares (tais como regras da SEC).
- A um auditor que lhe suceda, nos termos do SAS 84.
- Em resposta a uma intimação.
- A uma agência financiadora ou outra agência especificada, de acordo com os requisitos de auditorias a entidades que recebem apoio financeiro do governo.

Documentar a Consideração de Fraude pelo Auditor

O SAS 99 conclui, exigindo que os auditores documentem:

- Debate entre pessoal envolvido a respeito da susceptibilidade dos relatórios de contas da entidade a incorrecções materiais devido a fraude (incluindo como e quando a discussão ocorreu, os membros da equipa que participaram e o tema debatido).
- Procedimentos realizados para obter informações necessárias à identificação e à avaliação dos riscos de declarações materialmente incorrectas devido a fraude.
- Riscos específicos de declarações materialmente incorrectas devido a fraude que foram identificados.
- Se o auditor não tiver identificado o reconhecimento de receitas indevidas como um risco, motivos para apoiar a sua conclusão.
- Os resultados dos procedimentos realizados para abordar mais o risco da sobreposição da gestão aos controlos.
- Outras condições e relações analíticas que levaram o auditor a crer que eram necessários procedimentos de auditoria, ou outras respostas adicionais, para abordar tais riscos.

- A natureza da comunicação acerca da fraude feita à gestão ou ao comité de auditoria.

Análise dos Relatórios de Contas

A análise comparada dos relatórios de contas fornece informações sobre períodos contabilísticos correntes e passados. As contas expressas apenas em dólares fornecem uma quantidade de informação limitada. A conversão desses números para rácios ou percentagens permite aos leitores das demonstrações analisá-las com base na relação de uns indicadores com outros, bem como com base em alterações importantes dos totais históricos. Na investigação e na detecção da fraude, a determinação dos motivos para as relações e as alterações dos montantes pode ser importante. Essas determinações constituem os sinais de alerta que colocam um investigador na direcção de uma possível fraude. Se for suficientemente grande, uma declaração fraudulenta pode afectar os relatórios de contas, de tal modo que as relações entre os números se tornam questionáveis. Muitos esquemas são detectados, porque os relatórios de contas, quando analisados de perto, não fazem sentido. A análise dos relatórios de contas inclui:

- Análise vertical.
- Análise horizontal.
- Análise dos rácios.

Análise Percentual: Vertical e Horizontal

Existem, tradicionalmente, dois métodos de análise percentual dos relatórios de contas. A vertical é uma técnica para analisar as relações entre os itens numa demonstração de resultados, num balanço ou numa demonstração dos fluxos de caixa, exprimindo os componentes como percentagens. Este método é frequentemente referido como relatórios de contas de carácter geral. Na análise vertical de uma demonstração de resultados, as vendas líquidas recebem o valor de 100%; num balanço, os activos totais recebem o valor de 100% no lado dos activos; e os passivos e capitais próprios são expressos como 100%. Todos os outros itens em cada uma das secções são expressos como percentagens destes números.

    A análise horizontal é uma técnica para analisar a alteração percentual, de um ano para o outro, de indicadores dos relatórios de contas. O primeiro período na análise é considerado a base e as alterações no período subsequente são calculadas como uma percentagem do período base. Se forem apresentados mais de dois períodos, as alterações de cada período são calculadas como uma percentagem do período anterior. Tal como na análise vertical, esta técnica não resulta com fraudes pequenas e insignificantes.

A Figura 13.2 constitui um exemplo de relatórios de contas analisados por análise horizontal e vertical.

FIGURA 13.2 Análise Horizontal e Vertical

Balanço	Análise vertical		Análise horizontal	
	Ano Um	Ano Dois	Variação	%Variação
Activo				
Activo circulante				
Caixa	45.000	14%	15.000	4%	(30.000)	-67%
Contas a receber	150.000	45%	200.000	47%	50.000	33%
Inventário	75.000	23%	150.000	35%	75.000	100%
Activos fixos (líquidos)	60.000	18%	60.000	14%	-	0%
Total	330.000	100%	425.000	100%	95.000	29%
Contas a pagar	95.000	29%	215.000	51%	120.000	126%
Dívida de longo prazo	60.000	18%	60.000	14%	-	0%
Capital próprio						
Acções	25.000	8%	25.000	6%	-	0%
Capital realizado	75.000	23%	75.000	18%	-	0%
Lucros não distribuídos	75.000	23%	50.000	12%	(25.000)	-33%
Total	330.000	100%	425.000	100%	95.000	29%

Demonstração de resultados	Análise vertical		Análise horizontal	
	Ano Um	Ano Dois	Variação	%Variação
Vendas líquidas	250.000	100%	450.000	100%	200.000	80%
Custo de mercadoria vendida	125.000	50%	300.000	67%	175.000	140%
Margem bruta	125.000	50%	150.000	33%	25.000	20%
Custos operacionais						
Custo das vendas	50.000	20%	75.000	17%	25.000	50%
Custos administrativos	60.000	24%	100.000	22%	40.000	67%
Resultado líquido	15.000	6%	(25.000)	-6%	(40.000)	-267%
Informações adicionais						
Média de contas líquidas a receber	155.000	210.000		
Média do inventário	65.000	130.000		
Média dos activos	330.000	425.000		

Discussão sobre a análise vertical

A *análise vertical* é a expressão da relação ou da percentagem de um indicador numa base específica. No exemplo da Figura 13.2, a análise vertical da demonstração de resultados inclui as vendas líquidas como a base e todos os outros indicadores são analisados como uma percentagem desse total. A análise vertical sublinha a relação dos itens das demonstrações no mesmo período contabilístico. Essas relações podem ser utilizadas juntamente com médias históricas para determinar anomalias nas demonstrações.

No exemplo, podemos observar que as contas a pagar constituem 29% do passivo total. Historicamente, podemos descobrir que esta conta é, em média, ligeiramente superior a 25%. No ano dois, as contas a pagar subiram para 51%. Embora a variação no total da conta possa ser explicada pela subida de vendas, o aumento, no entanto, pode constituir um ponto de partida para uma investigação de fraude. Devem ser examinados os documentos originais para determinar a subida desta percentagem. Com este tipo de exame, a actividade fraudulenta pode ser detectada. O mesmo tipo de variação pode ser observado na medida em que, no ano dois, os custos das vendas diminuem em percentagem das vendas, de 20% para 17%. Mais uma vez, esta variação pode ser explicada pelo volume de vendas mais elevado ou outra explicação de boa-fé. Mas um exame atento pode levar um investigador de fraudes a descobrir vendas fictícias, uma vez que as contas a pagar subiram, mas sem que houvesse um aumento correspondente nos custos das vendas.

Discussão sobre a análise horizontal

A análise horizontal de uma demonstração utiliza comparações de um período contabilístico para outro. A variação percentual é calculada, dividindo o valor do crescimento ou decréscimo, de cada indicador, pelo montante base do período. Nas comparações horizontais, convém considerar o montante da variação, bem como a percentagem. Uma variação de 5% numa conta com um valor em dólares muito grande pode ser muito maior do que uma variação de 50% numa conta com muito menos actividade.

No exemplo acima, é bastante óbvio que o aumento de 80% nas vendas tem um acréscimo correspondente nos custos da mercadoria vendida muito maior, já que aumentou 140%. Estas contas são frequentemente utilizadas para ocultar custos e levantamentos fraudulentos, ou outras transacções ilegais.

Análise dos Rácios

A análise dos rácios é um meio de medir a relação entre dois diferentes relatórios de contas. A relação e a comparação são as chaves da análise, que permite avaliações internas utilizando dados dos relatórios de contas. Tradicionalmente, os rácios dos relatórios de contas são utilizados em comparações com a média do sector de uma entidade. Podem ser muito úteis para a detecção de sinais de alerta numa investigação de fraude. Uma vez que os rácios financeiros salientam uma alteração significativa, de um ano para o outro ou durante um período de anos, em áreas-chave de uma organização, torna-se evidente que pode haver um problema. Tal como em todas as outras análises, as alterações específicas podem ser frequentemente explicadas pelas alterações nas operações de negócios. As alterações em rácios-chave não são, em si próprias, prova de qualquer delito.

Sempre que se detecta uma alteração em rácios específicos, a fonte apropriada de contas deve ser investigada e examinada ao pormenor para determinar se ocorreu uma fraude. Por exemplo, uma diminuição significativa no grau de solvabilidade de uma empresa pode ter resultado de um aumento dos passivos circulantes ou de uma redução dos activos, os quais podem ser utilizados para ocultar uma fraude. Tal como a análise de demonstrações, previamente debatida, a análise dos rácios é limitada pela sua incapacidade de detectar fraudes a uma escala mais pequena e insignificante. Alguns rácios financeiros chave incluem:

- Rácio de liquidez
- Rácio de disponibilidade
- Rácio de rotação das dívidas dos clientes
- Rácio de cobrança
- Rotação das existências
- Média de dias de inventário em *stock*
- Rácio de endividamento
- Margem de lucro
- Rotação do Activo

Muitas outras espécies de rácios financeiros são analisadas em sectores específicos, mas os rácios enumerados são os que podem levar à descoberta de uma fraude. Os cálculos na Figura 13.3 baseiam-se nos relatórios de contas exemplificativos apresentados anteriormente.

Interpretação dos rácios financeiros

$$\text{Rácio de liquidez} = \frac{\text{Activo circulante}}{\text{Dívidas a curto prazo}}$$

O rácio de liquidez – activo circulante dividido pelas dívidas a curto prazo – é, provavelmente, o mais utilizado na análise dos relatórios de contas. Esta divisão mede a capacidade de uma empresa de cumprir as obrigações presentes relacionadas com os seus activos líquidos. O número de vezes que os activos circulantes excedem os passivos a curto prazo tem sido, desde há muito, uma rápida medida de robustez financeira.

FIGURA 13.3 Análise de Rácios

Análise de rácios				
Rácio	Cálculo	Ano 1	Ano 2
Rácio de liquidez	$\dfrac{\text{Activo circulante}}{\text{Dívidas a curto prazo}}$	$\dfrac{270.000}{95.000} = 2,84$	$\dfrac{365.000}{215.000} = 1,70$
Rácio de disponibilidade	$\dfrac{\text{Caixa+títulos+contas a receber}}{\text{Dívidas a curto prazo}}$	$\dfrac{195.000}{95.000} = 2,05$	$\dfrac{215.000}{215.000} = 1,00$
Rácio de rotação das dívidas dos clientes	$\dfrac{\text{Vendas líquidas em conta}}{\text{Média de contas líquidas a receber}}$	$\dfrac{250.000}{155.000} = 1,61$	$\dfrac{450.000}{210.000} = 2,14$
Rácio de cobrança	$\dfrac{365}{\text{Rotação de contas a receber}}$	$\dfrac{365}{1,61} = 226,30$	$\dfrac{365}{2,14} = 170,33$
Rotação de inventário	$\dfrac{\text{Custo de mercadoria vendida}}{\text{Inventário médio}}$	$\dfrac{125.000}{65.000} = 1,92$	$\dfrac{300.000}{130.000} = 2,31$
Número médio de dias de inventário em *stock*	$\dfrac{365}{\text{Rotação de inventário}}$	$\dfrac{365}{1,92} = 189,80$	$\dfrac{365}{2,31} = 158,17$
Rácio de endividamento	$\dfrac{\text{Passivos totais}}{\text{Capitais próprios}}$	$\dfrac{155.000}{175.000} = 0,89$	$\dfrac{275.000}{150.000} = 1,83$
Margem de lucro	$\dfrac{\text{Resultado líquido}}{\text{Vendas líquidas}}$	$\dfrac{15.000}{255.000} = 0,06$	$\dfrac{(25.000)}{450.000} = (0,06)$
Rotação do activo	$\dfrac{\text{Vendas líquidas}}{\text{Média de activos}}$	$\dfrac{250.000}{330.000} = 0,76$	$\dfrac{450.000}{425.000} = 1,06$

Ao detectar a fraude, esse rácio pode constituir um primeiro indicador da manipulação das contas. O desfalque fará com que o rácio diminua. A ocultação de passivos provocará um rácio mais favorável.

No caso exemplificativo, a alteração drástica no rácio de liquidez do ano 1 (2,84) para o ano 2 (1,70) deve levar um investigador a examinar as contas mais profundamente. Por exemplo, um esquema de facturação fraudulenta geralmente resulta numa diminuição dos activos circulantes – caixa – que, por sua vez, diminuirão o rácio.

$$\text{Rácio de disponibilidade} = \frac{\text{caixa+títulos+contas a receber}}{\text{Dívidas a curto prazo}}$$

O rácio de disponibilidade compara activos que podem ser liquidados imediatamente. Neste cálculo, o total de caixa, títulos e contas a receber é dividido pelos passivos a curto prazo. Este rácio mede a capacidade de uma empresa para satisfazer súbitas necessidades de dinheiro. Em tempos económicos turbulentos, é utilizado com mais prevalência, fornecendo ao analista uma visão do pior cenário sobre a situação do fundo de maneio da empresa.

Um investigador analisará este rácio para verificar indicadores de fraude. No ano 1 do exemplo, o balanço da empresa reflecte um rácio de disponibilidade de 2,05. Este rácio desce no ano 2 para 1,00. Nesta situação, uma fraude que afecte o rácio de disponibilidade pode ser através de contas a receber fictícias, acrescentadas para inflacionar as vendas num ano. O cálculo do rácio estará, anormalmente, alto e não haverá um passivo a curto prazo compensatório.

$$\text{Rácio de rotação das dívidas dos clientes} = \frac{\text{Vendas líquidas em conta}}{\text{Média de contas líquidas a receber}}$$

A rotação das dívidas dos clientes é definida como vendas líquidas divididas pela média das contas líquidas a receber. Mede o número de vezes que as contas a receber transitam durante o período contabilístico. Por outras palavras, mede o tempo entre as vendas e a sua cobrança. Este rácio utiliza a demonstração de resultados e o balanço na sua análise. Se a fraude envolver vendas fictícias, este falso rendimento nunca será cobrado. Como consequência, a rotação das contas a receber diminuirá.

$$\text{Rácio de cobrança} = \frac{365}{\text{Rotação das dívidas dos clientes}}$$

A caducidade das contas a receber é medida pelo rácio de cobrança. Este divide 365 dias pela rotação das dívidas dos clientes para chegar ao número médio de dias que leva a cobrar as contas por receber. Em geral, quanto mais baixo é o rácio, mais depressa as contas são facturadas. Um investigador de fraudes pode utilizar esse rácio como um primeiro passo para detectar contas a receber fictícias ou esquemas de furto e sonegação. Normalmente, este rácio manter-se-á bastante consistente de ano para ano, mas alterações nas políticas de facturação ou nos esforços de cobrança podem provocar uma flutuação. O exemplo mostra uma redução favorável no rácio de cobrança de 226,3 no ano 1 para 170,33 no ano 2. Isto significa que a empresa está a facturar as suas contas mais rapidamente no ano 2 do que no ano 1.

$$\text{Rotação de inventário} = \frac{\text{Custo de mercadoria vendida}}{\text{Inventário médio}}$$

A relação entre o custo de mercadoria vendida de uma empresa e o inventário médio é mostrada através do rácio de rotação de inventário. Este mede o número de vezes que o inventário é vendido durante o período. Este rácio é um bom determinante da eficiência das compras, produção e vendas. Em geral, um rácio de rotação de inventário mais elevado é considerado mais favorável. Por exemplo, se o custo da mercadoria vendida aumentou devido ao furto de inventário (o inventário final diminuiu, mas não através de vendas), então esse rácio será anormalmente elevado. No caso exemplificativo, a rotação de inventário aumenta no ano 2, assinalando a possibilidade de haver um desfalque oculto na conta de inventário. Um investigador deve observar as alterações nos componentes do rácio para determinar uma direcção na qual possa descobrir uma possível fraude.

$$\text{Número médio de dias que o inventário permanece em } stock = \frac{365}{\text{Rotação de inventário}}$$

Este rácio é uma nova demonstração do rácio de rotação do inventário, mas expresso em dias. Este índice é importante por vários motivos. Um aumento do número de dias em que o inventário permanece em *stock* provoca despesas adicionais, incluindo custos de armazenagem, risco de obsolescência e reduções do preço de mercado, bem como despesas de juro e outras incorridas devido à imobilização de fundos de inventário. Inconsistências ou variações significativas neste rácio constituem um sinal de alerta para os investigadores de fraude, que podem utilizar este rácio para examinar contas de inventário, em busca de possíveis furtos. Os esquemas de compra e recepção de inventário também podem afectar o rácio, assim como falsos débitos do custo de mercadoria vendida resultarão num aumento do rácio. Alterações significativas do rácio de rotação do inventário são bons indicadores de possível actividade fraudulenta de inventário.

$$\text{Rácio de endividamento} = \frac{\text{Passivos totais}}{\text{Capitais próprios}}$$

O rácio de endividamento é calculado, dividindo os passivos totais pelos capitais próprios. Este rácio é fortemente considerado pelas instituições mutuantes. Fornece uma imagem nítida da comparação do endividamento a curto e a longo prazo com a injecção de capitais dos sócios da empresa e os lucros conseguidos até ao momento. Este balanço de recursos fornecido pelos credores e o que é fornecido pelos proprietários é crucial ao analisar o estado financeiro de uma empresa. As exigências de rácios de endividamento são frequentemente incluídas nos contratos de empréstimos com sociedades empresariais. O exemplo mostra um rácio de 0,89 no ano 1 e um rácio de 1,83 no ano 2. O aumento do rácio corresponde à subida das contas a pagar. Súbitas alterações desse rácio podem indicar ao investigador que deve procurar uma fraude.

$$\text{Margem de lucro} = \frac{\text{Resultado líquido}}{\text{Vendas líquidas}}$$

O rácio da margem de lucro é resultado da divisão do resultado pelas vendas líquidas. Este rácio é frequentemente referido como o rácio de eficiência, no sentido em que revela os lucros obtidos por cada dólar de vendas. Este rácio revela não só os efeitos de alterações das margens brutas, mas também os efeitos dos custos administrativos e de vendas. Quando a fraude é cometida, as vendas, artificialmente inflacionadas, não terão um aumento correspondente no custo de mercadoria vendida, logo o resultado líquido será sobreavaliado e o rácio será anormalmente elevado. Falsas despesas e desembolsos fraudulentos provocarão o aumento das despesas e a diminuição do rácio da margem de lucro. Ao longo do tempo, este rácio deve ser bastante consistente.

$$\text{Rotação do activo} = \frac{\text{Vendas líquidas}}{\text{Activos médios}}$$

As vendas líquidas divididas pelos activos operacionais médios constituem o cálculo utilizado para determinar o rácio de rotação do activo, que determina a eficiência com que os recursos de activos são utilizados. O caso exemplificativo reflecte um maior uso de activos no ano 2 do que no ano 1.

PREVENÇÃO DE FRAUDES DE RELATÓRIOS DE CONTAS

Evitar a fraude nos relatórios de contas é mais complexo do que evitar a apropriação indevida de activos e outras fraudes. Acrescentar controlos internos tradicionais não é provavelmente muito eficaz. Como já verificámos, o estudo de 1999 do *Comittee of Sponsoring Organizations of the Treadway Commission* (COSCO) indicou que o CEO ou o CFO estavam envolvidos em 83% das fraudes de relatórios de contas estudadas. Pessoas nestas posições elevadas podem utilizar a sua autoridade para se sobreporem à maioria dos controlos internos, por isso, tais fiscalizações acabam por ter um efeito limitado na prevenção das fraudes de relatórios de contas. É necessária uma abordagem diferente.

Segundo os princípios do triângulo da fraude apresentados no Capítulo 1 desta obra, uma abordagem geral para reduzir a fraude nos relatórios de contas consiste em:

- Reduzir as pressões para cometer fraudes nos relatórios de contas.
- Reduzir a oportunidade de cometer fraudes nos relatórios de contas.
- Reduzir as justificações para cometer fraudes nos relatórios de contas.

Reduzir as Pressões para Cometer Fraudes nos Relatórios de Contas

- Estabelecer uma supervisão superior eficaz e do «dar o exemplo» pela gestão.
- Evitar estabelecer objectivos financeiros impossíveis de alcançar.
- Evitar aplicar pressão excessiva sobre os empregados, para que alcancem os objectivos.
- Alterar os objectivos se as alterações nas condições do mercado assim o exigirem.
- Assegurar que os sistemas de compensação são justos e não criam demasiado incentivo para cometer fraude.
- Desencorajar expectativas externas excessivas sobre o futuro desempenho na empresa.
- Obstáculos operacionais que bloqueiam um desempenho eficaz.

Reduzir a Oportunidade de Cometer Fraudes nos Relatórios de Contas

- Manter registos contabilísticos internos precisos e completos.
- Vigiar cuidadosamente as transacções de negócios e relações interpessoais de fornecedores, compradores, agentes de compras, representantes de vendas e outros que interagem nas transacções entre unidades financeiras.
- Estabelecer um sistema de segurança físico para proteger activos da empresa, incluindo produtos acabados, dinheiro, equipamentos, ferramentas e outros artigos valiosos.
- Dividir funções importantes entre os empregados, separando o controlo total de cada área.
- Manter registos de pessoal precisos, incluindo verificações de antecedentes sobre novos empregados.
- Incentivar fortes relações de supervisão e liderança nos grupos para assegurar a aplicação dos procedimentos contabilísticos.
- Estabelecer procedimentos contabilísticos claros e uniformes sem cláusulas de excepção.

Reduzir as Justificações para Cometer Fraudes nos Relatórios de Contas

- Promover valores sólidos, baseados na integridade, em toda a organização.
- Ter políticas que definam claramente comportamentos proibidos em relação à fraude contabilística e de relatórios de contas.
- Fornecer formação regular a todos os empregados, comunicando comportamentos proibidos.

- Ter aconselhamento confidencial e mecanismos de denúncia para comunicar comportamentos impróprios.
- Garantir que a administração comunica aos empregados que a integridade constitui a prioridade e que nunca os objectivos devem ser alcançados através da fraude.
- Assegurar que a gestão pratica o que prega e dá o exemplo, promovendo a honestidade na área contabilística. Os actos desonestos por parte da gestão, ainda que sejam dirigidos a alguém fora da organização, criam um ambiente desonesto que se pode espalhar a outras actividades comerciais e a outros empregados, internos e externos.
- Comunicar claramente as consequências de violação das regras e a punição dos infractores.

ESTUDO DE UM CASO: **TUDO À SUPERFÍCIE*****

Michael Weinstein ria muito. Fumava grandes charutos e ria-se para as pessoas que costumavam pensar que ele não passava de um tolo rechonchudo. A *Forbes* e a *Business Week* alimentaram a ideia com artigos admirativos. A *Business Week* chamava à Weinstein's Coated Sales, Inc. «a quarta empresa em mais rápido desenvolvimento do país» e previa ainda mais lucros no futuro. Dos vinte concorrentes da Coated Sales, onze estavam extintos ou tinham sido absorvidos. «Os sobreviventes», observava um escritor da *Forbes*, «têm mais probabilidade de se acobardar do que de rir quando vêem Weinstein». Em poucos anos, as receitas da Coated haviam saltado de 10 para 90 milhões de dólares por ano. A acção atingira oito vezes o seu preço inicial. «Um dos meus objectivos», declarava Weinstein dramaticamente, «é ver-nos ficar praticamente sós».

Isso não tardou a acontecer. Os auditores de Weinstein abandonaram-no. Uma das auditoras das *Big Six* demitiu-se e anunciou publicamente que não confiava na gestão da Coated Sales. A administração demitiu-se em massa para sair do caminho. Weinstein foi suspenso. Novas pessoas começaram a verificar os livros. Em dois meses, a Coated Sales estava a declarar falência. O último riso ressoou pelas paredes vazias dos corredores.

Michael Weinstein fora outrora um homem de negócios tipicamente americano. Aos dezanove anos, fizera um empréstimo de mil dólares ao pai e comprara uma drogaria. Aos trinta e um, era dono de uma cadeia de lojas, que vendeu, obtendo vários milhões de dólares em mais-valias. Weinstein recorda-se de ter pensado: «Tenho um problema». Precisamente quando os seus contemporâneos, que estavam a chegar aos trinta e tal anos, começavam a iniciar carreiras e a criar as suas famílias, ele estava a reformar-se. Que faria com todo aquele tempo?

*** Vários nomes podem ter sido alterados de modo a preservar o anonimato.

O seu amigo Dick Bober falou-lhe do negócio dos tecidos revestidos. Weinstein não sabia nada acerca disso. Mas também não era farmacêutico e esse empreendimento revelara-se afortunado. Os tecidos revestidos, aprendeu ele, eram um passo crucial para produzir imensos produtos, desde tapetes rolantes até coletes à prova de bala. Coisas como pára-quedas, forros de capacetes e fatos de camuflagem, todos utilizavam tecidos revestidos. Assim, havia alguns contratos governamentais volumosos à espera de serem servidos. Uniformes e equipamentos têm de ser postos à prova de manchas, à prova de fungos e à prova de água e pintados. Segundo uma estimativa, o revestimento acrescenta entre 10% e 50% ao valor de base da matéria-prima, conferindo o brilho do dinheiro a uma indústria de outro modo rotineira.

Weinstein lançou-se no negócio e, por fim, no processo de fabrico. Como piloto, odiava os coletes salva-vidas guardados nos aviões comerciais. «Sempre me incomodaram», declarou ele. «São pesados e dispendiosos», afirmou aos investigadores da Coated. Estes conceberam um protótipo, utilizando nylon revestido, que era 60% mais leve do que o normal e 70% mais barato de produzir. Antes do desaparecimento antecipado da sua empresa, Weinstein podia gabar-se de que todas as linhas aéreas sediadas no oeste transportavam coletes salva-vidas fabricados com materiais feitos pela Coated Sales.

O laboratório da Coated Sales contribuiu para o desenvolvimento de uma ganga super-resistente para proteger trabalhadores de plataformas petrolíferas, bombeiros e pessoas que manuseavam materiais perigosos. Os empregados da Coated Sales trabalhavam em rampas de evacuação de aviões, mangueiras para radiadores, auscultadores de telefones, um tecido de filtragem de esgotos, fatos de mergulho marítimo, mochilas e, apenas para dar uma pequena ideia, fizeram algumas das roupas de marinheiro para o *Stars & Stripes*, a escuna pilotada por Dennis Conner para vencer a Taça América. Weinstein devia possuir algum encanto, que jogava a seu favor. Precisamente dois anos antes da falência, tornou-se o primeiro operador de tecidos revestidos a ter uma fábrica de acabamentos em larga escala, umas instalações de 27 milhões de dólares, sem rival.

Ao mesmo tempo, a menina dos olhos de Weinstein cavava a sua própria sepultura. Expandir-se para novos mercados, desenvolver linhas de produto de vanguarda, reunir novas empresas no grupo – tudo isso exige dinheiro. Especialmente quando o CEO e os restantes administradores gostam de viver à grande e deixar que os outros o saibam. Existe um constante aperto financeiro. Uma escala maior significa um maior aperto. Dentro das instalações da Coated Sales, remessas de tecido e equipamento eram compradas e vendidas rapidamente, frequentemente com prejuízo, apenas para obter o dinheiro a curto prazo.

Durante anos, a Coated utilizara a Main Hurdman para as auditorias, sem sinais de problemas. Mas, quando a Main Hurdman foi adquirida pela Peat-Marwick, os novos auditores viram uma imagem muito diferente. Um sócio ligou a um fabricante de malas de viagens para o interrogar sobre 750 mil peças de mercadoria compradas à Coated. A empresa declarou que nunca fizera tal encomenda. Não fazia ideia do que seria aquilo. Quando membros da equipa de auditoria revelaram as suas preocupações, a Coated enviou o consultor jurídico para falar com os auditores. Philip Kagan tentou chegar a um acordo com eles, para que deixassem passar a relatório de contas; havia alguns problemas, admitiu ele, mas nada que não se pudesse arranjar. A questão estava a ser tratada. De modo algum, declararam os auditores, saindo porta fora.

Em cerca de dois meses, a empresa, que voava mais alto que as outras, entrara em falência. As primeiras estimativas avaliavam as perdas dos accionistas em mais de 160 milhões de dólares. Os vinte credores principais da Coated reivindicavam prejuízos de, pelo menos, 17 milhões de dólares. O tribunal de falências nomeou a Coopers & Lybrand como o escritório de litígios e insolvências para trabalhar com os devedores. Além das avaliações habituais, o grupo devia determinar o que correra mal, e até que ponto correra mal, em dólares. «Sabíamos que havia algo de preocupante com um empréstimo e o modo como o dinheiro fora usado. Assim que começámos a investigar, o iceberg tornou-se maior», declara o CFE Harvey Creem. Creem trabalhou com os advogados do devedor que o informaram que os fundos de um empréstimo bancário tinham sido transferidos para uma conta de corretagem, que já não surgia nos Livros-Razão. Era supostamente uma conta inactiva da primeira oferta pública da empresa, usada para investimentos temporários até ser reduzida a zero. Durante o mais recente ano fiscal, houvera alguma actividade na conta. Lucros de um empréstimo tinham sido depositados na conta de corretagem, transferidos para uma conta de caixa, e registados como se fossem pagamentos de clientes contra as suas contas a receber. Era devido muito dinheiro à Coated Sales, as suas contas a receber aumentavam em 20 milhões de dólares por ano. Mas muitos dos pagamentos sobre as contas a receber eram feitos com o próprio dinheiro da Coated, parte do qual provinha de empréstimos bancários. A linha geral da fraude era clara. «Quando se encontra um único cheque de, digamos, dois milhões de dólares, usado para pagar várias contas diferentes, sabe-se que há qualquer coisa de errado... Geralmente, cada cliente envia o seu próprio cheque para pagar as suas dívidas. Neste caso, um cheque registado sob um único nome fora utilizado para pagar dívidas de várias pessoas diferentes. Ora, uma empresa que paga não só as suas próprias dívidas, mas também as dívidas de outras empresas – não é impossível, mas é improvável... Levámos duas ou três horas para compreender a essência da operação», declara Creem. «Depois foi descobrir a amplitude do que sucedera».

Creem descreve como ele e os seus colegas começaram pela data de declaração de falência e «prosseguiram, analisando as contas a receber em profundidade... Grandes quantidades eram totalmente ilusórias. Não havia nada que as comprovasse». A ajuda para encontrar o rasto foi prestada por uma série de empregados de quadro inferior: «Alguns deles não sabiam o que se passava de facto e estavam dispostos a ajudar. Alguns talvez soubessem, mas estavam arrependidos e, por isso, dispostos a falar». Em cerca de três anos de vigarices, Weinstein e a sua gestão tinham inflacionado as suas vendas e lucros, o que resultara num excesso de capitais próprios de 55 milhões de dólares. Utilizaram esses falsos números para obterem empréstimos de vários bancos, como uma linha de crédito de 52 milhões do BancBoston e uma linha de crédito de 15 milhões do First Fidelity em Newark, Nova Jérsia.

Os empréstimos manipulados resolveram o problema do fluxo de caixa, além de provocarem efeitos secundários muito agradáveis. As acções da Coated Sales – negociadas, em bolsa, com o *ticker* RAGS – tinham aumentado muito rapidamente. Grandes saltos nas receitas e um olhar gigantesco do mercado tinham impulsionado a cotação para 12 dólares por acção, oito vezes mais do que quando entrara em bolsa. O escalão superior da empresa, incluindo Ernest Glantz (presidente) e o sócio de Weinstein desde há muito, Dick Bober (vice-presidente), facturava à grande. Por si próprio, Weinstein fez mais de 10 milhões de dólares em vendas de acções a descoberto. Além disso, uma das inúmeras acções judiciais contra ele acusava Weinstein de desviar 968 mil dólares em dinheiro da empresa.

Creem seguiu o rasto de lucros manipulados até vários nichos intrigantes. «Para conseguir fazer passar isto pelos auditores, por tanto tempo como o fizeram, descobriram vários modos de criar a ficção de que os clientes estavam realmente a pagar as falsas contas a receber. Criavam uma falsa conta a receber, digamos de 10 mil dólares. Retinham-na por o maior tempo possível, por vezes falsificando as datas de caducidade, para que parecessem mais recentes do que eram». Creem explica que o passo seguinte foi «manipular um modo de pagar a conta: transferiam o seu próprio dinheiro para um fornecedor. Este, presumivelmente, também estava integrado no esquema, uma vez que lhe apresentaram uma falsa factura para os 10 mil dólares. Esse fornecedor fica com 1% ou 2% pelo seu "trabalho" e envia o resto para a Coated. Esse dinheiro reflectir-se-ia como pagamento contra a falsa conta a receber».

Pessoas como Bernard Korostoff faziam com que o truque do fornecedor resultasse. Korostoff utilizou a sua Kaye Mills International Corporation para criar facturas falsas para várias encomendas grandes da Coated. A equipa de Weinstein, tendo utilizado os seus falsos relatórios de contas para obter empréstimos, enviou o dinheiro a Korostoff como se estivesse a pagar uma dívida. Korostoff ficou com 1,5% por tornar a transacção possível, devolvendo o resto à Coated para pagar as contas a receber falsificadas. «Nunca cheguei a compreender bem aquilo», declara Creem. «Aqueles tipos fazem isto por uma minúscula percentagem. Porque se incomodariam assim por tão pouco? Talvez estivesse relacionado, de outros modos, com o negócio...»

O negócio, tal como era gerido, era um labirinto de logro e vigarice. Weinstein falsificava o que devia para pagar contas a receber, que também eram falsificadas. Utilizava as contas a receber para obter empréstimos de milhões de dólares e reinvestir parte dos lucros, de modo a desviar a atenção de olhares suspeitosos. As falsas vendas não só trouxeram dólares de empréstimos, como criaram dólares em carteira, elevando cada vez mais a cotação da RAGS. Para sustentar a vigarice,

Weinstein tinha três modos de manter o seu círculo de dinheiro em movimento: podia movimentar dinheiro do empréstimo, que estava na conta de corretagem oculta, para onde fosse necessário; podia utilizar facturas de fornecedores falsas para branquear os fundos, introduzindo-os de novo na empresa; ou ele e os seus sócios podiam vender o seu próprio capital na empresa e aplicar alguns dos lucros nas contas a receber em dívida.

Ao fim de quatro anos desta actividade, Weinstein dera cabo da Coated Sales. A empresa exagerava, em milhões, as suas contas a receber, inventando, a determinada altura, metade ou mais das suas vendas. Na altura, constituiu a maior fraude de valores mobiliários de sempre no estado de Nova Jérsia. Weinstein e nove outros administradores foram acusados de planear, executar e lucrar com o esquema. Weinstein – chamado «um homem alto e rechonchudo, com uma personalidade autoritária» pela *Forbes* – possuía mais de dez aviões e vários helicópteros. Tinha dois Rolls-Royces, um em cada uma das suas duas residências, além de mais cinco automóveis de luxo, espalhados por toda a parte. Ele e os outros conspiradores tinham utilizado alguns dos lucros para comprarem empresas mais pequenas para si próprios. A respeito de ostentação, não havia melhor do que ele e, quanto a descaramento, não tinha rival. Depois de a Coated falir, e acusações federais terem levado a acções judiciais contra ele, Weinstein comprou uma casa de cerca de 1.200 metros quadrados em Boca Raton, na Florida, avaliada em dois milhões de dólares, localizada numa propriedade de um milhão. Três iates diferentes estavam em estaleiros, ao longo da costa da Florida, para o caso de Weinstein necessitar de fugir de todos os aborrecimentos.

Mas Weinstein não escaparia desta. Ele e o seu círculo íntimo receberam uma acusação de quarenta e seis páginas. Bruce Bloom, o CFO da Coated, confessou-se culpado e apontou o dedo aos seus cúmplices. O conselheiro jurídico da Coated, Philip Kagan, começou por se declarar «totalmente inocente de qualquer delito», mas, mais tarde, decidiu confessar-se culpado das acusações de extorsão e conspiração. Kagan confessou que ajudou a ludibriar os auditores da empresa e tentou persuadi-los a ignorarem os factos dos Livros-Razão. Admitiu, ainda, que aceitara 115 mil dólares em honorários jurídicos da Coated Sales, sem reportar, mesmo obrigado, o dinheiro ganho à SEC. Kagan foi condenado a dezoito meses de prisão. As penas para outros intervenientes menos importantes foram de um a dois anos de prisão.

O presidente da Coated, Ernest Glanz, recebeu uma pena de um ano, como parte de um acordo de cooperação com o Governo neste caso. Richard Bober, o amigo de longa data de Weinstein, apanhou vinte meses de prisão e uma multa de três milhões de dólares, além dos 55,9 milhões de dólares da condenação civil partilhada com Weinstein. Creem recorda-se que, quando Bober testemunhou no tribunal de falências, «o juiz pareceu chocado. Começou a interrogar ele próprio Bober. Não creio que alguma vez tivesse ouvido algo de semelhante no seu tribunal».

Michael Weinstein obteve um acordo de admissão de culpa que, no entanto, acarretou uma pena bastante forte. Perdeu praticamente todas as suas propriedades, automóveis e barcos, juntamente com vários negócios e inúmeras contas bancárias, no valor de várias centenas de milhares de dólares cada. Foi condenado a 57 meses de prisão e a restituir quaisquer perdas pendentes aos accionistas.

O procurador Michael Chertoff considerou um caso exemplar, parte daquilo a que chamou «um novo género de acção penal contra o conselho de administração das empresas». Fartas das enormes vigarices de executivos megalómanos, as agências legais estão a utilizar o duro *Securities Law Enforcement Remedies Act* (Lei de Correcção da Aplicação da Lei de Valores Mobiliários) para perseguir os grandes intervenientes. «As grandes fraudes financeiras», declarou Chertoff numa conferência de imprensa, após a admissão de culpa de Weinstein, «não só prejudicam as instituições bancárias, como também corrompem o mercado de valores mobiliários, lesando os milhares de pessoas que investem em acções. Quando a desonestidade percorre o conselho de administração, são os credores e os investidores que sofrem».

CAPÍTULO 14

FRAUDE E ABUSO OCUPACIONAIS: PERSPECTIVA GLOBAL

DEFINIÇÃO DE COMPORTAMENTO ABUSIVO

Os casos que observámos nas páginas anteriores encontravam-se, em geral, na ponta extrema do comportamento abusivo por parte dos empregados. Em resumo, estes dados constituem apenas a ponta do icebergue. A profundidade e a espessura desse icebergue variam de uma organização para outra, dependendo de um conjunto complexo de factores comerciais e humanos.

A profundidade do icebergue também se mede pelo que se define como comportamento abusivo. Evidentemente que, quanto mais regras houver na organização, mais provável se torna que os empregados entrem em conflito com elas. Recordemos o estudo de Hollinger e Clark, que dizia que quase nove em cada dez empregados admitiam um comportamento abusivo a algum nível. Parte desse abuso deve-se à natureza diversa das pessoas. Tom R. Tyler, na sua obra *Why People Obey the Law* [Porque as pessoas obedecem à lei], concluiu que as pessoas só obedecem às leis em que acreditam. Se uma regra não faz sentido para os empregados, eles criam a sua própria regra[1].

Ilustrarei a questão com outra experiência pessoal. O FBI procedeu a uma investigação minuciosa de antecedentes antes de me contratar, não obstante o fiasco do Sr. Zac. Investigam todo e qualquer candidato a agente. Quando somos contratados, não significa que somos perfeitos, significa apenas que eles nos passaram por todas as peneiras possíveis, esperando que surja alguma imperfeição importante que nos possa desqualificar.

Daqueles que sobrevivem ao processo, uma pequena percentagem é realmente contratada e passa por uma formação – como eu. Desde o primeiro dia, os agentes eram confrontados com padrões extremamente elevados. Para ilustrar a mentalidade da época, pensemos no que o nosso estimado instrutor declarou à sua classe de 35 formandos ansiosos e de olhos brilhantes. «O FBI não tem qualquer agente vulgar. Cada um deles encontra-se acima da média ou mais», gabava-se o instrutor. Um dos formandos que se sentava lá para o fundo da sala – um tipo do género matemático – levantou a mão. «Desculpe», interrogou o formando, «não me parece possível que todos os agentes do FBI se encontrem acima da média. Por definição, para estar acima da média, tem de haver uma média e um nível abaixo da média. Por isso, nem todos os agentes podem estar acima da média – é estatisticamente impossível». O formando falou ao instrutor com respeito, mas com convicção.

A classe ficou em silêncio e todos os olhares convergiram para a frente da sala, onde o instrutor formulava cuidadosamente a sua resposta. «Olhe, meu senhor», declarou o instrutor, «se o próprio J. Edgar Hoover declarou que todos os agentes estavam acima da média, isso é uma estatística suficiente para mim». E realmente sentia isso.

Quando nos formámos e começámos a trabalhar em campo, os agentes novatos tiveram de entrar no mundo real. No mundo real, pagavam-nos 25% extra por todas as horas extraordinárias que tínhamos, normalmente, de fazer. Mas as exigências de registos eram tão ridículas que ninguém – excepto os funcionários em Washington – prestava a menor atenção aos inúmeros formulários que tínhamos de preencher todos os meses para receber o pagamento das nossas horas extraordinárias.

A parte ridícula da manutenção de registos, no que se referia ao agente de base, era que não havia transição das horas extras acumuladas de um período para o seguinte. Por exemplo, se fizéssemos 50% de horas extra no período de pagamento 14, pagavam-nos à mesma 25%. Mas se fizéssemos apenas 10% de horas extra no período 15, as nossas horas extra eram reduzidas a 10%, porque não podíamos utilizar o tempo extra que gastáramos no período 14. A desvantagem era que, ao longo do ano, todos os agentes faziam pelo menos 25% de horas extra e muitos faziam muito mais.

Como resultado, praticamente toda a gente que eu conhecia a trabalhar em campo na altura simplesmente reivindicava 25% a todos os períodos de pagamento, independentemente do verdadeiro tempo que faziam. Tínhamos de atestar, sob juramento, que trabalháramos durante essa quantidade de horas extraordinárias específicas – nem mais nem menos. A nossa agência não podia pagar-nos mais de 25%, portanto não desejava que nós trabalhássemos mais tempo «oficialmente», porque os regulamentos governamentais teriam exigido que nos pagassem as horas extraordinárias a mais. Por isso, nenhum de nós levava a sério a certificação que continha as nossas assinaturas. Uma falsa declaração feita sob juramento ao governo – que assinávamos regularmente nos nossos formulários – prevenia a todos das sanções penais envolvidas. Todos nós assinávamos um formulário destes 26 vezes por ano – apenas para recebermos os nossos cheques de ordenado. Comentei a ironia daquilo a um velho e espirituoso agente do FBI, um dia em que ambos nos encontrávamos no registo de assinaturas. «Joe», declarou ele, «bem-vindo ao mundo real. Eis como tudo funciona: se tiveres dito muitas mentiras, não podes entrar para o FBI. Mas, assim que és contratado, tens de dizer algumas só para nele permaneceres. E tudo por causa destes regulamentos ridículos».

Exceptuando o facto de eu admitir que, durante a minha carreira profissional, tive as minhas próprias experiências pessoais de fraude e abuso ocupacionais, qual é a moral desta história? Na minha opinião, existem duas morais. A primeira é que não podemos eliminar este problema na mão-de-obra sem eliminarmos as pessoas. A raça humana é notoriamente sujeita a ataques periódicos de mau discernimento. Aqueles que trabalham no campo da detecção ou prevenção de fraudes, e procuram a perfeição da mão-de-obra, não só ficarão desapontados, como descobrirão que tais atitudes aumentam invariavelmente o problema.

Esse paradoxo constitui a segunda moral da história: citando o meu colega de há muitos anos, o Dr. Steve Albrecht, «se colocarmos padrões demasiado elevados, podemos inadvertidamente estar a dar duas opções ao empregado – falhar ou mentir». O nosso trabalho em estabelecer padrões antifraude é, pois, torná-los claros e razoáveis. Voltaremos a falar do assunto mais adiante.

MEDIÇÃO DO NÍVEL DE FRAUDE E ABUSO OCUPACIONAIS

Uma vez que o objectivo do profissional antifraude é reduzir as perdas resultantes desses delitos, medir o progresso no sentido tradicional pode ser difícil. Estabelecemos claramente o motivo – apenas temos conhecimento das fraudes que foram descobertas.

Como debatemos na introdução desta obra, os investigadores certificados de fraudes pensam que as empresas perdem em média cerca de 5% das suas receitas brutas para todas as espécies de fraude e abuso no local de trabalho. Tendo em conta tudo o que sabemos, pode tratar-se do melhor número que hoje podemos utilizar e, pelo menos, confere às organizações uma medida aproximada do seu risco potencial. Se esse risco é alguma vez descoberto constitui outra questão. Observámos exemplos de fraudes ocupacionais nesta obra que não foram detectadas durante anos. Se não fosse por um feliz acaso de circunstâncias, muitas delas podiam estar ainda a florescer. Isso constitui, evidentemente, o aspecto mais perturbador de muitas fraudes ocupacionais: quanto mais tempo passam despercebidas, mais onerosas se tornam. As pessoas, que começam a cometer fraudes, geralmente continuam, a menos que haja um motivo que as force a desistir.

Numa base organizacional, um bom indicador dos riscos reais de fraude é o que ocorreu no passado. Surpreendentemente, poucas organizações – especialmente as mais pequenas – fazem algum esforço para reunir dados históricos relacionados com fraudes: quantos delitos ocorrem, quais as perdas provenientes de cada uma e que padrões emergem, se é que emergem. Mas convém recordar que estes dados não nos informam do tamanho do icebergue, apenas o tamanho da ponta. Mas mais importante é que reunir informações históricas sobre fraudes poderá revelar se o icebergue está a crescer ou a derreter.

O Factor Humano

Os diversos estudos de casos desta obra possuem um elemento comum: os defeitos humanos que levaram pessoas de confiança a violá-la. Seriam todos esses empregados, desde o empregado da divisão do correio até ao do conselho de administração, simplesmente gananciosos? Seriam todos apenas mentirosos? Sempre teriam tido uma moral deficiente que apenas emergira quando a sua honestidade fora posta à prova? Ou seriam maltratados, mal pagos e estariam a tirar o que lhes pertencia «por direito»?

A resposta, evidentemente, é que: depende. O crime constitui uma tapeçaria complexa de motivos e oportunidades. O sultão do Brunei, considerado um dos homens mais ricos do mundo, pode ter oportunidades ilimitadas para defraudar as pessoas. Mas terá motivos para tal? Inversamente, caixas que recebem o salário mínimo podem sentir-se muito motivados a roubar, para poderem aguentar-se financeiramente. Mas se estiverem permanentemente conscientes de que o dinheiro da caixa registadora pode ser contado de surpresa, podem não se aperceber de uma oportunidade para o fazerem. Em qualquer esforço antifraude, temos de ter sempre em mente que nenhum factor isolado impedirá a fraude ocupacional; temos de atacar o problema em várias frentes.

Ganância

Michael Douglas proferiu a já famosa frase no filme *Wall Street*: «A ganância é uma coisa boa». Embora possa haver quem discuta se isso é verdade, existem poucas discussões sobre a ganância constituir um factor da fraude ocupacional. Com efeito, é muito provável os estudiosos deste tema descreverem os desviadores e a sua espécie por essa única palavra: gananciosos.

O problema, com essa definição como motivador de fraude, é o facto de ser subjectiva e exigir a resposta. «Gananciosos? Em comparação com quem?». A maior parte de nós considera-se, em certa medida, gananciosa; trata-se, afinal, de uma característica muito humana. Mas existem muitas pessoas gananciosas que não roubam, não mentem, nem enganam para conseguir o que desejam. E como podemos medir a extensão da ganância, de modo a prever um comportamento? Em resumo, pouco podemos dizer sobre a ganância que nos ajude a detectar ou impedir a fraude ocupacional.

Salários em Espécie

Em quase todos os estudos de casos que analisámos, ao longo desta obra, predomina um traço comum: aqueles que optam por cometer uma fraude contra as suas empregadoras sentem-se justificados nas suas acções. Um exemplo perfeito é o caso de Bob Walker, o caixa que começou a roubar para se desforrar da sua empregadora. Walker fora despromovido de uma posição de gestão para chefe de caixa da sua loja, uma mudança que incluíra uma redução do salário mensal em 300 dólares. Sentindo-se moralmente justificado no seu furto, Walker prosseguiu, processando mais de 10 mil dólares em falsos reembolsos, mais de vinte e cinco vezes aquilo que a sua despromoção lhe custara em salários.

Para o objectivo de detectar e impedir a fraude ocupacional, não interessa se os empregados estão justificados, mas se eles pensam que o estão. Os esforços de prevenção têm de começar pela formação dos empregados e pessoal e atacar-se, em todas as frentes, essa percepção errada – a imoralidade, ilegalidade e as consequências negativas de cometer fraude e abuso ocupacionais.

Os empregados têm, também, de compreender o conceito de remunerações em espécie. Recordo-me de um exemplo perfeito, dos meus dias como consultor antifraude, nos anos 80. Um banqueiro local ouviu-me proferir um discurso sobre prevenção da fraude e, mais tarde, ligou-me. «Temos terríveis problemas com os furtos dos caixas», reconheceu confidencialmente. «Gostaria de contratá-lo para que avaliasse o problema e nos fornecesse algumas soluções».

Passei vários dias no banco, percorrendo os procedimentos contabilísticos, a história de furtos de caixas, as políticas pessoais e os controlos internos. Entrevistei supervisores do banco, chefes de caixas e outros elementos do grupo. As entrevistas foram particularmente reveladoras.

Quando chegou o momento de apresentar o meu relatório, o banqueiro pediu que eu relatasse as minhas conclusões a todo o conselho de administração, que assim me poderia colocar questões. Tentei ser diplomático, mas, quando o verniz foi arrancado, a imagem não foi bonita. O banco tinha problemas com furtos de caixas, porque (1) tinham procedimentos de selecção de pessoal inadequados, (2) não tinham a mínima formação antifraude, (3) pagavam salários inadequados às pessoas a quem confiavam caixas cheias de dinheiro, e (4) eram considerados pelos empregados como sovinas e sobranceiros. Quando terminei a minha exposição ao conselho de administração, pedi que me interrogassem. O silêncio foi constrangedor. Depois de ficar de pé durante o que pareceu uma eternidade, o meu colega banqueiro agradeceu-me delicadamente as minhas sugestões e declarou que me ligariam. Não o fizeram.

Três princípios básicos são absolutamente necessários para minimizar (não eliminar) a fraude e o abuso ocupacionais. Em primeiro lugar, contratar as pessoas certas. Em segundo, tratá-las bem. E, em terceiro, não as submeter a expectativas pouco razoáveis.

Expectativas Pouco Razoáveis

Se tiver avaliado cuidadosamente os estudos de casos desta obra, deve sentir empatia, pelo menos, com algumas situações que levaram os empregados a cometer fraudes. A situação de Ernie Philips, por exemplo, parece o cenário de um *Filme da Semana*. Enquanto tentava sustentar a mulher e seis filhos adoptivos, Philips foi obrigado a submeter-se a várias operações às costas, o que o mantinha em casa, afastado do trabalho. Em seguida, tornou-se viciado nos comprimidos que tomava para aliviar as dores dessas cirurgias. O seu negócio como revisor oficial de contas estava à beira da falência, e ele sofria de uma depressão e de ansiedade crónica. Perante circunstâncias tão terríveis, quantos de nós recorreríamos à falsificação de cheques para sobreviver?

Na minha opinião, as empregadoras, por vezes, têm expectativas pouco razoáveis acerca dos seus empregados, que podem contribuir para a fraude e o abuso ocupacionais. Em primeiro lugar, as entidades patronais esperam, frequentemente, que os seus empregados sejam honestos, em todas as situações. Isso contradiz o comportamento humano normal. Segundo Patterson e Kim, em *The Day America Told the Truth* [O dia em que a América disse a verdade], um total de 91% das pessoas inquiridas admitiu mentir com regularidade. Felizmente, a maioria dessas mentiras não tinha nada a ver com as fraudes. Mas convém recordar que, embora nem todos os mentirosos sejam fraudadores, todos os fraudadores são mentirosos. A abordagem mais eficaz para a prevenção não consiste em eliminar a mentira (uma vez que isso é impossível), mas impedir que as mentiras se transformem em fraudes.

É fácil de compreender como é que alguém pode confundir os dois conceitos de mentira e fraude. As mentiras à nossa família, aos nossos colegas, aos nossos superiores e aos nossos clientes são tipicamente logros motivados pelo desejo humano de dizer às pessoas o que estas desejam ouvir: «Como estás bonito, hoje!» Por isso, há que concentrar a nossa atenção: especificamente, desejamos impedir a fraude; não temos tempo para mudar a humanidade, embora se trate de um nobre objectivo.

Impedir a fraude exige alguma compreensão.

COMPREENDER COMO IMPEDIR A FRAUDE

O impedimento e a prevenção não são a mesma coisa, embora seja comum utilizarmos os termos de forma alternada. A prevenção, no sentido do crime, envolve remover as causas de origem do problema. Neste caso, para prevenir a fraude, teríamos de eliminar a motivação para a cometer, tal como as injustiças sociais que levam ao crime. Como investigadores de fraudes, temos de deixar essa tarefa para os cientistas sociais. Em vez disso, concentramo-nos no impedimento, que pode ser definido como a modificação do comportamento, através da percepção de sanções negativas.

Os fraudadores são muito mais fáceis de dissuadir dos que os criminosos comuns de rua. Muitos crimes violentos são cometidos no impulso do momento e os criminologistas concordam que esses crimes são muito difíceis de impedir antecipadamente. Mas os fraudadores, como observámos nesta obra, são pessoas muito deliberadas. Em cada fase do delito, pesam cuidadosamente – consciente ou inconscientemente – os riscos e recompensas individuais dos seus actos. Por esse motivo, o seu comportamento pode ser mais facilmente modificado.

O Impacto dos Controlos

Ao longo desta obra, testemunhámos situações que podiam ter sido evitadas através do procedimento de controlo mais básico: separar a função do dinheiro da função dos registos. Dito isto, é provável que nós, contabilistas e auditores, peçamos demasiado aos controlos. Afinal, muitos controlos internos não têm nada a ver com a fraude. E outros encontram-se apenas indirectamente relacionados com a fraude. A minha opinião é que os controlos internos constituem apenas parte da resposta ao impedimento da fraude. No entanto, há quem não partilhe desta opinião. E alegue que, se estiverem a ser aplicados controlos adequados, a fraude ocupacional se torna quase impossível de cometer sem ser detectada.

A Percepção da Detecção

Como já foi referido ao longo destas páginas, o impedimento da fraude e do abuso profissionais começa na mente do empregado. O axioma da percepção da detecção é o seguinte:

Os empregados que sentem que serão apanhados na fraude e no abuso ocupacionais têm menos probabilidades de os cometer.

Torna-se difícil refutar esta lógica. Exactamente até que ponto este conceito fornece um efeito dissuasor depende de uma série de factores, internos e externos. Mas como podemos observar, os controlos internos possuem um efeito dissuasor apenas quando os empregados se apercebem que são muito activos e têm o objectivo de revelar fraudes. Os controlos ocultos não têm um efeito dissuasor. Pelo contrário, controlos que nem sequer existem – mas que se julga existir – terão o mesmo valor dissuasor.

De que modo uma entidade cria a percepção da detecção? Como é evidente, isso varia de organização para organização. O primeiro passo é pôr a descoberto a fraude e o abuso ocupacionais e lidar com a questão num debate aberto. As agências e as empresas devem ser prevenidas de que aumentar a percepção da detecção, se não for feito de modo correcto, fará pensar no *Big Brother* e poderá causar mais problemas do que os que resolve. Há, pelo menos, seis passos que as organizações podem dar para aumentar a percepção da detecção.

Formação dos Empregados

A menos que a grande maioria dos empregados seja a favor da diminuição da fraude e do abuso ocupacionais, qualquer programa proactivo de impedimento da fraude está destinado ao fracasso. Torna-se, pois, necessário que toda a mão-de-obra seja envolvida nesse esforço. As organizações devem fornecer alguma formação básica antifraude na altura em que os trabalhadores são contratados. Deste modo, os empregados tornam-se os olhos e os ouvidos da organização e é mais provável que denunciem possíveis actividades fraudulentas. A formação dos empregados deve ser factual e não acusatória. Saliente-se que a fraude – sob qualquer forma – acaba por ser muito prejudicial para a organização e para as pessoas que nela trabalham. A fraude e o abuso têm impacto sobre aumentos, empregos, benefícios, moral, lucros e integridade pessoal.

A mão-de-obra informada sobre a fraude é, de longe, a melhor arma do investigador.

Políticas Proactivas sobre a Fraude

Quando interrogo a maioria das pessoas sobre como impedir a fraude, é típico responderem-me algo semelhante a isto: «Para prevenir a fraude, temos de condenar mais pessoas. Isso servirá de aviso». Este argumento bem-intencionado tem, pelo menos, três falhas. Em primeiro lugar, nada há de proactivo em condenar as pessoas. Como diriam certas pessoas, é como fechar a porta do celeiro, depois de as vacas terem fugido. Em segundo lugar, é discutível que isso sirva de aviso. Este conceito é chamado de impedimento geral pelos criminologistas. Por muito lógica que a ideia pareça à primeira vista, não existem dados – provenientes de resultados de estudos – que mostrem que isto, de facto, resulte.

Sem entrar nos meandros do pensamento criminologista, muitos especialistas crêem que a punição tem pouco valor para impedir o crime, porque as possibilidades de serem punidos estão afastadas das mentes dos potenciais autores dos delitos. Pensemos um pouco no assunto. Se estamos a decidir se devemos cometer um crime (de qualquer espécie), a primeira questão que nos ocorre é: «Serei apanhado?» e não: «Qual será a punição se eu for apanhado?». Se a resposta à primeira questão for afirmativa, é muito improvável que a pessoa cometa o delito. Isso torna a punição discutível, por muito severa que seja.

O que foi previamente referido não significa que o crime não deva ser punido. Bem pelo contrário – numa sociedade civilizada, há que fazê-lo. Mas convém recordar que o principal benefício de qualquer tipo de punição é a vingança da sociedade pelo acto, não o facto de a punição impedir outros.

Uma Postura mais Elevada

As políticas proactivas contra a fraude começam na gestão, nos auditores e nos investigadores de fraudes terem uma postura mais elevada. Isso significa, como já foi referido, expor as fraudes. Em cada fase de uma auditoria de rotina ou análise administrativa, o sujeito da fraude e abuso deve ser referenciado de modo não acusativo. Deve pedir-se às pessoas que comuniquem os seus conhecimentos e suspeitas, se os tiverem. Devem ser interrogadas sobre possíveis fragilidades de controlo e administrativas que possam contribuir para a fraude. Através deste método, procuramos conseguir que as pessoas se tornem subtilmente conscientes que, se cometerem actos ilegais, os outros estarão a observá-los.

Uma postura mais elevada significa, também, assegurar que os controlos ocultos assim não permanecem. Os auditores podem ter uma imagem peculiar para os desconhecedores. Os empregados sabem que há auditores na empresa, mas não sabem bem o que eles fazem. Embora esta atitude possa trazer vantagens óbvias, se estivermos a tentar realizar as nossas actividades em segredo, torna-se contraproducente quando se deseja impedir proactivamente a fraude. Temos de deixar que os empregados saibam que os observamos.

Maior Utilização da Revisão Analítica

Se um empregado desfalca 100 mil dólares de uma empresa muito grande, que esteja no *ranking* da *Fortune* das 500 maiores, não provocará uma significativa diferença nos relatórios de contas. Em grandes auditorias, as hipóteses de se descobrir uma factura falsa são remotas. Isso acontece devido às técnicas de amostragem utilizadas pelos auditores – observam, face ao total, um pequeno número de transacções.

Mas, como se pode ver pelos casos apresentados nesta obra, os verdadeiros riscos encontram-se na apropriação indevida de activos em pequenas empresas. Estes, como é evidente, podem ser, e frequentemente são, materiais para o resultado final. E os negócios mais pequenos são os que mais beneficiam do maior uso da revisão analítica – mais especificamente, da análise vertical e horizontal. Os investigadores e auditores de fraudes proactivos devem prestar especial atenção às tendências históricas que reflectem os seguintes aumentos: despesas, custo das vendas, contas a receber com diminuição de dinheiro em caixa, inventário, vendas com diminuição de dinheiro em caixa, devoluções e deduções e descontos de vendas.

Como parte do processo de revisão analítica, será conveniente determinar a política da empresa sobre rotação de tarefas e férias forçadas. Uma vez que muitas fraudes ocupacionais exigem uma intervenção manual continuada por parte do fraudador, uma grande parte desses delitos acaba por ser descoberta, quando o fraudador se retira – para férias, baixa por doença ou rotação de tarefas. É lógico que, quanto mais tempo uma pessoa permanecer numa posição, sem supervisão, maiores são os riscos da fraude ocupacional.

Auditorias Surpresa Quando Possível

A história de Bill Gurado é a que melhor ilustra o conceito de percepção da detecção nas auditorias. Como se devem recordar, Barry Ecker, o auditor, estava apenas a brincar quando declarou a Gurado que estava iminente uma auditoria. Com base nessa falsa informação, Gurado confessou que andava a roubar a filial. Qual o motivo? Gurado estava convencido de que a sua conduta ilegal estava prestes a ser descoberta.

A ameaça das auditorias surpresa, especialmente em negócios de muita actividade com numerário, pode constituir um poderoso impedimento da fraude e do abuso ocupacionais. Em cada um dos casos, os fraudadores, que tomavam consciência que estava prestes a ocorrer uma auditoria, tinham tempo para alterar, destruir e deslocar registos e outras provas do seu delito. Obviamente que as auditorias surpresa são mais difíceis de planear e executar do que uma auditoria normal, anunciada com antecedência. Mas, tendo em conta o impacto da percepção da detecção, as auditorias surpresa podem certamente compensar o trabalho.

Programas de Denúncia Adequados

Como muitos dos casos desta obra ilustram, programas de denúncia adequados são vitais nos esforços sérios para detectar e impedir a fraude e o abuso ocupacionais. Situação após situação, das que observámos, os empregados suspeitavam que ocorriam actividades ilegais, mas não tinham maneira de comunicar essa informação, sem receio de serem arrastados para a investigação.

Os programas de denúncia devem sublinhar, pelos menos, seis pontos: (1) a fraude, o desperdício e o abuso ocorrem, em algum nível, em quase todas as organizações; (2) esse comportamento tem um impacto negativo sobre os empregos, os aumentos e os lucros; (3) a organização encoraja activamente os empregados a darem informações; (4) não existem punições por fornecer informações de boa-fé; (5) existe um método exacto para denunciar, tal como um número de telefone ou um endereço; e (6) as denúncias de actividades suspeitas não têm de ser comunicadas pelos empregados aos seus supervisores imediatos.

Uma linha directa é considerada pela maioria dos profissionais como a pedra angular de um programa de denúncias dos empregados. Segundo alguns estudos, cerca de 5% das chamadas para as linhas directas traduzem-se em casos sólidos. Em muitos deles, não teriam sido descobertos através de qualquer outro método. Pelo que sabemos, as denúncias dos empregados ultrapassam todos os outros métodos, juntos, de detecção de fraude.

Existem três espécies básicas de linhas directas. A primeira é uma linha directa a *part-time*, dentro da empresa, operada por um empregado com outras funções. Quando o empregado se ausenta, um gravador recebe a chamada. Estas linhas directas têm a vantagem de terem um custo baixo, mas as desvantagens são duas: (1) podem perder-se algumas chamadas e (2) alguns empregados sentem relutância em denunciar fraudes a pessoal da organização.

O segundo tipo de linha directa é uma a tempo inteiro, dentro da empresa. A sua vantagem é que os empregados podem ligar a qualquer altura, de dia ou de noite, e falar com uma pessoa. Estes tipos de linhas directas são caros e, por isso, geralmente só se encontram nas maiores empresas e agências governamentais.

O último tipo chama-se uma linha de terceiros. É servida por uma empresa externa, geralmente 24 horas por dia, e o preço é determinado para os subscritores com base no número de empregados. As linhas de terceiros oferecem três vantagens distintas: custo, eficácia e anonimato.

As linhas directas, independentemente do seu tipo, contribuem para aumentar a percepção da detecção. Os empregados que têm consciência de que as actividades desonestas podem ser denunciadas por um colega de trabalho terão menos probabilidades de se dedicarem a tais comportamentos. Uma última vantagem de uma linha directa é o facto de contribuir para cumprir as *Corporate Sentencing Guidelines* (Directrizes de Pena na Empresa) federais para as empresas.

AS DIRECTRIZES DE PENA NA EMPRESA

A legislação de directrizes constitui uma das mudanças mais drásticas da lei penal na história deste país. O objectivo destas directrizes é estabelecer penas uniformes e obrigatórias para crimes organizacionais. Não só as directrizes procuram tornar as punições mais uniformes, como aumentam indubitável e drasticamente a severidade das punições – em alguns casos a multa pode chegar aos 290 milhões de dólares ou mais. Além disso, a presença de um programa eficaz, para prevenir e detectar infracções à lei, é recompensada com uma pena mais indulgente. Essa recompensa pode valer vários milhões de dólares na altura da sentença.

Definição de Pena na Empresa

As directrizes foram ordenadas pelo Congresso no *Comprehensive Crime Control Act* de 1984 (Lei de Controlo do Crime Global). A Lei estabeleceu igualmente a *U.S. Sentencing Commission* (USSC) – Comissão de Penas dos EUA –, que começou a estudar a questão das penas pouco depois da promulgação da lei. O Congresso tinha a opinião, muito generalizada, que existia uma grande disparidade de punições para crimes semelhantes cometidos por pessoas individuais.

Após três anos de estudo, o USSC anunciou as *Sentencing Guidelines for Individuals* (Directrizes de Penas para Pessoas Individuais). Em Novembro de 1987, essas directrizes começaram a ser aplicadas nos 94 tribunais federais dos Estados Unidos.

Pouco depois da implementação das directrizes individuais, o USSC começou a estudar sanções para as organizações, embora, na Lei de 1984 e na legislação relacionada, não houvesse um mandato claro para o fazer. Ao fim de quatro anos de estudo e audiências, o USSC apresentou ao Congresso, a 1 de Maio de 1991, as suas *Proposed Guidelines for Sentencing Organizations* (Propostas de Directrizes para as Penas de Organizações). A 1 de Novembro de 1991, essas directrizes tornaram-se lei. A filosofia subjacente às directrizes foi caracterizada como uma recompensa da pena criminal. Isto é, se a organização evitar ou divulgar certas condutas, então a punição será reduzida.

Anteriormente, os juízes federais tinham de utilizar as directrizes para determinar se uma organização arguida tinha aplicado um «programa de cumprimento eficaz» para evitar as infracções pelas quais estava a ser acusada. Assim, se uma organização tivesse implementado e mantido tal programa, o juiz que presidisse ao caso teria em conta, na sentença, a devida diligência da organização para tentar evitar a ilegalidade. No entanto, em Janeiro de 2005, o Supremo Tribunal decidiu que as *Federal Sentencing Guidelines* (Directrizes Federais de Penas) já não eram vinculativas e, em vez disso, passavam a ser apenas consultivas. Segundo a decisão, os juízes, nas sentenças, devem ter em conta as directrizes, mas não são obrigados a condenar de acordo com o limite nelas estabelecido.

Responsabilidade Indirecta ou Imputada

Ao contrário das pessoas individuais, as empresas podem ser legalmente responsabilizadas pelos actos criminosos dos seus empregados, se esses forem praticados no âmbito e no decurso da sua função, com a finalidade ostensiva de beneficiar a empresa. Consultar: *New York Central and Hudson River Railroad v. United States*, 212 U.S. 481 (1909); *Standard Oil Co. of Texas v. United States*, 307 F.2d 120 (5.º Cir. 1962).

A empresa será responsabilizada criminalmente, ainda que a gestão não tivesse conhecimento ou participação nos eventos criminosos e ainda que houvesse políticas ou instruções específicas que proibissem a actividade realizada pelos empregados.

Com efeito, uma empresa pode ser criminalmente responsabilizada pelo conhecimento colectivo de vários dos seus empregados, ainda que nenhum empregado tencionasse cometer um delito. Consultar: *United States v. Bank of New England W.A.*, 921 F2d. 844, 856 (1.º Cir.), avocação recusada, 484 U.S. 943 (1987). Assim, a combinação da responsabilidade na empresa, directa ou imputada, e as novas *Sentencing Guidelines for Organizations* criam um risco extraordinário para as empresas.

Requisitos

As directrizes incentivam as organizações a exercer uma devida diligência ao procurar evitar e detectar uma conduta criminosa por parte dos seus administradores, directores, empregados e agentes. Nas directrizes, são exigidos, no mínimo, sete passos, para que seja considerada uma diligência devida:

1. Ter políticas que definam critérios e procedimentos a ser seguidos pelos agentes e empregados da organização.
2. Nomear pessoal específico de topo para ter a derradeira responsabilidade de assegurar o cumprimento.
3. Utilizar o devido cuidado para não delegar demasiada autoridade discricionária em pessoas que a empresa sabe, ou deveria saber, que têm propensão para se dedicar a actividades ilegais.
4. Comunicar critérios e procedimentos a todos os agentes e empregados, e exigir a participação em programas de formação.
5. Promover medidas razoáveis para ser possível o cumprimento das normas. Por exemplo, utilizar sistemas de vigilância e auditoria, e ter e anunciar um sistema de denúncias, através do qual os empregados possam revelar comportamentos criminosos sem receio de retaliação (um programa de linha directa ou provedor da justiça).
6. Reforçar constantemente critérios através de disciplina adequada, desde o despedimento às repreensões.
7. Após detecção de um delito, a organização deve ter tomado todos os passos razoáveis para responder devidamente à infracção e para evitar novos delitos semelhantes – incluindo modificar o seu programa, e disciplinar adequadamente as pessoas responsáveis pelo delito e as que não o detectaram.

As directrizes prevêem sanções penais e civis. Multas de até 290 milhões de dólares podem ser cobradas e a empresa pode ser condenada a liberdade condicional até cerca de cinco anos.

A LIGAÇÃO ÉTICA

Wheelwright definiu a ética como:

Aquele ramo da filosofia que é o estudo sistemático da escolha ponderada, dos critérios de certo e errado pelos quais uma pessoa se orientará, e do bem para o qual poderá por fim ser dirigida[2].

De um modo mais geral, os moralistas crêem que o comportamento ético é o que produz o maior bem e o que está de acordo com as regras e os princípios morais. Embora o termo ética seja utilizado, muitas vezes, em alternativa ao de moralidade e legalidade, os termos não têm precisamente o mesmo significado. A ética é muito mais uma decisão pessoal. Em teoria, a ética é a nossa reacção à tentação, quando não estamos a ser observados.

Existem fundamentalmente duas escolas de pensamento ético. A primeira, chamada princípio imperativo, defende que existem princípios éticos concretos que não podem ser infringidos. A segunda, chamada ética situacional, ou princípio utilitário, geralmente defende que cada situação deve ser avaliada por si própria; essencialmente, o fim pode justificar os meios. Provavelmente, a maioria das pessoas da sociedade moderna segue a ética situacional. Mas, independentemente da filosofia ética de cada um, os problemas difíceis residem no que constitui o «maior bem». Certamente é fácil ver como o CEO de uma empresa que emprega milhares de pessoas poderia justificar que cometer uma fraude nos relatórios de contas ajudaria a salvar empregos e que, por isso, a sua conduta se encontrava justificada como «o maior bem».

Do mesmo modo, um empregado pode sentir que uma grande empresa, com muito dinheiro, nunca dará por falta dos fundos que ele necessita tão desesperadamente para se aguentar financeiramente. Isso ficou demonstrado na história de Larry Gunter e Larry Spelber, dois empregados que viram uma oportunidade de financiar todos os seus estudos, roubando seis pequenas caixas de *chips* para computadores do armazém da sua empregadora. Num edifício cheio de *chips*, quem daria pela falta de seis caixas?

Não é de surpreender que alguns dos maiores vigaristas se considerem intimamente muito éticos; até hoje, é duvidoso que Charles Keating se considere mais do que uma vítima das circunstâncias, independentemente de muitos reformados sem desconfianças, por toda a América, terem perdido todos os cêntimos que possuíam devido às suas acções.

A realidade é que, para muita gente, «o maior bem» acaba, invariavelmente, por ser o que é bom para a pessoa que toma a decisão ética. Coincidência? Provavelmente não. Os filósofos antigos e modernos geralmente inserem-se numa de três escolas de pensamento nos estudos da essência das pessoas: (1) os humanos como bons, (2) os humanos como maus, ou (3) os humanos como calculistas. Na última situação, as pessoas procurarão sempre, e constantemente, o prazer e/ou evitarão a dor. Trata-se de uma lição que a maioria de nós aprende muito cedo.

Os behavioristas dizem-nos que a maior parte da nossa personalidade se formou por volta dos três anos. Uma grande parte da nossa personalidade relaciona-se com os valores que temos, que nos são instilados pelos nossos pais e mentores. Apesar de ser um cínico (e admiti-lo), acho altamente improvável que as políticas éticas – por muito fortes que sejam – possam impedir as pessoas suficientemente motivadas para se envolverem em fraude e abuso ocupacionais.

Não existe uma política ética mais forte do que a liderança estabelecida pelo chefe da organização. A modelação do comportamento ocorre com fortes influências, como o patrão. De facto, a Treadway Commission falou especificamente da importância do «dar o exemplo». Infelizmente, crê-se que as políticas éticas formais, em vigor neste momento, existem sobretudo nas grandes organizações. Em pequenos negócios – que são muito mais vulneráveis a entrar em falência devido à apropriação indevida de activos – poucos dos patrões lesados parecem compreender a importância do seu próprio exemplo pessoal.

Quando os empregados ouvem os seus líderes dizer aos clientes o que estes desejam ouvir, quando proprietários de pequenos negócios evadem os muitos impostos que devem e quando os presidentes executivos mentem aos fornecedores sobre a data de pagamento, nada de bom pode resultar. Dar o exemplo constitui a verdadeira ligação ética.

As políticas éticas formais são recomendadas para todas as organizações, independentemente das suas dimensões. Certamente não fazem mal nenhum e podem fornecer algum impedimento, mas, quase tão importante como isso, é que ter uma política ética torna a aplicação da conduta geralmente mais fácil de justificar legalmente. Um exemplo, retirado do Manual de Fraude do Investigador, encontra-se no apêndice deste livro. Pode utilizá-lo, livremente, no desenvolvimento da sua própria política ética. Existem três coisas importantes, seja qual for a forma que a sua política acabe por assumir: (1) estabelecer uma conduta específica que infringe a política; (2) declarar que os actos desonestos serão punidos; e (3) fornecer informações sobre o mecanismo da sua organização para denunciar comportamentos contrários à ética.

Embora alguns profissionais possam discordar, penso que é uma ideia terrível juntar à sua política ética afirmações draconianas como «...todos os infractores serão processados na medida máxima permitida por lei». Em primeiro lugar, mesmo para muitas pessoas honestas, tal afirmação parece ser uma ameaça velada. Em segundo lugar, a vítima de fraude não decide as acções penais, essa decisão é tomada pelo Estado. Para dizer a verdade, a sua organização tem pouco controlo e não é provável que muitos estreantes obtenham mais do que uma sentença probatória.

Por fim, a política ética da sua empresa, seja ela qual for, só é boa na medida do reforço que recebe. Uma empresa que fornece apenas um programa de formação sobre a ética e nunca mais aborde a temática não pode esperar resultados, por muito secundários que sejam. A formação tem de ser contínua e ter um tom positivo. Não pregue. Continue a sublinhar a simples mensagem: a fraude, o desperdício e o abuso acabam por ser maus para a organização e para todas as pessoas que nela se encontram.

IDEIAS CONCLUDENTES

Nas páginas desta obra foram revelados muitos pormenores de fraude e abuso ocupacionais, mas as pessoas que procuram uma varinha mágica para detectar esses delitos ainda estão à procura. De facto, o sonho de muitas pessoas na comunidade contabilística é desenvolver novas técnicas de auditoria que, rápida e facilmente, apontem o dedo da suspeição. A essas almas inocentes desejo boa sorte. Independentemente da capacidade dos computadores para processar uma grande quantidade de trabalho pesado, não existem novas técnicas de auditoria, nem existiram nos últimos séculos.

Outro factor torna a detecção da fraude e abuso ocupacionais difícil. A fraude é um dos poucos crimes cujas pistas não são apontadas unicamente para o cometimento do delito. Por exemplo, num caso de assalto a um banco, as pistas seriam as testemunhas, os registos que reflectem a perda, as câmaras de segurança, e assim por diante. Já os indicadores de um desfalque bancário podem ser fragilidades dos controlos internos, documentos em falta ou incompletos e números que não fazem sentido. O problema, como é evidente, é que estas pistas não constituem provas conclusivas de fraude; os sinais de alerta podem muito facilmente revelar-se uma pista falsa.

Espero que esta obra o ajude a detectar e a impedir a fraude. Mas a detecção pode ser quase impossível, quando a fraude é cometida por pessoas suficientemente espertas e motivadas para ocultar o seu rasto. Para os investigadores de fraudes, este facto é por vezes difícil de aceitar. Ainda que sejamos os melhores investigadores de fraudes do mundo, detectaremos e resolveremos alguns casos, mas, por muito que tentemos, nunca os apanharemos todos.

Ao empregar os maiores esforços para detectar fraudes, por vezes será tentado a esforçar-se demasiado. Considerará a ideia de dar uma espreitadela não autorizada à conta bancária do suspeito; enfrentará o dilema de talvez dever verificar os registos de créditos do fraudador. Não o faça.

Exceder os deveres de uma investigação de fraude constitui o modo mais rápido de dar cabo dela. Não só não conseguirá provar o seu caso, como se verá também alvo de sanções penais e civis. Se chegar a um ponto, numa investigação de fraude, em que não sabe o que fazer, então *pare*. Esclareça todas as dúvidas sobre o seu suspeito ou aconselhe-se com um advogado sobre o passo seguinte.

Num mundo perfeito provavelmente abandonaríamos os nossos esforços de detectar a fraude para nos concentrarmos exclusivamente no impedimento. Como todos sabemos, a prevenção de qualquer problema – desde o cancro ao crime – é geralmente mais barato e mais eficaz do que as consequências. Na área da fraude ocupacional, por motivos que debatemos exaustivamente nesta obra, o impedimento pode resultar melhor do que na maioria de qualquer outro tipo de crime.

O impedimento, como declarámos, é muito mais do que um controlo interno. E nós, contabilistas, concentramo-nos sobretudo nesses controlos para impedir a fraude. Como testemunha a história, é um esforço inadequado. Durante uma série de anos defendi o conceito do Programa de Impedimento de Fraude da Organização Modelo. Ao abrigo do programa, nós, na comunidade de auditoria, investíamos os recursos para descobrir o que funciona nas organizações que não têm grandes problemas de fraude e abuso ocupacionais. O que funciona é uma combinação de factores contabilísticos e não contabilísticos. Já conhecemos alguns desses factores, mas necessitamos de conhecer mais. A partir de uma nova pesquisa, desenvolveríamos então uma lista de controlo completa da organização modelo e utilizaríamos essa lista para fazer as auditorias. Em seguida, o auditor externo atestaria que a organização cumpria o modelo, e não se descobrira fraude material. A última abordagem, adoptada actualmente pela comunidade contabilística, está destinada a aumentar o custo da auditoria e o preço da litigância.

Infelizmente, não podemos livrar-nos das auditorias às fraudes e abusos ocupacionais. Mas as boas notícias são que existe uma série de novas abordagens que podemos tentar. Algumas encontram-se nesta obra, que não é mais do que um princípio. Novas abordagens combinam competências de auditoria e de investigação – os atributos precisos do agente de polícia na empresa de amanhã, o investigador de fraudes. A maioria das pessoas não inicia a carreira com a intenção de se tornar mentirosa, vigarista e ladra, e é tarefa do investigador de fraudes assegurar que não termina assim.

NOTAS

1. Tyler, Tom R., *Why People Obey the Law*, New Haven: Yale University Press, 1990.
2. Association of Certified Fraud Examiners, *Fraud Examiner's Manual*, Austin: ACFE, 2006.

APÊNDICE

CÓDIGO DE ÉTICA E CONDUTA NA EMPRESA

(um exemplo)

INTRODUÇÃO

Esta secção reafirma a importância de critérios elevados de conduta comercial. A adesão a este Código de Ética e Conduta na Empresa por parte de todos os empregados é o único modo seguro de conseguirmos merecer a confiança e o apoio do público.

Muitos de nós proviemos de uma cultura que fornecia respostas ou orientações para quase todas as situações possíveis. Gerir o nosso negócio não era tão complexo, os dilemas que enfrentávamos eram – na sua maioria – simples, o que tornava as nossas escolhas relativamente simples. Provavelmente todos concordaríamos que gerir um negócio no ambiente actual não é assim tão simples.

Este código foi preparado como guia de trabalho e não como um documento técnico legal. Assim, sublinha-se a brevidade e a legibilidade, mais do que o fornecimento de uma resposta totalmente abrangente a questões específicas. Por exemplo, o termo «empregado» é utilizado no seu sentido mais lato e refere-se a todos os funcionários e empregados da empresa e suas filiais. A palavra «lei» refere-se a leis, regulamentos, ordens e termos semelhantes.

Na observância deste código, tal como em outras condutas comerciais, nada substitui o bom senso. Todos os empregados devem aplicar este código com bom senso e com a atitude de procurar um acordo total com o significado e o espírito das regras apresentadas.

Cabe-lhe a si, como empregado da empresa, realizar um bom trabalho, seguir as nossas políticas e cumprir as nossas regras, na medida em que forem emitidas ou alteradas de tempos a tempos.

Estas políticas e regras são necessárias para gerir eficazmente o negócio e satisfazer as necessidades, em constante mudança, do mercado. Um bom desempenho e o cumprimento das regras comerciais conduzem ao êxito. Ambos são fundamentais, uma vez que a nossa capacidade para lhe fornecer oportunidades de carreira depende totalmente do nosso sucesso no mercado. No entanto, as mudanças na nossa economia, nos nossos mercados e na nossa tecnologia são inevitáveis. As oportunidades de carreira vão variar entre cada empresa. Por esses motivos, não podemos contratar, ou sequer insinuar, que o seu emprego continuará durante um período de tempo determinado. Podendo, a qualquer momento, sair da empresa, com ou sem justa causa, nós reservamo-nos esse mesmo direito. Esta relação não pode ser alterada, excepto por documento escrito, assinado por um representante adequado da empresa.

Este Código de Ética e Conduta na Empresa é um guia geral de comportamento aceitável e adequado na empresa, e espera-se que cumpra os seus conteúdos; no entanto, não contém todas as informações pormenorizadas de que necessitará durante o período da sua contratação. Nada contido neste código, ou noutras comunicações, cria ou implica um contrato de trabalho ou o fim de contrato de trabalho. Estamos empenhados em analisar continuamente as nossas políticas. Assim, este código pode sofrer alterações ou ser revisto de tempos a tempos.

Deve familiarizar-se com este código, para que possa distinguir imediatamente qualquer proposta ou acto que constitua uma infracção. Cada empregado é responsável pelos seus actos. As infracções podem resultar numa sanção disciplinar, incluindo o despedimento, e numa acção penal. Não haverá represálias contra um empregado que, de boa-fé, tenha denunciado uma infracção ou suspeita de infracção.

A ausência de uma prática ou instrução de directriz para uma situação específica não livra um empregado de exercer os critérios éticos mais elevados aplicáveis às circunstâncias.

Se um empregado tiver dúvidas em relação a uma situação duvidosa que possa surgir, deve consultar imediatamente o seu supervisor ou pessoa do quadro superior.

Concorrência e Antimonopólios

Concorrência Leal

A empresa defende a concorrência baseada na qualidade, no serviço e no preço. Realizaremos os nossos negócios com honestidade, directamente e com justiça. Para cumprir as leis anti-monopólio e a nossa política de concorrência leal, os empregados:

- Nunca devem discutir com os concorrentes questões directamente relacionadas com a concorrência entre nós e eles (por exemplo, preço de vendas, estratégias de *marketing*, quotas de mercado e políticas de venda).
- Nunca deve acordar com um concorrente a restrição da concorrência, fixando preços, repartindo mercados ou outros meios.
- Não deve recusar arbitrariamente lidar com entidades ou comprar bens e serviços de outros, apenas porque noutros tempos foram seus concorrentes.
- Não deve exigir que os outros nos comprem coisas antes de lhes comprarmos algo.
- Não deve exigir que os clientes obtenham de nós um serviço que não querem apenas para poderem obter o que desejam.
- Nunca se deve envolver em espionagem industrial ou suborno comercial.

- Deve ser exacto e honesto em todas as relações com os clientes e ter o cuidado de representar a qualidade, características e disponibilidade dos produtos e serviços da empresa com exactidão.

Cumprimento das Leis e Ordens Regulamentares

As leis vigentes e as ordens regulamentares de cada jurisdição em que a empresa trabalhe devem ser cumpridas. Cada empregado tem a responsabilidade de adquirir conhecimento suficiente das leis e ordens relativas aos seus deveres para reconhecer potenciais riscos e saber quando procurar aconselhamento jurídico.

De modo particular, ao lidar com funcionários públicos, os empregados devem aderir aos mais altos padrões éticos da conduta comercial. Ao procurarmos a resolução de questões regulamentares ou políticas, que afectem os interesses da empresa, devemos fazê-lo apenas com base nos méritos e de acordo com os procedimentos adequados para as ligações com tais funcionários. Os empregados não podem oferecer, fornecer nem solicitar, directa ou indirectamente, qualquer tratamento ou favor especial em troca de algo de valor económico, ou da promessa ou expectativa de valor ou lucro futuro. Além disso, não haverá entretenimento dos empregados do Governo dos Estados Unidos.

Foreign Corrupt Practices Act (Lei de Práticas Corruptas no Estrangeiro)

Nenhum empregado se dedicará a uma actividade que possa envolver o empregado ou a empresa numa infracção do *Foreign Corrupt Practices Act* (Lei de Práticas Corruptas no Estrangeiro) de 1977. O *Foreign Corrupt Practices Act* exige que os livros e registos da empresa reflictam com exactidão e justeza todas as transacções, e que mantenha um sistema de controlos internos; que as transacções estejam em conformidade com as autorizações da gestão; e que os registos contabilísticos sejam exactos. Nenhum empregado registará falsamente transacções ou deixará de denunciar a existência de falsas transacções no registo contabilístico. Os empregados que certificam a correcção dos registos, incluindo talões ou contas, devem ter um conhecimento razoável de que a informação é correcta e adequada.

Nos termos desta lei, também constitui crime federal, para qualquer empresa norte-americana, oferecer um presente, pagamento, suborno ou algo valioso, directa ou indirectamente, a qualquer funcionário, partido político ou seu funcionário ou um candidato a um cargo político estrangeiro com a finalidade de influenciar um acto ou decisão oficial, ou procurar influência junto de um governo estrangeiro, a fim de obter, reter ou atribuir contratos para a empresa ou para qualquer pessoa. Ainda que o pagamento seja legal no país de destino, é proibido e infringe a lei dos EUA.

CONFLITOS DE INTERESSE

Existem várias situações que podem dar origem a um conflito de interesses. As mais comuns são a aceitação de presentes de fornecedores, emprego de outra empresa, participação numa parte significativa de outra empresa ou negócio, relações próximas ou familiares com fornecedores externos e comunicações com concorrentes. Um potencial conflito de interesses existe no caso dos trabalhadores que tomam decisões na empresa, que lhes permitem dar preferência ou favorecer um cliente em troca de um benefício pessoal para si próprios ou para os seus amigos e familiares.

Tais situações podem interferir com a capacidade de um empregado para fazer juízos baseados somente no melhor interesse da empresa.

Presentes e Entretenimentos

Definição de «presentes»

Os «presentes» são artigos e serviços de valor oferecidos a quaisquer partes externas, mas não incluem os itens descritos nos pontos 1, 2, 3 e 4 abaixo.

1. Itens de entretenimento normais de negócios, como refeições e bebidas, não devem ser considerados «presentes».
2. Itens de valor mínimo, oferecidos juntamente com campanhas e promoções de vendas, ou serviços de empregados, segurança ou prémios de reforma não devem ser considerados «presentes» para os fins deste código.
3. Contribuições ou donativos a organizações reconhecidas de caridade e sem fins lucrativos não são considerados presentes.
4. Itens ou serviços com um valor total abaixo dos 100 dólares por ano estão excluídos.

Definição de «Fornecedor»

O termo «fornecedor» inclui não só fornecedores de serviços e materiais à empresa, mas também consultores, instituições financeiras, conselheiros e qualquer pessoa ou instituição que faça negócio com a empresa.

Presentes

Nenhum empregado, ou membro da sua família mais próxima, deve solicitar ou aceitar de um cliente ou fornecedor, actual ou em perspectiva de o ser, qualquer compensação, empréstimos de adiantamento (excepto de instituições financeiras reconhecidas na mesma base que os outros clientes), presentes, entretenimento ou outros favores que possuam mais do que um valor simbólico ou que o empregado não estaria normalmente em posição de retribuir ao abrigo de despesas normais.

Sob nenhumas circunstâncias deve ser aceite um presente ou entretenimento que possa influenciar o discernimento do empregado. De modo particular, os empregados devem evitar qualquer interesse ou benefício de fornecedores, que possa levá-los a favorecer esse fornecedor em relação a outros. Constitui uma infracção ao código o facto de qualquer empregado solicitar ou incentivar um fornecedor a oferecer-lhe qualquer artigo ou serviço independentemente do seu valor, por muito pouco que seja. Os outros fornecedores manterão a sua confiança na objectividade e na integridade da empresa apenas se cada empregado observar rigidamente esta directriz.

Denúncia de Presentes

Um empregado, ou um membro da sua família, que receba um presente não solicitado, proibido por estas directrizes, deve comunicá-lo ao seu supervisor e devolvê-lo à pessoa que o ofereceu ou, no caso de se tratar de um presente perecível, oferecê-lo a uma organização de caridade sem fins lucrativos.

Descontos

Um empregado pode aceitar descontos numa compra pessoal dos produtos do fornecedor ou cliente, apenas se tais descontos não afectarem o preço de compra da empresa e forem também oferecidos a outras pessoas com relações de negócios semelhantes.

Reuniões de Negócios

Os entretenimentos e serviços oferecidos por um fornecedor ou cliente podem ser aceites por um empregado, quando estão associados a uma reunião de negócios, e o fornecedor ou cliente os oferece a outros como parte normal do negócio. Exemplos de tais entretenimentos e serviços são o transporte para e do local de negócios do fornecedor ou cliente, recepções de boas-vindas, partidas de golfe, alojamento no local de negócios do fornecedor ou cliente e almoços e jantares de negócios para visitantes de negócios. Os serviços devem ser do tipo normalmente utilizado pelos próprios empregados e permitidos ao abrigo da conta de despesas aplicável.

Emprego Externo

Os empregados não devem ter um emprego externo à empresa (1) em qualquer negócio que concorra ou que forneça serviços à empresa ou suas filiais, e/ou (2) que afecte a sua objectividade no cumprimento das suas responsabilidades para com a empresa, e/ou (3) em que entre em conflito com horários de trabalho, incluindo horas extraordinárias, ou a realização das tarefas da empresa. Os empregados não podem utilizar tempo da empresa, materiais, informações ou outros activos para o emprego externo.

Relações com Fornecedores e Clientes

As transacções de negócios devem ser feitas apenas no melhor interesse da empresa. Nenhum empregado pode, directa ou indirectamente, beneficiar da sua posição ou de qualquer venda, compra ou outra actividade da empresa. Os empregados devem evitar situações que envolvam um conflito, ou a sua aparência, entre o dever para com a empresa e o interesse próprio.

Qualquer empregado que lidar com pessoas ou organizações que fazem ou procuram fazer negócios com a empresa ou que recomendar esses negócios, não deve:

- Servir como funcionário, director, empregado ou consultor.
- Possuir um interesse substancial em qualquer concorrente da empresa, ou em qualquer organização que faça ou procure fazer negócios com a empresa. Um «interesse substancial» significa um interesse económico que possa influenciar, ou razoavelmente se julgue que possa influenciar, discernimentos ou acções, mas não deve incluir um investimento que represente menos de 1% de uma empresa cotada. O Questionário sobre Conflitos de Interesse, incluído nesta obra, deve ser preenchido por todos os empregados.

Além disso, nenhum empregado que lidar com pessoas ou organizações que fazem ou procuram fazer negócios com a empresa, ou que fizer recomendações a respeito de tais negócios, deve:

- Ter qualquer outro interesse pessoal, directo ou indirecto, em quaisquer transacções de negócios com a empresa (excepto as compras habituais do empregado de produtos e serviços da empresa como consumidores, e transacções em que o interesse surge apenas devido à relação do empregado ou de um accionista).
- Fornecer serviço ou equipamento de telecomunicações ou informações, directamente ou como refornecedor de um modo que coloque a objectividade ou a integridade da empresa em causa.

A nossa política é que os empregados não façam negócio em nome da empresa com um amigo pessoal íntimo ou um familiar; no entanto, reconhecendo que essas transacções ocorrem, estas devem ser comunicadas no Questionário sobre Conflitos de Interesse.

Esta política aplica-se igualmente aos membros da família mais próxima de cada empregado, que normalmente incluem o seu cônjuge, filhos e seus cônjuges, e os seus pai, mãe, irmãs e irmãos e a sua família.

Emprego de Familiares

Os familiares de empregados não serão contratados, numa base temporária ou permanente, pela empresa para uma função a reportar ao familiar ou para uma função que dependa, directamente, do empregado a contratação, colocação, promoção, avaliação ou pagamento do familiar.

Informações Confidenciais e Privacidade de Comunicações

Informações Confidenciais

As informações confidenciais incluem qualquer informação, técnica, comercial, financeira ou qualquer outra respeitante à empresa, que esta considere confidencial ou secreta, e/ou que não esteja disponível, ou não seja posta à disposição do público. Inclui ainda qualquer informação privada sobre clientes, colegas de trabalho, outras pessoas ou outras empresas, e informações de segurança nacional, obtidas graças à posição do empregado.

A política da empresa e várias leis protegem a integridade das informações confidenciais, que não podem ser divulgadas, excepto se em conformidade estrita com as políticas e os procedimentos estabelecidos pela companhia. A obrigação de não divulgar informações confidenciais da empresa vigora mesmo que o material possa não ter sido, especificamente, identificado como confidencial. A obrigação existe durante a permanência de um trabalhador na empresa, mas continua depois da sua saída.

Alguns exemplos de conduta proibida são: (a) vender ou, de qualquer outro modo, utilizar, divulgar ou transmitir informações confidenciais da empresa; (b) utilizar informações confidenciais para, conscientemente, converter uma oportunidade de negócios para a empresa em benefício pessoal; (c) utilizar informações confidenciais para adquirir imóveis que o empregado sabe terem interesse para a empresa; (d) utilizar, divulgar ou transmitir informações confidenciais da empresa durante um emprego externo ou outra relação, ou qualquer emprego posterior ou outra relação, em qualquer altura; (e) transaccionar acções da empresa ou de qualquer companhia, com base em informações que não foram divulgadas ao público, ou divulgar tais informações a terceiros, para que estes possam negociar as acções. O abuso de informações é proibido pela política da empresa e pela lei federal e estatal.

Os empregados não devem procurar, aceitar ou utilizar quaisquer informações confidenciais de uma concorrente. Se contratarmos um empregado que tenha trabalhado anteriormente para um concorrente, não devemos aceitar nem solicitar-lhe informações confidenciais a respeito desse concorrente.

Informações Confidenciais de Segurança Nacional

Apenas os empregados com devida autorização do governo e necessidade de conhecimento têm acesso a informações confidenciais de segurança nacional. Os regulamentos do governo integrados nas instruções da empresa, para a salvaguarda de informações, têm de ser cumpridos. Divulgar tais informações sem autorização, mesmo após deixar o emprego, constitui uma infracção à lei e a este código.

Informações desfavoráveis acerca de empregados, com autorização do governo, devem ser comunicadas aos representantes do departamento de segurança ou departamento jurídico com responsabilidade para dar autorizações.

ACTIVOS DA EMPRESA

Contas Bancárias e Dinheiro

Todas as transacções de dinheiro e de contas bancárias devem ser manuseadas de modo a evitar qualquer dúvida ou suspeita de irregularidade. Todas as transacções de dinheiro devem ser registadas nos livros de comércio da empresa.

Todas as contas de fundos da empresa, excepto os fundos de maneio autorizados, devem ser estabelecidas e mantidas em nome da empresa ou de uma das suas filiais e só pode ser aberta ou fechada com a autorização do conselho de administração. Os fundos de maneio têm de ser mantidos em nome do tesoureiro, que é totalmente responsável por esses fundos. Todo o dinheiro recebido deve ser, imediatamente, registado e depositado numa conta bancária da empresa ou de uma sua filial. Não devem ser mantidos fundos sob a forma de dinheiro, excepto o autorizado para despesas miúdas, e nenhuma empresa deve manter uma conta (numerada) anónima em qualquer banco. Os pagamentos para contas bancárias numeradas por parte da empresa podem torná-la suspeita de participação numa transacção irregular. Como tal, nenhum desembolso, de qualquer natureza, pode ser feito para contas bancárias numeradas ou outras contas não claramente identificadas como pertença da empresa.

Nenhum pagamento pode ser feito em dinheiro (numerário) a não ser os pagamentos regulares, e aprovados, de ordenados e desembolsos normais de despesas miúdas, comprovadas por recibos assinados ou outra documentação apropriada. Além disso, os cheques da empresa não serão passados «ao portador», «não cruzados» ou designações semelhantes.

Activos e Transacções da Empresa

O cumprimento dos procedimentos contabilísticos assumidos é sempre exigido. Espera-se que os empregados que controlam os activos e as transacções da empresa os manuseiem com a mais estrita integridade e assegurem que todas as transacções são executadas em conformidade com a autorização da gestão. Todas as transacções devem ser registadas, pormenorizadamente, com exactidão e honestidade nos registos contabilísticos da empresa.

    Os empregados são pessoalmente responsáveis pelos fundos da empresa que controlam. Os empregados que gastam fundos da empresa devem assegurar que esta recebe um bom valor em troca e devem manter registos exactos de tais despesas. Os empregados, que aprovam ou certificam a correcção de uma conta ou vale, devem saber que a compra e o montante são adequados e correctos. Obter ou criar «falsas» facturas ou outra documentação enganadora ou a invenção ou uso de vendas, compras, serviços e entidades mutuantes fictícias ou outras disposições financeiras é proibido.

    Os empregados têm de pagar chamadas telefónicas pessoais e utilização pessoal do telefone, excepto na medida em que programas ou atribuições de benefícios especificamente definidos disponham em contrário.

Reembolso de Despesas

As despesas incorridas por um empregado, no decurso de trabalho para a empresa, devem ser documentadas em relatórios de despesas, de acordo com os procedimentos da companhia. Ao preparar relatórios de despesas, os empregados devem analisar os procedimentos para saberem a documentação que devem apresentar para que sejam reembolsados por despesas de negócios.

Cartões de Crédito da Empresa

Os cartões de crédito da empresa são fornecidos aos empregados por conveniência na realização dos negócios. Não se podem cobrar quaisquer despesas pessoais sobre cartões de crédito da empresa, excepto quando autorizado pelos procedimentos. Quaisquer despesas pessoais creditadas têm de ser imediatamente pagas pelo empregado. Os cartões de crédito da empresa não devem ser utilizados para evitar a preparação de documentação para o pagamento directo a fornecedores. Quando for permitido pela lei local, as cobranças sobre os cartões de crédito, para as quais não foi recebido um relatório de despesas devidamente aprovado na altura do término do contrato do empregado, podem ser deduzidas no último cheque de ordenado. A empresa exigirá o reembolso por parte do empregado de quaisquer montantes que tiver de pagar em seu nome.

Software e Computadores

As informações informatizadas e o *software* de computadores parecem intangíveis, mas são activos valiosos da empresa e devem ser protegidos da utilização indevida, do furto, da fraude, da perda e da utilização ou remoção não autorizada, tal como qualquer outra propriedade da empresa.

A utilização dos computadores tem de ser feita ao serviço do cliente ou por questões relacionadas com o trabalho. Os empregados não podem aceder a qualquer dos registos da empresa para seu uso pessoal. A utilização indevida do espaço, tempo ou *software* do computador inclui – mas não se limita – utilizar um computador para criar ou executar trabalhos não autorizados, trabalhar num computador em modo não autorizado, ou causar intencionalmente qualquer espécie de falha operacional.

Os computadores pessoais podem ser usados para programas de formação aprovados pela empresa, bem como uso pessoal secundário com a permissão do seu supervisor. No entanto, o uso pessoal não pode ser autorizado para a obtenção de lucros financeiros pessoais.

Também fica entendido que os computadores pessoais serão, ocasionalmente, utilizados em casa com a autorização do seu supervisor.

CONTRIBUIÇÕES POLÍTICAS

A lei federal e muitas leis estatais proíbem contribuições por parte das empresas a partidos ou candidatos políticos. O termo «contribuições políticas» inclui, além de doações directas de dinheiro, o donativo de propriedade ou serviços e compra de bilhetes para eventos de angariação de fundos. Os empregados podem fazer contribuições directas do seu próprio dinheiro, mas não são reembolsáveis. Além disso, os empregados podem fazer contribuições a um comité de acção política patrocinado por uma empresa.

Quando as contribuições políticas ao estado, locais ou a eleições exteriores, são legais, terão de ser feitas apenas a partir de fundos reservados para esse fim, e com a aprovação por escrito do presidente da empresa. Os montantes das contribuições serão sujeitos a distribuição inter-empresas.

É incorrecto um empregado servir-se da sua posição na empresa para solicitar contribuições políticas a outro empregado com o objectivo de apoiar um candidato político ou influenciar a legislação. Também não é correcto um empregado fazer uma contribuição política em nome da empresa.

CONDUTA DO EMPREGADO

Conduta nos Negócios da Empresa

As actividades desonestas ou ilegais em instalações da empresa, ou enquanto estão em actividade para a companhia, não serão toleradas e poderão resultar em sanções disciplinares, incluindo o despedimento e a acção penal. Os seguintes exemplos ilustram actividades que vão contra a política da empresa e que não serão toleradas nas suas instalações e nos seus veículos, ou enquanto estiverem em actividade comercial para a empresa:

1. Consumo e armazenagem de bebidas alcoólicas, excepto em locais legalmente licenciados ou quando autorizados por um funcionário da empresa.
2. Uso de substâncias controladas, como drogas ou álcool. Fabrico, distribuição, dispensa, posse, transferência, venda, compra ou uso ilegal de uma substância regulamentada.
3. Conduzir veículos ou operar equipamento da empresa sob a influência do álcool ou substâncias regulamentadas.
4. Apostas ou jogos ilegais.
5. Transportar armas de qualquer espécie para as instalações da empresa, em veículos da empresa ou durante actividades comerciais para a empresa. Mesmo os empregados com autorizações ou licenças não podem transportar armas para a propriedade da empresa ou durante actividade comercial para a companhia.

A empresa reserva-se o direito de inspeccionar qualquer propriedade que possa ser utilizada pelos empregados para guardar os seus bens pessoais. Isso inclui secretárias, cacifos e veículos pertencentes à empresa. Constitui uma infracção à política da empresa guardar qualquer contrabando, drogas ilegais, materiais tóxicos ou armas em propriedade da empresa.

Denúncia de Infracções

Todos os empregados são responsáveis por cumprir estas regras, critérios e princípios. No campo da ética, legalidade e propriedade, cada empregado tem uma obrigação para com a empresa, que ultrapassa as relações normais de informação. Os empregados devem estar atentos a possíveis infracções do código em qualquer parte da empresa e são incentivados a denunciá-las. As denúncias devem ser feitas ao seu supervisor, no departamento de segurança, de auditoria ou de pessoal legal adequados, ou noutro local, consoante ditarem as circunstâncias. Também se espera que os empregados cooperem numa investigação a infracções.

Todos os casos de actividade duvidosa, que envolvem o código ou outras potenciais acções irregulares, serão analisados a fim de se proceder a medidas de actuação, disciplina ou correcção apropriadas. Sempre que possível, a empresa manterá confidencial a identidade dos empregados acerca ou contra os quais são levantadas alegações de infracções, até que seja determinado que ocorreu uma infracção. Do mesmo modo, sempre que possível, a empresa manterá confidencial a identidade de qualquer pessoa que denuncie uma possível infracção. São estritamente proibidas as represálias contra um empregado que tenha, de boa-fé, comunicado uma infracção ou suspeita de infracção.

Todos os empregados devem notificar a empresa, no prazo de cinco (5) dias, de qualquer convicção acerca da infracção de qualquer estatuto penal que ocorra no trabalho. Por outro lado, qualquer empregado que tenha sido condenado por crime, relacionado ou não com essas regras, deve comunicar o facto.

Disciplina

A infracção deste código pode resultar em consequências graves para a empresa, para a sua imagem, credibilidade e confiança dos clientes, podendo incluir multas substanciais e restrições sobre futuras operações e multas e sentenças de prisão para empregados. Como tal, torna-se necessário que a empresa assegure que não haverá infracções. Os empregados devem reconhecer que é do seu interesse, bem como do interesse da empresa, cumprirem cuidadosamente este código.

O montante de dinheiro envolvido em qualquer infracção pode ser irrelevante na avaliação da gravidade de uma infracção, uma vez que, em alguns casos, podem ser atribuídas pesadas sanções contra a empresa por uma infracção que envolva um montante de dinheiro relativamente pequeno ou que não envolva dinheiro algum.

Uma sanção disciplinar deve ser coordenada com os devidos representantes dos Recursos Humanos. A gravidade será considerada no estabelecimento da sanção disciplinar a ser aplicada contra um empregado. Tal sanção, que poderá ser revista junto da organização apropriada dos Recursos Humanos, pode incluir:

- Repreensão
- Período de experiência
- Suspensão
- Redução do salário
- Despromoção
- Conjunto de todas as supracitadas
- Despedimento

Além disso, os casos individuais podem envolver:

- Reembolsos de perdas e danos
- Sujeição a acção penal ou acção civil
- Conjunto das supracitadas

Uma sanção disciplinar também pode ser aplicada contra supervisores ou executivos que tolerem, autorizem ou tenham conhecimento de condutas ilegais, ou contrárias à ética, por aqueles que estão sob as suas ordens, e não tomem medidas correctivas. A sanção disciplinar pode igualmente aplicar-se contra empregados que prestem falsas declarações em relação a investigações de infracções deste código.

A sanção disciplinar adequada será determinada pela empresa, a seu único arbítrio. A enumeração de possíveis sanções é apenas informativa e não obriga a empresa a seguir nenhumas medidas, processos ou procedimentos disciplinares específicos.

As regras e os regulamentos da empresa, a respeito da conduta adequada do empregado, não serão, em qualquer aspecto, dispensadas. A infracção constitui motivo para sanção disciplinar, incluindo o despedimento. Todos os empregados serão obrigados aos critérios de conduta descritos neste folheto.

A empresa nunca autorizou, nem nunca autorizará, qualquer empregado a cometer uma acção que infrinja este código ou que indique a um subordinado que o faça. Por isso, não é possível justificar o cometimento de tal acção, declarando que foi indicada por alguém da gestão de topo.

CARTA DE ADESÃO E QUESTIONÁRIO SOBRE CONFLITOS DE INTERESSE

Todos os anos, os funcionários da empresa assumirão, por escrito, após o exercício de uma diligência, que não têm conhecimento de infracções a este código ou se tais infracções foram cometidas para a sua divulgação num formato a ser especificado.

Todos os anos, cada empregado reverá o Código de Ética e Conduta na Empresa, assinará o formulário de Reconhecimento do Código e preencherá, assinando, o Questionário sobre Conflitos de Interesse. Se as circunstâncias do empregado se alterarem a qualquer momento, terá de ser preenchido um novo Questionário sobre Conflitos de Interesse ou ser entregue uma carta de explicação.

O formulário de Reconhecimento do Código de Ética e Conduta na Empresa deve ser assinado e entregue ao seu supervisor para ser incluído no seu ficheiro pessoal.

POSTEFÁCIO

Carlos Pimenta
Observatório de Economia e Gestão de Fraude

1. Após a publicação da 2ª edição americana do presente livro, e quando a tradução já estava em curso, foi divulgado o *2008 Report to the Nation on Occupational Fraud & Abuse*, editado pela ACFE. Estes breves apontamento visam tão somente chamar a atenção para as continuidades e as rupturas em relação ao relatório de 2006, o qual serviu de referência ao autor para a quantificação e explicação de algumas das matérias tratadas.

Feita essa comparação, acrescentamos apenas alguns resultados desse relatório que nos pareceram importantes para a prevenção e o combate à fraude, preocupação principal aos estudarmos estas problemáticas.

2. O autor deste livro refere expressamente a génese e os objectivos dos Relatórios à Nação. Sendo ele um dos promotores dessa iniciativa, a tal ponto que o primeiro documento, referente a 1996, era frequentemente designado por *The Wells Report*, pouco mais há a dizer sobre o assunto.

Contudo poderá ser útil interrogar-nos sobre o interesse que um relatório sobre a fraude ocupacional nos EUA poderá ter para nós. Tanto mais útil quanto

– à tendência de uniformização de relações sociais, comportamentos e políticas, indeclinavelmente imposta pela fase da mundialização que vivemos até à crise de 2008,
– há a contratendência das especificidades culturais da Europa e dos EUA, da adopção de práticas legislativas diferenciadas por parte da União Europeia e dos EUA em relação às fraudes.

A primeira justificação para a importância internacional dos *Relatórios à Nação* resulta da hegemonia da economia americana.

Em grande medida, a globalização tem sido a americanização da economia mundial. O que se passa nos EUA tem importantes repercussões sobre a vida de cada um de nós: os sectores estratégicos da actividade económica mundial têm dominantemente capital americano e Wall Street continua a ser o centro nevrálgico dos mercados financeiros. Essa hegemonia também se manifesta no ilícito da economia registada: as grandes fraudes também encontram nos EUA condições para se constituírem, medrarem e espantar o mundo. WorldCom e Enron, em 2002, conturbavam o mundo pela grandeza e complexidade das fraudes, embora parecessem ser o fim de um ciclo, atendendo às medidas legislativas severas prontamente assumidas. Engano. Quando na Europa, nos anos seguintes e até recentemente, surgem grandes fraudes fiscais, abrangendo quase todos os países, e algumas instituições financeiras têm práticas ilegais lesando accionistas, depositantes e concorrentes, ou ainda quando os próprios Governos violam as suas próprias leis e usam indevidamente os *offshores*, enfim, quando somos levados a admitir que a degenerescência ética da velha Europa parece imitar o novo mundo, surge uma fraude como a de Madoff para nos lembrar que também na fraude os EUA é ainda hegemónico.

Se admitirmos que a fraude tem padrões universais, o que aliás é reflectido na interpretação positivista que a ACFE apresenta, mesmo que consideremos que cada uma *per si* é suficientemente complexa para ser repetível, podemos facilmente concluir que as situações descritas nos *Relatórios à Nação* são um importante contributo para a compreensão da nossa própria realidade, já conhecida ou ainda encoberta.

Uma outra justificação resulta da importância dos *Relatórios à Nação* da ACFE, da sua singularidade.

Há muito pouca apresentação pública das fraudes e do seu estudo, nomeadamente fora do espaço anglo-saxónico. A relativa impunidade dos "crimes de colarinho branco", a apreensão de que a revelação das fraudes possa trazer uma má imagem às instituições e o receio, infundado, de que a divulgação precisa das situações estimule novas fraudes fazem com que o silêncio e o secretismo substituam a descrição das situações e a concretização e divulgação de condenações exemplares. Neste pântano de sigilo – por vezes manto diáfano encobridor de conivências e "portas giratórias" entre o económico e o político – estes relatórios surgem como uma tempestade que também é nossa, que ajuda a compreender e a quantificar o que acontece junto a nós.

No caso dos relatórios de 2006 e 2008 existe ainda um elemento adicional de interesse.

Em que medida é que a legislação adoptada pelos Estados Unidos em 2002, nomeadamente a Lei Sarbanes-Oxley, recebida com muitas reservas na Europa, se revelou eficaz para combater e prevenir as fraudes? E aqui, como veremos, a resposta é eventualmente diferente conforme consideremos um ou outro dos relatórios.

3. Como estamos a referir a importância destes relatórios, convirá não esquecer dois aspectos que os caracterizam, e que eles próprios salientam: tratam apenas da fraude ocupacional (embora por vezes as fronteiras com a fraude organizacional sejam muito difusas); as quantificações não resultam de uma amostra aleatória com validade estatística para o universo das fraudes.

Convirá também não esquecer, apesar do rigor com que a ACFE prepara e redige estes documentos, que os cálculos podem ser influenciados pelo facto de a entidade produtora estar associada a uma representação profissional de um novo tipo de especialistas na detecção, investigação e prevenção das fraudes. Um tipo de especialistas "interdisciplinares", como o autor do livro salienta a propósito da constituição da ACFE, que pretende um espaço próprio no mercado de trabalho mundial. Um espaço que continua a ser conquistado, mas que hoje também tem de ser defendido, face à especialização em determinados tipos de fraudes.

4. Feitos estes reparos iniciais, façamos algumas referências ao relatório de 2008, essencialmente em comparação com o de 2006.

A grande diferença do relatório de 2008 em relação a todos os anteriores é estimar um montante de fraude nas instituições superior. Como se salienta no livro, as comparações entre relatórios carecem de total legitimidade porque há mudanças de métodos e porque são apenas estimativas, mas não deixa de ser significativo que entre 1996 e 2004 as medianas estimadas apontassem para 6% do volume de vendas, em 2006 a mediana diminuísse para 5% e em 2008, pela primeira vez, o valor mediano das fraudes seja de 7%.

Mais do que o montante, interessa a inversão de tendência.

Seria prematuro grandes lucubrações sobre o significado desse valor, que o próprio relatório não explora, mantendo-se na sua postura positivista, mas convém recordar que esse dado refere-se ao período que medeia entre Janeiro de 2006 e Fevereiro de 2008, ficando, pois, de fora, todo o período de revelação da crise de sobreprodução, inicialmente associada à crise monetária e financeira. Por outras palavras, ficaram fora da apreciação fraudes imensas.

Avançamos, como contributo de explicação, a certeza de que nos períodos de crise detectam-se fraudes que em outras fases do ciclo passavam despercebidas e a hipótese de que a tendência de aumento verificada mais recentemente fosse já o resultado de estarmos na antecâmara da crise, embora encoberta pela aparente facilidade da alta conjuntura.

5. O Relatório de 2008 confirma tendências e regularidades já anteriormente reveladas, que parecem indiciar "leis":

a) São as fraudes de dimensão média (entre $100.000 e $499.999) as que têm maiores custos. As pequenas fraudes ou são desprezadas pelas organizações ou provocam perdas pequenas. Simultaneamente as grandes fraudes são devastadoras, embora manifestamente mais raras. Depois das fraudes médias são as de mais de $1.000.000 que causam a segunda maior percentagem de perdas.

b) Os empregados e os gestores são os grupos que mais frequentemente cometem fraudes (seria interessante conhecer a percentagem de defraudadores nestes grupos profissionais, mas os relatórios não fornecem esses dados), mas os defraudadores proprietários e executivos são os que cometem as fraudes com maior valor mediano.

c) Os homens são os principais defraudadores, em frequência e em valor da perda. Contudo, seria eventualmente inadequado tirar conclusões sobre a probabilidade de um homem ser mais defraudador do que uma mulher. Estudos vários mostram que as diferenças de género não são significativas. Embora o Relatório não se refira a esta problemática, os dados da ACFE podem também reflectir o maior ou menor peso de homens ou mulheres nos diversos níveis da empresa.

d) Há uma correlação entre as perdas provocadas pelas fraude e o nível de ensino dos defraudadores (para a frequência de casos não se pode afirmar tal) o que, eventualmente, resulta da correlação entre o nível educacional e as funções desempenhadas na empresa.

e) As fraudes perpetradas por um só defraudador são mais frequentes, mas de mediana muito baixa em relação às que envolvem dois ou mais. O conluio está associado a maior dimensão da fraude. Admitimos que várias situações de conluio não sejam detectadas, assim como o não seja a relação entre algumas fraudes nas empresas e a criminalidade internacional.

f) Grande parte dos defraudadores não têm antecedentes criminais. Reforçam-se as afirmações feitas nas páginas do livro: "estes números são consistentes com outros estudos que demonstram que a maioria das pessoas que comete fraude ocupacional é delinquente de primeira ocasião. Também são consistentes com o modelo de Cressey, em que os delinquentes ocupacionais não se consideram infractores da lei". Revela-se, pois, a especificidade da fraude na criminalidade.

g) As pequenas empresas são vítimas preferenciais dos defraudadores, quer em número de fraudes quer pelo valor da sua mediana. As razões já foram invocadas no livro, pelo que nos dispensamos de reforçar a argumentação aí apresentada.

h) Se as auditorias e os controlos internos continuam a ter um papel importante na detecção das fraudes (participam em 42,7% das detecções), as denúncias e o acaso continuam a dominar a frequência de detecções iniciais (66,2% dos casos). Em 21,2% das detecções de fraude contribuem mais do que uma causa. As denúncias ainda são mais importantes quando as fraudes são perpetradas pelos proprietários ou executivos, e mantêm sempre uma grande relevância em todas as decomposições adoptadas (pequenas e grandes fraudes; pequenas e grandes empresas; tipos de organização). Estes dados chamam a atenção para dois aspectos de natureza distinta: (a) o diferente entendimento político-cultural na Europa e os EUA sobre a importância social das denúncias no combate à fraude; (b) a eventual relevância dos "canais de denúncia".

i) Adoptando a tipologia das fraudes, expressa na árvore da fraude, a "apropriação indevida de activos" é o tipo de fraude mais frequente (88,7% em 2008, representando uma ligeira redução em relação aos relatórios anteriores), mas as grandes fraudes passam inevitavelmente por "relatórios de contas fraudulentos" (perda mediana de 2 milhões de dólares em 2008). A corrupção ocupa uma posição intermédia, em frequência e em valor (27,4% dos casos e uma mediana de 375 mil dólares no relatório de 2008).

j) Medeiam sempre alguns meses entre o início da prática de fraude e a sua detecção. A mediana do tempo de realização de fraude antes de ela ser descoberta é de 24 meses, dependendo, entre outros aspectos, do tipo de fraude. Segundo os dados do relatório de 2008, a falsificação de cheques e os relatórios de contas fraudulentos são os tipos de fraude com maior duração antes de serem detectados (30 meses). Os furtos de dinheiro em caixa são os mais rapidamente detectáveis, durando, mesmo assim, 17 meses.

Noutros aspectos da análise das fraudes as diferenças de dados de ano para ano são tais que não parece existirem regularidades, pelo menos directas. É o caso, por exemplo, da relação entre anos de vinculação à instituição e frequência e dimensão de fraudes.

O método de quantificação das fraudes usado pela ACFE também não permite atribuir significado relevante à frequência e mediana das fraudes por tipo de empresas, apesar da regularidade dos dados.

À medida que nos aproximamos do concreto, isto é, que muitos dos critérios de classificação e decomposição anteriormente referidos se aplicam a um determinado tipo específico de fraude, perde-se em generalidade o que se ganha em compreensão dos procedimentos e modos de realização das fraudes.

6. As estatísticas de fraudes por sectores de actividade podem não reflectir quais são os sectores mais ou menos afectados efectivamente. Os dados também reflectem a distribuição dos membros da ACFE pelos sectores, pelo que nem todos estão igualmente representados na amostra. Além disso, e talvez por isso, a hierarquização dos sectores de actividade económica por frequência de fraudes e mediana de perdas no conjunto das empresas observadas varia de ano para ano. Se parece que alguns sectores são particularmente vítimas de fraude, as limitações anteriormente referidas não permitem retirar qualquer tendência.

Apesar disso, apresentamos, por curiosidade, a distribuição das fraudes analisadas por sectores de actividade económica:

Sector	% de casos	Mediana de perda em US$	Tipo de fraude mais frequente[a]
Agricultura, Silvicultura, Caça e Pesca	1,4	450.000	...[b]
Artes e Lazer	1,8	270.000	...
Banca e Serviços Financeiros	14,6	250.000	Corrupção (33,3%)
Comércio a Retalho	7,0	153.000	Apropriação indevida de activos sem ser dinheiro (30,2%)
Comércio por Grosso	1,9	150.000	...
Comunicação e Edição	1,5	150.000	...
Construção	4,6	330.000	...
Educação	6,5	58.000	Esquemas de facturação (33,9%)
Governo e Administração Pública	11,7	93.000	Corrupção (26,4%)
Indústria Transformadora	7,2	441.000	Corrupção (29,2%)
Outros Serviços	3,9	100.000	...
Petróleo e Gás	1,9	250.000	Corrupção (47,1%)[c]
Saúde	8,4	150.000	Corrupção (26,3%)
Sector Imobiliário	3,2	184.000	...

Sector	% de casos	Mediana de perda em US$	Tipo de fraude mais frequente[a]
Seguros	5,6	216.000	Corrupção (27,5%) e Esquemas de facturação (27,5%)
Serviços Profissionais	3,8	180.000	...
Serviços Públicos	2,4	90.000	...
Serviços Religiosos, de Caridade e Sociais	4,3	106.000	...
Tecnologia	3,1	405.000	...
Telecomunicações	1,8	800.000	Relatórios de contas fraudulentos (25%)[d]
Transporte e Armazenamento	3,4	250.000	...

[a] Esta referência não é exacta, porque a decomposição por tipos de fraude faz-se com recurso a diferentes níveis hierárquicos da "árvore da fraude". Assim, por exemplo, quando se coloca lado a lado a "corrupção" e o "roubo de dinheiro em caixa" está-se a por lado a lado tipos de fraude com abrangências diferentes.
[b] Não existe informação.
[c] Não tem uma análise comparada para os diversos tipos de fraude. Este dado resulta de este sector ser o que tem maior frequência de fraudes de corrupção.
[d] Não tem uma análise comparada para os diversos tipos de fraude. Este dado resulta de este sector ser o que tem maior frequência de relatórios de contas fraudulentos.

7. Todas estas análises visam essencial prevenir e combater a fraude. Por isso afigura-se-nos particularmente interessante os dados quanto à efectividade de controlo da fraude por instrumentos de detecção*. Os dados do quadro seguinte foram obtidos comparando-se as medianas das perdas com fraudes nas organizações que implementaram ou não implementaram esses controlos. Sendo FN_k a mediana das perdas nas organizações que não aplicaram o instrumento de controlo k e sendo FS_k a mediana das perdas nas organizações que a aplicaram esse mesmo instrumento de controlo, $(FN_k - FS_k) / FN_k$ mede a redução de fraudes em resultado da utilização do controlo k. Os dados são apresentados em percentagem.

Tipo de controlo	% de Casos Implementados	% Redução
Auditorias surpresa	25,5	66,2
Rotação nos postos de trabalho / Férias Obrigatórias	12,3	61,0
Canal de denúncia	43,5	60,0
Programas de apoio aos funcionários	52,9	56,0
Formação sobre fraude para gestores e executivos	41,3	55,9
Auditoria interna / Departamento de análise de fraude	55,8	52,8

* Não é viável, com os dados disponíveis nos relatórios, fazer uma comparação de 2008 com 2006.

Tipo de controlo	% de Casos Implementados	% Redução
Formação sobre fraude para funcionários	38,6	51,9
Política antifraude	36,2	49,2
Auditores independentes dos "internal controls over financial reporting" das organizações[a]	53,6	47,8
Código de conduta	61,5	45,7
Análise regular da gestão do controlo interno	41,4	45,0
Auditorias externas independentes dos relatórios financeiros	69,6	40,0
Conselho independente de auditoria	49,9	31,5
Certificação dos relatórios financeiros	51,6	29,5
Recompensas aos informadores	5,4	28,7

[a] Este tipo de controlo resulta da lei Sarbane-Oxley:
    Sec.404 – Avaliação dos controlos internos feita pela gestão
    Diz respeito às normas que a SEC deverá emitir exigindo que cada relatório anual ao abrigo da secção 13(a) ou 15(d) da *Securities Exchange Act* de 1934 contenha um relatório sobre os controlos, os quais: (1) indicarão a responsabilidade da gestão de estabelecer e manter uma estrutura adequada de controlos internos e procedimentos com vista à emissão das demonstrações financeiras; e (2) conter uma avaliação, à data do termos do mais recente ano fiscal, da Emissora, da eficácia da estrutura dos controlos internos e procedimentos da Emissora para a emissão dos relatórios financeiros.
    Relativamente à avaliação dos controlos internos exigida nesta secção, cada empresa de auditoria registada que prepare ou emita o relatório de auditoria para a Emissora atestará, e divulgará, a avaliação feita pela gestão da Emissora. Tal confirmação será feita de acordo com as normas de certificação emitidas ou adoptadas pelo Conselho. Qualquer certificação do género não será objecto de um trabalho em separado.
    (tradução do IPAI)
Que levou ao "*internal control over financial reporting*" (ICOFR).
Alguns outros tipos de controlos aqui referidos têm origem nessa mesma lei.

Quando analisamos os impactos da ausência das medidas de combate à fraude por grandes tipos de fraude, a ausência, ou debilidade, do controlo interno é o mais frequentemente invocado para justificar a apropriação indevida de activos (36,8%), os relatórios de contas fraudulentos (29,3%) e a corrupção (27,8%).

Em 77,6% dos casos de detecção de fraude as organizações modificaram as suas práticas de controlo.

Para terminarmos esta rápida incursão pelo relatório de 2008, reproduzimos o que é dito sobre a importância relativa dos diversos departamentos da organização enquanto defraudadores**:

** As somas das percentagens de casos aproximam-se dos 100% em todos os caso, excepto na Corrupção. Enquanto nos outros casos podemos considerar que a diferença resulta dos arredondamentos, nesse caso, em que a soma é de 98,5, é de admitir que há um pequeno erro.

Departamento	Total		% de casos				
	% Casos	Mediana de perda (US$)	Relatórios de contas fraudulentos	Corrupção	Sonegação	Furto de dinheiro	Facturação
Armazém / Inventário	3,0	100.000	2,3	3,6	..[a]	..	..
Auditoria Interna	0,8	93.000	1,1	0,5	0,8	1,1	0,5
Clientes	6,1	45.000	1,1	3,6	9,8	4,6	2,0
Compras	2,8	600.000	3,4	4,1	..	..	5,6
Conselho de administração	1,0	93.000	1,1	1,4	0,8	1,1	1,0
Contabilidade	28,9	200.000	30,7	15,5	39,1	44,8	33,2
Executivo / Gestão de topo	17,8	853.000	40,9	29,1	13,5	20,7	20,9
Finanças	3,9	252.000	5,7	4,5	3,8	3,4	4,1
Investigação e Desenvolvimento	0,9	562.000	..	1,4	..	..	1,0
Jurídico	1,0	1.100.000	1,1	1,4	2,3	2,3	0,5
Marketing / Relações Públicas	1,0	80.000	..	0,5	..	..	1,5
Operações	16,1	80.000	9,1	15,5	14,3	10,3	12,2
Produção	2,4	100.000	2,3	2,3	..	..	4,1
Recursos Humanos	0,9	325.000	..	1,4	..	..	0,5
Salários	11,6	106.000	1,1	12,3	15,0	10,3	10,2
Tecnologia da informação	2,0	93.000	..	1,4	0,8	1,1	2,6

[a] Não existem dados. Admite-se que tal acontece por serem nulos.

8. Das sessenta e oito páginas do relatório designado de 2008, embora se refira a 2006 e 2007, procurámos ressaltar as continuidades e rupturas com o relatório anterior, utilizado neste livro. Se essa foi a nossa preocupação fundamental, considerámos relevante divulgar um ou outro aspecto do relatório que nos possa ajudar a prevenir e combater a fraude.

Muito ficou por dizer, justificando a leitura do próprio documento.

BIBLIOGRAFIA

Albrecht, W. Steve, *Fraud Examination*, Mason, OH: Thomson South-Western, 2003.
Albrecht, W. Steve, Howe, Keith R. e Romney, Marshall B., *Deterring Fraud: The Internal Auditor's Perspective,* Altamonte Springs: Institute of Internal Auditors Research Foundation, 1984.
Albrecht, W. Steve, Wernz, Gerald W. e Williams, Timothy L., *Fraud: Bringing Light to the Dark Side of Business,* Nova Iorque: Irwin Professional, 1995.
Albrecht, W. Steve, Romney, Marshall B., Cherrington, David J., Payne, I. Reed e Roe, Allan J., *How to Detect and Prevent Business Fraud,* Englewood Cliffs, NJ: Prentice-Hall, 1982.
American Accounting Association, *Accounting Education*, vol. 18, n.º 2, Sarasota, FL: American Accounting Association, 2003.
American Accounting Association, *Accounting Horizons*, vol. 7, n.º 4, Sarasota, FL: American Accounting Association, 2003.
American Accounting Association, *Auditing: A Journal of Practice & Theory*, vol. 22, n.º 2, Sarasota, FL: American Accounting Association, 2003.
American Institute of Certified Public Accountants, Inc., *Accounting Standards, Original Pronouncements*.
—. "Illegal Acts by Clients", SAS n.º 54, Nova Iorque, 1988.
—. "Auditing Accounting Estimates", SAS n.º 57, Nova Iorque, 1988.
—. "Communication with Audit Committees", SAS n.º 61, Nova Iorque, 1988.
—. "Special Reports", SAS n.º 62, 1989.
—. "Compliance Auditing Considerations in Audits of Governmental Entities and Recipients of Governmental Financial Assistance", SAS n.º 74, 1995.
"Consideration of Fraud in a Financial Statement Audit", SAS n.º 82, 1996.
"Consideration of Fraud in a Financial Statement Audit", SAS n.º 99, 2002.
Androphy, Joel M., *White Collar Crime*, Nova Iorque: McGraw-Hill, 1992.
Antle, Rick e Garstka, Stanley J., *Financial Accounting*, Cincinnati: South-Western, 2002.
Arens, Alvin A., Elder, Randal J. e Beasley, Mark S., *Essential Auditing and Assurance Services: An Integrated Approach*, Upper Saddle River, NJ, Prentice Hall, 2003.
Associated Press, "Software Executive Pleads Guilty to Stock Fraud", *USA Today*, 31 de Janeiro de 1997.
Association of Certified Fraud Examiners, *2006 ACFE Report to the Nation on Occupational Fraud and Abuse*, ACFE, 2006.
Association of Certified Fraud Examiners, *Fraud Examiners' Manual*, ACFE, 2006.
Banks, David G. "Vendor Fraud: Finding Deals Gone Awry", *The White Paper*, vol. 16, n.º 5, Setembro/Outubro de 2002.
Beasley, M.S., Carcello J.V. e Hermanson D.R., *Fraudulent Financial Reporting 1987-1997: An Analysis of U.S. Public Companies*, Committee of Sponsoring Organizations (COSO), 1999.
Beckett, Paul. "SEC, Publisher of On-Line Newsletter Settle Fraud Case Involving the Internet", *Wall Street Journal*, 26 de Fevereiro de 1997.

Bintliff, Russell L., *White Collar Crime Detection and Prevention*, Englewood Cliffs, NJ: Prentice Hall, 1993.

Binstein, Michael e Bowden, Charles, *Trust Me: Charles Keating and the Missing Millions*, Nova Iorque: Random House, 1993.

Biegelman, Martin T., "Designing a Robust Fraud Prevention Program, Part One", *The White Paper*, vol. 18, n.º 1, Janeiro/Fevereiro de 2004.

Biegelman, Martin T. "Sarbanes-Oxley Act: Stopping U.S. Corporate Crooks from Cooking the Books", *The White Paper*, vol. 17, n.º 2, Março/Abril de 2003.

Bishop, Toby J.F. e Wells, Joseph T. "Breaking Tradition in the Auditing Profession", *The White Paper*, vol. 17, n.º 5, Setembro/Outubro de 2003.

Black, Henry Campbell, *Black's Law Dictionary*, 5.ª ed., St. Paul, MN: West Publishing, 1979.

Bliven, Bruce, "The Tempest Over Teapot", *American Heritage*, Setembro/Outubro de 1995.

Blount, Ernest C., *Occupational Crime: Deterrence, Investigation and Reporting in Compliance with Federal Guidelines*, Boca Raton: CRC Press, 2003.

Bologna, Jack, *Corporate Fraud: The Basics of Prevention and Detection*, Boston: Butterworth-Heinemann, 1984.

Bologna, Jack e Lindquist, Robert J., *Fraud Auditing and Forensic Accounting*, Nova Iorque: John Wiley & Sons, 1987.

Bologna, Jack, *Handbook on Corporate Fraud*, Boston: Butterworth-Heinemann, 1993.

Bonner, S.E., Palmrose, Z.V. e Young, S. M., "Fraud Type and Auditor Litigation: An Analysis of SEC Accounting and Auditing Enforcement Releases!", *The Accounting Review*, n.º 73, Outubro de 1998.

Brian, Brad D. e McNeil, Barry F., *Internal Corporate Investigations*, 2.ª ed., Chicago: ABA Publishing, 2003.

Brickner, Daniel R. "SAS 99: Another Implement for the Fraud Examiner's Toolbox", *The White Paper*, vol. 17, n.º 3, Maio/Junho de 2003.

Caplan, Gerald M., *ABSCAM Ethics: Moral Issues & Deception in Law Enforcement*, Cambridge, MA: Ballinger, 1983.

Carozza, Dick, "Accounting Students Must Have Armor of Fraud Examination", *The White Paper*, vol. 16, n.º 1, Janeiro/Fevereiro de 2002.

Clarke, Michael, *Business Crime: Its Nature and Control*, Nova Iorque: St. Martin Press, 1990.

Clarkson, Kenneth W., Miller, Roger LeRoy e Jentz, Gaylord A., *West's Business Law: Text & Cases*, 3.ª ed., St. Paul: West Publishing, 1986.

Clinard, Marshall B. e Yeager, Peter C., *Corporate Crime*, Nova Iorque: Macmillan, 1980.

Coderre, David G., *Fraud Detection: Using Data Analysis Techniques to Detect Fraud*, Vancouver: Global Audit Publications, 1999.

Comer, Michael J., *Corporate Fraud*, Aldershot: Network Security Management, 1998.

Comer, Michael J., *Investigating Corporate Fraud*, Aldershot: Gower Publishing, 2003.

Cressey, Donald R., *Other People's Money*, Montclair: Patterson Smith, 1953.

Davia, Howard R., Coggins, Patrick C., Wideman, John C. e Kastantin, Joseph T., *Accountant's Guide to Fraud Detection and Control*, 2.ª ed., Nova Iorque: John Wiley & Sons, 2000.

Davis, Robert C., Lurigio, Arthur J. e Skogan, Wesley G., eds., *Victims of Crime*, 2.ª ed., Thousand Oaks: Sage Publications, 1997.

Dean, Bruce A. "Wrap it Up: Packing Your Case for Prosecution", *The White Paper*, vol. 16, n.º 1, Janeiro/Fevereiro de 2002.

Department of the Treasury: Internal Revenue Service, *Financial Investigations: A Financial Approach to Detecting and Resolving Crimes*, Washington: U.S. Government Printing Office, 1993.

Dirks, Raymond L. e Gross, Leonard, *The Great Wall Street Scandal*, Nova Iorque: McGraw-Hill, 1974.

Drake, John D., *The Effective Interviewer: A Guide for Managers*, Nova Iorque: AMACOM, 1989.

Ermann, M. David e Lundman, Richard J., *Corporate Deviance*, Nova Iorque: Holt, Rhinehart and Winston, 1982.

Financial Accounting Standards Board, *Original Pronouncements, Accounting Standards as of June 1, 1990*.

—. "Statement of Financial Accounting Standards no. 2. Accounting for Research and Development Costs", vol. 1, Norwalk, CT, 1990.

—. "Statement of Financial Accounting Standards no. 68. Research and Development Arrangements", Norwalk, CT, 1990.

Financial Accounting Standards Board, *Original Pronouncements, Accounting Standards as of June 1, 1990*, vol. 2.

—. "Accounting Research Bulletin no. 45. Long-Term Construction-Type Contracts", ARB n.º 45, Norwalk, CT, 1990.

—. "Reporting the Results of Operations – Reporting the Effects of Disposal of a Segment of a Business, and Extraordinary, Unusual and Infrequently Occurring Events and Transactions", APB, n.º 30, Norwalk, CT, 1990.

—. "Statement of Financial Accounting Concepts no. 2. Qualitative Characteristics of Accounting Information", CON n.º 2, Norwalk, CT, 1990.

—. "Statement of Financial Accounting Concepts no. 5. Recognition and Measurement in Financial Statements of Business Enterprises", CON n.º 5, Norwalk, CT, 1990.

Financial Accounting Standards Board, "Statement of Financial Accounting Standards no. 154: Accounting Changes and Error Corrections", Norwalk, CT, 2005.

Financial Accounting Standards Board, "Statement of Financial Accounting Standards no. 157: Fair Value Measurements", Norwalk, CT, 2006.

Flesher, Dale L., Miranti, Paul J. e Previts, Gary John, "The First Century of the CPA", *Journal of Accountancy*, Outubro de 1996.

Fusaro, Peter C. e Miller, Ross M., *What Went Wrong at Enron*, Hoboken: John Wiley & Sons, 2002.

Fridson, Martin S., *Financial Statement Analysis*, Nova Iorque: John Wiley & Sons, 1991.

Gardner, Dale R., "Teapot Dome: Civil Legal Cases that Closed the Scandal", *Journal of the West*, Outubro de 1989.

Gaughan, Patrick A., *Measuring Business Interruption Losses and Other Commercial Damages*, Hoboken: John Wiley & Sons, 2004.

Geis, Gilbert, *On White-Collar Crime*, Lexington, MA: Lexington Books, 1982.

Geis, Gilbert e Meier, Robert F., *White-Collar Crime: Offenses in Business, Politics and the Professions*, ed. rev., Nova Iorque: The Free Press, um departamento da Macmillan Publishing, 1977.

Georgiades, George, *Audit Procedures*, Nova Iorque: Harcourt Brace Professional Publishing, 1995.

Green, Scott, *Manager's Guide to the Sarbanes-Oxley Act: Improving Internal Controls to Prevent Fraud*, Hoboken: John Wiley & Sons, 2004.

Greene, Craig L., "Audit Those Vendors", *The White Paper*, vol. 17, n.º 3, Maio/Junho de 2003.

Greene, Craig L., "When Employees Count Too Much", *The White Paper*, vol. 16, n.º 6, Novembro/Dezembro de 2002.

Hall, Jerome, *Theft, Law and Society*, 2.ª ed., 1960.

Hayes, Read, *Retail Security and Loss Prevention*, Stoneham, MA: Butterworth-Heinemann, 1991.

Hylas, R.E. e Ashton, R.H., "Audit Detection of Financial Statement Errors", *The Accounting Review*, vol. LVII, n.º 4.

Inbau, Fred E., Reid, John E. e Buckley, Joseph P., *Criminal Interrogation and Confessions*, Baltimore: Wilkins, 1986.

Ingram, Donna, "Revenue Inflation and Deflation", *The White Paper*, vol. 16, n.º 6, Novembro/Dezembro de 2002.

Inkeles, Alex, *National Character: A Psycho-Social Perspective*, New Brunswick: Transaction Publishers, 1997.

Institute of Internal Auditors, *Standards for the Professional Practices of Internal Auditing*, Altamonte Springs, 1978.

Hubbard, Thomas D. e Johnson, Johnny R., *Auditing*, 4.ª ed., Houston: Dame Publications, 1991.

Kant, Immanuel, *Lectures on Ethics*, Nova Iorque: Harper & Row, 1963.

Ketz, J. Edward, *Hidden Financial Risks: Understanding Off-Balance-Sheet Accounting*, Hoboken: John Wiley & Sons, 2003.

Kimmel, Paul D., Weygandt, Jerry J., Kieso, Donald E., *Financial Accounting: Tools for Business Decision Making*, 3.ª ed., Nova Iorque: John Wiley & Sons, 2004.

Koletar, Joseph W., *Fraud Exposed: What You Don't Know Could Cost Your Company Millions*, Hoboken: John Wiley & Sons, 2003.

Langsted, Lars B., Garde, Peter e Greve, Vagn, *Criminal Law Denmark*, 2.ª ed., Copenhaga: DJOF Publishing, 2004.

Lanza, Richard B., *Proactively Detecting Occupational Fraud Using Computer Audit Reports*, IIA Research Foundation, 2003.

Lundelius Jr. e R., Charles, *Financial Reporting Fraud: A Practical Guide to Detection and Internal Control*, Nova Iorque: AICPA, 2003.

Mancino, Jane, "The Auditor and Fraud", *Journal of Accountancy*, Abril de 1997.

Marcella, Albert J., Sampias, William J. e Kincaid, James K., *The Hunt for Fraud: Prevention and Detection Techniques*, Altamonte Springs: Institute of Internal Auditors, 1994.

Marshall, David H. e McManus, Wayne W., *Accounting: What the Numbers Mean*, 3.ª ed., Chicago: Irwin, 1996.

Mee, Charles L. Jr., *The Ohio Gang: The World of Warren G. Harding*, Nova Iorque: M. Evans and Company, 1981.

Mill, John Stuart, *Utilitarianism*, Indianapolis: Bobbs-Merrill, 1957.

Miller, Norman C., *The Great Salad Oil Swindle*, Baltimore: Penguin Books, 1965.

Moritz, Scott, "Don't Get Burned by Smiling CEO Candidates", *The White Paper*, vol. 16, n.º 5, Setembro/Outubro de 2002.

Nash, Jay Robert, *Hustlers and Con Men: An Anecdotal History of the Confidence Man and His Games*, Nova Iorque: Lippincott, 1976.

National Comission on Fraudulent Financial Reporting, 1987, *Report of the National Commission on Fraudulent Financial Reporting*, Nova Iorque: American Institute of Certified Public Accountants, Outubro.

Noonan, John T. Jr., *Bribes*, Nova Iorque: Macmillan, 1984.

O'Brian, Keith, *Cut Your Losses!*, Bellingham: International Self-Press, 1996.

O'Gara, John D., *Corporate Fraud: Case Studies in Detection and Prevention*, Hoboken: John Wiley & Sons, Inc., 2004.

Patterson, James e Kim, Peter, *The Day America Told the Truth*, Nova Iorque: Prentice Hall, 1991.

Rabon, Don, *Investigative Discourse Analysis*, Durham: Carolina Academic Press, 1994.

Rakoff, Hon. Jed S., Blumkin, Linda R. e Sauber, Richard A., *Corporate Sentencing Guidelines: Compliance and Mitigation*, Nova Iorque: Law Journal Press, 2002.

Ramos, Michael J., *Consideration of Fraud in a Financial Statement Audit: The Auditor's Responsibilities Under New SAS no. 82*, Nova Iorque: American Institute of Certified Public Accountants, 1997.

Ramos, Michael J., *How to Comply with Sarbanes-Oxley Section 404: Assessing the Effectiveness of Internal Control*, Hoboken: John Wiley & Sons, 2004.

Rezaee, Zabiollah, *Financial Statement Fraud: Prevention and Detection*, Nova Iorque: John Wiley & Sons, 2002.

Robertson, Jack C., *Auditing*, 7.ª ed., Boston: BPI Irwin, 1991.

Robertson, Jack C., *Fraud Examination for Managers and Auditors*, Austin: Association of Certified Fraud Examiners, 1996.

Romney, Marshall B., Albrecht, W. Steve e Cherrington, D.J., "Red-Flagging the White-Collar Criminal", *Management Accounting*, Março de 1980.

Sarnoff, Susan K., *Paying for Crime*, Westport: Praeger, 1996.

Securities and Exchange Commission, "Staff Accounting Bulletin no. 104: Revenue Recognition, Corrected Copy", 2003.

Seidler, Lee J., Andrews, Fredrick e Epstein, Marc J., *The Equity Funding Papers: The Anatomy of a Fraud*, Nova Iorque: John Wiley & Sons, 1997.

Sharp, Kathleen, *In Good Faith*, Nova Iorque: St. Martin's Press, 1995.

Siegel, Larry J., *Criminology*, 4.ª ed., Nova Iorque: West Publishing, 1992.

Silverstone, Howard e Sheetz, Michael, *Forensic Accounting and Fraud Investigation for Non-Experts*, Hoboken: John Wiley & Sons, 2004.

Snyder, Neil H., Whitfield, O., Kehoe, William J., Jr., James T. McIntyre e Blair, Karen E., *Reducing Employee Theft: A Guide to Financial and Organizational Controls*, Nova Iorque: Quorum Books, 1991.

Summerford, Raph Q. e Taylor, Robin E., "Avoiding Embezzlement Embarrassment (and Worse)", *The White Paper*, vol. 17, n.º 6, Novembro/Dezembro de 2003.

Sutherland, Edwin H., *White-Collar Crime*, Nova Iorque: Dryden Press, 1949.

Thomas, William C., "The Rise and Fall of Enron", *Journal of Accountancy*, Abril de 2002.

Thornhill, William T., *Forensic Accounting: How to Investigate Financial Fraud*, Burr Ridge, IL: Irwin Professional, 1995.

Tyler, Tom R., *Why People Obey the Law*, New Haven: Yale University Press, 1990.

United States General Accounting Office, *Financial Statement Restatements: Trends, Market Impacts, Regulatory Responses and Remaining Challenges*, GAO-03-138, 2002.

Van Drunen, Guido, "Traveling the World in Style on the Company's Nickel", *The White Paper*, vol. 16, n.º 1, Janeiro/Fevereiro de 2002.

Vaughan, Diane, *Controlling Unlawful Organizational Behavior*, Chicago: University of Chicago Press, 1983.

Watson, Douglas M., "Whom Do You Trust? Doing Business and Deterring Fraud in a Global e-Marketplace", *The White Paper*, vol. 16, n.º 2, Março/Abril de 2002.

Wells, Joseph T., *The Encyclopedia of Fraud*, Austin, TX: Obsidian Publishing, 2002.

—. *Fraud Examination: Investigative and Audit Procedures*, Nova Iorque: Quorum Books, 1992.

—. *Occupational Fraud and Abuse*, Austin, TX: Obsidian Publishing, Inc., 1997.

—. "A Fish Story – Or Not?", *Journal of Accountancy*, Novembro de 2001.

—. "... And Nothing But the Truth: Uncovering Fraudulent Disclosures", *Journal of Accountancy*, Julho de 2001.

—. "... And One for Me", *Journal of Accountancy*, Janeiro de 2002.

—. "Accountancy and White-Collar Crime", *The Annals of the American Academy of Political and Social Science*, Janeiro de 1993.

—. "Billing Schemes, Part 1: Shell Companies that Don't Deliver", *Journal of Accountancy*, Julho de 2002.

—. "Billing Schemes, Part 2: Pass-Throughs", *Journal of Accountancy*, Agosto de 2002.

—. "Billing Schemes, Part 3: Pay-and-Return Invoicing", *Journal of Accountancy*, Setembro de 2002.

—. "Billing Schemes, Part 4: Personal Purchases", *Journal of Accountancy*, Outubro de 2002.

—. "The Billion Dollar Paper Clip", *Internal Auditor*, Outubro de 1994.

—. "Collaring Crime at Work", *Certified Accountant*, Agosto de 1996.

—. "Control Cash-Register Thievery", *Journal of Accountancy*, Junho de 2002.

—. "Corruption: Causes and Cures", *Journal of Accountancy*, Abril de 2003.

—. "Enemies Within", *Journal of Accountancy*, Dezembro de 2001.

—. "Follow Fraud to the Likely Perp", *Journal of Accountancy*, Março de 2001.

—. "Fraud Assessment Questioning", *Internal Auditor*, Agosto de 1992.

—. "The Fraud Examiners", *Journal of Accountancy*, Outubro de 2003.

—. "Follow the Greenback Road", *Journal of Accountancy*, Novembro de 2003.

—. "Getting a Handle on a Hostile Interview", *Security Management*, Julho de 1992.

—. "Ghost Goods: How to Spot Phantom Inventory", *Journal of Accountancy*, Junho de 2001.

—. "... Irrational Ratios", *Journal of Accountancy*, Agosto de 2001.
—. "Keep Ghosts Off the Payroll", *Journal of Accountancy*, Dezembro de 2002.
—. "Lambs to Slaughter", *Internal Auditor*, Junho de 2003.
—. "Lapping It Up", *Journal of Accountancy*, Fevereiro de 2002.
—. "Let them Know Someone's Watching", *Journal of Accountancy*, Maio de 2002.
—. "Money Laundering: Ring Around the Collar", *Journal of Accountancy*, Junho de 2003.
—. "Occupational Fraud: The Audit as Deterrent", *Journal of Accountancy*, Abril de 2002.
—. "The Padding that Hurts", *Journal of Accountancy*, Fevereiro de 2003.
—. "Protect Small Business", *Journal of Accountancy*, Março de 2003.
—. "The Rewards of Dishonesty", *The White Paper*, vol. 17, n.º 2, Março/Abril de 2003.
—. "Rules for the Written Record", *Journal of Accountancy*, Dezembro de 2003.
—. "Sherlock Holmes, CPA, Part 1", *Journal of Accountancy*, Agosto de 2003.
—. "Sherlock Holmes, CPA, Part 2", *Journal of Accountancy*, Setembro de 2003.
—. "Six Common Myths About Fraud", *Journal of Accountancy*, Fevereiro de 1990.
—. "So, You Want to be a Fraud Examiner", *Accounting Today*, 16 de Dezembro de 2002.
—. "Sons of Enron", *MWorld*, vol. 2, n.º 1, Primavera de 2003.
—. "Ten Steps Into a Top-Notch Interview", *Journal of Accountancy*, Novembro de 2002.
—. "Timing is of the Essence", *Journal of Accountancy*, Maio de 2001.
—. "Why Ask? You Ask", *Journal of Accountancy*, Setembro de 2001.
—. "Why Employees Commit Fraud", *Journal of Accountancy*, Fevereiro de 2001.
—. "The World's Dumbest Fraudsters", *Journal of Accountancy*, Maio de 2003.

Wells, Joseph T., Avey, Tedd A., Bologna, G. Jack e Lindquist, Robert J., *The Accountant's Handbook of Fraud and Commercial Crime*, Toronto: Canadian Institute of Chartered Accountants, 1992.

Welsch, Glenn A., Newman, D. Paul e Zlatkovich, Charles T., *Intermediate Accounting*, 7.ª ed., Homewood: Irwin, 1986.

Wojcik, Lawrence A., "Sensational Cases and the Mundane – Lessons to Be Learned", *The First Annual Conference on Fraud*. The American Institute of Certified Public Accountants, 1996.

Zack, Gerard M., *Fraud and Abuse in Nonprofit Organizations: A Guide to Prevention and Detection*, Hoboken: John Wiley & Sons, 2003.

NOTAS DA VERSÃO PORTUGUESA

[i] Em Portugal, não existe a função oficial de investigador certificado de fraude, por isso, optou-se por manter a sigla anglo-saxónica CFE, que significa *Certified Fraud Examiner*. O certificado é atribuído pela associação, designada ACFE.

[ii] Conforme o original. Ligando do estrangeiro, há que marcar o número internacional.

[iii] No original, *skimming*

[iv] No original, *lapping*, que é a técnica de ocultar fundos numa determinada conta, compensando com fundos de outra, e assim sucessivamente

[v] Código Comercial norte-americano.

[vi] As Big Six integravam as seis maiores empresas de auditoria: KPMG, PriceWaterhouse Coopers, Ernst & Young, Deloitte e Arthur Andersen. Hoje em dia, o núcleo das maiores empresas mundiais de auditoria foi alterado.

[vii] No original, *larceny*

[viii] Foi uma alteração à Constituição dos Estados Unidos da América, que teve como objectivo a protecção do arguido, que fica, por exemplo, com o direito de se manter calado, para não se auto-incriminar.

[ix] No original, *kiting checks*, que é um procedimento segundo o qual se deposita um cheque sem fundo de uma conta bancária, na qual se depositou entretanto outro cheque à espera de ser compensado. Ou seja, abrem-se duas ou mais contas, em instituições financeiras distintas, e fazem-se transferências em círculo entre as várias contas, criando saldos fictícios.

[x] É uma organização privada, sem fins lucrativos, criada para ajudar na melhoria dos relatórios financeiros.

[xi] No processo da SEC contra a gestão da Worldcom, os custos de linha são referidos como sendo comissões que a Worldcom pagava a fornecedores de redes de telecomunicações para ter o direito de acesso a essas infra-estruturas.

[xii] Optou-se por manter em inglês, já que é assim comummente utilizado, tratando-se do regime de contabilidade dos Estados Unidos da América. As SFAS (*Statement of Financial Accounting Standards*) são as normas e o guião das políticas contabilísticas, para as empresas cotadas norte-americanas, designadas pela *Financial Accouting Standards Board* (FASB).

[xiii] Nomenclatura internacional de comércio, que determina que o vendedor é responsável pela mercadoria até esta embarcar num navio de transporte. A partir daí, a responsabilidade já é do comprador.

[xiv] Manteve-se a terminologia anglo-saxónica, por se tratarem de normas para os Estados Unidos. *Statement on Auditing Standards* é a Declaração de normas de auditoria. Manteve-se também a sigla para a terminologia em inglês – SAS.

ÍNDICE REMISSIVO

A
Abuso de informações: 418, 419, 509
Abuso, definição: 20, 21, 487-489
Acções civis: 62-64
ACFE. *Ver Association of Certified Fraud Examiners* (Associação dos Investigadores Certificados de Fraudes)
Activos
– fixos: 457-459
– análise de rácio: 473-478
– requisições: 313, 317, 318
– corpóreos e incorpóreos: 76
– furto. *Ver* Apropriação indevida de activos
– avaliação inapropriada: 454-460
Activos corpóreos: 76
Activos incorpóreos: 76
Albrecht, W. Steve: 34-37, 85, 488
Alteração de registos: 118, 119
Altheide, David: 42
American Institute of Certified Public Accountants (AICPA) – Instituto Americano de Revisores Oficiais de Contas: 408, 460
Amortizações: 327, 329, 330
Amortizações de crédito malparado: 123
Análise de percentagens: 471-473
Análise de relatórios de contas: 471-478
Análise de tendência, gerada por computador: 333
Análise do rácio: 473-478
Antecedentes criminais dos fraudadores: 55
Anulação de vendas: 384, 385
Apropriação indevida de activos
– esquemas de facturação: 223-255
– furto de dinheiro em caixa: 129-154
– falsificação de cheques: 155-199
– definição: 75
– e a árvore da fraude: 67, 69
– activos incorpóreos: 76
– inventário e outros activos: 303-336
– métodos de ocultação: 83-87
– esquemas nas remunerações e reembolso de despesas: 257-302
– desembolsos da caixa registadora: 201-222
– sonegação: 89-127
– activos corpóreos: 76

Apropriação indevida de activos não monetários. *Ver* Inventário e outros activos
Árvore da fraude: 67-69, 95, 159, 348
Assinaturas
– falsificação: 169-171, 273
– falsificação do cartão de assinatura: 185
Association of Certified Fraud Examiners (ACFE) – Associação dos Investigadores Certificados de Fraudes: 34, 45, 46. *Ver também National Fraud Survey* (2006) – Inquérito Nacional sobre Fraudes
– Relatório à Nação Sobre Fraude e Abuso Ocupacionais: 17, 45-70
Auditing Standards Board (Comité de Normas de Auditoria): 408, 460. *Ver também Statements on Auditing Standards* (Declaração de Normas de Auditoria)
Auditorias. *Ver também Statements on Auditing Standards* (Declaração de Normas de Auditoria)
– efeito das medidas antifraude: 58, 59
– e detecção de fraudes: 460-478
– e controlo do inventário: 334, 335
Autorização de compras: 236, 247, 248

B
Balança da fraude: 36, 37
Balanço: 78, 409
Balanço adulterado: 85
Bónus, restituição de: 422, 423

C
Cartões de crédito
– falsos reembolsos: 212-217
– compras pessoais com contas da empresa: 250, 251
Cartões de ponto fraudulentos: 273-275. *Ver também* Esquemas nas remunerações
Categorias de fraude ocupacional: 67, 68
CEO, presidentes executivos
– bónus, restituição de: 422, 423
– certificação de relatórios de contas: 412-415
– fraudes de relatórios de contas: 399, 478
– empréstimos: 418
Certified Fraud Examiner (CFE) – Investigador Certificado de Fraudes: 34

CFO, administradores financeiros
- bónus, restituição de: 422, 423
- certificação de relatórios de contas: 412-415
- código de ética: 419
- fraudes de relatórios de contas: 399, 478
- empréstimos: 418

Cheques
- furto de dinheiro em caixa: 140, 149
- substituição por dinheiro: 117, 118
- endossos duplos: 115, 116
- falsas contas de empresa: 116
- cheques pessoais para cobrir furto de dinheiro: 140
- e sonegação. *Ver* Esquemas de sonegação
- roubados: 113-118
- falsificação. *Ver* Esquemas de falsificação de cheques

Cheques forjados
- definição: 165
- esquemas de endossos: 172-176
- esquemas de emitentes forjados: 165-171
- assinaturas: 169-171

Clark, John P.: 37-45, 487
Combinações de negócios: 457
Comissões: 353-358. *Ver também* Suborno
Comité de auditoria
- relatórios de auditores: 417, 460, 469, 470
- exigências do *Sarbanes-Oxley Act*: 410, 415, 416

Committee of Sponsoring Organizations of the Treadway Commission (COSO) – Comité de Organizações Patrocinadoras da Comissão Treadway: 399, 478

Compensação
- depósitos bancários: 146
- pagamentos dos clientes: 119-122

Comprehensive Crime Control Act (Lei de Controlo do Crime Global) de 1984: 497

Conflitos de interesse
- e independência dos auditores: 417
- comparação com suborno: 380
- desvio de negócios: 385
- estudos de casos: 375-379, 386-388
- definição: 379-381
- detecção: 388, 389
- divulgação de: 386
- prevenção: 389, 390
- esquemas de compras: 381-384
- desvios de recursos: 385, 386
- esquemas de vendas: 381, 384, 385
- tipos de: 381

Conluio: 237, 238
- cartões de ponto fraudulentos: 219, 273, 274
- estatísticas: 53

Contabilidade
- método de base de caixa: 79, 80
- apropriação indevida de activos, métodos de ocultação: 83-87
- balanço: 78, 409
- livros contabilísticos: 81-83
- método de base de acréscimo: 79, 80
- alterações: 452, 453
- equação: 77, 78, 82
- e fraude de relatórios de contas: 401, 402
- relatórios de contas, tipos de: 408, 409
- Princípios Contabilísticos Geralmente Aceites. *Ver* Princípios Contabilísticos Geralmente Aceites
- demonstração de resultados: 78, 79
- apropriação indevida de activos, efeito da: 76, 77
- organização dos registos financeiros: 80, 81

Contas a receber: 119, 456, 475, 476. *Ver também* Esquemas de sonegação
Contas de despesas, falsos débitos: 84
Contas de projectos especiais: 185
Contas, livros de: 81-83
Contas, Revisores Oficiais de
- padrões de independência dos auditores: 416-418
- regulamentos do *Public Company Accounting Oversight Board* (Conselho Supervisor das Empresas de Auditoria): 410-412

Contratos a longo prazo: 443
Controlos internos: 492
- atestação de auditores externos: 417
- e fraude de relatórios de contas: 478
- fracos controlos e falsificação de cheques: 184, 185
- exigências do *Sarbanes-Oxley Act*: 414, 415

Corporate Sentencing Guidelines (Directrizes de Pena na Empresa): 496-499

Corrupção
- suborno. *Ver* Suborno
- conflitos de interesse. *Ver* Conflitos de interesse
- definição: 343
- detecção: 350

– extorsão económica: 346, 347
– e a árvore da fraude: 67-69
– gratificações ilegais: 346, 347
– estatísticas (Inquérito Nacional sobre Fraudes de 2006): 348-352
– tipos de: 348-350
Créditos omitidos: 86, 87
Cressey, Donald R.: 23-34
Crime organizado: 399
Crimes de colarinho branco: 22, 421-423
Custos da fraude: 46-48, 489
    – esquemas de facturação: 228-230
    – furto de dinheiro em caixa: 133, 134
    – falsificação de cheques: 159-161
    – corrupção: 348, 349
    – esquemas de reembolso de despesas: 283-285
    – fraude de relatórios de contas: 423-425
    – utilização indevida do inventário: 313
    – esquemas nas remunerações: 261-263
    – esquemas de desembolso da registadora: 205-207
    – sonegação: 94-97
Custos, reconhecimento de: 449

D

Débitos: 84, 122, 123
Débitos, falsos lançamentos: 122, 123
Deduções: 450
Demonstração de resultados: 78, 79, 409
Denúncia anónima. *Ver* Programas de denúncia
Denúncias, detecção inicial da fraude através de. *Ver* Programas de denúncias
Depósitos bancários: 143-149
Descontos, falsos: 107, 123, 143
Desembolsos fraudulentos
    – esquemas de facturação. *Ver* Esquemas de facturação
    – e furto de dinheiro em caixa: 132, 133
    – falsificação de cheques. *Ver* Esquemas de falsificação de cheques
    – esquemas de reembolso de despesas. *Ver* Esquemas de reembolso de despesas
    – esquemas nas remunerações. *Ver* Esquemas nas remunerações
    – esquemas de desembolsos de registadora. *Ver* Esquemas de desembolsos de registadora
    – tipos de: 159, 160

Desfalque: 19, 23-34
Despesas. *Ver também* Esquemas de reembolso de despesas
    – capitalizadas: 449
    – ocultas: 447-450
    – contas de despesas: 84, 85
    – registo incorrecto: 444, 445
    – falsamente atribuídas: 288-290
    – correspondência de receitas: 439-443
Despesas falsamente atribuídas: 288-290
Destruição de documentos. *Ver* Destruição de registos
Destruição de registos: 118, 119, 143, 220, 421, 422
Desvio de negócios: 385
Desvio de recursos: 385, 386
Detecção acidental de fraudes: 66
Detecção da fraude
    – acidental. *Ver* Detecção acidental de fraudes
    – auditorias: 460-478, 494, 495
    – esquemas de manipulação de propostas: 370-373
    – esquemas de facturação: 229, 230, 252-255
    – suborno: 370-373
    – esquemas de furto de dinheiro em caixa: 134, 135, 150-152
    – falsificação de cheques: 160-162, 195, 196
    – conflitos de interesse: 388, 389
    – corrupção: 350
    – dificuldades de: 501
    – esquemas de reembolso de despesas: 284, 285, 297, 298
    – fraudes de relatórios de contas: 425, 426, 460-478
    – detecção inicial: 66
    – esquemas de furto não monetário: 308, 309, 330-335
    – esquemas nas remunerações: 263, 296, 297
    – e problemas de medição da fraude: 489
    – esquemas de desembolsos da registadora: 207, 208, 220, 221
    – esquemas de sonegação: 96, 97, 124, 125
Devida diligência: 498, 499
Devoluções de mercadoria: 252, 450
Diários: 81
Diferenças de datação (receitas e despesas): 439-445
    – estudo de caso: 445-447

Ditton, Jason: 42
Dívidas, ocultas: 447, 448
Divulgações: 407, 419, 450-454

E

Elemento clandestino da fraude: 20
Empregados
– definição: 17
– formação: 493
– horas e remuneração falsificadas: 271-273
– empregados-fantasma: 266-271
– término: 60
Empregados-fantasma: 266-271
Empresas-fantasma: 233-239, 329, 381, 382
Endossos forjados: 172-176
Escrituração: 81
Esquemas de alteração dos beneficiários: 117, 159, 176-180, 186, 191, 192
Esquemas de comissões: 276-279
Esquemas de compensação a trabalhadores: 279
Esquemas de compras: 381-384
Esquemas de compras e recepção: 313, 318-320
Esquemas de desembolsos da registadora
– estudos de casos: 201-205, 213-217
– ocultação: 219, 220
– detecção: 207, 220, 221
– falsos reembolsos: 209-213
– falsas anulações: 217-219
– prevenção: 221, 222
– estatísticas (Inquérito Nacional sobre Fraudes de 2006): 205-209
Esquemas de facturação
– falsas reclamações: 228
– estudos de casos: 223-228, 241-244
– esquemas geradores de dinheiro: 233
– detecção: 229, 230, 252-254
– fornecedores não cúmplices: 239, 240
– esquemas de pagamento e devolução: 239
– compras pessoais com fundos da empresa: 245-252
– prevenção: 254, 255
– empresas-fantasma: 233-239
– estatísticas (Inquérito Nacional sobre Fraudes de 2006): 228-232
– tipos de: 228
Esquemas de falsificação de cheques
– alteração de beneficiários: 117, 159, 176-180
– esquemas de emitentes autorizados: 159, 182-185

– estudos de casos: 155-158, 188-191
– esquemas de cheques escondidos: 159, 180-182
– ocultação: 171, 186-194
– detecção: 160, 161, 195, 196
– endossos forjados: 159, 172-176
– esquemas de emitentes forjados: 159, 165-171
– cheques interceptados: 171, 172
– métodos: 159
– prevenção: 197-199
– estatísticas (Inquérito Nacional sobre Fraudes de 2006): 159-164
Esquemas de manipulação de propostas: 353, 358-368, 371, 372
Esquemas de pagamento e devolução: 239
Esquemas nas remunerações
– estudo de caso: 257-261
– esquemas de comissões: 276-279
– detecção: 263, 296, 297
– horas e remunerações falsificadas: 271-276
– empregados-fantasma: 266-271
– prevenção: 298-301
– estatísticas (Inquérito Nacional sobre Fraudes de 2006): 261-265
– tipos de: 265
Esquemas de reembolso de despesas
– estudo de caso: 279-283
– detecção: 263, 284, 285, 297, 298
– despesas fictícias: 283, 292-295
– despesas falsamente atribuídas: 283, 288-290
– múltiplos reembolsos: 283, 295, 296
– relatórios de despesas sobreavaliadas: 283, 290-292
– prevenção: 301, 302
– estatísticas (Inquérito Nacional sobre Fraudes de 2006): 283-287
– tipos de: 283
Esquemas de revenda: 238, 239
Esquemas de sonegação
– furto de cheques: 94, 107-109
– estudo de um caso de furto de cheques: 109-113
– ocultação: 118-124
– detecção: 96, 97, 124, 125
– curto prazo: 94, 113
– estatísticas sobre (Inquérito Nacional sobre Fraudes de 2006): 94-99
– tipos de esquemas: 94

– vendas e valores a receber subavaliados: 94, 105-107
– vendas não registadas: 99-105
– estudo de um caso de vendas não registadas: 89-94, 99
Esquemas de vendas: 381-384
Estatísticas. *Ver National Fraud Survey* (2006)
Ética: 499-501
– Código de Ética e Conduta na Empresa, exemplo: 503-515
– e relatórios de contas: 407
– directores financeiros de topo: 419
Extorsão económica: 346, 347, 369
Extractos bancários: 146, 152, 186-188. *Ver também* Esquemas de falsificação de cheques
Extractos de conta: 122

F

Factor humano: 489-492. *Ver também* Motivações
– e ética: 499-501
Facturação exagerada: 239, 240
Facturas falsas: 233-237, 245-249
Falência: 422
Falsas anulações: 217-219
Falsas reclamações: 228. *Ver também* Esquemas de facturação; esquemas de reembolso de despesas
Falsos débitos: 84-86, 122, 123
Falsos documentos: 233
Falsos lançamentos nas contas: 122, 123, 192
Falsos reembolsos: 209-217
Fiduciário, definição: 18
Financial Accounting Standards Board (FASB) – Comité de Normas de Contabilidade Financeira: 402. *Ver também Statements of Financial Accounting Standards* (Declaração de Normas de Contabilidade Financeira)
Fraudadores
– medidas tomadas contra: 60-64
– esquemas de facturação: 230, 231
– esquemas de furto de dinheiro em caixa: 135, 136
– esquemas de falsificação de cheques: 162
– corrupção: 351
– esquemas de reembolso de despesas: 285, 286
– fraudes de relatórios de contas: 426, 427
– esquemas de furtos não monetários: 309, 310
– esquemas nas remunerações: 264

– esquemas de desembolsos da registadora: 208, 209
– esquemas de sonegação: 97, 98
– estatísticas sobre: 48-55
– tipos de: 30-32
Fraude, definição: 18-20
Fraude de correio: 421
Fraude de relatórios de contas
– alterações contabilísticas: 452, 453
– avaliação inapropriada de activos: 436, 454-460
– estudos de casos: 429-435, 445-447, 480-485
– despesas e responsabilidades ocultas: 436, 447-450
– detecção: 425, 426, 460-478
– receitas fictícias: 436-439
– análise dos relatórios de contas: 471-478
– relatórios de contas: 429-485
– e a árvore da fraude: 67-69
– Princípios Contabilísticos Geralmente Aceites. Ver Princípios Contabilísticos Geralmente Aceites (PCGA)
– divulgação de informações incorrectas: 436, 450-454
– métodos: 401, 402, 426, 436
– motivos: 393-402
– autores: 399, 326, 327
– prevenção: 478-480
– responsabilidade pelos relatórios de contas: 407
– e o *Sarbanes-Oxley Act* (Lei de Sarbanes-Oxley): 409-423
– estatísticas (Inquérito Nacional sobre Fraudes de 2006): 423-428
– diferenças de datação: 436, 439-445
– tipos de relatórios de contas: 408, 409
– utilizadores de relatórios de contas: 407, 408
Fraude e abuso ocupacionais, definição: 17
Fraudes em títulos: 421
Fraudes telefónicas: 421
Furto: 19
– caixa. *Ver* Furto de dinheiro em caixa
– inventário e outros activos: 313-317
Furto de activos não monetários. *Ver* Inventário e outros activos
Furto de dinheiro em caixa
– depósitos bancários: 143-147
– estudos de casos: 129-132, 147-149

- esquemas de recepção de dinheiro: 132, 133, 142, 143
- definição: 132
- detecção: 134, 135, 150-152
- esquemas de desembolsos fraudulentos: 132. *Ver também* Desembolsos fraudulentos
- esquemas de furto variados: 149, 150
- prevenção: 152-154
- da registadora: 137-141
- estatísticas (Inquérito Nacional sobre Fraudes de 2006): 133-137

G

Garantias: 450
Geis, Gilbert: 22, 45
Género dos fraudadores: 50, 51
Gestão. *Ver também* Gestão de topo
- divulgações: 450-453, 468
- fraudes de relatórios de contas: 399
- como fraudadores de relatórios de contas: 407, 408
- supervisores de autorização automática: 237, 274, 275

Gestão de topo
- fraudes de relatórios de contas: 399
- empréstimos pessoais: 418
- responsabilidade pelos relatórios de contas: 407

Gratificações ilegais: 346-348, 370

H

Hollinger, Richard C.: 37-45, 487
Horas e remuneração falsificadas: 271-276
Howe, Keith: 34

I

Idade, efeito da: 50-52
Identificação, falsa: 171, 176
Impedimento: 492-496, 501, 502. *Ver também* Prevenção
Inquérito Nacional sobre Fraudes. *Ver National Fraud Survey*
Intimidação, sobreposição aos controlos através da: 182-184
Inventário e outros activos
- requisições de activos e transferências: 313, 317, 318
- estudos de casos: 303-306, 322-327
- ocultação: 328-330

- detecção: 330-335
- detecção de esquemas de furtos não monetários: 308, 309
- falsos reembolsos e falsas anulações: 219, 220
- falsas remessas: 313, 320-322
- esquemas de furto: 313-317
- uso indevido de: 312, 313
- aumento: 123, 124
- fantasma (fictício): 454-456
- prevenção: 335, 336
- esquemas de compra e recepção: 313, 318-320
- estatísticas (Inquérito Nacional sobre Fraudes de 2006): 307-311
- avaliação: 454-456
- amortizações: 329, 330

Investigação sobre fraude e abuso ocupacionais: 22-45

J

Justificação: 30, 479, 480

L

Linhas directas para denunciar fraude e abuso: 59, 496. *Ver também* Programas de denúncias
Livros contabilísticos: 81-83,
Livros-razão: 81
Logro: 18-20

M

Manipulação da registadora: 102, 103
- contagem de dinheiro, alteração: 141
- reversão de transacções: 141
- fitas registadoras, destruição: 141
- furto de dinheiro da registadora: 137-141

Mars, Gerald: 41, 42
Medidas antifraude, impacto nas perdas: 58, 59
Mentir: 492
Método de base de acréscimo: 79, 80
Método de base de caixa: 79, 80
Motivações: 24-27, 33-37
- ganância: 490
- salários em espécie: 490, 491
- expectativas pouco razoáveis: 491, 492

N

National Fraud Survey (2006) – Inquérito Nacional sobre Fraudes: 45-70
- estatísticas sobre esquemas de facturação: 228-232

- estatísticas sobre furto de dinheiro em caixa: 133-137
- estatísticas sobre falsificação de cheques: 159-164
- estatísticas sobre corrupção: 348-352
- estatísticas sobre esquemas de reembolso de despesas: 283-287
- estatísticas sobre fraude de relatórios de contas: 423-428
- estatísticas sobre apropriação indevida de activos não monetários: 307-311
- estatísticas sobre esquemas nas remunerações: 261-265
- estatísticas sobre desembolsos da registadora: 205-209
- estatísticas sobre sonegação: 94-99

Nível de instrução dos fraudadores: 52, 53

O

Ocultação
- apropriação indevida de activos: 83-87
- falsificação de cheques: 171, 186-194
- despesas: 447-450
- inventário e outros activos: 328-330
- dívidas e despesas: 436, 447-450
- apropriação indevida de activos não monetários: 328-330
- créditos omitidos: 86, 87
- desembolsos da caixa registadora: 219, 220
- esquemas de sonegação: 118-124

Operação fora do balanço: 84
Ordens e requisições de compras: 248, 249

P

Prevenção
- esquemas de facturação: 254, 255
- suborno: 373, 374
- furto de dinheiro em caixa: 152-154
- falsificação de cheques: 197-199
- conflitos de interesse: 389, 390
- esquemas de reembolso de despesas: 301, 302
- fraudes de relatórios de contas: 478-480
- esquemas de furtos não monetários: 335, 336
- esquemas nas remunerações: 298-301
- políticas proactivas: 493, 494
- esquemas de desembolsos da registadora: 221, 222
- esquemas de sonegação: 125-127

Princípio contabilístico do custo: 404-406

Princípios Contabilísticos Geralmente Aceites (PCGA)
- prudência: 404
- consistência: 406
- custo: 404-406
- divulgação total: 407
- pressuposto da continuidade: 404
- princípio do balanceamento: 403, 404
- materialidade: 403
- prova objectiva: 406
- e tipos de relatórios de contas: 408, 409

Processos de cobrança: 105
Processos penais: 60-62
Programa de Impedimento de Fraude da Organização Modelo: 502
Programas de denúncias: 58, 59, 66, 415, 416, 420, 421, 495, 496
Protecção dos informadores: 415, 416, 419-421
Public Company Accounting Oversight Board (PCAOB)
- Conselho Supervisor das Empresas de Auditoria: 410-412

R

Receitas
- fictícias: 436-439, 456
- correspondentes às despesas: 439-441

Reconhecimento de receitas: 436, 441-443
Recuperação de perdas: 64
Reembolsos, falsos: 141, 209-217
Relatório à Nação sobre Fraude e Abuso Ocupacionais. *Ver Report to the Nation on Occupational Fraud and Abuse*
Relatório Wells: 45
Relatórios de contas fraudulentos. *Ver* Fraude de relatórios de contas
Relatórios de contas *pro forma*: 418
Remessas
- documentos: 331
- falsas remessas: 313, 320-322
- chegada de remessas, falsificação: 319, 320

Report to the Nation on Occupational Fraud and Abuse
- Relatório à Nação sobre Fraude e Abuso Ocupacionais (1996): 17

Report to the Nation on Occupational Fraud and Abuse
- Relatório à Nação sobre Fraude e Abuso Ocupacionais (2002): 46

Report to the Nation on Occupational Fraud and Abuse
- Relatório à Nação sobre Fraude e Abuso Ocupacionais (2004): 46

Report to the Nation on Occupational Fraud and Abuse
– Relatório à Nação sobre Fraude e Abuso Ocupacionais (2006): 45-70
Responsabilidade criminal: 413, 497, 498
Responsabilidade imputada: 497, 498
Responsabilidade indirecta: 497, 498
Revisão analítica: 151, 332, 494, 495
Revisores Oficiais de Contas
  – padrões de independência dos auditores: 416-418
  – regulamentos do *Public Company Accounting Oversight Board* (Conselho Supervisor das Empresas de Auditoria): 410-412
Romney, Marshall: 34

S

Sanções disciplinares: 60, 64
Sarbanes-Oxley Act (SOX) – Lei de Sarbanes-Oxley
  – independência do comité de auditorias: 415, 416
  – padrões de independência dos auditores: 416-418
  – exigências de certificações por parte dos CEO e CFO: 412-415
  – exigências de divulgações financeiras: 418, 419
  – disposições de um perito financeiro: 415
  – controlos internos: 414, 415
  – *Public Company Accounting Oversight Board* (PCAOB) – Conselho Supervisor das Empresas de Auditoria: 410-412
  – objectivo da legislação: 410
  – disposições relativas aos informadores: 415, 416, 419-421
  – punições de crimes de colarinho branco: 421-423
Securities and Exchange Commission (SEC): 410, 413-423, 436, 442, 448, 449, 452
Serviços, compra de: 238
Sinais de alerta: 36, 37
  – suborno: 370-373
  – falsificação de cheques: 124, 125
  – despesas e responsabilidades ocultas: 450
  – receitas fictícias: 439
  – avaliação inapropriada de activos: 459, 460
  – divulgações incorrectas: 453, 454
  – fraudes de pagamentos de ordenados: 299-301
  – esquemas de desembolsos de registadora: 221
  – diferenças de datação: 445

Sobrecarga do canal (sobrecarga comercial): 443, 444
Staff Accounting Bulletin (SAB) 104 – Boletim de Contabilidade 104, reconhecimento de receitas: 436
Statements of Financial Accounting Standards (SFAS) – Declarações de Normas de Contabilidade Financeira
  – SFAS 5, perdas: 456
  – SFAS 142, *goodwill*: 458
  – SFAS 144, desvalorização de activos: 458
  – SFAS 154, alterações contabilísticas: 452, 453
Statements on Auditing Standards (SAS) – Declaração de Normas de Auditoria:
  – SAS 1, responsabilidades dos auditores: 460-462
  – SAS 22, obtenção de informações: 462, 463
  – SAS 55, controlos internos: 464
  – SAS 62, relatórios de contas: 408, 409
  – SAS 84, auditor sucessor: 470
  – SAS 99, consideração de fraude em auditorias a relatórios de contas: 460-471
Subfacturações: 384
Suborno
  – estudo de caso de manipulação de proposta: 364-368
  – esquemas de manipulação de propostas: 358-364
  – estudo de caso: 339-343
  – comercial: 347
  – definição: 346, 368
  – detecção: 370-373
  – esquemas de comissões: 353-358
  – prova de, exemplo de obtenção: 343-346
  – tipos de: 368, 369
Supervisores de autorização "automática": 237, 274, 275
Sutherland, Edwin H.: 22, 23

T

Teoria da associação diferencial: 22, 23
Término do emprego: 60
Transacções fora do balanço: 418
Triângulo da fraude: 23, 24, 32, 33, 478
Tyler, Tom R.: 487

V

Vendas anuladas. *Ver* Falsas anulações

Vendas e valores a receber subavaliados: 94, 105-107
Vendas fora do local: 103, 104
Vendas não registadas
    – estudo de caso: 89-94, 99
    – método: 99, 100
    – horas não comerciais, vendas durante: 103
    – vendas fora do local: 103, 104
    – fracos procedimentos de cobrança e registo: 105
    – manipulação da registadora: 102, 103
Vinculação, efeito da: 54
Vítimas de fraude ocupacional
    – esquemas de facturação: 231, 232
    – esquemas de furto de dinheiro em caixa: 136, 137
    – esquemas de falsificação de cheques: 162-164
    – corrupção: 352
    – esquemas de reembolso de despesas: 286, 287
    – fraudes de relatórios de contas: 428
    – esquemas de furtos não monetários: 311
    – esquemas nas remunerações: 264, 265
    – esquemas de desembolsos da registadora: 209
    – esquemas de sonegação: 99
    – estatísticas sobre: 56-59